新时代管理学

主　编：颜明健
副主编：朱　泳　黄俊毅
编著者：张菊香　范　爽
张彩霞　刘倩雯
张永刚　杜强国

厦门大学出版社
XIAMEN UNIVERSITY PRESS
国家一级出版社
全国百佳图书出版单位

图书在版编目（CIP）数据

新时代管理学 / 颜明健主编. -- 厦门 ：厦门大学出版社，2022.8

ISBN 978-7-5615-8653-2

Ⅰ. ①新… Ⅱ. ①颜… Ⅲ. ①管理学 Ⅳ. ①C93

中国版本图书馆CIP数据核字(2022)第119315号

出版人 郑文礼
责任编辑 眭 蔚

出版发行 厦门大学出版社
社　　址 厦门市软件园二期望海路 39 号
邮政编码 361008
总　　机 0592-2181111　0592-2181406(传真)
营销中心 0592-2184458　0592-2181365
网　　址 http://www.xmupress.com
邮　　箱 xmup@xmupress.com
印　　刷 厦门市明亮彩印有限公司

开本 787 mm×1 092 mm　1/16
印张 28.5
字数 712 千字
版次 2022 年 8 月第 1 版
印次 2022 年 8 月第 1 次印刷
定价 70.00 元

厦门大学出版社
微信二维码

厦门大学出版社
微博二维码

绪 论

本书开创了管理学教材研究的先河，最具特色创新点，即每章最后一节展现该章新时代管理学的探索，内容突显：

(1)思政融入映射内涵；

(2)大数据、AI 等商务智能融入映射内涵；

(3)中国新时代管理的淬炼与反思。

一、缘起

本书的主要编著者在 2014 年 8 月共同完成了《管理学原理》教材第 1 版；2017 年 1 月推出第 2 版，除了全面更新各章的开篇案例，全新改写第 7 章和第 8 章外，我们针对读者提供了课程 PPT 以及微课的链接和下载；紧接着 2019 年 7 月迎来第 3 版，除了同样更新各章的开篇案例及部分内容外，我们在每章最后放上二维码，方便扫码获取各章课件资源。

由于管理学是一门建立在经济学、心理学、行为学、社会学、哲学和数学等基础之上的综合性和实践性都极强的应用性学科，面对全球诸多崭新变革与剧烈挑战的时局，在教学的过程中，我们感觉对于自身编著的教材，确实察觉存在许多不足。几经商议，我们决定勠力完成满足新时代需求、开创先河的管理学教材，并新邀张永刚(博士后)和杜强国(博士)两位教师加入阵容，取名为《新时代管理学》。

二、两个关键词

(一)新时代

为什么采用“新时代”这个词？每一个时代的人，都会称自己当下所处的年代是“新时代”，这是毋庸置疑的。今年即将迎来中共二十大的召开，“奋进新时代”“建功新时代”的呼声不绝于耳。今年也是进入全面建设社会主义现代化国家新征程、向第二个百年奋斗目标进军的重要一年，我们特别引用李正华和陈理对于“新时代”的阐述，来突显本书的命名。

1.新时代的主要特征

(1)新时代出现了新矛盾，对党和国家工作提出了新要求。社会主要矛盾的变化是关系全局的历史性变化，是新时代的重要特征。中共十九大报告指出“我国社会主要矛盾已经转化为人民日益增长的美好生活需要和不平衡不充分的发展之间的矛盾”，同时又指出“我国社会主要矛盾的变化，没有改变我们对我国社会主义所处历史阶段的判断，我国仍处于并将长期处于社会主义初级阶段的基本国情没有变，我国是世界最大发展中国家的国际地位没有变”。

(2)新时代确立新目标，指明了中国前进的方向。从全面建成小康社会到基本实现现代化，再到全面建成社会主义现代化强国，是中共十九大对新时代中国特色社会主义发展的战略安排。报告将2020年到21世纪中叶分为两个阶段来安排，首次提出在全面建成小康社会的基础上分两步走：从2020年到2035年这个15年，目标是基本实现社会主义现代化；从2035年到21世纪中叶，目标是把我国建成富强、民主、文明、和谐、美丽的社会主义现代化强国。

(3)新时代催生新理论，新理论引领新实践。“时代是思想之母，实践是理论之源”，中共十八大以来，以习近平同志为核心的党中央在治国理政实践中，把握时代大趋势，回答实践新要求，顺应人民新期待，深刻回答了新时代坚持和发展什么样的中国特色社会主义、怎样坚持和发展中国特色社会主义这个重大时代课题，形成了习近平新时代中国特色社会主义思想。这一理论成果既是中国特色社会主义理论体系的重要组成部分，是全党智慧的结晶，又集中展现了习近平的巨大理论勇气、超凡政治智慧、远见卓识和独创思想；既是在过去长期实践中孕育的结果，又是对中共十八大以来习近平系列重要讲话和治国理政新理念、新思想、新战略的新概括。它产生于中国特色社会主义的伟大实践，又指导中国特色社会主义的伟大实践，必将在中国特色社会主义的伟大实践中不断发展。

2.新时代的历史起点

确定新时代的历史起点，必须在深入学习领会中共十九大精神的基础上，结合中国共产党领导革命、建设和改革的具体历史才能准确把握。根据历史、理论和实践的逻辑，新时代的历史起点是中共十八大。其主要依据是：

(1)中共十八大以来的历史性成就和历史性变革是新时代的实践基础和现实依据。这些历史性成就中最大的成就，就是形成了习近平新时代中国特色社会主义思想；这些历史性变革中最深刻的变革，就是“我国社会主要矛盾已经转化为人民日益增长的美好生活需要和不平衡不充分的发展之间的矛盾”。中共十九大报告对中共十八大以来的伟大成就进行了系统的总结和充分的肯定，指出：中共十八大以来，“解决了许多长期想解决而没有解决的难题，办成了许多过去想办而没有办成的大事，推动党和国家事业发生历史性变革”。五年来的成就“是全方位的 、开创性的”，五年来的变革“是深层次的、根本性的”。

(2)中共十八大以来形成的以习近平同志为核心的党中央是领导中国人民夺取新时代中国特色社会主义伟大胜利的根本保证。中共十八大以来，在推进中国特色社会主义的伟大事业中，形成了以习近平同志为核心的党中央。以习近平同志为核心的党中央，科学把握当今世界和当代中国发展大势，顺应实践要求和人民愿望，确立了中国特色社会主义事业“五位一体”总体布局和“四个全面”战略布局，提出了一系列新理念、新思想、新战略，出台了一系列重大方针政策，推出了一系列重大举措，推进了一系列重大工作，在改革发展稳定、内政外交国防、治党治国治军各领域各方面都取得了辉煌成就。

(3)中共十八大确立的全面建成小康社会奋斗目标与新时代的新目标紧密相连、不可分割。中共十九大报告将中共十九大至21世纪中叶的奋斗目标进行了具体部署，对新时代中国特色社会主义发展提出了“历史交汇期”“两步走”的战略安排 。在从全面建成小康社会到基本实现现代化，再到全面建成社会主义现代化强国这一战略安排中，全面建成小康社会的战略目标是中共十八大确立的，2020年必须实现。中共十八大确立的全面建成小康社会奋斗目标与新时代的新目标紧密相连、不可分割。

新时代的到来是长期奋斗的结果。新时代是党领导人民为实现中华民族伟大复兴接续奋斗的新的历史阶段。

3.中国特色社会主义是如何进入新时代的

概括地说，中国特色社会主义进入新时代，不是天上掉下来的，也不是一个简单随意的主观判断，而是有着实实在在的客观依据，是中国特色社会主义合乎历史和逻辑发展的必然结果，是党中央顺应历史发展作出的重大政治判断。

(1)中国特色社会主义进入新时代，是我们党走自己的路、建设中国特色社会主义长期努力的结果，特别是中共十八大以来党和国家事业取得历史性成就、发生历史性变革的结果。马克思指出："人们自己创造自己的历史，但是他们并不是随心所欲地创造，并不是在他们自己选定的条件下创造，而是在直接碰到的、既定的、从过去承继下来的条件下创造。"马克思这一经典论述，对于我们深刻理解把握中国特色社会主义是如何进入新时代的具有重要指导意义。

(2)中国特色社会主义进入新时代，是我国社会主要矛盾变化的结果。在各种社会矛盾中，社会主要矛盾居于主导地位，是各种社会矛盾的集中反映。毛泽东强调，捉住了这个主要矛盾，一切问题就迎刃而解了。这些重要论述，对于我们深刻理解把握中国特色社会主义进入新时代具有重要指导作用。说到底，中国特色社会主义进入新时代，是我国社会矛盾运动变化特别是社会主要矛盾变化的结果，而其中我国生产力水平的巨大发展和提升又是处于第一位的。

(3)中国特色社会主义进入新时代，是以习近平同志为核心的党中央坚强领导、习近平新时代中国特色社会主义思想科学指引的结果。中共十八大以来，以习近平同志为核心的党中央，全面审视国际国内新形势，以巨大的政治勇气和强烈的责任担当，提出一系列新理念、新思想、新战略，出台一系列重大方针政策，推出一系列重大举措，推进一系列重大工作，解决了许多长期想解决而没有解决的难题，办成了许多过去想办而没有办成的大事。实践证明，中共十八大以来党和国家事业之所以能取得历史性成就、发生历史性变革，根本在于以习近平同志为核心的党中央的坚强领导，根本在于习近平总书记的掌舵领航，根本在于习近平新时代中国特色社会主义思想的科学指引。

4.新时代的重要意义

新时代开启了中华民族伟大复兴新征程，具有重要的理论意义、实践意义、世界意义。

(1)有利于增强推进中国特色社会主义伟大事业的坚定信心。在中国特色社会主义引领中国走向"强起来"的新的历史起点上，中共十九大做出我国处于中国特色社会主义新时代的重大政治判断，既是对我国改革开放历史成就的充分肯定和科学总结，又有利于在开始新时代中国特色社会主义新的航程中统一全党思想，增强中国人民对中国特色社会主义的道路自信、理论自信、制度自信、文化自信。

(2)有利于进行伟大斗争、建设伟大工程、推进伟大事业、实现伟大梦想。改革开放开创了中国特色社会主义这一新的伟大事业，新时代中国特色社会主义建设的伟大目标，是实现中华民族伟大复兴的中国梦，要实现中华民族伟大复兴，就需要应对各种困难、风险和挑战，就必须进行具有许多新的历史特点的伟大斗争；要进行具有许多新的历史特点的伟大斗争，就必须推进党的建设这一新的伟大工程。

(3)有利于为解决人类问题做出更大贡献。中共十八大以来,在世界经济复苏整体乏力、收入差距拉大、逆全球化思潮蔓延的背景下,中国经济稳中向好为世界经济发展做出了巨大贡献。中国努力倡导并带头实践"合作共赢""共商共建共享""构建人类命运共同体"等理念,提出"一带一路"倡议,构建合作共赢的新型国际关系,建立亚洲基础设施投资银行,积极参与解决各种重大国际问题。在世界舞台上,中国扮演着越来越重要的角色,为国际治理贡献了更多中国方案和发展动力。中国特色社会主义进入新时代,意味着中国特色社会主义道路、理论、制度、文化不断发展,不仅能够开辟实现民族复兴的美好未来,拓展发展中国家走向现代化的途径,而且能够给世界上那些既希望加快发展又希望保持自身独立性的国家和民族提供全新选择,为解决人类问题做出更大的贡献。

5.中国特色社会主义进入新时代的重大意义

习近平在中共十九大报告中,用"三个意味着"对中国特色社会主义进入新时代的重大意义进行了集中概括。这一重要论断,高屋建瓴,把握全局,为我们深刻理解把握中国特色社会主义进入新时代对于中国乃至世界发展的重大意义,指明了正确方向。

(1)从中华民族发展史特别是实现中华民族伟大复兴历程来看,中国特色社会主义进入新时代,意味着近代以来久经磨难的中华民族迎来了从站起来、富起来到强起来的伟大飞跃,迎来了实现中华民族伟大复兴的光明前景。中共十八大以来,以习近平同志为核心的党中央,团结带领人民进行伟大斗争、建设伟大工程、推进伟大事业、实现伟大梦想,推动党和国家事业取得全方位、开创性历史成就,发生深层次、根本性历史变革,推动中国特色社会主义进入了新时代,中华民族迎来了从富起来到强起来的伟大飞跃,掀开了实现中华民族伟大复兴的新篇章,中华民族伟大复兴展现出前所未有的光明前景。

(2)从世界社会主义发展历程来看,中国特色社会主义进入新时代,意味着科学社会主义在 21 世纪的中国焕发出强大生机活力,在世界上高高举起了中国特色社会主义伟大旗帜。中国共产党人始终坚持马克思主义指导地位不动摇,坚持科学社会主义基本原则不动摇,勇敢推进理论创新、实践创新、制度创新、文化创新以及各方面创新,不断赋予中国特色社会主义以鲜明的实践特色、理论特色、民族特色、时代特色,形成了中国特色社会主义道路、理论、制度、文化,推动中国特色社会主义不断取得一个又一个巨大成就。我们完全有理由相信,随着中国特色社会主义进入新时代,中国特色社会主义道路将越走越宽广,中国共产党有责任、有信心、有能力为世界科学社会主义的发展做出新的更大贡献。

(3)从人类发展史来看,中国特色社会主义进入新时代,意味着中国特色社会主义道路、理论、制度、文化不断发展,拓展了发展中国家走向现代化的途径,给世界上那些既希望加快发展又希望保持自身独立性的国家和民族提供了全新选择,为解决人类问题贡献了中国智慧和中国方案。中共十八大以来,习近平一再强调要坚定中国特色社会主义道路自信、理论自信、制度自信、文化自信。他指出,当今世界,要说哪个政党、哪个国家、哪个民族能够自信的话,那中国共产党、中华人民共和国、中华民族是最有理由自信的。坚定中国特色社会主义道路自信、理论自信、制度自信、文化自信,不断夺取中国特色社会主义新胜利,是当代中国共产党人最核心的使命。中国共产党人和中国人民完全有信心为人类对更好社会制度的探索提供中国方案。

(二)管理学

阐述完新时代,接着我们再进一步阐述管理学。现在国内谈到管理学,引发讨论最多的议题不外乎两个主轴:(1)“管理”是不是“学”?(2)谈论的是“西方管理学”,还是“中国管理学”?

首先,当代中国各式各样的“学”,基本都来自“西学”而非源自“中学”。概括地说,应该都与三个西语词语有关,以英语示之即 science, knowledge, -ology。这三词比较常见的翻译应是科学、知识、学科,而且这三个词语的含义在中文里已经十分广泛。刘文瑞于《管理学在中国》一书中表示:“我的看法是,管理学在 knowledge 意义上已经成了‘学’,而在 science 意义上属于正在构成或正在走向‘学’,但在-ology 意义上,则根本不能构成‘学’。”

刘氏的说法应该是客观而符合现状的。例如迄今为止我们所看到的教材,依然沿用由管理职能构建的体系,称管理学已经成为一门学科,显然是 knowledge 意义上的“学”。在后续的发展中,无论如何拓展丰富,都是在知识意义上诠释管理学;是以在知识意义上,管理学已是“学”当无疑义。管理学发展到了二战后,“管理科学学派”逐渐成形,这种 science 意义上的管理学,虽然还无法解释管理中的“所有现象”,却已实际有了很大的成就;是以从科学的角度看,认为管理学正在形成或者说已然基本形成一门学科,应该也只是乐观悲观之别而鲜少疑问。然而,在-ology 意义上,管理学能否形成“学”,甚至认定其根本不可能形成“学”的争议,恐怕便非常巨大了。

其次,议题的主轴在于管理学不是一直都是“西方”的管理学吗?那么,是否存在“中国管理学”或“中国式管理学”呢?

吕成(2010)认为“中国式管理”领域内有两大知识体系,伴随着中国经济实力的迅猛增长,越来越多的研究者试图建立基于中国本土情景下的管理理论体系,即所谓的“中国式管理”。随着研究的深入,“中国式管理”领域的体系化进程呈现出一个双向趋势:一是建立中国古代管理思想体系,二是建立中国管理哲学体系。研究趋势一是建立中国古代管理思想体系。这一研究趋势,其根本目的在于摆脱西方管理科学体系的束缚,但其又走向了另一个极端,即过分迷恋于中国传统思想。这类学者大多奉行“古为今用”的主张,并在此信念之下历数中国历史中所涌现出的众多思想家,从众多古籍中汲取出能为企业管理活动所用的管理学思想。最具代表性的研究成果有《中国古代管理思想之今用》《先秦诸子与管理》《中国管理智慧教程》等。研究趋势二是建立中国管理哲学体系。吕氏认为此研究趋势所具有的哲学性是指,研究学者大多是基于对中国传统思想所进行的哲学思辨活动,并最终凝练成一完整的、具有极大包容度以及极强概括性的中国式管理哲学体系,而这种中国管理哲学体系是高度抽象的存在。也正是这种中国管理哲学体系所具有的哲学性、体系化属性,导致该体系的理论性特征极为明显,缺少足够的实践加以支撑。曾仕强的《中国式管理》、成中英的《C 理论:中国管理哲学》以及苏东水的《东方管理学》应是中国式管理探索过程中的主要代表作。

在此基于编著的初衷与符合新时代的探索,有必要扼要地阐释曾、成、苏三家的精髓:

1.曾仕强的《中国式管理》

曾仕强认为,“科学无国界,从管理科学层面来看,无所谓中国式管理,当然也就没有什么美国式、日本式的区分。大家都一样,在不同的地区,应用相同的管理科学”。但若从管理哲学层面分析，则存在着地域间的差异性，导致了管理哲学的不同。而曾仕强所言的中国式管理，其终极目标即“以中国管理哲学来妥善运用西方现代管理科学，并充分考虑中国人的文化传统以及心理行为特性，以达到更为良好的管理效果”。

曾氏提出中国式管理的三大主轴，即“以人为主，强调人伦关系；引导结合，强调制度化管理不如理念和共识的结合；依理而变，强调变动的合理性，而不是合法性”。基于这三大理论主轴，曾氏分别从管理的计划、执行、考核、沟通、领导风格、激励六个方面具体阐述了其所提倡的中国式管理。

2.成中英的《C理论：中国管理哲学》

成中英将存在于中国古代哲学中的金、木、水、火、土五种元素同儒、道、法、兵、墨五家学派相结合，他认为，“道家体现了‘土’的决策功能，法家体现了‘金’的控制功能，兵家体现了‘水’的应变功能，墨家体现了‘木’的创造功能，儒家体现了‘火’的协调功能”。此外，成中英又通过归纳总结，提出了上述五元素所具备的特征，即“‘土’在五行中居中心地位，因此用centrality表示；‘金’具有控制性，因此用control表示；‘水’具有变化流动性，因此用change或contingency表示；‘木’具有创造性，用creativity表示；‘火’具有协调性，用coordination表示”。并由这六个以C字母为字头的英文单词构成了C理论的理论框架。基于此种认识，成中英分别阐释了道家的决策哲学、法家的领导哲学、兵家的权变哲学、墨家的创造哲学和儒家的协调哲学，并最终通过融合中国传统的五行观点、中国传统思想史中的五大主流学派以及企业管理活动过程中最重要的五个环节，形成了体系化的独具中国特色的C理论管理体系。

3.苏东水的《东方管理学》

东方管理学派所强调的核心思想是“三为”，即以人为本、以德为先、人为为人。东方学派创始人苏东水对“三为”有着如下解释：“首先，以人为本包含着两层含义：一是将人视为管理的首要因素，二是通过给人们提供充分施展才华的空间，不断锻炼人的智力、体力乃至意志品质，并最终提高人的生命存在质量。其次，以德为先强调的是道德伦理在管理中的作用，对于管理者而言，高水平的道德修养是必备条件之一。最后，人为为人是指每个人首先要注重自身的行为修养，然后从‘为人’的角度出发，来从事、控制和调整自己的行为，创造一种良好的人际关系和激励环境。”

东方管理学派所提出的管理体系，其理论框架可由五个字概括，即“学”“为”“治”“行”“和”。“学”是指中国管理、西方管理、华商管理，这三学正是东方管理体系的理论源头。“为”是前述的“三为”核心思想。“治”是指治国、治生、治家和治身的“四治”体系。中国传统思想的影响并不仅仅局限于企业管理活动之中，东方管理学派赋予了中国式管理更为广阔的适用空间，这为其进一步的发展奠定了坚实的基础。“行”则是指包括人道、人心、人缘、人谋、人才的“五行”管理理论，而“和”则是东方管理学的终极管理目标，即构建和谐社会的和贵、中和与和合。

除了此三家外，同样具有一定代表性的还有席酉民的“和谐管理理论”、黄如金的“和合管理”、陈世清的“对称管理”，以及以黄津孚为代表的“实践管理论”、以王利平为代表的“中魂西制”管理论等，限于篇幅未能尽数阐述。

闫秀敏等3人(2011)对于中国式管理与中国管理模式的辨析，有更完整细致的比较分析值得参考，见表1。

表1　中国式管理与中国管理模式的差别

差别	中国式管理	中国管理模式
理论来源	中国传统哲学＋西方现代管理科学＋中国古代行政管理实践	中国管理哲学＋西方现代管理科学＋中国现代企业管理实践
生成根源	农业经济	工业经济及知识经济
建构前提	等级	平等
核心内容	管	理
表现形式	零散	体系
应用特性	灵活机智	可复制性
追求目标	保持组织稳定	促进组织发展

闫氏等认为中国式管理与中国管理模式都在致力于富有中国民族特色的管理创新和发展,然而,二者选择的路径却迥然不同。中国式管理选择的是从理论到实践的研究路径,研究者凭借传统哲学理论与古代历史文化的认知优势,强调中国智慧的古为今用,追求理论对管理实践的指导作用。中国管理模式选择的则是从实践到理论的研究路径,研究者凭借对现代企业管理实践的深刻把握,强调中国智慧在管理中的积累创新,追求在实践中总结提升出各种管理规律。闫氏等期望通过管理学界和企业管理界的共同努力和不断交流,可以使中国式管理与中国管理模式在理论和实践的双向融通、相反相成中不断发展,进而实现中国特色管理思想的世界崛起。

白星星(2014)曾通过"中国管理学""和谐管理""中国管理实践""管理学在中国""管理哲学""本土研究""和合管理""中国式管理""中国特色管理""东方管理""整体管理""道本管理"十二个关键词搜索,并做重复及不相关处理,共得到文献455篇,研究工具为Citespace软件,利用该软件提供的一系列基本方法,深入分析了当前中国式管理研究现状,并对其未来的研究趋势进行了预测。白氏认为中国式管理研究当前的热点可以分为两方面,分别是中国管理的理论和中国的管理理论;研究前沿是对现有研究方法的"思考",对创建中国管理体系的"思考"。结合当前国内有关中国式管理研究的四大重要会议,可知未来的重点将更多地放在对中华优秀传统管理文化的深入研究和规范研究方法的使用。

至此,我们对于"中国管理学""中国式管理"便有了更清晰的认识。本书每章最后一节里的"大数据、AI等商务智能融入映射内涵"和"中国新时代管理的淬炼与反思"便紧紧呼应上述习近平在中共十九大报告中所提中国特色社会主义进入新时代的重大意义之"三个意味着"的中华民族伟大复兴、中国科学社会主义强大活力以及解决人类问题的中国智慧和中国方案。

三、致谢

本书的编著者是厦门大学嘉庚学院管理学院的优秀教师,他们是:

副主编:

朱　泳(工商与项目管理教研室主任,负责编写第1章、第6章)

黄俊毅(旅游管理教研室主任,负责编写第2章、第7章)

编著者：

张菊香（管理学院党总支书记，核心骨干教师，负责编写第9章）

范　爽（核心骨干教师，负责编写第4章）

张彩霞（核心骨干教师，负责编写第8章）

刘倩雯（核心骨干教师，负责编写第5章）

杜强国（核心骨干教师，负责编写第10章）

张永刚（核心骨干教师，负责编写第3章）

感谢所有参与编著的教师们，感谢厦门大学出版社眭蔚的支持与协助，感谢本书所参考的所有相关文献的专家前辈们的前期努力与指引。本书只是在“新时代”的挑战里，为编著更贴近“中国”或“中国式”“中国风格”“中国特色”的管理学教材的微薄努力。由于编著者们才疏学浅，疏漏不足之处在所难免，敬请各方先进贤达不吝批评指正。

厦门大学嘉庚学院管理学院　颜明健

2022年5月

参考文献

[1]李正华.新时代的深刻内涵和重大意义[J].当代中国史研究，2018(1)：6-10.

[2]陈理.深刻理解新时代的依据、内涵和意义[J].党的文献，2019(3)：3-15.

[3]刘文瑞.管理学在中国[M].北京：中国书籍出版社，2018.

[4]吕成.浅述“中国式管理”领域内的两大知识体系[J].商场现代化，2010(9)：17-19.

[5]曾仕强.中国式管理[M].北京：中国社会科学出版社，2006.

[6]曾仕强.中国式管理[J].企业文化，2005(8)：76-79.

[7]成中英.C理论：中国管理哲学[M].上海：学林出版社，1998.

[8]苏东水.东方管理学[M].上海：复旦大学出版社，2006.

[9]苏东水.东方管理学思想的兴起[J].上海企业，2005(10)：73-75.

[10]苏东水.东方管理学说的创新与实践[J].广西经济管理干部学院学报，2014(1)：102-104.

[11]闫秀敏，曾昊，于文波.中国式管理与中国管理模式的理论辨析[J].管理学报，2011(9)：1269-1274.

[12]白星星.中国式管理研究的Citespace分析[D].大连：东北财经大学，2014.

[13]黄如金.中国式管理的灵魂[J].经济管理，2008(18)：60-68.

[14]席酉民，刘鹏，孔芳，等.和谐管理理论：起源、启示与前景[J].管理工程学报，2013(2)：1-8.

[15]席酉民，尚玉钒，井辉，等.和谐管理理论及其应用思考[J].管理学报，2009(1)：12-18.

[16]黄如金.和合管理：探索具有中国特色的管理理论[J].管理学报，2007(2)：135-140.

[17]潘承烈，中国式管理初探[J].管理观察，2008(7)：35-36.

[18]田志龙，王浩.中国管理实践研究的路径[J].管理学报，2011(2)：159-163.

目　录

管理工具索引

第1章 导 论

本章学习重点：

了解管理的由来；掌握组织的特征与组织资源；理解管理学的特点；理解管理的定义与内涵；掌握管理的职能；理解管理的科学性与艺术性；掌握管理者的类型；理解管理者的角色与技能；认识管理的本质；掌握管理者的职责与素质要求；了解企业管理智能化；认识大数据驱动下的管理；了解新时代的中国企业管理。

核心知识点：

1.管理学(management)
2.管理(manage)
3.计划(plan)
4.组织(organize)
5.领导(lead)
6.控制(control)
7.创新(innovate)
8.效率(efficiency)
9.效能(effectiveness)
10.管理者(manager)
11.管理者角色理论(manager's role theory)
12.管理技能(management skills)

开篇案例

海尔：一家输出管理模式的先驱企业

2017年9月，加里·哈默、马歇尔·梅耶、斯图尔特·克雷纳等世界管理大师云集青岛，分享海尔人单合一模式的研究成果。在这之前的2015年11月，张瑞敏入选Thinkers50榜单，斯图尔特·克雷纳在颁奖典礼结束接受采访时说道："海尔的管理真的具有启发意义和创新精神，过去我们从西方的企业中寻求灵感，现在我放眼全球，海尔就是在管理创新上最杰出的企业之一，这也是张瑞敏获奖的原因。海尔给员工极大的自由，来激发创业灵感，弱化层级结构，去除中间层，比很多西方企业更主张开放、自由和合作。"多年来，在各种质疑和挑战中，张瑞敏不断地"自以为非"，从内部打破自己，推动着海尔进行一次次的自我革命。经过多年的坚持与埋头苦干，海尔模式已获得国内外企业界与学术界的诸多认可。

1984年被视为"中国企业元年"，在这一年张瑞敏就任青岛电冰箱总厂（海尔前身）厂长。他从"不准在车间里大小便""工作时间不准喝酒、不准睡觉、不准赌博"等13条管理规定开始，以带头砸毁有质量问题的76台冰箱为标志，义无反顾地开启了海尔漫长而无间断的管理创新之路。其实从创业至今，海尔一直在学习西方先进和前沿的管理理论与方法，如当初的"管理十三条"就是西方科学管理的基本要求。但海尔与众不同的是，它将西方管理理论与中国传统哲学智慧、中国制度情境和中国企业的实践问题结合起来，不断地进行融合式创新，从而在长期的历史积淀中发展出一套自成体系的人单合一模式。

从"激活休克鱼""相马不如赛马""日清体系"，到"自主经营体""倒三角组织""人人都是CEO"；从"网络化战略""平台型企业""智能互联工厂"，到"生态品牌战略""链群组织""智能合约"等，鲜有一家企业像海尔一样持续地进行自我摧毁和管理创新，也鲜有企业家像张瑞敏那样对时代格局和管理思想如此敏感，他不断地通过管理模式创新来推动着企业的转型升级和稳步增长。在海尔，"创造性破坏"的"企业家精神"已经充斥每个角落，经典管理理论的组织设计原则、领导与激励理论在这里已无踪影。与熊彼特提出的"企业家精神"仍旧强调企业家的英雄作用不同，张瑞敏在海尔打造的"企业家精神"更进一步，他希望每个海尔人都能成为企业家，倡导去中心化的"企业家精神"。在这种思想指导下，海尔推行了一系列"大爆炸式创新"。近年来，海尔集团管理模式创新所带来的经济效益和世界影响力逐步显现。2018年海尔集团全球营业额为2661亿元，同比增长10%；全球利税总额打破331亿元，同比增长10%；生态收入达151亿元，同比增长75%。2019年，海尔集团生态收入达273亿元，同比增长81%。在高端家电领域，高增长、高单价、高份额构成的"三高"表现成为海尔产品的新特征。2017年12月6日，中国海尔卡奥斯工业互联网平台探索的大规模定制成为国际四大标准组织之一美国电气与电子工程师协会（IEEE）认定的国际标准，这是全球首个由中国企业主导制定的智能制造标准，是继中国产品和中国品牌之后，全球制造舞台上首次出现中国方案和中国模式。

2018年1月6日，在海尔集团创新年会上，张瑞敏的演讲题目是《生活X.0：定制物联网时代的美好生活》。为实现这种具有“人的发展”哲学指向的战略目标，自2005年9月20日提出人单合一模式以来，海尔在各种质疑声中进行了十几年的探索。虽然这种探索远未结束，但海尔已经站在新时代中国企业模式创新的前列，并正在将企业管理的中国方案带向令人瞩目的世界舞台。2018年3月7日，张瑞敏在哈佛商学院公开讲授“创建物联网时代的商业模式”，一位中国留学生感慨地说：“他持一口淡淡的山东口音，讲着世界顶级的管理思想。”此前的3月6日，海尔集团总裁周云杰在第十三届全国人民代表大会第一次会议上发言指出，“中国不仅可以向世界输出高质量产品，也可以向世界输出中国名牌，还可以输出中国模式”，“中国方案已经走向世界舞台中央”。海尔模式贡献了新时代大变局下解决诸多管理难题的中国方案与中国模式，这种模式复制推广和对外输出，是考验其生命力与影响力的重要标准。

从最初被质疑、被否定到现在被学习、被模仿，无论外界如何评论，海尔始终如一地行走在转型和变革的模式创新道路之上。张瑞敏把互联网与物联网思维融入企业战略、组织与人员激励之中，率先走出了一条中国制造业转型升级和治愈大企业病的变革之路，海尔也因此成为一家向全球输出中国管理模式的先驱企业。

资料来源：胡国栋.海尔制：物联网时代的新管理范式[M].北京：北京联合出版有限公司，2021.

改革开放至今，中国企业努力学习西方企业的管理制度与方法，海尔、华为、联想、阿里巴巴、腾讯、百度等公司均经历过这个阶段，通用电气、IBM、雅虎等都曾经是中国企业学习和模仿的标杆性企业。中国企业最初大都从西方取得现代管理文明的火种，之后不断针对中国市场进行创新。但是中国企业创造的奇迹是，密集出现“模仿者强劲反超，而被模仿者逐渐衰落乃至销声匿迹”的现象。海尔、华为、阿里巴巴、腾讯等中国企业，充分展现了企业经营管理领域的中国自信与中国智慧。从以上这个案例中，我们可以感受到企业的成功离不开管理的不断完善与创新，对于管理的系统学习是十分必要的。本章我们将首先来认识管理以及管理者。

1.1 人类的管理活动

1.1.1 管理的由来

人类的管理活动在其开始记载自身历史之前就已发生。据古人类学家考证，晚期猿人（直立人）生活在距今150万～30万年前。晚期猿人作为一种物种，当时的生存环境并不比其他物种好。稀少的生存资源和敌对的自然环境，使得他们常常不得不以集体的力量狩猎（甚至比他们强大的）巨兽，在此过程中要求有相当程度的计划和协作活动。到距今5万～1万年前，晚期猿人的脑量不断增大，使其进化成智人。智人智力的提高使得工具得到大大改善，男人外出捕猎的收获量明显提高，人类社会由母系社会逐渐过渡到父系社会，男人从此获得了对家庭和社会的支配权。同时，人们发现，在采集食物、防御敌害和照料家庭的相互活动中如能建立起集团和部落，就能更好地保护和促进他们的利益。随着人类的逐渐进化，人与人之间的相互联合也越来越成为一种自觉选择。在这一进程中，组织随之形成。由此看来，工具和组织是人类胜过他们在自然界的敌人得以生存和发展的硬件条件和软件条件。因此，人类为了生存需要保护其组织的生存。组织的规矩及内在的生产关系、权力和利益分配模式也随同知识和技术一代代流传和发展，久而久之便形成了大家都认可的有关家庭、部落、教会、军队和国家在经济、政治、社会和宗教方面的法规。正是这些流传下来的法规条文和历史遗迹使我们看到了最早期的管理思想。

把管理作为一门学科进行系统研究，虽然是最近一二百年的事，但是管理实践却和人类历史一样悠久，至少可以追溯到几千年以前。生活在幼发拉底河流域的苏美尔人(Semites)早在公元前5000年就开始了最原始的记录活动，这也是有据可考的人类历史上最早的管理活动。

随着人类社会的发展，管理的思想在逐步地丰富和发展。从公元前3000年的古巴比伦国的寺庙管理，到“四大文明古国”的辉煌历史与成就，无不折射出古人管理思想的光辉(详见本书第2章)。工业革命的到来，使资本主义生产力突飞猛进地发展，同时对管理的范围、职能和要求有了新的内容，特别是要适应资本主义大工业企业的生产、经营的需要。于是，在20世纪初，以泰勒(F.W.Taylor)为代表的工程师们对管理进行了正规而又系统的研究。泰勒的科学管理理论的提出，揭开了管理研究的序幕。

德鲁克在《管理的实践》(1954)中说:“管理作为一种基本的、独特的和主要的制度，它的出现是社会历史中具有重大意义的事情。过去很少(如果不是没有的话)有任何一种新的根本性的制度，一个重要的群体，曾像管理自20世纪以来这样迅速出现。在人类历史中，很少有一种新的制度能如此迅速地证明其自身的必不可少;而更少见的是，一种新的制度在出现时遇到的阻力如此之少，引起的混乱如此之少，引起的争论如此之少……管理，主要负责使资源具有生产效率，即负责取得有组织的经济进步的社会机体，反映出时代的基本精神。”

可见，管理的出现，对人类而言，意义不亚于蒸汽机的发明，它们都使人类的社会生产活动更具效率。蒸汽机使各种机器有了新的强大的动力，引发了人类历史上第一次技术革命，使人类进入一个新的时代——蒸汽机时代;而管理使人和各种互不相关的资源组合成一个总系统，并在达到目标的过程中，使系统内各种人和各项工作得以统一和协调。所以，管理发展成为科学是人类社会组织的重大变革，它把人们带入一个有序而高效的时代。管理是20世纪发展最快的社会科学，也是我国改革开放40多年来发展最快的社会科学。

管理是人类协作和共同劳动的产物，管理成为协调个人努力必不可少的因素。通过管理，组织才能够形成一种整体的力量，以完成单独个人力量的简单总和所不能完成的各项活动，实现不同于个人目标的组织总体目标，即“1+1>2”的协同效应;人类社会通过管理来保障组织活动的秩序性和效率性，有效地达到预定的目标。

对于管理产生的原因，人们通常提到共同劳动产生了管理。因为两个或两个以上的人在一起劳动，必然就会产生相互之间的协调问题。

❋ 管理故事 1-1

一条裤子

一家有姐妹两个孩子，妹妹总是穿姐姐穿小了的衣服。新学期又开始了，妹妹找出一条姐姐穿过的裤子，让妈妈帮她剪短缝好，妈妈说："我工作忙，你找奶奶帮你改吧。"妹妹找到奶奶，让奶奶帮她剪短缝好，奶奶正打牌呢，让她找姐姐帮她改。妹妹又找到姐姐，让姐姐帮她剪短缝好，姐姐也忙着准备开学，说："你找妈妈帮你改吧。"能找的三个人都找过了，妹妹不知道还能找谁了。到了晚上，妈妈想到小女儿的不容易，抽空把裤子剪短缝上了。奶奶心疼小孙女，也把裤子剪短缝上了。姐姐心疼妹妹，又把裤子剪短缝上了。结果裤子短得不能穿了。

共同劳动的确需要管理，但并不意味着只有共同劳动才需要管理。事实上，我们每一个人作为个体同样会面临目标与目标之间（如生活目标及工作目标与学习目标）、人与人之间（如家庭成员之间、朋友之间）、资源与资源、活动与活动之间（如时间安排）的协调问题，也就是说，个人也需要管理（通常称为自我管理）。这就说明，共同劳动是组织或团队管理产生的原因，但不是管理产生的根本原因。

那么，到底是什么导致了管理的产生呢？从每个人对目标、资源、活动等进行协调的目的来看，管理产生的根本原因在于人的欲望的无限性与人所拥有资源（时间、资金、精力、信息、技术等）的有限性之间的矛盾，如图 1-1 所示。组织也是如此，管理是为解决资源的有限性与人们需求多样性矛盾的产物。每个组织所拥有的资源尽管在质量、数量、种类上不尽相同，但相对于人们的需求来说却是有限的。这就要求组织应该充分有效地利用这些有限的资源，而资源的充分利用程度取决于是否进行了有效的配置。良好的管理能够充分利用资源，促进组织目标的实现，推动国家经济的迅速发展。

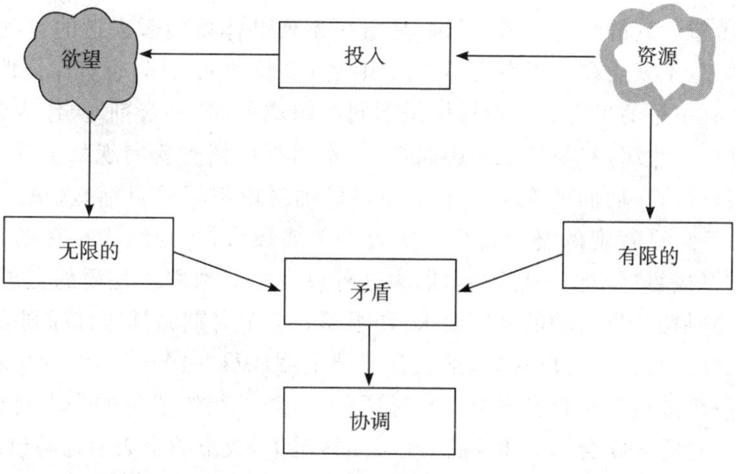

图 1-1　管理产生的原因

1.1.2 何谓组织

设想一下，当你清早被闹钟叫醒，开灯，穿好衣服，梳洗、刷牙，准备早餐，吃早点，出门步入街道，然后到车站，乘上公交车至单位。在这一系列过程中，你至少已与十多个组织发生了关系。这里涉及的组织有钟厂、电力公司、煤气公司、自来水公司、服装厂、商店、超市、公交公司等。也就是说，在平常的日子里，我们每天直接或间接地会接触到许多组织。组织是当今社会中各机构最普遍的形式。现代管理学的研究对象主要是对人类有组织的群体活动的管理。

1.组织的定义

管理寓于组织之中，因而要全面、准确地掌握管理的内涵。首先应该对组织有一个基本的认识。组织是一切管理活动的载体，也就是说，管理不可能独立于组织而存在。所谓组织(organization)，就是以结构化和协作形式共同工作来实现一系列目标的群体。组织是两个或两个以上的人的集合，组织的成员必须按照一定的方式相互合作，形成一种整体的力量，共同努力去完成依靠单独个人力量的简单相加所不能完成的各项活动，实现不同于个人目标的组织总体目标。

2.组织的特征

组织的影响是如此广泛，以至于在我们的生活中不可忽视。我们在医院出生，到派出所登记户口，进入学校接受教育，就职于某个企业或事业单位，借助公交公司的公共汽车出行，从银行申请贷款购买住房等，可以说现代人类生活在一个组织化的世界之中。上述看似迥然不同的各种组织存在着一些共同的特征。

首先，每个组织都是由两个以上的人员组成的。人是组织的主体，是组织借以开展工作、达成目标的首要因素，而且组织是两个以上人员的集合体，单独一个人是不能构成组织的。任何个人，只要符合组织所需要的素质，并愿意接受组织的约束，遵守组织的规章制度，提供组织所需要的贡献，参加组织的集体活动，都有可能成为组织的一员。

其次，每个组织都有一个明确的目的。组织的目的通常以一个或者一组目标来表达，它反映了组织所希望达到的状态。组织目标是由一系列具体指标来表达的。例如销售额、利润额、市场份额、员工素质和员工态度等。组织既有成长性的目标，也有保证性的目标；既有定性的目标，也有定量的目标。组织目标是不同组织成员的“黏合剂”。作为组织成员的个人，之所以愿意加入组织，并与其他人协同行动，是因为他们需要实现某个依靠自身的力量所无法实现的目标。在后面的有关章节中还将详细讨论组织的目标，这里只强调两点：其一，每个组织都有自己特定的终极目标。实现这个终极目标，是组织存在的理由。一般来说，每个组织的终极目标不会轻易改变，因为这种改变会导致组织性质的变更，但为实现终极目标而在不同时期从事活动的具体要求，即组织在各个时期的具体目标则会更新。其二，组织目标，包括终极目标和阶段目标，虽然要求被全体成员共同接受，但这并不意味着不允许加入组织的每个成员存在自己的个人目标，更不意味着组织成员的个人目标与整个组织的共同目标必然是完全吻合的。事实上，在很多情况下，成员的个人目标与组织的共同目标是不一致的，有时甚至是相互矛盾的。但是，组织成员仍然愿意承认和接受这种共同目标，因为他们知道自己个人目标的实现往往是以集体共同目标的实现为前提的。管理者的一项非常重要的任务是为组织选择一个能被其成员广泛接受的目标。

最后，每个组织都具有系统性的结构，用以规范和限制成员的行为。组织的结构既可以是弹性的、开放的，也可以是刚性的、严密的，但不管其类型如何，它都要求具有某些精细的特征，以便明确组织成员间的工作关系。所有组织都通过一定的程序，精心设计出一定的组织结构，如直线型、事业部型、矩阵型等（详看第 5 章“组织管理”），明确人与人、部门与部门之间纵向和横向的关系，以方便命令的传达和工作上的相互配合，使组织形成一个有机的整体，提升组织战斗力。

管理是组织活动极为重要的组成部分。人类对于管理的需要是随着社会经济的发展和组织规模的不断壮大而日益明显的。如果说简单的组织只需简单的管理，因而管理的重要性还不十分突出的话，那么时至今日，社会和经济已获得高度发展，组织的规模越来越大，组织面临的环境越来越不确定，业务作业活动越来越现代化，在这样的时代中，管理就越来越成为影响组织生死存亡和社会经济发展的关键因素。

尽管管理的基本原理和一般方法具有一定的普遍性，所有组织都可以加以运用，但是，由于不同类型组织的最终目的不同，在管理活动中所关注的侧重点也就各不一样，因此管理者在实践工作中要视不同类型组织选择适宜的管理方式和技术，有针对性地予以区别对待。

3.组织资源

管理的对象为组织中所有的资源，主要包括人力资源、物力资源、财力资源和信息资源。表 1-1 描述了不同类型的组织所运用的资源。

表 1-1　组织对资源的利用

组织	人力资源	物力资源	财力资源	信息资源
中石化	管理人员、化工技术人员、专业工人	办公楼、炼油厂	国有资本、股东投资、银行贷款、公司债券	OPEC 产油情况、地质和化学研究进展、经济形势
麦当劳	管理人员、营养专家和服务人员	门店、生产设备	股东投资、银行贷款、公司债券	食品口味、健康偏好、收入信息
国航	管理人员、飞行员、航空技术人员和服务人员	飞机和维修设备	国有资本、股东投资、银行贷款、公司债券	燃料供给、经济形势、安全统计
个人花店	服务人员	店面	个人资本	社区居民收入和消费偏好、顾客流量

（1）人力资源

在一个社会组织中，人力资源是最为重要的资源。因为人是一种活的要素，具有创造性，具有很大的潜力。如果这种创造性得以发挥，潜力被挖掘出来，就能够产生极大的动力。另外，人是具有感情的要素，其工作效率、生产积极性的发挥都受感情因素的影响，而感情因素是最难以定量化、模式化的因素。由此决定了人是一个组织中管理难度最大，也最能够体现和需要管理艺术性的管理对象。所以说，人力资源是管理的首要对象。正因为如此，现代管理才特别强调要以人为本、以人为中心。人力资源管理的首要任务就是要充分开发、利用组织内的人力资源，积极争取组织所缺乏的外部人力资源。这里要指出的是，现代管理思想的主张是：组织的人力资源的开发利用不仅仅只是对人的劳动能力的运用，在现代管理中，不断地提高成员的素质，积极地对员工进行培训，是人力资源管理最为重要的任务。传统人力资源管理的目标是人尽其才，今天的人力资源管理要在人尽其才的基础上，还要使员工的才智、才能不断地增长。本书第6章将详细阐述人力资源管理。

(2)物力资源

物力资源是人们从事社会实践活动的物质基础。任何一个组织的生存与发展都离不开一定的物质基础。对组织的物力资源管理的要求是：遵循客观事物发展规律的要求，根据组织目标和组织的实际情况，对各种物力资源进行最优配置和最佳利用，开源节流，物尽其用。要注意的是，随着知识经济时代的到来，一个组织的物力资源不仅包括组织的有形资产，还应当包括无形资产。而且在这些无形资产中，有相当一部分与人力资源联系紧密。所以物力资源管理与人力资源管理在今天已经紧密地结合起来，对知识型企业来说更是如此。

做好物力资源的管理工作，最为重要的一点是要提高物质财富的投入产出率。随着物质财富的匮乏，可持续发展的普及，无论是一个国家，还是一个企业，都不能长期靠高投入来维持高增长，提高投入产出比率是管理中的一个最基本的原则。

(3)财力资源

在市场经济中，财力资源既是各种经济资源的价值体现，又是具有一定独立性的特殊资源。虽然资金、资本等财力资源是在利用物质资源的基础上产生的，但是财力资源的分配和合理的使用，反过来对物力资源、人力资源的合理运用会产生直接的影响。特别是在市场经济中，一个普遍的现象是资源价值形式的运动引导着物质或者说实物的运动。这种现象对管理的作用就是：对组织财力资源的运用效率决定着组织其他资源的运用效率。所以，任何一个组织，都可以从财力资源运用的角度来考察其管理的水平、成效，对于工商企业来说就更是如此了。管理财力资源，目标就是要实现财尽其力，通过聚财、用财而不断地生财。

(4)信息资源

组织中的信息资源指的是各种消息、情报、数据、资料等。信息资源如同人力资源、资金、厂房、设备、钢材、水泥一样是不可缺少的重要资源。建立完善的信息系统，及时掌握必要的外部信息，在组织内部实行信息共享是决定一个组织的竞争力的关键。

管理工作中，我们时时刻刻要根据计划进展的情况、其他资源使用的情况、组织成员的情绪、环境的变化等信息来进行分析、判断，最后做决策。在管理过程中，管理者决策必须以一定的信息为前提，必须以一定的信息传递到被管理者一方去，被管理者执行决策的情况也必须通过信息反馈才可能为管理者知晓。管理工作离不开信息资源，在这一点上，可以毫不夸张地说，信息构成了管理工作的基础。特别是在市场经济体制中的企业，面临着变化剧烈的市场、各具个性的顾客、有限的资源、咄咄逼人的竞争对手，在市场里如同在战场上一样。如果企业能捕捉有利于企业发展的信息，抓住先机就能在市场竞争中脱颖而出。否则，一旦企业的竞争对手占了先机，就意味着企业开始走下坡路，步履艰难，甚至可能被清算而倒闭。

在今天的信息社会里，信息的数量太多，而且还在不断地增长，这种近乎爆炸式的增长对社会的每个组织和每个人来说都是挑战。一个组织如何去收集市场的信息、用户对自己产品或服务的意见、竞争对手的所作所为、社会经济发展状况和政策、法令等，并对收集到的信息进行分析、综合和判断，提供给决策者，在组织内部把各种信息送到相关部门，保持信息渠道的畅通，这些工作本身就是管理工作的重要组成部分。对信息资源管理的主要任务就是要根据实现组织目标管理的要求,建立完善高效的信息网络,保证管理所需要的各种信息准确、完整、及时;在组织内建立起合适的信息共享网络,为平等、互动、交流的新型管理提供条件。

在具体的管理过程中,上述四种管理对象是由不同的管理职能部门来完成的。一般的组织都应当针对上述四个方面建立起相应的管理职能部门。

4.组织的类型

组织可分为营利组织(如工商企业)和非营利组织(如公共事业单位、政府机构)。非营利组织的特点如下:

(1)服务或劳务是无形的且不能简单明确地测量,不像工商企业那样能按期以销售量、销售收入、利润率等指标衡量,比如学校的教学水平和学生质量就难以按月、日来衡量。

(2)顾客的影响比较小,缺乏及时促进的力量,如公共卫生机构往往具有垄断性而缺乏竞争,而顾客的付款又往往不是该单位的主要收入来源。

(3)职工(如医生、教师)往往较多地关心专业成就,而相对更少地关心整个组织利润。

(4)非营利性组织的财政支持者,如政府或者有名望的资助者,往往可干涉该单位的内部管理。例如,公共卫生机构因服务需要需增加医生编制,但公共管理部门不同意,就得不到批准。

(5)领导人的威信、魅力往往对非营利组织的发展起着重要的作用。

无论何种类型的组织,管理者的工作都具有共性。他们都要做决策,设立目标,构建有效的组织结构,配置和激励员工,从法律上保障组织的生存以及获得内外部的政治支持以实现计划。当然,它们也存在一些差别,对于营利组织,衡量绩效的最重要也是最明确的指标是利润;而对于非营利组织,则找不到这种一般性的指标,考核学校、博物馆、政府机构、慈善组织的绩效是相当困难的。这些组织中的管理者往往不是由市场检验他们的绩效,在非营利组织中,往往只有个人对工作成就的满意,才能成为工作的主要动力。

1.1.3 何谓管理学

1.管理学

何谓管理学?这是我们学习管理学必须明确的一个问题。

管理是各类组织都具有的活动,不论何种类型(如经济组织、政治组织、社会组织、公益组织等)、何种规模(如大规模或小规模)及何种领域(如人力资源、计划、财务、市场营销及公务员管理、医生管理等)都存在管理问题。管理学对这些管理活动的普遍规律和基本原理进行研究。

管理学(management)是研究各类管理活动的产生、发展的普遍规律、基本原理和一般方法的科学;管理学是一门基础学科,是各类专门管理学科的理论基础。

管理活动是普遍存在的,但是不同性质的组织有其独特的内涵,管理的内容不同,方法也不尽相同,在此基础上进行科学的总结和概括可以形成各具特色、专门性强的管理科学。正如前所述,可以根据是否以营利为目的,把组织分成两大类:一类是以企业为代表的营利性组织,另一类是非营利性组织。这两类组织的目的不同、性质不同、管理思想不同,但作为普遍性的规律来研究,可以有企业管理学、行政管理学、教育管理学等。

如果按组织所处的行业或行业的细分来研究,可以有农业管理、林业管理、旅游管理、医院管理等。上升到整个国家整个社会层次,可以有国民经济管理学。当然也可以研究具体的管理活动，如人力资源管理、投资管理等。

既然管理活动涉及社会的各个方面，不同的领域、不同的范围、不同的组织、不同层次的组织都会有自己的特殊内容，出现不同专业性的管理学是一点也不足为怪的，但是管理学所研究的是管理中的普遍规律和原理，因此这些基本原理加上所研究对象的特殊性，就构成了各种专门性的管理学，管理学是管理科学中的基础。

我们的管理学编写内容，就是根据管理定义，举凡涉及管理的基本概念和定义、管理基本职能和原理及其具体方法等都囊括其中，其中的组织涵盖公司及一般非营利性机构、团体。

2.管理学的特点

管理学是一门系统地研究管理活动的基本规律和一般方法的科学。它作为一门科学，具有以下学科特点。

(1)管理学是一门具有很强的实践性特点的应用科学。管理学是人们长期从事管理实践活动的理论总结。它是在管理实践经验的基础上，吸取和运用有关其他学科的研究成果，经归纳提高而形成的管理的系统知识。管理学源于管理实践，反过来又指导管理实践，为管理所运用和为管理实践服务。因此，干学结合才能真正领悟管理学的真谛。

(2)管理学是一门具有很强的综合性特点的交叉学科。管理学是建立在自然科学和社会科学知识基础上的交叉性学科。管理过程的复杂性、动态性和管理对象的多样性决定管理所借助的知识、方法和手段的多样性，因而管理学的研究也必然涉及众多学科，主要有经济学、哲学、心理学、谈判学、生理学、会计学，以及数学、统计学、预测学等学科的知识。

(3)管理学是一门具有很强动态性特点的发展中学科。管理学的建立和发展，有其深刻的历史渊源。管理学发展到今天，经历了许多不同的历史发展阶段，在每一个历史阶段，由于历史背景不同，产生了各种管理理论。这些理论，有的已经过时，有的仍在发挥作用，但总的来说，管理学被作为一门科学来研究还只有百年时间，因此它还是一门非常年轻的学科，还处于不断更新、完善的大发展之中。同时，作为一门与社会经济发展紧密相连的学科，它也必将随着经济的发展和科技的进步而进一步发展。

(4)管理学是一门不精确的科学。经过几十年的探索、总结，已形成了反映管理过程客观规律的管理理论体系，据此可以解释管理工作中过去和现在的变化，并预测未来。因此它是一门科学，但它不像自然科学那么精确。人们通常把在给定条件下能够得到确定结果的学科称为精确的科学，如数学。管理则不然，在管理学中几乎不存在纯粹的定律。这主要是因为影响管理的因素众多，而且管理主要是与人打交道，不可控的因素太多，人们只能借助假定或人为的分析，进行定性和定量结合的研究。

正因为管理是一门科学，所以我们能通过学习掌握其基本原理并据以指导实践。因管理学是不精确的科学，所以在实际运用时要具体问题具体分析，不可生搬硬套。

1.2　管理的定义与职能

1.2.1 管理的定义

自 19 世纪末 20 世纪初管理学形成至今，关于管理的概念问题，学术界提出各种各样的见解。什么是“管理”，从不同的角度出发，可以有不同的理解。从字面上看，管理有“管辖”“处理”“管人”“理事”等含义，即对一定范围的人员及事务进行安排和处理。但这种解释不可能严格地表达出管理本身所具有的完整含义。关于管理的定义，至今仍未被人们所公认和统一。长期以来，许多中外学者从不同的研究角度出发，对管理做出了不同的解释(图 1-2)。

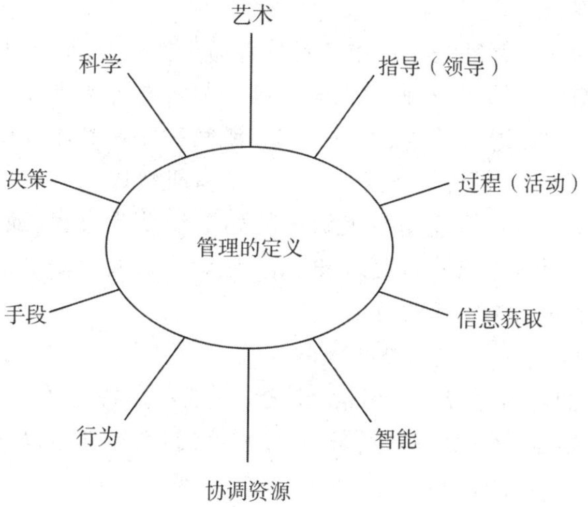

图 1-2　管理究竟是什么

1.国外学者代表观点

玛丽-帕克-福莱特(Mary Parker Follett,1942)：管理是通过其他人来完成工作的艺术。

唐纳利(Donnelly)、吉布森（Gibson)和伊凡塞维奇(Ivancevich,1971)：管理是一个协调个人和集体的努力来达到群体目标的过程。

特里(Terry,1972)：管理是一个易识别的过程，这个过程的目的是通过人力资源和其他资源的利用来达到既定目标。

孔茨(Koontz)和奥・唐纳(O. Donell,1972)：管理涉及在经营组织中创造和保证某种内部环境，在这个内部环境中，以群体形式组织在一起的个人能有效地工作去达到群体的目标。

邓(Dun)、史蒂芬(Stephens)和凯利(Kelly,1973)：管理是一种包括工作组织中一系列任务、职责和关系的职能。

麦克法兰德(McFarland,1974)：一个管理人员通过系统的、协调的、合作的人类活动来创造、引导、保持和运作有目标的组织的过程。

赫伯特・西蒙(Herburt Simon)：管理就是决策。

孔茨(Koontz):管理是在正式组织中,通过他人并同他人一起把事情办妥的艺术。

法约尔(Fayol):管理就是实行计划、组织、指挥、协调和控制。

路易斯·布恩和戴维·克茨(Boone and Kurts,1984):管理就是使用人力及其他资源去实现目标。

斯蒂芬· P.罗宾斯和玛丽·库尔塔(Robbins and Coultar,1996):管理是与其他人一起并且通过他人来切实有效地完成活动的过程。

帕梅拉·S.刘易斯、斯蒂芬·H.古德曼和帕特丽夏·M.范特(Lewis,Goodman and Fandt,1998):管理是切实有效地支配和协调资源,并努力达到组织目标的过程。

沃伦·R.普伦基特和雷蒙德·F.阿特纳(Plunkett and Attner,1997):管理是一个或多个管理者单独或集体通过行使相关职能(计划、组织、人员配备、领导和控制)和利用各种资源(信息、原材料、货币和人员)来制定并达到目标的活动。

2.国内学者代表观点

杨文士和张雁(1994):管理是组织中的管理者通过实施计划、组织、人员配备、指导与领导、控制等职能来协调他人的活动,使别人同自己一起实现既定目标的活动过程。

徐国华(1998):管理是通过计划、组织、控制、激励和领导等环节来协调人力、物力和财力资源,以期更好地达成组织目标的过程(构成一个有机整体)。

周三多和陈传明(1999):管理是指组织中的如下活动或过程:通过信息获取、决策、计划、组织、领导、控制和创新等职能的发挥来分配、协调包括人力资源在内的一切可以调用的资源,以实现单独的个人无法实现的目标。

3.本书定义

综合各家之说我们认为,管理(manage)是指:管理者在特定环境下,对组织所拥有的资源(人力、物力、财力、信息)进行计划、组织、领导和控制,创造性地以有效率和有效能的方式来实现组织目标的过程(如图 1-3)。

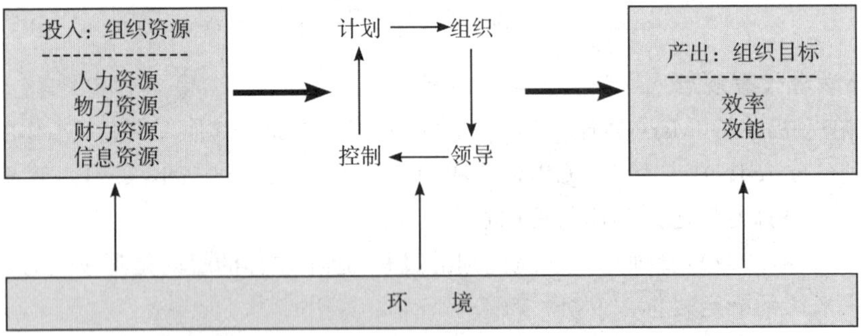

图 1-3　管理的定义

该定义主要包含以下几层含义:

(1)管理的主体,即管理者。虽然管理者在行使管理职能时要受到各种因素的影响,但是管理者的素质与管理工作的绩效有密切的关系。好的管理者可以点石成金,差的管理者往往点金成石。德鲁克认为,管理者有 3 个层次的责任:第一个责任是管理一个组织,第二个责任是管理管理者,第三个责任是管理工作及工人。

(2)管理的客体,即管理对象。它是管理主体施加影响的人和事。通常,一切组织活动都是由人力、物力、财力、信息等要素及各要素间的相互关系构成的，因此，管理的客体就是人力、物力、财力、信息等要素及各要素间的相互关系。

(3)管理活动，包括管理职能和按管理职能要求所进行的实际活动。管理的职能是对管理工作的实质进行概括。所谓职能，是指人、事物或机构应有的作用，“职能”一词在这里是“活动”“行为”的意思。管理工作是由一系列相互关联、连续进行的活动构成的。管理的职能就是管理者执行其职责时应该做什么。管理职能是管理者开展管理工作的手段和方法，也是管理工作区别于一般作业活动的重要标志，是每个管理者都必须做的事情，是管理理论研究和管理实践的重点。管理的实质性内容是一致的，管理的本质是一个有意识的活动或过程，具体地说，管理是为组织目标进行的活动或过程，管理的基本职能是由计划、组织、领导、控制等一系列相关的活动构成的。管理者必须认真研究并合理运用各项管理职能，才能提高管理效率，高效地完成管理任务。

(4)管理的目标。管理的目标是组织目标的体现，是管理的出发点和归宿。管理的直接目标就是追求效率。管理的终极目标就是追求效能，但是，仅仅追求效益是不够的，还必须注意管理的效率。管理的目标应该是效能与效率的统一(如图 1-4)。

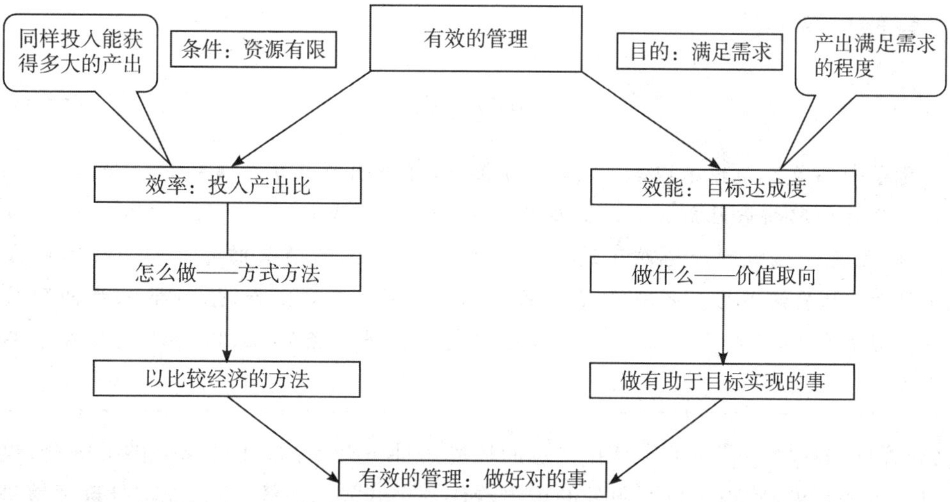

图 1-4 管理的目标应该是效能与效率的统一

所谓效率(efficiency)，指的是聪明地利用资源和实现成本效益。效率强调系统输入与输出的关系。对于给定的输入，如能获得更多的输出，就提高了效率；对于较少的输入，能获得同样的输出，同样也提高了效率。因为管理者经营的输入资源是稀缺的(资金、人员、设备等)，所以他们必须关心这些资源的有效利用。因此，管理就是要使资源利用成本最小化。

所谓效能(effectiveness)，指的是制定正确的决策并且成功地予以实施。管理还必须使活动实现预定的目标，即追求活动的效能。当管理者实现了组织的目标时，就是有效能的。因此，效率涉及的是活动的方式，而效能涉及的是活动的结果。

效率和效能是互相联系的(如图 1-5)。组织可能是有效率的，但可能是无效能的，那种把错事干好的组织就是如此；当然，在更多的情况下，高效率还是与高效能相关联的。管理活动既要追求效能，又要追求效率，即要努力以尽可能低的成本实现组织目标。

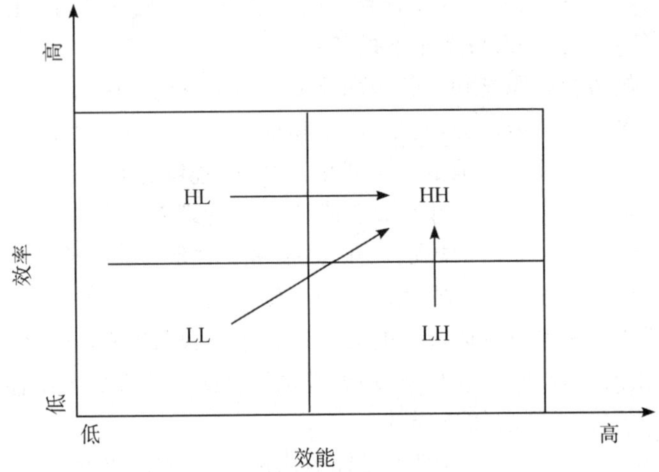

图 1-5　效率和效能关联图

管理故事 1-2

龟兔重赛

兔子与乌龟赛跑输了以后,总结经验教训,并提出与乌龟重赛一次。赛跑开始后,乌龟按规定线路拼命往前爬,心想:这次我输定了。可当它到了终点,却不见兔子,正在纳闷时,见兔子气喘吁吁地跑了过来。乌龟问:"兔兄,难道又睡觉了?"兔子哀叹:"睡觉倒没有,但跑错了路。"原来兔子求胜心切,一路上埋头狂奔,恨不得三步两蹿就到终点。估计快到终点了,它抬头一看,发觉竟跑在另一条路上,因而还是落在了乌龟的后面。

(5)管理的环境。管理工作是在一定的环境条件下开展的,环境既提供了机会,也构成了威胁。也就是说,管理应将所服务的组织看作一个开放的系统,不断地与外部环境进行沟通与交流。正视环境的存在,一方面要求组织为创造优良的社会物质环境和文化环境尽社会责任;另一方面,管理的方法和技巧必须因环境条件不同而随机应变,没有一种通用的、万能的在任何情况下都能奏效的管理办法。审时度势、因势利导、灵活应变对管理成功至关重要。

(6)管理的载体。管理的载体是组织。管理不能脱离组织而存在,同样,组织中必定存在管理。

(7)管理的核心问题是协调。协调是使每个人的努力与组织预期目标相一致。每一项管理职能、每一次管理决策都要进行协调,都是为了协调。

(8)管理发展的主要动力是变革与创新。生产力的迅速发展推动着社会生产方式的不断进步,尤其在科学技术日新月异的现代社会,社会生产的组织方式正处于一个持续变革的过程之中。管理实践中不断涌现的新问题、新情况推动着管理技术和手段不断革新,从而使管理思想和理论不断丰富和完善,管理理论上的重大突破同时又反过来指导实践,促使组织的管理成效实现质的飞跃。因此，这种根据新形势而发生的迅速的、连续的、根本的变革与创新成为管理发展最主要的动力。

管理故事 1-3

比老虎跑得快

两个人爬山，路上遇见一只老虎。其中一个人立即蹲下来绑鞋带。另一个人笑他："难道你能跑得比老虎快？"绑鞋带者说："不，我不用跑得比老虎快，我只要跑得比你快就足够了！"

1.2.2 管理的职能

管理的职能即管理的职责和功能，通俗地讲，其所探讨的是"管理者做什么"的问题。管理者只有在明确自己的工作任务和职责要求之后，才能运用适宜的管理方法和手段以及组织所赋予的权力，有针对性地开展管理活动，并承担相应的责任。反之，管理者如果凭感觉做事，想起什么做什么，则可能造成"该做的事情无人干，不该插手的事情偏要管"的混乱局面，这非但无益于组织目标的实现，甚至会徒然耗费有限的精力和资源。因此，对管理职能的准确界定，无疑具有非常重要的意义，它是达成管理目标的前提条件。

1.不同学派的观点

正如学者们对管理的内涵都各具见解一样，管理领域的不同学派在考察管理的职能时，也从各自的视角来观察管理者的实际工作，从而得出不同的研究结论。下面简单介绍几个重要学术流派关于管理职能的主要观点。

(1)管理过程学派的先驱亨利·法约尔认为，所有的管理者都在从事计划、组织、指挥、协调和控制工作。随后，卢瑟·H.古利克(Luther H. Gulick)在法约尔关于管理职能论述的基础上，发展并形成了他的管理"七职能论"，即著名的"POSDCRB"。古利克指出，管理的七种职能分别是计划(planning)、组织(organizing)、人事(staffing)、指挥(directing)、协调(coordinating)、报告(reporting)和预算(budgeting)。

(2)社会协作系统学派的代表人物切斯特·巴纳德(Chester Barnard)认为，组织中的管理人员有以下三项职能：①建立和维系一个信息联系的系统；②从组织成员那里获得必要的服务；③规定组织目标。

(3)决策理论学派的赫伯特·A.西蒙则认为，"管理就是决策"。

(4)经验主义学派关于管理职能的论述十分详细，主要包括以下五个方面：①树立目标并决定为达到这些目标要做些什么，然后把它传达给与目标的实现有关的人员；②进行组织工作；③进行鼓励和联系工作；④对企业的成果进行分析，确立标准，并对企业所有人员的工作进行评价；⑤使员工得到成长和发展。

(5)管理思想史学家林德尔·F.厄威克(Lyndall F. Urwick)认为，管理者主要承担计划、组织和控制三大职能。

各个学派从不同的角度阐释了其对管理职能的看法，这有利于我们全面认识管理工作的面貌，并在此基础上就"管理者做什么"做出自己的判断。

2.本书对管理职能的界定

关于管理职能的划分可谓仁者见仁,智者见智。本书参考各个学派的主要观点,认为组织中各级管理者所承担的基本职能有四类,分别是计划(planning)、组织(organizing)、领导(leading)和控制(controlling),如图 1-6。

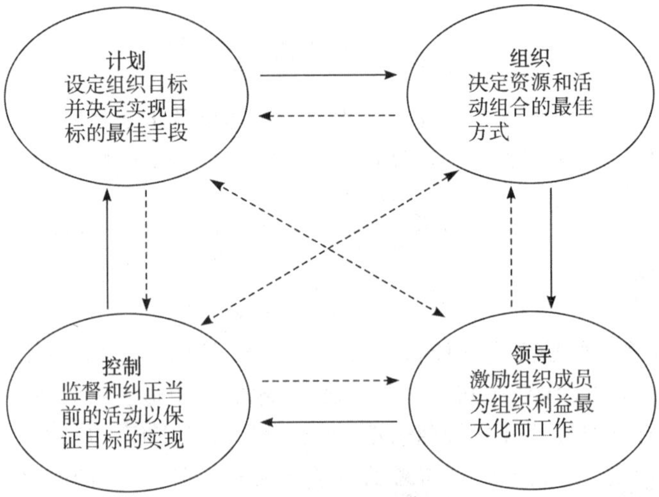

图 1-6　管理职能

(1)计划

计划是指根据组织的内外部环境,并结合自身的实际情况,制定合理的总体战略和发展目标的过程。通过工作计划将组织战略和目标逐层展开,形成分工明确、协调有序的战略实施和资源分配方案。计划描绘了组织的未来蓝图,指明了组织发展的前进方向,为管理者的日常决策提供了必要的依据,为组织成员的工作绩效提供了考评标准,因而无论环境如何复杂动荡,都不应该忽视计划职能的重要性。

(2)组织

组织主要是指在战略和目标的指导下,明确组织当前的工作任务并对任务进行分类与整合,通过设置一系列的机构和职位来承担这些工作任务,同时,通过明确组织中的指挥链并进行相应的职责和权限划分,构建起完整的组织管理体系。简言之,组织工作是一个“搭台子、组班子、定规矩”的连续动态过程,是落实组织目标和工作计划并确保其有效执行的必要环节。组织是从事管理活动的载体,包括对组织结构和组织行为的分析和研究。组织职能是指管理者为实现组织目标而建立与协调组织结构的工作过程。组织是实现计划的保证,为了完成计划、实现组织目标,必须建立起一个合理、高效的组织系统。具体来说,组织就是按照组织目标,将各个要素、各个部门、各个环节等,在空间和时间的联系上,在上下左右的关系上,在劳动的分工协作上,合理组织起来,形成一个有机的整体,使组织内的人、财、物、信息等资源得到最合理的使用,以便保证计划的实现。

(3)领导

领导是指在组织确立之后,各级管理者利用组织赋予的权力和自身的影响力,指导和影响组织成员为实现组织目标所做出的努力和贡献的过程与艺术。领导指充分利用各种方法和手段对下属进行有效的激励,并为下属提供必要的指导和支持,以集中精力、实现组织预定目标的过程。有效的领导不仅需要管理者掌握丰富的沟通技巧，与下属进行充分的交流，掌握其思想和工作动态，充分挖掘新的激励点，还要求管理者发展独特的组织文化，营造和谐的工作氛围，为组织内部的良性竞争提供健康有序的环境条件。

(4)控制

控制是指为确保组织目标的顺利实现，遵照一定的科学程序，对组织内部各项工作的进展情况与实际效果进行监控和评估，并在其偏离预定轨道时及时采取措施加以纠正的过程。控制活动可以使工作失误得以及时发现和迅速补救，有助于组织从整体上维护自身的根本利益，因此，它贯穿于管理过程的始终，是组织获得成功的重要手段和必要保障。管理控制的手段虽然多种多样，但其目的都在于使组织适应环境的变化，限制偏差的累积，以保证计划目标的实现，或根据客观环境的变化，适时地做出相应的调整。

管理故事 1-4

爱丽丝和猫的对话

“请你告诉我，我该走哪条路?”爱丽丝说。

“那要看你想去哪里。”猫说。

“去哪儿无所谓。”爱丽丝说。

“那么走哪条路也就无所谓了。”猫说。

——摘自刘易斯·卡罗尔的《爱丽丝漫游奇境》

3.管理职能的关系

当然，管理的实际情况比我们所描述的管理职能要复杂千万倍，计划、组织、领导和控制四项职能并不存在泾渭分明的界限。管理者在从事实际工作时常常会发现，上述四项管理职能并不是独立存在的，职能间常常是你中有我、我中有你，既彼此包含，又相互推动，因此，将管理者所履行的职能描述为一种过程的观点更为符合实际情况。换言之，管理者在进行管理时始终处于一种过程当中，以连续、循环的方式从事着计划、组织、领导和控制活动。四项管理职能是相互关联、相互制约、不可分割的一个整体。通过计划职能，明确组织的目标和方向；通过组织职能，建立实现目标的手段；通过领导职能，把个人工作与所要达到的组织目标协调一致；通过控制职能，检查计划的实施情况，保证计划的实现，进而推进新的计划。如此循环不息，把工作不断推进向前。从四项职能在时间方面的逻辑关系来看，它们通常按照一定的先后顺序发生，即先计划，继而组织，然后领导，最后控制。但从不断持续进行的实际管理过程来看，在进行控制工作的同时，往往就开始编制新的计划或修改原计划，并进入新一轮的管理活动，这意味着管理过程是一个各职能活动周而复始的循环过程。而且由于管理工作过程的复杂性，实际的管理职能并不一定会按某种固定的模式顺序依次进行，往往是交错的。不同的组织状况，各个职能的作用程度不同；同一个组织中，各个管理层次管理职能的重点也不同。在管理工作中，要根据实际情况，综合地利用这些职能，才能收到良好的效果。管理的这四项职能的运用，归根结底是为了实现组织的目标。

1.2.3 管理的科学性与艺术性

管理既是科学，又是艺术。

首先，管理是一门科学。科学是关于自然、社会和思维的知识体系，是人们实践经验的总结和概括。管理的科学性是指管理作为一个活动过程，存在着一系列客观规律、原则、制度和方法。管理由传统走向现代，就是一个由经验走向科学的历程。时至今日，人们通过总结管理中的大量成功经验、失败教训，抽象归纳出管理的一些基本原理和原则，这对管理效率和效能的提高有着直接的意义。美国著名的管理学家孔茨说："医生如果不掌握科学，几乎跟巫医一样。高级管理人员如果不具备科学管理知识也只能碰运气，凭直觉，或者按老经验办事。"人们利用这些理论和方法来指导自己的管理实践，又以管理活动的结果来衡量管理过程中所使用的理论和方法是否正确、是否行之有效，从而使管理的科学理论和方法在实践中得到不断的验证和丰富。因此说管理是一门科学，是指它以反映管理客观规律的管理理论和方法为指导，有一套分析问题、解决问题的科学的方法论。公司战略的分析和设定，公司组织结构的规划，管理层次的划分，管理幅度的设定都有着特定的方法，管理决策需要预测，运用统计方法，需要考虑各种情况发生的概率，从而最终做出能够使公司获利的决策，所有这些都证明管理是科学，并不是拍脑袋就能出来的。优秀的管理者都通晓管理学，用众多的科学工具来武装自己，而不只是凭借经验去管理。

其次，管理又是一门艺术。这主要由于管理的主体与客体皆离不开"人"。管理的所有活动都不得不受人的情感、意志、个性、能力等诸多无法用科学方法检测和度量的非理性因素制约。管理的艺术性，指管理者在管理实践活动中对管理原理和管理理论运用的灵活性及对管理方式与方法选择的技巧性与创造性。管理者仅凭书本知识，背诵管理理论和公式进行管理活动是不行的。成功的管理技巧需要管理者通过很多年、很多事情的积累才能领悟到。管理者的经验可以说是管理艺术性的基石。管理的艺术性包含了管理者在管理实践中创造性、灵活性地将管理理论与管理活动相结合。管理没有一成不变的模式，没有放之四海而皆适用的灵丹妙药。管理的艺术性是由两个方面决定的：其一，管理总是在一定环境中的管理，而管理的环境总是不断变化的，因此为了适应环境的变化，管理也应当是灵活的。其二，管理是由管理的主要对象，即人的主观能动性及感情所决定的。感情是最难数量化、模式化的东西。它的变化确有一定的规律，但又带有相当的不确定性。因此，管理的基本原理和方法必须与现实结合，灵活地运用，才能解决实际中的问题。管理的艺术性导致每一个管理者的管理思维、管理习惯是无法复制的，也就是说世界上不存在两个完全一样的管理者。想通过复制一名成功的管理者而成就自身的成功是行不通的。由于管理是一门艺术，它常常"只可意会，不可言传"，其艺术的真谛也因此而难以从教科书中获得，需要在管理实践中修炼和感悟。

一名有着理论知识但没有实际管理经验的管理者可能会由于没有经验的积累而导致失败，而一名有着丰富管理体验的管理者也可能因为缺少理论的基础，面对问题的时候总是希望求助于自己过去的经验，从而影响到最终决策的正确性。实际上科学性和艺术性是管理的两个相辅相成的方面，缺一不可。忽视管理的科学性只强调管理的艺术性，将会使艺术性变为随意性；反之，忽视艺术性，管理科学则成为僵死的教条。总之，管理的科学性与艺术性应是和谐统一的。管理的科学性使管理者在处理问题时有理可依，有据可循；而管理的艺术性则使管理者能够灵活应变，不至于被管理理论的条条框框束缚。

在管理中科学不是绝对的，艺术也不是绝对的；理论不是万能的，经验也不是万能的。真正成功的管理者应该是能够用理论来指导实践，能够从实践中升华理论的人。

管理工具 1-1

80/20 效率法则

80/20 效率法则(the 80/20 principle)又称为帕累托法则，即指 20%的事态成因，可以导致 80%的事态结果。比如一个公司 80%的利润、收入，每每来自 20%的好客户、20%的好卖产品、20%的卖命员工。“80/20”原理对于企业管理者的一个重要启示是：避免将时间花在琐碎的多数问题上，因为就算你花了 80%的时间，你也只能取得 20%的成效。你应该将时间花在重要的少数问题上，因为掌握了这些重要的少数问题，你只花 20%的时间，即可取得 80%的成效。凡事应该讲求效果，既注重效率，又注重效能。集中火力，处事分先后轻重，远离“无价值”，看清问题实质，这就是 80/20 原则的精髓。

1.3 管理者工作的内涵

1.3.1 谁是管理者

1.管理者

管理作为一项工作，其任务是实现既定的目标，而目标是通过人的贯彻才得以实现的，因此，人是进行管理活动的主体。管理者在组织中工作，但组织中的每一个人都是管理者吗？从某种意义上说，并非所有在组织中工作的人都是管理者。可以将组织成员分成两类：管理者和操作者。

(1)管理者(managers)。管理者是以执行管理过程为主要职责的人。管理者是指挥、协调和监督他人活动的人，管理者往往会告诉组织成员该做什么，以及如何去做，并要求别人定期向他汇报。管理者处于操作者之上的组织层次中。如医院院长、车间主管等。

(2)操作者(operatives)。操作者是直接从事某项工作或任务的人员，一般不具有监督其他人工作的职责，也没有人向他汇报工作。如医院的护士、汽车装配人员、餐馆的厨师等。

2.管理职业化

(1)职业经理人的出现

在现代企业里，企业的所有权与经营权通常是分离的，于是出现了职业的管理者，这一现象在股份公司内部表现得最为明显。

但是，两权分离并不是在企业发展的初期就有的，而是随着企业发展到一定阶段而出现的一种必然现象。而且，从对企业的支配控制关系来看，可以将两权分离分为形式上的分离和实质性的分离两种。所谓形式上的分离是指所有权与经营权的分离，即把企业的经营活动委托给管理者来进行，但所有者起着实际的支配控制作用；而实质性的分离是指所有权与支配权的分离，即管理者在经营过程中有着实际的支配权，如图 1-7 所示。

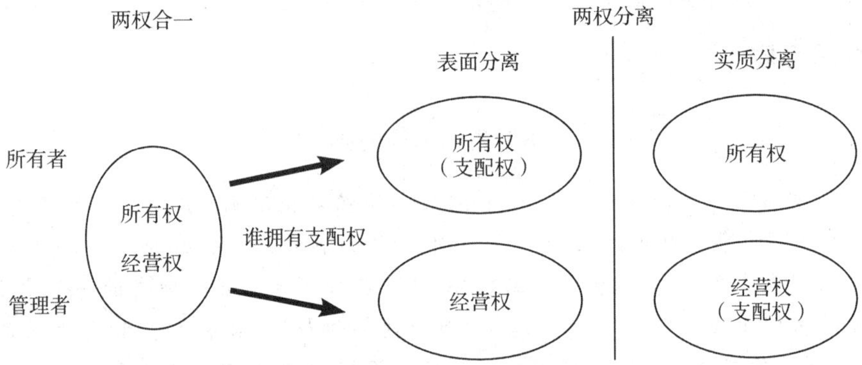

图 1-7　从两权合一到两权分离

(2)管理职业化

如同律师、会计和医生一样，管理人员已逐步职业化。但是，人们对“管理工作职业化”也存在着肯定和否定两种认识。这里，我们首先考察一下专家们对职业化的理想模式所做的描述。具体为以下五个方面：

①职业具有一个系统的理论体系。技能是通过长期的训练取得的。某个职业的产生不仅需要经验，而且需要知识。

②职业者都有以高超的知识为基础的权威性，并为人们所公认。这种权威性是高度专门化的，它仅与职业者的能力范围有关。

③实施这种权威要得到广泛的社会的准许与认可。社会通过给予职业者某些权力和特权而批准职业者在某一领域内实施这种权威。如对进入职业的控制、发许可证的程序以及职业者与顾客之间来往的信任等均属此例。

④在调整职业人员与顾客、同事之间的关系上，都有一种道德标准，例如医疗职业的希波克拉底誓约。这种自我约束被用作社会控制的基础。

⑤有一种文化是由组织支撑维持的。职业人员是许多正式和非正式群体的一个成员。这些群体所具有的社会作用的相互影响将构成该职业独特的社会形态，形成一种职业文化。

如今，管理教育作为专业几乎各所大学都有；职业化的管理人才培训机构和活动到处可见；大批的注册会计师、资产评估师、公务员、职业经理等专门管理人员走向工作岗位；同时，管理咨询公司、行业管理协会和职业者自律性组织日益增多，并在经济建设中发挥越来越重要的作用。这些事实就是管理职业化在上述理想模式五个方面发展的综合结果。

当然，管理职业化是一个渐进的过程。组织形式是随着生产力的发展而变化的，而企业的所有权和经营权的分离是使职业管理层兴起的根本原因。循着历史发展的轨迹，组织形式经历了家庭手工业、工场手工业、工厂(企业)和现代企业(公司)。前三种形式表现为所有权高度集中，从而决定了两权合一；而公司制度确立的现代企业形式的目的在于集中分散的资金，扩大企业规模，举办个人独资无力经营的现代化大企业，以增强企业的市场竞争力。

在这种情况下,公司财产所有权极为分散,资产所有者无法直接管理企业,于是聘请专职管理人员负责企业的经营,由此实现了所有权和管理权分离。在此情况下,股东们开始把购买股票主要看作是一种金融投资,而不是作为控制企业的手段。股东,即企业的资产所有者,对企业财政状况的关心往往大于实际的管理工作。因此,广泛的受雇用的管理阶层全面控制了企业,职业经理人应运而生。美国学者詹姆斯·伯恩汉(James Burnham)1941年在《管理革命:世界上发生了什么?》一书中,首先使用了“管理革命”一词来描述“资本家的时代变成了管理人员的时代”这种变化。

由两权分离引起的管理革命使得企业的管理职能彻底独立出来,进而使管理工作专业化和管理人员职业化得到了承认,并且为公司规模的进一步扩大和发展奠定了基础。

1.3.2 管理者的类型

1.按照管理者在组织中的层次分类

管理者是管理活动的筹划者、执行者。在一切组织中,管理者往往不是一个人,而是由多个人多个职能角色构成的群体。要使组织运作既有效率又有效能,一般需要三个层次的管理者——高层管理者、中层管理者和基层管理者,他们各自的职责见表1-2。

表1-2 不同层次管理者的职责

层次类别	实例	主要职责	关注点
高层管理者	学校的校长,医院的院长,行政机关首脑,企业的总经理等	对组织负有全面责任。主要侧重于决定组织的大政方针和沟通组织与外界的交往联系,为组织创造良好的内外部环境	组织的成败往往取决于高层管理者的判断、决策或安排,因此高层管理者很少从事具体事务性工作,而把主要精力和时间放在组织全局性或战略性问题的考虑上。他们最关心的应是重大问题决策的正确性和良好的组织环境的塑造
中层管理者	学校的系主任,医院的科主任,行政机关的处长,企业的部门经理等	正确理解高层的指示精神,创造性地结合本部门的实际情况,贯彻落实高层所确定的大政方针,指挥基层管理者开展工作。他们的主要管理对象是基层管理者	根据上级的指示,把任务具体分配给各个基层单位,并了解基层管理者的要求,帮助其解决困难,检查并监督他们的工作,通过基层管理者的努力去带动第一线的操作者完成各项任务。他们注重的是日常管理事务
基层管理者	学校的教研室主任,医院的医疗组长,行政机关的科长,企业的班组长等	直接指挥和监督现场作业人员,保证完成上级下达的各项计划和指令	他们几乎每天都要和下属打交道,明确下属的任务,组织下属开展工作,协调下属的行动,解决下属的困难,反映下属的要求。他们主要关心的是具体任务的完成

(1)高层管理者

高层管理者处于组织的最高层,是指对整个组织负有全面责任的管理人员。他们负责制定组织的总目标、总战略,掌握大政方针,评价组织绩效,沟通组织与外界的交往,有权分配组织中的一切资源。他们对环境的正确判断,对目标和资源运用的正确决策,对组织的生存和发展具有特别重要的作用。高层管理者对外代表组织,负责协调与外部的关系,并对组织所造成的社会影响负责。总之,高层管理者主要从事战略性的工作。

(2)中层管理者

中层管理者是位于高层管理者和基层管理者之间的承上启下的一个或若干个层次的管理人员。负责制定具体的计划,是对某一部门或某一方面负有责任的管理人员。他们在高层与基层之间起着桥梁和纽带作用,贯彻执行高层管理者所制定的重大决策并传达到基层,同时将基层的意见和要求反映到高层。他们更注重"上传下达",起到桥梁作用和日常的管理作用,还负责监督和协调基层管理人员的工作。

(3)基层管理者

基层管理者又称一线管理者,遍布在组织的各个部门,是管辖作业人员的管理者。他们的主要职责是传达上级指示和计划,给下属作业人员分派具体工作任务,指导、监督和协调下属的活动,控制工作进度。基层管理者工作的好坏,直接关系到任务的完成和目标的实现。

2.按作用分类

管理者由于其在组织中所处的地位不同,其职责也有所不同。如一名会计师,他可以是一个成本核算小组的组长(基层管理者),可以是财务部经理(中层管理者),也可以是一名财务总监(高层管理者)。虽然其职务、地位改变了,但从其在组织中所起的作用看,则是一样的,即都属于财务方面的管理者。根据管理者在组织中所起的作用不同,一个组织中管理者的分类如表 1-3 所示。

表 1-3　按作用划分的不同管理者的职责

运营管理者	负责创造和管理提供组织产品与服务的工作。运营经理的典型工作包括生产控制、库存控制、质量控制、工厂规划和选址等
财务管理者	任何一个组织的运转都离不开资金的有效运作,财务管理者主要从事与资金的筹措、运算、核算和投资、使用等有关活动的管理,并对此承担责任
营销管理者	负责同营销职能有关的工作——吸引消费者和顾客购买组织的产品或服务。这些领域的工作包括新产品开发、定价、推广与分销等
人力资源管理者	主要从事人力资源管理,保证组织所需的各类人员和组织中人力资源的合理使用,负责员工招聘、培训、使用、评估、奖惩等的管理工作
行政管理者	主要负责后勤保障工作。任何组织都少不了行政管理人员和行政工作人员,没有他们,其他专业管理人员和操作者就难以专心致志地工作
其他管理者	由于各组织的目标、任务相差甚远,很难按管理者的作用统一分类。除了上述几类管理者外,不同的组织中还有其他各种管理者,均归入此类,如技术管理者、公共关系管理者、信息管理者等

1.3.3 管理者的角色

管理者角色学派是 20 世纪 70 年代在西方出现的一个管理学派,它是以对管理者所担任的角色分析为中心来考察管理者的职务和工作的。美国著名的管理学家亨利·明茨伯格(Henry Mintzberg)是管理者角色学派的创始人。明茨伯格认为,管理者做什么可以通过管理者在工作中所扮演的角色来恰当地描述。对于管理者而言,从管理者的角色出发,才能够找出管理学的基本原理并将其应用于管理者的具体实践中。

管理者角色学派的代表作就是明茨伯格的《管理工作的本质》(*The Nature of Managerial Work*)。管理者真正做了什么？他们是怎么做的？为什么要这样做？这些古老的问题早就有许多现成的答案，但明茨伯格并不轻易相信这些现成答案，而是深入研究现实。明茨伯格发现，在企业管理过程中，管理者很少花时间做长远的考虑，他们总是被这样或那样的事务和人物牵制，而无暇顾及长远的目标或计划。一个显而易见的事实是，他们用于考虑一个问题的平均时间仅仅9分钟。管理者若想固定做一件事，这样的努力注定要失败，因为他会不断被其他人打断，总会需要他去处理其他事务。所以，明茨伯格认为，那种从管理职能出发，认为管理是计划、组织、指挥、协调、控制的说法，未免太学究气了。你随便找一个管理者，问他所做的工作中哪些是协调而哪些不是协调，协调能占多大比例，恐怕谁也答不上来。所以明茨伯格主张不应从管理的各种职能来分析管理，而应把管理者看成各种角色的结合体。

在《管理工作的本质》中，明茨伯格这样解释说："角色这一概念是行为科学从舞台术语中借用过来的，角色就是属于一定职责或者地位的一套有条理的行为。"根据他自己和别人的研究成果，得出结论：管理者并没有按照人们通常认为的那样按照职能来工作，而是进行别的很多的工作。明茨伯格将管理者的工作分为10种角色。这10种角色可归纳为3类，即人际角色、信息角色和决策角色。明茨伯格的管理者角色理论的内容可以用表1-4来表示。

表1-4 明茨伯格的管理者角色理论

角色	描述	特征活动
	人际角色	
(1)精神领袖	作为组织的首脑发挥象征作用	迎接来访者，签署法律文件
(2)领导者	通过运用组织所赋予的权力，激励组织成员齐心协力实现共同目标	实际上从事所有的由下级参与的活动
(3)联系人	在组织中要与其他部门协调，还要与外部组织，如供应商和顾客协调，以取得各方组织对本组织的理解和支持	从事外部活动，企业间项目合作沟通
	信息角色	
(4)跟踪者	寻求和获取各种特定的即时信息，以便透彻地了解组织与环境，作为组织内部和外部信息的神经中枢	阅读期刊和报告，保持私人接触
(5)传播者	将从外部和上级得到的信息及时传递给下属，以使下属清楚地开展工作	举行信息交流会，用各种信息沟通形式传达信息
(6)发言人	代表所在组织，向上级组织或社会公众传递本组织的有关信息	举行董事会议，向媒体发布信息

续表

角色	描述	特征活动
决策角色		
(7)企业家	寻求组织和环境中的机会,在组织内部进行变革以适应环境的变化	制定战略,检查会议执行情况,开发新项目
(8)扰动处理者	当组织面临重大的、意外的动乱时,出面排除各种冲突,采取补救行为	检查陷入混乱和危机的时期,解决下属部门间的冲突
(9)资源分配者	负责分配组织的各种资源	调度、询问、授权、从事涉及预算的各种活动和安排下级的工作
(10)谈判者	在主要的谈判中作为组织的代表	参与工会进行合同谈判

1.人际角色

人际角色直接产生自管理者正式权力的基础。管理者所扮演的三种人际角色是:精神领袖(作为"头头"必须担任一些具有礼仪性质的角色)、领导者角色(管理者和员工一起工作并通过员工的努力来确保组织目标的实现)、联络人角色(在组织中要与其他部门协调,以及与外部利益相关者建立良好的关系所扮演的角色)。

(1)精神领袖角色

这是管理者所担任的最基本的角色。由于管理者是正式的权威,是一个组织的象征,因此要履行这方面的职责。作为组织的精神领袖,每位管理者有责任主持一些仪式,比如接待重要的访客、参加某些职员的婚礼、与重要客户共进午餐等。很多职责有时可能是日常事务,然而,它们对组织能否顺利运转非常重要,不能被忽视。

(2)领导者角色

由于管理者是一个企业的正式领导,要对该组织成员的工作负责,在这一点上就构成了领导者的角色。这些行动有一些直接涉及领导关系,管理者通常负责雇用和培训职员,负责对员工进行激励或者引导,以某种方式使他们的个人需求与组织目的达到和谐。在领导者的角色里,能最清楚地看到管理者的影响。正式的权力赋予了管理者潜在影响力。

(3)联系人角色

这指的是管理者同他所领导的组织以外的无数个人或团体维持关系的重要网络。通过对每种管理工作的研究发现,管理者花在单位之外的其他人身上的时间与花在自己下属身上的时间一样多。这样的联系通常都是通过参加外部的各种会议,参加各种公共活动和社会事业来实现的。实际上,联系人角色是专门用于建立管理者自己的外部信息系统的——它是非正式的、私人的,但是有效的。

2.信息角色

管理者负责确保和其一起工作的人具有足够的信息,从而能够顺利完成工作。整个组织的人依赖于管理结构和管理者以获取或传递必要的信息,以完成各自工作。管理者所扮演的三种信息角色是:跟踪者角色(持续关注内外环境的变化以获取对组织有用的信息,接触下属或从个人关系网获取信息,了解组织潜在的机会和威胁)、传播者角色(分配作为监督者获取的信息,保证员工具有必要的信息,以便切实有效地完成工作)、发言人角色(把信息传递给单位或组织以外的个人，让相关者如股东、消费者、政府等了解和满意）。

（1）跟踪者角色

作为跟踪者，管理者为了得到信息而不断审视自己所处的环境。他们询问联系人和下属，通过各种内部事务、外部事情和分析报告等主动收集信息。担任跟踪者角色的管理者所收集的信息很多是口头形式的，当然也有一些董事会的意见或者社会机构的质问等。

（2）传播者角色

组织内部可能会需要这些通过管理者的外部个人联系收集到的信息。管理者必须分享并分配信息，要把外部信息传递到企业内部，把内部信息传给更多的人，让他们知晓。当下属彼此之间缺乏便利联系时，管理者有时会分别向他们传递信息。

（3）发言人角色

这个角色是面向组织外部的。管理者把一些信息发送给组织之外的人。而且，管理者作为组织的权威，要求对外传递关于本组织的计划、政策和成果信息，使得那些对企业有重大影响的人能够了解企业的经营状况。例如，首席执行官可能要花大量时间与有影响力的人商谈，要就财务状况向董事会和股东报告，还要履行组织的社会责任等。

3.决策角色

决策角色处理信息并得出结论。管理者进行决策，让工作小组按照既定的路线行事，并分配资源以保证计划的实施。管理者所扮演的四种决策角色是：企业家角色（对作为监督者发现的机会进行投资，以利用这种机会）、扰动处理者角色（处理组织运行过程中遇到的冲突或问题）、资源分配者角色（决定组织资源如人力、财力、物力、信息等用于哪些项目）、谈判者角色（花费大量时间，同员工、供应商、客户和其他工作小组进行必要的谈判，以确保小组朝着组织目标迈进）。

（1）企业家角色

企业家角色指的是管理者在其职权范围之内充当本组织变革的发起者和设计者。管理者必须努力组织资源去适应周围环境的变化，要善于寻找和发现新的机会。而作为创业者，当出现一个好主意时，总裁要么决定一个开发项目，直接监督项目的进展；要么就把它委派给一个雇员。这是开始决策的阶段。

（2）扰动处理者角色

企业家角色把管理者描述为变革的发起人，而扰动处理者角色则显示管理者非自愿地回应压力。在这里，管理者需要应对迫在眉睫的罢工、某个主要客户的破产或某个供应商违背了合同等变化。在危机的处理中，时机是非常重要的。而且这种危机很少在例行的信息流程中被发觉，大多是一些突发的紧急事件。实际上，每位管理者必须花大量时间对付突发事件。没有组织能够事先考虑到每个偶发事件。

（3）资源分配者角色

管理者负责在组织内分配责任，他分配的最重要的资源也许就是他的时间。更重要的是，管理者的时间安排决定着他的组织利益，并把组织的优先顺序付诸实施。接近管理者就等于接近了组织的神经中枢和决策者。管理者还负责设计组织的结构，即决定分工和协调工作的正式关系的模式，分配下属的工作。在这个角色里，重要决策在被执行之前，首先要获得管理者的批准，这能确保决策是互相关联的。

(4)谈判者角色

组织要不停地进行各种重大的谈判,这多半由管理者带领进行。对在各个层次进行的管理工作研究显示,管理者花了相当多的时间用于谈判。一方面因为管理者的参加能够增加谈判的可靠性,另一方面因为管理者有足够的权力来支配各种资源并迅速做出决定。谈判是管理者不可推卸的工作职责,而且是工作的主要部分。

需要指出的是,管理者的这10种角色是一个整体,它们是互相联系、密不可分的。这10种角色形成了一个完整的角色构架,没有哪种角色能在不触动其他角色的情况下脱离这个框架。比如,人际关系方面的角色产生于管理者在组织中的正式权力和地位;这又产生出信息方面的三个角色,使其成为某种特别的组织内部信息的重要神经中枢;而获得信息的独特地位又使管理者在组织做出重大决策(战略性决策)中处于中心地位,使其得以担任决策方面的四个角色。我们说这10种角色形成了一个完整的角色构架,并不是说所有的管理者都给予每种角色同等的关注。不过,在任何情形下,人际的、信息的和决策的角色都不可分离。这10种角色表明,管理者从组织的角度来看是一位全面负责的人,但事实上却要担任一系列的专业化工作,既是通才又是专家。

管理工具 1-2

重要性-急迫性模型

各项工作以重要性和急迫性为两个重要属性,重要性是根据各项工作价值的大小分为重要和不重要,急迫性是根据各项工作的完工期限分为急迫和不急迫,这样划分确定为四个象限。管理者所从事的工作依此可以分为四种类型:急迫重要型、急迫非重要型、重要非急迫型和非急迫非重要型。一个有效的管理者最先应该从事的是那些重要非急迫型的工作,其次才是急迫重要型工作、急迫非重要型工作、非急迫非重要型工作。

管理故事 1-5

懒蚂蚁

日本北海道大学进化生物研究小组对三个分别由30只蚂蚁组成的黑蚁群的活动进行观察。结果发现,大部分蚂蚁都很勤快地寻找、搬运食物,而少数蚂蚁却整日无所事事,东张西望,人们把这少数蚂蚁叫作“懒蚂蚁”。

有趣的是,当生物学家在这些“懒蚂蚁”身上做上标记,并且断绝蚁群的食物来源时,那些平时工作很勤快的蚂蚁表现得一筹莫展,而“懒蚂蚁”们则“挺身而出”,带领众蚂蚁向它们早已侦察到的新的食物源转移。

原来“懒蚂蚁”们把大部分时间都花在了“侦察”和“研究”上了。它们能观察到组织的薄弱之处,同时保持对新食物的探索状态,从而保证群体不断得到新的食物来源。

1.3.4 管理者技能

管理者在行使四种管理职能和扮演三大类角色时，必须具备以下三类技能。

1.技术技能

技术技能(technical skills)是指“运用管理者所监督的专业领域中的过程、惯例、技术和工具的能力”(Plunkett and Attner，1997)。在特定的工作岗位要有特定的相关专业的知识与能力，如生产技能、营销技能、财务技能等，它们都是管理或岗位所需的技能。例如，监督会计人员的管理者必须懂会计，熟知会计技能，才能知道按照一定的会计要求对会计人员进行监督。应该明确，对于管理人员来说，熟悉、掌握一定的专业技能是做好管理工作的基础，但并不是所有各个层次的管理人员都需要具备较高的技术技能。作为高层管理者(有时也包括中层管理者)来说，只要具备一定的技术技能就足够了，因为管理过程的技术问题可以通过专家的作用来求得解决，再者高(中)层管理者也不一定有足够的时间来熟悉和掌握全部技术问题。而对基层管理者和大多数中层管理者来说，要做好管理工作必须具备较强的技术技能。

2.人际技能

人际技能(人际关系技能)(human skills)是指“成功地与别人打交道并与别人沟通的能力”(Plunkett and Attner，1997)。正如美国管理学者罗宾斯所说，管理工作主要是通过别人并和别人一道完成组织目标的过程或活动，管理者的一项主要工作就是处理组织内外的人际关系，为组织的发展和目标达成奠定良好的关系基础，只有人际关系协调好了，组织成员才能心悦诚服地努力工作，组织与外部环境的关系才能顺畅。有效的管理者要具有良好的沟通、协调能力，对于组织内部能够激励人们成为一个上下一致的团队，对于组织外部与社会建立融洽的合作关系和沟通渠道。管理者在处理物的管理技能上和处理人的关系技能上，更注重对人际关系的处理。

3.概念技能

概念技能(conceptual skills)是指“把观点设想出来并加以处理以及将关系抽象化的精神能力”(Plunkett and Attner，1997)。概念技能是指管理者综观全局，面对复杂多变的环境，具有分析、判断、抽象和概括并认清主要矛盾，抓住问题实质，形成正确概念，从而形成正确决策的能力，也就是洞察组织与环境要素间相互影响和作用关系的能力。具体地说，概念技能包括感知和发现环境中的机会与威胁的能力，理解事物的相关性并找出关键影响因素的能力，以及权衡不同方案的优劣和内在风险的能力等。概念技能是对高层管理者才有的特别要求，要将在企业中遇到的问题概念化，是一个理论升华和文化创造的过程。高层管理者是企业理论和企业文化的主要创造者，需要有较高的抽象的概念技能。同时在日常的工作中，他们概念清晰地明确自己和企业向什么方向走，并把此概念贯彻在自己和企业的行动中。

需要指出的是，管理者的技能是管理者行之有效地开展管理工作的基础。通常来说，作为一名管理人员应具备上述三种技能，但是根据工作和角色分工，上述几种管理技能的相对重要性随管理者在组织中的层次不同而有所不同，如图1-8。对于基层管理人员而言，技术技能最为重要，人际技能也是非常有益的，但概念技能的要求则相对较低。对于中层管理人员而言，技术技能的重要性有所下降，人际技能的要求变化不大，但概念技能的重要性则有所上升。对于高层管理人员而言，概念技能和人际技能最为重要，技术技能的要求则相对较低。在大企业中，高层主管可以充分借助下属人员的技术技能，因而对其自身的技术技能要求不高。但在小企业中，即使是高层管理人员，技术技能也仍然是非常重要的。

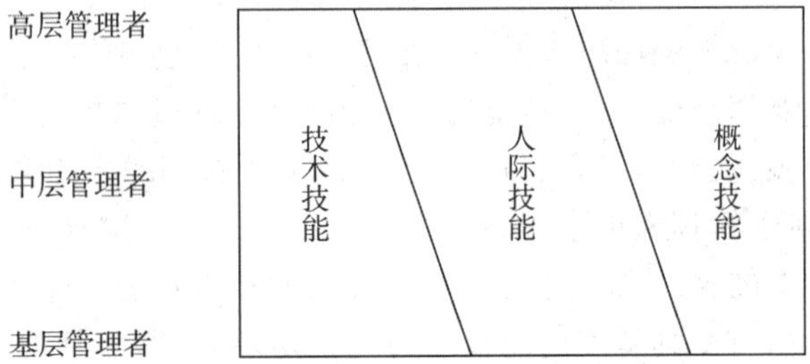

图 1-8　管理者层次与管理者技能的关系

1.4　本章新时代管理学的探索

1.4.1 思政融入映射内涵

1.正确认识管理的本质

管理从本质上而言是人们为了实现一定的目标而采用的一种手段。人类活动的显著特征之一就是活动的目的性：致力于实现自己的追求。人们之所以需要管理，正是因为管理有助于人的追求和组织目标的确立与实现。因此，管理本身不是目的，它只是人们用以实现目标的一种手段，我们不能为了管理而管理。同时，管理作为一种工具，用得好，有助于目标的实现；用得不好，则可能适得其反。因此，我们应尽可能地提高自己的管理水平，以充分发挥管理的作用。

尽管管理是手段不是目的是显而易见的，但在管理实践中，人们常常由于缺乏对管理本质的正确认识而错把手段当目的，为了管理而管理。

比如，规章制度从本质上而言，只是管理的一种手段。任何一个组织，为了实现共同的目标，都会制定一系列规章制度以规范群体的行为，规章制度是管理的一种有效手段，任何组织都不可缺少。与此同时，我们也要认识到，规章制度只不过是一种手段而已，绝不能为了维护规章制度的严肃性而置组织目标于不顾。有章不循，在任何情况下，都视情处理，是无政府主义，是缺乏管理的表现；有章必循，在任何情况下，都照章办事，是典型的教条主义，是错把手段当目的。为了维护规章制度的严肃性而置组织目标于不顾，同样是错误的。

在一般情况下，照章处理；在特殊情况下，视情处理。因为，任何规章制度在被颁布实施时，实际上都有一个隐含的前提条件：假若没有特殊情况，就照此办理。因此，在一般情况下，我们要遵守规章制度，照章办事。有章不循，不如没有规章制度。但反过来，这一前提也告诉我们：假若有特殊情况，就可以不照章处理。因此，在特殊情况下，我们可以视情处理，而不一定在任何情况下都照章处理。

正确对待规章制度的关键在于明确界定特殊情况的范围和酌情处理的原则。在特殊情况下,我们可以不照章处理,并不意味着我们在特殊情况下就可以随意行动。规章制度可以破,目标原则不能违背。在特殊情况下,酌情处理时要将目标牢记在心中,按目标有利原则处理。进一步地,在运用规章制度时,并不是当事人认为是特殊情况就可以酌情处理。如果这样,就会出现在一般情况下,一旦违反规章制度,当事人就会以当时是特殊情况为借口逃脱应有处罚的情况,这样,特殊情况就会成为随意行事的借口。为避免出现这种情况,我们还必须明确每一个人可以不照章办事的前提条件和相应责任。其前提条件是:只有情况紧急且确认当时是属于特殊情况时,才可以不照章办事。若情况不紧急,则以请示上级,由上级定夺为好;不能确认当时条件或有怀疑,则以遵守规章制度为好。

正确认识规章制度,我们既可以充分地发挥规章制度有利的一面,使组织在正常情况下能够稳定、有序地运行;又可以避免规章制度不利的一面,在有助于组织发展和目标实现的情况下有创新、有弹性,从而使组织得以不断发展。在管理实践中,之所以会有不少人在一般情况下也不遵守规章,或为了遵守、维持规章制度而置目标于不顾,明知规章制度已过时还死板地按规章制度办事,一直要等到上级修改了规章制度以后才相应地改变处理方式,都是因为他们缺乏对规章制度的正确认识。

从对规章制度的分析中可以看出,认识到管理是一种手段,对于我们正确地开展管理工作是十分重要的。因为不管是何种先进的管理手段,都会有缺陷,都需要我们在实践中通过正确运用来弥补,而我们是否能正确地运用管理手段,取决于我们对该种管理手段的正确认识。

2.学习管理的意义

各类资源相对于人类的欲望来说总是短缺的,因此,管理的必要性是普遍存在的。人们为了更好地满足自己的欲望(目标),就必然会千方百计地想办法充分利用其有限的资源。

人们学习管理的第一个理由是鉴于个人资源相对于个人欲望的有限性。人的一生是有限的,要在有限的一生中获得众多欲望的满足,同样需要借助管理。

学习管理的第二个理由是基于这样的事实:一旦走上社会,人人不是从事管理就是被人管理,而且随着组织管理向项目化和网络化发展,每一个人承担管理责任的概率大幅度上升。学习管理学也许只是为了获得某个学位,但这与大多数学习管理的人无关。假如你去创业或工作,那么几乎可以肯定你是在某个组织中工作,你将成为管理者或在管理者手下工作。通过学习管理学,你就可以较多地了解组织的运转过程或你的“老板”的行为方式,从而有助于你更好地适应这个社会,增强你的创业或生存能力。

学习管理的第三个理由是基于管理在当今社会中的重要作用。例如,尽管我们的物质生活水平已大幅提高,但也经常从网络、报纸、电视中看到不良管理所造成的恶果。不仅营利性组织,非营利性组织也迫切需要讲究效率和效益的管理者。人们希望消费者的权益得到保障,自然环境得到保护,政府机关能提高工作效率……而这一切,都取决于各级组织管理水平的提高。各类组织如果得到良好的管理,不良现象就会得到改善,希望就有可能变为现实。如果管理不善,人们就将永远生活在不安和失望之中。

在21世纪的中国,管理成为第一生产力。学习管理,不仅是当今社会发展的需要,也是每一个人在社会中生存和更好地实现个人理想的需要。为此,每一个人都应或多或少地学一点管理知识，提高自己的管理素养。

3.管理者的责任

一个人在组织中有多大的权力，就要承担多大的责任，责任与权力是对等的。管理者在组织中拥有指挥他人的特权，相应地，管理者也就负有额外的责任，即管理者不仅要对自己的工作负责，而且要对下属的工作负责。下属在工作中出现任何问题，管理者都负有不可推卸的领导责任。因为下属是在管理者的指挥下开展各项工作的，下属在工作中出现问题，就说明管理者在履行其管理职能方面存在着不足。因此，犯错误的下属要对其工作失误负责，管理者则要对下属之所以会出现失误所反映出来的管理问题负责。

作为一个管理者，除了要对自己是否做好计划、组织、领导、控制等本职工作负责以外，还要对其分管部门或分管工作的最终绩效负责，对下属人员的工作行为负责，对分管部门所提供的信息的及时性和准确性负责。

有的管理者坐着管理者的位子，享受着管理者的待遇，却不想承担管理者应负的责任，于是他们便寻找各种理由推脱自己的责任，将部门工作没有做好的原因归结到外部环境变化或内部资源供给不足以及下属身上，就是这类管理者常用的理由。

管理者的现实工作条件就是环境是不确定的，组织资源常常是短缺的。组织中之所以需要管理者，其中的原因之一，就是希望在管理者的带领下，组织能够克服由于环境的不确定性和资源短缺所带来的困难，实现既定目标。如果管理者以此推卸自己的责任，也就等于否定了管理者自身的价值和存在的必要性。而且从第 4 章对组织环境的描述中可以看到，在多数情况下，环境是可以管理的，关键是管理者对环境要保持高度的重视与灵敏的嗅觉。对于已经形成的环境，管理者要认识、了解和掌握环境，并努力使组织适应环境的限制与变化，在特定的环境下求生存与发展；同时，积极地寻找其中的突破口，通过组织行为作用于环境，使之朝着有利于组织的方向发展。

当然，我们要反对两种倾向，即“管理万能论”和“管理无能论”。“管理万能论”认为不论环境条件如何，管理者对组织的成败负有直接的责任；“管理无能论”则认为管理者对组织的业绩几乎没有什么影响，一个组织的成败完全取决于管理者无法控制的环境因素。事实上，管理者既不是万能的，也不是无能为力的。每一个管理者的工作都受到来自组织内外部各种因素的制约，但管理者仍可以在一定范围内对组织的生存与发展产生重大的影响。在特定的环境中，管理者是决定组织业绩的关键性因素，因为管理者可以通过管理工作变消极因素为积极因素，这也是一个好的管理者与一个差的管理者相区别的地方。

另外，部门工作没有做好，固然与该部门中各位员工的能力强弱和积极性高低有关，但选择合适的员工和调动员工的积极性本身就是管理者的工作职责之一。下属之所以会在工作中出现这样或那样的失误，是因为管理者没有履行好自己的职责，在计划、组织、领导或者控制某一环节中出了问题，组织的管理者都负有不可推卸的领导责任。

综上所述，尽管管理者在组织中的地位不同、职责不同，但从工作性质看，他们从事的都是管理工作。而且，无论管理者在组织中的地位如何，其所担负的基本职责是一样的，即设计和维护一种环境，使身处其间的组织成员能在组织内协调地开展工作，克服资源短缺和环境的不确定性所带来的困难，在有效地实现组织目标的基础上一定程度上实现每一个组织成员的个人目标。

4.管理者的素质及其培养

(1)管理者应具备的素质

一个人的素质包括品德、知识和能力三大方面。管理者应具备怎样的素质,一直是管理学家关注的重点。以下综合各方面的研究,总结出关于管理者基本素质的一个大致描述。

①品德

品德体现了一个人的世界观、人生观、价值观、道德观和法制观念,持续有力地指导着他对现实的态度和他的行为方式。作为一名管理者,从其所应履行的职责出发,要求管理者有正直的品格,具有强烈的管理意愿和良好的精神素质。

其一,有强烈的管理意愿和责任感。如果一个人缺乏为他人工作承担责任、缺乏激励他人取得更大成绩的愿望,那么即使他已经走上了管理者岗位或者具有从事管理工作的潜能,也不可能成为一名合格的管理者。管理意愿是决定一个人能否学会并运用管理基本技能的主要因素。现代行为科学研究认为,缺乏管理欲的人不可能敢作敢为,因此也就不可能在管理的阶梯上捷足先登。只有树立一定的理想,有强烈的事业心和责任感,一个人才会有干劲,勇挑重担,渴望在管理岗位上有所作为、有所贡献。所以,管理者首先要有强烈的管理意愿。

其二,良好的精神素质。由于管理工作的特殊性,作为一名管理者,除了要有强烈的管理意愿外,还要有良好的精神素质,即要具有创新精神、实干精神、合作精神和奉献精神。面对复杂多变的管理环境,管理者要有创新精神,勇于开发新产品,开拓新市场,引进新技术,起用新人,采用新的管理方式,以适应时代发展的要求;在组织发展过程中,往往会遇到各种意想不到的困难,会遇到强大的竞争对手,甚至遭受挫折和失败,这就要求管理者具有百折不挠的拼搏精神和吃苦耐劳的实干精神;管理者的工作依赖于他人的努力程度,管理者要有与人合作共事的精神,公正公平,善于团结群众、依靠群众;同时管理者要能抵制权力的诱惑,能够公私分明,有一种服务于社会、造福于人民的奉献精神,对事业执着追求,愿意为此在一定程度上牺牲个人利益。

②知识

知识是提高管理水平和增强管理艺术的基础与源泉。管理工作不仅要求管理者掌握专业知识,同时由于管理是一项涉及多方面因素的综合性实践活动,需要管理者具有较广的知识面。一般来说,管理者应掌握以下几方面的知识:

其一,政治、法律方面的知识。管理者要掌握所在国家执政党的路线、方针、政策,国家的有关法令、条例和规定,以便正确把握组织的发展方向。

其二,经济学和管理学知识。懂得按经济规律办事,了解当今管理理论的发展情况,掌握基本的管理理论与方法。

其三,人文社科方面的知识。如心理学、社会学方面的知识。管理的主要对象是人,而人既是生理的、心理的人,又是社会的、历史的人。学习一些人文社科方面的知识,有助于管理者了解管理对象,从而有效地协调人与人之间的关系和调动员工的积极性。

其四,科学技术方面的知识。如互联网及其应用、本行业科研及技术发展情况等。无论管理什么行业,都要有一定的本专业的科技基础知识,否则就难以根据该行业的技术特性进行有效的管理。

③能力

这里的能力是指管理者把各种管理理论与业务知识应用于实践、进行具体管理、解决实际问题的本领。能力与知识相互联系、相互依赖，基本理论和专业知识的不断积累与丰富，有助于潜能的开发与实际能力的提高；而实际能力的增长与发展，又能促进管理者对基本理论知识的学习消化和具体运用。

管理者应具备的基本能力包括技术技能、人际技能和概念技能，前文已经阐述，这里不再展开。

从上述对管理者应具备的基本素质的描述中可以看到，并不是什么人都适合走上管理者岗位的。一个人即使在业务上很突出，但如果不具备以上管理者所应具备的品德、知识和能力的话，也就难以履行好作为一名管理者所应该履行的职责。我们不能仅根据某人业务上的表现来提拔或任命其为管理者，而应该进一步结合其是否具备管理者的基本素质来确定其是否适合走上管理者岗位。

(2)管理知识的获得与能力的培养

在管理者的基本素质构成中，良好品德的形成取决于各种因素，特别是社会教育和家庭教育，是一个长期的过程，而且一旦形成就较难改变。在此我们只讨论管理者知识获得和能力提高的方法。

管理者如何才能获得上述应具备的知识和能力呢？其基本的途径，一是教育培训，二是实践锻炼。

途径一，通过教育培训获得各方面知识和管理技能。

许多优秀的职业管理者的经历证明，要获得较好的管理成效，接受正规的管理教育是极为必要的。即使是获得了管理学学士或硕士学位，许多有眼光的管理人员也并没有就此感到已经学到头了。许多专职的高级管理人员仍不定期地回到学校学习，第一线的管理人员也经常利用业余时间进修有关管理的课程。许多大型企事业单位都设有专门培训管理人员的培训中心，对管理者的继续教育投入了大量的资金。

国内外目前对管理人员的正规培训内容主要包括：

①最新管理知识讲座。讲授国内外新出现的管理理论与优秀企业新创造的管理方法。

②管理热点问题专题讨论。针对某个现实问题，请有关专家和管理者共同探讨，在讨论中共享经验和知识。

③管理核心课程。传授经典的管理基本原理、基本原则和基本方法等，可作为管理者的上岗培训或管理入门学习。

④管理技能培训。针对某项管理技能，通过案例分析、情景模拟、行动学习等方法，进行理论知识传授及与实践相结合的培训，可作为管理者的在岗培训或管理专业学习。

⑤管理经验交流。针对某些特定的管理问题，请具有丰富经验的管理者传授管理技巧，或组织管理者共同交流从事管理工作的经验，以共同提高管理水平，可作为提高管理者素质的重要手段。

正规教育的好处是能使学生集中精力学习，熟悉关于管理方面的最新研究成果和各种不同的管理理论。许多有实践经验的管理者通过系统的理论学习和再教育，开阔了眼界，丰富了知识，管理的能力和水平有了进一步的提高。但这种教育方法，由于要适应众多学生的要求，课程设置往往过于一般化，学生很难从学校的学习中学到具体的管理技能。尽管网络学习平台和各种社会教育培训机构的涌现，为管理者的个性化学习提供了较多的选择，但要想获得较具体的管理技能，更主要的是在实践中提高。

途径二,通过实践提高管理能力。

实践是提高管理技能的最有效的方法。一个人即使把管理的理论、原则、方法背得滚瓜烂熟,也不一定能成为一名合格的管理者。要想成为一名合格的管理者,就必须通过实践锻炼,只有在实践中才会碰到管理者每天会碰到的各种问题、压力和严峻的考验。实践可进一步深化书本知识,促使管理者对管理问题做深入探索和思考,从而获得对管理的更深认识。通过实践培养管理人员的常见方法包括管理工作轮换、管理工作扩大化、工作丰富化、设立副职或助理、管理问题研讨会及案例研讨会等。

管理故事 1-6

礼物

有个老木匠准备退休,他告诉老板,说要离开建筑行业,回家与妻子儿女享受天伦之乐。

老板舍不得他的好工人走,问他是否能帮忙再建一座房子,老木匠说可以。但是大家后来都看得出来,他的心已不在工作上,他用的是软料,出的是粗活。房子建好的时候,老板把大门的钥匙递给他。

“这是你的房子,”老板说,“我送给你的礼物。”

老木匠惊得目瞪口呆,羞愧得无地自容。如果他早知道是在给自己建房子,他怎么会这样呢?现在他得住在一栋粗制滥造的房子里!

1.4.2 大数据、AI等商务智能融入映射内涵

1.企业管理智能化的相关概念

智能化是指由网络、大数据、物联网和人工智能等技术汇集而成的针对某一个方面的应用,其具有能动地满足人的各种需求的属性。如无人驾驶汽车,就是一种智能化的事物,它将传感器、物联网、移动互联网、大数据分析等技术融为一体,从而能动地满足人的出行需求。它之所以是能动的,是因为它不像传统的汽车,需要被动的人为操作驾驶。随着信息技术的不断发展,智能化的概念开始逐渐渗透到各行各业以及人们生活的方方面面,如智能住宅小区、智能医院等的出现。

从感觉到记忆再到思维这一过程称为“智慧”,智慧的结果产生了行为和语言,将行为和语言的表达过程称为“能力”,两者合称为“智能”。智能一般具有以下特点:一是具有感知能力,即具有能够感知外部世界、获取外部信息的能力,这是产生智能活动的前提条件和必要条件;二是具有记忆和思维能力,即能够存储感知到的外部信息及由思维产生的知识,同时能够利用已有的知识对信息进行分析、计算、比较、判断、联想、决策;三是具有学习能力和自适应能力,即通过与环境的相互作用,不断学习积累知识,使自己能够适应环境变化;四是具有行为决策能力,即对外界的刺激做出反应,形成决策并传达相应的信息。具有上述特点的系统则为智能系统或智能化系统,例如住宅智能化系统、医院智能化系统、故障诊断与预警系统、仓储智能化系统、自动化码头、无人超市及无人工厂等。

随着信息技术与人工智能技术在企业的推广应用,企业管理逐步实现智能化——企业

智能管理。企业智能管理是通过综合运用现代化信息技术与人工智能技术,以现有管理模块(如信息管理、生产管理)为基础,以智能计划、智能执行、智能控制为手段,以智能决策为依据,智能化地配置企业资源,建立并维持企业运营秩序,实现企业管理中"机要素"(各类硬件和软件总称)之间高效整合,并与企业中"人要素"实现"人机协调"的管理体系。智能管理的核心是智能决策。智能决策的主要内容是配置企业资源,建立并维持企业运营秩序。目前企业中流行的集成计算机制造系统(CMS)、企业资源计划系统(ERP)、供应链管理系统(SCM)、客户关系管理系统(CRM)等都在朝着智能化方向发展。智能管理追求的最终结果是创造人机结合智能和企业群体智能,这一目标也是智能管理与信息管理和知识管理最大的不同。

企业管理智能化的进一步发展,将促使企业的智能化水平跃上新台阶——智慧企业。智慧企业是在企业数字化改造和智能化应用之后的新型管理模式和组织形态,是先进信息技术、工业技术和管理技术的深度融合。通过智慧企业建设不仅可以促进企业内部生产关系的转型升级,完成与"互联网+"社会生产力的和谐对接,还能进一步释放企业员工的创新创效活力,为企业提供可持续发展的原动力。从信息化发展角度看,以物联网、大数据和人工智能为代表的信息技术发展,已使智慧企业建设具备信息基础和产业基础;同时,不断提升的工业设备智能化水平,也为智慧企业建设创造了良好的技术支撑。但纵观诸多企业的信息化或智能化建设,均存在不系统、不全面、不统一,没有从根本上解决信息孤岛、数据碎片等问题。因此,深入推进智慧企业实践必须正确处理好信息技术、工业技术和管理技术三者的关系,采用技术创新和管理创新的两轮驱动模式,实现三者的完美融合,保障各业务数据量化和集成集中共享,统一决策平台和管理智能协同。

2.企业智能化系统原理

企业智能化系统的开发与应用是将智能化的技术和方法应用于实际企业的运营过程中,实现产品设计、生产制造、仓储与物流、市场营销等各环节的智能化,提高企业柔性与快速响应性,以达到降低成本、提高服务水平、实现可持续发展的目标。

企业智能化系统需要实现从数据→信息→知识→智能的转换(如图 1-9)。数据(data)是未经加工处理的符号,没有具体的含义,如"11.11"。信息(information)是指经过加工处理过的数据,如"11 月 11 日",是表示时间的信息,这是经过加工处理成可以被人理解的信息。知识(knowledge)是可以辅助决策的规则、经验和规律,如"11 月 11 日,即'双十一',是网络购物节,每年都会有很多人在这一天网购很多商品"。智能(intelligence)就是应用各种智能技术将知识科学地运用于各种管理决策问题,以提高决策的快速性、实时性与科学性。如"'双十一'前后,电子商务企业通过智能化的采购、仓储和物流管理系统,提高了其供应链的响应能力,最终达到降低成本、提高顾客满意和企业核心竞争力的目标"。企业智能化系统就是通过各种设备、技术和智能化手段,实现数据采集、信息整理和知识获取,最终将知识应用于各类管理决策问题,实现知识到智能的转换。

如图 1-9 所示,企业智能化系统总体包括知识获取、知识处理和知识应用三个模块。知识获取是构筑智能决策支持系统的首要任务,知识获取的方法有机器学习和人工移植两种。机器学习是指通过数据挖掘、知识发现、机器感知等人工智能的方法,从数据和信息中自动学习并获取知识。其中机器学习所使用的数据可以通过物联网、互联网等途径进行获取,如可穿戴设备、GPS、RFID、自动语言识别、扫描枪等。获取来的数据通常是多源的、异构的,

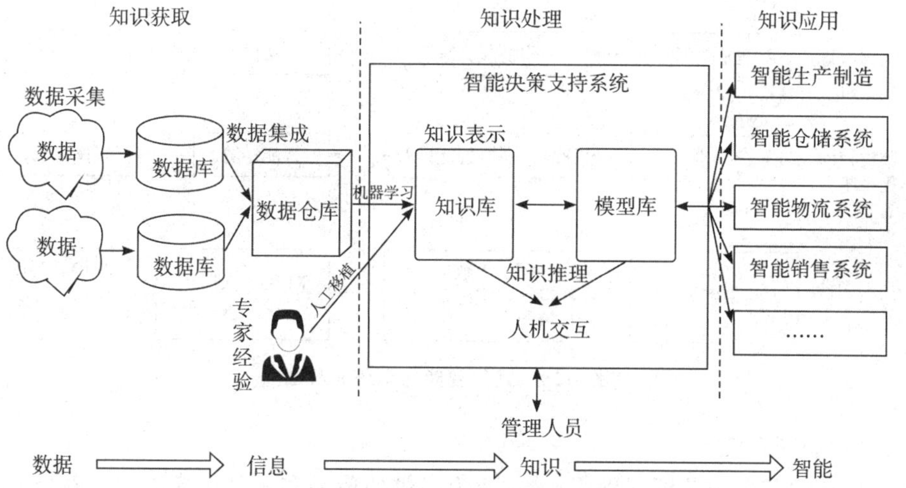

图 1-9　企业智能化系统原理图

需要采用数据集成的方法对其进行有效的组织和管理，然后有序地存储在数据仓库中。知识获取的第二种方式——人工移植，是最传统的知识获取方式。20 世纪 60 年代以前，大部分的知识都是通过人工移植的方式获取的。人工移植是指直接将专家的经验通过合理的知识表示，存储到知识库中直接使用。例如，将医生诊断的经验和知识按照一种计算机能理解的表示方式录入系统，形成知识库。

知识处理模块是企业智能化系统的中枢与大脑，其好坏程度直接决定了智能决策支持系统的科学性和有效性。知识处理的基本原理是通过知识库、模型库和人机交互之间的相互协同，对管理决策问题进行辅助决策。知识库是用来存储和表示各类知识的集合。知识如何在智能决策支持系统中进行组织，是知识表示方法力求解决的问题。传统的方法有产生式规则表示法、层次表示法(或称树状表示法)等。近些年来，随着计算机能力的提升，一些如面向对象的表示方法、本体表示方法、情境表示方法等逐渐被采纳并成为知识表示方法的主流。模型库是解决各类问题的决策模型的汇总，它为决策者提供了决策分析的方法和途径。按照所支持的决策活动，可以将模型划分为规划模型、推理模型、预测模型、模拟实验模型、优化模型、评判模型等。如何根据问题的特征选择构建模型是智能决策支持系统的关键。可以通过人机交互的方式使得决策者和系统共同完成模型的选择与构建，也可以通过知识推理的方式，实现模型的自动选择与构建，这也是当前人工智能理论界致力于解决的难题之一。

知识应用是通过智能化系统提高实际管理决策智能性和科学性的体现。智能化系统集成各类智能硬件和软件系统，充分发挥人的智能和机器效能，已经成为社会各部门生产运作不可或缺的组成部分。典型的如智能生产制造系统、智能仓储系统、智能物流系统、智能销售系统、智能医疗系统、智能驾驶系统等。以下我们以销售智能化系统为例展开阐述。

销售智能化系统指借助物联网、大数据、云计算、人工智能等技术精准地向客户提供产品和服务，以满足其多样化需求。简单说，智能销售是以提升消费者体验为核心，以物联网、人工智能等技术为基础，以提供产品或服务为目的的流程数据化、智能化的销售手段。典型的销售智能化系统流程如图 1-10 所示，本部分将简介各模块的含义并以京东无人超市为例予以阐述。

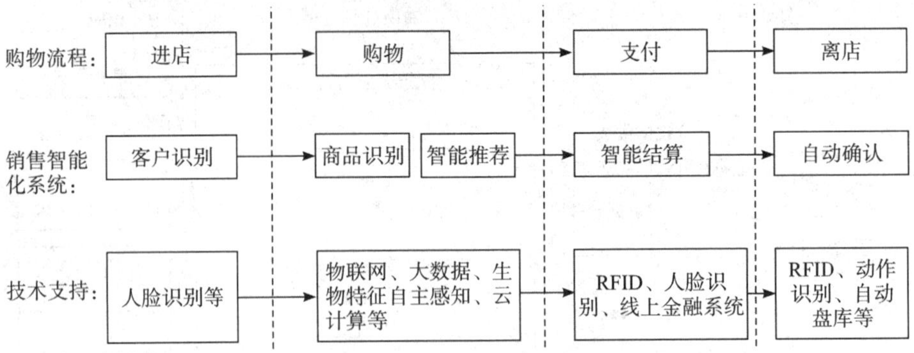

图 1-10　销售智能化系统流程图

(1)客户识别系统

智能门店的首要环节即识别用户，从而为提供的商品和服务确定对象。智能化系统首次登录一般录入客户脸部信息，以便结合其购物数据实现智能推荐和免密支付。

(2)商品识别系统

当客户进入门店，可全程自主选购。RFID标签、机器视觉、深度学习、生物识别等技术将实现对客户选区货物的识别，生成消费清单，并可反映各类商品销售的实时信息，以实现自动补货。

(3)精准推荐系统

消费者选择货物的过程中，无人机和智能感知摄像头记录消费者的实时位置，分析其行走路线和肢体行为，并结合大数据、云计算和人工智能实现智慧营销，满足消费者的个性化需求，改善购物体验，提升满意度。

(4)智能结算系统

当消费者选定商品准备结算时，通过扫描二维码、RFID标签或人脸识别技术将购物清单产生的费用自动匹配于该客户的线上账户，通过线上支付平台实现自动结算。

(5)订单确认系统

完成结算，客户即可离店。此部分可和智能结算系统同时实现，部分著作中将之称作防盗系统，本着以客户为中心的原则，本书更倾向于称之为确认系统。其结合用户信息系统、异常动作识别等确保客户订单处理精准无误，避免客户损失，且通过异常处理系统、智能报警系统实现防盗，避免商店损害和无故损失。

近年来零售市场回归关注消费者本身，伴随着消费需求多样化、传统零售市场竞争白热化、利润率降低等因素的影响，以无人商店为代表的智能零售在政策助力、资本青睐、科技发展等利好条件下快速发展，出现了淘咖啡、京东X无人超市、EATBOX、缤果盒子、小麦铺、便利蜂等一批有代表性的无人零售商店。

以京东X无人超市为例，其占地约60平方米，含SKU 300个，智能化程度可以达到无感知购物状态，出店只需刷脸即可完成付费。京东X无人超市分后场库存和前场购物两个区域，后场库存区域确保产品的新鲜，实现高效分流；前场购物区通过智能补货系统根据商品的销售记录、实时客流情况自动补货。顾客进店时通过人脸扫描结合京东App生成二维码，实现人脸与京东账号绑定；RFID标签用来实现商品识别；结算无须主动扫码，结算通道自动扫脸完成支付;店内的摄像头装置用于收集客户信息,反映异常行为。

3.大数据驱动下的管理

目前,大家普遍认为"大数据"具有"4V"特征,即数据量大(volume),数据类型多(variety),价值稀疏性(value),速度快(velocity)。最初,人们认为大数据只是一种新技术,只有百度、阿里巴巴、腾讯等拥有数字基因的互联网企业会加以利用,但其意义远不止于此。对于传统企业而言,运用大数据获得竞争优势的潜力可能更大,企业可以做精准的量化和管理,做更可靠的预测和更明智的决策,可以在行动时更有目标,更有效率。随着大数据产业成为一个快速增长的新兴产业,大数据战略逐步上升成为国家战略。对于企业来说,大数据引发了一场管理革命。当然,企业向"大数据驱动"的转变也必然面临巨大挑战。

(1)数据决定业绩

企业高管有时会问:"'大数据'不就是进行'数据分析'的另一种方式吗?"

这两者确实相关,但还是存在以下三个显著区别:

①规模性。2015年,全世界每天大约产生25艾字节的数据,而且这个数据量每40个月就翻一番。现在,互联网每秒钟生成的数据,比20年前整个互联网储存的数据都要多。

②高速性。对于很多应用程序来说,数据生成的速度最为重要。例如,一个团队通过手机定位数据了解超市停车场的车流情况,从而判断超市销售情况。通过这种技术,分析师和传统行业的经理人将获得巨大的竞争优势。

③多样性。大数据形式多样,如社交网站上发布的信息、图片,传感器上显示的内容,手机上的GPS信号等。在这些杂乱无章的数据中蕴藏着大量的有价值的信息,等待被解读。

(2)决策文化变革:让数据做主

在信息有限的时代,人们仍然更多地依赖经验和直觉来做出决策。而在今天,大数据最重要的作用是它能直接影响公司的决策。对组织而言,需要的是信息,而不仅仅是数据。在大数据时代,每天都会获得成百上千的数据。然而数据并不代表信息,只有通过有效分析后,数据才能转化为有用的信息,供管理者在进行决策时使用。在数据爆炸的时代,有时过量的数据反而会迷惑决策行为。组织需要花费大量的时间把需要的数据筛选出来转化为信息,因此,组织在大数据时代继续保持竞争力的关键在于学会如何正确地把数据这个原材料加工成信息。组织需要根据任务来组织数据,针对一项具体的运作,将数据转化后的信息运用于决策之中。

那些打算进行大数据转型的公司可以从两个方面着手改进:首先,养成提问的习惯。"数据是怎么说的?""每当做出重大决定时,要进一步追究这个问题,数据来自哪里?""我们可以从这些数据中得出什么分析结果?""我们对结果有多大信心?"员工可以迅速从管理者那里获得有关的信息。其次,要让数据掌控一切。当员工看到一位管理者允许数据推翻他的直觉判断时,这将是改变公司决策文化的最大力量。而且,你不需要在技术上投资就能使用大数据,这与以前的技术创新完全不同。

(3)五大管理挑战

大数据转型并不是万能的,除非企业能成功应对转型过程中的挑战。以下五个方面在这一过程中尤为重要。

①领导才能。在大数据时代取得成功的企业并不只是因为拥有更多或更好的数据,而是因为公司的管理者知道如何设计明确的目标。

②人才。随着数据越来越热门,大数据相关技术的应用人才需求也越来越多。最紧迫的问题之一是需要数据科学家和相关专业人员来处理大量的信息。传统的统计课程并没有教授如何使用大数据,尤其是清理和系统化海量数据集的能力,因为各种类型的数据很少以常规形式出现。这突显了可视化工具和技术的价值。

③技术。近年来,大容量、高速率、多样化的大型数据工具取得了长足进步。这些技术不再昂贵,大多数软件都是开源的。

④决策。精明的管理者会创造一种更灵活的组织形式,尽量避免"自主研发综合征",同时加强跨部门的协作:收集信息的人向那些分析数据和理解问题的人提供准确的数据,同时,他们必须与那些有能力、能有效解决问题的人并肩工作。

⑤文化。大数据驱动的公司要问自己的首要问题,不是"我们怎么想",而是"我们知道什么"。

1.4.3 中国新时代管理的淬炼与反思

学者巫云仙在文章《中国企业管理七十年:博采众长·融合创新·渐成一体》中总结了自新中国成立以来,经过70年不断的探索、学习、借鉴和应用,中国企业管理经历了"以苏为师"到本土化探索调整,到借鉴欧美和日本管理经验和理论,再到融合创新和渐成一体的过程。企业管理也从经验到科学,从传统到现代,最终走上管理现代化的发展轨道,其发展变迁一直在路上。

70年企业的发展和变革,70年企业管理的不断探索,70年对国外企业的学习、模仿和追赶,70年的企业管理,也从简单到复杂,从单一到多元,从向国外学习借鉴和应用创新,到贯通古今、中西融合,从容应对跨国经营和跨文化管理问题,中国式企业管理渐趋成型,为企业管理理论和实践的丰富与发展贡献了中国企业和企业家的智慧与中国方案。

2013年以来,随着综合国力的不断提高,"一带一路"倡议的提出,以及中国特色社会主义已进入新时代,中国企业汇入全球化浪潮和国际竞争的大舞台中。中国企业管理也从最初简单粗糙的计划管理,向带有行政色彩的生产管理转变;从早期政企分开的改革和调整,到市场化和国际化背景下现代化企业管理的转型,再到企业管理的新时代,企业经营管理之道也将不断与时俱进。

第一,中国企业要从大数量到高质量的转型。从国内来看,截至2018年底,中国各类企业总数达到3474.2万户,其中新注册企业670万户。但在这庞大的数字背后,高质量发展的企业还是少数,像华为公司这样的企业凤毛麟角。

从全球范围来看,1994年,中国企业首次参加美国《财富》杂志世界500强企业评选,当时入选企业只有3家;2003年,入选企业共有16家,其中内地企业14家,排名最靠前的国家电网居第46位;2012年,中国共有79家企业上榜,其中内地企业69家。截至2019年,中国有129家企业(含港台企业)上榜,超过美国上榜企业数量(121家)。

在这近130家的中国上榜企业中,只有少数几家民营企业,如京东集团、山东魏桥创业集团、华为集团、联想集团、美的集团、腾讯集团、吉利集团、沙钢集团、阿里巴巴集团等,大多数是国有企业或国有控股企业,由国资委管理的大型央企居多,具有较高的行政垄断性。与世界其他500强企业相比,这些企业的运行模式、管理体制和机制,如企业领导人的任命方式、人才培养和选拔机制,以及分配激励机制和经营方式等方面,具有更多的中国特色,在劳动生产率、盈利能力、企业治理结构、经营者激励制度,以及在技术研发、品牌、管理和营销等方面的核心竞争力还有较大差距。在前50位最赚钱的企业中,除中石油外,中国上榜企业大部分是金融企业。

20世纪90年代以来,经过25年的追赶,目前中国企业终于在企业上榜数量上赶超美国,但是在盈利能力和核心竞争力等方面的提升将会是长期的过程。中国企业仍要持开放包容的态度,继续向世界各国企业学习取经,特别是在技术密集型的高精尖端制造方面,摒弃机会主义和功利主义思维,实现企业"强壮"发展的转型升级。这不仅是企业自身发展的需要,也是中国经济高质量发展的需要。

第二,中国企业管理的经验总结和理论升华要从特殊性到普遍性的转变。长期以来,中国企业既学习借鉴了苏联、欧美和日本等国外先进管理经验和理论,也探索了各种本土化管理方式,形成具有特色的经营管理范式。如华为集团打不死的"技工贸"模式、联想集团的"贸工技"模式、从传统企业到智能制造转型的海尔模式,以及从代工到高端制造的万向模式。

但实际上,中西企业文化和管理经验已经在中国企业管理实践的大熔炉中被研磨和重新塑造,从而形成一种全新的、带有普遍性的中国企业管理范式。这种范式是什么?其普遍性意义如何?目前尚未有明确和统一的表述,需要进行有针对性总结、凝练和理论建构。

第三,中国企业的跨国经营管理从被动到主动,从自卑到自信的华丽转身。改革开放以来,外国来华投资的跨国公司一直是中国企业学习先进管理经验和高新技术的"老师",但未曾想到的是,中国企业很快就走出国门,成为对外投资的跨国公司,逐步从"学生"成为"老师"。

1982年,中国企业在港澳和国外地区兴办了40多家独资和合资企业。至1991年底,各类投资主体在境外兴办的非贸易性独资和合资企业已有1000多家。2013年底,中国共有1.53万家大陆企业在境外(含中国香港)直接投资,设立的企业有2.54万家。截至2017年,中国企业的海外直接投资为334.7亿美元,涉及包括制造和采矿等在内的18个行业大类。

随着海外投资的增加,中国企业的跨国经营管理已经成为各界讨论的热门话题。无论是以何种动机进行对外直接投资,中国的跨国企业都已成为全球资源整合不可忽视的力量。以前中国是世界的工厂,而现在中国在全球开设工厂,不仅要把资金、技术和装备带出去,而且要把管理模式带出去,体现中国管理自信。

美国纪录片《美国工厂》讲述了曹德旺的福耀集团于2014年主动到美国开办工厂所遇到的一系列管理和文化冲突问题。从福耀集团的海外投资可以看出,中国企业的跨国经营,不仅仅是设厂挣钱那么简单,还涉及企业管理的自信、跨国经营管理的价值理念和方法,企业发展战略,以及跨文化管理的能力等方面的问题;不仅是生产能力的输出,也是企业管理模式和管理经验的输出。作为一家民营企业,经过几年的摸索和磨合,福耀集团已积累了丰富的跨国文化管理经验,企业生产取得初步成功。

第四,中国企业管理的深层次转型升级。从器物到精神层面,从文化价值观到重视和强调方法论和企业家精神,正如教育要明确回答"培养什么人,为谁培养人,以及如何培养人"的问题一样,企业也要思考"要办什么样的企业,为谁办企业,以及怎样办好企业"等重要问题。作为具有生命周期的组织,企业要想基业长青的话,必须具有核心主业和竞争力,它所输出的就不仅是产品和服务，还有生产和管理方式，以及企业使命、文化价值观和方法论等思想内涵。无论是在国内经营，还是“走出去”发展，企业都要讲好自己的故事。

作为企业经营者和管理者，企业家的思想境界和格局，某种程度上决定了企业发展的成就。企业家和企业家精神是企业管理中的稀缺资源，激励和保护企业家精神成为全社会的一种共识。2017 年，中共中央颁布《关于进一步激发和保护企业家精神的意见》，以前所未有的高度阐明了弘扬企业家精神，培育具有全球竞争力的世界一流企业和企业家的重要意义。

第五，物联网时代企业将面临管理的革命。随着互联网、大数据、人工智能技术的迅速发展，及其与实体经济的深度融合，中国企业正处于向“互联网＋”和“中国智造”转型升级的重要阶段，传统的战略、组织、交易、商业，以及价值创造和获取模式等已面临被颠覆的可能。特别是 2019 年，中国企业面对着非常不利的内外经营环境，更需要进行一场管理的革命。真正把企业作为管理的对象，让企业成为高效组织，实现企业的高效运行和高效益产出，最终实现中国经济的高质量发展目标。对于企业来说，管理是永恒的主题。

对企业管理来说，中国经济改革和发展的实践，为验证各种不同中外管理理论提供了难以计数的样本和数据。如何成为长寿企业？如何实现企业目标？如何有效管理企业？这些百年难题的答案，有赖中国企业家、理论工作者和全社会的共同努力去寻找。

本章提要

1.管理产生的根本原因在于人的欲望的无限性与人所拥有资源的有限性之间的矛盾。

2.所谓组织，就是以结构化和协作形式共同工作来实现一系列目标的群体。管理的对象为组织中所有的资源，主要包括人力资源、物力资源、财力资源和信息资源。

3.管理学是研究各类管理活动产生、发展的普遍规律、基本原理和一般方法的科学；管理学是一门基础学科，是各类专门管理学科的理论基础，具有实践性、综合性、动态性和不精确性等特点。

4.管理是指管理者在特定环境下，对组织所拥有的资源（人力、物力、财力、信息）进行计划、组织、领导和控制，创造性地以有效率和有效能的方式来实现组织的目标的过程。

5.组织中各级管理者所承担的基本职能有四类，分别是计划、组织、领导和控制。这四项管理职能并不是独立存在的，职能间常常是你中有我、我中有你，既彼此包含，又相互推动，是一个相互关联、相互制约、不可分割的整体。

6.管理既是科学，又是艺术。有效的管理工作需要科学性和艺术性的结合，真正成功的管理者应该是能够用理论来指导实践，能够从实践中升华理论的人。绝大多数的管理者通过经验和教育相结合获得管理技能和职位的晋升。

7.管理者是以执行管理过程为主要职责的人，管理职业化是一个渐进的过程。可以根据管理层次和作用对管理者进行分类。从层次上，可以将管理者分为高层管理者、中层管理者和基层管理者。从作用上，可以将管理者分为运营、营销、财务、人力资源、行政管理和其他类型管理者。

8.明茨伯格将管理者的工作分为 10 种角色。这 10 种角色可归纳为三类，即三种人际角色（精神领袖、领导者、联系人）、三种信息角色（跟踪者、传播者、发言人）和四种决策角色（企业家、扰动处理者、资源分配者、谈判者）。

9.管理从本质上而言是人们为了实现一定的目标而采用的一种手段,管理本身不是目的,我们不能为了管理而管理。

10.学习管理,不仅是当今社会发展的需要,也是每一个人在社会中生存和更好地实现个人理想的需要。

11.管理者不仅要对自己的工作负责,而且要对下属的工作负责。管理者应具有强烈的管理意愿和良好的精神素质;不仅需要掌握专业知识,还需要具有较广的知识面,并具备技术技能、人际技能和概念技能等技能。管理者的培养可通过教育培训及实践锻炼两大途径实现。

12.企业智能管理是通过综合运用现代化信息技术与人工智能技术,以现有管理模块为基础,以智能计划、智能执行、智能控制为手段,以智能决策为依据,智能化地配置企业资源,建立并维持企业运营秩序,实现企业管理中"机要素"之间高效整合,并与企业中"人要素"实现"人机协调"的管理体系。

13."大数据"具有数据量大、数据类型多、价值稀疏性及速度快四大特征。对于所有企业来说,大数据都引发了一场管理革命。企业向"大数据驱动"的转变面临领导才能、人才、技术、决策及文化等方面的巨大挑战。

14.新时代下的中国企业管理的变化可以概括为五个方面:中国企业向高质量转型,中国企业管理经验向普遍性转变,中国企业跨国管理向主动转身,中国企业管理向深层次升级,中国企业向数字化管理变革。

思考案例

任正非:办公室里无将军,不打粮食的管理者坚决淘汰

如果一个社会、一个国家、一个组织里的穷人怎么努力也成不了富人,就像古代的读书人,如果怎么努力也当不了官,这个社会就会僵化,怎么会有活力?

华为很早就开始推行"打破终身制,干部能上能下,员工能进能出"的机制。任正非在1998年的《华为的红旗到底能打多久》中指出:"尊重知识、尊重个性、集体奋斗、不迁就有功的员工,是我们可持续发展的内在要素。市场部集体大辞职的壮举,开创了华为公司内部岗位流动的制度化,使职务重整成为可能。因为创业期间他们功劳最大,他们都能上能下,别人还不能吗?……我们不搞终身雇佣制,但这不等于不能终身在华为工作。我们主张自由雇佣制,但不脱离中国的实际。……每个员工通过努力工作,以及在工作中增长的才干,都可能获得职务或任职资格的晋升。与此相对应,保留职务上的公平竞争机制,坚决推行能上能下的干部制度。"

华为从2018年9月开始借鉴解放军陆军的经验,在HR体系进行"考军长"的方法探索,后来逐步推广到各业务体系的主管考核。

华为所谓的"考军长",是让业务主管们用几页幻灯片对自己的工作进行讲解,注意不是述职一样长篇汇报,主要的时间用于回答评委们和员工们的提问。华为的考法是用Welink软件视频直播,条件允许的情况下全公司直播,涉及机密的就在其部门内直播。直播围观者可以实名提问,也可以匿名提问。当然华为的评委是面对面的,不是背靠背的。如果围观者的提问演讲者在现场来不及回答,会被要求事后线上实名回答并公示。

平常华为的业务主管在做述职汇报时，都会有很多参谋，由部属集体研讨与打磨，主管反复演练，所以在向上汇报时讲得生动活泼，有宏观的高度，有微观的案例，有思想的深度，也有实战的温度。

但“考军长”时，网络围观的同事才不会管宏观战略和管理者情面，只会问自己遇到困难的相关情况、具体场景及如何解决。提问人员众多，谁也无法控制提问的细节、难度与方向。

评委的提问更尖锐，一般会从上到下追问到底，因为评委提问也是现场直播，实际上也是考评委。一般一场“考军长”，至少有一个评委会提出很精彩的问题，既接地气又能对业务有帮助，否则会被围观的同事嘲笑走过场。一个表现好的评委往往会认真做好相关的信息收集，比如华为心声社区的员工爆料，还要从蓝军的视角做数据分析。

正如任正非在2019年6月18日的干部管理工作汇报会议上说的：“要认识到当前的‘考军长’就是要检验个人贡献与能力，是去除平庸、怠惰的一种重要方法，各部门要认真开展好。”“考军长”是以考促训，目的是考“活”，而不是考“死”。

“考军长”就是为了革除“和平积弊”。华为在日常的工作中要求管理者“双手沾灰，两脚沾泥”，“抵近侦察，抵近指挥”，做到“办公室无将军”，这些基本上都是从战争与军事领域借鉴过来的。

杨成武将军在1936年12月从“抗大”毕业之后，中央军委任命他为师长，他说：“我没有当过师长，原来当的是政委，怎么打仗?”杨成武将军在回忆文章《怎样当好师长》中谈了9个要点。华为也以此告诫管理者：“应该上去看的山头就要亲自爬上去，应该了解的情况就要及时了解，应该检查的问题就要严格检查。不能懒，军事指挥员切忌懒，因为懒会带来危险，带来失败。比方说，一个军事指挥员，到了宿营地就进房子，搞水洗脸洗脚，搞鸡蛋煮面吃，吃饱了就睡大觉。他对住的村子有多大、在什么位置、附近有几个山头、周围有几条道路、敌情怎么样、群众条件怎么样、可能发生什么情况、部队到齐了没有、哨位在什么地方、发生紧急情况时的处置预案如何等都不过问，都不知道，这样，如果半夜三更发生了情况，敌人来个突然袭击，就没有办法了。到那种时候，即使平时很勇敢的指挥员，也会束手无策，只好三十六计，跑为上计，变成一个机会主义者。”

任正非本人也是抵近侦察和抵近指挥的典型。他每年都亲临一线艰苦地区看望、指导、激励艰苦奋斗的员工，去过5200米的珠峰大本营，去过平均海拔超过3000米、世界平均海拔最高的国家玻利维亚，去过战火纷飞的阿富汗、伊拉克。2017年2月，任正非在泰国与地区负责人、在尼泊尔与员工座谈时说：“我承诺，只要我还飞得动，就会到艰苦地区来看你们，到战乱、瘟疫地区来陪你们。我若贪生怕死，何来让你们去英勇奋斗？在阿富汗战乱时，我去看望过员工。……利比亚开战前两天，我在利比亚，我飞到伊拉克时，利比亚就开战了。飞到伊拉克不到两天，伊拉克首富告诉我：‘我今天必须将你送走，明天伊拉克就封路开战了。我不能用专机送你，不安全，我派保镖送你。’结果前后一个大车队，十多名保镖，连续奔驰一千多公里，把我送上了最后一架飞机。一路上换车队，就如从深圳到西藏，经过广西换广西车队，经过贵州、云南换当地车队。深圳粤B车牌一直开到那里，那就太显眼了。”

华为最著名的抵近侦察和抵近指挥的案例是余承东带领无线产品线从借钱发奖金到做出公司最盈利产品的转变。余承东设计出分布式基站，解决了欧洲机房狭小、站点获取困难的问题，从而成功打开当时的通信巨头爱立信、西门子、诺基亚、阿尔卡特的大本营欧洲市场。2005年，华为的海外销售收入第一次超过国内，从此一路高歌，度过了冬天。

如果在这个过程中没有余承东亲自到一线去与客户交流，就不能深刻感受和了解客户的痛点，也就不可能有华为高性能、低成本的分布式基站和Single RAN的诞生，而普通的销售人员连产品和图纸都没有，怎么能够交流清楚？怎么敢承诺？即使承诺了也不一定有能力推动研发产品。余承东作为3G产品研发的负责人，走出办公室，“双手沾灰，两脚沾泥”，既能理解客户需求，也能调动研发资源，开发出针对客户需求的有效解决方案。分布式基站成功改变了当时的无线格局，使之成为业界标配，华为无线从借钱发奖金一跃成为公司最赚钱的“圣无线”。

任正非在2019年6月18日的干部管理工作汇报会议上说：“干部管理工作一定要对准贡献这个目标，在贡献面前人人平等。总干部部要抓住时机，支撑公司队伍换血，去除平庸与怠惰，打造一支可支持公司在未来占领胜利制高点的钢铁干部队伍。总干部部以及各级干部管理的一切工作要对准目标，这个目标就是贡献。管理就是要强调干部的实际贡献，而不是过于强调干部的素质。过去把素质看得很重，没有贡献怎么可以？这个人能力用素质模型去评价或许不强，但实际贡献很大，为什么不可以先提起来？提起来后继续考核，不行还可以下去，归队当兵。每个干部都说自己有贡献，那就公示出来，大家评议，可以贴在网上嘛。”

华为每年坚定不移地对管理者实行10%的淘汰制，这项措施让管理者永远铭记自己的责任，永远处于战战兢兢、如履薄冰的艰苦奋斗状态中。

华为每年也坚定不移地对责任结果差、长期发展缓慢的员工进行主动识别和主动管理，目的是防止在业务高速发展的情况下可能出现的“内部超稳定结构”和员工怠惰。2019年以前，华为对普通员工的不合格调整是有一个分层比例限制的，比如5%～7.5%。随着管理者的成熟及公司外部环境的恶化，2019年之后华为的管理更加差异化，不设总体调整指标，由各业务部门自行设定淘汰目标比例，各业务部门反而更加主动地推进这项激发员工活力的工作。

资料来源：吴晓波.任正非：办公室里无将军，不打粮食的管理者坚决淘汰.[2021-10-24].https://mp.weixin.qq.com/s/0x5j7ktCduuFoR1R1bRI5A.

阅读后请思考：

1.案例中提到了管理者的哪些角色？请具体说明。

2.结合案例从品德、知识、素质三个方面谈一谈管理者应该具备哪些要素。

3.结合案例阐述你对于管理者职责的理解。

4.通过案例，你对组织以及管理有何新的认识？

思考习题

1.简要阐述管理的由来。

2.什么是管理？管理包含哪些基本职能？

3.谈谈效率和效能的区分，并举出现实中组织的例子加以说明。

4.管理的四项基本职能是什么？它们之间的相互关系如何？

5.请阐述管理者的类型。

6.简述管理者在组织中所扮演的角色，对其中的每一种角色给出相应的例子。

7.说明管理者应具备哪些基本技能。为什么处在同一组织的不同层次的管理者，其所需的这些技能的要求是不同的？

8.有人说管理是一门艺术，不存在普遍适用的原理。你怎么看？

9.有人说,人人都是管理者。你是否同意这个观点,为什么?

10.如何认识学习管理的意义?

11.管理学具备哪些特点?

12.大数据驱动性的企业转变面临着哪些管理挑战?

13.管理学是否只适用于营利组织?请阐述你的理解。

14.有人认为"规章制度"必须遵守,你如何看待这一问题?

15.管理者应该具备哪些品德?

16.请简述新时代中国企业管理的变化。

技能实训

1.通过网络或文献查找出一家组织的结构图,在图中标出高层、中层或基层管理者,列出各层次管理者的头衔。

2.采访本地一家组织的管理者,了解他如何执行管理活动的每一项职能,及他所扮演的角色和工作中所必需的技能。

3.小组讨论:生活中你遇到过哪些优秀和拙劣的管理?哪些组织的管理给你留下了深刻的印象?

4.以小组为单位,借助下面的分析矩阵,讨论不同类型组织的管理工作内容及其差异。矩阵的组合可以是多种多样的,如可以将管理职能与业务活动(如生产、财务管理等)组合起来,分析不同业务领域管理工作的共性和差异。

	计划	组织	领导	控制	生产运营	市场营销	人力资源管理	财务管理
制造企业								
大学								
医院								
宾馆								
超级市场								
……								

参考文献

[1]颜明健.管理学原理[M].3版.厦门:厦门大学出版社,2019.

[2]邢以群.管理学[M].5版.杭州:浙江大学出版社,2019.

[3]杨善林.企业管理学[M].4版.北京:高等教育出版社,2020.

[4]卢新元.管理学[M].北京:科学出版社,2021.

[5]周三多,陈传明,刘子馨,等.管理学:原理与方法[M].7版.上海:复旦大学出版社,2018.

[6]胡国栋.海尔制:物联网时代的新管理范式[M].北京:北京联合出版有限公司,2021.

[7]巫云仙.中国企业管理七十年:博采众长·融合创新·渐成一体[J].清华管理评论,2019(10):91-104.

[8]邱农.新编管理学[M].北京:经济管理出版社,2007.

[9]刘友金，张卫东.管理学[M].3版.徐州：中国矿业大学出版社，2018.

[10]刘燕娜，宁凌.管理学[M].2版.北京：中国农业出版社，2013.

[11]刘亚臣.管理学[M].黑龙江：哈尔滨工业大学出版社，2012.

[12]许月奎，钱堃.管理学[M].大连：大连理工大学出版社，2011.

[13]卢西尔.管理学基础：概念、应用与技能提高[M].4版.高俊山，戴淑芬，译.北京：北京大学出版社，2011.

[14]朱舟，周健临.管理学教程[M].4版.上海：上海财经大学出版社，2017.

[15]方振邦.管理学基础[M].3版.北京：中国人民大学出版社，2015.

[16]焦叔斌，杨文士.管理学[M].5版.北京：中国人民大学出版社，2019.

[17]朱雪芹.管理学原理[M].北京：清华大学出版社，2011.

[18]徐光华，暴丽艳.管理学：原理与应用[M].北京：清华大学出版社、北京交通大学出版社，2004.

[19]汪克夷，易学东，刘荣.管理学[M].5版.大连：大连理工大学出版社，2011.

[20]赵涛，齐二石.管理学[M].北京：清华大学出版社，2013.

[21]赵金先，张立新，姜吉坤.管理学原理[M].北京：化学工业出版社，2016.

[22]曾旗，何继新.管理学[M].北京：中国农业大学出版社、北京大学出版社，2008.

[23]汤石章.管理学原理[M].上海：上海交通大学出版社，2012.

[24]汪大海.管理学[M].北京：北京师范大学出版社，2010.

[25]汪洁.管理学基础[M].北京：清华大学出版社，2009.

[26]余秀江，张光辉.管理学原理[M].北京：中国人民大学出版社，2004.

[27]单宝玲，辛枫冬.管理学原理[M].3版.天津：天津大学出版社，2016.

[28]刘宁杰.管理学[M].武汉：武汉大学出版社，2014.

[29]郭朝阳.管理学[M].北京：北京大学出版社，2006.

[30]朱礼龙.管理学[M].2版.合肥：合肥工业大学出版社，2015.

[31]孙焱林.实用现代管理学[M].3版.北京：北京大学出版社，2017.

[32]刘玉玲.管理学[M].南京：南京大学出版社，2011.

[33]刘汴生.管理学[M].2版.北京：科学出版社，2016.

[34]宋晶，郭凤侠.管理学原理[M].4版.大连：东北财经大学出版社，2014.

[35]曾坤生.管理学[M].2版.北京：清华大学出版社，2012.

[36]包国宪，吴建祖，雷亮.管理学：理论与方法[M].2版.兰州：兰州大学出版社，2009.

[37]刘溢海，岳佐华.新编管理学教程[M].上海：上海财经大学出版社，2007.

[38]吴照云.管理学[M].6版.北京：中国社会科学出版社，2011.

可扫码获取本章课件资源：

第2章　管理思想的发展与演进

本章学习重点：

理解理论与历史的意义；阐述管理思想、管理实践与管理理论的关系；掌握泰勒科学管理理论的主要内容；掌握法约尔一般管理理论的主要内容；掌握韦伯行政组织理论的主要内容；掌握梅奥人际关系学说的主要内容；评价与比较古典管理理论与行为管理理论；探索与研究现代管理理论与中国本土管理理论。

核心知识点：

1.劳动分工(division of work)
2.科学管理理论(scientific management theory)
3.十四条一般管理原则(14 principles of management)
4.行政组织体系(bureaucracy)
5.经济人假设(hypothesis of economic man)
6.社会人假设(hypothesis of social man)
7.霍桑实验(Hawthorne experiment)
8.行为科学理论(behavioral science theory)
9.管理理论丛林(the management theory jungle)

开篇案例

国美能否重启

1987 年 1 月 1 日，国美电器在北京成立了第一家以经营各类家用电器为主仅不足一百平方米的小店。从 1993 年始，国美电器统一门店名称，统一商品展示方式，统一门店售后服务，统一宣传，建立起低成本、可复制的发展模式，形成中国家电零售连锁模式的雏形。2004 年 6 月国美电器在香港成功上市，同年成功收购上海永乐生活家电，次年成功并购北京大中电器之后，成为国内家电连锁企业中门店数量最多的一家。

2012 年 12 月初，国美电器宣布整合旗下“国美电器网上商城”和“库巴网”两大电商平台，实现后台统一管理和资源共享。整合之后，更名为“国美在线”的国美电器网上商城将定位于面向 B2C 业务的跨品类综合性电商购物网站，依托国美的后台能力，以独立品牌、独立网站、独立运营的模式专注于综合类电商平台的发展。

2012 年以来，家电零售业最大的压力都源于一个事实——“互联网＋”技术的冲击，整个行业生产可能性边界往外推移。这种推移伴随着两个非常明显的现象：一是新竞争者的加入，二是原有企业的运营实践逐渐偏离最佳实践。这一年的 12 月 25 日，国美在京召开未来发展战略及新品牌形象代言人发布会，正式公布了 2013—2015 年为企业战略规划期。

在技术推动下，京东电商模式带来的增长，让原本彼此鏖战的国美和苏宁面临极大的不确定性。起初，国美和苏宁甚至困惑他们的客户需求是否变了，不确定哪些产品和服务才是“互联网＋”时代最受客户期待的，当然也不清楚该安排哪些活动或技术去实现它。在此前 20 多年的发展过程中，国美一直强调扩张，但从 2013 年以来，国美更加注重运营效率和盈利。与同行牺牲盈利寻求转型相比，国美选择的是一套不同的做法，希冀创造独特的价值组合。按照国美控股集团 CEO、国美决策委员会主席杜鹃的说法，国美的战略升级以强化家电零售板块专业能力为核心，同时提高各业务板块之间的协作。杜鹃此前接受《哈佛商业评论》中文版采访时显得信心十足，似乎国美已找到应对不确定性之策。

众所周知，国美这些年一直在不断推进自己的数字化战略，意欲达成线上线下融合。2015 年 4 月 8 日，国美在线宣布正式上线 3D 家居家装电商平台——国美家。此次国美与 3D 家居解决方案平台新途网进行合作，利用 3D 技术实现虚拟家装体验。2020 年，33 岁的国美再次按下了“重启键”，战略调整不断，先是上线了“门店”频道把线下门店搬到线上，紧接着推出了“闪店送”服务攻入即时配送市场。7 月底，国美宣布联手央视启动全国 31 省份巡回带货直播，开启本地零售的异地扩张。前方有直播，后方有强大后盾，国美与多平台的合作只是一部分，再加上其创新式的 App 门店频道、闪店送等，商业模式的迭代将重塑后疫情时代电商新格局。时至今日，国美早已不是传统零售商的角色。

资料来源：百度百科相关资料及李剑发表于《哈佛商业评论》(2015 年 10 月)的文章《国美重启：构建战略蜂巢》。

33 年间，不管是被动的还是主动的，国美经历了一次又一次的“重启”。这一系列重启的原因是什么,结果又如何,是否还会继续?国美的管理者们必须理解企业经营的基础,必须专注于今天的竞争环境和未来的变化趋势。但回过头来看,过去的经验同样重要。马克·吐温说:"历史不会重复自己,但是它会重复自己的规律。"任何组织的管理者都可以从历史经验中学到哪些是有效的做法而哪些是无效的。

管理实践的历史跟人类的历史一样悠久,但管理成为一门科学只有一百年的历史。在管理被广泛认为是一种职业以前,管理者就存在于大量的社会组织中。本章首先概述了西方管理理论的四个阶段——早期管理思想、古典管理理论、行为管理理论和现代管理理论,然后引导大家反思科学管理理论在当代管理实践的运用、西方管理理论在当代中国的适用性以及如何构建有中国特色的管理理论等议题。接下来,就让我们一起来领会历史上管理英雄们的管理诀窍、灵感和梦想。

2.1 早期管理思想

2.1.1 古代管理思想

1.中国古代管理思想

中国是历史悠久的文明古国之一,在其各个历史发展时期,都蕴涵着丰富的管理思想。有些管理思想先于西方几千年提出来,有些管理思想至今还具有借鉴意义。

早在两千多年前的春秋战国时期,杰出的军事家孙武著有《孙子兵法》一书。该书计有十几篇,篇篇闪烁着智慧的光芒。"知己知彼,百战不殆"这句名言就是一例,其含义是,只有摸清敌我双方的情况并分析客观规律,才能克敌制胜。孙武的策略思想不仅在军事上而且在管理上都具有指导意义和参考价值。日本和美国的一些大公司甚至把《孙子兵法》作为培训经理的必用书。

战国时期的另一本书《周礼》对封建国家的管理体制进行了理想化的设计,内容涉及政治、经济、财政、教育、军事、司法和工程等方面。该书对封建国家经济管理的论述和设计达到了相当高的水平。

"田忌赛马"的故事大家都十分熟悉,孙膑运用运筹学和对策论的思想,帮助田忌在赛马中战胜了齐王。中国古代关于领导艺术、经济管理的思想可以从许多著作中找到,如《墨子》《老子》《齐民要术》《天工开物》等。这里不再赘述。浩如烟海的文史资料中蕴藏着极其丰富的管理思想,在这里我们只取其部分精华。

①谋而后动的决策思想

在管理工作中,决策是一个管理者必须首先考虑的问题。那么,管理者应该如何决策才能确保决策不失误,我国的古代先贤给我们留下了许多精辟的见解。"凡事预则立,不预则废。""人无远虑,必有近忧。""先谋后事者昌,先事后谋者亡。"这些告诉我们无论做什么事情都要先谋而后动,只有谋划得充分、合理、科学,才能在执行时游刃有余,才能做到"不动声色,而措天下于泰山之安",做事情才能成功而不失败。所谓"日之能烛远,势高也;使日在水中,则不能烛十步",意思是作为领导者,应该具备高瞻远瞩的特质,绝对不能鼠目寸光,只看眼前利益而看不到长远利益。宋代文学家苏轼的《策别十八》中有"为国有万世之计,有一时之计，有不终月之计”，“不谋万世者，不足以谋一时；不谋全局者，不足以谋一域”，是说做事应该有战略决策和战术决策、长远规划与短期计划之别，根据形势的变化按照既定目标相时而动，有助于管理成功。可见，预测和决策关系全局成败，中国人向来强调谋划和规划，强调战略和战术的综合运用，主张谋而后动。所以孙子说，“知彼知己者，百战不殆”，“知天知地，胜乃不穷”。

②义利两全的取舍思想

在中国古代社会中，虽然有一些人主张重义轻利，但是也有一批实用主义的思想家、哲学家提倡义与利并举，主张义利双兼，这种充满着浓重的讲利重义的管理思想，倡导“见利思义”，“义然后取”，“义，利也”，“兼相爱，交相利”，宋代苏轼就是其中之一。他在《利者义之和论》中说“义利利义相为用”，主张义利互为共用，二者不能偏废。春秋时的管子更是认为“自利” 是人所共有的情结：“民，利之则来，害之则去。民之从利也，如水之走下，于四方无择也。”然而，管子并未走向极端，他还认为“自利”与“利人”并不完全矛盾，而且“自利”之德与“利人”之德也是统一调和的。陈寿在《三国志・吴书・骆统传》中进一步将义利观和富民利民联系起来，指出“财须民生，强赖民力，威恃民势，福由民殖，德俟民茂，义以民行”，即财富是人民创造的，国家强大依靠人民的力量，国威靠人民的气势，福利乃由人民所树立，道德靠人民的实践来兴盛，义的实现靠人民的共同行动。这句话，可谓深刻地概括了中国义利两全的管理真谛，在普通民众之中具有广泛的影响。

③赏罚分明的激励思想

在激励和奖惩方面，孙子提出：“合军聚众，务在激气。”诸葛亮指出：“赏以兴功，罚以禁奸，赏不可不平，罚不可不均。”“诛罚不避亲戚，赏赐不避仇怨”，应做到“无党无偏”，意思就是说管理者务必要做到赏罚公正分明，才能服人服众。春秋战国时期的韩非子主张“诚有功，则虽疏必赏；诚有过，则近爱必诛”。对此诸葛亮论述得更加具体，他说“赏罚之致，谓赏善罚罪也。赏以兴功，罚以禁奸。赏不可不平，罚不可不均。赏赐知其所加，则邪恶知其所畏”。

④德能兼备的用人思想

在中国古代的管理思想中特别重视德能兼备的标准。我国远古时代的禅让制度，就是在考察德行修养的基础上实行的推举贤能的管理制度。管子认为，国家选贤任能，要举拔有德者给予爵位，举拔有才者就任为官，把德行置于功劳之上，主张国家用人要德才兼备，德能并举，“德” 与“能” 不可偏废。选贤还应做到选用人才不受年龄的限制。管子强调考核官员的内容主要有三个：一是德望与其地位是否相称；二是功绩与其俸禄是否相称；三是能力与其官职是否相称。

⑤不谄不渎，上下同欲的同道思想

任何一个组织都由人群组成。什么样的组织才有战斗力，才能充分发挥组织中每个人的内在潜能，一直是管理者在努力思考的问题。《周易・系辞下》文中有一句名言：“君子上交不谄，下交不渎。”《庄子・山本》中指出：“君子之交淡若水，小人之交甘若醴。”反对交酒肉朋友，搞钱权交易，以利于形成清正廉洁的组织风气。《论语・为政》中认为小人勾结而不合群，总以小集团、小帮派的利益破坏整个组织的团结；君子则合群而不勾结，不是为了谋取私利，而是为了达成组织的目标，诚心诚意地搞好团结，“同心而共济，始终如一”。

正如《尚书·君陈》中所说:“必有忍,其乃有济;有容,德乃大。”

⑥执要群效的统一思想

在组织理论方面,我国古代虽然没有形成完整的理论体系,但是散见于古代先贤片言只语论述中的管理思想仍然为我们现在从事各种管理工作提供了可以借鉴的名言警句。其中执要群效的统一思想就是组织理论的雏形。《韩非子·扬权》:“事在四方,要在中央。圣人执要,四方来效。”在此,韩非子第一次将决策层和执行层、中央和地方的管理职能进行了明确的划分。《管子·明法》:“威不两错,政不二门。”李世民说:“理国守法,事须划一。”罗贯中在《三国演义》中也有一句名言:“夫为治有体,上下不可相侵。”这些论述都从不同角度强调了上下级之间权利与责任的不同,并且都明确指出统一决策指挥的不可或缺的重要作用。

⑦不偏不倚的中庸思想

“中庸”思想,是儒家须臾不可分离的管理之道。孔子说:“过犹不及。”程熙对中庸的解释是:“不偏之谓中,不易之谓庸。中者,天下之正道;庸者,天下之定理。”朱熹说道:“中者,不偏不倚,无过与不及之名。庸,平常也。”教育引导人们在处理和解决问题的时候不应该走极端,要避免过与不及的出现,应从两端入手,抓住问题的“终始本末、上下精细、无所不尽”,再“量度以取中,然后用之”。中庸之道,通俗地说,就是正确掌握事物发展的“度”,以实现管理的和谐发展。

⑧对立转化的辩证思想

我国古代先人在不断探究人与外界环境关系的基础上,逐渐形成了朴素的辩证思想。这在《易经》《老子》《孙子兵法》中都得到了充分体现。中国这种充满了哲学思辨的管理思想主要表现在整体观和转化观两个方面。

与西方不同,中国古代的管理思想常常习惯于从整体到个体或者从个体角度审视和对待整体,主张整体和个体的有效统一,如中国画以“写意”为主,重视对整体的把握,并不重视对细节真实的分析。表现在集体组织中,特别注重“少数服从多数,个人服从组织,下级服从上级”,这种管理思想虽然有时容易压抑个体能动性的发挥,但也特别容易形成拼搏、奉献、团结的战斗群体,有利于发挥团体的整体优势。

而“物极必反”、“否极泰来”和“盛极必衰”等人们熟悉的词语中,则更多地蕴含着转化观的管理思想,体现出古人对万物相互联系、阴阳互相消长的哲学思辨。例如,《老子》中“以顺待逆,以逸待劳,以卑待骄,以静待躁”的后发制人思想,“欲先取之,必先予之”的取予之法,“不战而胜,是为上策”的战略思想,“避实而击虚”,“因敌变化而取胜”的应变之策,“千军易得,一将难求”的选才识贤的人事原则等,都是这种因应变化转化的精彩论述。

⑨以民为本的民本思想

中国古代的管理思想中,将组织环境概括为天时、地利、人和。《淮南子·主术训》中指出:“上因天时,下尽地财,中用人力。”其中,天和地,反映了外部环境。《孙子兵法·地形篇》指出,“知天知地,胜乃不穷”,可见正确地判断外部环境之重要。

而人和的主要内涵是“以人为本”,即人是构成国家整体的第一要素,要求把人作为管理的重心,提倡“爱人贵民”。这种民本思想是中国古代的重要管理理念,也是“人和”的理论基础。管子说,“君若将欲霸王举大事乎,则必从其本事矣”;“夫霸王之所始也,以人为本,本理则国固,本乱则国危”。《贞观政要》中指出:“君,舟也;人,水也。水能载舟,亦能覆舟。”准确而形象地说明了领导者与群众之间的关系，为历代政治家所遵从。

“将相和”“君臣和”是在管理层面的“人和”，“君臣遇合，天下事迎刃而解”（《观案》）指出，领导层次的良好合作是解决天下事的重要环节。

⑩诚信为本的经营思想

信誉是国家和企业的生命，这是我国长期管理实践中产生的信条。中国人从来都是重信誉的。孔子说：“君子信而后劳其民。”（《论语·尧曰》）韩非说：“小信成则大信立，故明主积于信。”（《韩非子·外储说左上》）治理国家，言而不信，出尔反尔，政策多变，从来都是大忌。故《管子》告诫主政者要取信于民，行政应遵循一条主要原则：“不行不可复。”“不行不可复者”，“不欺其民也”。欺骗人民只能一次，第二次人民就不信你了。“言而不可复者，君不言也；行而不可再者，君不行也。凡言而不可复，行而不可再者，有国者之大禁也。”（《管子·形势》）

2.西方古代管理思想

西方早期管理实践和思想也有着悠久的历史。在奴隶社会，管理实践和思想主要体现在指挥军队作战、治国施政和管理教会等活动之中。古巴比伦人、古埃及人、古希腊人以及古罗马人在这些方面都做出了重要贡献。

古巴比伦在汉谟拉比的统治下，建立了强大的中央集权国家。为了治理国家，从中央到地方设立了一系列法庭，设置官吏管辖行政、税收和水利灌溉，国王总揽国家的全部司法、行政和军事权力。在汉谟拉比统治时期，《汉谟拉比法典》的编纂是一件大事。这部法典共282条，较全面地反映了当时的社会情况，并以法律形式来调节全社会的商业交往、个人行为、人际关系、工薪、惩罚以及其他社会问题。在汉谟拉比之后，在尼布甲尼撒国王统治时期，也出现了许多有效管理的实例。一些大的工程建设充分体现了当时的管理水平，如被誉为古代世界七大奇观之一的“空中花园”和高 200 米的“巴比伦塔”。

在古埃及，值得称道的管理实践是其金字塔式的管理机构。在法老之下设立了各级官吏，最高为宰相，辅助法老处理全国政务，总管王室农庄、司法、国家档案，监督公共工程的兴建。宰相之下设有一批大臣，分别管理财政、水利建设以及各地方事务。上自宰相，下至书吏、监工，各有专职，形成了以法老为最高统治者的金字塔式的管理机构。为了强化法老专制政权的统治，埃及法老为自己修建了被后世称为世界七大奇观之一的金字塔。其工程之浩大、技术之复杂，至今仍被视为难以想象的奇迹，以致被蒙上许多神秘的色彩。仅从管理角度来看，成千上万人的共同劳动，就需要严密的组织和管理。

在古希腊，当时的思想家们对管理有许多精辟的见解。苏格拉底曾提出管理的普遍性，认为管理技能在公共事务和私人事务之间是相通的。亚里士多德不仅指出了管理一个家庭和管理一个国家的相似之处，而且研究了国家制度的问题，提出了国家制度的各种形式，以及采取各种形式国家制度的原则，描绘了以奴隶制为基础的“理想城邦”的轮廓。

古罗马在征服古希腊后，经过连年征战和吞并，逐渐成为一个庞大的帝国。管理这样一个庞大的帝国，本身就需要高超的管理方法和技能。罗马共和时期，在管理体制上已体现了行政、立法和司法的分离。古罗马人的最有效的管理实践，是当时统治者戴克里先对罗马帝国的重组。他上台以后看到帝国组织庞大，事务繁杂，但又人浮于事。针对这一情况，他重新设计了帝国的组织机构，把军队和政府分为不同的权力层次，对每一层次规定了严明的纪律以保证组织职能的发挥。他把帝国分为 100 个郡，归为 13 个省，进一步把省组成 4 个道，从而建立起专制的组织结构。

2.1.2 工业革命时期的管理思想

18世纪60年代开始的工业革命使西方国家在生产技术和生产关系上产生了重大的变革。工业革命加速了资本主义生产的发展,社会的基本生产组织形式迅速从以家庭为单位转向以工厂为单位。机器大量生产和工厂制度的普遍出现,使得人们对管理有了新的认识。

1.主要代表人物和管理思想

(1)亚当·斯密

亚当·斯密(Adam Smith,1723—1790),英国著名古典政治经济学家,其1776年发表的《国富论》是经济学史上不朽的巨著。在这本书中,亚当·斯密的劳动分工的思想和"经济人"观点,对以后管理理论的发展有着深刻的影响。

①劳动分工

亚当·斯密以著名的别针生产为例阐述了分工的必要性。他指出,如果没有分工,10人1天很难造出200枚针,而将工人进行抽线—拉直—剪断—磨尖—打孔加磨角等专业化分工后,平均每天每人可造出48 000枚针。专业化分工可带来三方面的好处:a. 分工使得每个工人的熟练程度得到提高;b. 分工节省了由一种工作转换到另一种工作的时间;c. 分工使得工人更熟悉自己的工作,从而有利于工具的改进发明。

②"经济人"假设

亚当·斯密认为人的行为动机根源于经济诱因,人都要争取最大的经济利益,工作就是为了取得经济报酬。

(2)查尔斯·巴贝奇

查尔斯·巴贝奇(Charles Babbage,1792—1871),英国著名数学家和机械工程师。他对管理的贡献主要体现在以下两方面:

①对工作方法的研究

他认为一个体质较弱的人如果所使用的铲在形状、重量、大小等方面都比较适宜,那么他一定能胜过体质较强的人。因此,要提高工作效率,必须仔细研究工作方法。

②对报酬制度的研究

他主张按照对生产率贡献的大小来确定公认的报酬。公认的收入应由三部分组成:按照工作性质所确定的固定工资,按照对生产率所做出的贡献分得的利润,以及为增进生产率提出建议而赢得的奖金。

(3)罗伯特·欧文

罗伯特·欧文(Robert Owen,1771—1858),英国著名的空想社会主义者,也是一位企业家、慈善家。他比较早地注意到企业中人力资源的重要性,被称为"人事管理之父"。

他在1820年发表了代表作《致拉纳克郡的报告》。欧文的主要观点是:

①关心影响劳动生产率的人的因素,把工人比喻为有生命的机器,维护好机器并使其效率高、寿命长,这样可以获得更多的利润;

②灵活、稳健的人事管理政策(不虐待,不解雇工人,改善劳动条件和生活条件,提高工资,工厂主和工人要和睦相处);

③鼓励竞赛精神,以此来代替残酷的惩罚。

2.工业革命时期的管理思想的特点

这一时期的学者从不同的角度提出了一些管理思想，但并没有形成一种系统化的理论体系。在这一阶段，管理思想呈现出以下特点：指导思想上认为人是懒惰的，要强制管理；管理重点在于解决分工和协作的问题，侧重研究通过分工和协作来保证生产顺利地进行，减少资金消耗，提高工人的日产量指标，获得更多的利润；管理方式以家长式，由资本家直接担任为主；管理依据以凭个人的经验和感觉来进行管理为主；人才培养方式是师傅带徒弟。

2.2　古典管理理论

古典管理理论是人类历史上首次用科学的方法来探讨管理问题，实质上反映了当时社会的生产力发展到一定阶段时对管理提出的要求——管理要适应生产力的发展。反过来管理思想的发展、管理技术和方法的进步，又进一步促进了生产力的发展。古典管理理论流派主要内容比较如表 2-1 所示。

表 2-1　古典管理理论流派主要内容比较

管理理论流派	主要观点	优点	不足
科学管理理论	提高劳动生产率，以科学方法挑选工人，工时研究与标准化，推行差别计件工资制，进行职能管理，管理上实行例外原则	将科学研究方法和管理方式引进了管理实践，改变了从前依靠经验管理的状态，提高了生产率	只是将工人视为生产工具，忽视工人的创造性
一般管理理论	管理过程的 5 个职能划分和 14 条管理原则	具有较好的适应性	忽视了不同企业类型和环境中管理的特殊性
行政组织理论	建立一种高度结构化的、正式的、非人格化的理想的官僚组织体系，是提高劳动生产率的最有效形式	为提高劳动生产率提供了官僚组织这样一种有效形式，利于进行稳定、严格、集中和可靠的管理	忽视了员工个人的主动性原则和创造性，以及组织快速应对环境变化的能力

2.2.1 泰勒的科学管理理论

科学管理的创始人是美国古典管理学家弗雷德里克·温斯洛·泰勒(Frederick Winslow Taylor，1856—1915)。泰勒是从“工人为什么磨洋工”这一现象出发研究管理问题的，长期的切身观察使泰勒认识到，工人“磨洋工”主要是因为“落后的管理”。泰勒相信，通过科学的管理可以克服“磨洋工”现象。通过在企业中的实践和大量实验，他提出了“科学管理理论”(scientific management theory)。

1.泰勒其人

泰勒出生于美国费城一个富有的律师家庭，很早就养成了寻求真理、善于观察和学习的习惯。泰勒常常迷恋于科学调查、研究和实验，强烈地希望按事物发展的客观规律办事，这为他后来致力于劳动效率的研究和科学管理理论的探索提供了必备的条件。泰勒1875年进入一家小机械厂当学徒工,1878年转入费城米德瓦尔钢铁厂当机工并在夜校学习,获得工程学学士学位后被提升为总工程师。他从学徒、工人、工长、总机械师到后来成为总工程师的经历使其有充分的机会去了解工人的种种问题和态度,并意识到提高管理质量的极大可能性。

泰勒一生致力于"科学管理",他认为提高生产率不但要降低成本和提高利润,而且要通过工人提高生产率。他把生产率看作是较高工资和较高利润的保证。相信用科学的方法来代替按惯例和凭经验办事的方法可以不必费更多精力和努力,便能取得这样的生产率。泰勒在管理方面的主要著作有《计件工资制》(1895)、《车间管理》(1903)、《科学管理原理》(1911)。泰勒通过这一系列的著作,总结了几十年研究的成果,归纳了自己长期管理实践的经验,概括出了一些管理原理和方法,经过系统化整理,形成了"科学管理"的理论。泰勒在管理理论方面做了许多开拓性工作,为现代管理理论奠定了基础。泰勒1915年于费城去世,后人在他的墓碑上刻着:科学管理之父——F.W. Taylor。

2.科学管理理论的主要内容

科学管理的中心问题是提高劳动生产率。

(1)工作定额

为了科学地制定工作定额,首先要进行时间和动作研究。把工人的操作分解成基本动作,再对尽可能多的工人测定完成这些基本动作所需的时间,同时选定最适用的工具、机器,决定最适当的操作程序,消除错误的动作和不必要的动作,得出最有效的操作方法,以此作为标准。然后,累计完成这些基本动作的时间,加上必要的休息时间和其他延误时间,就可以得到完成这些操作的标准时间,由此来制定"合理的日工作量"。

泰勒在伯利恒钢铁公司进行了有名的"搬运生铁块试验"。该公司由75名工人负责把92磅重的生铁块搬运30米距离装到铁路货车上,他们每天平均搬运12.5吨,日工资1.15美元。泰勒找了一名工人进行试验,试验各种搬运姿势、行走的速度、持握的位置对搬运量的影响,多长的休息时间为好。经过分析确定装运生铁块的最佳方法和57%的时间用于休息,使每个工人的日搬运量达到47～48吨。同时工人的工资收入也有了提高,日工资达到了1.85美元。

(2)标准化

要使工人在工作中采用标准的操作方法,使用标准化的工具、机器和材料,来提高劳动生产率。

泰勒在伯利恒钢铁公司做过另一项著名的"铁锹试验"。当时公司的铲运工人拿着自己家的铁锹上班,这些铁锹各式各样,大小不等。堆料场里的物料有铁矿石、煤粉、焦炭等。每个工人的日工作量为16吨。泰勒经过观察,发现由于物料的比重不一样,一铁锹的负载就大不一样,如果是铁矿石的话,一铁锹有38磅;如果是煤粉,一铁锹只有3.5磅。到底一铁锹多大的负载才是最好的?经过试验最后确定一铁锹21磅对工人是最适宜的。他又进一步研究了为达到这一标准负载,适用于每种物料的各种铁锹的形状和规格。

管理工具 2-1

SOP(标准作业程序)

所谓 SOP,是 standard operation procedure 三个单词中首字母的大写,即标准作业程序(标准操作程序),就是将某一任务或事件的标准操作步骤和要求以统一的格式描述出来,用来指导和规范日常的工作。SOP 的精髓就是将细节进行量化。在 18 世纪作坊手工业时代,制作一件成品往往工序很少,或分工很粗,甚至从头至尾由一个人完成,其人员的培训是以学徒形式通过长时间学习与实践来实现的。随着工业革命的兴起,生产规模不断扩大,产品日益复杂,分工日益明细,品质成本急剧增高,各工序的管理日益困难。只是依靠口头传授操作方法,已无法控制制程品质。采用学徒形式培训已不能适应规模化的生产要求,因此必须以作业指导书形式统一各工序的操作步骤及方法。

(3)能力与工作相适应

为了提高劳动生产率,泰勒认为必须挑选一流的工人去工作。“一流”是指该工人的能力最适合做这种工作,并且愿意去做。根据每个人不同的能力,把他们分配到相应的工作岗位上,并进行培训,教会他们科学的工作方法,使他们成为一流的工人,激励他们努力工作。

在制定工作定额时,泰勒提出以“一流的工人在不损害其健康的情况下维持较长年限的速度”为标准。这种速度不是突击性、短时冲刺式的,而是可以长期维持的正常速度。

(4)差别计件付酬制

付酬制度合理与否与工人的积极性有很大的关系。计时付酬体现不出工人劳动的数量。计件工资虽是按工人的劳动数量付酬,但工人怕提高了劳动效率后,雇主会降低工资率,这等于增加了劳动强度。

泰勒提出了新的付酬制度,首先要科学地制定工作定额,然后对不同的工作规定不同的工资率,用差别计件工资制来鼓励工人完成或超额完成工作定额。如果工人完成或超额完成定额,则定额内的部分连同超额部分都按比正常单价高 25%计酬。如果工人完不成定额,则按比正常单价低 20%计酬。泰勒认为这样做会大大提高工人的积极性,从而大大提高劳动生产率。

(5)计划职能与执行职能相分离

泰勒认为应该用科学的工作方法取代经验工作法。经验工作法是指每个工人使用什么样的操作方法、使用什么工具都根据自己的经验决定。这样工效的高低取决于他们的操作方法和所用的工具是否合理,以及个人的熟练程度和努力程度。泰勒主张明确划分计划职能和执行职能,由管理部门来进行时间和动作研究,制定科学的工作定额和标准化的操作方法,选用工具、拟定计划和发布指示、命令,把实际的执行情况与标准相比较并进行控制,由工人执行。这样做,科学的工作方法才被采用和实施。

(6)例外原则

泰勒认为,规模较大的企业不能只依据职能原则来组织和管理,而必须用例外原则。所谓例外原则，是指高层管理者只集中精力处理生产经营中的重大决策问题，而把那些经常出现、重复出现的“例行问题”的解决办法制度化、标准化，并交给下级管理人员去处理。泰勒提出的这种例外原则为以后管理上的分权化原则和实行事业部制等管理体制提供了依据。

管理故事 2-1

诸葛亮是怎么死的？

诸葛亮是累死的。诸葛亮辅政后，事无巨细，都要亲自过问，从任免一个县官，到军中打二十板子以上的惩罚都要亲自决断，还真是“鞠躬尽瘁，死而后已”。诸葛亮对人对事要求高标准，难以宽心，难以授权于下属，事无巨细亲力亲为，很少给下属去锻炼去成长的机会。而且他缺少教练能力，没有接班人才导致了蜀中无大将的结果，在他的领导下出现了严重的人才危机。

(7)科学管理原则

在科学管理制度之下，工人的主动性(即他们的勤奋工作、诚意和独创精神)实际上经常地发挥出来，而企业管理当局则主动地承担起新的、非常巨大和特别的责任，这些责任被划分成四种不同的类型，并被叫作“科学管理原则”。

第一条原则：由管理人员有意识地搜集原来存在于工人头脑中和体力技能中的大量传统知识，并把这些传统知识记录下来，编成表格，进而在许多情况下归纳成法则、规则甚至数学公式。

第二条原则：管理人员科学地选择并不断地培训工人。管理人员的责任在于仔细地研究每个工人的性格、脾气和工作成绩，以便一方面发现其局限性，另一方面更重要的是发现其发展的可能性。

第三条原则：使经过科学的选择和培训的工人同作业的科学方法结合起来。

第四条原则：把工厂的实际工作在工人和管理人员之间做几乎平均的分配。

科学管理方法要求工人按正确的方法工作，按科学方法改变他们原来的方法。而作为报偿，他们的收入能增加 30%～100%，增加的幅度随他们所从事行业的性质而不同。

3.泰勒的追随者对科学管理理论的贡献

对科学管理做出杰出贡献的还有吉尔布雷斯夫妇、甘特、巴思、艾默森和福特等人。

(1)吉尔布雷斯夫妇

弗兰克·吉尔布雷斯是泥瓦工出身的工程师和管理学家；莉莲·吉尔布雷斯是心理学家和管理学家，是美国第一位获得心理学博士学位的妇女，是弗兰克·吉尔布雷斯的夫人，被人称为“管理学的第一夫人”。吉尔布雷斯夫妇的研究成果主要有：

①提出动作研究和动作经济的原则。

②强调进行制度管理。

③探讨工作、工人和环境之间的相互影响。

④提出管理人员发展计划。

吉尔布雷斯夫妇不但在动作研究、疲劳研究、制度管理等方面做出了出色的贡献，而且还重视企业中人的因素。这对以后行为科学的出现产生了重要的影响。

(2)甘特

亨利·甘特是泰勒在创建和推广科学管理制度时的紧密合作者,是科学管理运动的先驱者之一,同时他又非常重视工业中人的因素,也是人际关系理论的先驱者之一。甘特在管理思想方面的贡献主要有:

①提出了一种"工作任务和奖金"的工资制度。

②制定用于生产控制的各种图表,特别是甘特图,即生产计划进度图。

③强调对工人进行培训,强调工业民主,重视对人的领导方式。

管理工具 2-2

甘特图

甘特图(Gantt chart)也称条状图,是 1917 年由甘特(Gantt)开发的。其内在思想简单,基本是一条线条图,横轴表示时间,纵轴表示活动(项目),线条表示在整个期间上计划和实际活动完成情况。它直观地表明任务计划在什么时候进行,以及实际进展与计划要求的对比。甘特图实际上是用图表来帮助管理,管理者由此极为便利地弄清一项任务还剩哪些工作要做,并可评估工作是提前还是滞后,抑或正常进行。甘特图对于项目管理是一种理想的控制工具,也可用于对个人事务的管理。这是甘特对管理实务最著名的贡献,至今仍被广泛使用。(可参照 3.2.5 节的甘特图)

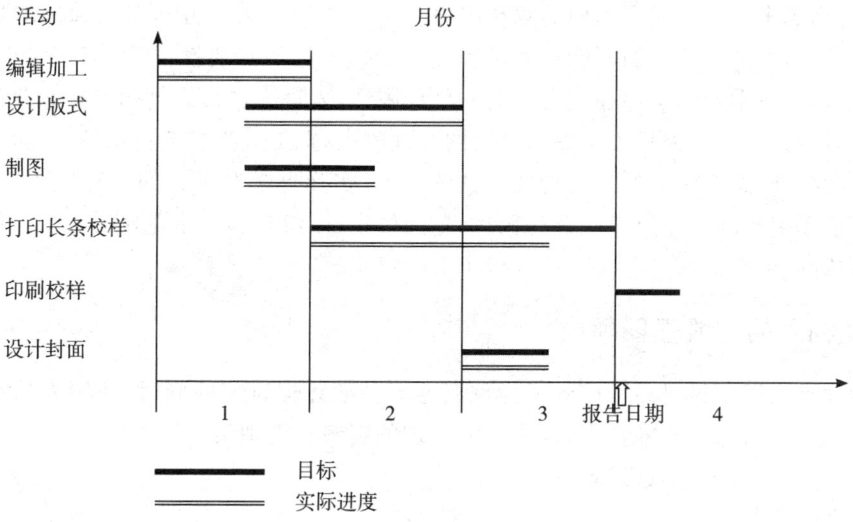

甘特图示例

(3)艾默森

艾默森是美国圣太妃铁路的工程师,也是美国早期的科学管理研究工作者,他曾和泰勒有过密切的联系,并独立地发展了许多科学管理原理,在工时测定、成本、提高效率、消除浪费等方面都做出了贡献。他积极宣传效率观念,1912 年出版了《十二项效率原则》一书,书中提出的十二条效率原则:明确的目标;科学的判断;优秀的咨询;纪律;公平的处理;可行、及时、准确、充分、永久的记录；生产调度；时间安排标准化；工作环境标准化；操作标准化；工作标准化的书面说明；效率奖励。

（4）福特

亨利·福特是福特制科学管理方法的创始人，对提高劳动生产率做出了重要贡献。福特创造了第一条流水生产线，后来被称为“福特制”。福特制是指由福特首创的一套生产和管理制度。福特制对科学管理的贡献如下：

①制造方式标准化。

②流水式装配线。

③把服务大众作为宗旨。

④建立人事部门，关心员工生活。

4.对科学管理理论的评价

以泰勒为代表的科学管理具有划时代的意义，其主要的贡献有：(1)将科学引入管理，使管理实践活动出现前所未有的突破，从而极大地提高了生产效率。泰勒科学管理的最大贡献在于泰勒所提倡的在管理中运用科学方法和他本人的科学实践精神。他打破一百多年沿袭下来的经验管理方法，用规范的方法、科学的标准进行管理，追求提高生产效率，健全和推动社会进步，促进了资本主义的发展。他的科学精神，直到今天仍对生产管理具有重大的指导作用。(2)将计划职能与执行职能分开，从而出现专职的管理人员，这一重大突破极大地促进了管理理论的发展。

尽管今天看来，泰勒的科学管理具有划时代的进步意义，但在当时的推广和执行并不十分顺利，遭遇到来自工人和雇主们的双重阻力。工人认为苛刻的劳动定额和标准是施加于他们的剥削，而一部分雇主们不能理解设置计划专职人员的必要性。除去工人和雇主的抵触心理，泰勒的科学管理也存在其自身的时代局限性，表现为：(1)泰勒的实验和改革均基于“经济人”假设。认为工人只关心提高自己的金钱收入，把工人当成会说话的工具，设定了苛刻的定额和标准，忽略了人的社会特性和情感需求，实际上是对工人的一种压榨。(2)泰勒仅解决了现场生产的作业效率问题，研究的范围较窄，而没有解决企业作为一个整体如何经营和管理的问题。

2.2.2 法约尔的一般管理理论

在泰勒等人以探讨提高工厂效率为重点进行科学管理研究的同时，法国人法约尔则以管理过程和管理组织为研究重点，着重研究管理的组织和管理活动过程，形成了一般管理理论(General Administrative Theory)。

1.法约尔其人

亨利·法约尔(Henry Fayol，1841—1925)，法国古典管理理论学家，被尊称为管理过程学派的开山鼻祖。法约尔1860年从圣埃蒂安国立矿业学院毕业后进入康门塔里·福尔香堡采矿冶金公司，成为一名采矿工程师，并在此度过了整个职业生涯。从采矿工程师到矿井经理，直至公司总经理，他在实践中逐渐形成了自己的管理思想和管理理论，对管理学的形成和发展做出了巨大的贡献。

1916年问世的名著《工业管理与一般管理》是法约尔一生管理经验和管理思想的总结。他认为他的管理理论虽然是以大企业为研究对象，但除了可应用于工商企业之外，还适用于政府、教会、慈善团体、军事组织以及其他各种事业。所以,人们一般认为法约尔是第一个概括和阐述一般管理理论的管理学家。

法约尔关于管理过程和管理组织理论的开创性研究,特别是其中关于管理职能的划分以及管理原则的描述对后来的管理理论研究具有非常深远的影响。此外,他还是一位概括和阐述一般管理理论的先驱者,是一位伟大的管理教育家,后人称他为“管理过程之父”。

2.一般管理理论的主要内容

(1)企业经营的基本活动

法约尔指出,任何企业经营都存在六种基本活动,而管理只是其中之一。这六种基本活动是:

技术活动:生产、制造和加工;

商业活动:采购、销售和交换;

财务活动:资金的筹措、运用和控制;

安全活动:设备的维护和人员的保护;

会计活动:货物盘点、成本统计和核算;

管理活动:计划、组织、指挥、协调和控制。

在企业经营六项基本活动中,管理活动处于核心地位。企业经营本身需要管理,同样其他五项活动的开展也需要管理。

(2)管理职能

在上述基本活动分类的基础上,法约尔重点分析了管理活动,首次系统地提出了管理职能之说。他认为所有组织的管理活动包括五项职能:计划、组织、指挥、协调和控制。

计划:包括预测未来和对未来的行动予以安排;

组织:包括选择组织形式,规定各部门的相互关系,选聘、评价和培训工人等;

指挥:使所有人员按照企业的利益做出最大的贡献;

协调:平衡各种关系,使企业活动的各种资源保持一定的比例,各部门配合良好;

控制:保证计划目标得以实现,对工作中的错误进行纠正并避免重犯。

(3)十四条原则

法约尔根据自己长期的管理经验,归纳出十四条一般管理原则(表 2-2):

表 2-2　法约尔的十四条管理原则

1.分工:类似亚当·斯密的劳动分工原则,其核心在于专业化可以提高生产率,从而增加产出
2.权力与责任:管理者有发布命令并使人服从的力量。在行使权力的同时,必须承担相应的责任,有权无责或有责无权都是组织上的缺陷
3.纪律:全体员工服从和遵守组织运作中的规则
4.统一指挥:任何一位员工只接受一位上级的命令
5.统一领导:指一个组织对于目标相同的活动,只能有一个领导和一个计划
6.个人利益服从整体利益:个人和小集体的利益不能超越组织的利益。当两者不一致时,主管人员必须想办法使它们一致起来
7.员工报酬:报酬合理,能够奖励有益的工作成果和激发全体员工的工作热情

续表

8.集权化:必须根据组织的客观情况,确定适度的决策权力的分配与集中结构
9.等级链:组织机构是由最高层到最基层所形成的层次结构,这一结构实际上是一条权力线,它是自上而下和自下而上确保信息传递的必经途径。在一定条件下,允许跨越权力线而直接进行横向沟通,以克服由于统一指挥而产生的信息传递延误(这一原则称为"跳板原则",也叫"法约尔桥")
10.秩序:每位员工都必须各就其位,各得其所
11.公正:管理者应该以其忠诚和热心来对待下属
12.人员的稳定:员工的高度流动会造成效率损失,因此,管理者应该提供合理的人事计划以保证工作的完成
13.首创精神:在尽力完成工作目标的前提下,鼓励员工的创新精神和创造性
14.团结精神:鼓励团队精神,以实现组织内部成员之间的协调与合作

管理故事 2-2

侵官之害甚于寒

战国时期有个韩昭侯,有一天酒喝多了就趴在桌上睡着了。晚上天气变冷了,典冠官为免君侯着凉,便拿了件大衣给韩昭侯披上。韩昭侯醒来后,见身上披了件衣服,心里很高兴。就问,是谁给我披的衣服?有人说是典冠官。韩昭侯听了,处罚了典衣官,但杀了典冠官。他的理由是:典衣官不替他加衣为失职,典冠官替他加衣为越权,二者都应受罚。但杀了后者则是因为他不遵守职能分工的规定,而擅自越权的危害要远远胜过天气的寒冷。

3.对一般管理理论的评价

法约尔对管理的贡献主要有以下几个方面:(1)法约尔对管理五大职能的分析为管理提供了科学的理论框架。(2)提出了管理教育的必要性。法约尔认为对管理知识的需要是普遍的,尤其是企业的中上层领导人。(3)法约尔提出的管理原则至今仍具有指导意义。

但是法约尔的一般管理理论也有一定的局限性。它的不足之处是它的管理原则缺乏弹性,以至于有时实际管理者无法完全遵守。

2.2.3 韦伯的行政组织理论

除法约尔之外,古典管理理论的主要代表人物还有德国著名的社会学家马克斯·韦伯,他提出的行政组织理论对泰勒、法约尔的理论是一种补充,对后来的管理学家们尤其是组织理论学家有很大影响,被称为"组织理论之父"。

1.韦伯其人

马克斯·韦伯(Max Weber,1864—1920)是德国著名的社会学家和哲学家,他对法学、经济学、政治学、历史学和宗教学都有广泛的兴趣。他在管理理论上的研究主要集中在组织理论方面,其主要贡献是提出了所谓理想的行政组织体系理论。行政组织体系又称为bureaucracy(官僚政治或官僚主义),与汉语不同,它并不带有贬义。韦伯的原意是通过职务或职位而不是通过个人或世袭地位来管理。要使行政组织发挥作用，管理应以知识为依据进行控制，管理者应有胜任工作的能力，应该依据客观事实而不是凭主观意志来领导，因而这是一个有关集体活动理性化的社会学概念。这集中反映在他的代表作《社会组织与经济组织》一书中。这一理论的核心是组织活动要通过职务或职位而不是通过个人或世袭地位来管理，他也认识到个人魅力对领导的重要性。他所讲的“理想的”不是指最合乎需要，而是指现代社会最有效和合理的组织形式。

2.行政组织理论的主要内容

(1)权力的类型

权力是统治社会或管理组织的基础。韦伯认为，权力是一种引起服从的命令结构，有以下三种类型：

①传统型：建立在对于古老传统和习惯的神圣不可侵犯的基础上。

②领袖超凡魅力型：建立在对某个英雄人物或某个具有模范品质的人的崇拜的基础上。

③法理型：建立在由法律规则确定的职位或地位的基础上。韦伯认为只有理性-合法型权力才是现代社会组织中占主导地位的基础形态。

(2)理想的行政组织体系

理想的行政组织体系，直译为官僚制(bureaucracy)，又译科层制。韦伯认为，官僚制既是一种组织结构，又是一种管理体制，其中心思想是建立在“合理”与“合法”的基础上，而不是通过“世袭” 或“个人魅力” 来实现。

韦伯的理想行政组织体系具有如下特征：

①正式的规章。组织管理的权力建立在一整套为所有组织成员共同认可和严格履行的正式规则基础之上。所有人员的活动都无一例外地受这套规则的制约。这些规则是为完成组织目标和实现组织功能的需要而制定的，排除任何个人情感的因素。

②明确的分工。组织权力横向方面按职能分工，明确规定每个部门的职责、权限和任务，限定各自的管理范围，各负其责，各司其职，相互配合，不得推诿或越权。

③权力分层。组织权力纵向方面按职位层层授权，明确规定每一个管理人员的权力和责任。职位的设立服从管理和效率的需要，不因人设位。处于中间职位的管理人员既接受上级的指挥，又对下级实施管理。组织权力的分层形成一个金字塔形的等级结构。

④非个人的人员关系。在组织管理范围内，部门以及管理人员的关系均为公务关系。在处理组织事务时，应照章办事，不允许将私人关系掺杂在内，更不允许因私人关系而破坏组织的正式规则。

⑤正规化的人员任用。组织成员资格应通过正式考核获得，他们进入组织并占据一定职位的依据，是他们经由教育和训练所获得的专门知识和技能。

⑥职业管理人员。管理者是专职人员而不是企业的所有者，他们领取固定的工资并在组织中追求他们职业生涯的成就。管理人员晋级有统一的标准，其薪金应与责任和能力相适应。

3.对行政组织理论的评价

韦伯的思想是对封建社会的传统管理模式、理念和方法的否定，体现了适应当时工业革命后生产方式特点和资本主义社会发展的管理思想和理念。官僚组织结构之所以能带来高效率，是因为从纯技术的角度看，官僚制强调知识化、专业化、正规化和权力集中化，它在组织中消除了个人情感的影响。因此，它能使组织内人们的行为理性化，具有一致性和可预测性。

官僚组织结构理论的局限性主要有以下两个方面:(1)诸多假设的有效性问题;(2)过分地强调执行规章制度。

2.3 行为管理理论

20 世纪 30 年代,传统的科学管理理论开始受到一种新的管理理论的批判与挑战。这种理论认为,传统的科学管理理论是建立在人是以追求最大的经济利益为一切活动目的的"经济人"假说的基础之上的。把人作为"机器人"来看待,压抑了人的积极性、创造性的发挥,也无法极大地提高生产效率。这种理论在对传统科学管理理论反思的基础上,重新界定管理的核心与主体,就是在管理中必须把人作为有感情、有需要、有追求、有价值以及与周围环境和社会有密切联系的"社会人"来对待,激发人的积极性和创造性,协调人与人、人与组织之间的关系,最大限度地提高生产效率,达到组织的目标。这种理论就是行为科学管理理论。

行为科学管理理论的出现并不是偶然的,这个时期的西方国家,一方面,由于生产资料的日益集中,垄断的进一步加剧,人民生活水平急剧下降,工人的阶级觉悟、文化程度和组织能力不断提高,导致阶级矛盾异常尖锐和突出,在生产中如何解决人与人之间的关系问题成为社会关注和研究的焦点;另一方面,传统的科学管理理论在复杂多变的社会关系和社会矛盾面前显得捉襟见肘,力不从心,难以有效地控制工人来达到提高生产率和增加利润的目的。

行为科学本身有一个发展过程,它一般分为两个时期:前期叫作人际关系学说,以梅奥为代表;后期是 1949 年在美国芝加哥大学召开的一次跨学科会议,这次会议讨论了应用现代科学知识研究人类行为的一般理论,这门综合学科被命名为"行为科学"。从 20 世纪 30 年代到 60 年代,行为科学在西方组织理论研究中占据着主导地位。

2.3.1 梅奥的人际关系学说

梅奥(George Elton Mayo,1880—1949)是原籍澳大利亚的美国管理学家。主持了著名的霍桑实验,从而提出了人际关系学说,并由此真正揭开了组织中关于人的行为研究的序幕。

1.霍桑实验

1924—1932 年间,美国国家研究委员会和西方电气公司合作,由梅奥负责进行了著名的"霍桑实验",即在西方电气公司所属的霍桑工厂,为测定各种有关因素对生产效率的影响程度而进行的一系列实验,由此产生了人际关系学说。实验分四个阶段:

第一阶段:工场照明实验(1924—1927)。实验将一批工人分为两组:一组为"实验组",让工人在不同照明强度下工作;另一组为"控制组",工人在照明度始终保持不变的条件下工作。但是照明度的变化对生产率几乎没有什么影响,这个实验似乎以失败告终。但这个实验得出结论:工场的照明只是影响工人生产效率的一项微不足道的因素;生产效率仍与某种未知因素有关。

第二阶段:继电器装配室实验(1927—1928)。测试各种工作条件(材料供应、休息时间、作业时间、工资等)的变动对小组生产率的影响,以便能够更有效地控制影响工作效果的因素。实验的结论是,这些因素对生产率很少或没有多大影响,但似乎由于督导方法的改变,工人工作态度也有所变化,产量有所增加。

第三阶段:访谈计划(1928—1931)。两年内他们在上述实验的基础上进一步开展了全公司范围的普查与访问,调查了 2 万多人次,发现所得结论与上述实验所得相同,即“任何一位员工的工作绩效,都受到其他人的影响”。

第四阶段:接线板接线工作室实验(1931—1932)。以集体计件工资制刺激,企图形成“快手”对“慢手”的压力以提高效率。实验发现,工人既不会为超定额而充当“快手”,也不会因完不成定额而成“慢手”,当他们达到他们自认为是“过得去”的产量时就会自动松懈下来。实验的结论是,车间里除了存在按照公司编制建立的正式组织外,还存在因某些因素而形成的非正式组织,这些非正式组织有时会严重影响工作效率。

2.人际关系学说的主要观点

根据霍桑实验,梅奥于 1933 年出版了《工业文明中人的问题》一书,提出了与古典管理理论不同的新观点,主要归纳为以下几个方面:

(1)工人是“社会人”而不是“经济人”

传统组织理论把人当作“经济人”来对待,认为金钱是刺激人积极性的唯一动力。而梅奥则认为,每个人都是独特的社会动物,都是复杂社会系统的成员,任何一个人只有把自己完全投入集体中才能实现彻底的“自由”。因此,人在组织中不仅仅只单纯追求金钱收入,还有社会及心理方面的需求,即还要追求人与人之间的友情、安全感、归属感和受人尊重等。这就要求企业管理当局在进行组织和管理时,要考虑到人的社会和心理方面的需求,把工人当作不同的个体来对待,当作一个社会群体中的社会人来对待,不能将其视为无差别的机器或机器的一部分。对于社会人来说,重要的是人与人之间的合作,而不是在无组织的人群中互相竞争,每个人行动的目的并不是为自我的利益,而主要是为保护自己在集团中的地位,人的行动更多的是由感情而不是由逻辑来引导的。

(2)企业中存在非正式组织

传统组织理论只重视组织结构、职权划分、规章制度等“正式团体”的问题,但梅奥在霍桑实验中却认为:一切组织中都存在着两种类型,一种是正式组织,这是由职位、权力、责任及其相互关系和规章制度明确界定、相互衔接而构成的组织体系,它以效率逻辑作为价值标准。还有一种是非正式组织,就是人们在正式组织的共同劳动过程中,因相同的情趣、爱好、利益等而结成的自发性群体组织。它以感情逻辑作为价值标准,具有群体成员自愿遵从的不成文的规范和惯例,对成员的感情倾向和劳动行为具有很大的影响力。这两种类型的组织相伴相生,相互依存。因此,作为管理者来说,必须正视非正式组织的存在,并利用它来影响人们的工作态度,为正式组织的活动和目标服务。

(3)新的领导能力在于提高员工的满意度

传统组织理论认为生产效率主要受工作方法、工作条件、工资制度等制约,只要改善工作条件,采用科学的作业方法,实行恰当的工资制度,就可以提高生产效率。梅奥通过研究则认为,生产率的升降在很大程度上取决于工人工作的积极性、主动性和协作精神,即取决于工人的“士气”,而工人的士气则取决于他们对各种需要的满足程度,满足程度越高,士气就越高,劳动生产率也就越高。在这些需要中,金钱和物质方面的需要只占很少的一部分,更多的是要得到友谊、尊重、安全与保障等方面的社会需要。因此，新型领导应尽可能满足工人的需要，不仅要解决他们物质生活或生产技术方面的问题，还要善于倾听工人的意见，沟通上下的思想，适时、充分地激励工人，在了解人们合乎逻辑的行为时，也必须了解人们不合逻辑的行为，使正式组织的经济需要与非正式组织的社会需要取得平衡，以最大可能地提高工人的士气，从而从根本上提高生产效率。

3.梅奥的人际关系学说的主要贡献

梅奥的人际关系学说克服了古典管理理论的不足，导致了管理的一系列改革，其中许多措施到现在仍然是管理者所遵循的原则。其贡献主要有以下几点：

(1)激起了管理层对人的因素的研究兴趣。

(2)改变了人与机器没有差别的观点，恢复了人的"社会人"本来面目。

(3)为行为科学的产生奠定了基础。

(4)为管理思想的发展开辟了新的领域。

(5)为管理方法的变革指明了方向。

虽然梅奥的人际关系学说开创了在管理中重视人的因素的时代，为行为科学的发展奠定了基础，但是，在管理过程中应考虑的因素还有许多，并不仅仅是要建立良好的人际关系。而且人也绝非在任何情况下都感情用事，在许多方面人都是有理性的。因而，人际关系学说也有一定的局限性。

2.3.2 二战后行为科学理论的发展

20世纪50年代初期，人际关系学说发展为行为科学理论。行为科学理论综合运用社会学、心理学等相关学科的知识与方法，对工人在生产中的行为产生的原因进行分析研究，其内容主要涉及人的本性与需要、动机、行为之间的关系以及生产中的人际关系。第二次世界大战以后，行为科学的发展主要集中在以下几个方面。

第一，关于人的需要、动机、行为等方面的研究。

例如，马斯洛的"需求层次理论"。亚伯拉罕·马斯洛(Abraham Maslow，1906—1964)是一名心理学医生。他在行医中发现，心理病患者的病源往往是没有能力满足自身的某些需求。由此，他在治病中归纳和总结出了需求层次理论。该理论是研究人的需求结构的理论，其基本观点有两个：一是只有尚未满足的需求能够影响行为；二是人的需求都有轻重层次，低层次需求得到满足后，才会产生更高层次的需求。马斯洛把人类的需求分为五个层级，按其重要程度和产生的先后顺序分别为生理需求、安全需求、社交需求、尊重需求和自我实现的需求。

第二，关于企业中人性的研究。

例如，麦格雷戈的"X-Y"理论。麦格雷戈对马斯洛的理论加以发展，提出领导者对人性的认识会形成不同的领导风格。而人们对人性的认识可以大致分为两种，即X假设和Y假设。其中X假设强调从外部对员工施加刺激，而Y假设强调激发员工内在积极性。两者都有其合理的一面，管理者应根据不同的情况加以选择使用。

❋ 管理故事 2-3

一支温度计的成功

一家大医院要招聘一名护士长,有9名应聘者进入最后一轮角逐。

考官拿来9支温度计,发给每人一支,他说,这些温度计刚给病人测量过体温,现在请应聘者把温度记录在纸上。可是,应聘者发现,温度计中根本看不见水银柱!到了交读数的时间,6名应聘者在纸上快速地写下了一个温度,可还有3名应聘者在纸上写下了:"对不起,温度计没有数字可读。"

结果,这3名应聘者被留下了,考官说,这9支温度计的确有问题,里面的水银事先都被抽掉了。

接着,在3名应聘者中,要选出最后一个人选。考官说你们用刚才的温度计量量自己的体温吧。有两人顿时狐疑地看着考官,而另一个人,则下意识地把温度计摆正位置,用力地甩了甩,然后插入自己的胳肢窝。5分钟过后,她抽出温度计一看,惊喜地看到上面标记出了体温。原来温度计中的水银根本没被抽空,考官只是事先把温度计倒着甩,让水银降到了另一端。

第三,企业中领导方式问题的研究。

例如,俄亥俄州立大学的"四分图理论"。美国俄亥俄州立大学的研究者首先把领导者对人的重视和对行为的重视结合起来,提出了四分图理论。他们认为,领导者对人的重视和对行为的重视并不矛盾,而应该是相互联系的,一个领导者只有把两者结合起来,才能进行有效的领导。

2.4 现代管理理论

第二次世界大战以后,随着社会生产力的发展以及系统论、控制论、信息论、电子计算机技术在管理领域中日益广泛的应用,西方管理理论的发展进入了管理科学时代。这一时期,西方管理理论的一个最突出的特点就是学派林立,众说纷纭。这些学派相互补充,从不同角度阐明现代管理的有关问题,从而形成了现代管理理论。

面对现代管理理论研究"百家争鸣,百花齐放"的繁荣景象,美国管理学家哈罗德·孔茨(Harold Koontz)形象地称其为"管理理论丛林"。1961年孔茨认为当时的管理学有六大流派或研究方法:管理过程学派、经验或案例学派、人际行为学派、社会系统学派、决策理论学派、数量学派。至1980年,他在《再论管理理论丛林》的论文中提出,有代表性的管理理论学派至少有10个,见表2-3。在众多学派中,权变理论和系统理论尤为引人关注,它们实际上发挥了整合其他理论的架构性角色。

表 2-3 “管理理论丛林”的 10 个学派

学派名称	代表人物	理论观点
管理过程学派	孔茨 奥唐奈	是在法约尔管理思想的基础上发展起来的，主要研究管理的过程和职能
人际关系学派	梅奥 马斯洛	管理工作总是通过人去完成的，因此必须围绕人与人之间的关系这个核心来进行研究
群体行为学派	卢因 谢里夫	同人际关系学派关系密切，容易混淆。但它关心的是群体中人的行为，而不是人际关系，着重研究各种群体行为方式。它也常被叫作“组织行为学”
经验或案例学派	德鲁克 戴尔	管理学者和实际管理工作者通过研究各式各样的成功和失败的管理案例，就能理解管理问题，自然学会有效地进行管理
社会系统学派	巴纳德	将组织看作是一种社会系统，是一种人的相互关系的协作体系，组织是社会大系统中的一部分，受到社会环境各方面因素的影响。管理人员的作用就是要围绕着物质的、生物的和社会的（群体的相互作用、态度和信息）因素去适应总的合作系统
社会技术学派	特里斯特	是社会系统学派的进一步发展。认为在管理中只分析社会系统是不够的，还需要研究技术系统对人的影响，只有使社会系统和技术系统两者协调起来，才能解决这些矛盾从而提高劳动生产率，而管理者的一项重要任务就是确保这两个系统相互协调
系统学派	卡斯特	以一般系统论为理论基础来研究管理问题。该学派的主要内容包括系统观点、系统分析和系统管理三方面
决策学派	西蒙	强调管理者的主要任务是决策和解决问题，着重研究如何制定决策的问题，以及决策对组织管理的影响
管理科学学派	伯法	开发解决管理问题的数学模型，重视定量分析技术的研究及在管理工作中的应用
权变学派	卢桑斯	管理不可能存在着一种通用程序，它完全依环境、自身的变化而变化

2.4.1 管理过程学派

管理过程学派又叫管理职能学派、经营管理学派。这一学派是继古典管理学派和行为科学学派之后最有影响的一个管理学派，它的开山祖师就是古典管理理论的创始人之一法约尔。

管理过程学派的代表人物是美国的哈罗德·孔茨和西里尔·奥唐奈（Cyril O' Donnell）。该学派的基本研究方法是：首先把管理人员的工作划分成一些职能，然后以管理职能为框架进行研究，从丰富多彩的管理实践中探求管理的基本规律。孔茨、奥唐奈合著的《管理学》是战后这一学派的代表作，他们主张把管理划分为 5 项职能：计划、组织、人事、领导、控制。这个学派把它的管理理论建立在以下7条基本信念的基础上:(1)管理是一个过程,可以通过分析管理人员的职能从理性上很好地加以剖析。(2)可以从管理经验中总结出一些基本道理或规律。这些就是管理原理。它们对认识和改进管理工作能起一种说明和启示的作用。(3)可以围绕这些基本原理开展有益的研究,以确定其实际效用,增大其在实践中的作用和适用范围。(4)这些原理只要还没有被证明为不正确或被修正,就可以为形成一种有用的管理理论提供若干要素。(5)就像医学和工程学那样,管理是一种可以依靠原理的启发而加以改进的技能。(6)即使在实际应用中由于背离了管理原理而造成损失,但管理学中的原理,如同生物学和物理学中的原理一样,仍然是可靠的。(7)尽管管理人员的环境和任务受到文化、物理、生物等方面的影响,但管理理论并不需要把所有的知识都包括进来才能起一种科学基础或理论基础的作用。

2.4.2 人际关系学派

该学派是从20世纪60年代的人类行为学派演变来的。基本思想是:管理工作总是通过人去完成的,因此必须围绕人与人之间的关系这个核心来进行研究。这个学派的学者大多数受过心理学方面的训练,把有关的社会科学原有的或新近提出的理论、方法和技术用来研究人与人之间和人群内部的各种现象,从个人的品性动态一直到文化关系,无所不及。他们注重管理中"人"的因素,认为人们在为实现目标而结成团体一起工作时,应该互相了解。

2.4.3 群体行为学派

这个学派与人际关系学派密切相关,两者常常被混淆。但它关心的主要是群体中人的行为,而不是一般的人际关系和个人行为。它以社会学、人类学和社会心理学为基础,而不以个人心理学为基础。研究的对象是各种群体的行为方式,从小群体的文化和行为方式到大群体的行为特点。它也常被称为"组织行为学",这里的组织可以是公司、政府机关、医院或任何一种事业中一组群体关系的体系和类型。

2.4.4 经验学派

经验学派又称为案例学派,其代表人物主要有彼得·德鲁克和戴尔。德鲁克的代表作是《管理的实践》,戴尔的代表作是《伟大的组织者》,其主要观点如下:

1.管理的性质

该学派认为管理是管理人员的技巧,是一个特殊的、独立的活动和知识领域。

2.管理的任务

该学派认为作为管理人员的经理,有两项别人无法替代的特殊任务:一是必须造成一个"生产的统一体",二是在作出每一个决策和采取每一项行动时,要把当前利益和长远利益协调起来。

3.提倡实行目标管理

该学派主张通过分析经验(案例)来研究管理学问题,就可以总结出某些一般性的管理结论或原理,有助于学生或从事实际工作的管理人员来学习和理解管理学理论,使他们更有效地从事管理工作。

2.4.5 社会系统学派

该学派从社会学的角度来分析各类组织。该学派将组织看作是一种社会系统，是一种人的相互关系的协作体系，组织是社会大系统中的一部分，受到社会环境各方面因素的影响。管理人员的作用就是要围绕着物质的、生物的和社会的（群体的相互作用、态度和信息）因素去适应总的合作系统。美国的切斯特·巴纳德（Chester Barnard）是该学派的创始人，他的著作《经理的职能》对该学派有很大的影响。该学派的理论有以下一些要点：

1.组织是一个社会协作系统。

2.组织的存在有三个基本条件。第一，明确的目标。组织必须有明确的目标，否则成员不会产生协作意愿。第二，协作意愿。成员有对组织目标做出贡献的意愿。第三，意见交流。通过意见交流将目标和意愿联系起来，统一行动并满足需要。

3.经理人员的主要职能有三条：建立和维持一套信息传递的系统；善于激励组织成员为实现组织目标而做出努力；确定组织目标。

2.4.6 社会技术学派

社会技术学派是在社会系统学派的基础上进一步发展而形成的，创始人是特里斯特（E.L.Trist）及其在英国塔维斯托克研究所中的同事。他们通过对英国煤矿中长壁采煤法生产问题的研究，认为组织既是一个社会系统，又是一个技术系统，并强调技术系统的重要性，认为技术系统是组织同环境进行联系的中介。发现只分析企业中的社会方面是不够的，还必须注意其技术方面。

他们发现，企业中的技术系统（如机器设备和采掘方法）对社会系统有很大的影响，个人态度和群体行为都受到人们在其中工作的技术系统的重大影响。因此，他们认为，必须把企业中的社会系统同技术系统结合起来考虑，而管理者的一项主要任务就是要确保这两个系统相互协调。

2.4.7 系统学派

第二次世界大战之后，企业组织规模日益扩大，企业内部的组织结构也更加复杂，从而提出了一个重要的管理课题，即如何从企业整体的要求出发，处理好企业组织内部各个单位或部门之间的相互关系，保证组织整体的有效运转。以往的管理理论都只侧重于管理的某一个方面，它们或者侧重于生产技术过程的管理，或者侧重于人际关系，或者侧重一般的组织结构问题。为了解决组织整体的效率问题，20 世纪 60 年代系统理论产生了。该学派的主要代表人物是卡斯特（Fremont E. Kast）、罗森茨韦克（Jame E. Rosenzweig）等美国管理学家。

该学派把一般系统理论应用到组织管理之中，运用系统研究的方法，建立起系统模型，从系统的角度分析和研究组织的管理活动和管理过程，解决管理问题。该学派的主要内容包括系统观点、系统分析和系统管理三方面。主要观点是：

1.组织是一个由人、财、物、任务、信息等相互联系的要素构成的开放性系统，由若干子系统组成。根据需要和不同的分类标准，可以把子系统分为目标子系统、技术子系统、社会心理子系统、组织结构子系统和外界因素子系统等多种类型，子系统还可以再分解。

2.组织的子系统之间相互依存，局部最优并不等于整体最优。组织内子系统协同工作力求获得协同效应，即获得比子系统单独工作更大的成功。例如迪士尼的电影、主题公园、电视节目和商品特许相互之间都有互惠的作用。公司还可以从电影音乐、电脑游戏和其他特许权如午餐盒、服装、玩具等中获得额外的收益。对于经理人来说，协同是一个重要概念，它可以创造出和谐的气氛。

3.组织是一个开放的系统，同外界环境系统相互作用，并不断地自我调节以适应环境的变化。当组织不再关注环境的反馈并作出适当的修正时，它就会陷入失败。熵(Entropy)是反映系统衰落的正态过程的概念。从系统管理的观点看，管理的主要目标就是不断赋予组织活力，减少组织中的熵。

2.4.8 决策学派

决策学派的主要代表人物是曾获 1978 年度诺贝尔经济学奖的赫伯特·西蒙。该学派是以社会系统论为基础，吸收了行为科学、系统论的观点，运用电子计算机技术和统筹学的方法而发展起来的一种理论。

1.决策学派的主要观点

(1)管理就是决策。西蒙认为决策贯穿管理的全过程，决策是管理的核心。计划、组织、领导、控制等管理职能都需要决策。

(2)决策原则。在决策标准上，用“令人满意”原则代替“最优化”原则。

(3)决策的过程。管理的实质是决策，它是由一系列相互联系的工作构成的一个过程。这个过程包括 4 个阶段，即情报活动、设计活动、抉择活动和审查活动。决策是一个复杂的过程，而不是“拍板”的一瞬间。

(4)决策分为程序性决策和非程序性决策。程序性决策是指按既定的程序所进行的决策。对于例行问题，往往可制定一个例行程序。非程序性决策是当问题的涉及面广，又是新发生的、非结构性的，或问题极为重要而复杂，没有例行程序可循时，就要进行特殊处理的决策。

2.决策理论的缺陷

决策理论尽管有许多其他理论所不具备的优点，但仍存在以下缺陷：

(1)管理是一种复杂的社会现象，仅靠决策无法给予管理者有效的指导，实用性不大。孔茨曾说过，尽管决策制定对管理是重要的，但在建立管理学全面理论上是一个太狭隘的重点，而如果把它的含义加以扩展的话，则它又是一个太宽广的重点。因为决策理论既可以应用于鲁滨逊所碰到的问题上，也可以应用于美国钢铁公司的问题上。

(2)决策理论没有把管理决策和人们的其他决策行为区别开来。决策并非只存在于管理行为中，人们的日常活动中也普遍存在决策，如人们日常生活做事都需要决策，组织中非管理人员的活动也需要决策，但这些决策行为都不是管理行为。决策理论没有把管理决策和人们的其他行为区别开来，其根本原因是没有认识到管理的本质。

2.4.9 管理科学学派

管理科学学派是对泰勒的科学管理理论的继承和发展。其代表人物是美国的埃尔伍德·斯潘赛·伯法等人，其代表作是伯法的《现代生产管理》。伯法认为，一定生产系统的成功管理依赖于以下因素：①计划；②关于实际情况的信息系统；③管理者对需求、库存状况、进度、质量水平、产品和设备革新等方面变化所做出的决定。

该学派认为，解决复杂系统的管理决策问题，可以用电子计算机作为工具，寻求最佳计划方案，以达到企业的目标。其实质就是管理中的一种数量分析方法。它主要用于解决能以数量表现的管理问题。其作用在于通过管理科学的方法，减少决策中的风险，提高决策的质量，保证投入的资源发挥最大的经济效益。该学派的特点如下：

1.力求减少决策的个人艺术成分，依靠建立一套决策程序和数学模型以增强决策的科学性。决策的过程就是建立和运用数学模型的过程。

2.以经济效果作为评价各种可行方案的依据，如成本、总收入和投资利润率等。

3.广泛使用电子计算机。电子计算机的运用大大提高了运算的速度，使数学模型应用于企业和组织成为可能。管理科学学派的主导思想就是以系统的观点，运用数学、统计学的方法和电子计算机技术，为现代管理决策提供科学的依据，解决各种生产、经营问题。

2.4.10 权变学派

权变理论(The Theory of Contingency)又称为“随机应变法”“情况决定论”“管理情景论”或“形势管理论”等，是20世纪70年代在美国形成的一种管理理论。美国管理心理学家约翰·莫尔斯(J. J. Morse)和杰伊·洛希(J. W. Lorscn)在1970年的《超Y理论》一文和1974年出版的《组织及其他成员：权变法》一书就提出权变的观点，认为没有什么一成不变的、普遍适用的最佳管理方式，必须根据组织内外环境自变量和管理思想及管理技术等因变量之间的函数关系，灵活地采取相应的管理措施，管理方式要适合于工作性质、成员素质等。这一学派的代表人物是美国尼布拉加斯大学教授卢桑斯(Fred Luthans)，他在1976年出版的《管理导论：一种权变学》一书中系统地概括了权变管理理论。

该学派认为，在给定的情境下，适当的管理行为取决于这一情境下的独特要素。强调管理者的实际工作取决于所处的环境条件，管理者要根据组织所处的内外部条件随机应变，没有什么一成不变、普遍适用的“最好的”管理理论和方法。

管理故事 2-4

飞不出瓶口的蜜蜂

如果你把六只蜜蜂和同样多只苍蝇装进一个玻璃瓶中，然后将瓶子平放，让瓶底朝着窗户，会发生什么情况？

你会看到，蜜蜂不停地想在瓶底上找到出口，一直到它们力竭倒毙或饿死；而苍蝇则会在不到两分钟的时间之内，穿过另一端的瓶颈逃逸一空——事实上，蜜蜂正是由于对光亮的喜爱，由于它们的智力，才灭亡了。

蜜蜂以为，囚室的出口必然在光线最明亮的地方，它们不停地重复着这种合乎逻辑的行动。对蜜蜂来说，玻璃是一种超自然的神秘之物，它们在自然界中从来没遇到过这种突然不可穿透的大气层；而它们的智力越高，这种奇怪的障碍就越显得无法接受和不可理解。

那些苍蝇则对事物的逻辑毫不留意，全然不顾亮光的吸引，四下乱飞，不断地探索，再加上一点运气，结果最终发现那个出口，并因此获得自由和新生。

2.5　本章新时代管理学的探索

2.5.1 思政融入映射内涵

1911 年泰勒发表《科学管理原理》，标志着管理成为一门科学。一百多年来，管理理论不断演进发展，不同流派争奇斗艳，管理思想与管理技术推陈出新。管理百年，其中蕴含的关于理论与实践、真理与智慧以及对中国管理思想和当代实践的反思，无不启发着我们的思想，激励着我们的精神。

以下是本章的主要思政参考点，师生在教与学的过程中可基于此展开讨论。思政元素参考点：(1)通过对管理思想、理论与实践关系的学习，掌握实践对认识具有决定作用的观点，做到理论与实践相统一。(2)通过对管理理论历史演进的学习，理解真理具有客观性，真理是绝对性与相对性的统一，既要尊重真理、坚持真理，又要发展真理。(3)通过对中国古代管理思想的学习，探索中国管理智慧，讲好中国故事，坚定“四个自信”。(4)通过对现代管理理论的学习，扎根中国管理实践，激发以改革创新推动国家发展的热情。(5)通过对古典管理理论及其时代背景的学习，掌握唯物主义历史观。

例如，坚持历史唯物主义理解中国管理思想。张岂之(1983)认为社会变动决定着思想内容的变化，而新思想的出现又直接或间接地推动或阻碍社会发展，这就要求思想史的研究者需要从历史上社会的政治、经济等多个方面去探索思想意识的发生、发展及其规律。吴照云(2021)提出：首先，可以依照时间线索，去贯穿理解中国历代思想家针对中国历史上的各种管理问题，不断思考形成各种管理的思路、观点等；其次，中国古代管理典籍的语言不仅和现代管理语言存在极大差异，且其中多有言约意丰的词汇和概念，必须对其进行诠释，才能正确而全面地把握中国古代管理思想的深刻内涵；最后，学习中国管理思想必须进行知行合一的实践，需要学习者亲身去操作，进行直接的观察和体验。试举一例：从历史文献来看中文“管理”的概念。根据《说文解字》：“管，如篪，六孔，十二月之音，物开地牙，故谓之管。”可见，“管”本义是指一种有六个孔的，可以发出特定音律的管状乐器，它发出的声音还有特殊的引申意——“十二月之音，物开地牙”。清代段玉裁解释说，“牙”通“芽”，十一月物萌，十二月物芽，正月物见也。“管”发出的声音象征植物经过了萌发阶段之后，开始从地面上长出嫩芽的过程。可见，“管”象征事物萌发到展现的中间过程，因此，“管”有促进和协调某种事物向着良好的方向不断前进和发展的含义。再看“理”字。《说文解字》说：“理，治玉也。”清代段玉裁解释说：“玉之未理者为璞。是理为剖析也。玉虽至坚，而治之得其理以成器不难。”他又引先贤的话说：“理者，察之而几微必区以别之名也，是故谓之分理，在物之质曰肌理，曰腠理，曰文理。得其分则有条而不紊谓之条理。”可见，在中国传统文化中，“理”是考察事物发展的内在规律，根据其规律采取不同方法使得事物向着良好方向发展的活动。此外，“理”不仅可以指自然事物之理，还可以指社会与人性之理，当“理”是社会与人性之理时，理和情是紧密结合在一起的,依照"理"来处理与人相关的问题时,要由情入理,不能只讲理性不顾感性。因此,中文"理"字,并非仅仅指理性,它也包含着人的感性在内,即人性的全部。而西方管理理论源于西方的企业管理实践,对"management"的研究最初就被局限为企业这种特殊的组织中,后来才向一般组织拓展,因而西方管理理论始终带着企业管理的烙印。企业最关心的是如何提高生产效率和如何提高市场竞争力,因此,追求经济效率和赢得市场竞争地位被认为是管理活动最重要的目的。为此,他们提出了系列假设、工具、方法和理念,从而形成了一个个管理理论。因此,"管理"在中西方文化语境中是存在差异的,我们必须坚持历史唯物主义来理解管理的概念。

2.5.2 大数据、AI 等商务智能融入映射内涵

AI 与大数据已经进入了我们的生活,随后它们即将改变我们的工作。古典管理理论时代我们管理的是低技能员工,行为管理理论时代我们管理的是高技能员工,现代管理理论时代我们管理的是知识型员工,而未来我们管理的可能是机器人。以下是一篇从管理的历史角度思考技术发展给管理带来挑战的文章。请结合相关文献和资料进行阅读和讨论,谈谈你对机器人时代管理的担忧和面临的挑战。

大数据、AI 等商务智能映射融入专题阅读:

机器人来袭

机器人会取代我们的工作,还是与人类的能力相互增益?如果有一天你的工作伙伴是一位机器人,你的下属是一位机器人,你的老板是一位机器人,你将如何与它们协同工作?

自动化浪潮走过 3 个纪元,如今又以人工智能的形式进入知识型工作。第一纪元发生在 19 世纪,机器带走了肮脏和危险——从织布机到轧棉机,这些工业设备使人们得以从繁重的体力劳动中解脱;第二纪元发生在 20 世纪,机器带走了枯燥乏味——从航空售票到客服中心,自动交互界面使人们得以从烦琐的常规服务和文书事务中解脱;第三纪元发生在 21 世纪,机器带走了决策——从机票定价到 IBM 的超级计算机,智能系统能比人更好地做决定,快捷且可靠。

由于机器在对认知能力要求较低的岗位上取代了人,人类便退守至知识型工作这块高地。我们将"知识型工作"宽泛地定义为偏向脑力劳动而非体力、涉及重大决策、通常要求高等教育背景的工作,这样的工作如今已占据成熟的经济体系的大部分份额。然而,在可预见的未来,正如咨询公司 Gartner 分析师奈杰尔·雷纳所言,"现在管理层做的许多事情都将实现自动化"。

蒸汽机引发工业革命,将人类从繁重的体力劳动中解放,此为第一机器时代。信息技术赋予其思考与学习的能力,替代脑力工作者,揭开了第二机器时代。从在生产车间迅速学会新技能的自主机器人到能评估求职者或推荐企业战略的软件,这些"会思考的机器"正在进入工作场所,而且为企业和社会创造巨大价值。然而,你如何劝说你的团队信任人工智能,或让他们将机器人视为自己团队中的一员,甚至领导并接纳它们?如果你换掉那个机器人,员工的士气会低落吗?

回顾一下古典管理理论时代的工厂制度,它只需要两种劳动力:无技术的体力劳动者操

作机器和有技术的管理者监督整个工厂。后来，梅奥的人际关系学说提醒我们要关注人的心理和社会需求，再到 20 世纪 80 年代知识经济兴起，我们开始关注知识型员工，而如今我们却要开始着手管理机器人，甚至领导并与之共事。

资料来源：《哈佛商业评论》2015 年 6 月部分文章，以及摩根・威策尔的《管理的历史》(中信出版社，2002 年 10 月)。

2.5.3 中国新时代管理的淬炼与反思

在本章中，你已了解中国卓越而丰富的古代管理思想。在复兴中国优秀传统文化的背景下，这无疑是中国管理学界的一笔财富。然而，如何在新时代构建有中国特色的管理理论，是摆在当代中国管理学领域产学研各界人士面前最重要的挑战之一。

尽管家族企业并不是中国独有的现象，但有学者认为，家族企业是中国本土文化土壤中一个特殊的研究对象，对其研究有助于构建中国特色的管理理论。请根据以下专题中提到的相关研究，对照中国的家族企业，你觉得中国属于哪一种？以国外的研究结论来反观中国的管理实践，你得出了什么结论？建议进一步观察身边的例子以及查阅国内外相关研究文献，提出你的看法。

本土化管理探索专题阅读：

中国家族企业的管理探索

《白银帝国》是改编自作家成一的小说《白银谷》的一部清朝剧情电影，由姚树华导演，郭富城、郝蕾、张铁林、杜江等主演。该片讲述了清末民初富可敌国的山西票号天成元父子之间的传承和三角恋情。该片于 2009 年 8 月 21 日在中国内地上映，并先后获得第 29 届夏威夷国际电影节最佳影片奖和第 12 届上海国际电影节评审团奖等奖项。

《白银帝国》以近代晋商(与浙商、徽商、潮商一起为中国四大商人群落)为蓝本，通过讲述山西票号起落的故事，探讨中国近现代商界在传承两大传统思想体系——法家与儒家的义理之争。故事中数条冲突线索，以家业的代际传承为其中主线，由郭富城饰演的新一代商人，在危难中接盘张铁林饰演的父亲传承的家业，引来新老两代商人深至价值观的冲突。把商业阐述深挖至商业阶层的意识冲突，这在当下中国改革开放进入第二个年轮(后 30 年)面临的二代继承，有着充分的借鉴意义。

近年来，关于富二代的继承不断见诸报端，据统计，目前在我国大陆的非公有制经济中，家族式经营的企业占到 90%以上，在沿海地区比例更高。江浙、福建、潮汕一带比比皆是。而本轮代际传承，是在新老两代思想体系大跨度发展的背景下发生的，“80 后”的个性自我及重视民主精神，给老一代的创业或守业者提出了新的课题。

家族企业的管理并不是中国独有的现象。在全球范围内，家族企业占所有企业的 75%，贡献了 65%的 GDP。然而，家族到底改善还是削弱了自己企业业绩，其证据仍然鱼龙混杂，并发生着激烈的争论。国外学者依据家人的参与身份是所有权人、管理者还是身兼两者来区分不同的家族企业，得出的结论是：平均而言，家族所有权人可以提升企业绩效，而家族管理者的作用却不那么明显。最近的一项研究则提出不同的看法，即一些家族管理者更可能表现出管理能力，而另一些则表现出损害企业的裙带关系倾向。该研究认为这些不同的结果可以通过国与国之间在两种社情方面的差异得到最好的解释：对家族的信任和对机构的信任。对家族的信任是指家族的重要性和对家族的信任是第一位的。该研究做了一个比较：在法国这个对家族信任相对较低的国家，那些有家族 CEO 的公司表现出的盈利能力高于同行；对照而言，西班牙这个对家族信任度相对较高的国家，家族 CEO 领导的企业的盈利能力明显低于同行。对机构的信任是指公民对自己国家正式程序和法律效力的信心，以及他们相信警察、公职人员和法院会维护这些程序和法律的信念。研究也做了一个比较：在哥伦比亚这个对正式机构信任度低的国家，有家族 CEO 的企业业绩比全国平均水平低；相反，在机构信任度很高的加拿大，家族 CEO 给公司带来的盈利能力则比全国平均水平高。该研究还有一个有意思的发现，即在对机构和家族都有强烈信心的国家，家族管理的企业表现最好。美国因其一贯强调家族，又具备可以说是非常有效的商业监督，所以成为一个出色的例子。

资料来源：百度百科相关资料以及彼得·亚斯凯维茨等人发表于《哈佛商业评论》(2021 年 9 月)的文章《当对家族的信任伤及家族企业时》。

本章提要

本章主要阐述了管理理论的形成与发展过程，在回顾中外早期管理思想的基础上，着重介绍了古典管理理论、行为管理理论、现代管理理论的形成与发展，之后又简要介绍了一些当代有代表性的管理理论分支、流派，以及新思潮。

1.古典管理理论着眼于寻找科学的管理劳动和组织的各种方法，包括三个不同的理论学派：科学管理理论学派、一般管理理论学派和行政组织理论学派。其代表人物分别为泰勒、法约尔、韦伯。他们都主张管理的科学化和专业化，并以提高劳动生产率为研究目标。

2.行为管理理论把重点放在分析影响组织中人的行为的各种因素上，强调管理的重点是理解人的行为。其代表人物有梅奥、马斯洛、麦格雷戈等。行为管理理论的特点在于把人看作是宝贵的资源，强调从人的作用、需求、动机、相互关系和社会环境等方面研究其对管理活动及其结果的影响。

3.第二次世界大战以后，随着经济的不断发展和生产社会化程度的迅速提高，管理越来越成为人们关注的焦点，出现了诸多种类的管理理论。孔茨将各种管理理论归纳为 10 个学派，分别是管理过程学派、人际关系学派、群体行为学派、经验(或案例)学派、社会系统学派、社会技术学派、系统学派、决策学派、管理科学学派、权变学派。在众多学派中，权变理论和系统理论尤为引人关注，它们实际上扮演了整合其他理论的架构性角色。

4.中国古代蕴含丰富的管理思想，近现代管理实践中也涌现了聪明的管理方法，这些都有待中国新生代管理学人去探索、淬炼和创新。另一方面，在学习西方管理理论的时候，要关注到中国特殊的管理情境，让管理理论更好地服务于新时代建设事业。

思考案例

美的持续成功得益于机制建设

美的集团成立于1968年，经过54年发展，已成为一家集智能家居、楼宇科技、工业技术、机器人与自动化、数字化创新五大业务板块为一体的全球化科技集团，在全球拥有28个研发中心和34个主要生产基地，产品及服务惠及全球200多个国家和地区约4亿用户。形成美的、小天鹅、东芝、华凌、布谷、COLMO、Clivet、Eureka、库卡、GMCC、威灵、菱王、万东在内的多品牌组合。

1996年，美的集团陷入增长瓶颈，空调业务连续两年销售下滑，政府甚至有意让科龙兼并收购美的空调。压力面前，美的创始人何享健果断变革，将原来统管产、研、销的集团公司拆分为五个事业部，采用分权管理模式，每个事业部有自己的经营团队，负责各自的研发、采购、生产、销售等经营活动。事业部制变革极大地调动了经营团队的积极性和市场响应速度，美的很快扭亏为盈，并逐步发展壮大，2016年挺进世界五百强。

在事业部制下如何把握好集权与分权的程度，做到有序地放权，美的创造性地推出了《分权手册》，以书面形式明确规定了集团、事业部和各职能部门在经营管理中享有的权利和承担的责任。无论美的处于何种规模和发展水平，其集分权体系总的指导思想始终遵循“集权有道、分权有序、授权有章、用权有度”的十六字方针，这也是对美的集分权机制最精准、最凝练的表达。

“集权有道”，说的是该收的权一定要收上来。对战略规划、财务管理、人力资源管理以及审计监察等较为关键的职权领域，集团依然拥有绝对的权力。“分权有序”，说的是向下放权要循序渐进，先小后大，而不是盲目分权搞一刀切。一般而言，业务成熟、稳定、体量大的事业部可以获得更大的决策权，对于成长业务或小事业部，其审批规格相对较小，限制较多，这也是基于风险管理的需要。“授权有章”，其一是说责权体系一旦设计完成，具有绝对权威性。美的《分权手册》是公司最高等级文件，所有集分权事项和权力行使都应以《分权手册》规定为准，同时《分权手册》也要根据业务、组织、职能的变化进行动态调整。其二是说授权本质上也是一个流程，要符合流程管理规范化的要求。美的《分权手册》对一个职权事项从提出到执行要经过五个步骤：提案、审核、会审、审批、备案，这五个步骤同时也是五种权力。“用权有度”，说的是要保证合理用权，必须遵循“四不”原则：(1)底线不可逾越——涉及职业操守与重大财务风险事项的不可触碰；(2)信息不可封闭——《内部信息报送规范》详细规定了哪些信息要定期上报；(3)问责不可偏废——依据《责任追究管理办法》实现权责对等；(4)机制不可缺失——建立职业经理人机制。

美的集团的集分权制度体系是目前最为完整和成熟的管理典范之一。何享健说“企业机制的弱化、退化，比1亿元的投资失误更加致命”。这句话现在悬挂在美的历史博物馆里。在美的诸多运营和管理机制中，集分权机制处于关键核心的位置，它一方面激发了集团各层级职业经理人等高管团队的活力，另一方面也保障了巨大企业集团的持续高效运转。2009年，美的创始人辞去集团董事局主席职务，由职业经理人方洪波接任。为什么何享健能够将权力坦然让给职业经理人团队？背后的原因正是美的自上而下运作良好的分权机制。现任董事长兼总裁方洪波，作为集团接任者，对机制助力美的成功是这样总结的：“美的的核心竞争力是内部经营管理机制。”美的员工认为，机制是他们在美的工作和奋斗的“价值观与保障”，能让他们真正地体会到“责权利能”一致，享受职业尊重和奋斗成就感，促成人性善意的绽放。

资料来源：美的集团官网资料及夏冰发表于公众号“标杆精益”的文章《美的机制的牛X，你可能一无所知！》。

阅读后请思考：

1.“机制”一词，原指机器的构造和工作原理，后引申为指各要素之间的结构关系和运行方式。请联系“组织”的概念以及法约尔、韦伯的理论，谈谈你对“机制”一词的理解。

2.根据韦伯关于权力的观点，分析美的集团的集分权机制是如何实现组织效率的。

3.根据法约尔关于等级制度的观点，分析美的集团的集分权机制是如何实现组织效率的。

思考习题

1.泰勒科学管理理论的主要内容有哪些？

2.法约尔对管理理论的发展有何贡献？

3.韦伯的主要管理思想是什么？在当时有什么积极的意义？

4.简述霍桑实验的步骤以及结论。

5.权变理论对你有何启示？是否意味着管理工作艺术性很强，无法学习？

6.中国古代管理思想与古典管理理论、行为管理理论有何异同？试举例说明。

技能实训

1.在图书馆或网上查阅古代我国儒家、法家、墨家的相关管理思想，列出其主要观点，并说明哪些观点具有现实价值，对当今管理仍有指导意义。

2.科学管理方法的运用

每4～6名同学组成一组，观察一下每位同学早上起床到整理床铺、完成洗漱，用秒表记录时间，观察所有的动作。研究分析完成相应工作应由哪些基本动作组成，每一动作的要求是什么，需要花多少时间；研究每个同学中哪些是错误动作、多余动作，哪些动作不标准，哪些动作花时过多。每一小组进行讨论研究，在剔除所有不必要的动作之后，把完成这项任务必需的动作按顺序列出，组合成一个操作步骤，写上动作的要求和能做到的最短用时。对小组的同学进行训练，使所有的同学能在规定的时间与要求下完成任务。

3.小组练习

每10名左右学生结成一组，针对当代的各种管理新思潮进行梳理，在课堂讨论时做以下主题发言：

(1)你们认为当代哪种管理思潮最能代表时代主流思潮？

(2)这种管理新思潮的基本观点和理论体系框架。

(3)引起你们热衷这种管理新思潮的主要理由。

(4)这种管理新思潮的缺陷。

要求：对上述调查访问和小组练习形成书面报告交给老师，教师根据各组所做情况进行评估打分。

参考文献

[1]摩根·威策尔.管理的历史[M].北京：中信出版社，2002.

[2]斯图尔特·克雷纳.管理百年[M].海口：海南出版社，2003.

[3]蒂姆·欣德尔.管理思想[M].北京：中信出版社，2004.

[4]罗珉.管理学：前沿理论研究[M].成都：西南财经大学出版社，2006.

[5]冯成平，耿云.蓝色管理：破解西方管理本源[M].北京：东方出版社，2008.

[6]周三多，陈传明，刘子馨，等.管理学：原理与方法[M].7 版.上海：复旦大学出版社，2018.

[7]焦叔斌，杨文士.管理学[M].5 版.北京：中国人民大学出版社，2019.

[8]高良谋.管理学[M].5 版.大连：东北财经大学出版社，2021.

[9]邢以群.管理学[M].5 版.杭州：浙江大学出版社，2019.

[10]胡川，李绍和.管理学通论[M].3 版.北京：北京大学出版社，2022.

[11]吴照云等.管理学[M].6 版.北京：中国社会科学出版社，2019.

[12]姬定中，葛元月.管理学[M].2 版.北京：科学出版社，2011.

[13]尤利群.管理学[M].杭州：浙江大学出版社，2009.

[14]赵伊川.管理学[M].2 版.大连：东北财经大学出版社，2011.

[15]吴照云.从中国传统文化出发构筑中国管理之基[J].经济管理，2021(9)：5-15.

[16]张岂之.试论思想史与哲学史的相互关系[J].哲学研究，1983(10)：65-69.

可扫码获取本章课件资源：

第3章 决策与计划

本章学习重点：

理解决策的概念、作用及科学决策；掌握决策的基本类型；了解决策制定的过程；理解计划的含义、作用和制定原则；了解计划的类型；了解什么是应急计划和危机管理；掌握制定计划的程序；培养设定目标的能力；了解大数据在决策、计划中的应用；了解中国传统管理思想对决策与计划的影响。

核心知识点：

1.决策制定过程(decision-makingprocess)
2.程序化决策(programmed decisions)
3.非程序化决策(non programmed decisions)
4.群体思维(group think)
5.头脑风暴法(brainstorming)
6.名义群体法(nominal group technique)
7.德尔菲法(Delphi technique)
8.电子会议(electronic meetings)
9.计划(planning)
10.目标(goal)
11.战略、战术与作业计划(strategic plan;tactial plan;operational plan)
12.滚动计划法(rolling plan method)
13.甘特图(Gantt chart)
14.目标管理法(management by objectives)

开篇案例

在变化的时代依然需要科学决策与有效计划

“这两年，我内心一直有个声音在呼唤，背上行囊出发吧，要不就来不及了。疫情更彰显了生命的不确定性，国际政治也让一些地区充满了阻隔，东航的空难更让人体会到了明天不一定为你而存在。人生的意义只有在自我实现中才能体现出来。我一直觉得新东方并不是我来此世界的目的，或者说至少不是最重要的目的。我已经全力以赴做了三十年新东方。也许，现在是我可以稍微站得远一点，来重新审视新东方和我自己的时候了。这一审视还没有什么清晰的思路，但我知道已经开始进入一个没法回避的事实——面对事业和人生的重新思考。

当然，我并不是说不做新东方了，而是如何在更高层面上，让新东方有更好的发展，而我自己也能够有更好的腾挪空间。迄今为止，整整三十年，我每周平均至少有四十个小时花在新东方的业务上。我一直怀疑，我自以为为了新东方鞠躬尽瘁的努力，其实可能适得其反，已经成为新东方走向下一个阶段的障碍。如果因为牵挂名利、一叶障目，人生真的就得不偿失了，而错失过去的，永远不会再回来。”

资料来源：2022 年 4 月 7 日，新东方创始人俞敏洪个人公众号“老俞闲话”《春天的期待！》。

个人和组织在生活和发展过程中，无一例外都需要不断地面对各种决策，并据此做出各种计划，这些决策与计划为我们实现人生或者组织的目标提供了可供遵循的方向。但我们也会发现，人生中唯一不变的就是变化，不管看似多么完美的决策和计划，总会因为这样或者那样的因素而难以完美达成。虽然会常常遇到不确定性带来的困扰，但决策和计划仍然是管理者手中最重要的工具之一，我们必须学会如何面对环境等一系列变化带给组织和个人的不确定性，运用科学的方式做出最适宜的决策和计划，为实现组织目标提供有力支持。

3.1 决策

决策是管理的本质，管理就是由一系列的决策组成的，它帮助组织明确需要做什么、不做什么。所有的管理者都希望能够做出正确的决策与计划，从而帮助组织达成目标。决策与计划通过为未来的行动指明方向而保持管理的效率。

3.1.1 决策的基本原理

1.决策的概念

“决策”的字面含义是“决定对策”，是帮助组织从多个行动方案中选择正确选项的过程。关于决策的定义，不同的学者在表述中各有侧重，但核心思想已经趋于一致，即决策是为了实现某一目标，对若干行动方案（策略）进行选择并推动实施的过程。

通常我们认为一次有效的决策应该包括以下几个方面的内容:(1)决策是有针对性的,是为了达到一定的预期目标或实现某种目的的行为。(2)决策具有现实价值。每次决策都意味着一个方案(策略)将被实施,不具备实施价值的方案不是决策。(3)决策具有选优性。决策应该是在多个备选方案中产生的,没有备选方案的决定不能称为决策。(4)决策具有优化性。决策要通过有效手段优化被选择的方案,要为达到目标持续优化方案的实施策略和措施。

2.决策的作用

决策在管理活动中的重要地位与作用,具体表现在以下几方面。

第一,决策是管理的核心内容。管理工作是多方面的,都是围绕着决策而展开的。管理活动中的每一个具体环节都有具体的决策问题。首先,计划工作的每一环节都涉及决策。如目标的制定、行动方案的选择等,都离不开决策。其次,组织、领导、人员配备、控制等管理职能的发挥也离不开决策。如采取何种组织结构形式,采用何种领导方式,如何选聘人才,如何进行控制等,都需要通过决策来解决。管理中时时处处会遇到问题,决策就是解决问题。可以说,决策贯穿于管理过程的始终,存在于所有管理领域。

第二,决策是管理者的主要职责。有组织就有管理,有管理就有决策。不论管理者在组织中的地位如何,决策都是管理者的重要职责。管理者管理水平的高低,实际上在很大程度上取决于决策水平的高低。

第三,决策事关工作目标的实现乃至组织生存与发展。决策选择的行动方案的优劣直接影响目标实现的速度、程度和质量,影响到管理的效率,决策失误,必然会导致管理与经营行为的失败。

管理者在工作中总是在做出决策,决策渗透于管理的所有四个职能中,实际上这解释了为什么管理者(当他们计划、组织、领导和控制时)常被称为决策者。管理学大师西蒙强调管理就是决策,西蒙认为管理全过程就是一个完整的决策过程,管理的各项活动和计划、组织、指挥与控制中,无一不进行决策,决策贯穿于管理的各个方面。管理者工作中可能涉及的决策事项包括:

(1)计划

- 组织的长期目标是什么?
- 组织的短期目标应当是什么?
- 什么战略能最佳地实现这些目标?
- 个人目标的难度应当有多大?

(2)组织

- 直接向我报告的雇员应当有多少?
- 组织应当有多大程度的集权?
- 职位应当怎么设计?
- 什么时候组织应当实施不同的结构?
- 绩效偏差达到什么程度才算严重?
- 组织何时应实行改组?
- 一个具体的变化将如何影响工人的生产力?

(3)领导

- 怎么处理雇员情绪低落的问题?
- 在给定的条件下什么是最有效的领导方式?
- 某项具体的变革会怎样影响工人的生产率?
- 应当如何对待缺乏积极性的雇员?
- 什么时候是鼓励冲突的适当时机?

(4)控制

- 需要对组织中的哪些活动进行控制?
- 怎么控制这些活动?
- 绩效差异偏离到什么程度是显著的?
- 组织应当具有什么类型的管理信息系统?

除此之外,广义上的决策也表现在处理事情的决定上,许多管理者的决策制定活动具有例常性,甚至是司空见惯的常规事务,但我们仍然要指出,即使一个决策很容易做出,或管理者以前已经遇上过许多次,但它仍然是一个决策。在不论复杂抑或简单的决策过程中,我们必须遵循一定的原则,来帮助我们达到更符合期待的结果。对决策者来说,要想使决策达到最合理状态,一是要尽可能获取与决策有关的全部信息;二是要客观评估全部信息的价值与真伪,并据此制定合理的多种解决方案;三是科学和准确地预测每个方案的执行效果。

但在决策的过程中,我们往往无法满足上述全部条件,具体而言,一是信息收集无法面面俱到,与决策有关的信息可能包罗万象,环绕决策的各种信息都可能成为直接或间接的影响因素干扰事件走向,但决策者无法一一将其纳入考虑范畴,获取完整无缺的信息。二是对于获取的有限信息,受决策者理解和处理的能力限制,无法提出足够数量和质量的完善解决方案,从而制约了决策的选择。三是拟定的方案尚未实施,需要强大的预判能力加以选择,但往往因为信息缺失、对未来认识有限或者突然加入的变量等因素,导致决策时所预测的未来与实际有较大出入。因此,在管理者现实的决策中,应该遵循的是符合实际条件的满意决策而非最优决策。

3.科学决策的要点

决策是对组织影响最为深远的管理活动,是评价一位管理者价值和能力的最直接指标。在面对诸多不确定因素和身处多变的环境中,如何科学有效地做出正确的决策显得尤为重要。

一是充分理解环境及文化差异。组织所处的时代、环境、文化等因素都会影响决策的结果,很少有哪一种决策方法和管理策略能够放之四海而皆准,所以管理者都要根据自身所处条件,做出符合环境和文化预期的决策。优秀的管理者要将自己的价值观、经营理念等与组织成员共享,在决策的过程中充分尊重价值观的差异,使决策具有灵活性。

二是有明确的优秀决策的标准。所有组织在决策制定之初都应该有清晰的标准,让管理者明确知道公司对于优秀决策的评价原则,从而指导所有决策制定者的行为向着最佳方向前进。

三是有合理的止损机制。由于很多管理者拒绝接受决策失败的结果,不愿意相信自己的决策是错误的,容易导致在已经预见到决策结果无法实现或偏离预期时仍然被继续执行,从而使组织的损失不断增大。因此,组织要有科学的止损机制,及时停止无效或错误的决策。

四是决策过程要遵循科学规律。要抓住重点目标;决策要符合逻辑并前后一致;要将主观和客观思考、直觉判断和理性分析相结合;要搜集足够多的信息用以支撑决策;要充分吸收各方面意见充实决策;决策本身要便于执行、可靠,具有灵活变通的特性。

五是有决策复盘机制。优秀的决策能力和形成机制需要培养和锻炼,组织中要形成针对重要决策的复盘机制,通过不断审视决策过程和结果,来评价过往工作的优缺点,从而为以后的决策工作提供借鉴。

管理故事 3-1

如何加强飞机防护

1941 年,第二次世界大战中,美国哥伦比亚大学统计学沃德教授(Abraham Wald)应军方要求,利用其在统计方面的专业知识来提供关于"飞机应该如何加强防护,才能降低被炮火击落的概率"的相关建议。沃德教授针对联军的轰炸机遭受攻击后的数据进行研究后发现:机翼是最容易被击中的位置,机尾则是最少被击中的位置。沃德教授的结论是"我们应该强化机尾的防护",而军方指挥官认为"应该加强机翼的防护,因为这是最容易被击中的位置"。沃德教授坚持认为:(1)统计的样本,只涵盖平安返回的轰炸机;(2)被多次击中机翼的轰炸机,似乎还是能够安全返航;(3)而在机尾的位置,很少发现弹孔的原因并非真的不会中弹,而是一旦中弹,其安全返航的概率就微乎其微。军方采用了教授的建议,并且后来证实该决策是正确的,看不见的弹痕最致命!

资料来源:MBA 智库网站。

3.1.2 决策的基本类型

决策内容广泛,涵盖管理的整个流程,既包括简单结构化的决策事项,也包括复杂的具有特殊性的决策事项。同时,不同类型的组织也会遇到多种类型的问题和决策。根据问题的性质和特点,管理者确定决策类型,可以帮助组织更加科学有效制定策略,完成决策。

1.根据待解决问题的结构良好程度分类

根据待解决问题的结构良好程度可以将决策分为程序化决策和非程序化决策。结构良好的决策指的是对简单、目标清楚、信息完全、结果确定问题的决策。结构不良问题和非程序化决策是具有唯一性和不可重复性的决策,指那些新颖、不经常发生、信息不完整、模糊的问题。

(1)程序化决策。程序化决策涉及的是那些重复出现的,日常管理的"例行问题"。当顾客在就餐中发现菜品质量存在问题,餐厅管理者该如何处理?这种情况作为餐饮行业的常见现象,通常情况下会有处理这类问题的标准程序。例如,免费更换菜品,赠送饮料,减免餐费等,这就是一个程序化决策,它是能够运用例行方法解决的重复性决策。

因为以上列举的问题是结构性的,属于良好问题,从而使管理者不必花费精力去重复经历一个复杂的决策过程。程序化决策是相对简单的,并且在很大程度上依赖以前的解决方法,故决策过程的"制定方案"阶段不存在或不起作用。在许多情况下,程序化决策变成了依据先例的决策，管理者仅需按别人在相同情况下所做的那样，求助于一个系统化的程序、规则或政策就可以了。

(2)非程序化决策。非程序化决策涉及的是那些偶然发生的、信息模糊或不完整的“例外问题”。如决定是否开发新的产品，如何重组以提高效率，是否解散一个亏损的部门等，这些都是非程序化决策的例子。这些决策是独一无二的，是不重复发生的。当管理者面临不确定因素较多的问题或新出现的问题时，是没有事先准备好的解决方法可循的，需要重新设计有针对性的解决方案。

根据一般管理实践可以发现，较低层级的管理者一般经常面对的是程序化决策，他们经常需要处理的是重复的和常规性问题，依据已有的程序和规则就可以完成事件的处理。相对而言，较高层级的管理者因为拥有更丰富的经验和信息源，将更加注重于应对非程序化问题，解决非常规及更加复杂的事件。同时我们也要明白，在管理实践中很少有界限非常清晰的程序化或非程序化决策，大多数情况下管理者需要面对界限模糊或处于变化中的问题。

程序化与非程序化决策的比较见表 3-1。

表 3-1　程序化与非程序化决策

特点	程序化决策	非程序化决策
问题类型	结构化	非结构化
管理层级	较低层级	较高层级
频率	重复的、日常的	新的、不常见的
信息	已有信息	模糊或不完整的信息
目标	清晰、明确	模糊
解决方法的时间框架	短期	相对较长
解决方法的依据	程序、规则和政策	判断或创造力

2.根据决策面临的条件和环境差异分类

决策面临的条件和环境有所不同，加之决策者掌握的辅助信息具有明显差异，由此而产生的决策条件变化会对决策本身产生重要影响。一般而言，管理者会因为决策条件不同产生确定型决策、风险型决策与不确定型决策三种不同决策类型。

(1)确定型决策。确定型决策是指在确定可控的条件下进行的决策，是理想的决策条件。在决策中，每个方案只有一个确定的结果，最终选择哪一个方案取决于对方案结果的直接比较。因为方案具有确定性，所以管理者能做出理想而精确的决策。但确定性并不是大多数决策制定时面临的情况，是一种理想化状态。例如，假设某航空公司决定购买 5 架新的大型飞机，他们下一步的决策是从哪里购买。由于世界上只有两家公司(波音和空客)生产这种大型客机，公司很清楚他们的选择有哪些。两家飞机制造企业都拥有可靠的产品，价格及交货日期也很清晰，公司对每一种决策带来的结果都很清楚。在这项决策中，模糊性程度很低，做出错误决策的机会也相对较小。

(2)风险型决策。决策过程中更常见的是风险条件，在这种决策环境下，决策者可以估计某一结果出现的概率。这种预估结果概率的能力，可能来自个人经验或是对事件相关资料的分析，经验和数据的可靠性影响着决策的结果。让我们看一个例子。假设你作为公司

CEO,正考虑是否在现有生产车间的基础上新建或改建。新建车间成本 110 万元,改建车间成本 50 万元,显然,你的决策将受未来可能带来的收益的影响,而这又取决于消费者需求量。当你手上有比较可靠的有关这一市场需求量的历史数据时,你所做的决策会更明确。数据推断未来 5 年的高需求概率为 30%,中需求概率为 50%,低需求为 20%。根据已有的需求对应的利润预测考虑两种方案,即新建车间还是改建车间。你可以建立一个期望值公式,即通过将期望利润与其概率相乘,就可算出每种可能结果的条件收益。如果所给概率恒定,那么结果就是一定时期的期望平均收入。如表 3-2 所示,新建车间总利润预测为(80×0.3+40×0.5+0×0.2)×5−110=110,改建车间总利润预测为(60×0.3+30×0.5+15×0.2)×5−50=130,最后决定还是改建车间,因其利润回馈高。

表 3-2　风险决策

状态 / 利润预测 / 方案	高需求 $P=0.3$	中需求 $P=0.5$	低需求 $P=0.2$
新建车间(110 万)	80	40	0
改建车间(50 万)	60	30	15

(3)不确定型决策。当我们需要做出决策,但无法确定各种方案成功的可能性时,我们将其称为不确定性条件。决策者不能预先估计或计算出各种结果出现的概率,这样的决策就是不确定型决策。由于不确定型决策需要决策的问题存在较大的风险,故使用的决策方法在很大程度上受到有限信息和决策者对风险态度的影响。乐观的管理者会对结果抱有更多正向的期待,愿意承受更大的冒险,会选择“最大可能收益”最大化的决策方案,悲观的管理者对结果抱有审慎的期待,对决策风险的承受能力相对较小,会选择“最小可能收益”最大化的决策方案,降低决策失败导致的不良后果。而希望最小化其最大“遗憾值”的管理者会选择极小极大的方案,降低决策后悔程度。

3.按照决策主体分类

按照决策主体划分,决策分为个体决策和群体决策,其区分方式也非常简单明了,根据参与决策人员数量即可明确决策类型。个体决策是指决策过程中,最终方案的确定由一个人决定,决策主体是一个人。群体决策是指决策过程由两人以上群体完成的情况。

(1)群体决策的优点

①提供更完整的信息。“三个臭皮匠顶个诸葛亮”是一句常用的格言。一个群体将带来个人单独行动所不具备的多种经验和不同的决策观点。

②产生更多的方案。因为群体拥有更多数量和种类的信息,他们能比个人制定出更多的方案。当群体成员来自不同专业领域时,这一点就更为明显。例如,一个由工程、会计、生产、营销和人事代表组成的群体,将制定出反映他们不同背景的方案。故多样化的“世界观”常产生更多的方案。

③增加对某个解决方案的接受性。许多决策在做出最终选择后却以失败告终,这是因为人们没有接受解决方案。但是如果让受到决策的影响或实施决策的人们参与决策制定,他们将更可能接受决策,并更可能鼓励他人也接受它。群体成员不愿违背他们自己参与制定的决策。

④提高合法性。群体决策制定过程是与民主思想相一致的，因此人们觉得群体制定的决策比个人制定的决策更合法。拥有全权的个体决策者不与他人磋商，这会使人感到决策是出自独裁和武断。

(2)群体决策的缺点

①消耗时间。组成一个群体显然要花时间。此外，一旦群体形成，其成员之间的相互影响常导致低效，结果造成群体决策总要比个人决策花更多的时间。

②少数人统治。一个群体的成员永远不会是完全平等的。他们可能会因组织职位、经验、有关问题的知识、易受他人影响的程度、语言技巧、自信心等因素而不同。这就为单个或少数成员创造了发挥其优势、驾驭群体中其他人的机会。支配群体的少数人经常对最终的决策有过分的影响。

③屈从压力。在群体中要屈从社会压力，从而导致所谓的群体思维。这是一种屈从的形式，它抑制不同观点、少数派和标新立异以取得表面的一致。群体思维削弱了群体中的批判精神，损害了最后决策的质量。

④责任不清。群体成员分担责任，但实际上谁对最后的结果负责却不清楚。在个人决策中，谁负责任是明确具体的；而在群体决策中，任何一个成员的责任都被冲淡了。

(3)改善群体决策的方法

当群体成员面对面交流或相互作用时，他们就在形成潜在的群体思维，他们会自我检讨并对其他成员造成压力。有四种使群体决策更具创造性的方法：头脑风暴法、名义群体法、德尔菲法及电子会议。

①头脑风暴法

头脑风暴法通过参与讨论专家的自由交流，在头脑中形成观念的碰撞，激发新的思路和方案，通过短时间集中讨论和精炼形成更具科学性的决策。头脑风暴法强调集体思维，从而比个人决策更容易被群体所接受。

头脑风暴法是为了克服阻碍、产生创造性方案、激发活力的一种相对简单也是常用的方法。它利用一种适宜思想产生的方式，鼓励参与者提出创新方案和设计思想，禁止对各种方案的怀疑和批评，倡导自由表达。

但是头脑风暴法仅是一个产生思想的过程，而后面三种方法则进一步提供了取得期望决策的途径。

②名义群体法

名义群体法是指在决策过程中对群体成员的讨论或人际沟通加以限制，但群体成员拥有独立思考的地位，可以提出各自的意见供与会人员讨论。名义群体法与召开传统会议一样，群体成员都出席会议，但在公开讨论前群体成员首先进行个体决策，而后进行有限度的集体讨论。

管理工具 3-1

名义群体法步骤

(1)成员集合成一个群体，但在进行任何讨论之前，每个成员独立地写下他对问题的看法。

(2)经过一段沉默后,每个成员将自己的想法提交给群体,然后一个接一个地向大家说明自己的想法,直到每个人的想法都表述完并记录下来为止(通常记在一张活动挂图或黑板上)。在所有的想法都记录下来之前不进行讨论。

(3)群体现在开始讨论,以便把每个想法搞清楚,并做出评价。

(4)每一个群体成员独立地把各种想法排出次序,最后的决策是综合排序最高的想法。

这种方法的主要优点在于,使群体成员正式开会但不限制每个人独立思考,而传统的会议方式往往做不到这一点。

③德尔菲法

德尔菲法在20世纪40年代由赫尔姆和达尔克首创,1946年,美国兰德公司为避免集体讨论存在的屈从于权威或盲目服从多数的缺陷,首次用这种方法来进行定性预测,后来该方法迅速被广泛采用。德尔菲法最初产生于科技领域,后来逐渐应用于各领域的预测工作。此外,还用来进行评价、决策、管理沟通和规划工作。

德尔菲法是依据系统的程序,采用匿名发表意见的方式,即团队成员之间不得互相讨论,不发生横向联系,只能与调查人员发生联系,反复填写问卷,以集结问卷填写人的共识及搜集各方意见,可用来构造团队沟通流程,应对复杂任务难题的管理技术。

当然,德尔菲法也有其缺点,它太耗费时间了。当需要进行一个快速决策时,这种方法通常行不通。而且,这种方法不能像头脑风暴法或名义群体法那样,提出丰富的设想和方案。使用德尔菲法进行团队沟通可以避免群体决策的一些缺点,声音最大或地位最高的人没有机会控制群体意志,因为每个人的观点都会被收集。另外,管理者可以保证在征集意见以便做出决策时,没有忽视重要观点。

德尔菲法是一种相对复杂、耗时的决策方法,除了并不需要群体成员列席外,它与名义群体法较为相似。

④电子会议

最新的群体决策方法是将名义群体法与计算机技术相结合的电子会议。会议所需的技术一旦成熟,概念就简单了。数十人围坐在"U"形的桌子旁,这张桌子上除了一系列的计算机终端外别无他物。将问题显示给决策参与者,他们把自己的回答打在计算机屏幕上。个人评论和票数统计都投影在会议室内的屏幕上。电子会议的主要优点是匿名、诚实和快速。决策参与者能不透露姓名地打出自己所要表达的任何信息,一敲键盘即显示在屏幕上,使所有人都能看到。它还使人们充分地表达他们的想法而不会受到惩罚。它消除了闲聊和讨论偏题,且不必担心打断别人的"讲话"。专家们认为电子会议比传统的面对面会议快一半以上。但是电子会议也有缺点:那些打字快的人使得那些口才虽好但打字慢的人相形见绌;再有,这一过程缺乏面对面的口头交流所传递的丰富信息。

综合而言,头脑风暴法可以使群体的压力降低,名义群体法有助于增强群体内部的凝聚力,德尔菲法能使人际冲突趋于最小,电子会议法可以较快地处理各种观点。

3.1.3 决策制定的过程

决策是在方案中做出选择的过程,即使是一个简单的决定,我们仍然要经历一定的决策过程。图 3-1 将决策制定过程描述为八个步骤，从识别问题开始，到选择能解决问题的方案，最后结束于评价决策效果。这一过程既适用于决定如何度过一个充实的假期，也适用于决定一个公司的某项行动，同时这一过程既能用来描述个体决策，也能用来描述群体决策。

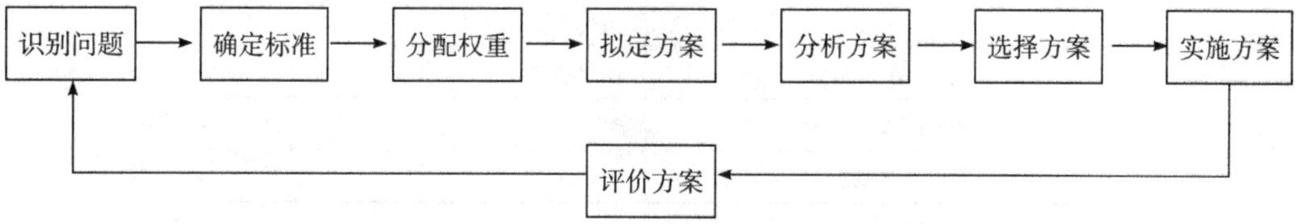

图 3-1　决策的步骤

1.识别问题

决策起始于存在需要解决的问题，问题确定得是否合理，直接决定和影响着目标能否实现。如果决策问题确定错了，无论怎么努力，决策的后几个程序都无法保证实现组织目标。

问题识别在决策制定过程中看似简单但具有重要价值。多数情况下，问题会隐藏在某个位置不会被轻易发现，在这一状态下如果不能准确识别问题，就无法制定有针对性的措施来应对潜在的危机或机遇。我们需要认识到，在某些事情被识别为问题前，我们甚至无法感觉到它的存在，而正是这些不可见的问题往往会导致组织遭受重创，或者丧失宝贵的发展机会。

问题识别具有主观性，考验着管理者的能力和判断力。管理者必须意识到认知之间存在着差异，他们不得不面对解决问题时可能遇到的阻力，或不被认可。为了更有效地识别问题，管理者必须充分掌握相关信息，同时拥有采取行动所需的组织资源，从而帮助他们清晰识别问题。另外，完美地解决了错误问题的管理者，与不能正确识别问题而没有采取行动的管理者都对组织没有任何贡献。

2.确定决策范围和标准

管理者一旦确定了问题，接着就需要确定决策范围和标准。也就是说，管理者必须确定什么因素与决策相关，界定解决方案范围。决策要达成什么目标？至少要达到哪些标准？希望满足什么样的条件？该范围称为“边界条件”，无法满足边界条件的决策比问题定义错误的决策问题更大，问题识别正确却因为结果不被看好而喊停的决策，是几乎无法挽救的。

无论是否存在明确的表述，每一位决策者都有指引他决策的标准。在决策制定过程的这一环节，明确某个要素成为决策标准，或是明确某个要素不是决策标准，都为决策提供了可参考的依据。例如，在采购汽车的过程中，采购人员认为燃料经济性不是一个影响采购决定的标准要素，那么它虽然不会对轿车的最终选择产生影响，但对于决策本身来说具有不可或缺的作用。

3.分配权重

在确定决策标准的过程中，我们会发现并非所有的决策标准都是同等重要的。因此，为了在决策中恰当地考虑它们的优先权，有必要明确决策标准的权重问题。

决策者如何衡量标准的重要性？一个简单的方法就是给最重要的标准打 10 分，然后依次对剩余的标准进行评价。通过这样简单的过程，我们可以较为清晰地认定得到 10 分的标准比得到 5 分的标准更重要。

我们仍以采购轿车为例来说明决策的标准及权重，在采购管理者的决策中，价格是最重要的标准，而性能及舒适度的重要性要小得多，见表 3-3。

表 3-3　重要决策标准权重分配

价格	10
耐用性	8
性能	6
舒适度	4
内部空间	3
外观	2

4.拟定方案

该步骤要求决策制定者列出能成功解决问题的可行方案。对于任何一个需要解决的决策问题,都有多个可能解决问题的方案,因而必然要在诊断分析的基础上,制定出多种可能的方案。解决决策问题的方案唯一的可能性是很少出现的,往往都有多个方案,只有一种选择的决策往往是失败的决策。

由于决策问题往往有一定的风险,决策问题面临的内外部环境条件都有多种可能性,而且每种可能性出现的可能程度也是不同的,因此在确定备选方案时,必须科学地确定每种方案的可能性及其出现的可能程度。如果这些问题不能科学地确定出来,就无法对备选方案进行评价和比较。这一步无须评价方案,仅需列出即可。我们假设采购人员已经确定了 4 种车作为可行的选择。

5.分析方案

方案一旦拟定后,决策者必须客观地分析每一方案。由于不同方案依据的条件不同,方案可能的经济效果也不同,而且需要的投入也不相同,对这些方案经过与步骤 2、3 所述的标准及权重比较后,每一方案的优缺点就变得明显了。通过评价可行性以及比较不同方案的效果,为选择优化方案准备条件。

依据标准评价每一方案。表 3-4 给出了采购人员在对每一种车的驾驶测试后,给出了 4 种车各自的评价值。注意:在表 3-4 中,4 种轿车的得分是以采购人员的个人感知为基础的,有些评价是客观的反映,比如购买价格真实展示了可以从经销商那里得到的最低价。但对舒适度的评价显然是一种个人主观的判断,可以说大多数决策包含着主观判断这一因素。它们体现在标准的权重以及方案评价中。这一特点解释了为什么两个购买力相同的购车人会做出两套截然不同的购车方案,而即使使用同一套评价方案,其标准的权重又如此截然不同。

表 3-4 仅给出了 4 个方案相对于决策标准的评价,它并没有表示出步骤 3 所述的权重。如果一个方案的各项标准都得了 10 分,就不必考虑其重要性了。同样,如果重要性都相同,只需将表 3-4 的每一行分别加总来评价方案。

表 3-4　按决策标准对 4 个方案的评价

方案	价格	耐用性	性能	舒适度	内部空间	外观
A 型车	10	8	6	6	5	4
B 型车	10	9	5	6	6	5
C 型车	8	7	7	7	8	7
D 型车	6	5	9	7	7	8

6.选择方案

该步骤是从所列的评价方案中选择最优方案的关键步骤。既然我们已经确定了所有与决策相关的因素，恰如其分地权衡了它们的重要性，并确认了可行方案，那么我们仅需选择步骤 5 中得分最高的方案。在这里需要说明的是，所谓的“优化方案”绝不是通常所说的“效益最好”的方案或最满意的方案。优化方案只能是“合理满意的方案”。因为不同的方案各有优缺点，不存在最好的方案，因而优化方案实质上就是相对较好的合理满意的方案。在采购汽车的例子中(表 3-5)，决策者将选择 B 型车作为最终方案。

表 3-5　方案的综合评价

方案	价格 10	耐用性 8	性能 6	舒适度 4	内部空间 3	外观 2	总分
A 型车	10	8	6	6	5	4	247
B 型车	10	9	5	6	6	5	254
C 型车	8	7	7	7	8	7	244
D 型车	6	5	9	7	7	8	219

7.实施方案

实施方案是决策过程中的核心步骤，是保证目标得以实现、决策得以落实的关键。为了更有效地完成方案的实施，首先要再次确认决策环境是否发生了改变，尤其是战略决策和中长期决策，要确认标准方案仍然是最佳选择，没有因为内外环境变化导致决策出现偏差。其次要让参与方案执行的相关人员理解和认可方案，获取支持。再次要通过目标管理的方法，将落实决策的具体任务明确到最小单元。最后要建立实施反馈机制，及时了解方案实施情况，查遗补漏。

8.评价决策效果

决策制定过程的最后一步就是评价决策效果，看它是否已解决问题，是否取得了理想的结果。由于可能受到内外部环境变化的影响，受到执行过程中突发意外的影响，甚至受到相关人员个性、态度、行为等多方面作用，有可能会出现决策效果与目标不符的现象。如果通过评价发现决策执行后，之前存在的问题依然没有得到改善，管理者就需要仔细分析什么地方出了错。是没有正确认识问题吗？是在方案评价中出错了吗？是方案选对了但实施不当吗？对此类问题的回答将驱使管理者追溯前面的步骤，甚至可能需要重新开始整个决策过程。

管理故事 3-2

协和飞机从宠儿变弃儿

1962 年，英法航空公司开始合作研制“协和”式超音速民航客机，其特点是快速、豪华、舒适。经过十多年的研制，耗资上亿英镑，终于在 1975 年研制成功。十几年时间的流逝，情况发生了很大变化。能源危机、生态危机威胁着西方世界，乘客和许多航空公司都因此改变了对在航客机的要求。乘客的要求是票价不要太贵，航空公司的要求是节省能源，多载乘客，噪声小。但“协和”式飞机却不能满足消费者的这些要求。首先是噪声大，飞行时会产生极大的声响，有时甚至会震碎建筑物上的玻璃。再就是由于燃料价格增长快，运行费用也相应大大提高。这些情况表明，消费者对这种飞机需求量不会很大。因此，不应大批量投入生产。但是，由于公司没有决策运行控制计划，也没有重新进行评审，而且，飞机是由两国合作研制的，雇用了大量人员参加这项工作，如果中途下马，就要大量解雇人员。上述情况使得飞机的研制生产决策不易中断，后来两国对是否要继续协作研制生产这种飞机产生了争论，但由于缺乏决策运行控制机制，只能勉强将决策继续实施下去。结果，飞机生产出来后卖不出去，原来的宠儿变成了弃儿。

资料来源：MBA 智库网站。

3.2 计划

计划几乎与所有的工作都具有相关性，比如你想获得某项成就，就必须决定要做些什么以及不做什么，这些帮助你实现目标的筹谋就是计划。计划与决策通过为未来的行动指明方向而保持管理的效率。

3.2.1 计划的基本原理

哈罗德·孔茨对计划有过这样的表述：“计划工作是一座桥梁，它把我们所处的这岸和我们要去的对岸连接起来，以克服这一天堑。”计划是为了实现目标而制定的战略，同时它将战略进行细化形成行动方案，整合协同各要素最终达成结果。计划工作是组织、领导、控制等管理工作的基础，也是组织创新发展的开始。计划不是占卜，既不能准确预测未来也很少有能够得到完美的执行，甚至很多计划在执行之初就被改造得面目全非，但管理工作离不开计划，没有计划所有的工作将失去方向导致混乱。

1.计划的含义

“计划”一词既指计划工作，又指计划方案。前者为动词，是指设定组织目标并决定如何最有效地实现这些目标的工作过程；后者为名词，即计划工作的结果，它往往表现为实现目标的一个或多个方案。

计划职能即指计划工作，它包含目标及实现目标的方案。计划是面向未来的，既不是对过去的总结，也不是对现状的描述。计划还是面向行动的，它不是空泛的讨论，也不是学术的见解。所以我们说，面向未来和面向行动是计划的两大显著特征。

计划工作既关系到结果（目标，做什么），也关系到手段（方案，怎么做），它为未来设定了目标，并为实现该目标开发行动方案。组织目标指的是组织意图实现的一种未来的状态或目的，它提供了所有管理决策的方向，构成了衡量标准，是计划工作的基础。计划方案是一种文件，它规定了怎样实现目标，通常描述了资源的分配、时间进度以及其他实现目标的必要行动。

管理工具 3-2

计划方案的要件5W2H

一个良好的计划方案至少应包括以下要件，若能一并考虑这七个问题，则构成5W2H的科学分析模型。

①做什么(What)？即明确所要进行的活动内容及要求。

②为什么做(Why)？即明确计划工作的原因和目的，并论证可行性。

③何时做(When)？即规定计划中各项工作的开始和完成时间，以便进行有效控制以及对能力和资源进行平衡。

④何地做(Where)？即规定计划实施地点或场所，知晓计划实施的环境条件和限制，从而合理地安排计划实施的空间。

⑤谁去做(Who)？即规定计划工作任务由哪些部门和人员负责，哪些部门协助，哪些部门参加鉴定和审核等。

⑥怎样做(How)？即制定实现计划的措施以及相应的政策和规则，对资源进行合理有效的利用，以达到计划的目标。

⑦做多少(How much)？即付诸实施时需完成的量和程度。

2.计划的作用

(1)计划服务于目标并建立协同

组织通过有意识的合作来完成群体目标，而计划工作为组织及其成员明确了这些目标。这些目标类似于灯塔，为大海航行中的每个人指明了前进的方向，调动了每个人的力量。计划为集体行动提供了指引，赋予了组织和个人努力的方向，帮助员工认清组织的方向以及他们为达到目标需要做出的贡献，计划使他们的工作变得协调，产生分工与合作，形成秩序。没有统一的目标和计划，部门和个人就会像一盘散沙混乱不堪，或在相互冲突的目标下工作，极大降低组织在实现目标过程中的效率。

(2)计划降低了环境变化的冲击

计划是对未来的谋划，因此计划工作迫使管理者具有前瞻性，并在预见未来的基础上制定目标与具体行动方案，以此来降低不确定性。尽管计划不能消除变化，但管理者可以通过预测变化、考虑这些变化的冲击和制定适当的措施来响应变化。计划通过指导和约束行为保证组织目标的实现，即使未来变化与预期设想发生了很大的偏离，组织也会因为计划工作而把风险降低到最低的限度。

(3)计划减少了无效行为和资源的浪费

当工作和活动按照计划进行时，时间和资源的浪费就会被降到最低的限度。当具体实施方案和结果通过计划规定得很清晰时，无效的活动或者低效率的活动就会被减至最小的程度。缺乏严密细致的计划，会导致工作的随意性和不可控，因为缺乏计划导致的工作环节缺失或者重复投入都有可能给组织效率带来了较大的负面影响。

(4)计划设立了控制的标准

计划设定了目标与标准，这些目标和标准可以用于控制。如果我们不能确认自己试图实现什么目的,那怎么判断我们是否实现了它们?在计划工作中,我们开发目标和实现目标的方案,并通过控制,将实际绩效与目标进行比较,发现存在的重大差异,并及时采取必要的纠正活动。计划是控制的基础,没有计划就不可能进行控制,没有控制就难以确保管理的效率和效果。

3.制定计划的原则

(1)综合平衡原则

一个组织需要制定很多计划,计划具有不同的层次和类型,这些计划之间必须平衡、协调以有利于组织目标的实现。如果计划相互矛盾必然导致混乱,阻碍组织目标的实现。从横向来看,不同组织层次和部门的计划要和组织整体计划相符合;从纵向来看,短期计划和长期计划必须协调一致。管理者必须学会管理多种目标,认识到目标之间的冲突并进行平衡和优化。

(2)承诺原则

承诺原则主要是对计划期限的规定,它用于决定组织应该编制长期还是短期计划,完成计划的期限应该多久等问题。合理的计划期限是完成决策中规定的任务所必需的时间,同时计划也是对未来行动和支出的承诺。承诺原则要求计划要有严格的期限要求,要保证能够提供完成计划所需的全部辅助条件,要控制单项计划中的承诺数量以确保计划能够实现。计划工作的期限无论是比实际需要的更长还是更短,都是一种缺乏效率和效果的表现。

(3)灵活性原则

计划意味着承诺和约束,它规范了组织的发展方向、组织及其成员的行为,使组织在一定程度上降低了适应外部环境变化的能力。但环境是动态变化的,即使是最精确的预测也难免出现差错。理想的计划具有灵活性,它使组织具有改变方向的能力,降低由意外事件引起的危机和由此浪费的资源。当然,计划的灵活性是需要付出成本的,一是在制定计划时,如果过于灵活则缺乏指导意义,使用中难免出现混乱;二是计划实施过程中的任何修改或重新编制都需要花费相应的费用;三是有灵活性的计划可能会因为频繁调整影响进度和效率。

(4)改变航道原则

这是为了弥补灵活性原则而提出的。改变航道原则是指,计划工作所承担的任务越多,管理人员定期地检查发生的情况、预计前景以及为保证实现所要达到的目标而重新制定计划等工作也就越加重要,即管理者要定期检查以适时修正计划,尽量确保计划沿着预定目标前进,同时用小幅修正代替重大变革带来的影响,使计划执行过程具有应变能力。

(5)限定因素原则

限定因素是指妨碍目标实现的决定性因素,又称战略因素。一个计划的编制需要考虑众多因素,起决定性作用的关键因素就是制约因素,其他的为补充因素。限定因素是影响计划目标实现的那块短板,是制约目标实现的关键问题。管理者越能清楚地了解、认识并解决这些限定因素,就越能准确地选择最有利于目标实现的方案。

管理故事 3-3

难产的副食品批发市场

某城市繁华地段有一个食品厂，因经营不善长期亏损，该市政府领导拟将其改造成一个副食品批发市场，这样既可以解决企业破产后下岗职工的安置问题，又方便了附近居民。为此进行了一系列前期准备，包括项目审批、征地拆迁、建筑规划设计等。不曾想，外地一开发商已在离此地不远的地方率先投资兴建了一个综合市场，而综合市场中就有一个相当规模的副食品批发场区，足以满足附近居民和零售商的需求。

面对这种情况，市政府领导陷入了两难境地：如果继续进行副食品批发市场建设，必然亏损；如果就此停建，则前期投入将全部泡汤。在这种情况下，该市政府盲目做出决定，将该食品厂厂房所在地建成一居民小区，由开发商进行开发，但对原食品厂职工没能做出有效的赔偿，使该厂职工陷入困境，该厂职工长期上访要求解决赔偿问题，给该市的稳定带来了隐患。

资料来源：MBA 智库网站。

3.2.2 计划的类型

1.按计划的层次划分

组织会设定许多不同种类的目标与计划方案。从组织层次上划分，可分为战略计划、战术计划和作业计划。管理者的工作是为组织建立使命，使命的直接产物是战略目标，这些目标和使命帮助企业确定战略计划。战术目标和战略计划是制定战术计划的前提。战术目标和最初的战略计划有助于制定战术计划。战术计划同战术目标相结合制定出作业目标。这些目标和适当的战术计划决定了作业计划。最后，每个层次的目标和计划则成为未来各个层次作业的前提。在理想状态下，使命、战略、战术和作业目标的整个体系构成了从组织最高层到每位员工日常任务计划的清晰紧密的链条。如图 3-2。

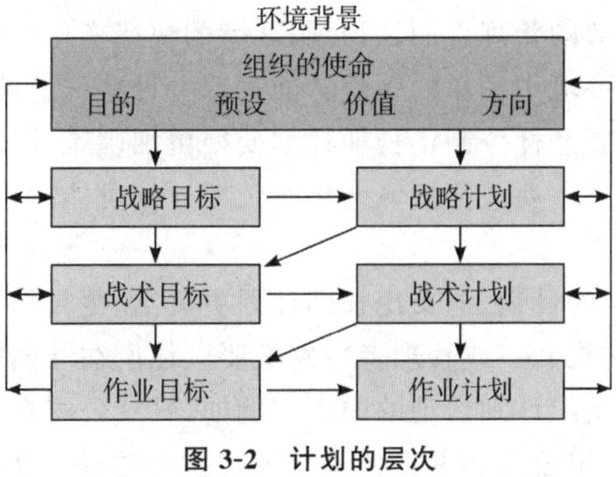

图 3-2　计划的层次

(1)战略计划

使命往往太抽象、太原则化，需要具体化为组织一定时期的目标和各部门的目标。战略目标是由组织最高层管理者制定和为最高层管理者设定的目标。它们所关注的是宽泛、普遍的问题。例如,星巴克的战略目标是将全球店面数量从10000家增加到30000家。

战略计划是为实现战略目标而制定的,是用于指导资源配置、优先次序和决定行动步骤的计划。这些计划是由董事会和最高层管理者制定的,通常涉及较长的时间跨度。它针对的是经营范围、资源配置、竞争优势和协同问题。

(2)战术计划

战术目标是由中层管理者制定和为中层管理者设定的目标。它的重点是如何采取必要的作业行动实现战略目标。为了实现店面数量3倍增长的战略目标,星巴克管理者必须制定相应的战术目标,如是自营还是许可经营,以及海外店面在不同国家间的比例等。

战术计划用于实现战术目标,它规定如何实施战略规划中的某一部分。战术计划的制定通常由高层和中层管理者进行。同战略计划相比,战术计划时间跨度较短,内容更为具体和明确,它更关心的是如何完成工作而不是完成什么工作。

(3)作业计划

作业目标是由基层管理者制定和为基层管理者设定的目标。它关心的是同战术目标相关的短期目标。对于星巴克来说,作业目标可能是未来5年每年新店的数量。

作业计划关注如何实施战术计划以达成作业目标。作业计划是由中层和基层管理者制定的,时间跨度短,范围相对集中。作业计划处理活动数量较少,如某部门内部事务。

图3-3是一个战略目标、战术目标、作业目标实例。

2.按计划的时间跨度划分

根据时间跨度划分,可以分为长期计划、中期计划和短期计划。在不同的层次,时间跨度的概念是不一样的。例如在战略层次上,“长期”通常意味着5~10年甚至更长,“中期”则指3~5年,而“短期”是1年左右。而在作业层次上,两三年已经是长期的时间跨度了,短期可能指几周甚至几天的时间跨度。

(1)长期计划

长期的计划方案绘制了组织长期发展的蓝图,指明组织发展的方向,使组织发展保持连续性和稳定性。但长期计划的拟定难度较大,面临更多的不确定因素,比较抽象和不具体。在不同的组织中,长期的含义各不相同。一般情况下,我们将任何期限超过5年的计划称为长期计划。今天,绝大多数的管理者们认识到,环境的快速变化令时间跨度太长的计划失去了意义。在复杂、多变的环境中工作的管理者面临着一种特殊的两难困境,这些组织更需要较长期的计划,但环境的复杂性令制定长期计划变得更加困难,因此这些组织的管理者一方面需要制定长期计划,同时还要关注环境变化对长期计划可能产生的影响,适时加以调整。

(2)中期计划

中期计划是相对稳定的计划,但又比长期计划更灵活、更具体。中期计划的时间跨度通常在1~5年之间,它对中层和一线管理者特别重要。他们往往同时进行各种战术计划。在许多组织中,中期计划是组织计划活动的中心。例如,日立公司在盈利能力和生产率方面落后于它的国内竞争对手丰田公司和本田公司。为了扭转这一局面,公司制定了2年至4年期不等的计划以提高公司某些部门的运营能力。其中一项3年期的计划是更新所有装配厂的制造技术。另一项4年期的计划是将更多的制造业务转移到劳动力成本更低的外国工厂去。成功地实施这些计划的确帮助日立公司扭转了局面。

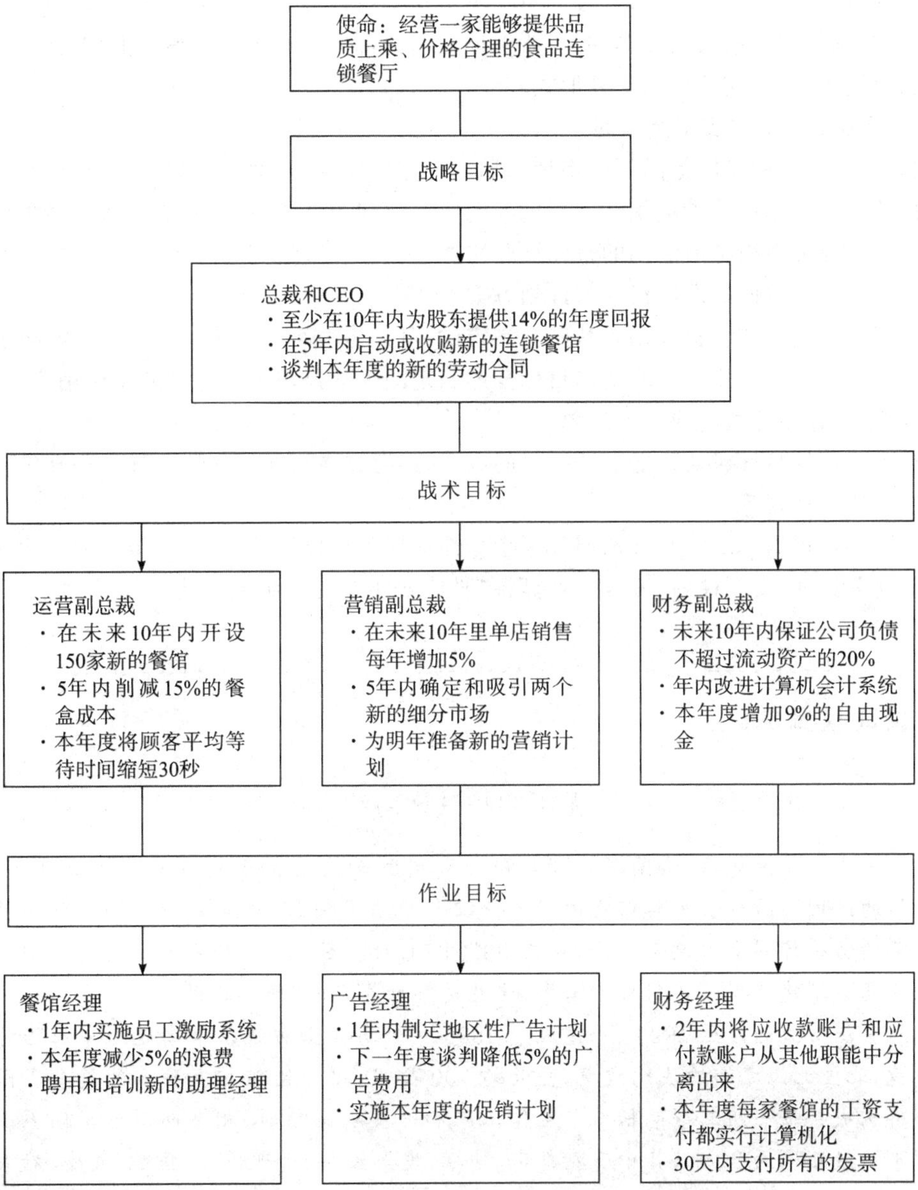
使命：经营一家能够提供品质上乘、价格合理的食品连锁餐厅
战略目标
总裁和CEO
·至少在10年内为股东提供14%的年度回报
·在5年内启动或收购新的连锁餐馆
·谈判本年度的新的劳动合同
战术目标
运营副总裁
·在未来10年内开设150家新的餐馆
·5年内削减15%的餐盒成本
·本年度将顾客平均等待时间缩短30秒
营销副总裁
·在未来10年里单店销售每年增加5%
·5年内确定和吸引两个新的细分市场
·为明年准备新的营销计划
财务副总裁
·未来10年内保证公司负债不超过流动资产的20%
·年内改进计算机会计系统
·本年度增加9%的自由现金
作业目标
餐馆经理
·1年内实施员工激励系统
·本年度减少5%的浪费
·聘用和培训新的助理经理
广告经理
·1年内制定地区性广告计划
·下一年度谈判降低5%的广告费用
·实施本年度的促销计划
财务经理
·2年内将应收款账户和应付款账户从其他职能中分离出来
·本年度每家餐馆的工资支付都实行计算机化
·30天内支付所有的发票

图 3-3　战略目标、战术目标、作业目标实例

(3)短期计划

短期计划的时间期限短于 1 年。短期计划对管理者的日常工作影响很大。例如，长期生产计划安排了企业生产规模的扩张及实施步骤；短期生产计划则主要涉及不同车间、班组的季、月、旬、周的作业进度安排。短期计划可以分为两种：行动计划和反应计划。行动计划是计划的实施方案。当一家日立工厂准备对自己的技术进行检查更新时，它的管理者考虑的是如何最快、最有效地更新技术，减少生产时间上的损失。在绝大多数情况下，这一过程要花去几个月时间，其中停工的时间可能只有几个星期。行动计划在这里的作用是协调工厂中的实际变化。反应计划是对未预见到的情况的计划。在一家日立公司的工厂里，新设

备比预期时间来得更早，工厂管理者们不得不更快地关闭生产线。这些管理者们不得不对他们无法控制的情况做出反应，同时还要保证他们的目标能够实现。事实上，对任何一种环境变化的反应都是反应计划的一种形式。

3.按计划的对象和应用范围划分

按计划的对象和应用范围可以将计划划分为综合性计划、部门计划与项目计划。

(1)综合性计划反映了组织在计划期间内所要达到的整体目标，是组织各项专项计划编制的根据，能保证组织各项活动的整体性和协调性。如国家编制的五年发展计划包括政治、经济、社会等各个方面的发展目标与计划方案。

(2)部门计划是在综合计划的基础上制定的，其内容相对具体单一，计划内容限于框定部门业务内部，是为达成组织的整体目标分解制定的。某公司生产部门的年度销售计划、后勤部门的采购计划即属于这一类计划。

(3)项目计划是针对某特定事件制定的方案，具有具体指向性和操作性。如软件开发计划、新产品研发计划等。

此外，还可根据计划的明确性划分为指令性计划和指导性计划；按照组织内部职能进行划分，如财务计划、安全计划、人员计划等；按照计划涉及的层级划分为高层计划、中层计划和基层计划。

管理故事 3-4

无用的马其诺防线

第一次世界大战后，法国军方开始研究如何防御德国和意大利入侵。1930 年，上台伊始的法国国防部长马其诺将由其前任综合了法国福熙、贝当和晓夫勒三位元帅争论多年的防御计划交由议会讨论，获得 90% 以上的多数通过，并在此后的十年中在法德和法意边境建造了一系列防御工事，这就是举世闻名的“马其诺防线”。

马其诺防线始建于 1929 年，建成于 1936 年。马其诺防线工事南起地中海沿岸法意边境，北至北海之滨的法比边境，全长约 700 公里，由一组组相互独立的筑垒式防御工事群构成。每一组工事包括一个主体工事和一些观察哨所，相互间以电话联系。主体工事一般距地面 30 米，其中有指挥部、炮塔、发电设备、修理设备、医院、食堂、宿舍等各类设施，工事外面则密布金属柱、铁丝网，号称固若金汤。工事内粮食和燃料的储存一般可坚持 3 个月。为体现这一工事的防御性质，工事内火炮的射程一般不超过 10 公里，即保证炮弹不落在边境之外的他国之域。如有战事，各观察哨所可用潜望镜观察敌情，随时将情况用电话报告指挥部，而炮塔内的炮兵则在 3 米厚的水泥工事内根据指挥部的命令开炮。马其诺防线全线共部署 344 门火炮，建有 152 座炮塔和 1533 个碉堡，所建地下坑道全长达 100 公里，道路和铁路总长 450 公里。该防线土方工程量达 1200 万立方米，耗混凝土约 150 万立方米，耗钢铁量达 15 万吨，工程总造价近 50 亿法郎(1940 年数)，相当于当时全法国一年的财政预算。由于该防御系统十分坚固，二战期间死于马其诺防线工事内的士兵为数极少。但是，这个登峰造极的防御工事并没能在二战中挡住德国法西斯装甲化、摩托化的部队。1940 年 5 月,德军攀越阿登山区,经比利时绕过马其诺防线,很快占领了法国全境。被神话般信奉的马其诺防线最终成了无用的摆设和对战败者的讽刺。

资料来源:MBA 智库网站。

3.2.3 应急计划与危机管理

1.应急计划

应急计划是一种重要的计划类型,它是当原定的行动计划被打乱或无法实施时采用何种替代方案的决定。人们经常混淆应急计划与反应计划,一般而言,反应计划出现在计划的实施阶段,而应急计划则出现在以下 4 个行动点,如图 3-4。

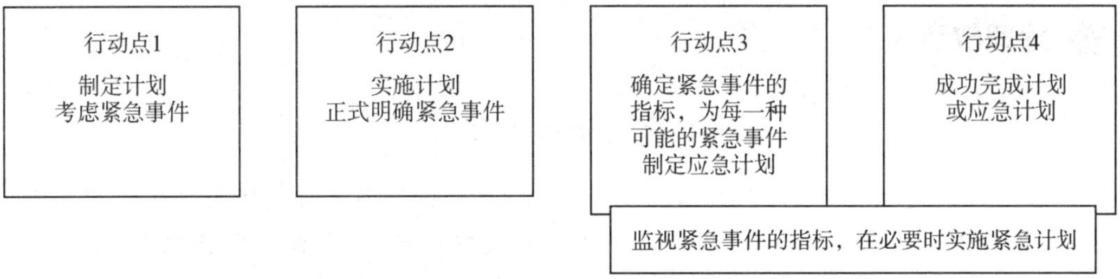
行动点1
制定计划
考虑紧急事件
行动点2
实施计划
正式明确紧急事件
行动点3
确定紧急事件的指标，为每一种可能的紧急事件制定应急计划
行动点4
成功完成计划或应急计划
监视紧急事件的指标，在必要时实施紧急计划

图 3-4　应急计划的 4 个行动点

在行动点 1,管理层制定组织的基本计划。这些计划包括战略计划、战术计划和作业计划。在制定这些计划的过程中,管理者们通常会考虑紧急事件的需要。某些管理团队甚至会指定一人担任“魔鬼支持者”的角色,对每一项行动都要问“如果……怎么办”。在这一阶段会考虑多种应急情形。

在行动点 2,管理者们实施计划,最重要的紧急事件在这一阶段得以明确。应急计划程序只处理那些有可能发生并且对组织将产生重大影响的事件。

接下来,在行动点 3,组织会具体定义预示紧急事件即将发生的指标,例如银行也许认为利率下降超过 2%将构成紧急事件,指标也许是连续两个月利率下降 0.5%。在紧急事件指标定义完成后,相应的紧急计划就被制定出来。在这一阶段之后,管理者们将密切注意行动点 3 所定义的指标。如果情况的变化达到了指标的要求,则启动应急计划,反之则继续实施原定的计划。

最后,行动点 4 标志着原定计划或应急计划的成功实施。

2.危机管理

危机管理是一个与应急计划有关的概念,它是在灾难或其他未预见到的不幸事件发生后组织启动的一组程序。危机管理的某些要素可能是固定的和系统的,而另一些则是事后或随着情况发生而变化的。例如,国家会制定当地震灾祸或发生大规模外敌入侵时,所启动的系统而固定的危机管理程序,但当情况真的发生后,也可能针对一些特殊情况随时制定临时性的、有针对性的危机管理程序。

2005 年袭击美国海湾地区的卡特琳娜飓风和丽塔飓风凸显了有效危机管理的重要性。

美国联邦紧急事务管理局(FEMA)的反应在速度和力度方面不令人满意,这显示了都该组织在危机管理方面的弱点。而另一些组织则表现得很有效。当卡特琳娜从热带低气压转为热带风暴的当天,沃尔玛就已经将紧急状态升级。在风暴袭来的前几天,沃尔玛在当地的商店配备了大功率发电机和大量的干冰,以备在风暴过后迅速恢复营业。在临近各州,沃尔玛准备了数十辆满载紧急用品和捐赠品的卡车车队待命出动。沃尔玛送达这些物品的时间比FEMA提早了几天。

对于绝大多数组织来说,应急计划的重要性变得越来越大,特别是对于那些在极为复杂和动态的环境中运营的组织。管理者们不可能准确地预测未来的变化,也不可能制定出适应一切情况的计划。应急计划是一项有用的技术,它帮助管理者处理不确定性的变革。可以说,一个领导有力和具备应变能力的组织将比其他组织能够更有效地经受住危机的考验。

管理故事 3-5

百事可乐里的针头

威廉斯太太从超市买了两罐百事可乐给孩子喝,孩子喝完后就随手将罐子倒扣于桌上,这时候,竟然倒出一枚针头。威廉斯太太大惊失色,立即向新闻界揭露了此事。百事可乐最大的竞争对手可口可乐公司趁机大肆宣传自己的产品。一时间,百事可乐鲜有人问津。

面对媒体和公众的质疑,百事可乐当机立断,一方面通过新闻界向威廉斯太太道歉,并给予威廉斯太太一笔可观的奖金,感谢她为百事可乐把了质量关。同时,通过媒体向广大消费者宣布:谁若在百事可乐中再发现类似问题,必有重奖。另一方面,百事可乐更加重视生产线上的质量检验,并请威廉斯太太参观工厂,使威廉斯太太亲眼见到百事可乐的可靠质量。这种做法,使威廉斯太太消除了疑虑,并给予了好评。媒体和公众也都对百事可乐的做法表示肯定,百事可乐成功地度过了危机。

3.2.4 制定计划的程序

为了确保制定的计划具有科学性和可行性,任何计划的制定都要遵循一定的程序和步骤,虽然不同类型的计划在形式上各有侧重,但总体制定过程一般都遵循着以下程序,如图3-5。

1.评估环境与问题

评估环境与问题是计划工作的起始。即使它只是确定组织要编制什么计划,并没有真正开始计划工作。要对组织的内外环境要素进行分析,以确定组织所存在的问题和可能存在的有利机会。有时候,组织制定一些计划是源于管理者意识到组织存在这样或那样的亟待解决的问题,为了解决这些问题需要启动一项新的计划工作。

2.确定目标

目标是计划工作的基础。目标是个体、群体和整个组织的期望产出,它提供了所有管理决策和行动的方向,构成了绩效评价和实施结果度量的标准。如果不知道你期望的目标是

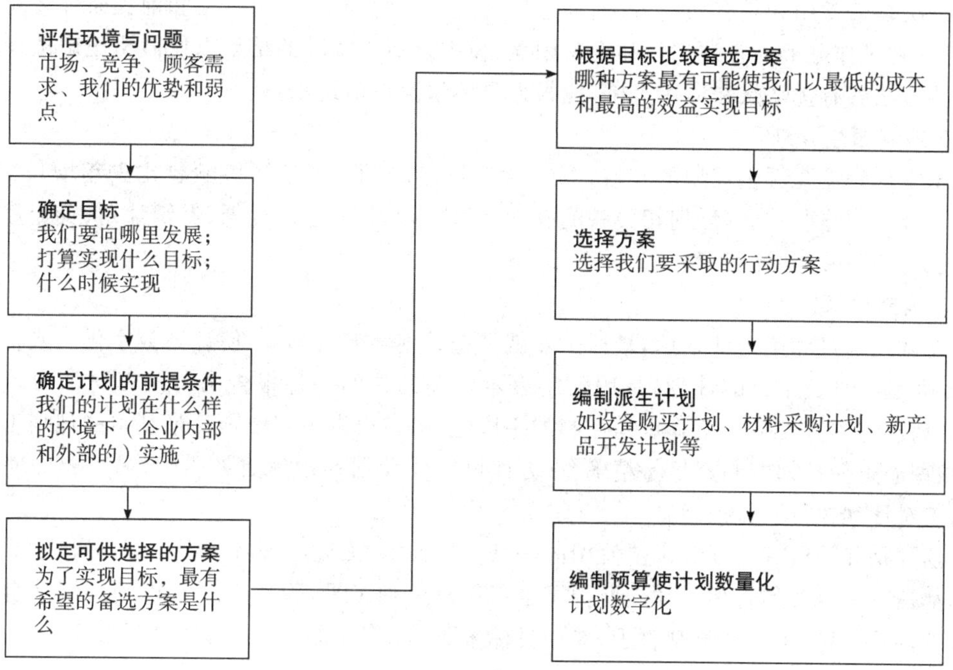
评估环境与问题
市场、竞争、顾客需求、我们的优势和弱点
确定目标
我们要向哪里发展；打算实现什么目标；什么时候实现
确定计划的前提条件
我们的计划在什么样的环境下（企业内部和外部的）实施
拟定可供选择的方案
为了实现目标，最有希望的备选方案是什么
根据目标比较备选方案
哪种方案最有可能使我们以最低的成本和最高的效益实现目标
选择方案
选择我们要采取的行动方案
编制派生计划
如设备购买计划、材料采购计划、新产品开发计划等
编制预算使计划数量化
计划数字化

图 3-5　计划的过程

什么，你怎么制定计划去实现它呢？确定目标工作首先是确定组织在计划期内所要实现的目标及其优先次序，其次将目标分解为组织各个部门和环节的目标，形成一个统一的目标网络。

3.确定计划的前提条件

计划的前提条件是指组织预期的计划期内各种内外环境条件，即计划工作的假设条件，它是编制计划的基本出发点。在环境分析与战略管理一章中，我们谈到组织与环境的关系，计划的前提条件来源于对组织内部与外部环境的可控和不可控因素的定量与定性分析。

4.计划方案的拟定和选择

在理想状态下，我们必须拟定数量尽可能多、质量尽可能高的备选方案，准确指出各个备选方案所有可能的后果，并具备一套完美无缺的评价标准体系以便从中能够选出一个最优的行动方案。但现实情况往往是由于个人知识、能力、信息等的有限性和不完备性，交易成本的约束，以及组织资源的有限性等因素的限制，在备选方案的数量以及评价标准体系的完整性等方面，存在一个“度”的把握问题，理想状态一般不可能也是不现实的。

拟定备选方案一般可遵循以下两个步骤：第一是“轮廓设想”阶段，即尽可能设想出所有可能的备选方案，保证方案的全面性和多样性；第二是“细部设计”阶段，即充实每个备选方案的具体内容，如确定备选方案的具体实施措施和细节，估计可能的实施结果和成功实施所需要的条件。

选择方案的方法有经验判断法、试验及研究与分析法。经验判断法强调从成功或失败的事件中吸取经验，给予管理者最可靠的指导，但经验属于过去，不一定能适应新的问题，而且经验常让人盲目信任。试验法是费用最高的方法，往往作为最后一种方法来使用。而且经济领域的试验不同于科学试验，一般无法在重复的操作中验证某一方案的有效性。研究与分析法是最常用和最有效的方法，通过研究最关键的变量、限定因素和前提条件之间的关系，把计划工作分解为各种定性和定量因素，模拟近似于实际的结果以便做出正确选择。以上这些方法各有优缺点和适用范围，应根据具体情况灵活运用。

5.编制派生计划

基本计划需要派生计划的支持。如一家公司制定了“当年销售额要比去年增长15%”的销售计划，与这一基本计划相关联的有许多派生计划，如生产计划、促销计划、资金筹措计划、人员招聘和培训计划等。

6.编制预算

在做出决策和确定计划后，最后一步就是把计划转变为预算，使计划数字化。或者这样说，预算是一种数字化的计划，是用数字表示预期结果的一种报告书。预算通常为计划服务，计划都有预算支持。预算也是控制的手段之一，在很多组织中预算是基本的计划工作手段，预算能迫使计划的制定尽量精确，一方面可以使计划的指标更加明确，另一方面使企业更易于对计划执行进行控制。

预算是几乎所有管理者都要使用的一种计划技术，无论管理者处于组织的哪一个层次，预算都是一种重要的管理活动。但预算也仅仅是一种工具，管理者要认识到利润来自有效的管理，而不是用预算来限制管理；要用目标来驱动预算，而不是预算驱动目标。

3.2.5 制定计划的方法

制定一个完善的计划，既需要掌握全面的信息，熟悉相关任务内容，同时也需要掌握一些常见的计划编制技术。我们知道计划编制相关技术与方法有很多种，这里简要介绍其中三种方法。

1.传统计划方法

这种方法是人们多年来最常使用的常规计划编制方法，它的编写始于计划目标的确定，终于计划预算的编制。这一计划方法的主要步骤包括根据长期计划或战略计划，制定总体计划框架，并根据环境变化将相关目标分解，得到具有指向性的具体计划目标，之后根据分计划目标确定日常运营任务，制定详细运营计划方案。计划中要确定计划任务的具体责任部门或人员，确定应对各种不确定性情况的应急措施，确定日常运营计划相对应的预算方案，以及运营计划的复盘等内容。传统计划方式以经验为核心，内容、格式相对简单，它的主要优点是简便易行，主要缺点是分析依据可信度稍低，欠缺灵活性。

2.滚动计划法

滚动计划法是根据未来计划的执行情况和计划期内外环境因素的变化情况，定期修改计划，并将计划期往前顺推一个时期的一种计划编制和调整的方法。滚动计划法适用于年度计划的编制和调整，也适用于对产量、销售量、时间进度的安排等方面计划的调整，对于一些影响作用比较长的计划则不宜。图3-6列出一个五年期的滚动计划法，从第一个滚动期开始，由细到粗地编制整个计划期的计划。第一个滚动期较细，便于实施；往后较粗，具有弹性，以便根据变化调整。这样的计划方法，首先可增强长期计划的准确性和可操作。计划期越长，不确定性就越大，实施难度也就越大。滚动计划法缩短了计划时期，避免了不确定性所带来的不良后果，使计划更加切合实际，但同时也使计划编制和实施的任务量加大了。其次，滚动计划法使短期计划、中期计划和长期计划有机地结合起来，使各时期计划保持一致。

最后，滚动计划法大大加强了计划的灵活性，提高组织的应变能力。

图 3-6　五年期的滚动计划法

3.甘特图

甘特图(Gantt chart)是在 20 世纪初期由亨利・甘特(Henry Gantt)开发的。甘特图的概念很简单，它是一种样条图，带有横向的时间坐标和纵向的活动坐标，样条表示在整个计划期间的产出，包括计划的和实际的。甘特图直观地表明什么时候任务应该开始进行，并与实际的过程进行比较。这是一种虽然简单但是非常重要的工具，它使得管理者能够很容易地搞清什么活动已经在进行，以及评估哪些活动提前完成了、可能推迟或者按进度计划在进行。图 3-7 画出了一个简单的书籍生产过程的甘特图。时间是以月为单位，标在图的上方，主要的工作活动在左边从上到下依次列出。计划工作包括决定完成整个书籍需要从事哪些活动，这些活动的次序是什么，以及每种活动应该在什么时间开始和结束。这里样条的长度对应着时间的框架，反映出计划的顺序。甘特图可以作为一种控制工具，因为管理者可以从图中看到计划与实际的差异。在本例中，封面的设计和校样的打印都落后于进度计划，封面设计大约落后 3 周，校样的打印大约落后 2 周。给出这样的信息，管理者或许需要采取一些行动来弥补损失的时间，从而确保在未来不再发生延迟。同时管理者还可以预期，如果不采取任何措施的话，书籍至少要比计划推迟 2 周出版。

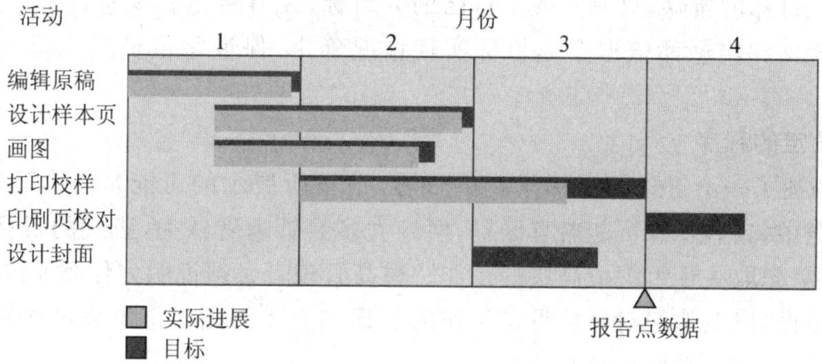

图 3-7　书籍生产的甘特图

3.2.6 计划工作中的目标管理

1.目标管理概念

目标管理法(management by objectives,MBO)是美国管理学家彼得·德鲁克在20世纪50年代提出的。我国企业于20世纪80年代初开始引进目标管理法,取得了较好的成效。在这种管理体系下,雇员与他的管理者共同确定具体的目标,然后定期评审目标实现的进展情况。目标管理方法不是将目标仅仅作为一种控制方法,而是同时把它们作为激励雇员的方法。

2.目标管理的基本思想

(1)制定目标是必须的。每个组织都应该设定自己的任务目标,并将其逐级向下进行分解。企业的使命和任务必须转化为具体目标,管理人员必须通过这些目标对下级进行领导并以此保证总目标的实现。

(2)组织成员与管理者共同制定目标。目标的制定要求所有人参与,这改变了原来仅由几个高层管理者制定的现象。当一个计划最终敲定时,要得到所有人员的一致认可。上级管理者在制定目标时,要充分征求下级的意见;在下级管理者制定目标时,上级应给予充分的支持和帮助。通过组织成员对目标制定的参与,使组织成员能充分理解目标的内容,从而更有利于目标实现。

(3)需要一系列的监督,并定期进行绩效评估。计划需要不断完善,目标管理要求组织要有一系列的监督,定期进行绩效评估,以保证组织沿着正确的方向前进,当发现有偏差时,计划就要被修正。传统方法完全采用上级对下级进行评价,这种评价工作只是为了寻找工作中的瑕疵和不足,容易使员工感觉在被挑剔。而目标管理法强调上下级共同确定目标评价的标准,并不断地将实现目标的进展情况及时反馈给个人以便他们调整自己的行动。

(4)强调自我管理、自我控制。目标管理法允许组织成员自由地分配资源,自由地采取行动,充分发挥自己的能力和经验,而不是由上级管理者进行严格的监督和控制。这样有利于发挥组织成员的积极性和创造性,获得更多的激励和满足,在实现组织目标的同时实现个人目标。

(5)依据目标进行考核和奖惩。每个员工的分目标都是组织总目标对他的要求,也是这个员工对组织目标的贡献,只有实现了自己的分目标,才有希望实现总目标。由此,管理人员对下级的考核和奖惩都依据个人目标实现情况确定,保证每位员工能得到公正的绩效评价。

3.目标设定的程序

图3-8描述了一个正式的目标设定的过程,这里所展示的可能是一个理想化的过程。在不同的组织中,这些步骤可能略有区别,但绝大多数管理者认为,正式的目标设定过程要想取得成功,首先取决于组织最高层的工作。最高管理者必须说明为什么要进行这一计划,他们打算怎么做,以及他们对目标设定工作的认识和投入程度。组织成员必须了解什么是目标设定程序,他们本身的角色是什么。

在启动正式目标设定程序之后,管理者应当保持这一工作同组织目标和计划的一致性。这里的关键是将公司目标系统地分解到组织的各个层面。首先,管理者要告知下属决策层所确定的组织和部门的目标。然后,管理者和下属尽可能进行一对一的面谈,达成每位组织

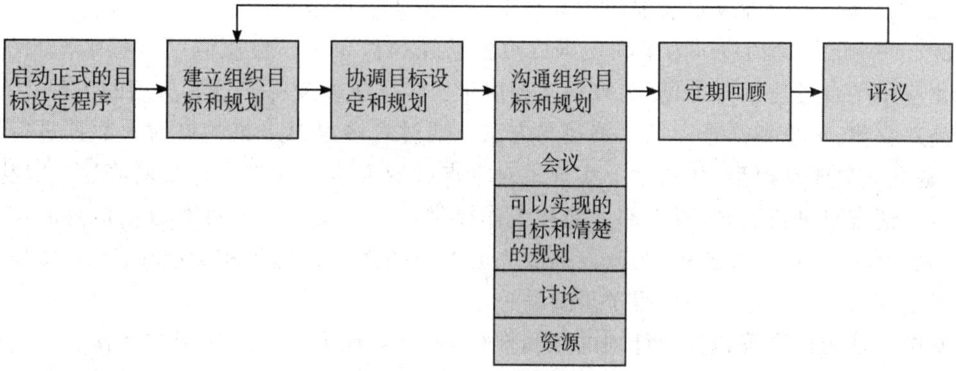

图 3-8　正式的目标设定程序

成员的个人目标和计划方案。接下来，将目标提炼为尽可能可量化的指标并明确时间期限，最后将目标与计划方案以书面形式确定下来。在这一过程中，管理者应当起到顾问的作用，他们必须保证下属的目标是可以实现的，计划方案是清晰的，并且实现这些目标与计划的过程有助于组织和部门整体目标的实现。最后，通过会议、讨论等形式弄清楚下属为实施他的目标和计划方案所需要的资源。

应该定期同下属进行工作总结，如果目标和计划是一年期的，应该每季度或半年进行一次总结，并对未达成目标的原因进行梳理，进行工作改进。年末，管理者要同下属总结目标完成的总体情况，讨论最初的计划中哪些目标实现了，哪些目标没有实现，并仔细分析原因。虽然目标管理强调员工根据目标自我管理和自我控制，但管理者仍然有必要对员工施行计划的过程和结果进行监控。最后，要以目标实现的程度为依据对员工进行奖惩。

3.3　本章新时代管理学的探索

3.3.1 思政融入映射内涵

1.以科学态度完善决策机制

2018 年，国务院发布的《关于加快推进全国一体化在线政务服务平台建设的指导意见》，要求全国各级公共部门深入推进“互联网＋政务服务”模式，我国行政服务体系从此开始了从“以政府为中心”向“以公众为中心”的深刻转变。在此背景下，如何围绕政务服务、社会安全、公共交通等公众重点关注的领域，使各级政府部门的管理决策更加精准和高效已经成为公共管理领域的重要课题。

要实现公共服务决策愈加精准、工作方案愈加周密这一要求，党的十九届四中全会第一次提出在基层治理中要实现“科技支撑”，基层治理要更加智能化、更加科学化。习近平总书记 2020 年 3 月在杭州城市大脑运营指挥中心考察时指出，推进国家治理体系和治理能力现代化，必须抓好城市治理体系和治理能力现代化。在涉及政府决策与计划的过程中，充分运用大数据、云计算、区块链、人工智能等前沿技术推动各级组织的管理手段、管理模式、管理理念创新，让城市更聪明一些、更智慧一些，是推动城市治理体系和治理能力现代化的必由之路，前景广阔，也为各级政府部门做好科学决策指明了道路。

2020年新冠疫情突发，为了满足国内疫情防控的需要，以“健康码”“行程卡”为代表的信息化应用平台迅速推向市场，为疫情防控决策提供了重要支撑。这些应用的出现，为疫情数据高效收集、汇总和筛查提供了路径与方法。通过对多渠道采集的疫情大数据进行统计分析，建立人口流动模型，从技术上实现了对重点区域人员流动进行完整监测这一目标，为政府对疫情态势进行研判，科学部署防控工作提供了有效支持。通过对数据信息的综合采集，极大简化了政府管理流程，为政府高效完成防疫指挥工作提供有力技术保障，体现了我国近年来在高效政府建设中取得了重要的进步。

我国疫情防控决策和各项计划的顺利推行，充分展现了以习近平同志为核心的党中央能够结合环境变化，精确判断事件走向，实施科学决策的良好运行机制。疫情发生后，党和政府能够按照科学决策的要求，迅速响应做出符合国情，同时又具有预见性的应对方案，为最大限度保护人民生命安全做出了有效应对，是科学决策和有效计划的典范之作。

通过这些实践我们可以发现，让信息流动更加顺畅，让数据更加智慧，为决策管理提供最准确的支撑，是未来组织决策与计划科学发展的基本方向。通过建设和发展智慧管理能力，将有力推动包括信息技术在内的科学决策意识在管理领域的全方位应用与普及，从而不断优化政府及商业组织的决策机制和服务能力，使各类型组织的决策和计划过程更加透明高效、更加科学精准。

2.公共政策与计划直面数字机遇

目前，我国经济已由高速增长阶段转向高质量发展阶段，我国崛起的时间线恰逢人类社会迈入第四次工业革命时期。社会需要颠覆性的战略思考以应对这次工业革命，突破传统的线性思维约束，用更加立体和科学的方式提升决策能力，实现管理水平的提升。随着我国政府治理现代化水平的提升，以及现代信息技术的发展，传统信息收集、传递、分析的方式和手段得到了大幅优化，政府决策工作的透明度不断得到加强。加之现代管理理念的不断深入和信息技术在政府内部的广泛应用，进一步推动了政府内部运作流程、组织架构、管理机制和价值观念的变革，提高了政府的管理效率，为政府转变治理体系和治理模式提供了有利的基础条件。

随着我国不同区域和部门之间数据共享能力的不断提升以及决策机制的科学升级，政府组织跨区域、跨部门的协同决策能力得到了极大的加强，从而有效提升了对突发事件的决策速度，推动了城市管理模式的转变与升级。信息技术的广泛应用帮助城市管理者在应对复杂环境时能够更加从容，通过以5G为基础的物联网设备，将实现对城市综合态势的全面感知，实现对突发事件的热力监测及预警调度，从而有力促进政府决策机制和计划能力的提升。

今天，新的政府管理理念正在得到不断更新，为政府科学决策提供着新的动力。政务服务“线上为主”，城市管理“数据先行”已经在我国部分城市成为现实，推动着我国城市治理能力和治理水平不断提高。未来，随着我国政府在公共安全、卫生健康、人口管理、交通管理、应急管理等领域数字化决策能力的进一步提升，构建出更加完善的决策指挥体系，将使政府组织服务社会的能力得到显著增强，全面提升政府的行政效能和城市治理水平。

3.国家应急决策机制日趋完善

2021年12月30日，国务院下发了《“十四五”国家应急体系规划》，该规划对加强国家应急体系建设提出了纲领性的指导意见，是国家面临特殊危害条件时及时制定相关决策的重要依托，也是指导各级政府部门制定应急计划的科学指引。“十三五”时期，党中央、国务院决策部署，有力推动了应急管理工作的改革和发展，我国在防范化解重大安全风险方面的能力得到了明显提升，危机管理意识得到了进一步增强。

在科学决策的大背景下，我国应急管理体系不断健全。应急管理体制得到了改革和完善，强化了应急工作的综合管理、全过程管理和力量资源的优化管理，增强了应急管理工作的系统性、协同性，逐步形成了统一指挥、专常兼备、反应灵敏、上下联动的中国特色应急管理体制，为全面提升应急决策效率奠定了基础。随着应急管理制度的不断细化，各级政府部门也逐步建立完善了风险联合会商研判机制、防范救援救灾一体化机制、救援队伍预置机制、扁平化指挥机制等，这些决策机制的建立，为确保我国有能力从容应对各种灾害提供了有力的制度保障。

“十四五”时期，我国发展仍然处于重要战略机遇期，面临着复杂多变的国内外环境变化，国家发展、安全和稳定都面临着不同程度的压力，以习近平同志为核心的党中央着眼党和国家事业发展全局，坚持以人民为中心，把保护人民生命财产安全摆到了前所未有的高度。以对国家和人民高度负责的态度，对全面提高公共安全保障能力、提高安全生产水平、完善国家应急管理体系等作出全面部署，为解决长期以来应急管理工作存在的突出问题、推进应急管理体系和能力现代化提供了重大机遇。未来，随着国家科学决策机制的不断完善，计划预防体制的进一步加强，我国将逐步建立完善完整的现代化中国特色大国应急体系，全面实现依法应急、智慧应急、科学决策的新局面。

3.3.2 大数据、AI等商务智能融入映射内涵

1.信息技术为科学决策及有效计划提供了新契机

随着社会发展速度的不断加快，组织所面对的内外部环境变化也随之加剧，对管理者制定决策的能力提出了更高的期盼，同时要求管理者应该尽可能制定具体且有弹性的计划来推动目标的实现。管理者应该意识到计划是一个持续并需要不断验真的过程，计划既要具体便于操作，但又不能过于教条无法调整。由于处在动态的市场环境，组织的目的地可能会发生改变，而计划则发挥着指南针的作用，管理者必须对可能影响计划实施的环境变化保持警惕，及时作出应对。在这个过程中，如何尽可能多地获取信息就成为组织避免迷航的关键因素。

大数据、人工智能等信息技术在近十年取得了长足的发展，各类数字应用已经逐渐渗透到所有人的衣、食、住、行中。以网络经济、远程办公、智慧政务为代表的新生活方式和新管理模式，展现出了强劲的潜力。充分运用大数据、云计算、人工智能等前沿技术，可以为科学决策及计划提供一条全新的思路。这些技术的充分应用，可以增强各类型组织对数据的实时掌控能力和综合使用能力，更好地辅助管理者进行决策，高效调配各类资源。

曾几何时，希望一个组织既不断扫描政治环境、市场环境、技术环境，同时又关注竞争对手的详细情报，尤其是还必须在世界范围内收集这些信息，曾经是让所有管理者都感到难以实现的难题。然而，随着信息存储技术的发展，大数据技术的诞生，即使是在信息爆炸的环境下，越来越多的组织变得有能力对这些数据进行收集、分析并形成有用的决策参考，曾经的不可能已经成为现实。

如今，公司网站、宣传资料、新闻、提交给政府部门的报告、年报、招聘广告、网络舆情和行业研究都可以成为公司基础信息的来源。随着网络的普及，通过“爬虫”等信息收集技术的应用，组织变得越来越容易获取特定行业及其目标组织的相关信息，同时通过购买专业分析机构的数据，管理者可以很容易地获得大量半公开的商业信息。这些看似庞杂的信息源，通过大数据分析模型的整理，就形成了辅助决策的重要依据。

2.科学决策与大数据密不可分

当管理者掌握了海量的可以被利用的数据时，就有了非常强大的资源来辅助决策。有人说“大数据是一个多世纪前泰勒的科学管理的后裔”。泰勒使用秒表来记录和测量员工与机器，但事实上管理者在当时的条件下，是无法实际检验和监督工人的每个动作的，也无从预测工人未来的绩效发展水平。而大数据则和以往不同，它通过对海量数据的分析为制定规划提供支持，使用数学建模、预测技术和人工智能辅助管理者实施决策与预测。通过将管理者本身具有的判断力和经验，与组织提供的大数据进行对接，使管理者能够更有效地做出判断，制定出更加完美的计划，而不是仅仅事后用数据来证明决策的对错。

在大数据时代，样本就是全体，大数据的应用可以最大限度防止失误和偏差，通过将信息和云、5G、人工智能技术结合，从数据变信息，再将有效信息进一步转变为知识、智能，从而实现通过大数据向决策者展示事件的潜在规律，为精准决策提供最有效的支持的目的。

在城市管理方面，城市综合数据、人流监测、物资智能调配等技术和手段，已经成为各级政府部门极为重要的辅助决策工具，各级部门不断积累的海量基础数据，为政府决策机构制定发展规划、资源整合、研究分析提供了可靠的依据，为降低决策风险和提升效率起到了积极的作用。以人员流动管理难题为例，政府的数据中心可以将海关、民航、铁路、公交、快递、卫生、通信、安全等部门的数据全面共享，运用强大的模型分析能力，迅速通过数据规律发现问题原点，确定人员流动范围，精准定位，从而为管理者快速决策提供可靠依据。

但是，我们也发现，由于还处于信息技术运用的探索阶段，政府部门对于地理空间数据、行业数据、人员数据、物联网设备数据的储备和综合管理分析能力仍然有待提升，数据活化度还不高，信息的互联互通还存在一定壁垒，这些问题在一定程度上依然制约着数据能量充分发挥作用。但是我们相信，随着各级组织对信息技术重要性认识的不断提升，以及应用经验的不断积累，以数据驱动决策科学化的进程一定会得到长足的发展，成为未来政府及其他各类型组织科学管理的核心倚仗。

3.3.3 中国新时代管理的淬炼与反思

1. 中国传统文化对组织决策的主要影响因素

自汉武帝至清末，中国政治文化的主要特点是以儒家伦理道德为中心，以法家之法制思想为辅助，以权术政治为手段形成的复合文化模式。对行政权力的崇拜和对掌权者的敬畏在很长时间左右着民众的行为，深刻影响着我国管理思想的发展，在此基础上产生的中国式管理文化从道德、情感和精神上约束着管理者从决策到计划等一系列管理行为，深刻而又持久。

中国传统文化，强调人与社会的协调、人与人之间的协调，注重伦理道德在规范社会秩序中的作用，这样的传统文化对组织发展无疑具有一定的积极的作用，可以帮助管理者更好地凝聚团队，推动组织平稳发展。但是我们也可以清晰地发现，在有些组织中，一些与现代管理思想不相符合的旧思想、旧文化也在影响着管理者和组织成员的行为方式与决策模式，如等级观念、依附观念、官本位意识等仍然对许多社会成员有着深刻的影响。

我国传统文化中，还包含“以和为贵”“以德服人”等文化思想，一方面这些思想有利于化解矛盾和冲突，缓和组织中的对立情绪。另一方面，强调个人道德对行为的约束作用，容易忽视制度的重要性，用权威代替规则。正如亨廷顿所言，盛行于亚洲社会的儒家精神强调权威、等级，个人权力和利益处于次要地位。社会强调一致性的重要性，强调避免冲突，保全面子，国家高于社会，社会高于个人。在这样的管理思想指引下，管理者既希望与组织成员就决策和计划等工作达成一致，争取获得多数成员的赞同，在组织中形成和谐的文化氛围；同时，出于对组织和管理者的信任，容易导致组织成员放弃参与决策的权利，甚至因为服从权威而万事顺从。

2.传统文化对科学决策的积极影响

经过了数千年漫长的发展和变化的道路，之所以中华文明得以传承不断，中华文明与其他文明相比保持了相对稳定的特点，应该说中国文化在其中所起到的稳定和保护的作用非常重要，很多理念值得今天学习和借鉴。

(1)以道德修正管理者的决策行为

数千年来，道德在儒家理论中始终占据着极为重要的位置，道德对中国社会起着重要的调节作用，构成了中国传统社会最基本的秩序。“仁、义、礼、智、信”成为中国传统社会最基本的道德规范，并贯穿于整个社会道德中。儒家许多有关道德的箴言成为我国几千年恪守的原则。孔子所提倡的伦理道德、重义轻利、宽恕忠信、忠孝爱人、恭、宽、信、敏、惠等，都成为中华民族共同的心态和理想人格。儒家对于德的描述，对整个中华民族的道德观念、内容、精神产生着巨大的影响，是组织中影响管理者决策公平性的基础因素。

(2)以民本引导管理者尊重组织成员

儒家思想崇尚仁政，孔子主张以“仁”治国。孔子要求统治者要爱护百姓，以仁政治国，反对苛政。孟子说：“民为贵，社稷次之，君为轻。”我们可以发现，无论是孔子的“仁”，还是孟子的“民贵君轻”，都体现了以民为本的思想。虽然这里提到的民本思想是以君主专制为前提的，但其中蕴含的重民、爱民、利民的核心目的，以及要求统治者改良政治缓和矛盾这一思想的流传，为推动管理者关注普通组织成员提供了伦理依据，引导管理者在管理过程中重视普通员工，注意倾听基层意见，着力在组织发展过程中建设良好的协同文化，进而为吸引员工参与决策提供良好的组织氛围。

(3)以责任推动管理者决策无私

“穷则独善其身，达则兼济天下”出自《孟子·尽心上》。意思是不得志时就洁身自好修养个人品德，当自己的主张和见解被社会和当权者重视，就要以自己的能力为天下百姓谋太平，福泽苍生。以儒、墨、道、法为代表的先秦诸子，都为国家统一、天下大治进行了艰苦的探索。“家事、国事、天下事、事事关心。”这句名言是士大夫的一种济世情怀，是中国知识分子内心对于国家和社会所抱有的责任感与使命感的突出体现。在现代社会，要用责任感来维系管理者尽职文化的传播，推动管理者为组织尽职尽责，让每一次决策、每一个计划都出于公心，从而最大限度确保组织目标的实现。

几千年来发展形成的传统文化，是中国历代先贤的智慧结晶，蕴含着丰富的管理内涵，对于今天的管理思想同样具有许多积极的因素，值得我们继承和发扬。正如上述所说崇尚道德、以民为本、富有责任感等思想，都在今天的组织决策与计划中发挥着重要作用。可以说，中国传统管理思想蕴含着保持中国社会稳定发展的和谐文化。

“天下之重，非独治所安”，在全球经济高度竞争的环境下，各类型组织的管理者都要积极从中国传统管理思想中汲取积极因素，从重视道德修养开始，培养管理者优秀的职业道德观，重视发掘组织成员参与组织决策的热情，以平等的态度对待每位员工，从而更好地激励团队，帮助组织找到最优的发展路径。

本章提要

1.管理者面对着结构良好的和结构不良的问题。结构良好的问题是那些直观的、熟悉的、易确定的，并可采用程序化决策来解决的问题。结构不良问题是新的、不同寻常的、包含模糊不完整信息的问题，它们适用于非程序化决策方法。

2.群体决策的优点是：信息更完整，方案更多，对方案的接受程度更大，以及更具合法性。同时，群体决策是一种耗费时间的活动，它可能被少数人所左右，产生遵从的压力并使责任不清。

3.改善群体决策常见的四种方法是头脑风暴法、名义群体法、德尔菲法及电子会议。

4.决策制定是一个包括八个步骤的过程：(1)识别问题；(2)确定决策标准；(3)给标准分配权重；(4)拟定方案；(5)分析方案；(6)选择方案；(7)实施方案；(8)评价决策效果。

5.计划是组织所必需的第一项基本管理职能。管理者们根据对环境因素的理解为组织制定一系列不同的目标和计划方案。计划与决策通过为未来的行动指明方向而保持管理的效率，它为组织成员指明了方向并建立了协调，能降低环境变化的冲击，减少活动的重复资源的浪费。计划还设立了控制的标准。

6.计划不能够消除变化，但正是因为变化的存在管理者才需要制定计划。计划虽然意味着承诺和约束，但却不能成为制约创新的枷锁，而应该是一种持续进行的活动，并保持一定的灵活性。现在管理者面临的重大挑战在于如何在动态的环境下进行有效的计划工作。

7.组织会设定许多不同种类的目标与计划方案。从组织层次上划分，可分为战略计划、战术计划和作业计划。计划涉及的时间跨度相差很大，分为长期计划、中期计划和短期计划。应急计划也是一种重要的计划类型，对于绝大多数组织来说，应急计划的重要性变得越来越大，特别是对于那些在极为复杂和动态的环境中运营的组织。

8.正式的计划工作包括理解环境、设立目标、开发计划方法并做出评估和选择、编制派生计划和预算等步骤。正式的目标设定过程要想取得成功，首先要看组织最高层的工作，然后将最高层制定的目标有系统地分解到组织的各个层面，并通过沟通、会议、讨论等手段帮助下属制定可以实现的目标和清晰的计划，以及做好协调、回顾和评议工作。

9.目标管理的基本思想：(1)制定目标是必须的；(2)组织成员与管理者共同制定目标；(3)需要一系列的监督，并定期进行绩效评估；(4)强调自我管理、自我控制；(5)依据目标进行考核和奖惩。

10.在大数据技术快速发展的背景下，科学决策意识在管理领域的全方位应用与普及，将不断优化政府及商业组织的决策机制和服务能力，使各类型组织的决策和计划过程更加透明高效、更加科学精准。

11.中国传统管理哲学是中国历代先贤的智慧结晶，蕴含着丰富的管理内涵，对于今天的管理思想同样具有许多积极的影响因素，值得我们继承和发扬。崇尚道德、以民为本、富有责任感等思想传承，都在今天的组织决策与计划中发挥着重要影响。

思考案例

万达转型"阵痛"带来的思考

外界眼中的王健林，长于谋划，坚于执行，铁腕风格。2015 年他就给自己，也给万达制定了计划：到 2020 年，万达总资产 2000 亿美元，市值 2000 亿美元，收入 1000 亿美元，利润 100 亿美元。其中房地产与非房业务比例是 35∶65，国内业务与国际业务的比例是 70∶30。

除了公司绝对数字的增长，王健林还要再造一个新万达——从房地产公司转型为服务类公司，从中国公司到世界公司，实现"国际万达，百年企业"的愿景。就个人而言，如果"中国首富"是巅峰，王健林已经多次登顶了，财富于他，似乎已无太多兴趣。

至少在 2017 年之前，外界眼中的首富总是云淡风轻，极少袒露难处。早前，在《鲁豫有约》的访谈中，聊到给年轻人的建议时，首富提到了一个"小目标"："先赚它一个亿。"但言语轻松的背后，他也曾历尽艰辛。迄今为止，万达曾先后经历了四次具有重要意义的转型。

1993 年，成立 5 年的万达开启第一次转型。自此，万达从一个偏安大连的区域住宅开发品牌成长为一家全国性品牌，公司规模也从几十亿扩张至百亿级。第二次转型始于 2000 年，两名员工重病，让王健林开始思考企业如何稳定、持续发展的命题，并促成了万达向不动产方向转舵。

转型商业地产，在当时来看几乎无解，国内亦无太多同行可借鉴。经历了 5 年艰苦试验后，王健林推行的"城市综合体"重新定义了中国商业地产模式，一家全球最大的不动产公司诞生了。一时间，"万达广场就是城市中心"。恰逢城市化发展大潮，他成为无数地方政府迎来送往的"座上宾"。

2013 年，王健林曾登上美国《财富》英文版杂志封面，在一篇名为《解密中国最富有的人之一》的文章中，他回忆说，上一次让他感到特别兴奋的事情，是万达从住宅地产向商业地产转型。现在万达面临另一次转型，但是规模更大。王健林说："这是一次由商业地产向文化旅游行业的转型。"转型方向是，由迪士尼和新闻集团这样的公司主导的娱乐文化行业。

2015 年，万达开始第四次转型。王健林希望，到 2020 年万达形成商业、文旅、金融、电商基本相当的四大板块，转型为跨国企业，输出文化品牌。在他看来，做生意的最高境界是空手道，不花钱也能玩，"这个空手道是建立在绝对的实力和品牌基础之上"，比如迪士尼、麦当劳。

2017 年是万达企业发展史上最关键的一年。这一年，万达旗下产业疯狂生长至顶峰，光是万达影城在全国就有 1300 多家，万达广场超过 200 个，万达五星级酒店达到 80 家。然而，随着银监会调查大举海外投资集团的贷款情况，以及下发的限制房地产、酒店、娱乐等境外投资的指导意见接连"祭出"，万达随之遭遇"股债双杀"，王健林为防止资金链断裂，决定大幅出售旗下资产，坚决执行"去杠杆"。最为瞩目的是，这一年，通过与融创中国、富力集团的"世纪交易"，万达不仅直接减债 440 亿元，还实现现金回流 670 亿元。

自 2019 年起，万达重拾"地产投资"。万达官网显示，地产集团已从商管集团中剥离，成为与商管集团、文化集团、投资集团并列的板块。2019 年，万达地产权益销售额为 430.8 亿元。2020 年，地产销售目标为 1000 亿元。2020 年上半年，万达拿地面积为 33.1 万平方米，新增拿地金额 15.6 亿元。

王健林卖资产求生的过程中，没有出现类似华夏幸福、泰禾的危急情况，表面上看来是“平稳收缩”，以退为进。如今，重新布局文旅、地产等重资产项目，似乎也并不像外界所言的“重走旧路”，而是轻重模式相结合，寻求企业生存发展的安全区。

资料来源：李艳艳.首富的“减负”逻辑[J].中国企业家，2020.

阅读后请思考：

1.战略决策的重要意义是什么？

2.如何有效降低决策失误带给企业的风险？

3.万达在制定经营计划(转型)过程中的得与失是什么？

思考习题

1.在决策过程中，实施决策具有什么重要性？

2.什么是满意决策？

3.为什么组织的高层经理愿意为中层和基层经理制定范围广泛的程序化决策？

4.为什么管理者倾向采用简化的决策模型？

5.什么是群体思维？对决策而言，它的含义是什么？

6.群体决策有效果吗？有效率吗？

7.持续性计划是如何提高决策效率的？试举例说明。

8.正式的目标设定程序包含哪些要点？这些要点的重要意义是什么？

9.对照有效目标的标准，评价“好好学习，天天向上”是个有效的目标吗？

10.现代信息技术如何对决策与计划提供有效辅助？

11.中国传统管理思想在组织的计划与决策过程中会产生哪些影响？

技能实训

1.为什么决策被描述为“管理者工作的本质”？

2.描述你在完全理性假设下做过的一个决策。将它与你选择大学相比较，两者有差别吗？试说明之。

3.在过去 20 年中，组织越来越多地采用群体来决策，你认为这是为什么？什么情况下，你建议采用群体决策？

4.你认为在决策制定过程中哪一步最重要？请说明理由。

5.请根据这次的期中考试需要考的科目编制一个甘特图，并按照实际执行情况做好记录，最后评估一下你是否按照计划完成了，没有完成的原因有哪些；如果完成了，你得到了哪些启发。

6.根据使命和愿景的概念及其特点，试对厦门法国之光葡萄酒公司企业文化墙上的以下陈述做出评价。

- 公司愿景：法国之光葡萄酒——成为中国消费者最喜爱的进口葡萄酒著名品牌。
- 公司使命：让中国消费者喝到货真价实的纯正法国葡萄酒；推广葡萄酒文化，创建品位生活与健康人生。

• 公司理念：品牌＝品质＋服务；全产业链品质保障＋专业体验式服务。

参考文献

[1]苏艳芳.管理学基础与应用[M].3 版.北京：中国财富出版社，2021.

[2]吴照云.管理学[M].6 版.北京：中国社会科学出版社，2019.

[3]周三多，陈传明，刘子馨，等.管理学：原理与方法[M].7 版.上海：复旦大学出版社，2018.

[4]斯蒂芬·罗宾斯，玛丽·库尔特.管理学[M].13 版.刘刚，等译.北京：中国人民大学出版社，2017.

[5]刘汴生.管理学：理论与实务[M].北京：北京大学出版社.2012.

[6]哈罗德·孔茨，海因茨·韦里克.管理学[M].13 版.北京：经济科学出版社，2011.

[7]詹姆斯·库泽斯，巴里·波斯纳.领导力[M].3 版.李丽林，等译.北京：电子工业出版社，2008.

[8]里奇·格里芬.管理学[M].9 版.刘伟，译.北京：中国市场出版社，2008.

[9]戚安邦.管理学[M].北京：电子工业出版社，2006.

[10]哈罗德·孔茨，海因茨·韦里克.管理学精要[M].6 版.韦福祥，等译.北京：机械工业出版社，2005.

[11]许倬云.从历史看管理[M].北京：北京大学出版社，2005.

[12]单凤儒.管理学基础[M].北京：高等教育出版社，2003.

[13]王利平.管理学原理[M].北京：中国人民大学出版社，2003.

[14]李鹏，袁霞辉.一次读完 25 本管理学经典[M].长春：吉林人民出版社，2001.

[15]林志扬.管理学原理[M].厦门：厦门大学出版社，2000.

[16]P.F.德鲁克.有效管理者[M].北京：中国财政经济出版社，1998.

可扫码获取本章课件资源：

第4章 环境分析与战略管理

本章学习重点：

理解管理环境的含义及分类；掌握环境分析工具；了解战略管理的过程与层次；掌握SWOT分析、BCG矩阵和波特五力竞争模型；了解一般竞争战略的内涵；掌握全球化管理的理论与挑战；理解企业社会责任的思政意义、大数据对管理环境的影响，以及新时代管理下对战略的淬炼与反思。

核心知识点：

1.管理环境(management environment)
2.宏观环境(一般环境)(general environment)
3.微观环境(任务环境)(task environment)
4.波特的五力竞争模型 (Porter's five forces model)
5.SWOT分析法(SWOT analysis)
6.相关多元化(related diversification)
7.不相关多元(unrelated diversification)
8.成本领先战略(cost-leadership strategy)
9.差异化战略(differentiation strategy)
10.聚焦战略(focus strategy)
11.波士顿矩阵(BCG matrix)
12.本国中心主义(ethnocentrism)
13.多国中心主义(polycentrism)
14.全球中心主义(geocentrism)
15.企业社会责任(corporate social responsibility)

开篇案例

教育行业实行“双减”，火花思维迅速转型，响应“依法带娃”

2021 年的“双减”政策让校外的培训机构受到不小的打击，未来这类机构该如何转型面临着新的挑战，火花思维教育作为教育行业的标杆，也将对未来企业的发展做出调整。“双减”政策确实对校外这种义务教育学科类培训机构起到约束的作用，但其实对火花思维而言，可以说是一种契机。2022 年 1 月 1 日《中华人民共和国家庭教育促进法》正式实施后，“你们作为父母未尽监护职责，现向你们发出‘家庭教育令’这样的判决出现频率越来越高。自 1 月 6 日起，江西省、广西壮族自治区、内蒙古自治区、广东省等多地法院针对监护人未履行监护责任的情况，陆续发出当地首份“家庭教育令”，督促和规范失职家长依法、正确履行抚养义务，所以现在在家不教育自己的娃，放任不管也违法。中国已经进入“依法带娃”时代。

据悉，火花思维对于家庭教育的探索早在 2019 年就已开始了。在这一年，火花思维成立了一支专业的儿童教育心理咨询团队，针对火花思维小学员在学习成长过程中出现的让家长困扰的问题，有针对性地给予专业建议及支持，帮助家长科学育儿，促进家庭教育环境建设。

同时，火花思维的儿童教育心理咨询团队还联合清华大学出版社正式推出儿童专注力训练图书《从启蒙到非凡秘籍》，遵循“儿童专注力测评—结果反馈—针对性训练”的思路，用更能让儿童接受的游戏化模式给处于不同发展阶段和发展条件的孩子进行针对性培养。用直白易懂的语言，为家长解释了专注力培养的理论知识。在亲子游戏指导部分，则说明了游戏的活动目标与注意事项，并通过配套视频详细阐述该游戏是如何培养孩子专注力的。

除了图书以外，对电子音像类的家庭教育产品，火花思维的团队也一直在研发之中。近日，为了更高效地为更多家长提供服务，帮助家长解决教育问题，在历时一年课程打磨后，由火花思维儿童教育心理咨询师团队重磅打造的“系列家长课”正式在火花商城上线。

未来，火花思维系列家长课还将继续丰富内容，儿童人际交往能力培养系列、小学入学适应系列、学习兴趣培养系列、小学生阅读习惯培养系列等课程将陆续上线，敬请期待。

资料来源：https://news.iresearch.cn(2022 年 2 月)的文章《“依法带娃”时代，火花思维儿童教育心理咨询师让家庭教育更专业》。

任何组织及其管理活动都是在一定的环境中进行的，受到内外各种环境因素的影响。组织要想生存和发展，就必须了解、熟悉其所处的复杂环境，洞察环境因素的变化，并根据环境变化及时调整管理的目标、方向、路径和行为，求得组织外部环境、内部环境和发展目标三者之间的动态平衡。因此，认识管理环境，了解管理环境因素的构成，正确处理好组织管理与管理环境的关系，就成了管理活动的一项重要内容。

4.1 环境分析

4.1.1 什么是管理环境

“物竞天择”是达尔文进化论的核心,生物互相竞争,能适应环境者以“适者生存”的方式被环境选择存留下来。管理环境所研究的正是这些问题,它要求组织“与时俱进”,随环境的变化而变化,随环境的发展而发展。管理环境是指存在于社会组织内部与外部影响组织运行和组织绩效的因素或力量的总和。

组织的管理环境不仅包括组织外部环境,还包括组织内部环境。根据各种因素对组织业绩影响程度的不同,组织外部环境又可分为宏观环境和微观环境,而组织内部环境一般包括组织文化和组织经营条件两大部分,如图 4-1 所示。

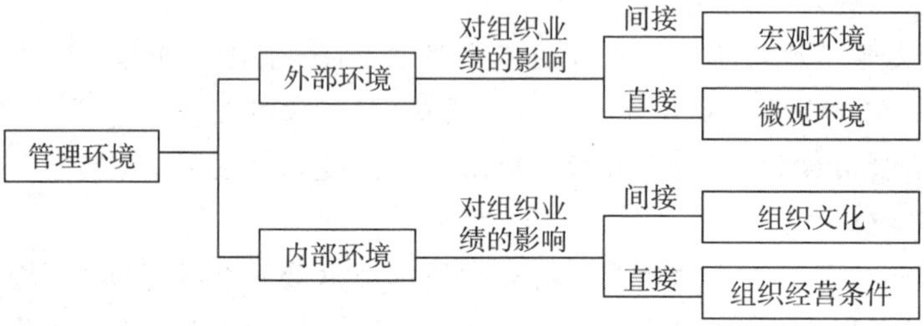

图 4-1　管理环境分类

1.外部环境

外部环境(external environment)是组织之外客观存在的各种影响因素的总和。根据影响因素对组织业绩影响程度不同,可分为宏观环境因素和微观环境因素。宏观环境因素又称一般环境因素(general environment),一般包括政治法律、经济、文化、技术、自然、国际等因素。一方面,这些影响因素往往是不以个别组织的意志为转移的,具有一定的不确定性;另一方面,这些因素虽然影响不是直接的,但都有可能对组织产生某种重大的影响,能使组织面临极大的风险。因此,管理者必须加以认真分析和研究,不可掉以轻心。微观环境因素又称任务环境因素(task environment)或特殊环境因素(specific environment),是指对组织目标的实现有直接影响的那些外部因素,包括资源供应者、服务对象(顾客)、竞争者、战略合作伙伴、政府管理部门及社会特殊利益代表组织。对任何一个具体的组织,其微观环境因素会与其他组织不同。一个组织发展的不同时期其微观环境因素也不同,管理者对本组织微观环境因素的了解和把握情况往往会直接影响管理效益,管理者对微观环境因素的变化也更为敏感。

对一个组织而言,组织外部哪些是环境因素,是宏观环境因素还是微观环境因素,取决于组织的目标定位。同样是生产饮料的企业,由于各自的产品市场定位不同,其环境影响因素也不同。例如两个饮料生产企业,一家专业生产儿童饮料,一家生产保健饮料,对于这两家企业,人口结构、饮食习惯、政府对食品卫生的有关规定、饮料生产技术的发展等是它们在经营中必须加以考虑的因素。进一步地,对前一家企业而言,还要考虑国家的计划生育政策、儿童在社会中的地位等宏观环境因素和儿童的口味变化、儿童的数量与年龄结构、所需的原辅材料供应情况、儿童饮料市场竞争情况等微观环境因素；而对后一家企业，则要关心保健品市场需求及竞争情况、国家对保健品生产销售的特殊规定等任务环境因素。由此可见，对于一个组织的发展有重大影响的环境因素，对于另一个组织可能根本不重要，即使最初看起来它们是同一类型的组织。

外部环境与管理相互作用，一定条件下甚至对管理有决定作用。外部环境制约管理活动的方向和内容。无论什么样的管理目的，管理活动都必须从客观实际出发，脱离现实环境的管理是不可能成功的。"靠山吃山，靠水吃水"一定程度上反映了外部环境对管理活动的决定作用。同时，外部环境影响管理的决策和方法。当然，管理对外部环境具有能动的反作用。

2.内部环境

内部环境(internal environment)是指组织内部的各种影响因素的总和。它是随组织产生而产生的，在一定条件下内部环境是可以控制和调节的，包括组织文化(组织内部气氛)和组织经营条件(组织实力)两大部分。组织文化是处于一定经济社会文化背景下的组织，在长期的发展过程中逐步生成和发展起来的日趋稳定的独特的价值观，以及以此为核心而形成的行为规范、道德准则、群体意识、风俗习惯等。组织经营条件是指组织所拥有的各种资源的数量和质量情况，包括人员素质、资金实力、科研力量、信誉等。

一般而言，每一组织有其独特的组织文化和特有的经营条件，管理者要根据本组织的实际情况制定相应的组织目标和发展战略。组织内部因素不仅与外部环境因素一样，将影响一个组织目标的制定和实现，而且还将直接影响该组织管理者的管理行为。一方面，管理是对组织内部环境中各个因素的管理；另一方面，已经存在的内部环境因素是实施管理的条件，在一定时间范围，管理只能在内部环境因素确定的条件框架内展开。

4.1.2 宏观环境

外部宏观环境又称一般环境，是在一定时空内存在于社会中的各类组织均会面对的环境，其内容庞杂，大致可归纳为政治法律环境、经济环境、社会文化环境、技术环境、自然环境和国际环境六方面。

1.政治法律环境

政治法律环境是政府对商业的管制，是政府对商业活动的干预。在市场经济体制中，政府干预企业经济活动的方式主要有以下几种：利用普通法、反托拉斯法经过法院间接干预企业经济活动；利用宏观调控手段通过市场间接干预企业经济活动；通过国有化直接干预企业经济活动；通过管制机构直接干预企业活动。

目前中国市场经济下的法律包括三类：①市场主体法律。这类法律为市场经营者提供了充分的投资主体身份选择。②市场自由法律。市场自由包括财产自由、交易自由和营业自由，该类法律规定国家不能随意征用公司财产和私人财产，从而确认了私人财产的基本权利。同时，该类法律保证了组织交易自由和营业自由的权利。③市场秩序法律。市场秩序的法律主要有三个方面的内容，即防止商业欺诈、防止商业贿赂及防止商业垄断。

政府在竞争性行业管制的方式主要包括：控制产品的价格；发放许可证或营业执照；制定行业标准和要求行业公开信息；税收、补贴和政府采购；行业进入管制等。

2.经济环境

经济环境反映了组织所在国或地区的总体经济状况和经济政策，是影响组织，特别是作为经济组织的企业活动的重要环境因素。它主要包括宏观和微观两个方面的内容。

(1)宏观经济环境

组织的宏观经济环境主要由社会经济结构、经济发展水平、经济体制和宏观经济政策等几个要素构成。

社会经济结构指国民经济中不同的经济成分、不同的产业部门以及社会再生产各个方面在组成国民经济主体时相互的适应性、量的比例及排列关联的状况。社会经济结构主要包括五方面的内容，即产业结构、分配结构、交换结构、消费结构、技术结构，其中最重要的是产业结构。

经济发展水平是指一个国家经济发展的规模、速度和所达到的水准。反映经济发展水平常用的主要指标有国民生产总值、国民收入、经济增长速度等。

经济体制是指国家经济组织的形式。经济体制规定了国家和企业、企业和企业、企业和各个经济部门的关系，并通过一定的管理方法和手段，调控和影响社会经济流动的范围、内容和方式等。

宏观经济政策是指国家、政党制定的一定时期内国家经济发展目标实现的战略与策略，包括综合性的全国经济发展战略和产业政策、国民收入分配政策、价格政策、物资流通政策、金融货币政策、劳动工资政策、对外贸易政策等。

(2)微观经济环境

组织的微观经济环境主要是指企业所在地区或所服务地区的消费者的收入水平、消费偏好、储蓄情况、就业程度等因素。这些因素直接决定着企业目前以及将来的市场大小。假定其他条件不变，一个地区的就业越充分，收入水平越高，那么该地区的购买能力就越强，对某种活动及其产品的需求就越大。一个地区的经济收入水平对其他非经济组织活动也有重要影响。

3.社会文化环境

社会文化是对社会施加广泛影响的各种文化现象和文化活动的总称。它具有地域、民族或群体特征，与社会生产和社会生活紧密相连。

人口因素是企业最关注的社会环境因素之一。人口是大多数产品消费市场构成的关键要素，对企业战略的制定有重大影响。例如，人口总数直接影响着社会生产总规模；人口的地理分布影响着企业的厂址和销售市场选择；人口的性别比例和年龄结构在一定程度上决定了社会需求结构，进而影响社会供给结构和企业生产的产品结构；人口的教育文化水平直接影响着企业的人力资源状况；家庭户数及其结构的变化与耐用消费品的需求和变化趋势密切相关，因而也就影响到耐用消费品的生产规模等。对人口因素的分析可以使用以下一些变量：出生率和死亡率，人口的平均寿命，人口的年龄和地区分布，人口在民族和性别上的比例变化，人口在地区教育水平和生活方式上的差异等。

文化因素对组织的影响是间接的、潜在的和持久的。文化的基本要素包括哲学、宗教、语言与文字、文学艺术等，它们共同构筑成文化系统，对组织文化有重大的影响。哲学是文化的核心部分，在整个文化中起着主导作用。我国的传统哲学基本上由宇宙论、本体论、知识论、历史哲学及人生论(道德哲学)五个方面构成，它们以各种微妙的方式渗透到文化的各个方面,发挥着强大的作用。宗教作为文化的一个侧面,在长期发展过程中与传统文化有着密切的联系,在我国文化中,宗教所占的地位并不像西方那样显著,宗教情绪也不像西方那样强烈,但其作用仍不可忽视。语言文字和文学艺术是文化的具体表现,是社会现实生活的反映,它对企业职工的心理、人生观、价值观、性格、道德及审美观点的影响及导向是不容忽视的。组织对文化环境的分析过程是企业文化建设的一个重要步骤,组织对文化环境分析的目的是要把社会文化内化为组织的内部文化,使组织行为符合环境文化的价值检验。

4.技术环境

技术环境是指企业所处的环境中的技术及与技术直接相关的各种基本要素的集合。技术环境大体上包括四个方面:技术水平、科技力量、国家科技体制、国家科技政策和科技立法。

技术水平是企业技术环境中技术所达到的水准。它是构成技术环境的首要因素。一般人们用先进技术、一般先进技术、中间技术和落后技术来划分技术水平。

科技力量是指企业技术环境中科技研究、开发和应用的实力。

科技体制是指企业技术环境中科技系统的结构和运行方式。

科技政策与科技立法是指企业技术环境中对于科技研究、开发和应用的政策及法律。

科学技术不仅直接影响着组织内部活动,还同时与其他环境因素互相依赖,互相作用,给组织活动带来有利与不利的影响。任何组织的活动都需要利用一定的物质条件,这些物质条件反映着一定技术水平。社会的进步会影响这些物质条件的技术水平的先进程度,从而影响利用这些条件的组织活动的效率。

首先,从组织作业活动过程来看,无论何类组织开展何种作业活动,都需要利用一定的物质手段。社会科技的进步会促进组织活动过程物质条件的改善和技术水平的先进化、现代化,从而使利用这些物质条件和技术进行活动的组织取得更高的效率。其次,从组织活动成果来看,不同的产品或服务代表着不同的技术水平,对劳动者和劳动条件有着不同的技术要求。技术进步了,企业现有产品就可能被采用了新技术的竞争产品所取代。产品更新换代后,企业现有的生产设施和工艺方法可能显得落后,生产作业人员的操作技能和知识结构可能不再符合要求,生产所用的原材料也可能需要做相应的更新。最后,从组织活动的管理方面来看,现代信息和通信技术的发展使管理手段、方法乃至管理思想和管理模式发生了重大的变化。现在电子计算机不仅在各项专业管理工作中得到应用,而且使各方面管理系统实现了集成化和一体化,乃至在企业与外部关系上出现了网络化联结,改善了组织内外整体管理的水平。

5.自然环境

前述四个环境的一个共同特征是它们都属于社会环境,是人们在一定物质生产活动基础上建立起来的各种相互联系、相互作用关系的总和,它强调的是与一定生产力发展水平相适应的生产关系以及在生产关系基础上建立和衍生出来的其他各种社会关系。与社会环境不同的是,自然环境强调的是外在物质要素的条件、状况对人类活动的制约和影响。主要包括地理位置、气候条件以及资源状况等自然因素。地理位置是制约组织活动特别是企业经营活动的一个重要因素。企业选址是否靠近原料产地或产品销售市场,也会影响到资源获取的难易和交通运输的成本等。从利用国家政策的角度讲,当国家在经济发展的某个时期对某些地区采取倾斜政策时,地理位置对企业活动的影响是相当明显的。

6.国际环境

国际环境是指一个国家与世界各有关国家、地区之间在政治、经济、文化、自然、地理方面的相互关系及其国与国之间的交往关系。它体现了国与国之间的相互联系、相互作用、相互制约、相互促进的关系。每个企业的业务越来越成为全球业务的一部分,没有一个国家的企业能一点不受国外市场的影响,或者不影响国外市场。无论是受影响还是影响国际市场,每个企业只有程度的差别,而没有性质的差别。因此,我们说,国际环境是指其他国家的商业对企业或企业参与其他国家商业的相互间的影响。

没有任何企业能置身于国际商业的影响之外,它们都是地球村的一员。各种规模或者类型的组织都面临着管理全球环境的机遇和挑战,这迫使每个管理者都不得不去认真思考在国际市场中它的消费者在哪里、它的竞争者是谁、它如何才能从一个地区性的公司发展成为全球性公司等诸如此类的问题。因此,管理不能割裂国际环境来完成,必须将企业放在国际环境之中来进行企业管理。

4.1.3 微观环境

不同的组织有不同的微观环境,与宏观环境相比,微观环境对组织的影响更为直接和具体,因此,绝大多数组织的管理者也都更为重视其微观环境因素。对大多数组织而言,其微观环境因素主要包括资源供应者、服务对象、竞争者、战略合作伙伴、政府管理部门和社会特殊利益代表组织,如表 4-1 所示。

表 4-1 微观环境因素

微观环境因素	定义	以企业为例	对组织的影响
资源供应者	向该组织提供其所需资源的人或单位	银行;职业介绍所、人才市场;新闻机构、情报机构;科研机构、技术市场原辅材料供应商	一旦主要的资源供应者发生问题就会导致整个组织运转的减缓或终止
服务对象	购买组织产品或劳务的人或单位	企业的客户或企业产品消费者	拥有一定的服务对象,是一个组织生存发展的前提
竞争者	与该组织争夺资源、服务对象的人或组织	同行、替代品生产者、同样需要该组织所需资源的组织	竞争者的多少直接影响组织获得一定的业绩所需付出的代价
战略合作伙伴	两家或更多的公司在合资公司或其他形式的伙伴关系中共同工作	企业、科研院所、高校以及政府部门	帮助企业获得自己所缺乏的专长,有助于分散风险及开拓新的市场机会
政府管理部门	国务院、各部委及地方政府的经济管理部门或机构	工商行政管理局、税收部门、物价局、劳动管理部门、技术监督局等	其政策和权力对一个组织可以做什么和不可以做什么以及能取得多大的收益,都会产生直接的影响
社会特殊利益代表组织	代表着社会上某一部分人的特殊利益的群众组织	工会、消费者协会、环境保护组织等	通过直接向政府主管部门反映情况,或通过各种舆论宣传工具,对各类组织施加影响

1.资源供应者

一个组织的资源供应者是指向该组织提供资源的人或单位。这里所指的资源不仅包括设备、人力、原材料、资金，也包括信息、技术、服务和关系等一切该组织运作所需输入的东西。对大多数组织来说，金融部门、政府部门是其主要的资金供应者；学校、劳动人事部门、各类人员培训机构、人才市场、职业介绍所是其主要的人力资源供应者；各新闻机构、情报信息中心、咨询服务机构、政府部门是其主要的信息供应者；大专院校、科研机构、发明家是其技术的主要源泉。

由于组织在其运转过程中依赖于供应者的资源供应，一旦主要的资源供应者发生问题，就会导致整个组织运转的减缓或终止。因此，管理者一般都力图避免在不了解供应者的情况下进行有关决策。为了避免自己陷入困境，在战略上一般都努力寻求所需资源的及时、稳定、保质保量供应，与供应商建立战略合作关系或避免过分依赖于一两个资源供应者。

2.服务对象(顾客)

服务对象或顾客是指一个组织为其提供产品或劳务的人或单位，如企业的客户、商店的购物者、学校中的学生和毕业用人单位、医院的病人、图书馆的读者等，都可称其为相应组织的服务对象。

任何组织之所以能够存在，是因为有一部分需要该组织产出的服务对象的存在，如果一个组织失去了其服务对象，该组织也就失去了其自身存在的基础。组织的服务对象是影响组织生存与发展的主要因素，而任何一个组织的服务对象对组织来说又是一个潜在的不确定的因素。

顾客的需求是多方面且会经常改变的，而要成功地拥有顾客，就必须满足顾客的需求。为此，管理者必须深入市场，分析顾客的心理，根据顾客需求的变化，及时推出新产品、新服务，确保及时地向其顾客提供满意的商品和优质的服务。这几乎已成为当今各级组织管理者所面临的头等大事。

3.竞争者

一个组织的竞争者是指与其争夺资源、服务对象的人或组织。任何组织都不可避免地会有一个或多个竞争者。这些竞争者之间不是相互争夺资源，就是相互争夺服务对象。运用波特的“五力模型”，可对行业内的竞争状态加以系统分析。

基于资源的竞争一般发生在许多组织都需要同一有限资源的时候，最常见的资源竞争是人才竞争、资金竞争和原材料竞争。当各组织竞争有限资源时，该资源的价格就会上扬。

例如，当资金紧缺时，利率就会上升，组织的营运成本就会上升。基于顾客的竞争一般发生在同一类型的组织之间，或许这些组织提供的产品或服务方式不同，但它们的服务对象是同一的，就同样会发生竞争。例如，航空部门与铁路运输部门之间、铁路与公路运输部门之间就可能为争夺货源和乘客而展开竞争。竞争不仅限于国内，随着中国对外开放政策的实施，国内的各类组织不仅面临着来自国内组织的竞争，而且还将直接面临来自国外组织的竞争。在这种情况下，国内的竞争者之间有时可能会出现某种程度的联合，以对抗来自国外的竞争。

没有一个组织可以忽视竞争对手，否则就会付出沉重的代价。竞争对手是管理者必须对其有所了解并及时作出反应的一个重要环境因素。

4.战略合作伙伴

战略合作伙伴，又称战略联盟，两家或更多的公司在合资公司或其他形式的伙伴关系中共同工作，帮助企业从其他公司那里获得自己所缺乏的专长，还有助于分散风险和开拓新的市场机会。当然战略合作伙伴不仅存在于企业与企业之间，企业和科研院所、高校以及政府部门也可以在某种共同利益的联系下结成战略合作伙伴。

5.政府管理部门

政府管理部门主要是指国务院、各部委及地方政府的相应机构，如工商行政管理局、技术监督局、物价局等。政府管理部门拥有特殊的官方权力，可制定有关的政策法规，规定价格幅度，征税，对违反法律的组织采取必要的行动等，而这些对一个组织可以做什么和不可以做什么以及能取得多大的收益，都会产生直接的影响。

有的组织由于组织目标的特殊性，更是直接受制于某些政府部门。例如，我国的电信业、军工企业、医药业和饮食业，就各自受到工信部、国防科工委、医药管理局、卫生防疫管理部门的直接管理或监督。

政府的政策法规一方面会增加组织的运行成本，另一方面则会限制管理者决策的选择余地。为了符合政府的政策法规和政府管理部门的要求，组织就必然要增加运行成本。例如，为了取得消防管理部门的认可，企业必须按规定装设消防设备。某些政策法规规定了组织可以做什么和不可以做什么，从而限制了管理者的选择余地。如我国《劳动法》的颁布，给组织的招工、用人、辞退决策带来了一定的限制。

6.社会特殊利益代表组织

社会特殊利益代表组织是指代表着社会上某一部分人特殊利益的群众组织，如工会、消费者协会、环境保护组织等。它们虽然没有拥有政府部门那么大的权力，但同样可以对各类组织施加相当大的直接影响。它们可以通过直接向政府主管部门反映情况，通过各种宣传工具制造舆论以引起人们的广泛注意。事实上，有些政府法规的颁发是对某些社会特殊利益代表组织所提出的要求的回应。

由上可见，任何组织都不是孤立的。组织把环境作为自己输入的来源和输出的接受者，组织也必须遵守当地的法律，并对竞争作出反应。正因为如此，供应者、服务对象、竞争者、战略合作伙伴、政府机构及社会特殊利益代表组织等可以对某一个组织施加影响，而管理者也必须对这些环境因素的影响做出适当的反应。

管理故事 4-1

疯子和呆子

一位心理学教授到疯人院参观，了解疯子的生活状态。一天下来觉得这些人疯疯癫癫，行事出人意料，可算大开眼界。想不到准备返回时，他发现自己的车胎被人下掉了。“一定是哪个疯子干的！”教授这样愤愤地想，动手拿出备胎准备装上。没想到事情严重了，下车胎的人居然把螺丝也下掉了，没有螺丝有备胎也装不上去啊！教授一筹莫展。在他着急万分的时候，一个疯子蹦蹦跳跳地过来了，嘴里唱着不知名的欢乐歌曲。他发现了困境中的教授，停下来问发生了什么事。教授懒得理他，但出于礼貌还是告诉了他。疯子哈哈大笑说："我有办法！"他从每个轮胎上面下了一颗螺丝，这样就拿到三颗螺丝将备胎装上去了。教授惊奇感激之余，大为好奇："请问你是怎么想到这个办法的？"疯子嘻嘻哈哈地笑道："我是疯子，可我不是呆子啊！"

4.1.4 内部环境

组织的内部环境主要包括所有者、董事会、雇员、工作的物理环境和组织文化。

1.所有者

企业的所有者是对企业拥有法律上的财产权利的人。所有者可能是一个人，他创建和运营着一家小型企业；可能是合伙人，他们共同拥有企业；也可能是购买了企业股票的个人投资者；还可能是其他组织。

2.董事会

公司董事会是由股东选举出来的监督管理者、保证企业按符合股东利益最大化要求经营的治理实体。有些董事会无所作为，它们执行一般的监督职责，但很少积极介入真正的运营。但是这一趋势正在发生变化，越来越多的董事会仔细地检查公司的经营并且对公司的管理施加更大的影响。这一趋势形成的部分原因是愈演愈烈的商业丑闻。在某些案例中，董事会成员由于不道德行为而遭到起诉。在另一些案例中，董事会被认为疏于职守，未能对公司经理的行为进行监督。

3.雇员

组织中的雇员也是内部环境的主要要素。今天的管理者最应当关注的是劳工队伍在性别、种族、年龄和其他方面都发生了变化。劳工们要求更多的工作自主权，包括企业的所有权和自主完成工作的权利。另一个趋势是对临时性劳工的依赖增加了。雇主倾向于使用临时劳工，因为使用他们的灵活性更大，工资更低，而且不参加公司福利项目。但是管理者们也要处理由此而带来的问题。例如，企业内会产生不同的"等级"，越来越多的劳工缺乏对企业的忠诚，因为明天他们也许就要为别人干活。

4.工作的物理环境

企业工作的物理环境是指企业自然条件和人工环境。该因素包括工作地点的空气、光线和照明、声音(噪声和杂音)、色彩等，它对于员工的工作安全、工作心理和行为以及工作效率都有极大的影响。防止物理环境中的消极性和破坏性因素，创造一种适应员工生理和心理要求的工作环境，是实施有序而高效管理的基本保证。

某些企业在市中心摩天大楼里办公，往往包括几个楼层，另一些则在郊区或乡村，办公条件类似于大学。某些办公室有长长的走廊连接各个办公室，另一些则可能是组合式办公室，有隔墙而没有门。

5.组织文化

组织内部环境中一个特别重要的部分是它的文化。组织文化是一组价值观、信仰、行为、习惯和态度，它帮助组织成员理解组织的立场、行为方式和组织所关心的问题。文化决定着组织的"感觉"。作为最重要的团队精神之一，华为的"狼性文化"可以用这样的几个词语来概括：学习、创新、获益、团结。用狼性文化来说，学习和创新代表敏锐的嗅觉，获益代表进攻精神，而团结就代表群体奋斗精神。微软公司的形象是人们穿着随便但工作时间很长。

相反，美洲银行的形象是正规的、工作纪律严格并且着装保守的公司。德州仪器公司则喜欢谈论它“只穿衬衣”的文化，公司里不系领带，经理们大多不穿外套。通常情况下，组织文化是长期发展和培养的结果。它的起点往往是组织创立者。随着组织的成长，它的文化会进行调整、成形，并由符号、故事、英雄、口号和庆典加以精炼。另外，公司的成功和经验分享也对文化的形成起着重要的作用。

对于组织文化的管理，管理者们应当理解当前的文化，然后决定是应当保持还是应当改变。必须注意在保持现有有效的文化和改变已经陷入机能障碍的文化之间进行巧妙的选择。

管理故事 4-2

沙漠之舟

小骆驼问妈妈："妈妈，妈妈，为什么我们的睫毛那么长？"

骆驼妈妈说："当风沙来的时候，长长的睫毛可以让我们在风暴中都能看得到方向。"

小骆驼又问："妈妈，妈妈，为什么我们的背那么驼，丑死了！"

骆驼妈妈说："这个叫驼峰，可以帮我们储存大量的水和养分，让我们能在沙漠里耐受十几天的无水无食条件。"

小骆驼又问："妈妈，妈妈，为什么我们的脚掌那么厚？"

骆驼妈妈说："那可以让我们重重的身子不至于陷在软软的沙子里，便于长途跋涉啊。"

4.2 环境分析

4.2.1 环境分析工具

企业不能像孤岛那样独立存在，而只能置身于外部环境之中。外部环境因素中大部分是企业无法控制的，它们左右着企业的发展方向和具体行动的选择。在环境瞬息万变的今天，所有想要继续生存的企业，必须在制定和实施战略时，更加注意外部环境问题。

1.PEST 分析法

PEST 分析是一种用来帮助组织分析其外部宏观环境的方法。宏观环境又称一般环境，是指影响一切行业和企业的各种宏观力量。对宏观环境因素做分析，不同行业和企业根据自身特点和经营需要，分析的具体内容会有差异，但一般都应对政治（political）、经济（economic）、社会（social）和技术（technological）这四大类影响企业的主要外部环境因素进行分析，称之为 PEST 分析法。

外部宏观环境因素的具体内容我们已经做了详细的论述，这里不再赘述。外部宏观环境不是管理者可以影响的，更不是管理者可以改变的，对于宏观环境主要是如何主动适应它。

2.波特五力竞争模型

决定一个企业盈利能力的首要和根本的因素是行业的吸引力。行业五力竞争模型（见

图 4-2)主要用来对五种竞争力量进行分析，在制定企业基本战略特别是竞争战略时经常用到。企业在一定行业中从事经营活动，行业环境的特点直接影响着企业的竞争力。五力竞争模型(Michael Porter's five forces model)是迈克尔·波特(Michael Porter)于 20 世纪 80 年代初提出的，对企业战略制定产生了全球性的深远影响。它用于竞争战略的分析，可以有效地分析客户的竞争环境。影响行业内竞争结构及强度的主要有现有竞争对手、潜在进入者、替代品生产商、购买者及供应商五种环境因素。

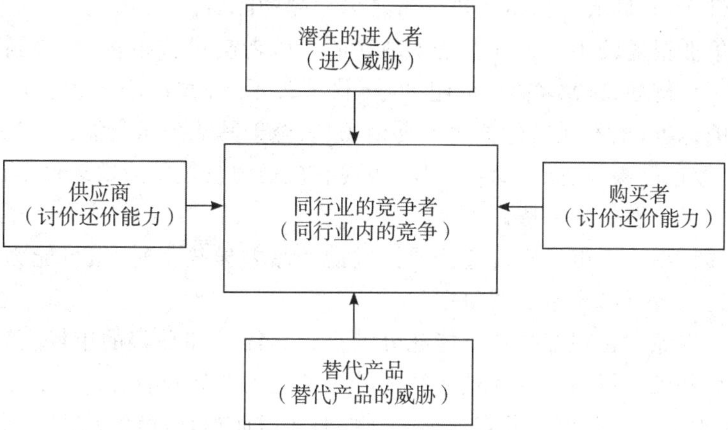

图 4-2　五力模型

(1)现有竞争者之间的竞争

在任何行业中，竞争都主要来自现有企业。当存在以下几个条件时，竞争可能尤为激烈。

①行业中的竞争者在市场规模和市场份额方面基本势均力敌。比如国内手机市场的例子。在这个市场上，苹果、华为和小米三个竞争对手占有大致相同的市场份额，三者之间为了获得更多的市场份额而展开激烈的竞争，导致大量的广告支出、价格战和新产品的不断推出。

②市场处于低增长阶段，尤其是当产品处于产品生命周期的成熟和衰退期时，在这样的市场条件下，某个公司要获得增长只能以竞争对手的牺牲为代价，因而进一步加剧了竞争。

③退出障碍较大。企业一旦发现自己难以退出已经进入的市场时，就很可能会加倍努力地竞争以追求成功。初入市场时大量的投资会造成退出的精神(或自我)障碍；高昂的沉没成本(货币的或社会的)也会推迟企业的退出，网络市场促使企业在更加有利可图的子市场上展开竞争。

④产品差异化程度较低。在顾客看来产品没有多大差异，产品内在的质量和消费者的感知价值相似的市场中，为增加销售额而展开的竞争往往会更加激烈。其主要原因是顾客的转换成本，即顾客从一个供应商转向另一个供应商的成本(如财务成本、便利性等)较低。

⑤固定成本较高。当固定成本与可变成本相比较高时，就需要较大的销售量来分摊。在销售量足以弥补固定成本之前，竞争将异常激烈。

(2)新进入者的威胁

企业除了要考虑已有的竞争对手之外，还要考虑潜在进入者的威胁。

当存在下列条件时，市场的进入壁垒较低，潜在竞争者更有可能进入市场。

①进入成本较低。例如,因为有了互联网,那些资源短缺的竞争者现在也能比较容易地进入那些原本需要大量资金投入的行业。如当当网站用不多的资金进入了图书在线零售业,它无须像那些传统的图书零售商那样把大量的资金投入门店建设。

②现有或新分销渠道的开放使用。约翰逊和斯科尔斯(Johnson and Scholes)指出,啤酒市场的新进入者无法进入德国、英国和法国是因为那些地方的酒吧是由大啤酒酿造商资助的。这种"密切"的体系保证了大啤酒酿造商们进入市场,却阻止了新市场进入者和小规模酿造商们的进入,它们成为新市场进入者难以逾越的障碍。

③预计竞争性报复较小。预计市场中现存的竞争者会进行报复,是遏制市场新进入者的最大障碍之一。例如,IBM在20世纪80年代曾表示,公司决心捍卫自己在计算机市场已经建立起来的地位,绝不让其他公司分食市场,以至于其他公司只能进入这个市场的其他方面而不敢与"蓝色巨人"正面交锋。相反,当现有公司力量较弱或缺乏保卫市场的决心时,新进入者成功的可能性就大一些。

④产品差异较小。当市场中现存公司提供的产品差异较小时,很可能为那些产品具有独特价值的新进入者留出充裕的竞争空间。

⑤市场存在空隙。在现存公司不能充分满足顾客需求和欲望的市场上,有更多的机会让新进入者为那些尚未得到满足或被忽视的子市场提供产品和服务。尤其在那些高度细分的市场中,如果现有企业在识别顾客需求多样性时缓慢而迟钝,就为新进入者提供了诱人的机会。

(3)替代品的威胁

新进入者可以使用已有的技术,也可以用飞跃性的技术使市场发生革命性的改变。的确,技术替代可能产生于新进入者,也有可能产生于使用新方法的原有企业。替代品往往可以提升一个行业的竞争力,其理由如下:

①淘汰原有的技术。典型的例子包括电子技术取代机械钟表,以及数字电视取代原有的电视。技术变化越迅速的地方,企业之间为争夺领先地位而进行的竞争往往越激烈。

②产品不断改进。即使在技术渐进式发展的行业中,市场上原有的产品也会很快过时。例如,由于计算机行业技术发展神速,个人计算机被运出工厂时几乎就已经过时了!电子邮件的出现,虽然作为一种沟通的方式,还没有完全取代信件,但已经对邮递服务产生了深刻的影响。电子邮件只不过是通过光缆而不是通过邮差递送的信件。

(4)供方讨价还价的实力

行业内成员与其供应商和顾客之间实力均衡与否对每一个参与者所遭遇的竞争程度都有深刻的影响。当供应商或顾客的实力大于行业内成员时,行业内争夺稀缺供应商或稀缺顾客的竞争会愈加激烈。供应商在以下情况拥有更强的讨价还价能力。

①供方比买方更集中。当只有少数企业能够并愿意提供产品时,它们的实力就强于买方。同样,当买方比较分散并且购买的数量相对较少时,它们的实力则可能弱于供方。

②转换供应商的成本较高。如果供应商提供的是买方所需的关键原材料,且买方难以在别的地方买到或购买的成本更高,供方讨价还价的实力较强。如果供应商提供的只是到处都可以买得到的普通产品,它们讨价还价的实力就小。

③供应商提供高度差异化的产品。当供应商提供独特的、有差异的产品时,无论是通过产品标准、属性或设计等有形的差异,还是通过品牌和声誉等无形的差异,它们都可能获得

更强的讨价还价能力。如英特尔公司，作为计算机芯片（越来越成为大宗商品）的供应商，正是在最终顾客心目中的品牌声誉提升了它讨价还价的能力。这种拉动效应也提升了英特尔公司在向计算机制造商和组装生产商们提供产品时讨价还价的能力。

（5）买方讨价还价的实力

购买行业产品的买方或顾客也会对行业内的竞争程度施加压力和影响。当以下情况出现时，买方在供应链中拥有更强的讨价还价能力。

①它们比卖方更集中。当买方的数量少于卖方，尤其是当个别买方占有很大比重的购买量或各个卖方的产量相对较小时，买方顾客就拥有较大的讨价还价能力。例如，在杂货零售业，少部分主要连锁商占有很大比重的销售量，故而它们在与供应商谈判时占据主动地位。

②买方很容易从其他来源得到类似的供应。尤其是普通产品或服务，买方比较容易在别处买到所需的产品。

③买方的转换成本较低。当能够方便且低成本地转换供应商时，买方就有更强的讨价还价能力。它们可以货比三家，以便得到更好的交易条件。

这 5 种力量从整体上决定了产业的盈利性，因为它们直接影响到企业的产品价格水平、成本结构和投资需求，管理者应当通过评估这 5 种力量，来评价某个产业的吸引力。当然，产业动态总处在变化中，今天某个产业是盈利的，也许明天就变成无利可图的。因此，管理者需要定期地对其所处的产业状态进行重估，制定战略计划。

3.环境特性识别方法

根据企业所面临环境的复杂性（指环境构成要素的类别和数量）和动态性（指环境的变化速度及这种变化的可观察和可预见程度）这两项标准，还可以将管理环境分为四类：稳定、简单的环境，稳定、复杂的环境，动态、简单的环境，以及动态、复杂的环境，如表 4-2 所示。

表 4-2　组织环境分类

环境状态		动态程度	
		稳定	动态
复杂程度	简单	状态 1：稳定、简单的环境 环境影响因素较少， 环境因素变化不大， 环境因素容易了解	状态 2：动态、简单的环境 环境影响因素较少， 但在不断变化之中， 环境因素比较容易掌握
	复杂	状态 3：稳定、复杂的环境 环境影响因素较多， 但环境因素基本保持不变， 掌握环境因素较难	状态 4：动态、复杂的环境 环境影响因素多， 且处于不断变化之中， 掌握环境因素困难

（1）稳定、简单的环境

在这种外部环境中的组织会处于相对稳定的状态。在这种环境下，管理者对内部可采用强有力的组织结构形式，通过计划、纪律、规章制度及标准化生产来进行管理。如一般的当地饮料、啤酒等生产企业大都处于此种环境。

(2)动态、简单的环境

处于这种环境中的组织一般都处于相对缓和的不稳定状态之中。面临这种环境的组织一般都采用调整内部组织管理的方法来适应变化中的环境。纪律和规章制度仍占主要地位,但也可能在其他方面,如企业的市场营销方面采取强有力的措施,以应对快速变化中的市场形势。唱片公司等多属于这一环境中的组织,它们面临的竞争对手不多,材料供应商也只有固定的几个,销售渠道单一,涉及的政府管理部门也有限。但尽管环境影响因素不多,却面临着技术或市场需求的迅速变化。

(3)稳定、复杂的环境

一般来说,处于这种环境中的组织为了适应复杂的环境都采用分权的形式,强调根据不同的资源条件来组织各自的活动。不管怎样,它们都必须面对众多的竞争对手、资源供应者、政府部门和特殊利益代表组织,并做出管理上的相应改变。像轮船制造企业基本上处于此种环境之中。

(4)动态、复杂的环境

宏观环境和微观环境因素的相互作用有时会形成动态、复杂的环境。面对这样的环境,管理者就必须更强调组织内部各方面及时有效的相互联络,并采用权力分散下放和各自相对独立决策的经营方式。一般而言,电器制造公司、高新技术企业面临的就是技术飞速发展、市场需求变化迅速、竞争对手对抗剧烈的动态、复杂的环境。

4.2.2 环境管理具体措施

一般来说,管理上常采用的减少环境压力的措施有:

1.信息管理

信息管理对于理解初始环境和监督环境变化信号十分有效。信息管理的方法之一是环境监督,即组织成员通过各种形式收集组织内外环境信息;方法之二是信息加工,即对信息进行分类、加工、处理;方法之三是信息发送,即把有用的信息(包括针对变化采取的策略方面信息)传递给组织内外需要这种信息的人或组织。

2.收购、兼并和联盟

收购是一家企业购买另一家企业的部分资产、部分业务,也可以是整体收购,还可以收购股权以便控股。兼并是两家或更多的企业合并成为一家新的企业。联盟包括合资、合作、建立联合体等。当竞争对手很强时,可以联合起来对付。企业还可以用联合的方法来控制其主要供应商以保证资源的稳定供应。

3.舆论

当组织受到其他组织威胁或危害时,管理人员常采用舆论的力量来对抗这些威胁。例如,当有关部门对企业乱摊派,主管部门随意撤换企业领导、强行改变企业性质时,管理者就当借助于舆论的力量来改变其不利的地位。

4.广告

广告可以建立品牌忠诚,减少易变的服务对象的影响和竞争对手推出新产品或新服务的影响。当一批客户相信某公司的产品比起其他公司的产品好时,该公司就拥有了一批稳定的顾客,并增加了该公司对其产品价格、经销商的选择余地,也增强了其与其他公司的竞争能力。

5.战略反应

这是组织适应环境的一种重要措施。具体来说包括保持现状、稍做改动或采取全新战略。在稳定的环境中,可保持现状,但必须事先对环境趋势进行分析和预测,提前做好应变计划;在动态环境中,管理者主要是通过保持策略灵活性来对付复杂多变的环境。如果企业当前所在的市场成长迅速,企业可能会决定更多地投资于该市场中的产品或服务。但如果企业当前所面临的市场萎缩或未能提供潜在增长的证据,企业则会削减投入。

6.组织设计

组织可以通过在结构设计中增加灵活性来适应环境。如果组织面对的是不确定性相对较低的环境,一般就会采用制定许多基本规则和标准作业程序的组织设计;如果组织面对的是不确定性相对较高的环境,组织可能就会采取标准作业程序较少的组织设计,从而为管理者提供更多的自主判断的灵活性,以便对环境变化做出迅速反应。

7.组织变革

老子在《道德经》中说“刚强者死之徒,柔弱者生之徒”,是讲做人做事不能太僵硬,而要有一定的柔性。企业要生存与发展要有一定的柔性,以适应环境的变化,而这种柔性的表现形式就是不断地变革,在变革中求发展,在发展中变革。组织变革就是改变僵硬求柔性,与时俱进地使企业与环境相适应。

8.直接影响

组织面对环境并不总是被动适应,有时候组织可以通过许多方式对环境产生直接影响。如企业通过游说和讨价还价影响他们的管制者,使管制者通过有利于企业的政策或采取有利于企业的行动;企业可以通过一定的竞争行为影响竞争对手,使竞争对手做出相应反应;企业也可以同供应商签订长期合同或者自己生产,影响供应商的行为;企业还可以生产新产品或者为原有产品创造出新用途来影响顾客、发现新的顾客、从竞争对手那里争夺顾客以及说服顾客相信自己需要新产品。每个管理者的工作都受到来自组织内外部的各种因素的制约,但管理者仍可以在一定范围内对组织的生存和发展产生重大的影响,管理者可以通过管理工作变消极因素为积极因素。这也是一个好的管理者与一个差的管理者的区别之处。

4.3　战略管理

战略广义是泛指重大的带有全局性和决定全局的计谋。在现代军事科学中,战略是相对于战术而言的。战略是指对战争全局的筹划与指导,战术是指具体作战的原则和方法,是战略的深化和细化。

随着人类社会的发展,“战略”一词后来被引申到政治、经济、社会等领域,关于战略的概念,已经从传统的狭义的军事领域有了多方面的扩延,出现了诸如国际战略、国家战略、地区战略以及政治战略、经济战略、外交战略、社会战略、能源战略、教育战略、科技战略、企业战略等用语和概念。战略也就演变为泛指在一定时期内为了实现预定目标,对组织全局的、长远的和重大的问题所做出的运筹规划。

本书将战略(strategy)定义为实现组织目标的全面规划。战略管理是迎接企业机会与挑战的方法，是一个全面和持续的过程，旨在制定和实施有效的战略。有效的战略是在组织和环境之间实践卓越协调的战略。

4.3.1 战略管理的过程

战略管理过程包括确定企业的愿景和使命、企业内部环境评估与外部环境分析、战略方案的制定与选择、战略的实施执行以及战略的评估与控制。

1.企业愿景和使命

(1)企业愿景

所谓公司愿景，就是一种描述组织发展意图和未来理想状态的浓缩“企业蓝图”，它体现组织的长期愿望与追求。

联想集团的愿景：未来的联想应该是高科技的联想、服务的联想、国际化的联想。

万科集团的愿景：成为中国房地产行业领跑者。

公司愿景对于企业的作用主要在以下几个方面：

①有效的公司愿景对于公司战略具有重要的作用和意义，它可以引导企业战略健康发展。例如，为企业战略确定某些重要的开端和主要方向，集中企业决策中的某些关键的意图和思路，促进企业战略保持连续发展。

②优化管理氛围，有效的公司愿景不仅能够广泛地引起人们情感上的共鸣，从而促进企业对员工的凝聚力，增强员工对企业的忠诚度。同时，它还可以在企业内部转变成下属公司、部门、团队和个体的理想和期望，从而有利于统一各员工的价值观，有利于优化企业的管理氛围。

③提升市场价值，有效的公司愿景能够引起企业的用户、传媒、股东以及其他企业和单位的关注，从而起到提升企业市场价值的作用。

企业愿景是企业家的立场和信仰，是企业最高管理者头脑中的一种概念，是这些最高管理者对企业未来的设想，是对“我们代表什么”“我们希望成为怎样的企业”的持久性回答和承诺。愿景是企业从自身角度对自己未来发展的一种期许，而使命则是对外部利益相关者的一种承诺。

(2)企业使命

企业使命是企业生产经营的哲学定位，也就是经营观念。企业确定的使命为企业确立了一个经营的基本指导思想、原则、方向、经营哲学等，它不是企业具体的战略目标，或者是抽象地存在，不一定表述为文字，但影响经营者的决策和思维。

使命陈述应当包括些什么？可以参考表 4-3 对使命陈述构成要素的描述。

表 4-3　使命陈述构成要素

顾客：	谁是组织的顾客？
市场：	组织在哪些地区开展竞争？
对生存、成长和盈利的关注：	组织对成长和财务稳定做出承诺了吗？
哲学：	组织的基本信念、价值观、追求和道德准则是什么？
对公共形象的关注：	组织怎么响应公众对社会和环境的关注？

续表

产品和服务：	组织的产品和服务是什么？
技术：	组织的技术状况如何？
定位：	组织的主要竞争优势与核心能力是什么？
对雇员的关注：	组织将雇员看作最有价值的资产吗？

2.企业内部环境评估与外部环境分析

这项过程重点在 SWOT 分析，SWOT 分析包括内部分析和外部分析，内部分析是找出企业组织资源及能力的优势和劣势，外部分析是找出影响企业运作外在环境中的机会和威胁，本书将在 4.3.2 进行深入说明。

3.战略方案的制定与选择

战略需要分别在公司层、业务层和职能层设立。公司层战略决定公司应当从事什么事业，以及计划从事什么事业；业务层战略决定组织应当如何在每一项业务上展开竞争；职能层战略寻求如何支持业务层战略。

管理者需要开发和评价不同的战略选择，然后选定一组符合三个层次要求的战略，这些战略能够最佳地利用组织的资源并充分利用环境的机会。管理者们将寻求组织的恰当定位，以获得领先于竞争对手的相对优势。这要求仔细评价控制产业竞争规则的各种竞争力量；成功的管理者所选择的战略将使组织获得最有利的竞争优势，并使这种优势能够长期地保持下去。前两层的制定内容我们将在 4.3.3 及 4.3.4 来阐明。

4.战略的实施执行

无论战略计划制定得多么有效，如果不能恰当地实施仍不会成功；特别是职能分工的落地执行，更为重要，本书将在 4.3.5 说明职能层战略。

5.战略的评估与控制

战略管理过程的最后一个步骤是评价结果和进行控制。战略执行的效果怎么样？需要做哪些调整？在第 9 章控制这一章中，我们会讨论一连串评价战略实施效果和纠正严重偏差的方法与技术。

4.3.2 SWOT 分析

SWOT 分析是由安索夫于 1956 年提出来的，后来经过多人的发展而成为一个用于环境战略分析的实用方法。SWOT 分析法即是对组织优势(strength)、劣势(weakness)、机会(opportunity)和威胁(threats)的分析。通过研究环境，认识外界的变化可能对组织造成的威胁或提供的发展机会，同时分析企业自身在资源和能力上的优势和劣势，由此两方面结合制定出企业生存和发展方向战略。如图 4-3、图 4-4。

1.评估组织的优势

组织的优势是组织据以形成和实施战略的技能和能力。例如，苹果公司成功打造用户体验，借势“数码生活”战略，搭建苹果商业生态圈，这样，公司将其现有的能力和品牌的力量进行了资本化，使其遥遥领先于竞争者。不同的战略需要不同的技术和能力。例如，松下电气公司已经证明自己在制造和销售消费电器产品方面的能力。但是，该公司在电器方面的

		企业内部资源	
		优势(strength) 列出：优势	劣势(weakness) 列出：劣势
企业外部环境	机会(opportunity) 列出:机会	SO 战略 利用优势去抓住机会	WO 战略 利用机会去克服劣势
	威胁(threat) 列出:威胁	ST 战略 利用优势避免威胁	WT 战略 将劣势和威胁最小化

图 4-3　SWOT 战略选择分析

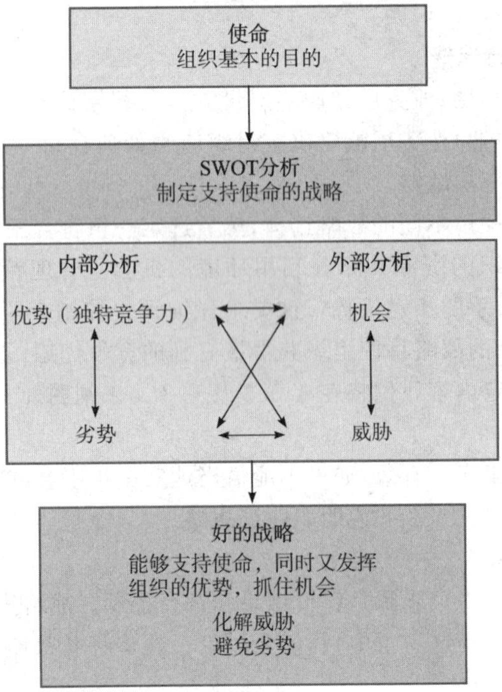

图 4-4　SWOT 战略过程分析

优势并不能保证它扩张到其他业务中也能成功，比如保险、游泳池制造或零售。不同的战略需要不同的组织优势。SWOT 分析将组织优势分为两个类别：一般优势和独特竞争力。

（1）一般优势。一般优势是许多有竞争力的企业都拥有的能力。例如，所有的好莱坞大型电影公司都在灯光、音响、布景和服装设计、化妆方面拥有一般优势。竞争性等值指的就是当众多竞争性企业都有能力实施相同战略时的情景。在这种情况下，组织通常只能获得平均的经济绩效。

（2）独特竞争力。独特竞争力是只有少数竞争性企业才拥有的优势。独特竞争力是竞争组织间稀有的能力。微信利用其牢牢固化的数亿人的社交关系，以及不断推出游戏应用等方式，增加用户的黏性，在激烈的 O2O 商战角力中有明显的竞争优势，而其竞争优势的源泉来自企业自身独特的资源、能力与核心竞争力。发展独特竞争力的企业通常能够获得竞争优势，实现超过平均水平的经济绩效。事实上，SWOT 分析的主要目的就是发现组织的独特竞争力，从而选择和实施能够利用这一组织独有优势的战略。

(3)独特竞争力的模仿。拥有独特竞争力并且将其在战略中进行发挥的组织将获得竞争优势，实现高于平均水平的经济绩效。然而，它的成功会吸引其他组织复制这些优势。战略模仿(strategic imitation)就是复制其他公司独特竞争优势、实施有价值的战略的做法。有些独特竞争力是可以模仿的，而有些则是无法模仿的。当某些独特竞争力无法被模仿时，基于这些竞争力的战略将产生持续的竞争优势。持续的竞争优势(sustained competitive advantage)是所有的战略模仿尝试停止后仍然存在的竞争优势。

独特竞争力无法模仿的原因可能有三个。首先，独特竞争力的获得或开发可能来自独一无二的历史环境，而其他组织无法复制。企业有时能基于特定的历史条件而发展自身能力。比如迪士尼乐园历史发展具有独特性，其他的游乐园相比迪士尼乐园，游戏设施项目可能并没有差距，但比起文化底蕴却差很远。

其次，独特竞争力难以模仿可能是由于它的性质或特性无法被竞争对手公司理解。例如，宝洁公司认为它的持续竞争优势来源于长期的制造经验。宝洁工厂的很大一部分被遮蔽起来以保护其秘密。

最后，独特竞争力难以模仿的原因还可能是因为它基于复杂的社会现象，如组织团队或文化。竞争对手组织可能会知道，企业成功的原因是其经理们之间的团队精神，但是团队是很难创建的，因此它们还是无法模仿这种独特的竞争力。

2.评估组织的劣势

组织的劣势是那些无助于组织选择和执行实现其使命战略的技能和能力。组织主要用两种方法对待其劣势。首先，它可以进行投资，以获得执行实现其使命战略所需要的优势。其次，它可以修正使命，从而可以利用组织已经具备的技能和能力。

在实践中，组织在面对自己的劣势时往往会遇到很大的困难，特别是因为组织成员往往不愿意承认他们不具备必要的技能和能力。对组织劣势的评估还会引起人们对确定组织使命和未能投资于必要的技能和能力的经理们的判断能力的怀疑。

不能认识或克服自身弱点的组织将陷入竞争劣势。如果组织无法实施其竞争对手们所实施的战略，则该组织就陷入了竞争劣势。陷入竞争劣势的组织的经济绩效将低于平均水平。

3.评估组织的机会与威胁

如果说对优势和劣势的评估集中于组织的内部工作，那么组织机会和威胁的评估则需要对组织的环境进行分析。组织的机会是可能带来更高经济绩效的因素。组织的威胁是阻碍组织经济绩效进一步提高的因素。波特关于组织环境的“五种竞争力量”模型，可以用来分析组织环境中机会和威胁的程度。其中包括竞争强度、供应商讨价还价的力量、购买者讨价还价的力量、替代品威胁和新进入者的威胁。一般来说，当竞争强度、供应商讨价还价的力量、购买者讨价还价的力量、替代品威胁和新进入者的威胁都较高时，则这一产业中机会很少而威胁众多，产业中的企业通常只能获得一般水平的经济绩效。另一方面，当竞争强度、供应商讨价还价的力量、购买者讨价还价的力量、替代品威胁和新进入者的威胁都较低时，这一产业中机会众多而威胁相对较少，产业中的组织有可能获得高于一般水平的经济绩效。

4.优势-劣势-机会-威胁矩阵

优势-劣势-机会-威胁矩阵(SWOT)是帮助战略管理者制定如下四类战略的重要匹配工具:SO战略、WO战略、ST战略和WT战略,它是一种广泛使用的战略分析和制定方法。在用该方法制定战略时,要对企业内部的优劣势和外部环境的机会威胁进行综合分析,尤其需要将这些因素与竞争对手加以比较,只有这样,才能制定出有价值的企业战略方案。

(1)优势-机会(SO)战略是一种发挥企业内部优势并利用企业外部机会的战略。所有的企业都希望处于这样一种状况,即可以利用自己的内部优势去抓住和利用外部事件变化中所提供的机会。当企业处于劣势时,它将努力转变这一劣势而将其变为优势。当企业面临巨大威胁时,它将努力回避这些威胁以便集中精力利用机会。

(2)劣势-机会(WO)战略的目标是通过利用外部机会来弥补内部弱势。适用于这一战略的基本情况是:存在一些外部机会,但企业有一些内部的弱势妨碍着它利用这些外部机会。

(3)优势-威胁(ST)战略是利用本企业的优势回避或减轻外部威胁的影响。这并不意味着一个很有优势的企业在前进中总要遇到威胁。

(4)劣势-威胁(WT)战略是一种旨在减少内部弱点,同时回避外部环境威胁的防御性技术。一个面对大量外部威胁和具有众多内部劣势的企业的确处于不安全和不确定的境地。

管理故事 4-3

要见老总

A在合资公司做白领,觉得自己满腔抱负没有得到上级的赏识,经常想:如果有一天能见到老总,有机会展示一下自己的才干就好了!

A的同事B也有同样的想法,他更进一步,去打听老总上下班的时间,算好他大概会在何时进电梯,他也在这个时候去坐电梯,希望能遇到老总,有机会可以打个招呼。

他们的同事C更进一步,他详细了解老总的奋斗历程,弄清老总毕业的学校、人际风格、关心的问题,精心设计了几句简单却有分量的开场白,在算好的时间去乘坐电梯,跟老总打过几次招呼后,终于有一天跟老总长谈了一次,不久就争取到了更好的职位。

4.3.3 公司层战略

如果一个组织拥有一种以上的业务,那么它将需要一种公司层战略。这种战略寻求回答这样的问题:我们应当拥有什么样的业务组合?战略业务单位(SBU)是代表一种单一的业务或相关的业务组合,每一个战略业务单位应有自己独特的使命和竞争对手,这使得每一个战略业务单位有自己独立组织的不同于其他单位的战略。每一个业务单位服务于一种明确定义的产品细分市场,并具有明确定义的战略。业务组合中的每一个业务单位按照自身的能力和竞争需要开发自己的战略。

公司层最重要的战略挑战是对于多元化(diversification)实际内容的选择。一般存在着三种多元化战略:单一产品战略、相关多元化和不相关多元化战略。

1.单一产品战略

追求单一产品战略的组织只制造一种产品或只提供一种服务并且只在单一的地理市场上进行销售。例如汇源公司只生产一种产品，即汇源果汁，尽管汇源推出矿泉水和果汁加牛奶式乳饮料，但它所有制造、销售和营销工作仍然集中于果汁饮料一种产品。日本 YKK 公司，仅靠其拉链产品自 20 世纪 70 年代末成为全球冠军至今。

单一产品战略是一些中小企业或新建企业采用最广泛的一种，因为它能给企业带来立竿见影的效果，这种效果得益于它的优点：有利于降低新产品的市场导入费用，降低产品成本；有利于强化品牌效应，增加品牌的价值；管理费相对低廉，操作简单。

单一产品战略也有弊端，而且一旦产生作用将给企业带来巨大的影响。比如增加了产品的市场风险。在市场竞争中如果单一产品经营失败，遭到消费者的拒绝，企业利润将受到严重冲击，根据消费者的好恶心理转移传递原则，也会导致消费者对企业的否定。同时，采用单一产品战略无法满足不同消费群体的需要。

2.相关多元化战略(related diversification)

多数大型企业会在数个不同的业务、产业或市场中进行经营，如果经营的业务之间存在某种关系，便可称实施相关多元化战略。它们可能在技术、工艺、销售渠道、市场管理技巧、产品等方面具有共同或者相近的特点的经营。表 4-4 描述了一些典型相关性。

表 4-4　一些典型的相关性

相关性的基础	案例
相似的技术	飞利浦，波音
共同的分销和营销技能	宝洁，百丽
共同的品牌名称和商誉	迪士尼，海尔
共同的顾客	默克，IBM

相关多元化战略的优势在于，首先，它可以准确地针对某一细分市场，满足该市场的特殊需要，塑造产品个性，获得这一市场的信赖和品牌忠诚。随着商品市场的发展，消费者的需求日益多样化、差异化和个性化，大众消费逐渐转化为细分群体消费。其次，减少产品间相互不利的影响，使用多元化战略可以避免因某一种产品市场推进失败或质量发生问题所带来的企业危机的风险。如果企业对生产、经营的同一类产品使用了不同的品牌名称，在对外宣传上也都属独立宣传，因此即使其中的一种出现了问题，也不会牵涉到其他产品，这大大降低了企业的经营风险。再次，可以占领不同细分市场，提高市场占有率。最后，可以促进企业内部开展竞争，提高整体效益。

相关多元化战略的劣势：首先，过分追求多元化经营有财务风险；其次，过分追求多元化经营容易出现决策失误；最后，过分追求多元化经营会造成管理质量下降。

3.不相关多元化战略(unrelated diversification)

实施不相关多元化的企业经营着相互之间没有逻辑关系的多元化业务，即企业所开拓的新业务与原有的产品、市场都没有相关之处，所需要的生产技术、经营方法、销售渠道等必须重新取得。企业实施不相关多元化一般被认为拥有资源配置优势，当公司每年决定在其不同业务间分配资本、人力和其他资源时，它必须准确掌握评估各业务未来的信息，从而将资源投向回报率最高的业务。

不相关多元化战略的优势包括:(1)分散经营风险。即"不把所有的鸡蛋放在同一个篮子里"。企业可以通过向不同的行业渗透和向不同的市场提供产品与服务,来分散企业的经营风险。与相关多元化相比,这是更好的分散经营风险的方法,因为公司的投资可以分散在有着完全不同的技术、竞争力量、市场特征和顾客群体的业务之中,能够使企业迅速地利用各种市场机会,向着更有效的行业转移,以改善企业的整体盈利能力和灵活性。(2)拓展企业成长发展空间。技术进步的影响,导致一批以新材料、新能源、新技术、新工艺为特征的新兴产业的出现,这既为企业向不同的产业领域发展提供了机会,也为企业实行多样化经营提供了丰富的物质基础。企业可以通过多样化发展战略,进入高增长、高效益、高附加值的新型行业,以减轻在现有产品市场上的竞争压力。

不相关多元化竞争战略的劣势包括:(1)企业资源分散。多元化发展必定导致企业将有限的资源分散于每一个发展的业务领域,从而使每一个欲发展的领域都难以得到充足的资源支持,有时甚至无法维持在某一领域中的最低投资规模要求,结果在与相关的专业化经营的对手竞争中失去优势。(2)管理难度加大。由于企业在不同的业务领域经营,不可避免地要面对多种多样的产品与市场,这些产品在生产工艺、技术开发、营销手段上可能不尽相同,这些市场在开发、渗透、扩张等方面也都可能有明显的区别,要管理好它们难度显著增加。(3)营运费用增加。当一个原先在单一产业领域运营的企业准备进入另一个或多个产业领域时,必然要增加运营费用,主要包括学习费用、设备与技术的购置费用,以及市场营销方面的费用等。企业是否有足够的资金来维持费用的增加,是否会对企业的正常经营造成巨大的冲击?

因此,企业在选择非相关多元化战略时,要谨慎行事,切忌盲目。许多事实说明,如果多元化战略决策不当或实施不力,不仅会导致新业务的失败,还可能影响已有业务的发展甚至殃及整个企业的前途。波士顿(BCG)矩阵便是一种多元化经营的企业中相对业务绩效的评估方法。

图 4-5　BCG 矩阵

BCG 矩阵(BCG matrix)是由波士顿咨询集团(Boston Consulting Group)开发的。BCG 矩阵是将公司业务标在一个 2×2 维的矩阵中(见图 4-5),以便确定哪项业务可以提供较高的潜在收益,哪项业务在消耗公司的资源。矩阵的横轴表示市场份额,从高到低;矩阵的纵轴表示预期的市场增长,从低到高。根据评估的结果,一项业务可能落在下述四个象限之一。

(1)"金牛"型。该业务单位具有低业务增长率和高市场份额。由于市场份额高,利润和现金产生量应当较高。而较低的业务增长率则意味着对现金的需求量也较低。于是,大量的现金余额通常会由"现金牛"创造出来。它们为全公司的现金需求提供来源,因而成为公司的主要基础。

(2)“瘦狗”型。指那种具有低市场份额和低业务增长率的业务部门或单位。低市场份额通常暗示着较低的利润。而由于其业务的增长率也较低,故为提高其市场份额而进行投资通常是不允许的。但该部门为维持其现有竞争地位所需要的现金往往大于它所创造的现金量。因此“瘦狗”型单位常常成为现金陷阱。适用于它的最合乎逻辑的战略方案是清算或者“收割”。

管理工具 4-1

BCG 矩阵构建方法

1.核算企业各种产品的销售增长率和市场占有率

销售增长率是指企业本年销售增长额与上年销售额之间的比例,反映销售的增减变动情况,是评价企业成长状况和发展能力的重要指标。销售增长率可以用本企业的产品销售额或销售量增长率,时间可以是一年或是三年以至更长时间。其计算公式为:

销售增长率=本年销售增长额/上年销售额=(本年销售额－上年销售额)/上年销售额

市场占有率可以用相对市场占有率或绝对市场占有率。基本计算公式为:

本企业某种产品绝对市场占有率=该产品本企业销售量/该产品市场销售总量

本企业某种产品相对市场占有率=该产品本企业市场占有率/该产品市场占有份额最大者(或特定的竞争对手)的市场占有率

2.绘制四象限图

通过以上两个因素相互作用,会出现四种不同性质的产品类型,形成不同的产品发展前景:①销售增长率和市场占有率“双高”的产品群(明星类产品);②销售增长率和市场占有率“双低”的产品群(瘦狗类产品);③销售增长率高、市场占有率低的产品群(问题类产品);④销售增长率低、市场占有率高的产品群(金牛类产品)。

3.确定战略对策

波士顿矩阵对于企业产品所处的四个象限具有不同的定义和相应的战略对策。

(3)“问题”型。这类业务部门或单位具有低市场份额和高业务增长率。由于其增长,他们的现金需求量较高,而由于其市场份额所限,他们的现金产量又较低。由于其较高的业务增长率,对“问题”采取的战略之一应当是进行必要的投资以获取增长的市场份额,并促使其成为一颗“明星”。当其业务增长率降下来之后,该单位就会成为一头“现金牛”。另一种战略是对那些管理部门认为不可能发展成为“明星”的“问题”实施缩减战略。

(4)“明星”型。这种类型的业务部门或单位具有高增长率和高市场份额。由于高增长率和高市场份额,“明星”运用和创造的现金数量都很巨大。“明星”一般为企业提供最好的利润增长和投资机会。很明显,对于“明星”的最好的战略是进行必需的投资以保持其竞争地位。

波士顿咨询集团的研究表明,牺牲短期利润以获取市场份额的组织,将产生最高的长期利润。因此,管理者应当从现金牛身上挤出尽可能多的“奶”来,把现金牛业务的新投资限制在最必要的水平上,而利用现金牛产生的大量现金投资于明星业务,对明星业务的大量投资将获得高额红利。当然，当明星业务的市场饱和及增长率下降时，它们最终会转变为现金牛。最难做出的是关于问题业务的决策，其中一些应当出售，另一些有可能转成明星业务。但是问题业务是有风险的，管理者应当限制投机性业务的数量。对于瘦狗不存在战略问题——这些业务应当出售或是瞅准机会清理变现，很少有值得保留或追加投资的。出售瘦狗业务所得的现金可以用来收购或资助某些问题业务。

BCG矩阵以市场增长率来界定产品在市场区隔上是否具有吸引力的因素，其实是根据产品生命周期的概念，认为产品有一定寿命，其寿命可分出连续的发展阶段，这些阶段包括导入期、成长期、成熟期和衰退期(图4-6)。

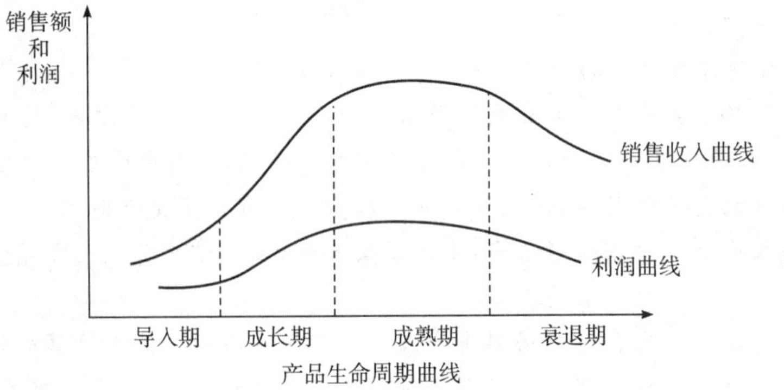

图4-6　产品生命周期

(1)导入期。在导入期阶段，需求可能很高，有时甚至超过企业的供应能力。在这一阶段，管理者们首要的工作是在不牺牲品质的条件下将产品卖出去。战略方向尽可能拓展市场，通过投入高成本宣传费用迅速使消费者接受产品，聘用员工、管理库存和现金流也是在这一阶段管理者们应当关心的问题。

(2)成长期。在成长阶段，市场上制造同类产品的企业多了起来，销售持续增长。这一阶段中重要的管理问题包括保证品质和供货，企业开始实行差异化的方法。在成长阶段进入这一产业的新企业可能会威胁现有组织的竞争优势，因此如何阻止竞争对手的进入是这一阶段中重要的管理问题。

(3)成熟期。成熟期市场增长率不高，需求增长不高，技术上已经成熟，行业特点、行业竞争状况及用户特点非常清楚而稳定，买方市场形成，行业盈利能力下降，新产品和产品的新用途开发更为困难，企业进入壁垒很高。行业的成熟阶段是一个相对较长的时期。在这一时期里，在竞争中生存下来的少数大厂商垄断了整个行业的市场，每个厂商都占有一定比例的市场份额。厂商与产品之间的竞争手段逐渐从价格手段转向各种非价格手段，如提高质量、改善性能和加强售后维修服务等。新企业往往会由于创业投资无法很快得到补偿或产品的销路不畅，资金周转困难而倒闭或转产。

在行业成熟阶段，行业利润稳定但增长率不高，整体风险也会维持在一个较低的水平。但在某些情况下，整个行业的增长可能会完全停止，其产出甚至下降。

(4)衰退期。在衰退阶段，市场增长率下降，需求下降，产品品种及竞争者数目减少。这一时期出现在较长的稳定阶段后。由于新产品和大量替代品的出现，原行业的市场需求开始逐渐减少，产品的销售量也开始下降，某些厂商开始向其他更有利可图的行业转移资金，因而原行业出现了厂商数目减少，利润下降的萧条景象。至此，整个行业便进入了生命周期的最后阶段。在衰退阶段里，厂商的数目逐步减少，市场逐渐萎缩，利润率停滞或不断下降。当正常利润无法维持或现有投资折旧完毕后，整个行业便逐渐解体了。

再联系前述的 BCG 矩阵，采用相对市场占有率来决定各业务单位是否具有优劣势，主要因素是根据波士顿顾问公司提出的经验曲线(experience curve)概念。该概念认为单位成本与市场占有率成反比关系，市场占有率越高，则成本越低，因而使该业务单位更具有竞争优势。这也说明了 BCG 矩阵的运用与产品生命周期是密不可分的。

4.3.4 业务层战略

业务层战略又称一般性竞争战略，是个别业务单位(利润中心、特殊产品集合)为取得优势而选用的。寻求回答这样的问题：在我们的每一项业务领域里应当如何进行竞争？对于只经营一种业务的小企业，或是不从事多元化经营的大型组织，业务层战略与公司层战略是一回事。对于拥有多种业务的组织，每一个经营部门会有自己的战略，这种战略规定该经营单位提供的产品或服务，以及向哪些顾客提供产品或服务等。

管理故事 4-4

猴子和老虎的故事

有一天，猴子发现老虎不慌不忙地向山上走去，心想山上一定有一片诱人的果林，不然老虎是不会轻易离开老巢的。于是猴子抄近路抢在了老虎前面，翻过一座山，果然发现一片茂盛的果林。猴子迅速爬到树上，把果子全部摇落下来，并堆好藏在草丛中。猴子爬上了树观察老虎的行动，而老虎却不紧不慢、一步一个脚印地走过这片果林，甚至都没有正眼看一下，猴子心想前面一定有一片更诱人的果林，否则老虎怎么会继续前行，而对这片果林一点兴趣也没有。于是猴子又抄近路，在前面果然又发现了一片更诱人的果林，于是它又摇落果子，藏在草丛中。可老虎仍然是一步一步地走着自己的路，从容地经过了果林，没有半点驻足的意思。在一座开阔的山头上，老虎终于停了下来。它四下张望，山上所有动物的活动情况尽收眼底，于是它选准目标、角度、时机，风一般地扑了上去。这时候猴子才明白：老虎所要寻找的并非果子。因此，猴子赶快沿原路往回跑，然而为时已晚，草丛中的果子大部分已经被别的动物搬走，剩余的也被蚂蚁、虫子糟蹋得不成样子了。

战略计划方面最重要的思想是哈佛大学工商管理学院的迈克尔·波特提出的。他的竞争战略框架表明，管理者能够从三种一般战略中进行选择，成功取决于选择正确的战略，即所选择的战略类型应与组织和产业的形势相适应。这三种战略是成本领先战略、差异化战略和聚焦战略。管理者必须选择一种能给他的组织带来竞争优势的战略，究竟选择哪一种战略，取决于组织的长处和竞争对手的短处。应当避免不得不与产业中所有的竞争者拼杀的局面，而应当将企业置于竞争对手所不具备的强有力地位。

1.成本领先战略

寻求在生产、营销和其他运营领域中的高效率，制造费用保持在尽可能低的水平上，企业想方设法削减成本;但产品和服务的质量必须不低于竞争对手,至少能够为消费者所接受。

这种战略的主导思想是以低成本占据行业中的领先地位,并按照这一基本目标采取有效措施,要求建立起大规模的高效生产设施,全力降低成本,尽量压缩各项管理费用。只有创造低于竞争对手的价格时,才会获得一份应有的市场占有率。随着生产与销售规模的扩大,企业获得的利润逐步增加。

成本领先的优势有利于建立起行业壁垒,有利于企业采取灵活的定价策略,将竞争对手排挤出市场。为了成功地实施成本领先战略,所选择的市场必须对某类产品有稳定、持久和大量的需求,才能大规模组织生产,产品的设计要便于制造和生产,要广泛地推行标准化、通用化和系列化,格兰仕微波炉、春秋廉价航空都是很具有代表性的案例。

2.差异化战略

差异化战略是企业提供与众不同的产品或服务,在行业中别具一格,建立起差别竞争优势,以独特的优越性来巩固自身在同行业中的地位。致使竞争者不易模仿,避免造成恶性竞争,关键在于产品和服务的属性必须使公司有别于它的竞争对手,并且足以创造价格的溢价,这种溢价超过了差异化所增加的成本,最终使企业获取更大的利润。

如果一个企业寻求产业中与众不同的特色,则它是在实行差异化战略。这种战略强调高超的质量、非凡的服务、创新的设计、技术性专长,或不同凡响的商标形象,关键是特色的选择必须有别于竞争对手,为数不少的企业至少在某一方面超过了竞争对手。海底捞的服务、英特尔公司的技术,思科公司的可靠性,都是差异化的代表。

3.聚焦战略

聚焦战略是企业主攻某个顾客群或某个特殊的细分市场。这一战略依据的前提是:企业业务的专一化能够以高效率、更好的效果为某一狭窄的战略对象服务,从而超过在较广阔范围内竞争的对手们,企业通过满足特殊对象的需要而实现了差异化,或者在为这一对象服务时实现了低成本,或者二者兼得。尽管聚焦战略未能像上述另两类战略那样在整个市场范围内取得优势,但它在其狭窄的市场目标中获得了集中化优势。消费者在不同的时间和地点,就会有不同的需求。国内的涪陵榨菜和老干妈其实都是非常经典的案例。

4.3.5 职能层战略

职能层战略是企业为实施总体战略和业务战略而对各项职能活动的方向、目标、政策和指导原则进行的系统谋划。它包括研究与开发战略、供应战略、生产战略、营销战略、人力资源战略、财务战略等内容。

1.市场营销战略

市场营销战略是指企业市场营销部门根据公司与业务单位战略规划,确定目标市场,选择相应的市场营销策略组合,并赋以有效实施和控制过程。

2.研究与开发战略

如产品开发、市场渗透或市场差异化等战略的实施需要成功地开发新产品,或极大地改良老产品。

3.生产运营战略

生产运营战略是根据目标市场和产品特点构造其生产运营系统时所遵循的指导思想,

以及在这种指导思想下的一系列决策规划、内容和程序。

4.采购战略

采购战略是企业取得所用的材料资源和业务服务的过程，对产品或服务的成本和质量具有重大影响。

5.人力资源战略

人力资源战略是取得开发、管理和激发企业的关键人力资源的一种战略性和一贯性方法，企业可借此实现可持续竞争优势的目标。

6.财务战略

财务战略是指为谋求企业资金均衡有效地流动和实现企业整体战略，为增强企业财务竞争优势，在分析企业内外环境因素对资金流动影响的基础上，对企业资金流动进行全局性、长期性与创造性的谋划，并确保其执行的过程。

4.4　全球化与管理

4.4.1 管理的全球观

1.全球化的内涵与特征

(1)全球化

在各种力量的综合作用下，全球化日益成为一种不可阻挡的潮流。何为全球化？简单地说就是全球的经济、文化或社会生活与结构日趋一体化、同质化。不过，不同的学科对全球化的理解存在差异。经济学家将全球化理解为世界经济的一体化；政治学家视之为建立新的世界格局的全球战略；社会学家则用它来解释世界市场经济活动的标准化，国际交往使用同一工作语言，以同样的方式建立相似的国际机构等国际化现象；而更多的人一提起全球化，联想到的则是人口、毒品走私、恐怖主义、环境污染、核武器扩散等人类社会共同面临的全球性难题。

管理学更为关注的是经济的全球化。所谓经济的全球化，是指世界各国的经济在产品与劳务的广泛输出、跨国投资的不断增加、国际资本市场的日益一体化以及技术与信息的快捷传播的基础上形成的相互依赖和高度融合的现象。全球化使得世界经济日益成为一个整体，在这种情况下，个别国家经济的重大变动，特别是在世界经济中占重大份额的大国经济的变动，则不可避免地通过各种渠道牵动或波及他国乃至全世界。经济的全球化使得企业的外部环境、经营的范围和领域以及内部员工的构成等诸多方面发生了很大变化，由此产生了很多新的管理问题，如基于员工民族文化的差异而形成的跨文化冲突等问题。

(2)全球化的特征

在生存性动机或者战略性动机的刺激下，大量的企业从本土走向世界大舞台。全球化的企业发展就需要有全球化的管理为之提供支持，以下着重介绍全球化管理的主要职能方面：市场全球化、制造全球化、金融全球化、研发全球化以及人力资源全球化(图 4-7)。

①市场全球化

由于最早的全球化形式是国际贸易，主要目的就是在全球市场上进行相关商品的进出

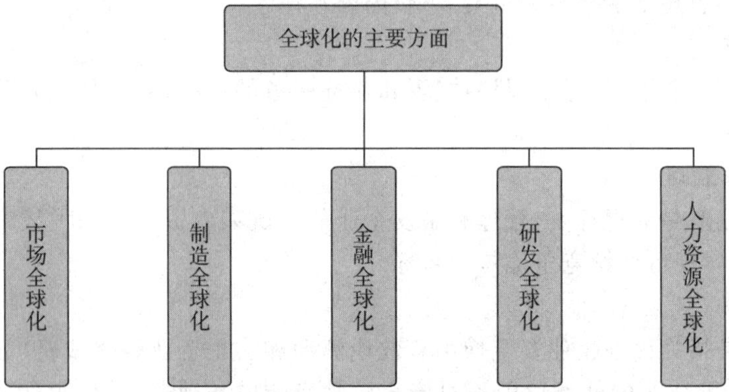

图 4-7　全球化的主要方面

口，因此毫无疑问，全球化过程中最典型、最普遍的就是实现市场全球化。市场全球化是指产品或者服务可以在全球的贸易市场上进行交易和流通。20 世纪 80 年代以来，随着国内市场的逐渐饱和，海外市场已经成为很多跨国企业的主要业绩增长点。

在全球市场的扩张过程中，企业需要考虑的问题包括以下几个方面：a.如何选择适合的国际市场。不同国家的市场环境不同，企业需要根据自己的产品特点、成本、价格等进行国际市场的选择。例如美国、日本市场比较活跃，消费意识比较超前，适合创新型产品的销售。b.如何进行产品的国际定位。由于不同国家、地区的市场需求不同，全球化过程中，企业需要考虑产品的国际定位。例如，销往欧美的车型往往比销往亚洲的更大一些，以适应欧美人更为高大的身材。c.如何在不熟悉的市场环境下进行营销推广。不同国家或地区拥有不同的文化背景和行为习惯的顾客。

②制造全球化

制造全球化就是企业将生产制造的整个过程渗透到全球各地，从各个国家和地区采购原材料，雇用员工，以完成部分或全部生产过程。由于不同国家和地区的生产要素的质量和成本有比较大的差异，因此根据自己的实际要求，企业可以利用这些差异来降低生产成本或者提升产品质量，以获得更强的竞争优势。

在制造全球化的趋势下，形成了越来越多的跨国合作的全球生产制造网络，产品的生产制造不再集中于一个国家或地区。全球制造网络扮演着越来越重要的角色。从原材料到加工为成品，需要经过很多制造流程。过去这些流程往往都集中在一个国家和地区完成，而现在可能是由分布在不同国家或地区的厂家来共同完成。可以说，全球制造网络的形成使整个地球变成一个联动的大工厂。不同国家或地区的企业根据自己的优势，负责生产流程的某些环节，从而共同完成某一种最终产品的制造，最为典型的就是波音飞机的制造。

③金融全球化

服务业也随着制造业的发展而向全球延伸，其中最为典型的就是金融行业。20 世纪 80 年代以来，发达国家开始逐渐放松对金融活动的管制，着力推动资本的自由化。国际资本的运作目的已经转向获得最大的收益或者规避风险，而不是基本的商品贸易。现在国际资金流通中，90%以上与商品贸易无关。对组织的发展而言，融资渠道不再仅限于本国，只要企业的经营业绩突出，并受到市场的肯定，就可以在全球各地进行融资活动。如在发展初期，阿里巴巴就得到了来自日本软银的投资而不断发展壮大。资本在国家间活跃地流动，虽然为发展中国家注入了活力，促进了其经济的发展，但是也引发了一些前所未有的问题，如 1997 年的亚洲金融危机。

④研发全球化

经济全球化愈演愈烈，为了更好地适应这种趋势以及突破国内研发资源的有限性，很多跨国公司打破了以前只在本国企业总部进行研发的定式，在全球范围内进行研发投资，形成研发国际化。研发国际化指的是企业改变原来只在母国进行研发活动的做法，通过直接建立国外研发机构、跨国收购或者建立国际技术联盟等形式，将研发活动扩展到全球，形成以创新源获取全球化、创新人才国际化、创新组织国际网络化为特征的技术创新的新范式。研发国际化主要有两种形式：a.企业与国外企业、大学以及研究机构建立技术联盟，形成稳定的技术合作关系；b.企业通过并购、合作建立或者直接建立国外技术研发机构，如海尔集团在美国的研发中心。还有很多企业的研发国际化兼用上述两种方式，如荷兰的飞利浦公司在上海建立了独资的中国研发总部，同时通过该总部与浙江大学、中国科学院等科研机构建立了技术合作关系。研发国际化充分利用了不同地区的特有资源优势，并与当地企业进行有效交流，有效地配置了企业的能力，促进了创新活动的产生与扩散。这样，跨国企业的研发活动便由分散在不同地区的单位共同完成，形成了富有弹性、多样性和复杂性的全球创新网络。

⑤人力资源全球化

总的来说，上述四个方面的全球化都需要人力资源来支撑。全球化的发展在促进国家间商品贸易、资本流通以及制造布局的同时，也放松了对人力资源的限制。

人力资源的全球化是指劳动力的跨国界流动。高层职业经理人、金融分析师、科学家、工程师、设计人才等，在国际人力市场上炙手可热。这些人员不受国界的限制，只要拥有在市场上创造附加值的能力，就是具有竞争力的人力资源。现在越来越多的外国人才来到中国，为中国的企业工作。

根据美国著名投资机构高盛集团的调查，未来十年美国将有高达 600 万工作机会外流到中国、印度、爱尔兰等劳动力成本低廉、科技人才素质较高的地区。例如，当美国的软件工程师编写好程序后，就通过互联网传给远在大洋彼岸的中国和印度工程师来进行编译和试错；保险公司将原本由本地员工负责的文件资料转移到工资更低廉的国家或地区进行处理。虽然受到各国移民和工作许可等法律法规的限制，国家之间的人力资源难以完全自由流动，但是借助通信技术的发展，其实已经实现了人力资源全球化。

2.全球化的两个层面

(1)公司经济一体化

第二次世界大战后，跨国公司发展迅速，在公司层次上形成了纵横交错的跨国公司母公司与其遍布全球的子公司的内部化市场。在这个跨越国界的内部化市场中，跨国公司在全球范围建立了一个有效的管理网络，实行内部分工、内部资源调配、内部贸易、内部资金转移、内部人员流动、内部技术转化、内部国际管理和内部生产流动，在全公司范围内实现全部再生产过程的国际化和一体化。

(2)区域经济一体化

区域经济一体化是指在各成员国间取消所有歧视性的贸易障碍，实行自由贸易，并在成员国之间建立某种合作和协调。区域经济一体化包括自由贸易区、关税同盟、共同市场、经济同盟、完全经济一体化。这五大类型在 20 世纪五六十年代逐步形成，到 80 年代后，成为一种全球趋势，遍布欧洲、北美、拉美、非洲、大洋洲和亚洲120个国家或地区，贸易额占世界贸易总额的80%以上。

3.三种管理的全球观

在世界经济一体化的进程中，伴随着企业经营的日益国际化，企业的管理也越来越全球化，需要管理者持有正确的管理全球观。目前，可供选择的管理全球观主要有三种：本国中心主义(ethnocentrism)、多国中心主义(polycentrism)和全球中心主义(geocentrism)。表4-5总结了每一种全球观的主要内容。

表4-5 三种全球观的主要内容

	本国中心主义	多国中心主义	全球中心主义
取向	母国取向	东道国取向	全球取向
优点	1.结构比较简单 2.控制比较严密	1.广泛了解国外市场和工作环境 2.东道国政府更多支持 3.鼓舞当地管理者士气	1.熟悉全球事务的动力 2.当地目标和全球目标平衡 3.选用最优秀人才和最佳工作方式，不受国籍限制
缺点	1.管理比较无效 2.缺乏灵活性 3.社会政治力量的强烈反对	1.重复性工作 2.低效率 3.因过于关注当地传统而难以维护全球目标	1.很难实现 2.管理者必须同时具备当地知识和全球知识

(1)本国中心主义

本国中心主义又称为民族中心主义。持这种观念的管理者认为母国(公司总部所在国)工作方式和惯例是最好的，海外子公司的员工不像本国国民那样具有制定最优决策所需要的技能、专业技术、知识和经验，因而不放心让外国雇员掌握关键的决策权和技术。这是一种狭隘的观念，只追求母公司的利益最大化，很容易遭到东道国社会和政治力量的反对。

(2)多国中心主义

持有这种观念的管理者认为，每一个海外子公司都有其不同的特点，东道国的管理人员熟悉当地的惯例，知道开展经营业务的最佳工作方式，因此应该给予这些国外机构独立经营的权利，并让外国雇员掌握决策权。在这种观念的指引下，跨国公司会致力于海外子公司的当地化经营，从适应东道国市场需求出发来制定公司的整体战略，并谋求海外子公司的利益最大化。

(3)全球中心主义

这种观点的核心是在全世界范围内选用最佳工作方式和最优秀的人才。持这种观点的管理者认为，在母国的组织总部和各国工作机构都具有全球观念是很重要的，应不受国籍的限制来寻找最佳工作方式和人选，从而实现用全球观考虑重大问题和决策。

4.企业走向国际化的四种途径

当组织决定提高其国际化活动的程度时，可供选择的战略有如下几种。

(1)进口和出口

进口或出口(或两者兼备)是企业国际化的第一步。出口指的是在一个国家里制造而销售到另一个国家。产品和服务都可以出口。进口指的是从国外将产品、服务和资本带回国内。例如,汽车通常是大宗出口产品。许多葡萄酒分销商从法国、意大利或加利福尼亚购买产品进口到自己的国家进行销售。

进出口模式有许多优越性。例如,这是用小额投资进入一个新市场最容易的方式。由于产品按"原样"销售,即不必根据销售地的情况进行修改,风险也非常小。当然,这种模式也有不足。比如,进出口意味着要缴纳关税和支付昂贵的运输成本。此外,由于产品没有根据当地需要进行修改,可能失去相当大的市场。最后,有的产品也许受到管制,既不能进口也不能出口。

(2)许可

一家企业也许会偏好在许可协议下让外国企业制造或营销其产品。其原因也许是运输成本太高、政府管制和本国制造成本太高。许可是一种协议,指一家企业允许另一家企业用其品牌名称、商标、技术、专利、版权或其他资产。反过来,被许可方则要支付一定的费率,通常以销售量为基础计算。例如,日本最大的啤酒公司麒麟啤酒希望扩大国际业务但又担心从日本运输啤酒的在途时间太长,会导致啤酒失去新鲜度。因此,它同其他市场上的公司达成了许可协议。这些当地的啤酒商根据这家日本公司的严格规定酿造啤酒,然后以麒麟啤酒的名义包装和销售,再根据销售每一份啤酒的收入向麒麟公司支付费用。在加拿大,Molson公司是麒麟啤酒的许可制造商,在英国,则是Charles Wells啤酒公司。许可的两大优点是提高利润和扩大盈利能力。这一战略在企业进入欠发达国家时经常被采用,在那里,旧的技术往往仍然在使用,甚至还算是好的技术。许可模式的主要缺点是缺乏灵活性,被许可企业将长时间控制产品或专利。如果这家企业工作不得力,则许可方将面临利润上的损失。另一个问题是被许可方可能会将自己所学到的知识和技能转用于外国市场,甚至可能在许可方的本国市场上寻找机会。在这种情况下,合作伙伴就变成了竞争对手。

(3)战略联盟

战略联盟是两家或更多的企业共同经营以获得共同收益。合资公司是战略联盟的一种特殊形式,合作伙伴对一家新的企业共同拥有所有权。战略联盟模式同样既有优点也有缺陷。在优点方面,它可以帮助企业借助合作伙伴的力量快速进入某一市场。日本汽车公司在进入美国市场时就采用了这一战略,它们利用了美国汽车制造厂既有的分销渠道。战略联盟同时也是获得技术和原料的有效方法之一。它还可以帮助企业分摊新成立企业的风险和成本。这一方法的主要缺陷之一是对合资企业的共同所有权。尽管这种形式降低了每一方的风险,但也限制了控制权和所获得的回报。

(4)直接投资

直接投资指的是总部设在某个国家的公司在外国建立或者购买运营设施或分支机构。这些外国运营部门是企业全资拥有的分支机构。例如迪士尼在香港、上海的主题公园就是一种直接投资。许多企业选择直接投资是为了利用低成本的劳动力。换句话说,它们的目标是将制造转移到劳动力便宜的地点。

同其他模式一样,直接投资也是利弊参半。在这种模式下,管理控制更加完备,企业不必与他人共享利润。收购现有的企业还会获得人力资源和现有的组织基本架构(行政设施、工厂、仓库等)方面的利益。收购还可以获得产品品牌的知名度。对于推出新品牌成本很高的产业,这是一个显著的利益。作为对上述优点的抵消,决策复杂性的提高、经济和政治的风险等可能会超出企业所获得的收益。

当然，我们还应当注意到这些方法并不是相互排斥的。事实上，绝大多数大企业同时采用这些方法。跨国企业拥有全球视野和方案来解决海外制造和营销的问题。它们在全世界寻找机会和选择最佳战略以服务于各个市场。在某些情况下，它们进行直接投资，在另一些情况下则采取许可、战略联盟或者进出口的形式。表 4-6 总结了上述方法的优点和缺陷。

表 4-6　企业国际化各种方法的利弊

国际化方法	优　点	缺　陷
进出口	1.现金投入少 2.风险小 3.不必对产品进行修改	1.关税 2.运输成本高 3.政府管制
许可	1.利润增加 2.赢利能力提高	1.缺乏灵活性 2.竞争
战略联盟/合资公司	1.快速进入市场 2.获得技术和原材料	分享所有权(不能独占控制权和利润)
直接投资	1.加强控制 2.利用现有的基本架构	1.复杂 2.经济和政治风险较大 3.不确定性较大

4.4.2 全球化对管理的要求与挑战

进行全球化发展，企业有多种形式可供选择：简单的产品和服务的贸易、授权和特许经营、合资以及独资子公司。任何一种选择都可能会给企业带来新的飞跃，但同时要清楚地看到全球化并非易事，很多冲突、挑战也将随着全球化而来。

1.全球化的挑战

在金融全球化方面已经提到，过度自由的短期资本流通可能会导致严重的金融危机。全球化的挑战并不仅限于此，很多因素都可能给企业的全球化经营带来挑战。企业在进行全球化发展的时候，必须对这些有利因素与在国际环境中经营可能遇到的挑战和风险加以权衡比较。

(1)竞争更加激烈

全球化使得市场竞争更加激烈和残酷。最为典型的就是跨国企业对本土企业的冲击非常严重。对东道国的企业来说，跨国企业的进入将会使竞争更加激烈。特别是对于大多数发展中国家来说，本土企业缺乏资本、技术以及管理经验，很容易受到大型跨国企业的冲击而以失败告终。自 20 世纪 90 年代以来，由于很多大型跨国企业的进入，中国一些著名的本土企业(如孔雀、香雪海)或者走投无路而破产，或者被跨国企业收购。

(2)环境的不确定性

经营环境的不确定性主要源于东道国的政策。对实施全球化的跨国企业来说，要特别注意与东道国政府的关系，并时刻关注东道国的政策方向。与美国相比，中国的经济政策更加强调宏观调控，因此政府的作用更大，也因此可能为企业经营带来更多的不确定性。美国的跨国企业在进入发展中国家市场的过程中，就需要为政策的不确定性进行事先的准备。

(3)文化的差异

不同国家经营环境的差异主要体现在文化上。伴随企业跨国经营的比重逐渐增加，跨文化管理的重要性也与日俱增。不同的国家社会中，会有不同的文化与价值观，并随之塑造出不同的基本的处事行为和习惯，如中国的“关系”文化、美国的“标准”文化。这些个人价值观和行为的差异也要求跨国企业采取有效的跨文化管理。下一部分将对跨文化管理进行详细阐述。

2.全球化的跨文化管理

(1)霍夫斯塔德模型——发现文化之间的差异

不同的文化背景对个体将产生不同的影响，并且作用于个体员工在工作中的具体表现，这些都值得管理人员予以高度重视，并给予相应的管理行为。荷兰学者霍夫斯塔德以自己对 40 个国家雇员的研究及以超过 70 个国家的 IBM 员工作为研究对象，对个人行为在不同的文化背景中所表现出的差异性进行了研究，鉴别出六种文化间行为差异的维度。

①社会维度[individualism versus collectivism (IDV)]

社会维度是关于个人与其所属的群体相对重要性的认识。社会维度的两个极端是个人主义与集体主义。个人主义是认为个人优先的文化信仰。美国、英国、澳大利亚、加拿大、新西兰和荷兰相对倾向于个人主义。集体主义同个人主义相反，是认为集体优先的文化信仰。墨西哥、希腊、秘鲁、新加坡、哥伦比亚和巴基斯坦相对倾向于集体主义。

②权力维度[power distance(PDI)]

不同文化中的人们对组织等级中的权力看法不同。一种是权力尊敬型，主要是指人们倾向于接受等级高的人的权力与权威，法国、西班牙、墨西哥、日本、巴西、印度尼西亚和新加坡属于相对权力尊敬型的文化。另一种是权力宽容型，这种导向的文化对于个人的等级地位相对不那么看重。他们经常会质疑高层人士所作出的决定或命令，甚至可能拒绝接受。美国、以色列、奥地利、丹麦、爱尔兰、挪威、德国和新西兰的文化更倾向于权力宽容型。

③不确定性维度[uncertainty avoidance(UAI)]

不确定维度测量了不同文化背景中人们对风险或者创新、变革的偏好程度。有些文化群体善于接受环境的不确定性因素，对变革和创新持积极的反应态度，如美国、丹麦、瑞典、加拿大、新加坡和澳大利亚。相反，另外一些文化群体厌恶环境的不确定性，会回避创新和变革，偏好具有持续稳定型的结构，如以色列、奥地利、日本、意大利、哥伦比亚、法国、秘鲁和德国等。

④男性化与女性化维度[masculinity versus femininity(MAS)]

该维度主要看某一社会代表男性的品质如竞争性、独断性更多，还是代表女性的品质如谦虚、关爱他人更多，以及对男性和女性职能的界定。男性度指数(masculinity dimension index，MDI)的数值越大，说明该社会的男性化倾向越明显，男性气质越突出；反之，则说明该社会的女性气质突出。在男性化的社会，坚强价值观占主导地位，他们的文化注重收入、认可、升迁、挑战，这种类型文化鼓励人们决策的自主独立。而女性化社会注重人际关系、生活质量和服务及决策的群体性。

⑤时间维度[long-term orientation(LTO)]

时间维度是指文化中成员对工作、生活和其他社会因素倾向于长期积累还是短期收获。如日本、中国和韩国，都表现出长期的视角。这些国家的人比较愿意接受在实现目标之前必须进行多年艰苦工作的观点。另外一些国家则不同，例如巴基斯坦和西非，则更多表现出短期的视角，他们的国民更愿意从事可以立刻获得报酬的工作。霍夫斯塔德的研究指出，美国人和德国人在时间维度上位居中间。这个维度是 Michael Harris Bond 于 1991 年在霍夫斯塔德的支持下，与一群中国教授依据儒家思想所做的研究，应用已广及 23 个国家。2010 年 Michael Minkov 提出两个维度：pragmatic versus normative（PRA）和 indulgence versus restraint（IND），前者与上述的 long-term orientation 有很大的关联性，后者是一个全新的维度，研究范围已扩及 93 个国家。

⑥放纵与约束维度[indulgence versus restraint（IVR）]

该维度指的是某一社会对人基本需求与享受生活、享乐欲望的允许程度。放纵型文化倾向于容许人们相对自由地享受天性和生活乐趣；约束型文化相反，认为对人性和生活享乐要用比较严格的社会规范加以约束，不能放纵。

indulgence（自身放纵）的数值越大，说明该社会整体对自身约束不大，社会对任自放纵的允许度越大，人们越不约束自身。实际上，以上所述的任何一个维度所决定的文化类型都属于相对极端的文化类型，霍夫斯塔德认为每一维度都决定着一个文化连续体。例如，对于社会维度，个人主义类型与集体主义类型作为两个端点，中间还存在着一系列的中间形态，只不过要看在具体形态中，哪一种文化特征表现得更为显著一些。不同的文化环境决定不同的个体行为，这对企业管理行为，包括组织结构设计、决策程序与方法、人力资源配备与考评等问题都提出了具体的要求，要求企业管理者们要有足够的智慧面对并有效地解决跨文化管理中的文化冲突问题。

4.5 本章新时代管理学的探索

4.5.1 思政融入映射内涵

不论在什么地方，企业总是要赚钱才能生存。但是，对于如何合法地追求利润和使用这些利润，存在着不同的看法。某些公司不择手段地寻求利润最大化的方法，不计代价地追求成长，除了自己公司的利益，别的一概不予考虑。而另一些公司，则对企业持有另外的看法，它们致力于社会的改善，即使这样做可能意味着利润的减少。绝大多数公司的立场居于两者之间。究竟采取哪一种立场取决于经理们的伦理和社会责任感。社会责任是组织在其运营的社会环境中必须履行的保护和改善社会的义务。

1.社会责任的领域

组织负担社会责任的对象包括利益相关者、自然环境和一般社会福利。某些组织认识到它在上述三个领域中的责任并且努力满足它们的要求，而另一些组织则只强调其中的一个或两个，还有一些企业根本不承认任何社会责任。

(1)组织利益相关者

在微观环境中我们将微观环境描述为组织外部环境中直接影响组织的要素的组合。另一种描述这些要素的方法是组织利益相关者。图 4-8 描绘了主要的组织利益相关者。

绝大多数努力担负责任的企业将主要精力放在三类群体上：顾客、雇员和投资者，然后再根据同组织业务的相关性和重要程度选择其他利益相关者，并试图满足其需要和期望。

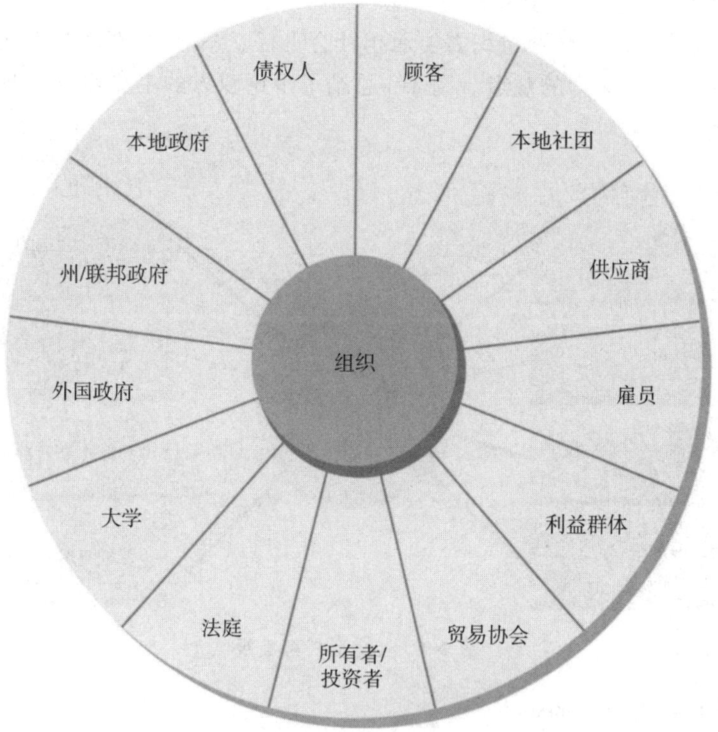

图 4-8　组织利益相关者

对顾客负责的组织努力做到公平和诚实。它们会采取公平的价格,提供产品保证,兑现送货期限的承诺,并且对所销售产品的品质负责。对雇员负责的组织公平地对待其员工,将他们结合为团队,尊重他们的尊严和基本的人类需要。

为了负担起对投资者的社会责任,管理者们必须遵循适当的会计程序,向投资人提供适当的财务绩效信息,在管理组织的过程中保护投资者的权利和投资。此外,他们还应当对未来的成长和盈利机会做出准确和精明的判断,避免任何涉及不恰当行为的可能,这些敏感区包括内部交易、操纵股价和隐瞒财务数据。

(2)自然环境

社会责任的第二个关键领域是自然环境。企业不应当直接向溪流、河流、大气和空地中倾倒污水、废弃的产品和垃圾。企业还应当开发经济上可行的避免酸雨、全球变暖和臭氧层消失的方法,开发处理污水、有害废弃物和普通垃圾的方法。例如,宝洁公司是用可循环材料制作容器的产业领导者。君悦酒店集团设立了一家新的公司帮助对酒店的废弃物进行循环处理。福特公司也发布了开发和营销低污染电动车的新项目。

(3)一般社会福利

某些人相信,除了利益相关者和环境责任之外,企业组织还应当增进一般社会的福利。这方面的例子包括慈善捐款、资助慈善组织和非营利机构,资助博物馆、乐团和公共广播电视,以及为改善健康和教育体系做贡献。有些人甚至认为企业应当承担起更加广泛的责任,包括在世界范围内纠正政治不平等。例如,有些观察家认为企业不应当在有侵犯人权记录的国家中开展业务。

2.关于社会责任的两个对立观点

从表面上看,人们不会怀疑组织需要承担社会责任。不过,反对将社会责任进行宽泛解释的人士也提出了几个有力的观点。图 4-9 总结了争论双方的主要观点。我们在下面的部分中将对此进行详细的解释。

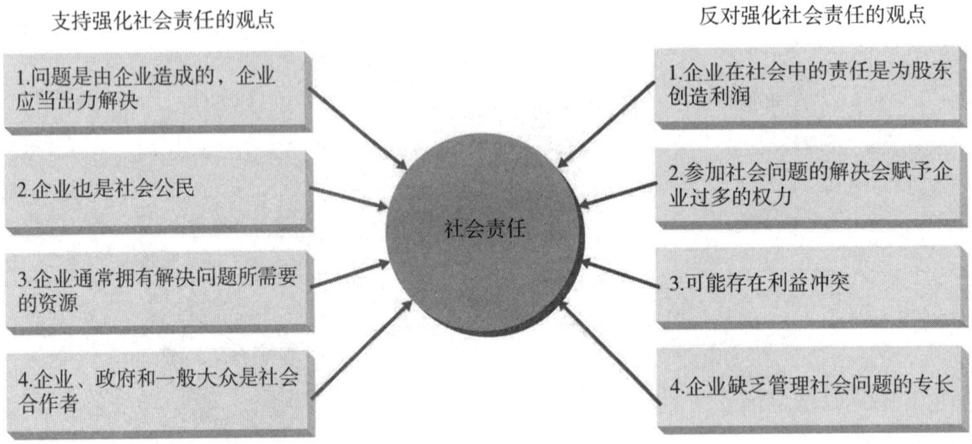

图 4-9 社会责任两面观

(1)支持强化社会责任的观点

支持强化企业社会责任的人士主张,因为许多问题是由企业引起的,例如空气和水污染、资源耗尽等,企业应当在解决问题方面扮演主要角色。他们还认为企业是依法成立的实体,具有同私人公民大体相同的权利,因此它们不能逃避自己作为公民的责任。这一观点的支持者还指出当政府机构由于预算限制而无法采取行动的时候,许多大型企业却实现了超额的利润,这些钱应当用来帮助解决社会问题。

(2)反对强化社会责任的观点

有些人,其中包括著名的经济学家如米尔顿弗里德曼,认为将社会责任宽泛化可能令企业偏离其基本使命——为所有者创造利润。

另一个反对强化企业社会责任的观点认为企业已经拥有了很大的权力,如果它们再介入社会活动的话,其权力将得到进一步的加强。还有人则更加关注可能的利益冲突。例如,假如由经理来决定资助哪一种社会活动或慈善事业,本地的歌剧院(完全靠资助才能生存)可能会向他提供下一个演出季的前排座位以换取他的支持。如果演出剧目合乎这位经理的口味,他可能会受到吸引将资助投向这家剧院,尽管其他地方更需要这笔钱。

最后,批评者们指出组织往往缺乏对社会活动项目进行评估和决策所必需的专长。它们无法判断哪个项目更有价值或者应当如何更好地花钱。

3.组织承担社会责任的方式

有些人认为组织应当多承担社会责任,另一些人认为这种责任已经够多了。各个组织自己所采取的立场也千差万别。图 4-10 描述了组织所采取的四种立场,从最低社会责任到最高社会责任。

(1)阻碍立场(obstructionist stance)

极少数组织采取阻碍立场,它们通常尽可能对社会或环境问题不闻不问。当它们一旦

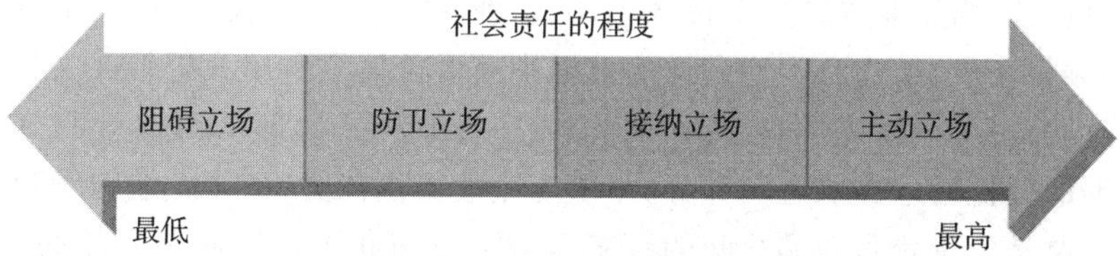

图 4-10　组织承担社会责任的方式

跨越了可接受行为的界限后，通常的反应是否认或避免为自己的行为承担责任。

(2)防卫立场(defensive stance)

从阻碍立场向前迈进一步就变成了防卫立场，企业的作为只限于法律的要求。这一方式最接近于反对强化企业社会责任的意见。这些企业中的经理们认为自己的工作就是赚钱。例如，这样的企业可能会根据法律的要求安装污染控制装置，但是不会安装稍贵一些而品质较好、能够进一步减少污染的设备。

(3)接纳立场(accommodative stance)

采取这一立场的企业不仅符合法律和伦理的要求，而且还会有选择地超出这些要求。这类企业自愿参加社会项目，但是寻求支持者必须说服组织项目是值得支持的。这里的问题在于，必须有人上门请求，组织不会主动提供这类捐赠。

(4)主动立场(proactive stance)

社会责任程度最高的企业采取的是主动立场。采取这一立场的企业将强化社会责任的意见放在心上。它们将自己看成是社会公民，积极寻求贡献的机会。这方面的一个出色的例子是由麦当劳公司提供的罗纳德·麦克唐纳住房项目。这些住房通常位于大型医疗中心附近，可以向孩子在附近住院的家庭提供最便宜的住房。

注意：上述分类并不是分立的。它们所描述的是各种持续过渡的不同态度。组织未必只能落在某一类别中。例如，尽管麦当劳住房项目广受好评，但麦当劳公司也曾因为向消费者夸大其食品的营养价值而受到指责。

4.5.2 大数据、AI 等商务智能融入映射内涵

经典战略理论要求企业要适应环境，企业要想生存和发展，就要随市场环境的变化而变化。大数据时代已经到来，对企业战略管理决策的环境影响巨大，大数据给社会及企业战略管理带来全新的挑战，企业战略管理依然要进行企业的外部环境分析。由于大数据时代的来临，企业的外部环境分析不光要对企业面临的政治、经济、人文和技术等进行分析，大数据背景下的数据分析又有新的特点，它提供了一种更为具体和便捷的途径。大数据环境下，信息数据的收集和分析将影响到企业的战略管理的制定、战略管理方案的选择和评价等，企业必须适应这种改变。正确和有建设性的战略管理方案基于大量的数据基础，如何收集全面、完整的数据，对收集的数据进行科学的整理，用科学的方法分析数据、建立数据分析模型，从而得到数据背后对企业的影响及预测事件发生的概率并预先采取行之有效的管理方案，成为企业管理者将要面临的问题。

1.大数据背景下的竞争多样性

大数据分析不仅在同行业竞争者内可以快速获得竞争优势，由于数据基数大，具备多样性和复杂性，涵盖范围广，甚至可以实现跨行业竞争。随着大量、快速、多样化和准确性的消

费者数据的可用性,为企业寻求了解市场趋势、消费者行为和消费模式提供了方便。大数据可以从海量、频繁获取、结构和类型多样的数据中获取价值。利用分析软件工具捕获、存储、管理和分析这些数据,可以提供具有巨大价值或正确的产品和服务,使企业得到更多的商业机会。大数据的分析通过提取有利部分,可以为企业提供优势,指导企业的管理与规划。大数据的利用主要是消费者和商品之间的数字连接不仅捕获了他们使用商品的情况,而且成为一种新的可以利用的经济资源。

大数据分析能力可以帮助企业准确及时地获取客户评价,数据结果可以用来分析客户价值并且很好地理解客户消费行为,从而减少客户的流失和增加客户的忠诚度。大数据可以帮助企业获得顾客消费者的准确评价,可以提高公司的运营效率并且增加收入来源。把消费者的评价引入可以拓宽公司发展路径,对消费者的准确评价跟踪并给予合理的回应,可以引导消费者参与产品的发展,增加顾客的代入感并增加消费者对企业和产品的认知,进而引导顾客的消费决策。

在动荡和不确定的商业环境中,拥有对大型数据的管理对于核心能力至关重要。关键业务分析数据可以帮助企业更好地了解其业务运营的技术、系统、实践、方法和应用程序,并及时做出业务决策。大数据背景下数据分析的主要优势是发现新的见解和隐藏的价值,这些也来自对大量和非结构化数据流的同步分析。可以帮助企业管理者发现小型数据集无法看到的探索性见解和复杂的相互关系,大数据信息来自多个异构的、自主的、关系复杂且不断变化的数据源,并不断增长。大数据分析是一种文化、技术和学术现象,依赖于技术和分析的相互作用;大数据集可以提供更高形式的智能和知识,可以产生非同以往的见解。数据分析技术可以把看似完全不可能或者没有关系的数据联系起来,得到客观和准确的真理或者规律。企业和运营的巨大价值,通过大数据分析的投资回报和分析的有效部署都应得到实现。否则,不重视大数据或者拥有大数据却不加以利用,组织可能会面临损失。

2.大数据对战略管理环境的影响

(1)战略管理要适应环境的变化

企业管理战略受企业的外部环境影响,这是从经典战略发展至今被无数次证明的事实。但是企业受外部环境影响的程度缺少准确性,甚至极端也可能会有偏差或者相反的情况。大数据背景下的外部环境分析更加具体,数据反映出来的外部环境更加具体和真实,依据大数据背景下的环境分析将能为企业的业务模式及决策方式提供重要的数据基础,进而影响公司发展战略的方向和选择。大数据背景下,环境变化对企业战略管理的影响如图 4-11 所示。

(2)大数据对战略决策者的影响

一般情况下,公司的战略决策者是企业的所有者或者高级管理层团队,由于数据的稀缺性,以往战略决策者依据自身的经验及以往的企业战略管理理论及思想,制定企业的管理决策。在大数据背景下,数据信息为决策者提供最重要的数据基础,成为企业战略制定的关键因素之一。直觉判断被精准的数据分析替代,意味着战略决策参与者也发生了改变。对于企业的关键决策重心就可以回到问题本身,以往战略制定者的主要任务变成了发现和提出问题。相较于企业的管理者,企业的一般管理者或者普通员工可以更方便地获得企业战略管理所需要的数据信息,所以一般管理者或者普通员工的决策能力大大加强,也就是决策由管理者制定,变成了由管理者引导,一般管理者或者普通员工提供大数据分析依据。这就引

	传统战略管理	大数据背景下战略管理
大数据对管理环境的影响	主要对企业面临的政治、经济、人文和技术等外部环境进行分析	信息数据的收集和分析将影响企业战略管理的制定，及战略管理方案的选择和评价等
优缺点	经典战略理论对企业面临的外部环境进行分析。企业受外部环境影响的程度缺少准确性	大数据背景下的数据分析又有新的特点，它提供了一种更为具体和便捷的途径，企业通过数据预测事件发生的概率并预先采取行之有效的管理方案

图 4-11　传统战略管理和大数据背景下战略管理的优缺点

导企业的管理者和员工一起工作，从而可以提高企业的战略管理水平。如图 4-12 所示。

	传统战略管理	大数据背景下战略管理
大数据对战略决策者的影响	老板或者高级管理团队	管理团队引导，由一般管理者或者普通员工提供大数据分析依据，各个部门领导甚至基层员工一起制定
优缺点	老板或者管理团队依靠业务或者问题等管理经验制定企业发展战略。 中层领导、低层领导和员工基本不参与企业的管理战略的制定	老板或者管理团队的直觉判断被精准的数据分析替代，企业的管理者和员工一起工作，从而可以提高企业的战略管理水平

图 4-12　大数据对战略决策者的影响

(3)大数据对竞争战略的影响

竞争战略主要是针对顾客的需求、行业竞争者及产品之间的关系，制定符合公司产品的战略管理策略，主要考虑的是同行业之间的竞争。在大数据产生之前，市场调研的传统的方法是进行市场调查，这样的缺点是成本比较高，获得的数据量比较小，而且获得的调查报告在经过分析以后，会落后于市场的发展速度，造成的结果是消耗比较大，得到的结果往往赶不上市场的变化。大数据背景下，传统的方法被数据挖掘取代，通过数据我们可以直接、快速地了解市场的变化，获得消费者的意愿和偏好，拉近与消费者之间的距离。利用消费者对产品的评价数据，可以精确划分不同区域、不同消费群体的需求，甚至数据分析满足客户的定制化。大数据对竞争战略的影响如图 4-13 所示。

	传统战略管理	大数据背景下战略管理
大数据对竞争战略的影响	行业之间的竞争，方法是进行市场调研，同行业之间的竞争	业内利用消费者对产品的评价数据，可以精确划分不同区域、不同消费群体的需求，满足客户定制化需求
优缺点	成本较高，获得的数据量较少，市场调研经过分析，会落后市场的发展	大数据直接快速地反映市场变化，获得消费者偏好，拉近和客户之间的关系，数据具有多样性、范围广等优势，甚至可以实现跨行业竞争

图 4-13　大数据对竞争战略的影响

3.数据驱动的智能化战略决策

大数据有产生商业价值的潜力。大数据分析能通过更具针对性地引导营销、更多样化和准确的业务洞察力、对业务机会识别、实时流程的自动化决策、客户(用户)行为的定义、客户重新定义等多种形式创造价值,同时可以发现欺诈,量化风险,发现市场情绪趋势,了解业务(行为)变化,更好地计划和预测,资源优化,确定成本的根本原因和了解消费者(用户)行为。通过预测分析维护可以增加销售和市场份额,提高安全性,应用以客户为中心的方法,实现客户的个性化定制,固定资产优化实现公司的价值最大化。

数据驱动产品和服务创新。大数据善于发现消费者对新产品和服务创造价值的潜在需求。以往的企业管理模式主要为问题驱动,即发现问题并解决问题。但是这种模式有一定的局限性和风险性。在企业发现问题并寻找解决方案的过程与数据时代不同,因为管理问题随时都在造成经营风险。传统的公司管理也是基本是由业务驱动的,而业务带来的数据数量有限,应用范围也比较窄。在大数据时代,依据业务驱动的管理方式缺点明显,大数据及数据挖掘提供的数据支持可以帮助企业准确地了解客户需求,帮助企业以更科学的方式管理市场及安排业务流程。数据分析的结论也可以指导企业创新管理,为企业提供新的发展思路。在大数据背景下,企业可以依靠来源于市场的数据和来自物联网设备数据、生产数据和客户使用数据等不断完善业务模型。有了关于客户如何购买、支付和使用其产品的新数据和见解,公司就能够更好地发现价值,并能够开发出以产品、过程、营销或组织创新的形式为客户创造价值的商业模式。

4.基于大数据的公司发展战略规划

在大数据背景下,企业可以通过数据分析得到关于客户如何购买、使用其产品的新数据和对产品的需求,从而可以使公司更好地发现价值,开发出能够以产品、过程、营销或组织创新的形式为客户创造价值的商业模式。企业可以依靠市场数据、来自物联网的数据和客户的使用数据来不断完善业务模型。利用大数据的分析能力,企业可以很好地理解消费者行为和更好地理解客户价值。尤其在餐饮连锁行业,由于地域范围广,消费者对就餐环境、口味等的需求也多种多样，企业很难得到统一的答案。数据分析可以帮助企业更快速和准确地发现顾客的购买偏好，从而进行精准营销和实现供应链管理，从而提高企业的营收。企业也可以利用大数据探索个性化需求的新领域，通过增加产品价值或者提供更好的服务方法来创造价值，吸引消费者，扩大客户群体，增加消费者的忠诚度。

企业可以通过大量的数据收集和分析来确定市场需求，从而识别机会并发现价值。在战略层面，可以开发新的商业模式，以产品、过程、组织或市场创新的形式创造价值。从经济学角度看，企业可以通过降低运营成本或寻找新的收入来源来实现价值。有了大数据，公司可以继续利用多个市场和运营数据源来不断完善其现有业务模型以维持其竞争优势。大数据驱动目标顾客洞察与市场竞争策略，前端可以帮助企业发现更多的机会，实现对客户的全方位洞察，从中挖掘更有价值的商业机会，促进企业发展。后端可以最大限度地降低企业的风险，降低企业运营成本，提升客户服务质量。

当下社会，获取大数据的信息渠道有很多，如互联网、网络交易平台、社交媒体、在线交流 App 和企业的自有通道等。这些渠道不仅包括交易数据，还包括一系列相关的环境背景因素，可以帮助企业获取原来想象不到的数据。另外，基于大数据的分析尤其是客户的洞察，可以为管理者做决策提供辅助与指导。在大数据背景下，分析数据可能意味着对客户偏好和市场条件的洞察，这有助于企业改善产品与服务来适应消费者。利用大数据建立的企业与客户之间的联系，可以帮助企业管理者对企业的发展方向提供指导。对生产型企业来说，产品是最重要的部分，利用大数据就可以推动产品的优化，不断地用数据去优化产品各个环节的转化率，从而提高产品的竞争力，获取竞争优势。

4.5.3 中国新时代管理的淬炼与反思

从战略观点看“一带一路”（国家级顶层合作倡议）。“一带一路”（The Belt and Road，缩写 B&R）是“丝绸之路经济带”和“21 世纪海上丝绸之路”的简称，2013 年 9 月和 10 月由中国国家主席习近平分别提出建设“新丝绸之路经济带”和“21 世纪海上丝绸之路”的合作倡议。截至 2022 年 4 月 19 日，中国已与 149 个国家、32 个国际组织签署 200 多份共建“一带一路”合作文件（中新网，引用日期 2022-04-19）。

2015 年 3 月 28 日，国家发展改革委、外交部、商务部联合发布了《推动共建丝绸之路经济带和 21 世纪海上丝绸之路的愿景与行动》，即为了推进实施“一带一路”重大倡议，让古丝绸之路焕发新的生机活力，以新的形式使亚欧非各国联系更加紧密，互利合作迈向新的历史高度。

“一带一路”建设是一项系统工程，要坚持共商、共建、共享原则，积极推进沿线国家发展战略的相互对接。从 2015 年至今，我们都一起见证了中国新时代管理下“一带一路”的具体战略管理的建构与实施。

1.愿景与使命

（1）共创美好未来

共建“一带一路”是中国的倡议，也是中国与沿线国家的共同愿望。站在新的起点上，中国愿与沿线国家一道，以共建“一带一路”为契机，平等协商，兼顾各方利益，反映各方诉求，携手推动更大范围、更高水平、更深层次的大开放、大交流、大融合。“一带一路”建设是开放的、包容的，欢迎世界各国和国际、地区组织积极参与。

(2)“一带一路”是一条互尊互信之路,一条合作共赢之路,一条文明互鉴之路。只要沿线各国和衷共济,相向而行,就一定能够谱写建设丝绸之路经济带和21世纪海上丝绸之路的新篇章,让沿线各国人民共享“一带一路”共建成果。

2.战略框架

(1)“一带一路”是促进共同发展、实现共同繁荣的合作共赢之路,是增进理解信任、加强全方位交流的和平友谊之路。中国政府倡议,秉持和平合作、开放包容、互学互鉴、互利共赢的理念,全方位推进务实合作,打造政治互信、经济融合、文化包容的利益共同体、命运共同体和责任共同体。

(2)“一带一路”贯穿亚欧非大陆,一头是活跃的东亚经济圈,一头是发达的欧洲经济圈,中间广大腹地国家经济发展潜力巨大。丝绸之路经济带重点畅通中国经中亚、俄罗斯至欧洲(波罗的海),中国经中亚、西亚至波斯湾、地中海,中国至东南亚、南亚、印度洋。21世纪海上丝绸之路重点方向是从中国沿海港口过南海到印度洋,延伸至欧洲;从中国沿海港口过南海到南太平洋。

(3)根据“一带一路”走向,陆上依托国际大通道,以沿线中心城市为支撑,以重点经贸产业园区为合作平台,共同打造新亚欧大陆桥、中蒙俄、中国-中亚-西亚、中国-中南半岛等国际经济合作走廊;海上以重点港口为节点,共同建设通畅安全高效的运输大通道。中巴、孟中印缅两个经济走廊与推进“一带一路”建设关联紧密,要进一步推动合作,取得更大进展。

(4)“一带一路”建设是沿线各国开放合作的宏大经济愿景,需各国携手努力,朝着互利互惠、共同安全的目标相向而行。努力实现区域基础设施更加完善,安全高效的陆海空通道网络基本形成,互联互通达到新水平;投资贸易便利化水平进一步提升,高标准自由贸易区网络基本形成,经济联系更加紧密,政治互信更加深入;人文交流更加广泛深入,不同文明互鉴共荣,各国人民相知相交,和平友好。

3.高效的战术、作业计划与执行

在上述的愿景与行动里,明确的共建原则如:恪守联合国宪章的宗旨和原则;坚持开放合作;坚持和谐包容;倡导文明宽容,尊重各国发展道路和模式的选择,加强不同文明之间的对话,求同存异,兼容并蓄,和平共处,共生共荣。坚持市场运作,坚持互利共赢;明确合作重点,明确合作机制等。更重要的是高层引领推动,习近平主席、李克强总理等国家领导人先后出访20多个国家,出席加强互联互通伙伴关系对话会、中阿合作论坛第六届部长级会议,就双边关系和地区发展问题,多次与有关国家元首和政府首脑进行会晤,深入阐释“一带一路”的深刻内涵和积极意义,就共建“一带一路”达成广泛共识,奠定并确保成功的基础。

本章提要

1.任何组织及管理活动都是在一定的环境中进行的,都要受到各种环境因素的影响。所谓管理环境,是指存在于社会组织内部与外部的影响组织运行和组织绩效的因素或力量的总和。

2.管理环境可分为外部环境和内部环境。其中,外部环境又分为两大层次:第一个层次是组织的宏观环境,又称一般环境,包括政治法律环境、经济环境、社会文化环境、技术环境以及自然环境等。第二个层次是组织的微观环境,又称任务环境,是指对组织目标的实现有直接影响的那些外部因素,包括资源供应者、服务对象(顾客)、竞争者、战略合作伙伴、政府管理部门及社会特殊利益代表组织。

3.组织的内部环境，是指组织内部的各种影响因素的总和。它是随组织产生而产生的，在一定条件下内部环境是可以控制和调节的，包括组织文化(组织内部气氛)和组织经营条件(组织实力)两大部分。

4.组织管理者的工作受到组织内外环境因素的制约，因此必须学会怎样管理其所处的环境，通过环境管理工作变消极因素为积极因素，保证组织更好地适应与生存。常见的环境管理方法有 PEST 分析法、波特的五力竞争模型、环境特性识别方法等。

5.管理者通过分析产业中支配竞争规则的力量(进入障碍、替代、购买者和供应者的讨价能力，以及竞争者之间的竞争)，对组织的竞争优势进行评价，然后选择能够最有力地利用竞争态势的战略。

6.管理上常采用的减少环境压力的具体措施有信息管理、收购兼并和联盟、舆论、广告、战略反应、组织设计、组织变革、直接影响等。

7.战略管理过程包括确定企业的愿景和使命、企业内部环境评估和外部环境分析、战略方案的制定与选择、战略的实施执行以及战略的评估与控制。

8. SWOT 分析是指分析组织的优势和劣势以及外部机会和威胁，由此两方面结合制定出企业生存和发展方向战略。

9.单一产品战略指制造一种产品或只提供一种服务并且只在单一的地理市场上进行销售。

10.多元化战略是指企业同时经营两种以上基本经济用途不同的产品或服务的一种发展战略。BCG 矩阵是一种管理多元化业务的工具，区分出 4 种业务组合：明星、金牛、问题和瘦狗。

11.当一个企业发展到一定程度，就有可能出现企业的资源转化活动超越了一国国界，即进行商品、劳务、资本、技术等形式的经济资源的跨国界传递和转化，这个企业就是在开展全球化经营。管理的各个方面都可以实现全球化：市场的全球化、制造的全球化、金融的全球化、研发与创新的全球化以及人力资源的全球化。文化差异是全球化发展的最大挑战。

12.组织负担社会责任的对象包括利益相关者、自然环境和一般社会福利。

13.大数据分析能通过更具针对性地引导营销、更多样化和准确的业务洞察力、对业务机会识别、实时流程的自动化决策、客户(用户)行为的定义、客户重新定义等多种形式创造价值。

思考案例

拼多多与美的集团达成全面战略合作：年销售额破 100 亿，共同推动数实融合

2022 年 1 月 20 日，拼多多与美的集团达成了一份年度规模突破 100 亿的战略合作。根据协议，双方还将在产品定制、渠道拓展、品牌建设、数字技术、智能制造等领域展开全链路合作，共同推动数实融合。

作为中国制造业的头部品牌，美的旗下产品早在 2016 年就已入驻拼多多。2011 年 3 月，美的旗下小天鹅品牌更是与拼多多达成了年销量 100 万台的合作协议，此次战略合作则

意味着双方合作的全面升级。

根据协议，美的集团旗下全系品牌包括美的、小天鹅、华凌、布谷、comfee等产品均将入驻拼多多平台。除此之外，美的还将针对平台用户推出特别定制款产品，为消费者提供更多优质国货。

“自入驻以来，美的旗下产品销量的年复合增长率达到300%。过去一年，小天鹅品牌在平台更是实现了从0至20亿的爆发式增长。”美的集团中国区副总裁魏志强表示，在新消费时代，拼多多已经成为中国制造的新动能，美的集团接下来将会深入布局拼多多平台，充分发挥实体企业和互联网企业的自身优势，实现共赢发展。

“在中高端家电市场，拼多多具备巨大的消费潜力。未来一年，预计美的旗下的全系产品将继续保持高速增长。”据拼多多副总裁良也透露，为了助力更多制造业品牌实现数字化升级，拼多多不仅成立了专项团队进行一对一扶持，还将在产品研发、品牌建设、数字技术等领域进行重点投入。

为了持续推动数字经济与实体经济的深度融合，拼多多在1月15日就正式启动“2022多多新国潮”行动，并联合100余家国产品牌，共同上线了首季“新国潮消费季”。

在首季消费季期间，拼多多还特别设置了国产品牌专区，重点遴选家电、3C、服装、日化、医疗等传统制造业品牌进行专项扶持，持续助力制造业品牌拥抱新消费，实现新智造。未来一年，拼多多还将在四个方面加快助力实体经济的数字化升级：第一，联合100个产业带，至少助力1000家国潮品牌、新锐品牌、老字号拥抱新消费；第二，投入百亿量级的“扶持资源包”，培育10个百亿新国潮品牌，100个十亿国潮品牌；第三，成立专项团队，启动秒杀扶持计划、百亿补贴造星计划，为国潮品牌提供定制化方案；第四，开展全链路合作新模式，推动品牌在生产、技术、数据和管理等层面实现数字化升级。

“随着中国制造及供应链的成熟，国产品牌的自主研发能力和工业设计能力也有了长足的进步，新消费时代将是中国本土品牌进一步崛起的良好契机。”拼多多“多多新国潮”的负责人表示，在数实融合的新阶段，拼多多将从设计研发、生产制造到品牌打造等领域，为新国货、新国潮品牌提供全链路的数字化服务，助力中国实体经济。

资料来源：https://finance.sina.com.cn（2022年2月）的文章《拼多多与美的集团达成全面战略合作：年销售额破100亿，共同推动数实融合》。

阅读后请思考：

1.拼多多与美的集团的战略合作属于哪种战略模式？这种模式的优势有哪些？如何实现？

2.拼多多与美的集团战略合作是如何推动数字经济的？战略动机是什么？

思考习题

1.什么是管理环境？管理环境由哪几部分组成？

2.对一个企业而言，一般环境和任务环境哪一个更重要？为什么？

3.一个组织怎样才能对自身的环境做出正确的评估？

4.管理者应当怎样在BCG矩阵的4种业种组合间分配资源？

5.全球化对管理的要求与挑战有哪些？

技能实训

1.从网上查阅你未来想从事工作的组织，仔细分析其各种环境因素，将它们分类列出，并提出具体的例证说明每一种要素对组织的影响。分析判断该组织环境的变化程度与复杂程度，确定其不确定情况。

2.将SWOT分析应用于一家你所熟悉的当地企业。这家企业追求何种竞争优势？

3.搜索一家企业，查阅该企业的概况和其竞争对手的资料。

4.小组练习：

(1)洞察外部一般环境的变化，发现本校发展的机遇和可能的威胁。

(2)和本省院校或全国同类院校进行对比，明了本校的优势和劣势。

(3)利用SWOT分析方法确定本校发展的方向和路径。

参考文献

[1]焦叔斌，杨文士.管理学[M].5版.北京：中国人民大学出版社，2019.

[2]高良谋.管理学[M].5版.大连：东北财经大学出版社，2021.

[3]邢以群.管理学[M].5版.杭州：浙江大学出版社，2019.

[4]邢以群.管理学[M].3版.杭州：浙江大学出版社，2012.

[5]倪杰.管理学原理[M].2版.北京：清华大学出版社，2011.

[6]佩罗.米西科.五色管理学：掌控未来的顶级思维[M].郭秋红，译.北京：中国友谊出版公司，2019.

[7]韩瑞.管理学原理：战略、组织、领导力[M].2版.北京：中国市场出版社，2019.

[8]吴照云.管理学[M].6版.北京：中国社会科学出版社，2019.

[9]胡川，李绍和.管理学通论[M].3版.北京：北京大学出版社，2022.

[10]刘汴生.管理学：理论与实务[M].北京：北京大学出版社，2012.

[11]苏艳芳.管理学基础与应用[M].3版.北京：中国财富出版社，2021.

[12]曾旗，高金章.管理学[M].北京：高等教育出版社，2012.

[13]赵伊川.管理学[M].2版.大连：东北财经大学出版社，2011.

[14]迈克尔·波特.竞争优势[M].北京：华夏出版社，2003.

[15]斯蒂芬·P.罗宾斯，玛丽·库尔特.管理学[M].13版.刘刚，等译.北京：中国人民大学出版社，2017.

[16]迈克尔·波特.竞争战略[M].北京：华夏出版社，2005.

[17]哈罗德·孔茨，海因茨·韦里克.管理学[M].13版.北京：经济科学出版社，2011.

[18]周三多，陈传明，刘子馨，等.管理学：原理与方法[M].7版.上海：复旦大学出版社，2018.

可扫码获取本章课件资源：

第5章 组织管理

本章学习重点：

了解组织的含义与目的；熟悉组织设计的基本要素；认识结构类型；掌握组织设计的原则与方法；理解组织变革的概念和原因；了解组织变革的领域及管理方法；了解新时代管理学在组织架构数字化的现状和构建方法；理解数字化转型下的组织变革要素；了解在组织管理领域中中国新时代管理的淬炼与反思。

核心知识点：

1.组织(organization)
2.组织结构(organization structure)
3.组织设计(organizational design)
4.工作设计(job design)
5.部门化(departmentalization)
6.指挥链(chain of command)
7.管理幅度(span of management)
8.职权(authority)
9.直线型结构(line structure)
10.职能型结构(functional structure)
11.事业部型结构(divisional structure)
12.矩阵型结构(matrix structure)
13.组织变革(organizational change)
14.三步模型(three-step model)
15.数字化架构(digital architecture)

开篇案例

刘强东把京东变成了“乐高积木”

双十一大战刚消停，京东又公布了2017三季度业绩，同样不输十多天前的阿里财报，京东连续六个季度盈利，而且三季度净利大涨，22亿的数字也是打破了自己的纪录。

众所周知，过去，京东集团董事局主席兼首席执行官刘强东信奉“甘蔗理论”，即把零售的价值链分为十个环节——创意、设计、研发、制造、定价、营销、交易、仓储、配送、售后，其中前5个环节归品牌商，后5个环节归零售商。彼时，他认为一家零售企业要想做大，就要吃掉更多的甘蔗节数，京东因此自建物流和仓储体系。

不过消费升级的大潮来得太快也太猛，根本不是一家企业能消化得了的，要想最大限度地抓住这次历史机遇，就要团结更多优秀的零售商一起干。刘强东意识到，甘蔗理论不再适用于今天的京东。前不久，他在《财经》杂志发表署名文章，提出京东要从“甘蔗理论”升级为“积木理论”，从“一体化”走到“一体化的开放”模式。

刘强东为何要把京东变成“乐高积木”？

关于积木型组织的含义，刘强东给出解释：打开业务环节之间的强耦合关系，使之成为一个个可拆分、可配置、可组装的插件。通过对多个可选插件的个性化组合，可以满足客户不同的偏好和需求。就像乐高积木一样，乐高有3200块左右的标准化砖块，通过统一的接口进行不同的组合叠加后，能够拼装成任何一个你能想象得到的造型——小到一辆汽车模型，大到活灵活现地重现2012年伦敦奥运会盛况。

京东集团战略部战略研究师崔之瑜在介绍这一理论时谈到，现在处于零售行业变革时期，可以预见的是，未来这一行业将更加智能化、协同化、场景多样化，消费者也从曾经的接受者变成未来的参与者。从战略角度出发，京东要做零售即服务的供应商，也就是说，未来京东除了做电商主业外，还要做包括物流、数字流、信息流和资金流等在内的基础设施服务。京东将会把这些业务模块像一块一块积木一样对外开放，客户可以灵活地选择服务、配送、物流等模块，拼凑成一个个满足自身需求的新的造型。对于行业而言，未来大家只需专注做自己最擅长的事，而比较欠缺的物流配送、选品等模块则可交给京东和合作伙伴来解决。

此前的“京东开普勒”开放平台项目就是典型案例，京东将选品、交易、营销、物流、金融、数据等业务积木进行组合，赋能给200多家移动互联网的生态合作伙伴，提供一体化的开放赋能方案。

崔之瑜同时强调，积木理论的开放还体现在，京东还将积极吸收外部服务商的力量，根据客户需求一同搭建成熟的积木对外赋能。此外，积木型组织能随机应变，能根据客户需求调整，为各种客户提供多样化的服务。

资料来源：董枳君.携互联网朋友圈加码“无界零售”京东迭代11.11[J].商学院，2017(11)：36-38；玚璠.刘强东的积木理论如何治愈大企业病？[EB/OL].(2017-11-16)[2022-07-13]. https://baijiahao.baidu.com/s?id=1584215089718441518&wfr=spider&for=pc.

刘强东把京东打造成“乐高积木”，从“甘蔗理论”升级为“积木理论”，从“一体化”走到“一体化的开放”模式。这体现了现代企业在追寻一种既能实现效率也能保持灵活性的设计。在过去的几年里，管理学很少有话题像组织和组织结构一样发生了如此多的变化。管理者正在重新评估传统的组织设计方法，以寻求一种新的结构设计，能够在支持和促进员工完成工作上发挥最大作用。

5.1 组织的含义与目的

5.1.1 组织的含义

组织(organization)是由分工明确，为实现既定目标而协同工作的人构成的。组织并不一定就是公司。学校、学院、政府和红十字会等非营利性单位同样也是组织。总之，它们都具有组织结构的特征，即为了实现组织目标而协同工作。

组织结构(organizational structure)是指组织中正式确定的使工作任务得以分解、组合和协调的框架体系。它是一个正式的关系系统，决定了权力线和分配给个人与部门的工作任务。组织结构定义的三个关键要素如下：

1.组织结构决定了正式的报告关系，包括管理幅度和管理层次。

2.组织结构确定了如何由个体组成部门，再由部门组合成整个组织。

3.组织结构决定着如何设计一些系统，这些系统用来保证部门间的有效沟通、合作与整合。

组织结构的三个要素包含于组织过程的横向及纵向两个方面，前两个要素是结构性框架，属于纵向科层内容；第三个要素则是关于组织成员之间的相互作用类型。一个理想的组织结构应该鼓励其成员在组织需要的时候提供横向信息，进行横向协调。

人们一般采用组织结构图来描述一个组织的组织结构。组织结构图是对一个组织一整套基本活动和流程的可视化描述，表明每位管理者的具体职位，通过连线的方式说明谁应该对谁负责，每个领域的负责人以及哪些人之间应该保持工作联系。图5-1是一个组织结构的例子。

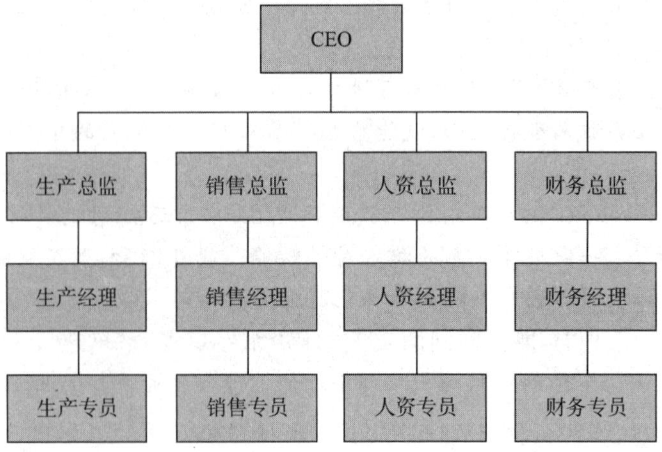

图 5-1　组织结构图示例

在理解组织的运作中，组织结构图是十分有用的，它标示出了组织的各个不同部分，说明这些部分之间是何种关系，以及每个职位和部门是如何来适应整个组织的。

5.1.2 组织的目的

一般来说，组织的设立，必须要能够很好地满足以下七种目的：

1.能够将工作适切地分配到具体的职能部门。例如，企业内部关于股利转投资用途的初步决策，交由财会部门较为妥当，而非其他部门。

2.每个职位都能被赋予一定的工作与职责。根据合理地分配工作的原则，每一个职务都必须有其承担的工作职责，以明确个别责任的归属与绩效的评估，并且避免劳逸不均现象的发生。

3.便于组织内部各项运营流程的协调。除了明确各个职位的职责与权限，组织的设计还必须能够使其成员相互协调工作，使企业的运营流程能够顺畅无碍。

4.将不同的人整合在同一部门。每个人的性格是不同的，对待事物的看法与视角也各不相同，组织的设立即是将这一群具有不同性格、思考模式与工作能力的成员，依据其专业背景进行分类，以使其能够按照组织的要求完成工作任务。

5.能明确并建立起成员对组织的凝聚力。组织内又分别设置各子部门，人员通过协调与整合的机制发展出个人之间、部门之间甚至个人与组织之间的关系。这种交流的关系一经建立，将对于培养成员对组织的认同感与归属感有正面的帮助，同时亦能增进凝聚力。

6.构筑出具有权威性的指挥体系。当明确了组织整体目标、员工的职责及相互之间协调与整合的关系以后，一个正式的、具备权威性的指挥体系就诞生了，这种体系的构筑必须能起到“上情下达”的信息畅通作用，以使整个指挥体系得以健全并能够有效地做出实时反馈，以适应经营环境的瞬息万变。

7.使资源能够进行分配和利用。就企业而言，其掌握的经营资源可以简单区分为技术、资金、物质、人力以及经营结构，组织设立重要的目的之一便在于能够通过组织构建出一个机制，在此机制的运作下，能使资源得到合理的分配并可以有效利用。

5.2　组织设计的要素

组织设计（organizational design）是以组织结构为中心的组织系统设计活动，被视为组织为了响应外在与内在环境的需要，从而进行组织结构的建立或调整，以达成目标的一个动态过程。

著名管理学家斯蒂芬·P.罗宾斯认为组织结构描述的是组织的框架体系。就像人类由骨骼确定体型一样，组织也是由结构来决定其形状。组织结构可以被分解为三种成分：复杂性、正规化和集权化。

复杂性（complexity）指的是组织分化的程度。一个组织愈是进行细致的劳动分工，具有愈多的纵向等级层次，组织单位的地理分布愈是广泛，则协调人员及其活动就愈是困难。所以，我们使用复杂性这一词语。

正规化(formalization)是指组织中各项工作标准化以及员工行为受规则和程序约束的程度。如果一项工作的正规化程度较高,就意味着从事该项工作的员工对工作内容、工作时间、工作方法没有太大的选择自主权,员工被要求以完全相同的方式处理同样的投入,因而能够产生一致的、统一的产出。

在高度正规化的组织中,各项工作有明确的职务说明,有明确的工作程序和繁杂的规章制度,而正规化程度较低的工作,工作行为具有非结构化的特点,各项规定没有那么僵硬,员工对工作的处理有较多的自主权。

在不同的组织中,正规化的程度有很大的差别。有些组织仅以很少的规范准则运作,另一些组织,即使规模不大,却具有各种规定指示员工可以做什么和不可以做什么。即便在同一组织中,由于部门工作性质的不同,正规化的程度也可能不同。

集权化(centralization)考虑决策制定权力的分布。在一些组织中,决策是高度集中的,问题自下而上传递给高级经理人员,由他们选择合适的行动方案。而另外一些组织,其决策制定权力则授予下层人员,这被称作是分权化(decentralization)。

管理人员在设立或变革一个组织的结构时,他们就是进行组织设计(organization design)的工作,我们谈论管理者做出这些结构决策(比如,决定决策应该在哪一层次做出或者需要有哪些标准规则让员工去遵循)时,我们所指的正是组织设计。在本节我们会详细说明组织结构的这三大部分是如何得到结合和匹配的,以便创造出各式各样的组织设计。

5.2.1 工作设计

工作设计(job design)是组织设计的首要步骤。工作设计是与个人有关的工作职责的确定,其目的在于明确将任务以什么样的方式来进行分配,在决定了之后,便开始依照分配的方式律定出各个工作的职责。例如,对于福州钢铁公司的机械操作工来说,工作设计规定了他要操纵的机械设备、如何操纵以及要求达到的绩效标准。而对于这家公司的一位厂长来说,工作设计则包括决策责任的定义、确定目标和期望值、建立适当的成功指标。

1.工作专精化

工作专精化(job specialization)是组织设计的第一个关键要素。工作专精化指将组织的工作任务分解为较小的构成成分的程度。工作专精化来自18世纪经济学家亚当·斯密(Adam Smith)"劳动分工"的概念,他描述了一家制造大头针的工厂如何通过劳动分工提高生产率。在这家工厂里,一个人负责搬运铁丝,另一位负责拉直,第三人负责切断,第四人负责做圆头,等等。亚当·斯密指出,如果10名工人按这样的方式进行加工,则每天可以生产48 000枚大头针,而如果每人都负责从头到尾的所有工序,则一天一人只能生产20枚大头针。

工作专精化是组织成长的必然结果。当沃尔特·迪士尼(Walt Disney)刚开始创办公司时,他自己完成所有的事情——撰写卡通剧本、绘制和营销。随着业务的增加,他不得不雇用其他人员来完成上述工作。随着企业的成长,专精化的程度也在提高。今天在迪士尼电影公司工作的动画师可能只负责绘制一部电影中的一个人物角色或者只负责某个背景的绘制。迪士尼公司里面有数千个专精化程度不同的职位,没有人可以包揽全部。

工作一旦专精化,可以为组织带来以下四个方面的好处:

(1)提高员工的工作效率。完成小型、简单工作的员工,其各自的工作效率会非常高。

由于员工掌握的是本身所熟悉的工作任务，就算是好几项任务同时进行，也不会因为专业差距过大而使得处理效率降低，反之，在同时进行时，甚至会提高工作效率，提高产出绩效。

(2)降低工作任务的转换时间。如果员工需要完成几项不同的工作任务，他们在停止前一项工作任务、开始后面工作任务时可能会浪费时间。由于工作性质的雷同性，工作专精化所带来的好处将使员工在进行多项工作时，可以有条理有序地做好，并避免过多的转换时间造成工作延宕与无谓的成本浪费。

(3)增进优化该工作任务软硬件条件的容易度。工作任务定义越详细，越容易开发出支持这一工作任务的专业化设备。经历了一段时期的工作专精化，对于具有主动积极性的员工而言，将可以促使其对个人所掌管业务中的硬件设备或软件流程进行优化，让该职能更具备成熟性与发展性。

(4)节省工作培训的成本。如果负责高度专精化的某位员工旷工或离职，管理者培训新人的成本会相对较低。尽管专业化一般被认为是用于运营方面，但许多企业已经将专精化延伸到管理和专精工作中。由于员工的职能范围较小或较为专业，所引进的员工多半本身便具有相关的经历背景，通过工作流程的规范化，能够促使新进员工快速上手，达到节约内部培训成本的目的。

尽管如此，工作专精化也可能产生负面的作用。过度的专精化使得员工长期仅专注于某一职能范围，其长期的专业发展较为狭窄。此外，由于缺乏激励和挑战，员工容易出现倦怠感和单调感，旷工率增加，工作的质量将会受影响。

为了避免工作专精化的负面作用，组织的管理者努力寻找其他工作设计方法，以求在组织效率、生产力和个人对创造与自主的需求之间取得平衡，这些工作设计的方法包括工作轮换、工作扩大化、工作丰富化、工作特征模式和工作团队。

2.工作轮换

工作轮换(job rotation)是有计划地调换员工的工作。例如，在仓库工作的工人可能在周一负责卸货，周二负责将到货送入仓库，周三确认发票，周四负责发货，周五负责装车。就这样，工作没有改变，工人的工作内容却在不断变化。适用工作轮换的工作通常是相对标准化和例行的工作。

3.工作扩大化

工作扩大化(job enlargement)是一种增加员工横向工作任务的工作设计方法。通过工作扩大化，员工将需要完成广泛的工作任务。例如，海尔公司的空调机制造装配线以前由8名工人顺序负责，现在公司对生产线进行了流程改造，由4名工人负责整个制造工序，无疑增加了工人的工作量。

4.工作丰富化

一种更为全面的方法是工作丰富化(job enrichment)。工作丰富化在增加员工工作数量的同时提高员工对工作本身的控制。在工作丰富化的过程中，组织的管理者将某些控制授权给员工，以更加完整和自然的方式设计工作的结构。这些改变可以提高下属对职责的感受。工作丰富化的另一方面是不断赋予员工新的和富于挑战性的工作，从而为员工创造提高和进步的机会。例如，中国电信公司某营业点中共有6名打字员负责完成客户服务单据的处理。面对工作效率低和员工流失率高的问题，管理层认识到打字员们对顾客缺乏责任感,难以获得反馈。公司决定重组打字团队。他们将客户服务代表与打字员进行配对,将工作任务从10个步骤改成3个更一般的步骤,并且将他们的职位予以提高。经过这一改变,单据处理的速度提高了,不再需要反复传话了,准确率也提高了,员工流失也几乎消失了。

5.工作特征模式

一般来说,管理者在进行工作设计时,必须先考虑一项完整的工作所具备的特性。学者理查德·哈克曼(Richard Hackman)和雷格·奥尔德姆(Greg Oldham)提出了"工作特征模式"(job characteristics model,JCM),认为一项完整的工作具备了以下五种特征,分别是:

(1)技术的多样化

技术的多样化(skill identity)指工作之中需要运用到的不同种类知识、技术与能力的程度。组织在明确了某一项工作技术含量的高低以后,继而决定该工作所需要的学历条件或技术的熟练度等。一般来说,工作中技术多样化与否,在很大的程度上取决于组织规模的大小以及职责范围,而非千篇一律。

(2)任务的识别性

任务的识别性(task identity)指员工工作的完整性或是否构成全部工作中一个可明确的部分。因工作的特性以及所需技能的复杂程度不同,每一项任务的执行标准与程序并不同。在工作设计当中,必须明确个别任务的识别性与完整性,如此一来才可以使组织成员得以充分理解其工作职责的全面性流程。

(3)任务的显著性

任务的显著性(task identity)指工作任务的重要程度,即工作本身对于整体运营流程的重要程度。例如企业要开发新产品时,采购部门为了购买新种类的零部件,除了需要与产品开发部门、营销部门以及生产制造部门等一再磋商之外,还必须肩负起寻找合适供应商的任务。对于"开发新产品"的整体任务而言,采购职能的努力极为显著而重要,只要一项环节处置失当,如选择了错误的零部件品项,将有可能为企业带来巨大的损失。

(4)工作本身的自主性

工作本身的自主性(job autonomy)指员工对自己工作的控制程度,即组织内的成员可以安排其工作完成的自由程度。例如,销售人员必须依据每一位客户的偏好与习惯不同,或所在市场的特性不一致时,决定其对应的销售方式或态度,其工作自主性较大;然而,生产制造部门的工程人员则必须严格依照标准作业程序的规范来处理工作,其所能掌握的自由程度较小。因此,工作自主性的高低对员工在工作中能否发挥主动性有很大的影响。

(5)工作本身的信息反馈性

工作本身的信息反馈性(job feedback)指员工在多大程度上了解对自己工作的评价。有的工作,由于其职责与目的极为明确,完成以后的结果与绩效比较明显,反之则否。例如,销售部门的当月销售额可以马上在月底结算时呈现,人资部门统计的员工出缺勤记录状况甚至可以每日呈现。可是产品开发部门关于新产品开发出来能否受到市场的好评,则需要通过公司总体的营销战略和市场接受程度进行检验,并非一蹴而就。工作本身的信息反馈性同时体现了员工工作对于外界的影响程度。

6.工作团队

工作专精化的另一个替代选择是工作团队。组织赋予工作团队设计一组内部相关工作体系的职责。在典型的装配线工作体系中，工作从一个工人转移到下一个工人，每个工人的工作都是高度专精化的。而在工作团队中，则是由该团队自行决定工作任务分配。例如，工作团队决定如何将特定的任务分配给每个成员，掌管并且自行控制工作的绩效，他们还拥有制定工作进程的自主权。

管理故事 5-1

华为“拧麻花”的协同作战机制

组织协同是一个规模企业最痛苦的事情，而且从世界范围内来看，协同已经成为一个组织的稀缺资源。尤其是企业的销售部门和产品部门的协同，在任何一个企业组织里，嗓门最大的就是这两个部门。产品部门对自己设计的产品情有独钟，可能会说我的产品很好，销量上不去，是因为销售部门能力不行，不会卖；销售部门可能会指责产品部门，不是我们能力不行，而是你们设计的东西客户不需要、不喜欢。在企业中，这是一对天然的结构性的矛盾，怎么解决？

华为公司创造性地形成了这个双利润中心的组织设计方案，最终交付的是技术方案和产品，一线的销售人员没有产品线的支持寸步难行，所以需要大量的技术人员去一线，他们被称为产品行销人员。产品线认为，我派到一线去的产品行销人员，隶属关系是我，不能给你；销售线认为编制不在我这，我无法管理，也就完成不了销售任务。最后只能由公司决定，产品行销人员派到销售团队做支持，两个部门都是利润中心，并且都做实际考核。

在考核时，产品线通常希望把销售额做得更大，以争取更多的研发经费和人手。但销售团队则正好相反，希望销售目标偏小，超额完成任务就可以多拿奖金。双方报出来的数字差距可能达到 20%，最后大家层层“PK”，由总部做最终裁判。这在业务上也起到了交叉验证的作用，消除了管理中的信息不对称。

资料来源：胡彦平.华为管理体系建设亲历者，讲了这 5 个你没听过的小故事. https://taihecap.com/news_list_show-13-566.html,2021.

5.2.2 部门化的方式

为了设计组织结构图和编制职务说明书，组织设计者首先需要进行职务设计与分析。设计一个全新的组织结构需要从最基层开始，自下而上地设计。但是在研究现有组织改进时，往往是自上而下地重新划分各个部门的职责来着手进行。紧接着最为重要的是进行部门的划分才能形成组织结构。

在水平的基础上把工作分配到组织中不同的部门叫作部门划分。部门化是将整个组织的管理系统进行分解，并把若干职位组合成一些相互依存的基本管理单位的过程。这些基本管理单位即是部门，它既是一个特定的工作领域，又是一个特定的权力领域。

传统的学者们主张，组织中的活动应当经过专业化分工而组合到部门中。劳动分工创造了专家,也对协调提出了要求。而将专家们归并到一个部门中,在一个管理者指导下工作,可以促进这种协调。部门的建立通常可依据所开展工作的职能,所提供的产品或服务,所设定的目标顾客或客户,所覆盖的地理区域,或者将投入转换为产出所使用的过程,等等。古典学者们并不提倡使用单一的划分部门方法。选择部门化方法需要反映最有利于实现组织目标和各单位目标的要求。

图 5-2 是一家假设的本土制造和销售计算机与软件的 LEN 计算机公司的组织结构图。从图中可以看出,LEN 公司运用了四项最基本的部门化方法:职能部门化、产品部门化、顾客部门化和地区部门化。

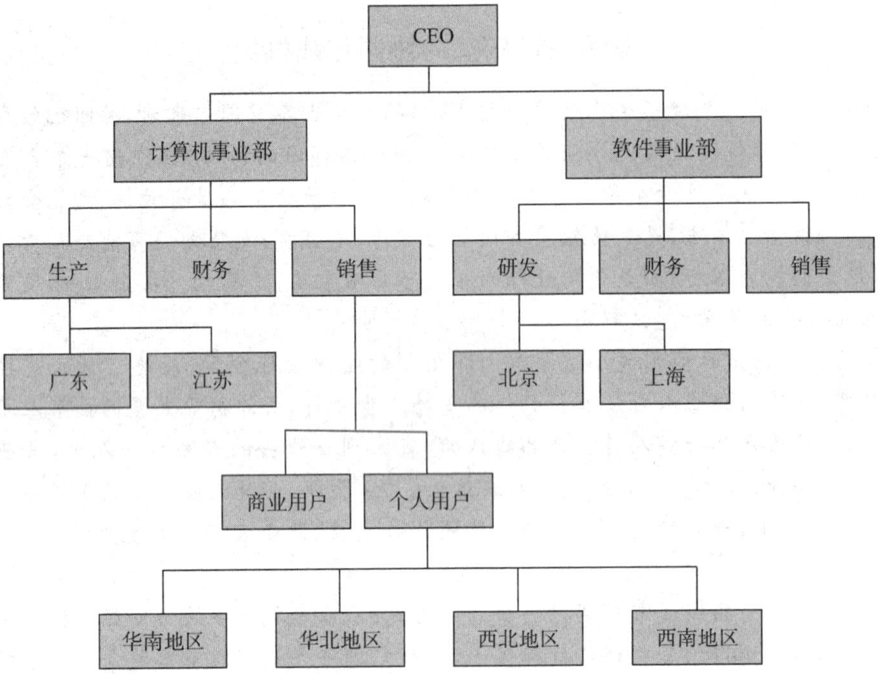

图 5-2 部门化的示例

1.职能部门化

职能部门化(functional departmentalization)一种常见的方法是按履行的职能组合工作活动,根据业务活动的相似性来划定部门。判断某些业务活动是否相似的标准是活动的业务性质是否相近,从事活动所需的业务技能是否相同,活动的进行对同一目标的实现是否有密切相关的作用。例如,财务、销售、生产等都是企业的基本职能(见图 5-3)。

职能部门化将相同专业的专家和拥有相同技能、知识与观念的人员组合在一起,有利于本专业领域内部的协调,从而增加管理的专精化程度,提高效率。但是,由于各部门长期只从事本专业的业务,可能会造成与其他职能部门的沟通不良;另外,这种方式也会促使管理者只关注本专业领域,不利于高级管理人才的培养。

2.产品部门化

产品部门化(product departmentalization)是根据组织生产的主要产品类型来划分部门。在这种方式下,每一主要产品领域都划归一位管理者的管辖之下,该管理者不仅是所划定产品线的专家,而且对该部门所开展的一切活动负责(图 5-4)。例如,美国通用汽车公司

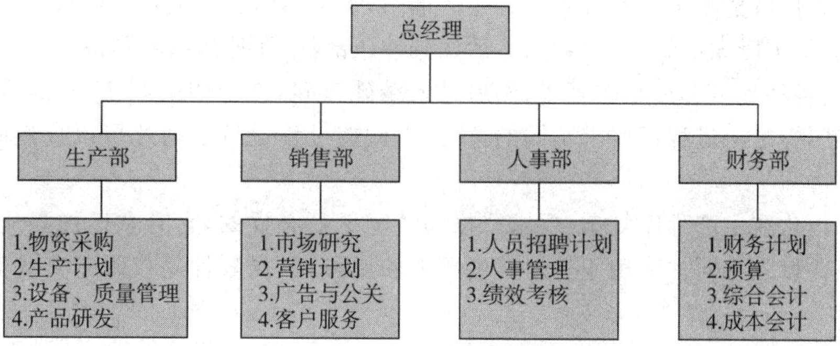

图 5-3 职能部门化

分别设有凯迪拉克(Cadillac)、别克(Buick)、庞蒂亚克(Pontiac)和雪佛兰(Chevrolet)四种不同产品的生产车间。

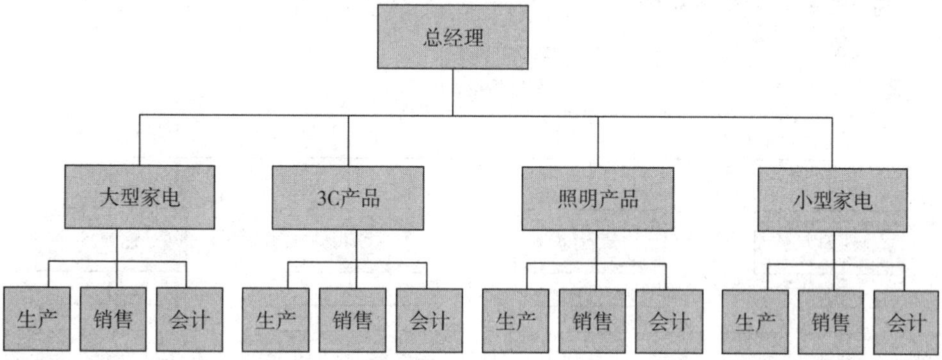

图 5-4 产品部门化

产品部门化有利于促进特定产品或服务的专门化经营,更加贴近顾客,使各部门的负责人员成为某产品领域的专家。此外,单一产品或单一产品群组的业务活动比较容易整合和协调,决策的速度和效率得到提高。但是,这种方式可能会造成职能的重复配置(如两个制造部门),造成资源配置的浪费,管理成本上升,而且由于各部门只关注本产品领域的活动,导致缺乏对组织整体目标的认识。

3.流程部门化

流程部门化(process departmentalization)是按照提供产品或服务的流程来划分部门,使各项业务活动沿着处理产品或提供服务的流程来组织(图 5-5)。例如,好丽友食品公司依据公司的每一种销售渠道如便利店、食品杂货店、超市设置不同的公司部门。

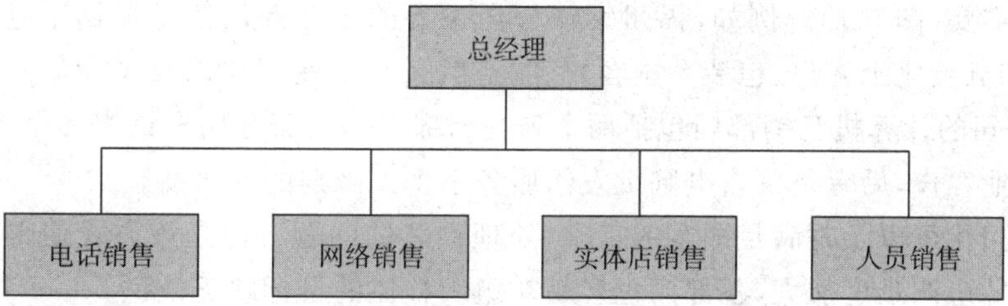

图 5-5 流程部门化

一家炼铝厂可根据生产流程划分各生产部门，每个部门负责铝管制造过程的特定阶段。首先，金属被扔进巨大的熔炉中熔炼；然后送到冲压部门，在那里被挤压成管形；再转到制管车间，轧制成各种规格和形状的管子；然后进入精轧车间，进行切割和整理；最后到检验、包装和发运部门。每一过程都要求不同的技能，因此按过程进行部门化可以提供同类活动归并的基础。

流程部门化在生产程序复杂、要求严格的情况下是必要的，它有利于加强流程管理，提高管理水平。该方式同样适用于针对某些顾客的服务，其局限性是仅限于某些类别的产品和服务。

4.地区部门化

地区部门化(geographic departmentalization)是根据地理因素来设立部门，把不同区域的业务和职责划归不同的部门负责(图 5-6)。例如，雅博(Apex)公司的产品制造部门共有两家工厂，一家在达拉斯，另一家在凤凰城。与此相似，其软件设计部门也有两个实验室，一个在芝加哥，另一个在圣路易斯。

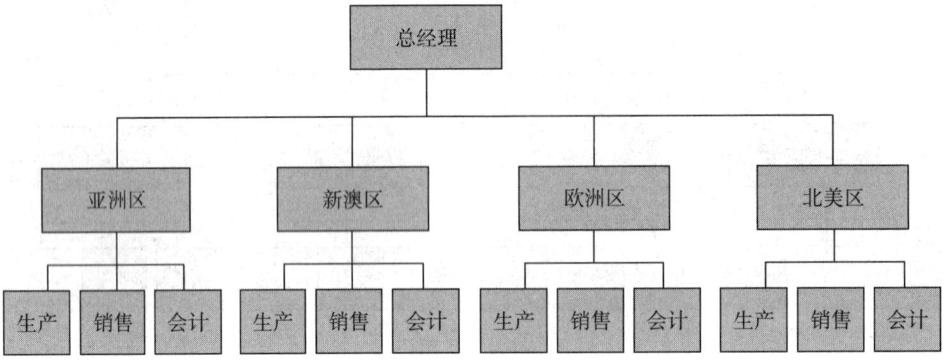

图 5-6　地区部门化

地区部门化对于一个地域分布较广或业务涉及区域较广的组织来说是十分必要的，这种划分方式适应了不同地区的政治经济形势、文化、科学技术水平以及对业务的不同需求，可以更有效地处理特定区域产生的问题。但是，这种方式与产品部门化一样，会导致职能的重复配置，同时会使区域部门感到与其他领域相隔离，高层管理者对各区域部门的协调难度会较大。

5.顾客部门化

顾客部门化(customer departmentalization)是根据顾客的类型来划定部门。根据顾客划分部门的依据是每个部门的顾客存在着共同的问题和要求，因此为他们分别配置相关专家以满足其需要(图 5-7)。例如，福州钢铁公司主要的事业部门便是根据服务对象——客户划分的，如五金化工客户、包装系统客户、航空航天和工业客户以及国际集团客户等。雅博(Apex)公司的计算机营销部门包括两个独立的部门——商业用户销售和个人用户销售，前者负责企业客户，后者负责将电脑批发给服务于个人采购的零售商。

顾客部门化可以及时满足顾客的需求，处理顾客的问题。但是该方式使得高层管理者对顾客部门的协调难度加大，各部门也容易对组织整体的目标缺乏认识。

一个组织究竟采用何种方式划分部门，应视其具体情况而定，尤其是对于大型组织而

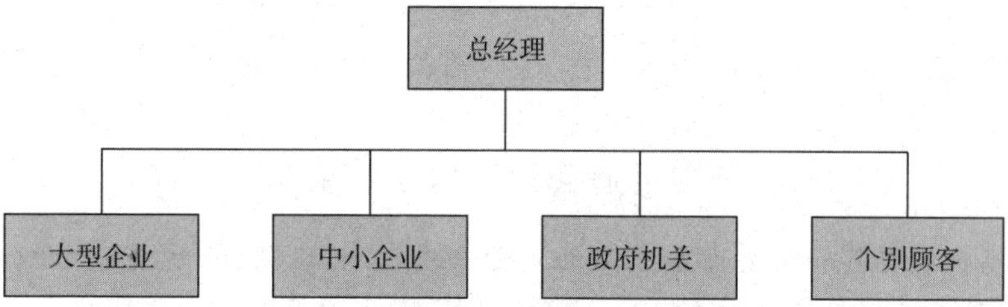

图 5-7　顾客部门化

言，这些部门化方式往往是综合使用的。如企业职能或参谋机构一般按职能划分，生产部门可按流程或产品划分，销售部门则根据实际需要按地区或顾客划分。表 5-1 总结了每种部门化方式的优点和缺点。

表 5-1　各种部门化方式的优点和缺点

部门化	优点	缺点
职能部门化	• 职能部门主管的权力有利于保持一致性（如一致的营销信息） • 较容易确定某个职能部门绩效的好坏（如公司营销计划的绩效）	• 可能难以协调各职能部门 • 难以确保产品绩效的好坏
产品部门化	• 促使管理者关注公司销售的产品 • 较容易确定产品绩效的好坏	• 对产品的关注可能使得管理者忽视顾客或地区间的差异 • 可能难以协调不同的产品
流程部门化	• 促使管理者关注公司产品和服务的流程 • 较容易确定流程绩效（服务质量）的好坏	• 可能难以协调不同的流程 • 仅限于某些类别的产品和服务
地区部门化	• 管理者可能关注公司服务的各个地区（以及它们之间的差异） • 公司可以通过让管理者在不同地区轮岗而培养人力资源	• 可能难以协调各个地区 • 可能难以确定某个特定产品绩效的好坏
顾客部门化	• 促使管理者关注和满足最重要的顾客 • 较容易确定顾客关系方面的绩效	• 可能难以协调各个顾客 • 当顾客跨不同的产品和地区时，情况可能变得很复杂

资料来源：SAMUEL C CERTO，TREVIS S CERTO.现代管理学：概念与技能[M].11 版.冷元红，苏静，郑新德，译.北京：清华大学出版社，2010：234.

进入 20 世纪 90 年代以来，组织部门化出现了两个比较普遍的趋势：一是顾客部门化越来越受到重视，这种划分部门方式被认为能够更好地了解顾客的需求，并对顾客需求的变化做出更快、更好的反应。二是越来越多僵化的职能部门被跨职能团队（cross-function teams）取代，跨职能团队是一种将各专业领域的专家组合在一起协同工作的方式。跨职能团队对外能快速响应客户与市场的需求，对内能凝聚智慧，通过团队成员的信息交流与知识经验共享，充分发挥集体思维的创造性，寻求解决问题的最佳方案。

管理故事 5-2

美国贝迪公司的扁平式组织

生产高性能标签和安全设备产品的贝迪公司(Brady Corp)斥资5 000万美元安装了新系统,该系统利用互联网在贝迪公司的供应商、客户和分销商之间建立了联系。然而,在投入的5 000万美元中,只有 113 万美元的资金用在了技术方面。高层管理人员将剩余资金用在了再造公司组织和以团队为基础的扁平化流程方面。

例如,在以前,贝迪公司的客服人员在获得订单后,会转交给公司的生产部门。然后,生产部门将订单按先后顺序排列,再将其转交给运输部门。整个工作流程就好比是一场接力赛。在贝迪公司的新组织形式中,没有特殊订购要求的客户将通过互联网直接将订单发送给生产部门。在产品生产方面,贝迪公司拥有一套扁平化流程。每位工厂工人能够监督每笔订单的整个生产和运输过程。管理人员希望新的扁平式组织能够将目前的 15 个销售-生产-运输流程裁减 5 个。贝迪公司的新型扁平式组织有助于公司充分利用新安装的网络系统和直接联系客户的信息技术系统。如果不进行企业流程再造,贝迪公司仍然可以安装新型网上订购系统,但是订单的处理仍然只能靠以前那种方式进行,要在不同部门之间既耗时又费力地进行传递。

资料来源:GARY DESSLER,JEAN PHILLIPS.现代管理学[M].丰俊功,李庚,马学亮,译.北京:清华大学出版社,2010:333.

5.2.3 管理幅度与管理层次

组织的最高主管因受到专业、时间和精力的限制,需委托一定数量的人分担其管理工作。委托的结果是减少了他必须直接从事的业务工作量,但与此同时,也增加了他协调受托人之间关系的工作量。因此,任何主管能够直接有效地指挥和监督的下属数量总是有限的。一位管理者能够有效地直接领导和控制的实际人员数称作管理幅度(span of control),即有多少位下属向一位管理者报告。出于同样的理由,最高主管的受托人也需将受托担任的部分管理工作再委托给另一些下属来协作完成,并依此类推下去,直至受托人能直接安排和协调组织成员的具体业务活动。由此形成组织中最高主管到具体工作人员之间的不同层级,称为管理层次(management level)。

一位管理者能够有效地指挥多少个下属这一管理幅度问题吸引了早期学者的大量注意力。尽管对具体的数目没有形成一致的意见,但古典学者们都主张窄小的跨度(通常不超过 6 人)以便对下属保持紧密控制。不过,也有些学者认识到,组织层次是一个权变因素。他们论证说,随着管理者在组织中职位的提高,需要处理许多非结构性的问题,这样高层经理的管理幅度就要比中层管理者小,而中层管理者的管理幅度又比基层监督人员小。

管理幅度的概念为什么重要?因为它在很大程度上决定了组织的层次和管理人员数目。假定所有条件一样,管理幅度更宽、更大,这样设计的组织就更有效率。有一个例子可以说明这一论断的正确性。假设有两个组织,它们的作业人员为 4100 人。如果一个组织的管理幅度各层次统一为 4,另一个组织的跨度为 8。跨度大的组织就可减少两个管理层次,大约精简800名管理人员。假如管理人员的平均年薪为3.5万美元，则加宽管理幅度后将使组织在管理人员工资上每年节省280万美元。从成本角度看，宽幅度明显是更有效率的。但在某一点上，宽幅度会导致效率降低。

显然，管理层次受到组织规模和管理幅度的影响。它与组织规模成正比：组织规模越大，包括的成员越多，则层次越多。在组织规模已定的条件下，它与管理幅度成反比：主管直接控制的下属越多，管理层次越少；相反，管理幅度减小，则管理层次增加。

1.结构形态及其特点

管理层次与管理幅度的反比关系决定了两种基本的管理组织结构形态——扁平式结构形态和高塔式结构形态(图5-8和图5-9)。

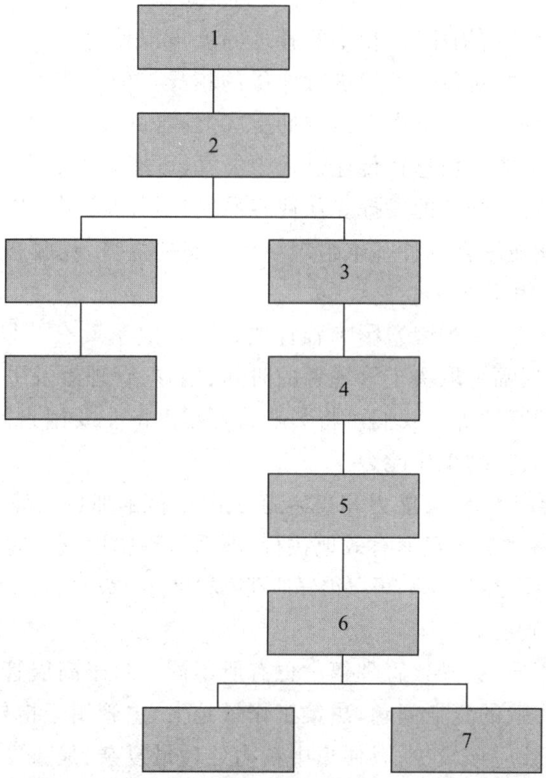

图5-8　高塔式结构

(1)扁平结构是指在组织规模已定的条件下，管理幅度较大、管理层次较少的一种组织结构形态。这种形态的优点是：由于层次少，信息的传递速度快，从而可以使高层尽快地发现信息所反映的问题，并及时采取相应的纠偏措施；同时，由于信息传递经过的层次少，传递过程中失真的可能性也较小；此外，较大的管理幅度，使主管人员对下属不可能控制得过多过死，从而有利于下属主动性和首创精神的发挥。但过大的管理幅度也会带来一些局限性：比如主管不能对每位下属进行充分、有效的指导和监督；每个主管从较多的下属那儿取得信息，众多的信息量可能淹没其中最重要、最有价值者，从而可能影响信息的及时利用等。

(2)高塔式结构是管理幅度较小，从而形成管理层次较多的高、窄的组织结构形态。其

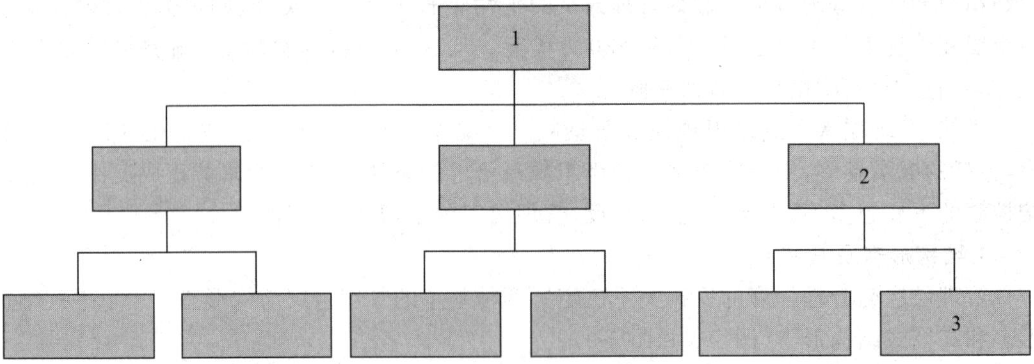

图 5-9 扁平式结构

优点与局限性正好与扁平结构相反：较小的管理幅度可以使每位主管仔细地研究从每个下属那儿得到的有限信息，并对每个下属进行详尽的指导。但过多的管理层次不仅影响了信息从基层传递到高层的速度，而且由于经过的层次太多，每次传递都被各层主管加进许多自己的理解和认识，从而可能使信息在传递过程中失真，可能使各层主管感到自己在组织中的地位相对渺小，从而影响积极性的发挥。往往容易使计划的控制工作更加复杂。

组织设计要尽可能地综合两种基本组织结构形态的优势，克服它们的局限性。

2.影响管理幅度的因素

现代管理的观点认为，多种因素影响着管理者既有效率又有效果地管理下属人员的合适数量。一般而言，管理幅度取决于管理者的时间、偏好、管理者及下属人员的素质和能力，以及所要完成的工作的特性等。我们可将影响管理幅度的主要因素区分为以下四类：

(1)管理者及下属人员的工作能力

如果管理者的综合能力、理解能力和表达能力很强，能够抓住关键，迅速解析问题，明确指示，并保证下属人员能够理解及迅速有效地执行，那么管理幅度就可宽些。而如果下属人员的工作能力强，受过系统培训，经验丰富，可以很好地理解和执行上级的命令，管理跨度也可以宽些。

(2)管理工作的性质

管理工作性质的不同，会导致管理幅度也有所不同。对于高层管理者来说，他们往往面对的是对组织有重大影响的复杂问题，决策工作量越大，主管用于指导下属的时间越少。因此，他们直接领导的人数应该较少，以便集中精力处理最复杂、最重要的问题，而基层管理者则主要是处理一些重复性或相似性较高的例行性工作，其下属在职能上有很高的类似程度，同一主管对于每个人工作的指导和建议也大体相同，管理的人数可以多些。

(3)管理条件

管理条件包括管理的平台与系统化程度、标准化程度、信息处理的效率，以及助手的配备状况等。首先，一个企业采用先进的系统管理平台，管理者在平台系统内就可高效完成团队成员的工作进度监控与审查，管理幅度依情况可宽一些。其次，就管理的标准化程度而言，如果作业方法及作业程序标准化程度较高，管理幅度就可宽些；如果标准化程度较低，事事都要重新研究及分析，管理幅度就要窄些。再次，如果信息传递的方式和渠道恰当，信息处理设备先进且功能发挥充分，则上下左右沟通便捷，协调充分，管理者可将主要精力用于决策，从而可以扩大管理幅度，反之则要适当缩小管理幅度。另外，如果管理者有一个好的助手，可以不必亲自处理很多事务，从而节省了时间和精力，其管理幅度则可以宽些。最后，工作地点的相似性。不同下属的工作岗位在地理位置上的分散，会增加主管与下属之间的监管困难，从而影响主管直属部下的数量。

(4)管理环境

管理环境的变化速度和组织的经营情况等无疑对管理幅度也有着一定的影响。如果管理环境变化速度快，管理者则需要花费较多的时间及精力来应对和处理环境的变化，下属向上级请示就越有必要、越频繁。因此，管理幅度就不能太宽。而从组织的经营情况来看，当组织经营发生困难时，为了集中力量渡过难关，则需要集权，在管理幅度上自然也要做出相应的调整，此时，管理幅度应该窄些。其他对管理幅度产生影响的因素还有组织文化的凝聚力、管理者风格等。

随着环境的变化和信息技术的发展，现代组织越来越倾向于实行扁平式的组织结构，这种组织结构具有成本低、决策快、组织灵活性高、更加接近顾客等多种优点，相比高塔式的组织结构而言，这种方式更能适应当今竞争环境的需要。与此同时，许多组织也在尽可能地克服扁平化带来的不足，如管理者负担过重等问题。

管理工具 5-1

管理幅度(管理宽度)确定法

管理幅度(宽度)的确定受许多因素的影响。但这诸方面的因素影响程度的不同，决定了管理幅度(宽度)的弹性是很大的，并没有一个固定的数值。例如，有三条线生产同一料号产品，可以派一名线长。但如果三条线生产的料号完全不同且都是新产品，问题层出不穷，只派一名线长就不行了。因此，这就要求各级主管，尤其是经理人要结合本单位的实际情况，适时考虑各种影响因素，运用各种方法，来确定自己理想的管理幅度(宽度)。

20世纪70年代，美国洛克希德导弹与航天公司(Lockhead)对管理中依据的变量与管理幅度(宽度)的关系进行了研究。他们验证了6个决定管理幅度(宽度)的重要变量。

1.职能的相似性：指一名主管人员领导下的各部门或人员所执行的职能的异同程度。显然，下属职能相似程度高，则管理幅度(宽度)可较大。

2.地区的邻近性：指一位主管人员领导下的单位或个人在地理位置上的集中或分散程度。下属较为集中的，管理幅度(宽度)可较大。

3.职能的复杂性：指要完成的任务和需管理的部门的特点与工作性质的难易程度。

4.指导与控制的工作量：它包括领导一方与被领导一方的工作能力、业务熟练程度、需要训练的工作量、授权的多少，以及需要亲自关心的程度等。

5.协调的工作量：指本单位与上级单位、同级单位之间，以及与下属各部门之间的协调配合所需花费的精力和时间。

6.计划的工作量：指用来反映主管人员及其所在单位的计划工作职能的重要性、复杂性和时间要求。

在明确了决定管理幅度(宽度)的变量依据之后,将变量按困难程度分成五级,每级规定一个权数,表示影响管辖人数的重要程度。下表所列的权数是根据150个中层管理的实例得出的,这些权数具有一定的统计规律性。

影响管理宽度的主要变量	工作量的级差与权数				
职能相似性	完全相同 1	基本相同 2	相似 3	基本不同 4	根本差别 5
地区邻近性	完全在一起 1	同一办公楼 2	同一工厂办公楼不同 3	地区相同地点不同 4	不在同一地区 5
职能复杂性	简单工作 2	例行公事 4	稍微复杂 6	复杂多变 8	非常复杂而且多变 10
指导与控制工作量	管理训练工作量推广 3	管理工作量有限 6	适当的定期管理 9	经常持续管理 12	始终严密管理 15
协调工作量	与他人关系极少 2	明确规定的有限关系 4	适当的便于控制的相互关系 6	相当密切的关系 8	相互间接触面广但又不重复的关系 10
计划工作量	规模与复杂性都很小 2	规模与复杂性有限 4	规模与复杂性中等 6	要求相当的努力,有效政策指导 8	要求极大努力,范围与政策均不明确 10

管理者可根据表中累加6个变量的分值,将总分值与下表的管理幅度(宽度)标准值进行比对,最终获得管理者的管理幅度(宽度)建议人数。

影响管理宽度诸变量权数之和	22～24	25～27	28～30	31～33	34～36	37～39	40～42
建议的标准宽度人数	8～11	7～10	6～9	5～8	4～7	4～6	4～5

5.2.4 职权、职责与权力分配

1.职权与职责

职权(authority)是指管理职位所固有的发布命令和希望命令得以执行的一种权力,是组织合法授予的一种权力。职权是基于组织中的职位,与任职者没有任何关系。职责(responsibility)与职权具有对等的重要性,是指对应职权应承担的相应责任。

一般来说,职权可以分为直线职权(line authority)和参谋职权(staff authority)两种类型。

(1)直线职权

直线职权是指给予一位管理者指挥其直接下属工作的权力。这一种权力产生了上下级关系,这种上下级的职权关系从组织的最高层贯穿到组织的最低层,进而形成一条指挥链。在指挥链的每个链环处,拥有直线职权的管理者均有权指挥下一层次人员的工作,无须征得他人意见而做出某些决策。同样,每一位管理者也都要接受其上级主管的指挥。

指挥链是指从组织高层延伸到基层的一条持续的职权线,是组织内各职位间清楚而明确的命令关系。它界定了谁该向谁报告工作。它帮助员工回答“我遇到问题时需向谁请示”或“我需对谁负责”等问题。组织中的指挥链需符合两个原则:一是指挥统一原则(unity of command)，即组织内的每一个人都必须明确地向一位上级并且只向一位上级报告。二是阶梯原则(scalar principle)，组织必须建立一条清晰的、不可破坏的从最基层直至最高层的命令链，也就是说必须要有人对每一项决策负最终的责任。

(2)参谋职权

参谋职权是指为直线职权服务的顾问性质的职权，也就是向其他管理者或员工提出建议的权力。一般来说，在没有得到授权的情况下，拥有参谋职权的人是不能直接发布命令的，但在实际操作中，参谋人员有时可能有意或无意地变参谋职权为直线职权，对下属甚至不是下属的人员行使直接指挥权，这样会导致组织管理混乱和缺乏效率。

在组织中，职责可分成“最终职责”与“执行职责”两类。最终职责是指管理者应对他授予执行职责的下属人员的行动作最终负责，所以最终的责任永远不能下授；执行职责则是指管理者应当下授与所授职权相等的执行责任，不过职责的另一方面(它最终的要素)应当保留。由此可见，执行职责可以向下授予，但最终职责是不可下授的。也就是说，管理者应对其授权负最终责任而不管具体执行人是谁。

对组织来说，一定的职权应该与一定的职责相一致，也就是要权责对等。职权大于职责会导致滥用职权而忽视职权的运作绩效，职权小于职责则会导致指挥失灵而难以发挥作用。

2.职权与权力

职权是组织中的一个重要概念，但排斥一切地注重职权往往对组织的影响力产生一种狭窄的、不现实的认识。今天，我们应当明了，职权只是更广泛的权力概念的一个要素。职权和权力两个词经常混淆。职权是这样一种权力：一种基于掌握职权的人在组织中所居职位的合法的权力。职权是与职务相伴随的。与之对照，权力(power)则是指一个人影响决策的能力。职权是更广泛权力概念的一部分，换句话说，是与一个人在组织中所居职位相联系的正式的权力，只不过是这个人影响决策过程的一种手段而已。

你是否注意到，高层经理人员的秘书，尽管只有很小的职权，却通常拥有相当大的权力。他们作为你和老板的“中间人”，对于老板要见谁和何时会见有很大的安排权。而且，因为人们常常需要依赖这些秘书将有关信息传递给他们的老板，这样，秘书们对于他们的老板听到些什么也有一定的控制权。一位年薪 7.5 万美元的中层经理，要小心谨慎地同一个年薪仅 2.5 万美元的秘书打交道，就是为了不得罪他们上司的秘书，这绝不是件罕见的事。为什么？因为秘书们拥有权力。在职权等级链上，秘书们的地位是很低的，但他们却靠近权力核心。低层的员工中如果有亲戚、朋友或伙伴身居高位，他们也接近权力核心。掌握了短缺而又重要技能的员工，也是同样的情形。一位在公司干了 20 多年的基层制造工程师，可能是公司中唯一懂得那些老旧生产设备工作原理的人。当旧设备的某一部件损坏了，除了他以外没有人知道如何修理。突然间，这位工程师的影响力就比他在纵向层级上所处地位显示的要高出许多。

以上的例子清楚地说明了两个事实：

(1)一个人在组织中晋升得越高(反映职权的提升)，他与权力核心的距离就越近；

(2)未必需要有职权才能产生权力，因为一个人可以向权力核心的内圈做水平移动而不必往上升迁。

3.集权与分权

集权与分权所要确定的是决策权应该放在组织的哪一层级上。集权(centralization)指决策权在组织系统中较高层级上一定程度的集中，即组织内部较高层的管理者将职权集中进行管理。分权(decentralization)是指决策权在组织系统中较低层级上一定程度的分散，即整个组织都获有一部分权力得以支配。集权与分权是一个相对的概念。实际上在一般的企业组织中并不存在绝对的集权和分权。组织既不可能是绝对集权的，即所有的决策权都集中于某一高层领导者团体，也不可能是绝对分权的，即把所有的决策权都授予最低层的员工。

集权与分权的程度是随着情境条件变化而变化的。对其有影响的因素主要有以下几个：

(1)决策的代价

决策付出代价的大小，是决定分权程度的主要因素之一。如果决策错误所付出的代价很大，对营收利润、企业信誉、成员士气等无形影响较大，那么这种决策就不适宜交给下属处理。因此，重要的决策应由高层管理者做出，不太重要的决策才可授权给下属做出。

(2)组织的规模

组织规模扩大以后，集权管理不如分权管理有效而经济。组织规模越大，组织的层次和部门会因管理幅度的限制而不断增加。管理层次增多会使上下沟通的速度减缓，造成信息的延误和失真，并意味着今后彼此间的配合工作也会迅速增加。因此，为了加快决策速度，减少错误，使管理者能够集中精力处理重要决策，建议向下属分权。反之，则建议采取集权。

(3)组织的生命周期

从组织的生命周期来看，组织总是处于不同的生长阶段。通常在组织的成立初期，需要采取和维持高度集权的管理方式。随着组织的逐渐壮大，管理方式将会由集权逐渐转变为分权。此外，处于迅速发展中的组织，往往面临增长带来的许多复杂问题，要求分权的程度会较高，而一些老的、相对完善或比较稳定的组织，一般趋向于集权。

(4)组织中人员的数量和素质

组织中管理人员的数量少，素质不高，应趋向集权。反之，如果管理人员数量充足，经验丰富，训练有素，管理能力较强，则可以有较多的分权。

(5)政策的一致性要求

组织内部执行政策的一致性越强，集权的程度就应越高。这是因为，集权是达到组织一致性最直接、最容易的方法。政策一致有利于企业组织的作业标准化、绩效可比化以及员工待遇的公平，不过应注意，这同时也会在一定程度上限制组织的灵活性、创新性。

(6)管理技术与手段是否完善

如果上级没有有效的控制方法，即在没有办法保证某项职权能够得到恰当运用的情况下，就不能授权。通信技术的发展，计算机的应用和统计方法、会计控制以及其他技术的改进，都有助于企业组织向分权化迈进。

(7)外部环境因素的影响

影响分权程度的还有一些外部环境因素，包括经济、政治、文化等因素。如果外部环境变化较快，职权可以分散些，便于企业更好地适应变化的需要；反之，则宜于集权。此外，外部环境恶化，如竞争加剧、经济萧条，常常促使企业集权，以便于加强领导，渡过难关。

近年来，分权化的趋势比较明显，这与使组织更加灵活和主动地做出反应的管理思想是一致的。在企业中，基层管理人员更贴近生产实际，对有关问题的了解比高层管理人员更翔实。因此，他们对自己管辖范围内的问题的反应远远快于公司总部的高层管理人员，处理方式也会更得当。

5.3　组织结构的类型

根据组织的复杂化程度、正规化程度和集权化程度，可以将企业的组织结构简单地划分为机械式组织（mechanistic organization）和有机式组织（organic organization）两种类型，这两种组织形式是组织设计中的两种理想而又极端化的组织结构模式。所谓机械式组织，也称官僚式组织，是综合使用传统组织设计原则的产物，其特点是高度复杂化、高度正规化和高度集权化。有机式组织，也称适应性组织，与机械式组织形成鲜明的对照。它是低复杂化、低正规化和分权化的，是一种松散的结构，能根据需要迅速做出调整。二者的比较整理如表 5-2 所示。

表 5-2　机械式组织与有机式组织的比较

机械式组织	有机式组织
1.任务被分解成专门化的、独立的各个部分	1.员工对部门的共同任务做出贡献
2.任务被严格地界定	2.任务通过员工团队重新调整和界定
3.存在着严格的权力和控制层级，管理幅度较窄，有许多规章	3.权力和控制的层级较少，管理幅度较宽，规章较少
4.知识和任务的控制集中于组织的高层管理部门，偏向集权	4.知识和任务的控制分散在组织的各个地方，偏向分权
5.沟通是纵向的	5.沟通是横向的
6.适用于相对稳定的公司环境	6.适用于相对多变的公司环境

资料来源：方振邦.管理学基础[M].2 版.北京：中国人民大学出版社，2011：113.

在现实的组织中，很少有纯粹的机械式组织或有机式组织。相反，有许多企业的组织结构设计既可以是机械式的，也可以是有机式的。本着更为实际的组织设计思想和现实选择，大致有以下几种典型而实际的组织结构类型：直线型结构、职能型结构、事业部型结构、矩阵型结构。

5.3.1 直线型结构

直线型结构（line structure）是最早使用也是最为简单的一种结构，是一种低部门化、宽管理幅度、集权式的组织结构形式。其特点是：组织中各职位按照垂直系统直线排列，各级行政管理者执行统一指挥和管理职能，不设专门的机构。职权直接从高层开始向下“流动”（传递、分解），经过若干个管理层次到达组织最低层。其结构如图 5-10 所示，各车间负责不同的作业职能，在车间内生产作业职能进一步分解到班组，车间主任和班组长对所管辖领域的生产活动拥有完全职权。

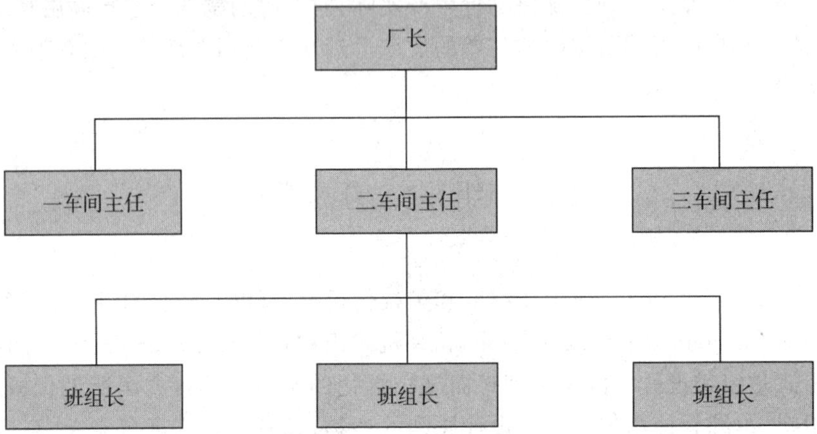

图 5-10　直线结构

这种组织结构设置简单，职责分明，沟通方便，反应敏捷，便于统一指挥和集中管理。它的主要缺点是缺乏横向的协调关系，高度集权导致信息积滞在高层，难以适应组织的扩展需要。另外，依靠个人决策具有风险性，领导者决策失误可能会对组织造成非常严重的伤害，领导者必须十分熟悉相关业务并努力成为全能管理者。

因此，这种组织结构只有在企业规模不大、员工人数不多、生产和管理工作都比较简单的情况下才适用。一般在组织规模扩大以后，组织结构会做出改变，倾向于更具专门化和正规化的特征。

5.3.2 职能型结构

职能型结构(functional structure)又称“U”形结构，它是按职能组织部门分工，以工作为中心进行组织分解的结构，组织从上至下按照相同的工作方法和技能将各种人员与活动组织起来。职能型组织结构的特点是：通过工作专门化，制定非常正规的制度和规则；以职能部门划分工作任务；实行集权式决策，管理跨度狭窄；通过指挥链进行决策，来维持组织经营活动的顺利运转。其结构如图 5-11 所示。

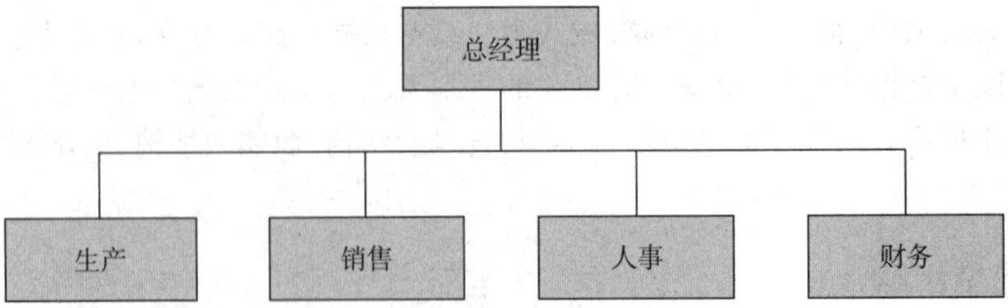

图 5-11　职能结构

职能型结构的优点在于：(1)它使得相同专业的员工一起工作，并共享设施，有利于促进部门内部规模经济，避免人力资源和物质资源的重复配置。(2)通过职能制结构，员工被安排从事一系列部门内部的职能活动，从而使其知识和技能得到巩固和提高，有利于为组织提供更有价值和深度的知识。(3)该结构有利于员工发挥自己的职能专长，对员工具有一定的激励作用。(4)降低员工离职所带来的影响，保持项目的技术连续性。

职能型结构的不足在于:(1)这种结构使得决策堆积于高层,高层管理者不能快速做出反应,部门间的横向协调也比较困难,从而导致企业对外界环境的变化反应太慢,不利于企业满足迅速变化的顾客要求。(2)各部门由于过分追求职能目标从而对组织目标认识有限,不利于培养全面的管理人才。(3)存在部门之间的资源平衡问题。

这种结构通常在只有单一型产品或少数几类产品、面临相对稳定的市场环境的中小型企业中采用。

5.3.3 事业部型结构

事业部型结构(divisional structure),按产品、客户、流程、地区设立事业部(或大的子公司),每个事业部都有自己较完整的职能机构。以生产目标和结果为基准来进行部门的划分和组合,是一种分权的组织形式。采用这种结构形式的组织,可以针对单个产品、服务、产品组合、主要工程或项目、地理分布、商务或利润中心等来组织事业部。它的主要特点是:集中政策,分散经营,即在集权领导下实行分权管理,每个事业部都是独立核算单位,在经营管理和战略决策上拥有很大的自主权,各事业部经理对部门绩效全面负责。总公司只保留预算、人事任免和重大问题的决策等权力,并运用利润等指标对事业部进行控制。它解决了职能结构横向协调困难的问题。其结构如图 5-12 所示。

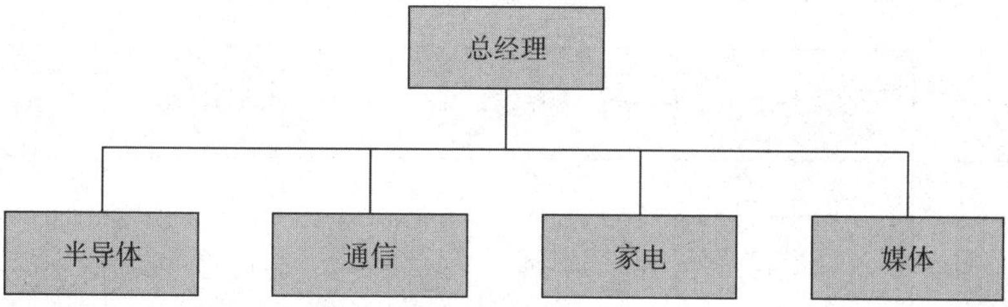

图 5-12　事业部结构

事业部型结构的优点在于:(1)能够适应不稳定的、快速变化的外部环境,通过清晰的产品责任和联系环节及时满足顾客的需求。(2)各部门因具有统一的目标而便于协调和统一指挥,又因为具有经营上的自主权从而能调动各部门的积极性和主动性。(3)各部门分权决策有利于总部高层管理人员摆脱日常行政事务的负担,集中力量来研究和制定公司的长远战略规划,也有利于培养具有整体观的高层经理人员。

事业部结构的缺点在于:(1)事业部制组织结构中的活动和资源配置重复,容易失去职能部门内规模经济效益,导致组织总成本的上升和效率的下降。(2)各事业部之间人员调动和技术交流不够顺畅,各部门常常从本部门利益出发,容易滋长本位主义和分散主义。(3)由于这种结构不是按职能专业来分配,因此失去了技术专门化带来的深度竞争力。

这种结构不适于规模较小的组织,只有当组织规模较大并且其下属单位够得上成为一个"完整的单位"时才能够应用。

5.3.4 矩阵型结构

矩阵型结构(matrix structure)是把一个以项目或者产品为中心构成的组织叠加到传统的、以职能来构成的纵向组织之上,将对结果的侧重与职能专业化的优势结合起来。该结构中有两套管理系统，一套是为完成某一任务的横向项目系统，另一套是纵向的职能领导系统。矩阵式组织结构最主要的特点是能使产品事业部结构和职能制结构同时得到实现，创造了双重指挥链。因此，组织中的人员也具有双重性：其一，他们仍然需要对其原属的职能部门负责，职能部门的主管仍是他们的上级，这是和纵向的职能领导系统相吻合的；其二，他们又必须对项目经理负责，项目经理对他们拥有项目职权，这又是由横向的项目系统决定的。其结构如图 5-13 所示，在横向上排列了生产、销售、人事等职能，在左侧纵坐标上增加了该公司目前正开展的项目，每个项目由一位经理人员领导。他将为其负责的项目从各职能部门中抽调有关人员。这样将职能部门化和产品部门化的因素交织在一起，形成了矩阵型结构。

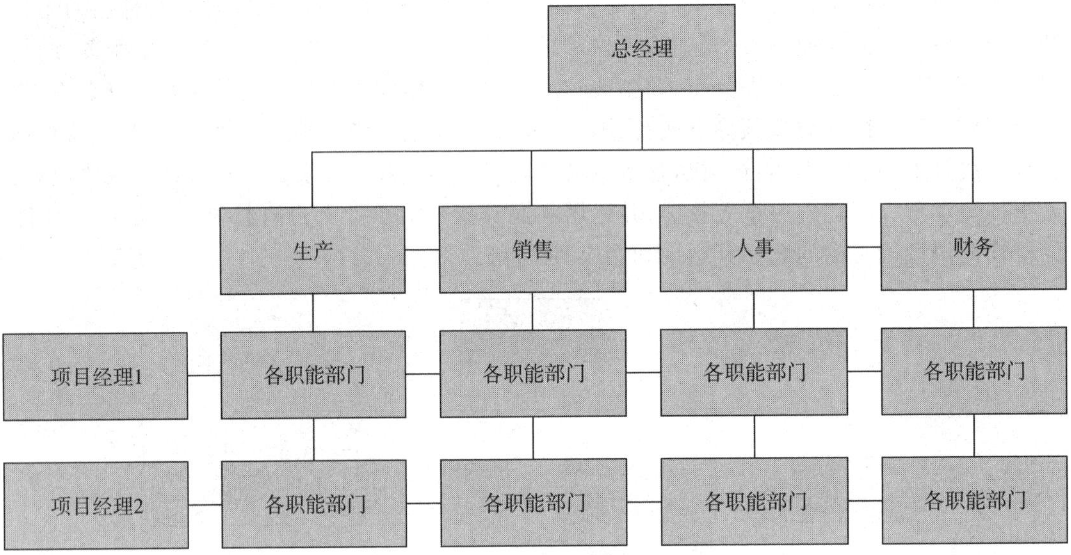

图 5-13　矩阵结构

美国通用产品公司原是依据职能组织公司的汽车配件部，设有生产部、工程部、材料采购部、人事部和财务部。然而，因为公司的每个大客户都提出了特殊的产品要求，要求生产能够满足他们要求的新产品，所以公司管理者成立了三个项目组。这三个项目组分别以满足福特汽车公司(Ford)、克莱斯勒汽车公司(Chrysler)和通用汽车公司(GM)的产品要求为己任。来自每个职能部门(如生产部和工程部)的一位或多位员工临时受命接手项目。因此，在矩阵组织中，员工在隶属于一个职能部门的同时，会被临时安排负责某项新产品开发，员工同时接受职能部门管理者和新产品临时开发项目组管理者的领导。

矩阵型结构的优点在于：(1)双重的权力结构便于沟通与协调，可在短期内迅速完成重要任务，可以适应不确定环境下复杂的决策和经常性的变革。(2)它既保持各部门职能的独立，为职能和生产的改进提供机会，又能有效地将来自各个部门的人员组织起来，实现部门间人力资源的共享。(3)这种结构给员工提供了获得职能技能和一般管理技能两方面技能的机会。

矩阵型结构的缺点在于：(1)在双重权力系统之中，权力的平衡很难维持，容易造成争议和冲突，甚至争权夺利。从员工的角度来看，理解和适应这种模式很困难，在双重领导下可能会感到无所适从。(2)员工需要具备良好的人际关系技能和全面的培训。(3)矩阵式组织结构想要使横向团队和纵向科层一样正式化,但在实际中实现很困难。(4)资源管理存在复杂性。

矩阵结构适合在下述条件下使用:(1)产品线之间存在着共享稀缺资源的压力。该类组织通常是中等规模,拥有中等数量的产品线。在不同产品之间共享和灵活使用人员与设备方面,组织有很大压力。(2)存在着对两种或更多的重要产出的环境压力,如对深层次技术知识(职能式结构)和经常性的新产品(事业部结构)的压力。这种双重压力意味着在组织的职能和产品之间需要一种权力的平衡,为了保持这种平衡就需要一种双重职权的结构。(3)组织的环境条件是复杂且不确定的。频繁的外部变化和部门之间的高度依存,要求无论在纵向还是横向方面都要有大量的协调和信息处理,对环境做出迅速而一致的反应。

管理工具 5-2

10S 企业形态分析模型

事物形态由结构组成,组织形态也是由结构组成。企业作为一种组织,同样以某种形态存在,分析企业形态也需要剖析企业的组成结构。企业形态则由 10 类结构组成,通过这 10S(structure)可以描述出一个企业形态,这 10S 分别是:

(1)价值创造能力结构;

(2)股权结构;

(3)治理结构;

(4)组织结构;

(5)人才结构;

(6)管理基础结构;

(7)价值单元结构;

(8)客户结构;

(9)产品结构;

(10)文化结构。

10S 之间相互关联,相互作用,形成一种价值平衡状态。通过 10S 可以有效地分析企业形态特征,最终形成一个企业整体的价值创造能力结构,这种分析方法称为 10S 企业形态分析模型。

资料来源:杨少杰.进化:组织形态管理[M].北京:中国发展出版社,2014.

5.4　新形态的组织设计概念

5.4.1 团队组织

基于团队的组织(team-based organization)是指一种为了实现某一目标而由相互协作

的个体组成的正式群体。当管理人员使用团队作为协调组织活动的主要方式时，其活动结构即为基于团队的结构。这种结构形式的主要特点是打破了部门界限，能够实现迅速组合、重组和解散，促进员工之间的合作，提高决策速度和工作绩效，使管理层有时间进行战略性思考。

这种结构具有明显的优点：团队内部每个成员始终都了解团队的工作并为之负责；团队还有很大的适应性，能接受新的思想和新的工作方法。但该结构也具有明显的缺陷：如果小组的领导人不提出明确要求，团队就缺乏明确性。它的稳定性不好，经济性也差。团队必须持续不断地注意管理。团队成员虽然了解共同任务，但不一定对自己的具体任务非常了解，甚至可能因为对别人的工作过于感兴趣，而忽略了自己的工作。此外，该结构在培养高级管理者或检验工作成绩方面也存在劣势。

基于团队的结构一般作为典型的官僚结构的补充，在一些大型组织中，基于团队的结构通常会与职能制结构或事业部制结构相结合，这促使组织在获得行政式机构的效率性的同时，又具有了团队结构形式的灵活性。

5.4.2 虚拟组织

虚拟组织(virtual organization)是一种只有很小规模的核心组织，以合同为基础，依靠其他商业职能组织进行制造、分销、营销或其他关键业务经营活动的结构。虚拟组织虽然规模较小，但这种组织的决策高度集中，部门化程度很低，甚至没有下属部门，发挥主要职能。

虚拟组织与传统的组织结构有着根本的区别，传统的组织结构具有多层次的垂直管理体系，有各自划分的职能部门，研究开发在自己的实验室内进行，产品制造在本企业所属的制造工厂里实施，有自己的销售网络。传统组织为保证企业的有效运作，必须雇用大批财务、销售、采购、人力资源管理等人员。虚拟组织则不同，它要到组织外部去寻找这些资源，把各种日常业务部门推到组织外部去，把制造部门、销售网点、广告宣传等交给其他企业，跟这些企业建立伙伴关系，自己则集中精力于自己擅长的业务上。这种组织往往只负责产品设计、营销战略、产品质量和标准等重大问题，因此它有很大的灵活性和反应的敏捷性。

图 5-14 是虚拟组织示例，从图中可见，管理者把企业的基本职能都交给了外部力量，组织的核心是一个小规模的经理小组，他们的工作是直接监督企业内部的经营活动，并协调为本企业进行生产、销售及其他重要职能活动的各组织之间的关系。图中的箭头表示与这些企业之间的契约关系，核心组织的主管人员大部分时间都通过计算机网络协调和控制与外部企业的关系。

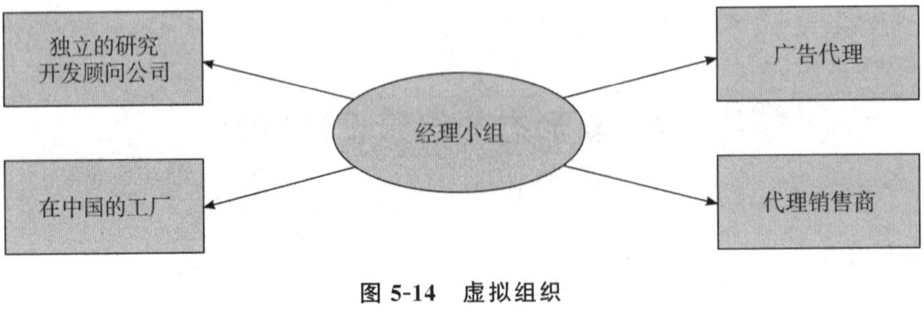

图 5-14　虚拟组织

一般来说，虚拟组织具有以下几个特点：

(1)通过计算机网络与中间商、承包商以及合作伙伴保持联络。

(2)可以把每个伙伴的优势集中起来，设计、制造和销售最好的产品。

(3)各企业为了应付市场的竞争可紧密捆绑在一起，一旦市场发生变化又可松绑，重新组合，具有很大的灵活性、机动性和反应的灵敏性。

(4)要求各企业之间彼此信任，这种信任是建立在共同利益基础上的。

(5)各企业之间很难确定边界，组织的边界不是隔离的、封闭的，而是互相渗透的，合作的伙伴可以通过计算机网络互相沟通，共享信息，交流经验。

5.4.3 无边界组织

无边界组织(boundaryless organization)是指其横向的、纵向的或外部的边界不由某种预先设定的结构所限定或定义的一种组织设计。组织中存在着横向、纵向和外部的边界。其中，横向边界是工作专门化和部门化形成的，纵向边界是将员工划归不同组织层级的结果，而外部边界则是将组织与其顾客、供应商及其他利益相关者分离开来的隔墙。在现今这个竞争日趋激烈的环境中，组织要想成功，就必须保持灵活性和非结构化，保持合适的管理幅度，减弱组织壁垒。

完全取消边界可能永远不会实现，但现代的管理者可以通过运用诸如跨职能团队和提高员工参与决策等结构手段，削弱组织的纵向垂直边界；通过跨职能团队以及围绕工作流程而非职能部门组织相关的工作活动等方式，削弱组织的横向边界。另外，可通过与供应商建立战略联盟、建立体现价值链管理思想的顾客与企业的固定联系，来削弱或取消组织的外部边界。计算机网络化是人们超越组织界限进行交流和交易的重要技术原因。

5.4.4 学习型组织

学习型组织(learning organization)是近年来发展起来的一种组织设计形式。这样的组织通过雇员的持续学习和开发实现持续的改进。学习型组织是协助员工终身学习和个人发展，同时持续对变化的需求做出反应的组织。

尽管存在着各种关于学习型组织的理论，但学习型组织常见的目标是品质提高、持续改善和绩效提高。其中的观点在于，最符合逻辑和一致性的实现持续改进的战略是持续提升员工的能力、技能和知识。例如，如果组织中的每个员工每天学习一样新事物并且能够将知识转化为与工作相关的活动，持续的改进将会成为顺理成章的结果。事实上，全心全意实行这一方法的组织相信，只有成员持续学习，组织才能持续改进。

近年来，许多不同的组织已经实行了这一方法。例如，壳牌石油公司最近在位于休斯敦总部的北面买下了一处经理会议中心，中心拥有精心布置的教室和高级的教学设备、住房、餐厅以及附属的休闲设施，如高尔夫课程、游泳池和台球场。一线的经理们在这里轮流担任教学讲师。这样的教学任务可能持续几天或几个月，所有的壳牌公司员工都要定期参加培训项目、讲座和类似的活动，在此期间的学习有助于他们为公司做出更大贡献，获得最新的信息。

5.5 组织变革及其领域

5.5.1 组织变革

要不是因为变革(change),管理者的工作会相对容易得多。计划将会变得完美无缺,因为明天与今天没有什么两样。组织设计的问题也可以得到解决,因为环境不存在不确定性,所以就不存在适应的需要,这样所有的组织都可以采取严密的结构设计。类似地,决策制定也会大大地简化,因为每一方案的结果都几乎可以绝对准确地预见。如果竞争者不推出新的产品或服务,顾客不产生新的需要,政府不对法规进行修改,或者员工的需求不会发生变化,那么,管理者的工作就简单多了。

然而,这一切只存在于幻想中。变革是组织必须面对的现实。每位管理者工作中不可分割的部分就是应对变革。在本书这一节中,我们将讨论与变革管理有关的知识。

组织变革(organizational change)是指组织根据外部环境变化和内部情况变化,及时调整和改善自身的结构与功能,以提高其适应环境、求得生存的应变能力。然而,任何一种变革都不是单独进行的,变革的内容可能涉及组织中的每个方面,比如工作排程、部门化原则、管理幅度、机器设备、组织设计和人员本身等。例如,当福州钢铁公司引进一条新的自动化生产线后,公司可能需要对生产工人进行新机器设备操作的培训,薪酬系统也要进行调整以反映新的技能水平,管理者的管理幅度也要进行相应的调整,还有一些有关的职位需要重新设计,质量控制系统也会换成了新的。在组织中同时进行多项变革的情形是很常见的。

组织变革对于现代组织来说是必要的。组织变革是这样的一个过程:改进现有组织从而提高组织的有效性,也就是组织实现其目标的程度。这些改进实际上可能涉及组织的任何部分,但是通常会影响到组织的职权链、各个组织成员承担的职责水平以及已有的组织沟通渠道。受到新技术的开发、不断增加的机会和威胁以及组织精简趋势的驱动,几乎所有的现代组织都在以某种方式进行变革。

5.5.2 组织变革的原因

为什么组织必须实行变革呢?最基本的原因在于同组织相关的某些因素发生了变化或可能在未来发生变化。为此,组织别无选择,必须进行变革。要制定具科学性的组织变革策略,组织的管理者首先需要知晓导致变革的基本力量。组织变革是多种因素共同作用的结果,导致组织变革的基本力量可以分为外部力量和内部力量两大方面。见图 5-15。

1.外部原因

(1)经济的变化

当今的市场竞争日趋激烈,组织一方面面临传统竞争对手的威胁,另一方面又受到新进入者的挑战。另外,由于经济全球化的影响,组织所面对的竞争领域也随之增大,这种变化为组织发展带来机会的同时,风险也进一步增大,如果组织不能有效地实施组织变革,就无法应付竞争的压力。与此同时,消费者的需求水平、需求结构、价值观和生活方式、审美观和闲暇时间等也都发生了一系列的新变化,为了能够及时满足消费者的需求,迅速占领市场,

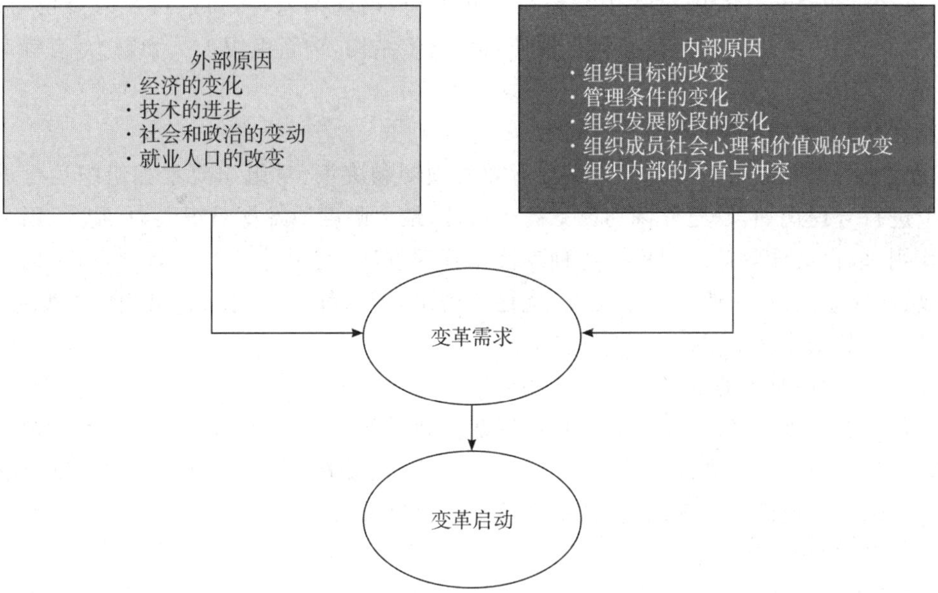

图 5-15　导致组织变革的内外部原因

组织需要进行变革。

(2)技术的进步

现代科学技术的进步影响和改变着人们生产及生活的各个方面,它对组织的结构、组织的管理幅度和管理层次、组织的信息沟通方式等都带来了巨大变化。一方面,随着科学技术的进步,产品的技术含量越来越高,产品从研发到投入市场的周期日益缩短,产品更新的速度也越来越快,这就要求组织必须有针对性地进行变革,使组织更具灵活性,能够迅速做出反应;另一方面,信息技术的进步使组织内部的沟通方式大为改变,组织中部门之间、上下级之间的沟通更为快速、便捷,而计算机控制也取代了直接监督,使管理者的管理幅度更为广泛,组织结构日渐扁平化,管理层次大大减少。

(3)社会和政治的变动

变革力量的第三个来源是社会和政治变动,其影响力量包括政权轮换、政治体制的改革、国内政治局势的动荡和稳定、民主法制的健全与破坏、方针政策的正确与偏差、社会风气的好坏、国际政治的变化等,这些因素的改变都会为组织带来变革的需求。

(4)就业人口的改变

近年来,由于高等教育的普及,高学历员工比例增加,员工被取代的速度加快,劳工权利意识有所提升;女性受教育的机会增多,大量的妇女成为就业人口,改变了旧有社会的就业结构;新一代员工与老一辈员工相比,其工作态度、工作伦理观、工作价值观也发生了很大的改变。因此,组织内的人力资源结构发生了较大的变化,这就要求组织随之进行相应的调整,以适应新形势下管理人力资源的需求。

2.内部原因

(1)组织目标的改变

随着组织的发展,组织目标必然会做出相应的改变和调整。要么组织既定的目标已经实现或即将实现,需要寻求新的发展、新的目标;要么组织既定目标无法实现,需要及时转轨变型;要么组织目标在实施过程中与环境不相适应,出现偏差,需要进行及时修正与调整。这些原因引起的组织目标的改变均会促使组织调整结构,重新组织人员和财力,有针对性地做出变革。

(2)管理条件的变化

现代化管理要求组织对其行为做出有效的预测和决策,对组织要素和组织运行过程的各环节进行合理规划,以充分调动员工的积极性,最大限度地发挥组织人力、物力、财力等资源的作用,取得最佳效益。而推行各种现代化管理方法,运用计算机辅助管理,转化企业经营机制,深化企业改革,改革用工制度,优化劳动组合等,都要求组织做出相应的变革,以适应管理条件的变化。

(3)组织发展阶段的变化

和任何有机体一样,组织也有其生命周期。处于不同发展阶段的组织,其运营模式也就不同。一个组织的生命周期大致可以分为创业、聚合、成熟、衰退几个阶段。在每个阶段的最后都面临某种危机和管理问题,这就要求组织适时做出变革,采用一定的管理策略解决这些危机和管理问题,达到成长的目的。

(4)组织成员社会心理及价值观的改变

在组织中,成员的动机、态度、行为、需求等方面的改变,对整个组织的变革具有重要影响。组织的成长会带来员工的需求层次提高,参与意识、自主意识的增强,以及个性化趋势增加,要求组织改变激励措施,改善工作环境和工作条件,改变工作设计,以适应组织成员社会心理变化的需要。同时,员工的价值观、对组织的期望和劳动态度的变化也都要求组织做出相应的改变。

(5)组织内部的矛盾与冲突

组织内部的矛盾与冲突也是组织变革的重要动力。部门扩大、人员增多、业务量增加、目标不一致等情形,会引起组织内部矛盾增加,人际关系复杂,群体冲突不断,这些均会对组织的运行产生不利影响,也会促使组织调整其结构,改变沟通方式,以缓解矛盾和冲突,从而实现组织有效运行。

5.5.3 组织变革的领域

在实践上,管理者可以致力于组织内部的四种变革领域,以获得竞争优势。这四种变革的领域分别是技术变革、产品与服务变革、战略与结构变革、人员与文化变革,见图 5-16。

1.技术的变革

技术是组织将投入品转变为产出品的转化过程。由于技术创新的速度很快,技术变革对组织越来越重要。技术变革主要是指组织生产过程的改革,包括有关知识和技能基础,它使组织具有独特的竞争力。技术变革涉及产品或服务的制造技术,包括生产方式、设备和流程等各个方面。为了跟上竞争对手,企业需要周期性地更新现有的机器和设备并采用新的模式。除了产品技术,技术变革还包括管理技术的改变,包括采用现代化的信息收集和处理系统、现代化的管理控制系统、现代化的办公系统等。进行管理技术的变革常常面临着一个两难境地:一方面,在灵活、对员工授权和低度正规化的条件下有利于创新;另一方面,为了例行生产及实施这些构思,组织必须保证一定的机械化特征。因此,在实施技术变革时,组

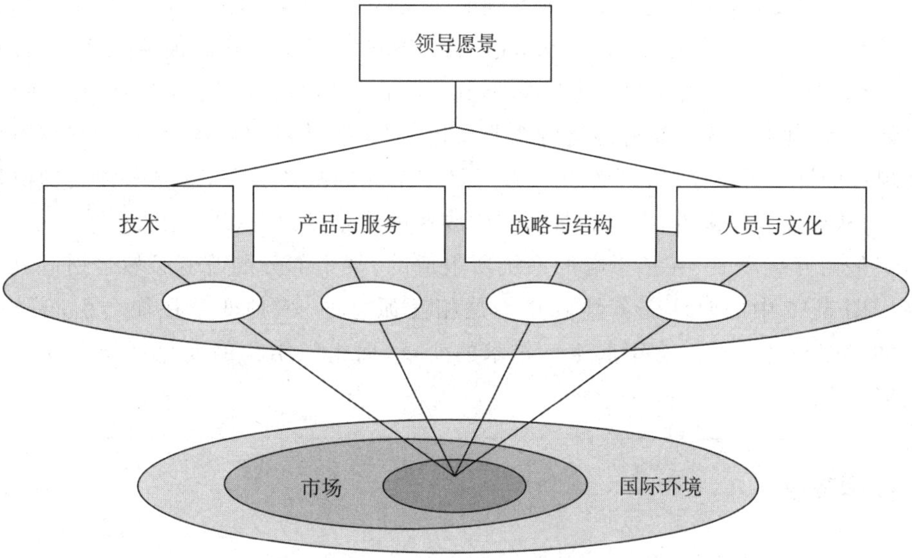

图 5-16　组织变革的领域

织应保持有机式，而实现这些创新的构思则需要以机械式的方式行动。

2.产品与服务的变革

产品与服务变革是指一个组织输出的产品或服务的变化。新产品包括对现有产品的小调整或构建全新的产品线。开发新产品的目标通常是为了提高市场份额或开发新市场、新顾客。由于产品和服务是为组织外部消费者所使用的，因此一项创新能否适应外部需求并取得成功，其不确定性很高。所以，在进行此方面的变革时，应针对顾客需求，有效利用现有技术，并需要得到高层管理者的大力支持。

3.战略与结构的变革

战略与结构变革是指组织管理领域的变革，具体包括组织结构、战略管理、经营决策、薪酬体系、劳资关系、管理与控制系统、会计与预算系统等方面。组织可能改变职位设计的方法或部门化的原则。例如，成长性企业可能决定放弃职能结构设计而采用事业部结构设计。组织也可能改变其报告关系或权力分配，调整成扁平化组织的形式。例如，美国通用电气公司的 CEO 杰弗里·伊梅尔特(Jeffrey Immelt)重组了公司的资本部，将其划分为四个事业部，各个部门的管理者直接向他而不是先前的资本部负责人汇报工作。组织也可能改变其人力资源管理系统，例如，改变人员招聘的标准、绩效评估方法或薪酬制度。

战略与结构变革不如技术变革发生的频率高，并且与基于技术的变革相比，变革的进行是为了适应不同的环境并遵循不同的内部流程。另外，这类变革一般是由高层管理者负责，由上而下地进行，属于革命式变革的一种。

4.人员与文化的变革

人员与文化变革是指员工价值观、态度、期望、信念、能力、行为的改变。人员变革的目标是员工的价值观、技能以及态度的形塑。而文化变革则涉及员工思考方式的改变，是一种头脑的变革。值得注意的是，一种文化的形成需要很长的时间，而且一旦形成，常常变得异常牢固和难以改变,因此在此项变革中遇到的巨大阻力也是不容忽视的。例如,福特汽车公司的新任CEO艾伦·穆拉里(Alan Mulally)在2006年年末上任。很多人认为,福特汽车公司遭遇的事业低谷在很大程度上归罪于员工的自满情绪、官僚主义作风以及诽谤行为。穆拉里认识到,他必须大刀阔斧地进行企业文化变革,扭转目前局势,重新振兴福特汽车公司。在现今的许多组织中,管理者正努力消除员工间的敌意关系,建立一种更加协作的关系。不过,从许多方面来看,态度和价值观的改变可能是极为困难的。

组织是由互相联系、互相影响的系统所组成的,某个部分的改变必然会引起其他部分的变革。图5-16中的四种变革领域并不是相互孤立的,一种变革往往会引起另一种变革。比如一个新产品可能会引起生产技术的变革,而组织结构的变化可能需要员工学习新的技能。

管理故事 5-3

ERP:组织变革的一个典型案例

做一个变革执行者,或者叫变革代理人并不总是很容易的事情。企业资源计划(enterprise resource planning,ERP)是一种整合了会计、制造、分销和人力资源部门信息的软件,可以让管理者对组织中这些流程有一个统一的观点。遗憾的是,ERP软件最初在公司推行时通常难以实施而且经常失败。大多数失败都被员工归咎于软件的性能问题,但实际上,在大多数情况下,失败都是由于未充分注意变革引起的。换句话说,技术通常不是问题;问题在于管理层没有认识到,实施ERP计划是一种组织变革的过程。ERP系统可能增加一些看上去不必要的管理任务,但如果没有对系统的全面理解,员工就不可能完成这些任务。而且,实施ERP系统可能要求角色的转换和专业技术的提高。

SI公司是工业纺织行业中的一家小公司,它是成功快速实施ERP系统的一个例子。SI公司希望ERP系统的实施给组织文化带来重大影响。在决定实施ERP系统后,SI公司的管理层设立了“变革管理领导人”这一职位,负责管理变革实施过程中的人事因素。就任这个新职位的帕特里克·基布勒首先评估了潜在问题所在领域的环境。他考察了员工的计算机水平,以及该领域是否有抵制变革的前科。基布勒制定了一个以沟通和培训为重点的变革管理策略。正如他所说:“如果你单方面宣布你启动了一个新的系统,那么你可能会被大多数人抵制;但是如果你尽早让他人共享你的策略,并告诉他们它为什么很重要,人们可能就会接受它。”

SI公司为了推行ERP系统而开展的沟通工作包括与各个部门多次开展会议,并对员工进行轮流培训。另外,还进行了调查。基于会上的反馈信息和调查结果,基布勒每个月都会发布一个关于ERP系统实施的新闻简报。他告诉员工公司为什么选择ERP这种工具,以及它是如何运行的,还说明在各种不同岗位所扮演角色的转换。基布勒说,信息流动会减少变革产生的压力,使员工为必要的培训做好准备。

ERP 系统成功启动以后，他们还在互联网上为员工提供了进修课程和自学辅导。变革管理者注意到，“如果你教给员工使用新系统需要的技术并支持他们使用这些技术，他们就会接纳新的系统，否则你就只能听天由命”。

资料资源：摘自 S.F.Cale.For ERP Success，Create a Culture Change.Workforce，September，2002，88-94.

5.6　管理组织变革

组织变革多半涉及组织中的各种复杂现象，管理者的角色在组织进行变革之时，显得更加重要。然而，如果不采用正确的步骤和方法，或是一意孤行的话，很容易导致变革的失败，所以管理者必须充分理解有效进行变革的步骤，以便在变革所带来的冲击中能够应对员工的抗拒。

5.6.1 组织变革的步骤

1.列文的“三步模型”

关于组织变革的阶段模式，最具影响力的是组织理论学者——库尔特·列文（Kurt Lewin）所提出的三步模型（three-step model）。他认为组织中的所有行动都不外乎是两种力量的结果：一种是竭尽所能维持现状的力量，一种是推动变革的力量。因此，实施变革意味着，要么削弱旨在维持现状的这部分人的力量，要么增强拥护变革的这部分人的力量。他提出了一个包含解冻（unfreezing）、变革（changing）和再冻结（refreezing）三个步骤的有计划的组织变革模型，用以说明和指导如何发动、管理和强化组织变革过程。见图 5-17。

图 5-17　列文的三阶段变革模型

(1)解冻

解冻是变革前的心理准备和思想发动阶段。通过妥善处理人们的恐惧和焦虑情绪来缓解他们对变革的抵制，引导所有可能在变革中受到影响的人（即利害相关者）认识到变革的必要性，刺激组织成员去改变他们原有的态度，改变旧有的习惯和传统，并鼓励人们接受新的观念，刺激人们变革的动机。

(2)实施变革

是变革的实施阶段。该步骤是要向组织成员指明变革的方向和方法，形成新的态度，接受新的行为方式，实现行为转化，以及通过认同和内在化加速变革的进程。它可能涉及新技术、人员、产品、服务、新的管理政策、行政。

(3)再冻结

这是变革后的行为强化阶段。该步骤是通过连续强化(指在被改变的人每次接受新的行为方式时予以强化)和断续强化(指在预定的反应次数间隔时间内给予强化),使已经实现的变革(如态度和行为方式等)趋于稳定化、持久化,形成固定模式行为,使其真正成为组织系统的一部分。

美国福特汽车公司是一家大型的汽车生产企业,它为我们提供了一个采用列文模型实施变革过程的范例。2008年金融海啸时,福特汽车因车市萎靡不振,销售量大幅下滑,而必须裁减大量员工以降低成本,遂进行了组织变革。公司管理阶层的第一步(解冻)是与工会代表进行协商,说服工会支持裁员方案以提高公司的长期效益。解冻过程完成之后,则是开始施行职位缩减方案,共缩减了30000个职位(实施变革)。最后,公司着手修补与员工的关系(再冻结),保证将增加他们的工资和不再继续裁员,使劳资双方携手前进。

2.科特的"计划变革模型"

列文的模型虽然有趣,但它仅仅描述了一个形象化的组织变革的实施过程,并没有提供实际运作的细节,就全面性而言仍是不足的,因此还需要复杂一些的理论。为了改善列文模型的盲点,管理大师约翰·科特(John P. Kotter)提出了"计划变革模型",他将列文模型的解冻、变革及重新冻结三个阶段进一步扩展为八个有明确定义的步骤(图5-18)。尽管在实践上这八个步骤常有重叠,但这种细分可以使管理者注意成功实施变革运作所需的每一因素。

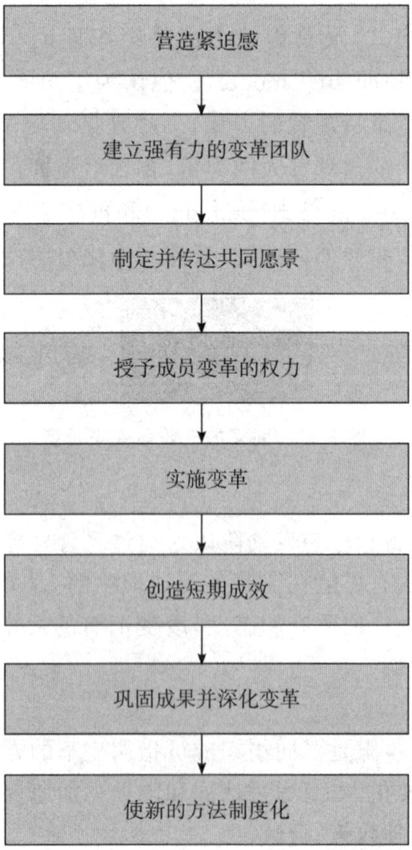

图5-18 计划变革的八大步骤

(1)营造紧迫感

在变革实施之前,变革领导者应该在相关人员的心里制造一种紧迫感。紧迫感有时是通过一系列富有创造的方法形成的,可以使人们立即意识到进行改革的重要性,并准备随时为之采取行动。

营造紧迫感具有两层意义。一是这种紧迫感可使那些抵制变革的员工认识到变革的必要性。二是这种紧迫感可消除那些保持中立态度的员工(对变革毫不关心)持有的自我满足感。管理者可以通过以下一些方式来创造这种紧迫感。

①通过强调财物损失或向管理人员表明本公司相对于竞争对手的弱势,创造出一种危机感。

②取消不必要的开支,比如取消公司专为员工开设的健身房或专为管理人员提供的公务车。

③设定高的财务、收入、生产率和客户满意度指标,目的是使员工感受到根据往常的运作方式无法实现公司设定的目标。

④将更多关于客户满意度、财务绩效的数据发给员工,特别是能够明显表明落后于竞争对手的数据。

(2)建立强有力的变革团队

有了紧迫感之后,变革领导者应该召集那些有一定的可信度、技能、关系、声誉和权威的人员,组成一个专门的变革指导团队来担任变革过程中的领导工作。这个团队应该有着很强的责任心,并能够得到很多人的信任。

(3)制定并传达共同愿景

变革指导团队会为组织的变革确立合理、明确、简单而振奋人心的愿景和相关战略,帮助指明改革的方向。

变革的愿景和战略确定之后,需要利用所能获得的传播媒介向组织成员进行传播。这一步骤的目标是在所有的相关人员内部形成变革共识和责任心,从而准备变革,变革领导者还应以实际行动让人们更好地理解愿景,并不厌其烦地做好沟通工作。

变革领导者传达公司愿景的关键步骤包括:

①保持简洁。如"成为最受尊敬的互联网企业"。

②运用多种途径。利用每一个可能的渠道,比如大型会议、公司网站、报纸杂志以及其他正式和非正式的途径,传达公司的愿景。

③不断重复。人们对于多次重复听到的理念印象会更加深刻。

④以身作则。身体力行,说到做到,这样你的行为和制定的决策才可以与你提倡的愿景保持一致。

(4)授予成员变革的权力

要想在组织变革中取得成功,变革领导者还必须对参与变革的有关管理者和员工进行有效的授权,通过授权,可以使组织成员有能力克服阻力,消除障碍,将变革向前推进。例如,员工可能并不具备从事新工作所需的技能,因此他们无法从事新工作。霍尼韦尔公司(Honeywell)公司的CEO想要创建一个组织结构更为精简、效率更高的公司,他采取的第一步措施就是为公司所有的员工提供质量培训。此后,他们就可以将学到的新知识用于提高公司产品质量了。

(5)实施变革

在这一步骤,变革领导者将执行变革的主要部分。例如,在中铁快运公司,公司的技术顾问普及了员工在工作时需要使用的新技术。在阿里巴巴公司,公司的 CEO 构建了一个全新的部门结构。

(6)创造短期成效

在进行授权之后,这些在组织变革中取得成功的领导者会设法帮助组织取得一些短期成效。这是非常关键的。因为他们可以为整个变革的必要性和正确性提供强有力的证明,并为随后的变革工作提供必要的资源和动力。

(7)巩固成果并深化变革

在取得一些短期成效后,变革领导者应该利用日益提高的信誉,改变与愿景规划不相适应的制度、结构和政策,对那些能够执行愿景规划的员工进行聘用、晋升和开发,利用新项目、新论点和变革推动者再次深化整个变革过程。

(8)使新的方法制度化

最后一个步骤,变革领导者需要加强领导,建立有效的机制和文化,通过更有效的管理和改进,明确新方法同企业获得成功之间的关系,把所有变革成果固定下来,并通过各种方法,使新方法融入企业文化中。

5.6.2 组织变革的形式

一般来说,组织有两种主要的变革形式:一是计划式变革(planned change),指对预期的未来事件所做的按部就班的规划和实施的变革,是一种逐步、渐进且重点式的变革形式;而另一种是革命式变革(reactive change),是指对环境变化随机应变的一次性变革,是一种需要及时应对、快速且激烈的变革形式。革命式变革往往比较仓促,失败的机会大,因此,人们比较偏好计划式的变革。

在管理实践上,管理者可以采用革命式、由上而下的方法来实施变革,或是采用计划式、由下而上的方法来实施变革。一般来说,若是为了克服组织的惯性,管理者通常采用革命式的变革方法,但当组织已习惯于变革,则采用计划式的变革方法会更为实用。

美国乔治太平洋公司是一家大型的森林产品企业,它为我们提供了一个规划和实施良好变革过程的范例。柯瑞尔(Currier)出任这家公司的 CEO 之后不久,就发现公司的事故率高得惊人,每年每百名员工中有 9 人重伤,过去 5 年里共有 26 人死亡。尽管这一行业本身就是具危险性的,但柯瑞尔认为事故率还是太高了,于是他推动一个大型的变革计划来进行改善。他和其他高层管理者设计了一个包含多个程序的变革项目,向生产工人讲解安全知识,改善工厂里的安全设备,改变工厂里长期以来将受伤视为勇敢的传统文化。今天,乔治太平洋公司已经成为行业内安全纪录最好的企业。

5.6.3 抗拒变革的原因

进行有效变革管理时要考虑的另一个因素是成员对变革的抗拒。人们绝大多数都是趋于稳定性的,害怕改变会影响到既有的生存与生活方式,所以在组织进行变革时,许多成员会排斥配合,甚至抗拒。管理者必须先理解这一点,理解员工抗拒变革的主要原因,这样才能够很好地处理那些不理解的情况。

1.不确定性

员工之所以抗拒变革，最常见的原因是产生了不确定感。变革使得已知的情况变成不确定的情况，而我们都不喜欢不确定性。无论你有多么不喜欢学校的某些制度(或某些课程)，但至少知道你被期望表现出什么样子，当你离开学校进入职场时，将从已知转变到未知，充满不确定性。在组织中的员工也面临相似的不确定性。例如，当基于科学方法的质量控制方法被导入生产车间时，许多质量检查员必须学习这个新方法。有些人也许会害怕他们无法做到这些事，而在被要求使用那些方法时，对这个变革就会产生负面态度或表现得很差。

2.习惯

人们大都会按照习惯来做事。每天当你到学校或上班，你很可能走同样的路，我们都是习惯的奴隶。然而，生活是相当复杂的，我们不会考虑人每天所要做的数以百计决策的所有可能替代方案。为了解决这个复杂性，我们依赖习惯或程式化的反应方式。但当面对变革时，我们以习惯的方式来反应的倾向就会变成是一种抗拒的来源。

3.关心个人的损失

人们会害怕失去某些原来已拥有的事物。变革可能会带来组织内某些职权的更动，而这些变动可能会威胁组织内某些管理者的自我利益。变革会威胁到对现存状态的投资，人们投资于目前组织系统愈多，他们对变革的抗拒就会愈大。他们害怕会失去地位、金钱、职权、友情、个人便利性或其他他们所重视的经济利益。这也有助于解释为什么资深员工往往比资历浅的员工更抗拒改变，因为他们通常在目前的组织系统上投资较多，而且变革时遭受的损失也会较多。

4.立场与想法不同

管理者对变革的推动和决策可能是站在自己立场上的结果，但组织中的其他成员可能会出于不同于管理者的评估或感受而反对变革。例如，全家便利店近年来在中国的展店战略，从早期的快速扩展店铺家数转变为主要以增加店铺面积为主，希望达成销售品项增多的目的，但是许多加盟店对此表示反对，因为如此一来，可能会增加他们的运营成本。

5.6.4 处理变革的抗拒

管理者理解到组织成员对变革抗拒的原因之后，可以采取何种行动呢？管理学者约翰·科特(John P. Kotter)和施莱辛格(L. A. Schlesinger)提出了“六变革法”(six change approaches)模型，旨在帮助管理者预防、减少和弱化这些变革阻力。他们指出，应对变革的抗拒主要有以下几种途径(表5-3)：

表 5-3　处理变革抗拒的方法

方法	适用时机	优点	缺点
教育和沟通	信息缺乏、信息不准确或对变革缺少讨论和分析时	劝服员工接受变革后，他们通常会帮助管理者推动变革	耗费时间
参与和融合	发动变革的领导团队缺乏设计变革的必要信息，以及员工阻力相当大的时候	当员工被融入变革活动，他们更可能去顺应变革，参与变革，而不是阻挠变革	耗费时间；如果员工的建议没有被接纳会产生相反效果
引导和支持	变革过程中的各项调整引发员工阻挠的时候	如果无法消除员工的恐惧心理，那么任何方法都于事无补	耗费时间；如果失败将会付出很大的代价
谈判和协商	部分员工或部门利益受损，以及阻挠力量较大的时候	是一种避免出现主要阻挠的相对简单的方式	如果这将促使其他团队与管理者进行谈判，那么组织将付出巨大代价
控制和合作	以上方法发挥不了作用或成本太高的时候	是一种相对较为快捷、成本相对低廉的方式	如果这些阻力派领导人物产生被要弄的感觉，他们有可能会产生更大的抵触心理，阻挠变革
正面施压	变革刻不容缓的时候，其他方法均无效果时可以作为最后一招	更为迅速，可以克服任何阻力	如果抗拒变革的发起人感到气愤不已，那么这将引发严重后果

资料来源：GARY DESSLER，JEAN PHILLIPS.现代管理学[M].丰俊功，李庚，马学亮，译.北京：清华大学出版社，2010：356.

1.教育和沟通

适用于信息缺乏、信息不清楚或对变革缺少讨论和分析的时候。在实施变革之前，对员工进行宣传教育是一个最有效的方法。变革前的沟通教育，有助于员工理解变革的逻辑性和合理性，认识到变革之举势在必行，从而减少关于变革的各种不实谣言。

2.参与和融合

适用于发动变革的领导团队缺乏设计变革的必要信息，以及员工阻力相当大的时候。当员工融入变革活动中时，他们就更可能去顺应变革、参与变革，而不是阻挡变革。这一方法通常用于消除来自对变革持沉默态度的员工的阻力。

3.引导和支持

适用于变革过程中的各项调整引发员工阻挠的时候。在这一困难时期，管理者如果采取支持员工的态度，能够有效防止潜在的阻力。在变革转型的过程中，管理者应该帮助员工梳理他们的担忧和焦虑。员工之所以害怕变革、阻挠变革，原因主要在于，他们认为变革会给他们个人带来负面影响。运用这一手段的典型方法是提供员工正常工作外的专门训练和服务。

4.谈判和协商

适用于部分员工或部门利益受损，以及员工阻力较大的时候。管理者可以通过提供各种形式的激励措施，使员工放弃抵抗。例如，可以给员工一定的权利，否决那些对他们来说有风险的变革部分，或者给予员工特殊的政策，允许那些反对变革的人以买断工龄或提前退休等形式离开公司，以避免遭遇变革风险。这一方法用在那些阻力较大的员工身上也比较合适。

5.控制和合作

适用于以上途径都发挥不了作用或是成本太高时。选举阻挠力量的员工代表加入变革领导团队，是一个较为有效控制员工阻力的方法。把阻挠变革的人员引入变革领导团队，并非指望他们对变革做出什么贡献，只是增加一个虚席而已。具体做法就是从那些阻挠变革的员工中选举部分代表作为变革团队的领导成员，给予他们象征性的决策角色，同时却无碍大计。需要注意的是，如果这些阻力派的领导人物产生被耍弄的感觉，他们会产生更大的抵触情绪，抗拒变革。

6.正面施压

适用于变革刻不容缓的时候，且最好作为其他途径均无效果的最后一招。管理者可以明确或含蓄地向员工施加压力，告诉他们必须接受变革，否则会导致负面的后果，如失业、下岗、流动或失去晋升机会等。

管理故事 5-4

耶路运输公司的变革

为了重新振兴耶路运输公司，CEO 比尔·佐拉斯(Bill Zollars)知道，他必须使公司和公司员工掌握最先进的技术。他还清楚，将要引进的技术将会极大地改变员工的工作方式，因此说服他们接受变革是顺利实施变革最为重要的一个环节。新技术可以使员工获得他们快速解决客户问题所需的信息。但是这同时也意味着，公司需要赋予员工制定决策的权力，并为他们提供有关新设备运用的培训项目。

美国耶路运输公司拥有25 000名员工，分布在世界各地的上百个办事处，佐拉斯花费了一年多的时间走遍了公司设在各地的办事处，他经常站在装货码头上向员工解释变革的内容及变革的意义。让员工掌握新技术，并授予他们在现场快速制定决策的职权，这些措施可以使他们全心全意地投入到工作中去，对公司发展做出更大的贡献。

佐拉斯领导的这场变革大获全胜。例如，他的团队为所有码头工人配备了无线移动数据终端。现在，甚至在卡车尚未到达之前，工人们就已经对卡车上的货物以及卡车驶入码头的时间一清二楚了。总部的管理人员也可以监督工作进展情况，如有必要将派遣更多的员工。

很快地，佐拉斯领导的这场变革力挽狂澜，挽救了公司。2002 年，耶路货运公司改名为耶路运输公司，表明公司已经转型为提供全方位综合运输服务的全球供应商。2006 年，耶路集团更名为耶路全球公司，这更好地反映了公司作为一个全球实体具有的能力。现在，佐拉斯任耶路全球公司的董事会主席、总裁兼 CEO。

资料来源：GARY DESSLER，JEAN PHILLIPS.现代管理学[M].丰俊功，李庚，马学亮，译.北京：清华大学出版社，2010：356-357.

5.7 本章新时代管理学的探索

5.7.1 思政融入映射内涵

每一轮工业革命的到来都会颠覆传统落后的生产力组织方式，从而对企业的组织机构、管理方式和业务模式提出新的要求。较之前三次西方引领的工业革命，第四次以数字化、网络化和智能化为特征的工业革命，不仅技术形态更为复杂，应用实践难度也更高，是一个长期不断演进的过程，而在这个进程中，中国扮演着至关重要的角色。《中华人民共和国国民经济和社会发展第十四个五年规划和2035年远景目标纲要》强调，“要加快数字化发展，建设数字中国”，其中特别强调了打造数字经济新优势，推进产业数字化转型。中国企业在这一场技术革命中完成了华丽的转身，实现了无数次的“弯道超车”。

组织架构数字化。产业数字化的转型的前提条件是推进组织架构数字化的实现。中关村信息技术和实体经济融合发展联盟（简称“中信联”）发布的团体标准《数字化转型参考架构》（T/AIITRE 10001—2020）给出了企业数字化转型架构设计任务、视角和推进模式。《数字化转型参考架构》认为：“创新和重构是数字化转型的根本任务，组织应从发展战略、新型能力、系统性解决方案、治理体系和业务创新转型等五个视角出发，构建系统化、体系化的关联关系，系统有序推进数字化转型，创新价值创造、传递、支持、获取的路径和模式。”如图5-19所示。

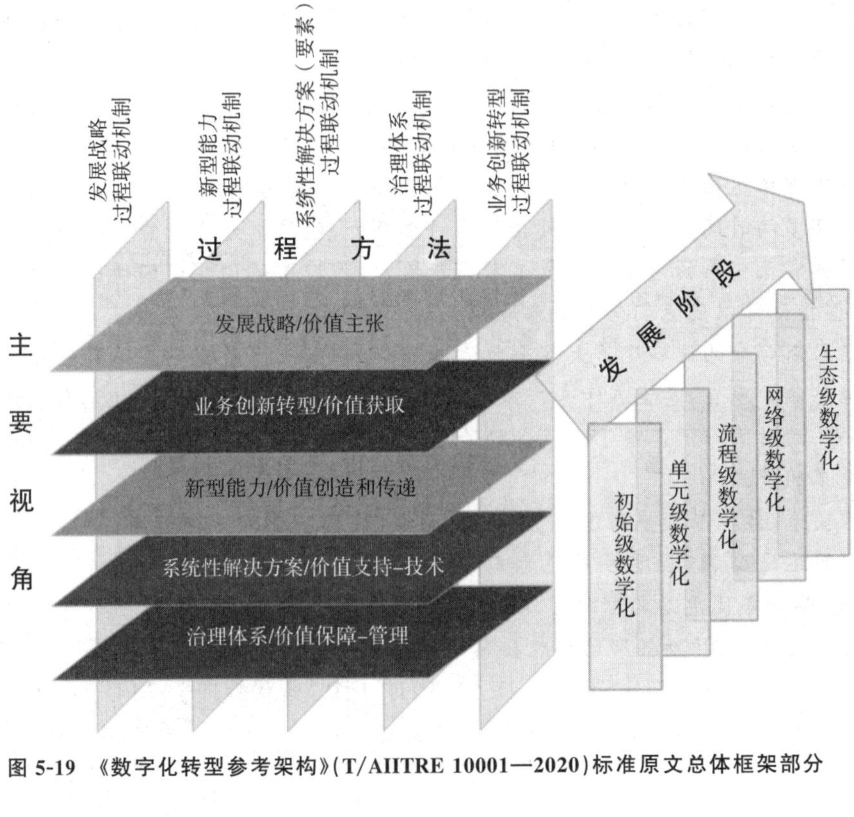

图5-19 《数字化转型参考架构》(T/AIITRE 10001—2020)标准原文总体框架部分

随着数字化的不断发展,"架构"在企业数字化中的作用越来越重要。架构的一端连接着企业的人力、财务、物资等各类组织资源,同时还关联着业务流程和业务模式,另一端是由技术框架、软件系统、功能、数据、网络组成的平台系统。架构是连接企业的运营和数据平台的一座桥梁。

5.7.2 大数据、AI等商务智能融入映射内涵

产业数字化的背后是AI、大数据等商务职能的融入,是技术和"构架"的完美结合。构建数字化架构对企业而言是全新的探索和挑战,2021年石秀峰在《企业数字化转型:转型架构的设计》一文中提出两种构建数字化架构的主要模式:(1)以企业架构咨询为核心的全面规划模式;(2)以敏捷开发为指导的需求驱动设计模式。

1.企业架构模式

企业架构(enterprise architecture,EA)是指对企业信息管理系统中具有体系的、普遍性的问题而提供的通用解决方案。企业架构原则上的关注点是企业范围的需求识别、规范,以及优先级划分,并基于此来定义企业的愿景/使命、目标/目的/驱动力、组织架构、职能和角色,以及与IT架构相关的应用架构、数据架构、技术架构等,企业架构是一个整体的企业信息化规划的方法。

企业架构模式认为数字化转型是企业的整体转型,是对企业业务模式的重塑、组织架构的重组、业务流程的再造,其本质就是重构企业架构。而企业架构作为连通业务与IT的桥梁,为管理人员、业务人员、技术人员等不同层面的人提供了一个宏观的全局视图,为企业数字化转型提供助力和支撑。因此,企业数字化转型应从企业架构设计抓起,可参考的企业架构框架有TOGAF、Zachman、FEA、Gartner等。

2.敏捷开发模式

敏捷开发(agile development)是一种以人为核心、迭代、循序渐进的开发方法,其核心是"以人为本、目标导向、客户为先、拥抱变化"。敏捷的核心思想强调面向结果,而非过程,"敏捷"是一种注重价值实现和以客户为中心的协作与创新理念。

敏捷开发模式认为每个企业都是一个独特的个体,别人的成功很难复制,也没有一种数字化转型的方法可以套用,在数字化转型的路上,多数企业都是在摸着石头过河。且数字化世界是千变万化的,不论是市场需求、业务模式,还是技术路径、实现方法,随时都会发生变化,而企业要做到的是敏捷应对这种变化。因此,企业数字化转型应该是"以产品为中心的敏捷交付模式",专注于创建MVP而不是追求完美,侧重于从数据和迭代中快速学习。

以上两种观点各有道理,并不相悖。它们的关系是辩证统一的,联系着企业数字化转型的体系规划和落地实现两个层面的内容。就如同建筑行业的工程设计和工程施工,是建筑的两个面。企业架构是向上思考,侧重规划;敏捷开发是向下思考,侧重执行。尽管在敏捷体系中也有架构,但这个架构是针对一个需求、一个系统而言的,并不能取代企业架构,否则就会陷入"只见树木,不见森林"的困境。而企业架构是面向企业的宏观架构视图,涉及企业战略、业务模式以及技术、组织、流程、制度等方方面面,企业架构的内容并不能一步到位,恰好需要敏捷开发的方法,逐步迭代地实现。

从组织变革视角看,制造业企业数字化转型可以通过产业布局的战略性变革、研发部门

的结构型变革、生产销售的流程主导变革和以人为中心的变革等路径来实现。2022年安家骥等学者提出4类制造业企业数字化转型的组织变革要素：

(1)企业布局的战略性变革。数字化转型将拓展制造业企业新的发展空间，制造业企业应抓住新一轮科技革命和产业变革的机遇，以优势项目为核心，聚焦互联网、大数据等新技术，积极布局新兴产业，拓展上下游及产业生态圈，建立完整的自主可控产业链，并带动战略性新兴产业发展。

(2)研发部门的结构型变革。面对瞬息万变的市场环境，制造业企业必须做出快速反应，而传统的金字塔式的管理模式会导致沟通成本高、信息传达线路长，严重制约了企业的快速反应能力。同时，制造业企业的数字化转型离不开对计算机和互联网技术的运用，特别是在创新研发领域，可借助现代信息技术高效有序地整合企业内部研发资源。借助数字化技术，创新指令几乎可以同时传递给不同层级的员工和高层管理者，研发岗位的去行政化、扁平化和分散化也就成为一种新的趋势和需要。

(3)生产销售的流程主导变革。从"刚性生产"到"柔性制造"的关键在于对传统生产销售模式和流程的变革。通过对用户购物大数据的挖掘和建立产品数据管理系统驱动个性产品研发，让消费者所需成为企业生产计划。如消费者可在C2M平台上对高端电器提出个性化需求，企业根据订单生产并销售。充分聚集用户的个性化需求，借助模块、专属、众创等定制模式，使用户从单纯的购买者变为设计者、监督者和受益者，在实现生产模块化的同时，使产品直达用户需求，为用户个性化定制提供了一站式解决方案，提升用户黏性。

(4)以人为中心的变革。互联网经济环境下的制造业企业，无论是实现产业链整合，还是推动价值链提升，在数字化转型升级进程中如何通过管理变革来增强企业内生增长动力、实现精细化管理成为重要挑战。企业通过精细化管理和持续创新实现转型升级，最终需要由大量高素质人才及企业内部组织单元来完成。优秀的企业之所以能够领先于追随者，归因于其单个员工或组织的产出效率更高，人力资本及"以人为中心"的管理提升是实现产业升级与转型的重要因素。

5.7.3 中国新时代管理的淬炼与反思

新时代下的中国宛如一个巨大的实验室，开展着各种组织管理的试验与尝试，如军民融合战略的提出、"一带一路"战略的构思、高校体制机制改革、国有企业改革、企业转型等。然而，备受推崇的西方管理理论难以解释新时代下中国的组织管理创新实践，我们急需植根中国实践的组织管理理论。

2018年，北京理工大学侯光明教授在《面向中国创新发展实践的组织管理系统学构建思考》中提出在组织管理系统学视角下，组织管理需要关注三个问题：(1)外部环境不确定性增强，人的需求更具多元化、个性化。(2)组织目标和功能越来越多元化。(3)组织管理系统范围越来越大，边界越来越模糊，系统间及系统要素之间的联系越来越频繁，越来越复杂，方式越来越多。

新时代下，中国不断涌现出新的组织管理实践，它们高度重视顶层设计，协调各部分功能，既考虑快变环境对组织管理的影响，顺势而变，又意识到组织间、组织内部的紧密联系。在时代变革的汹涌浪潮下，竞争环境更加多变，业务规则复杂交错，协同需求日益迫切，各企业纷纷利用互联网技术变革以释放创新与发展活力，催生出组织运行新模式，从而促使组织管理系统持续发展。

1.华为企业数字化转型方法论

在《华为行业数字化转型方法论白皮书》中，华为给出了“1234”的数字化转型方法论(图5-20)，该方法论可以指导企业设计转型架构和路径。

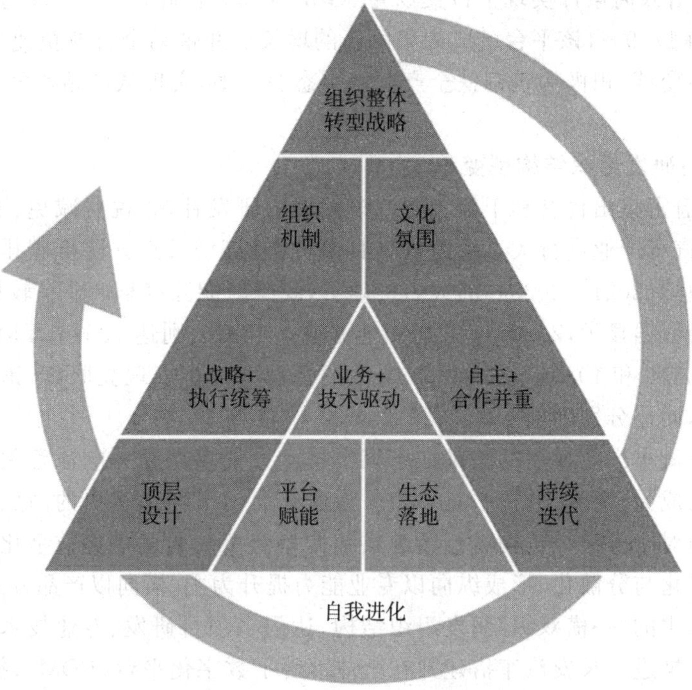

图 5-20　华为行业数字化转型行动纲领

(1)坚持 1 个整体战略：将数字化转型定位为组织整体战略，进行全局谋划。

(2)创造 2 个保障条件：通过组织机制转型激发组织活力，通过文化转型创造转型氛围。

(3)贯彻 3 个核心原则：将“战略与执行统筹，业务与技术双轮驱动，自主与合作并重”三个核心原则贯穿到转型全过程，保证转型始终在正确的轨道上。

(4)推进 4 个关键行动：通过“顶层设计、平台赋能、生态落地、持续迭代”这 4 个关键行动，控制数字化转型的关键过程。

2.宝钢集团：战略性变革

随着全球铁矿石原材料价格的大幅抬高和碳达峰、碳中和政策的逐步实施，我国钢铁企业面临材料成本和工艺成本的双重压力，盈利能力有所下降。2018 年以来，我国钢铁行业利润总额呈下降态势，国家统计局《中国工业统计年鉴 2020》的数据显示，2020 年钢铁行业实现利润总额 2464.6 亿元，同比下降 7.5%，亏损企业亏损总额累计达 313.1 亿元。

面对产能严重过剩和微利形势延续的严峻情况，作为钢铁行业的领军企业，宝钢集团积极思变，实行打造钢铁生态服务体系的战略性变革。针对钢材流通领域长期存在的信息不对称、流通成本高、贸易效率低、钢贸信用环境差、海量中小终端用户的个性需求得不到重视等问题，宝钢集团深挖产业链优化空间和附加价值，成立欧冶云商平台，基于数字化技术，打造以产业链电商平台集群为核心、多主体共建共生共赢的产业生态服务体系。通过欧冶云商平台，融合产业上下游的优质供应商、钢铁厂商、贸易商、物流加工商等，通过平台服务丰富线上线下资源。凭借宝钢集团长期积累的品牌优势和雄厚实力，欧冶云商逐步实现了跨产品、跨地域、跨服务的多维度拓展，搭建以产业链电商平台为中心，集信息服务、交易结算、物流仓储、加工配送、技术服务、金融服务和数据服务等多功能于一体的线上服务体系。

2019 年，欧冶云商累计实现平台交易量（GMV） 2.3 亿吨，营业收入达 524 亿元，占宝钢集团总营收的 17.9%，该平台已成为集团新的增长点并带动全行业快速发展。宝钢集团通过进行战略性变革，积极构筑钢铁全产业链生态服务圈，实现从产品竞争力向产业链竞争力的转变。

3.长安汽车:研发组织结构型变革

近年来，政府密集出台有利于新能源汽车发展的研发补贴、税费减免、购买补助等鼓励政策，对新能源汽车产业进行大力扶持，以创造新的经济增长点并降低碳排放。在《新能源汽车产业发展规划（2021—2035）》的大力推动下，我国新能源汽车产业呈较快发展态势。中国汽车工业协会数据显示，2020 年，我国新能源汽车产销分别达 136.6 万辆和 136.7 万辆，同比分别增长 7.5%和 10.9%。其中，插电式混合动力汽车表现亮眼，产销量分别为 26 万辆和 25.1 万辆，同比分别增长 18.5%和 8.4%。

未来新能源汽车产业发展的关键在于聚集技术力量攻克动力电池等关键技术瓶颈，企业的研发实力已成为全行业的核心竞争力。为建立面向市场和客户的高效研发机构，长安新能源汽车公司对研发组织机构进行渐进式结构型变革。通过搭建数字化研发体系，实现研发结构的扁平化与分散化，形成纵向以专业能力提升为主、横向以产品开发和电池等共性基础技术攻关为主的“一横双纵”研发组织结构，达到多项目研发、专业技术提升、共性基础技术研究的同步推进。长安汽车搭建并在全球部署了数字化平台（PDM），推进全面协同在线研发和数据驱动研发。其中，重庆本地设置 PDM 主服务器，日本、英国、意大利等异地研发中心建立从服务器，推动实现多地、多用户、全流程协同的数据驱动研发。通过研发的结构型变革，长安汽车打造了日趋全球化、扁平化、分散化的研发团队。截至 2021 年 7 月，企查查大数据研究院《新能源汽车专利 20 强企业榜单》资料显示，长安汽车已累计拥有新能源汽车有效专利 5243 件，在全国排名第二。2021 年第一季度财报显示，长安新能源汽车整体销量突破万台，达到 12096 台，同比增长 1543%。

4.红领集团:流程主导变革

我国纺织服装业已走过规模快速扩张的粗放式成长阶段，进入更加注重内涵增长和品质提升的成熟发展阶段。与传统纺织企业“研发设计—批量生产—市场销售”的传统运营模式不同，红领集团自 2003 年开始专注于服装规模化定制与生产。依托大数据、互联网、物联网等技术支撑，红领集团以用户为中心，实现了“需求获取—订单管理—个性化生产”的逆向化流程主导变革。其利用互联网技术，消除中间环节，实现了与消费者直接连接的 C2M 模式。消费者可以从电子终端登陆 C2M 平台，在线提交需求。企业根据需求形成订单并生产，大幅降低了资金和货物挤压，实现按需生产和零库存。从成本收益看，定制生产的成本只比批量生产高 10%，但收益却达到 2 倍以上。为有效解决个性化与高效率之间的矛盾，红领集团围绕柔性智造，进行了全流程革新，建立了以节点管理为核心的管理模式，取消了人力、财务等职能部门，只保留各个岗位并形成工作节点。在运营中，由客户服务中心汇集所有客户信息，向相关岗位点对点下达指令，调动全部资源满足需求。每个节点岗位可以随时根据用户需求进行组合，大幅提升生产效率。同时，红领集团还将自身定制生产的成功经验进行编码化、程序化，形成了 SDE 标准解决方案，并在其他行业进行推广应用。2016 年前三季度，红领 SDE 解决方案在服装鞋帽、家居、家具、铸造、化妆品、电器等行业成功输出流程主导的组织变革体系，签约企业 38 家，取得平均效率提升 30%、成本下降 20%的显著成效。

中国丰富的组织管理实践是组织管理系统学研究的现实依据。改革开放 40 年以来，尤其是党的十八大以来，我国进行大规模经济建设，成为世界上最具发展潜力的大国之一，成效显著的体制改革更使中国得到前所未有的快速增长。不论国家组织还是企业组织，不断创新组织管理形式，为组织管理系统学提供了大量研究素材。

现代文明时期，组织已经进入系统管理阶段。近年来，一批国内学者选择汲取中国传统文化与古代管理思想精华，致力于构建中国的组织管理理论，用其解决中国的实际问题，如齐善鸿的道本理论、席酉民的和谐管理理论、黄如金的和合理论、张东向的管理阶梯理论等。依托系统科学，汲取我国传统文化、西方组织理论精华，总结我国改革开放以来创新发展的经验，以组织管理系统为研究对象，通过对系统决策、系统治理以及系统创新的研究，解释和指导组织发展。

本章提要

1.组织结构是指组织中正式确定的使工作任务得以分解、组合和协调的框架体系。人们一般采用组织结构图来描述组织结构。组织结构图是对一个组织的一整套基本活动和流程的可视化描述，其表明了每位管理者的具体职位，通过连线的方式说明了谁应该对谁负责、每个领域的负责人以及哪些人之间应该保持工作联系。

2.组织的设立具有七种目的：(1)能够将工作适切地分配到具体的职能部门；(2)每个职位都能被赋予一定的工作与职责；(3)便于组织内部各项运营流程的协调；(4)将不同的人们整合在同一部门；(5)能明确并建立起成员对组织的凝聚力；(6)构筑出具有权威性的指挥体系；(7)使资源能够进行分配和利用。

3.工作设计是与个人有关的工作职责的确定，其目的在于明确将任务以什么样的方式来进行分配，在决定了之后，便开始依照分配的方式律定出各个工作的职责。常见的工作设计方法有工作专精化、工作轮换、工作扩大化、工作丰富化、工作特征模式和工作团队。

4.工作专精化是将组织的工作任务分解为较小的构成成分的程度，可以为组织带来四个方面的好处：(1)提高员工的工作效率；(2)减少工作任务的转换时间；(3)增加优化该工作任务软硬件条件的容易度；(4)节省工作培训的成本。

5.部门化是将整个组织的管理系统进行分解，并把若干职位组合成一些相互依存的基本管理单位的过程。组织划分部门的方式常见的有：(1)职能部门化；(2)产品部门化；(3)流程部门化；(4)地区部门化；(5)顾客部门化。

6.指挥链是指从组织高层延伸到基层的一条持续的职权线，是组织内各职位间清楚而明确的命令关系。管理幅度是指一位管理者所能有效地直接领导和控制的实际人员数，即有多少位下属向一位管理者报告。管理层次是指组织内纵向管理的等级数。扁平式结构是指管理层次较少而管理幅度较大的一种组织结构形态，而高塔式结构则是指管理层次较多而管理幅度较窄的一种组织结构形态。

7.职权是指管理职位所固有的发布命令和希望命令得以执行的一种权力。职责是指对应职权应承担的相应责任。一般来说,职权可以分为直线职权和参谋职权两种类型。

8.集权与分权所要确定的是决策权应该放在组织的哪一层级上。集权是指决策权在组织系统中较高层级上一定程度的集中,即组织内部较高层的管理者将职权集中进行管理。分权是指决策权在组织系统中较低层级上一定程度的分散,即整个组织都获有一部分权力得以支配。

9.机械式组织,也称官僚式组织,是综合使用传统组织设计原则的产物,其特点是高度复杂化、高度正规化和高度集权化。有机式组织,也称适应性组织,与机械式组织形成鲜明的对照。它是低复杂化、低正规化和分权化的,是一种松散的结构,能根据需要迅速做出调整。

10.常见的组织结构类型:直线型结构、职能型结构、事业部型结构、矩阵型结构。

11.组织变革是指组织根据外部环境变化和内部情况变化,及时调整和改善自身的结构与功能,以提高其适应环境、求得生存的应变能力。任何一种变革都不是单独进行的,变革的内容可能涉及组织中的每个方面。

12.组织变革是多种因素共同作用的结果,导致组织变革的基本力量可以分为外部力量和内部力量两大方面。其中,外部力量包括:(1)经济的变化;(2)技术的进步;(3)社会和政治的变动;(4)就业人口的改变。内部力量包括:(1)组织目标的改变;(2)管理条件的变化;(3)组织发展阶段的变化;(4)组织成员社会心理及价值观的改变;(5)组织内部的矛盾与冲突。

13.在实践上,组织有两种主要的变革形式,一是计划式变革,是指对预期的未来事件所做的按部就班的规划和实施的变革,是一种逐步、渐进且重点式的变革形式;另一种是革命式变革,是指对环境变化随机应变的一次性变革,是一种需要及时应对、快速且激烈的变革形式。

14.在实践上,管理者可以致力于组织内部的技术变革、产品与服务变革、战略与结构变革、人员与文化变革四个领域,以获得竞争优势。

15.中关村信息技术和实体经济融合发展联盟发布的《数字化转型参考架构》认为,“创新和重构是数字化转型的根本任务,组织应从发展战略、新型能力、系统性解决方案、治理体系和业务创新转型等五个视角出发,构建系统化、体系化的关联关系,系统有序推进数字化转型,创新价值创造、传递、支持、获取的路径和模式”。

16.针对企业构建数字化架构方法的两个主要模式:(1)以企业架构咨询为核心的全面规划模式;(2)以敏捷开发为指导的需求驱动设计模式。

思考案例

京东的积木型组织真的可以治愈大企业病吗?

京东从2017年提出“积木化组织”,紧接着随后几年开始着手构建“前中后台结构”。京东在财报的表现似乎肯定了京东组织结构调整的成功。

2018年初,京东商城成立了三个事业群,一个是大快消事业群,一个是电子文娱事业群,一个是时尚生活事业群,这些事业群下分别管理着几个不同的但在场景或业务上有共性的业务部或事业部。在年末将其拆分重组,正式形成了前中后台的积木化组织结构,前中后台组织结构可以说就是京东的积木化组织结构的体现方式。京东物流也在 2018 年形成了前中后台的组织结构,所以说这两个子集团的组织结构变革并不是巧合,而是在京东整体战略的推动之下进行的。

2018 年末京东商城的组织结构中,有五个业务部或事业部独立出了事业群,并成为这次形成的前中后台结构中的五个"前台"部门,也就是下图中最上方的五个部门。下图描述了这五个事业部和三个事业群的关键信息。

平台运营业务部	拼购业务部	7 Fresh事业部	新通路事业部	拍拍二手业务部
■线上渠道场景的精细化运营	■负责拼购业务的发展,探索社交电商的创新模式	■生鲜事业部并入 7 Fresh	■做销售终端体系,设线下门店	

3C电子及消费品零售事业群	时尚居家平台事业群	生活服务事业群
■强化自营品类的核心竞争力,包含3C家电、消费品、全球购等业务	■专注于以POP开放平台为主的品类发展,包含时尚、美妆、Toplife等业务	■专注于生活服务类业务及虚拟业务为主的品类发展,包含生鲜、拍卖及其他虚拟、O2O相关业务

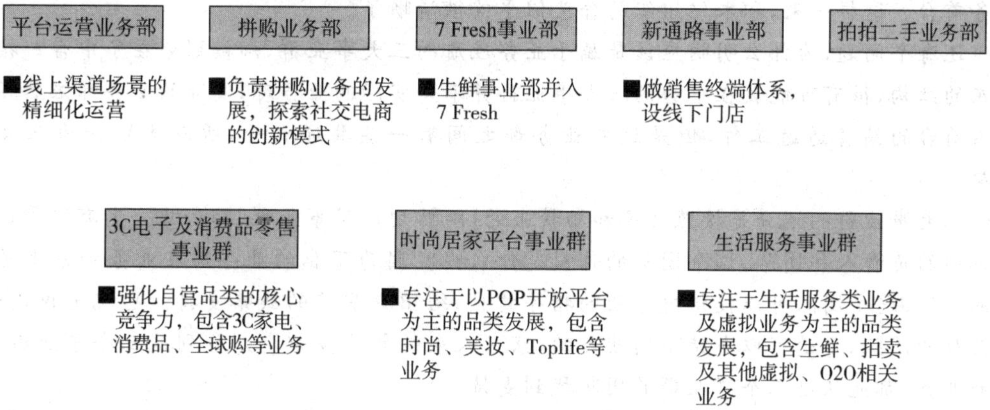

为什么这五个部门会独立于三大事业群之外呢?

仔细观察这五个前台业务部和三大事业群中的业务部,可以发现五个前台部门其实是按照业务通道来分类的,而事业群中的部门是按照品类来分类的。

事业群中的部门是管各个品类商品的部门,而五个前台是管各品类商品通过什么通道进行销售的部门。比如同样是 3C 产品,既可能通过平台运营事业部(京东商城线上渠道)来卖,也可能通过拼购事业部(京东拼购平台京喜)来卖。所以,事业群中的业务部门与前台的五个业务部门,在具体工作上很可能是相互交叉的方式,每个事业群下的部门要跟多个前台部门对接,而每个前台也要跟多个事业群下的部门对接,是一种多对多的映射方式。

前台:主要围绕 C 端和 B 端客户建立灵活、创新和快速响应的机制。

中台:主要通过沉淀、迭代和组件化输出可以服务于前端不同场景的通用能力,不断适配前台。

后台:主要为中前台提供保障和专业化支持。

京东在明确要打造前中后台结构时用了一个前缀,叫作"以客户为中心"的前中后台结构。以客户为中心,其实可以认为是要打造"积木化组织"的根本原因。

前台部门作为销售通道,是与客户直接接触的终端部门,是站在销售战场前线的,对业务情况极其敏感,所以叫作前台。因此前台是最能够敏锐地发现客户需求的部门,也因此才需要去建立灵活、创新、快速响应的机制。这三个特点,可以说每一个都是前台的命脉。

那么到底要怎么办才能够实现快速响应的机制呢? 中台给了我们答案。

京东商城的另外四个中台部门分别是技术中台、数据中台、商城用户体验设计部、商城市场部。我们会发现一个特点——无论是这四个中的哪个部门,都是在开发一个前台业务的时候,必然会用到的部门,也是在传统组织结构中,每个事业部都会拥有的部门。而现在

的中台，把这些功能单独拿出来了，拿到了中台成立了单独的中台部门，让所有前台部门共享。

术业有专攻，中台存在的意义与传统结构不一样的是，任何时候需要打造一个新的业务，不需要另起炉灶，直接拉中台来干活就好了，并且中台可能能够干得更好、更专业。中台部门成为支持处于战斗前线的业务部门的一块块积木，用的时候，就拼在一起，再有新的业务，再拆下来重新拼。就像是统一接口的乐高积木，灵活而创新，几块积木，千变万化。京东2017年所提出的“无界零售”概念，用几块有限的积木中台，却能拼出能够应对无数场景的业务前台。这样一来，积木化组织的含义似乎就很清晰了。

还有个问题，为什么明明应该是属于业务性质的三大事业群，却被划分在了中台？按照京东的结构，很有可能放在中台的三大事业群并不是实际的业务部，实际的业务部依然在配合着前台的销售通道工作，但是这些业务部之间有一些共通之处，所以才划分为三大事业群。

三大事业群的划分是按照业务和场景来的，既然划成了事业群，那么就一定有统管这几个部门的负责人和团队，这个团队的作用是什么呢？因为下属的业务部在业务场景上是共通的，那么这个团队可以提供更专业的指导意见，给出更明确的战略支持。也就是说，每个事业群的团队，都是可以支持不同业务的，京东未来的新业务都会划分到这三个事业群，任何新业务，都能从这三个事业群的团队找到支持。

这三个事业群，成为适配不同业务场景的最后一块特别而专业的积木。自此，“公共积木”和“专业化积木”均已到位，前台发现任何新的业务场景，中台都可以支持前台让其实现“灵活”“创新”“快速响应”。而后台，则是为所有部门提供支持的职能化部门。

亚马逊是互联网企业中应用最复杂、业务最多元的，从自营到开放平台，还包括基础的电商、物流以及云、智能硬件，甚至包括影视、音乐，但是亚马逊能够不断创新的重要因素就是其拥有强大的平台功能。

京东这次组织转型为积木型组织属于独创，部分参考了亚马逊模式，实际上对很多大型企业具有普遍性意义。如今的企业，以互联网企业为代表，面对充满不确定性的外部环境，敏捷灵活的组织就变得尤为重要。大型企业都要面临的一个难题是大企业病，如何让企业既能大，又能小，是很多大型企业的管理难题。积木型组织能够在某种程度上解决这一矛盾。一方面，平台作为积木底层的绩效阶梯，要有足够强的专业能力，足够深入了解业务部门的需求，并能够快速响应，发挥大企业的优势；另一方面，业务团队“责、权、利”相结合，拥有“小老板”心态，发挥小公司的“小、快、灵”。责，业务团队能够形成闭环，有清晰独立的考核指标；权，一定要给予业务团队足够的授权；利，业务团队成员的利益界定与价值创造直接挂钩。

或许有人质疑强调市场化生态的积木型组织，是否与以前的总部集团加事业部模式大同小异，杨国安教授对此作出了解答：与集团总部相比，平台最关键的角色是赋能多于管控；过去事业部更多的是职业经理人的心态，未来积木型组织的业务团队更加强调自我驱动，拥有小企业家的拼搏精神。

非常关键的一点是，积木型组织优胜劣汰的市场化原则，在统一的标准接口下，平台无法控制业务团队必须要用自己的积木，而是业务团队有自主选择权，如此操作也可在一定程度上减少浪费和重叠问题。

京东对“积木化组织”或“前中后台组织”进行了完整的运用，积木化组织中，中台作为一块块积木，实现了能够灵活、创新并快速地响应前台的各种客户需求或者零售业务场景，这就是积木化组织的意义和核心优势。

但是这并不意味着京东的积木化组织已经完善了，并且要实现这种组织也存在着很大的难点。一是这种组织下中台部门需要对各种业务都有足够的了解，这必然对中台团队有着非常之高的要求。二是中台与前台难以避免地存在着磨合问题，如何在双线管理下让业务更加协调，必定是这种组织需要解决的问题。京东未来必然也会不断地调整组织结构，来实现这种磨合。

在未来，积木化组织可能是具有多种业务的大企业的一种新的发展方向，而京东正在用自己的理解去诠释。京东2019年的答卷尚可，在未来的数年中，京东的组织结构又会如何进一步变化，以及又能取得怎样的成绩，我们拭目以待。

资料来源：玙璠.刘强东的积木理论如何治愈大企业病？[EB/OL].(2017-11-16)[2022-07-13].https://baijiahao.baidu.com/s?id=1584215089718441518&wfr=spider&for=pc；谦启咨询.京东积木化组织解读(公共积木＋专业化积木)[EB/OL].(2020-04-07)[2022-07-13].https://www.sohu.com/a/386017934_100058260.

阅读后请思考：

1.积木化组织的优点是什么？

2.京东为什么选择积木化组织？

3.“乐高积木”如何治疗大企业病？

思考习题

1.何谓工作设计？工作具备哪五种特性？

2.何谓工作专精化？其优缺点是什么？

3.常见的促进与活化工作氛围的方式有哪些？

4.何谓指挥链？何谓管理幅度？

5.何谓职权？何谓职责？

6.何谓集权？何谓分权？集权或分权考虑的影响因素有哪些？

7.何谓部门化？常见的有哪五种类型？

8.组织设计的基本形态有哪几种？每一种又有哪些优缺点？

9.何谓高塔式组织？何谓扁平式组织？

10.何谓组织变革？

11.推动组织变革的力量有哪些？

12.简述组织变革的形式。

13.简述列文提出的组织变革模型。

14.组织变革的成功步骤包括哪些？

15.变革阻力产生的原因是什么？如何消除这些阻力？

16.在组织中进行的变革包含哪些领域？

技能实训

1.根据下列组织的工作特性,你认为其管理幅度应当规划多大才合适?为什么?

(1)私人开业的事务所律师;

(2)汽车生产厂的厂长;

(3)跨国公司的高层管理者;

(4)学校学生会组织的部长。

2.请用另一种部门化的方法组织你所在的学生组织、专业、学校、制造型企业、服务型企业或其他组织。你提出的方案优点是什么?

3.请将 4 名或 5 名学生分为一组,在互联网上或在图书馆里查找相关资料,找到任意两个公司的组织结构图。然后共同回答下列问题:你能在图上分辨出公司实行的部门化组织形式吗?你认为哪家公司的分权程度更为深入?你为什么认为公司是以这种方式组织运营的?

4.假设你要为学校对面的丰顺超市设计组织结构,请问你将如何建立部门,如何规划每位管理者的管理幅度,以及业务职位与后勤职位的差异性?

5.以你所在的组织为例,描述组织中的哪些结构因素属于官僚组织模式,哪些属于行为模式。按照你的看法,你认为这一组织结构更偏向官僚组织模式还是行为模式?为什么?

6.请从互联网上查找出 5 个不同类型组织的组织结构图,并比较其相似性与差异性。

7.以四到五人为一组,请分析,在下面所述环境中,你将如何运用列文提出的变革流程的三个步骤克服变革中遇到的阻力:

(1)你弟弟超重 40 斤,你将采取什么措施促使他开始减肥?

(2)你的教授给出的成绩是 A-,而不是 A,因为你只完成了 91.9%而不是所要求的 92%的任务,你希望能得 A。

(3)今年你希望去法国度假,但是你生命中至关重要的那个人担心飞行安全问题。你将如何使他改变决定?

(4)你刚刚上任成为当地一家百货商店的营销经理。人力资源部经理说,你不具备相关的营销经验。你将如何克服来自人力资源部经理的这种阻力?

8.回忆过去学校(或老师)宣布一项变革而学生不愿意的例子。学生为什么抗拒变革?学校(或老师)后来是否克服了学生的抗拒?如果是,请问他是如何做到的?如果不是,请说明他应当怎样做。

参考文献

[1]颜明健.管理学原理[M].3 版.厦门:厦门大学出版社,2019.

[2]斯蒂芬·罗宾斯.管理学[M].13 版.北京:中国人民大学出版社,2017.

[3]路易斯·戈麦斯-梅西亚.人力资源管理[M].北京:北京大学出版社,2018.

[4]周三多,陈传明,刘子馨,等.管理学:原理与方法[M].7 版.上海:复旦大学出版社,2018.

[5]焦叔斌,杨文士.管理学[M].5 版.北京:中国人民大学出版社,2019.

[6]苏艳芳.管理学基础与应用[M].3 版.北京:中国财富出版社,2021.

[7]胡川,李绍和.管理学通论[M].3 版.北京:北京大学出版社,2022.

[8]董枳君.携互联网朋友圈加码“无界零售”京东迭代 11.11[J].商学院,2017(11):36-38.

[9]石秀峰.企业数字化转型:转型架构的设计![2021-6-21].谈数据,https://mp.weixin.qq.com/s/RtAWRyBSfsCb1MxOZPnzmw.

[10]安家骥,狄鹤,刘国亮.组织变革视角下制造业企业数字化转型的典型模式及路径[J].经济纵横,2022(02):54-59.

[11]玙璠.刘强东的积木理论如何治愈大企业病?[EB/OL].(2017-11-16)[2022-07-13].https://baijiahao.baidu.com/s?id=1584215089718441518&wfr=spider&for=pc.

[12]谦启咨询.京东积木化组织解读(公共积木+专业化积木)[EB/OL].(2020-04-07)[2022-07-13].https://www.sohu.com/a/386017934_100058260.

[13]侯光明.面向中国创新发展实践的组织管理系统学构建思考[J].中国软科学,2018(07):105-116.

可扫码获取本章课件资源:

第6章 人力资源管理

本章学习重点：

掌握人力资源管理的含义、功能、作用及职能；了解人力资源管理的影响因素；理解人力资源管理者角色；熟悉人力资源规划的含义及制定流程；掌握招募与甄选的流程与方法；掌握培训的意义与方法；熟悉绩效管理的目的及绩效管理系统构成；熟悉薪酬的含义及薪酬管理的过程；了解员工关系管理的含义及内容；了解人力资源大数据的特点与价值；了解中国人力资源管理的产生与发展。

核心知识点：

1.人力资源(human resource)

2.人力资源管理(human resource management)

3.人力资源规划(human resource plan)

4.招募(recruitment)

5.甄选(select ion)

6.培训(training)

7.绩效管理(performance management)

8.薪酬管理(salary management)

9.员工关系管理(employee relations management)

开篇案例

智能工厂是否还需要以人为本

从2011年起，美的集团开始转型，投资50亿元建设智能工厂。美的对智能工厂的终极构想是希望全智能工厂内外、虚实均实现互联，最终的目的是品质稳定、成本最优，这也是智能制造的价值体现。在这场革故鼎新的变革中，相较以往的传统工厂，智能工厂的升级改造经历了怎样的蜕变？智能工厂摆脱了人力束缚，它的终点会是“无人工厂”吗？

根据一份来自美的的数据，2011年是美的空调工人数量最多的时候。彼时，工厂有工人5万人，机器人50台，自动化率为3%。2015年，美的空调工人数量下降到2.8万人，机器人增加到562台，自动化率提高到16.9%。智能化生产使工厂摆脱了人力束缚。例如，在客户端，如果用户想购买一台全智能空调，可以定制喜欢的外观颜色，并通过手机App下单，用户下单后App将订单转到业务部门，经过设计转化、计划系统、制造系统、物料采购、生产等环节，最后，一台全智能空调通过物流系统被送至用户家中。

在产品生产端，原来在生产车间进行流水线作业的“人工矩阵”不见了，取而代之的是两条智能生产线、近200台机器人，它们根据大数据操作显示屏指令精准地完成产品的打孔、切割、安装、标准检测……每一个工件都有相对应的条码，机器人通过信息系统进行识别，“知道”哪一个零件应该配套哪一款机型，并可以时时监控客户订单生产配送的全过程，生产自动化率的提高也使得品质大大提升。更重要的是，物流实现了智能化操作。App自动检测到生产线缺少物料时，会发指令给机器人将物料运送到指定目的地。“如果物流实现不了智能化，便不是真正的智能工厂。”根据美的家用空调事业部负责制造的副总裁乌守保的介绍，仅仅在空调的外机专产线就有44台专业机器人，相比过去减少了41个人工操作岗位。后端包装阶段的完全无人化操作更是实现了机器人的全流程管控。“以前靠人工，无法确保360度无死角的检测，现在机器人则可以做到。从贴标签到最后完成包装都是由机器人完成的。”乌守保向《中外管理》杂志透露。

以上只是美的智能工厂的一个缩影。但恰也证明相较于传统工厂，智能工厂打破了传统工厂生产线的呆板模式，从构想逐步成型。比起普通生产线，智能生产线做出来的产品的品质更稳定，更节省人工，工作效率更高。以往人工操作都是模糊的、靠感觉，机器人操作可以精细到毫米级，将产品质量控制到接近完美的程度。普通生产线更换需要45分钟甚至更长的准备时间，全智能工厂的生产线更换只需3分钟，大幅提升效率。

目前，美的对智能工厂的重大投入获得了初步效果。这样的全智能工厂已在广州、武汉率先试点，美的计划未来5年对各地的工厂都进行升级改造，总投资额达40亿元。智能工厂转型是美的迈出的坚实的一步。智能工厂，就像一个拥有人类大脑的机器人工匠，会自动完成接单、生产、送货等一条龙服务，整个产销流程极少有人的参与，似乎“黑灯工厂”指日可待。那么，现有车间流水线上的工人是不是一种人力资源的浪费？

对这个问题，乌守保给出了否定的回答，认为所谓的智能工厂、无人工厂、“黑灯工厂”，并不是不需要人，以人为本依然是不变的准则。因为所有的智能生产都应该是人机结合，终究是要服务于人，并体现对员工的人文关怀。目前还在岗位上的工人一定有其工作内容，绝对不可能浪费人力。

实现智能生产后，人力资源方面的确会发生许多变化，拧螺丝的工作岗位撤掉了，但需要更多懂得机器人调整技术和生产线技术的工人，公司对技术人员的招聘和培养、培训计划也会更加重视，以顺应互联网时代智能化生产的发展潮流。美的空调高管表示：“现在我们工厂的基调是不进新人，将来我们生产线的工人要招本科生以及更多专业化人才，因为要面对大量的智能化操作。”这就是所谓的人机结合，所有的机器操作必须要靠人工指令来实现。以前的普通生产对员工的熟练工种、效率等要求很高，智能生产对员工的效率要求标准有所降低，但需要人来操作和管理机器人，然后精准发布指令由机器人执行。工人同时还要负责周边设备的调试和维护，因此他们对产品品质、技术、加工工艺的把握会更进一步，这要求工人的思维要和智能制造的发展匹配。

“服务于人”更不难理解，乌守保继续解释说，利用互联网将机器人设备和人连在一起组成一个系统，再利用传感器技术，读取数据，通过计算机分析并反馈到终端。此外，工厂生产的每一款产品都是由机器来模拟用户的实际操作环境和模式，以此检测产品是否合格。这非常便于工作人员的监控和管理。“尊重员工是我们的底线。必须确保员工在工作的时候认真工作，休息的时候舒适地休息。车间每天下午 3:30 至 4:00 提供下午茶，在员工薪酬上也保证在当地具有市场竞争力。”乌守保补充道。

资料来源：朱冬.美的：离开人力，却以人为本.(2016-05-06).http://www.zwgl.com.cn/cn/64915902.html.

毋庸置疑，即便在智能时代，人力在生产过程中永远占有一席之地。以上案例可以看出在智能化的工厂，人与机器、虚拟电子物理体系的分工是：人类设计产品并决定产品规则和参数，机器、虚拟电子物理体系基于这些指令触发、比对路径并选择、优化生产。所有的智能生产都应该是人机结合，终究是要服务于人。实现智能生产后，人力资源方面的确会发生许多变化，我们要做的是关注变化，推进人力资源管理工作的创新，满足组织发展的需要。本章将围绕人力资源管理的职能向大家介绍人力资源管理的相关基础内容。

6.1 人力资源管理概述

6.1.1 人力资源管理的含义

1.人力资源的概念及特征

(1)人力资源的概念

第 1 章，我们提到，企业活动中的基本资源有四种，即人、财、物、信息。若把这四种资源按其本质加以归类，又可以分为两种，即人力资源和物力资源。其中，物力资源包括各种物质资源，如土地、水力、矿产以及进行加工的各种生产资料和原材料；还包括生产过程中派生出来的各种信息，以及作为经济活动媒介的货币和占用的时间（或投入）等。可见，物力资源是经济活动的前提条件和物质基础，没有物力资源，经济活动就无法进行。因此，物力资源的特点表现为被动的、物理性的和硬性的，是服从于纯理性规律的。彼得·德鲁克（Peter Drucker）在其《管理的实践》（1954）一书中首先引入了“人力资源”这一概念，之后，人力资源的概念逐步被人们广泛接受。他指出，和其他所有资源相比较，唯一的区别就在于，人力资源是关于人的资源，并且是经理们必须考虑的具有特殊资产的资源。与物力资源相比，它的特点又表现为能动的、感情的和软性的，或者可以说是“活”的。

人力资源（human resource）是指能够推动整个经济和社会发展的、具有智力劳动和体力劳动能力的劳动者的总和，即处在劳动年龄的已直接投入生产建设和尚未投入生产建设的人口的能力的总和。“人力资源”含义并不完全等于劳动力，人力资源不仅强调人的现实劳动力，更强调人的能力的可开发性，强调其蕴含着的潜在力量。

（2）人力资源的特征

①人力资源具有生物性。它存在人体之中，是有生命的“活”的资源，与人的自然生理特征相联系，具有生物性。

②人力资源具有能动性。人不同于自然界的其他生物的根本标志之一是他具有主观能动性。人具有思想、感情，有主观能动性，能够有目的、有意识地认识和改造客观世界。在改造世界的过程中，人能通过意识对所采取的行为、手段及结果进行分析、判断和预测。人具有社会意识和在社会生产过程中所处的主体地位，使得人力资源具有了能动作用。如自我强化、选择职业以及积极劳动等。

③人力资源具有时效性。它的形成、开发和利用都受到时间方面的限制。从个体角度看，作为生物有机体的人，有其生命的周期，如幼年期、青壮年期、老年期，其各阶段的劳动能力各不相同；从社会角度看，人才的培养和使用也有培训期、成长期、成熟期和老化期。

④人力资源具有社会性。人处在一定的社会之中，人力资源的形成、配置、利用、开发是通过社会分工来完成的，是以社会的存在为前提条件的。人力资源的社会性，主要表现为人与人之间的交往及由此产生的千丝万缕的联系。这就给人力资源管理提出了要求：既要注重人与人、人与团体、人与社会的关系协调，又要注重组织中团队建设的重要性。

⑤人力资源具有两重性。人是生产者，同时又是消费者。人的两重性要求我们既要重视对人口数量的控制，又要重视人力资源的开发和人才的培养。充分地利用、开发现有的人力，将会产生很大的经济效益和社会效益。

⑥人力资源具有可再生性。人口再生产是人口不断更新，人类自身得以延续和发展的过程。人力资源的再生性不同于一般生物资源的再生性。除了遵循一般生物学规律之外，还受到人类意识的支配和人类活动的影响。

管理故事 6-1

什么都会的鼯鼠

森林里要举行比武大会，比赛的项目有飞行、赛跑、游泳、爬树和打洞。动物们纷纷报名参加自己拿手的项目，鼯鼠也来了，它要求参加所有的项目。负责报名的乌龟把老花镜摘下又戴上，上下打量着问它："五种本领你都会？"

"都会！"鼯鼠自豪地回答。

几只叽叽喳喳的小麻雀都闭了嘴，佩服地看着它，然后又叽叽喳喳地飞走了，逢人就说："鼯鼠可厉害了，它什么都会！"比赛开始了，最先比的是飞行。一声哨响，老鹰、燕子、鸽子一下子就飞得没影了，鼯鼠扑腾着飞了几丈远就落了下来，着地时还没站稳，摔了个嘴啃泥；赛跑比赛，兔子得了第一后，躺在树下睡了一觉醒来，鼯鼠才跌跌撞撞地跑到终点；游泳比赛，鼯鼠游到一半就游不动了，大声喊起救命来，多亏了好心的乌龟把它驮回岸上；比赛爬树时，鼯鼠还没爬到树顶就抱着树枝不敢再爬，顽皮的猴子爬到树顶后摘了果子往它头上扔，明知道它不敢用手去接，还故意说请它吃水果；和穿山甲比赛打洞，穿山甲一会儿就钻进土里不见了，鼯鼠吃力地刨啊刨，半天才钻进半个身，观众见它撅着屁股怎么也进不去，都哄笑起来。

2.人力资源管理的概念

人力资源管理(human resources management，HRM)作为企业的一种职能性管理活动，最早是社会学家怀特·巴克(E. Wight Bakke)在1958年出版的《人力资源功能》一书中提出的。该书首次将人力资源管理作为管理的普遍职能来加以讨论。巴克主要从七个方面说明为什么人力资源管理职能超出了人事或工业关系经理的工作范围。具体包括：

(1)人力资源管理职能必须适应一定的标准，即"理解、保持、开发、雇用或有效地利用以及使这些资源成为整个工作的一个整体"；

(2)人力资源管理必须在任何组织活动开始前要加以实施；

(3)人力资源管理职能的目标是使企业所有员工有效地工作和取得最大的发展机会，从而使工作达到最高的效率；

(4)人力资源管理职能和组织中各个层次的人员都息息相关，甚至包括CEO；

(5)人力资源管理职能必须通过组织中负责监督他人的每一个成员来实现；

(6)直线管理者在期望、控制和协调等活动方面承担着基本的人力资源职能；

(7)所有人力资源管理的结果所关注的一定是企业和员工根本利益的同时实现。

随着人力资源管理理论和实践的不断发展，众多学者基于各自研究和分析的角度提出了人力资源管理的概念，如雷蒙德·A.诺伊(Raymond A. Noe)、舒勒(R. S. Schuler)、加里·德斯勒(Gary Dessler)、迈克·比尔(Michael Beer)、黄忠英、赵曙明、董克用、李超平、彭剑锋、张德等。

人力资源管理是指组织通过各种政策、制度和管理实践，以吸引、保留、激励和开发员工，调动员工积极性，充分发挥员工潜能，进而促进组织目标实现的管理活动的总和。

6.1.2 人力资源管理的任务与功能

1.人力资源管理的任务

人力资源管理的任务要考虑两个方面：首先是使组织能创造卓越的成绩，实现组织的目标。其次是要实现人的发展，也就是组织的工作安排要尽可能符合个人的特点、爱好和需要，满足个人的合理需求，以调动人的积极性。

2.人力资源管理的功能

人力资源管理的功能主要有四个方面：吸纳功能、维持功能、开发功能和激励功能。吸纳功能是指吸引并让优秀的人才加入本企业，维持功能是指让已经加入的员工继续留在本企业，开发功能是指让员工拥有能够满足当前及未来工作需要的知识和技能，激励功能是指让员工在现有的工作岗位上创造出优良的绩效。人力资源管理的这四项功能通常被概括为“选、用、育、留”，即选人、用人、育人和留人。但这四个方面不是相互孤立的，而是互相交叉、相互影响的。选人是起点，育人是手段，留人是基础，用人是核心。选人、育人、留人、用人是组织玉树常青的根本。这四者之间的关系如图 6-1 所示。

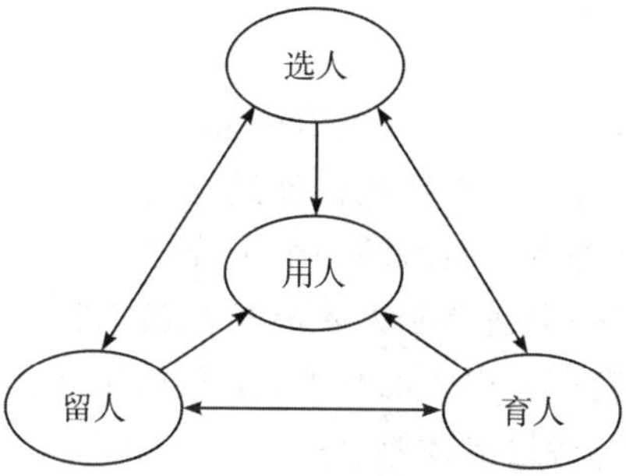

图 6-1　人力资源管理的功能

(1)选人

选人要注意以下几点：

①选人者本身要具有较高的素质和相应人力资源管理的专业知识，否则人才的选拔与鉴别将无从谈起。因此选人者要避免以下不足。

武大郎开店——高的一概不要。这是在人力资源管理过程中经常遇到的现象，妒能往往会造成极大的人才浪费。

瞎子摸象——盲目地选人。选人者本身由于受到自身素质的限制，对人才缺乏认识，选人盲目、被动，选非所需。

②被选者越多越有挑选余地。但应注意，信息过多不仅会造成时间的浪费，也经常会产生疏漏，或干扰正确决策。

③被选者的层次结构要适当，避免某一方面的人才过于集中，而其他方面却无人才可选。要充分考虑队伍的知识结构、专业结构、年龄结构，根据企业自身特点，确定合理的人才策略，确保队伍结构的合理性，使人才配置达到最优。

(2)用人

用人要注意以下几点：

①要量才使用，避免“大材小用”或“小材大用”。做到将合适的人、在合适的时候，安置到合适的位置，调动人才的积极性，充分发挥出每个人的最大潜能。

②工作丰富化。重新设计工作，避免工作的单调重复，在提倡精益生产（lean production）的同时，要鼓励精益思维。如传统的“一”字形生产线往往使员工只关心工艺，不关心整个产品，改成“U”字形生产线后增加了员工间的交流，有利于发挥人才的潜能及创新能力。

③多劳多得，优质优价。要促使员工不仅对过程负责更应对结果负责，鼓励员工积极劳动，根据劳动质量确定劳动报酬。

(3)育人

育人工作相当复杂，一般可采用在职培训、脱产培训、仿真培训等方式。在育人过程中，应注意以下几点：

①区分不同的培训对象，坚持因材施教；

②突出实用性，联系实际工作，学以致用；

③避免用人不当，造成浪费。

(4)留人

留人要注意以下两点：

①合理的工资报酬是衡量一个人劳动价值的标准，也是展示一个人事业成功与否的标志之一。人是“经济人”，对自己的付出往往估计过高，而对自己所得报酬估计偏少，如何确定一个合理报酬的标准，是管理者所面对的一个十分复杂的问题。

②要有好的环境，要创造一个适合于人才成长和最大程度发挥作用的企业环境。环境的力量将对人力资源管理活动产生很大的影响，要千方百计创造出一种能留住人才的环境，包括工作上重视、生活上关心、待遇上优厚。

企业如何发现人才？如何培育人才？如何使用人才？如何留住人才？确实值得深思。企业不仅要能够发现人才，善于培育人才，而且更要“用得好、留得住”。

管理故事 6-2

所长无用

有个鲁国人擅长编草鞋，他妻子擅长织白绢。他想迁到越国去。友人对他说：“你到越国去，一定会贫穷的。”“为什么？”“草鞋，是用来穿着走路的，但越国人习惯于赤足走路；白绢，是用来做帽子的，但越国人习惯于披头散发。凭着你的长处，到用不到你的地方去，这样要使自己富有，可能吗？”

3.人力资源管理的职能

(1)人力资源规划

把企业人力资源战略转化为中长期目标、计划和政策措施，包括对人力资源现状分析、未来人员供需预测与平衡，确保企业在需要时能获得所要的人力资源。

(2)员工招募与甄选

根据人力资源规划要求，为企业招募与甄选所需要人力资源并录用、安排到合适的工作岗位上。

(3)培训

通过培训提高员工个人、群体和整个企业的知识、能力、工作态度和工作绩效,进一步开发员工的智力潜能,以提高人力资源的贡献率。

(4)绩效管理

对员工在一定时间内对企业的贡献和工作中取得的绩效进行考核和评价,及时做出反馈,以便提高和改善员工的工作绩效,并为员工培训、晋升、计酬等人事决策提供依据。

(5)薪酬管理

包括对基本薪酬、激励薪酬以及福利等薪酬结构的设计与管理,以激励员工更加努力地为企业工作。

(6)员工关系管理

协调和改善企业与员工、员工与员工之间的相互联系,使之良性循环和发展,以实现组织目标。

6.1.3 影响人力资源管理的因素

影响企业人力资源管理的因素很多,但主要有两个方面:一是外部环境的影响。如社会经济状况、政府法令法规、人力资源现状、本行业的竞争状况以及所处地理位置等。二是内部环境的影响,如企业战略目标、企业文化、工作性质以及领导者的风格等。影响企业人力资源管理的主要因素如图 6-2 所示:

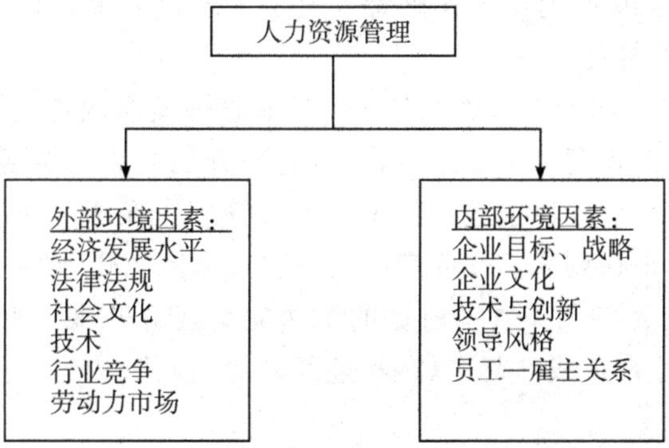

图 6-2　影响企业人力资源管理的因素

影响人力资源管理的外部环境通常是企业不能控制的。那些从外部影响公司人力资源的因素组成了人力资源的外部环境。外部因素包括劳动力、合法报酬、社会、竞争、顾客、技术以及经济等。每个因素,无论是单独地还是相互联系在一起,均能对人力资源管理者的工作造成压力。因此,人力资源管理者必须经常尽力地识别和考虑这些因素带来的影响。影响人力资源管理的内部环境因素包括公司的目标、政策、公司文化、高层经理的管理方式、员工等。这些因素对决定人力资源管理和组织内部其他部门间的相互作用有重要的影响。这种相互作用对组织的整体生产效率有很大的影响,因此使这种相互作用成为实现公司目标的积极有利因素对公司来说是至关重要的。

6.1.4 人力资源管理理念的变革

1.人力资源管理理念的变革

人力资源管理理念经历了三个不同阶段：人事管理阶段、人力资源管理阶段以及战略人力资源管理阶段。现代人力资源管理由传统人事管理演变而来。20 世纪 70 年代后，人力资源在组织中所起的作用越来越大，传统的人事管理已明显不能适应环境的变化。它从管理的观念、模式、内容、方法等方面全方位地向人力资源管理转变，变革的目标是为了确保人才和机制维持在最佳状态。因此，现代人力资源与传统人事管理之间的区别，已不再仅仅是名词的转变，而是理念上的本质差异。

人力资源管理又被人们划分为传统的人力资源管理和战略性人力资源管理两个小阶段。实际上这两者同时运行于不同的企业，很难用时间划分阶段，更适于作为人力资源管理的不同层次。

人事管理是伴随着组织的出现而产生的。现代意义上的人事管理是随着工业革命的产生而发展起来的。19 世纪出现的工业革命高潮产生了大机器的生产方式，规模化大生产和装配线的出现加强了人与机器的联系，大工厂的建立使雇佣员工的数量急剧增加。工业革命在提高了劳动专业化水平和生产力水平的同时，也对生产过程的管理，尤其是生产中员工的管理提出了更高的要求，从而出现了专门的管理人员，负责对员工的生产进行监督和对与员工有关的事务进行管理。从这一时期开始，人事管理被组织尤其是企业所接受，人事管理作为一种管理活动也正式进入企业的管理活动范畴。许多学者把这一时期看作现代人事管理的开端。19 世纪末到 20 世纪初的人事管理奠定了现代人事管理的基本职能，如人员招聘、工资和福利等事务性管理。

20 世纪 50 年代以后，随着人力资源与人力资源管理概念的提出，以及人事管理理论和实践与后工业时代中员工管理的不相适应，人事管理开始向人力资源管理转变。彼得·德鲁克在其著作中对这种转变加以描述："传统的人事管理正在成为过去，一场新的以人力资源开发为主的人事革命正在到来。"在此期间，虽然"人力资源管理"一词已广为人知，但并没有将人力资源管理的定义与人事管理所做的工作完全区分开来。直到 20 世纪 70 年代中期，人力资源管理理论才真正成熟起来，在管理的理念、模式、内容、方法等各方面都发生了很大的转变。

战略人力资源管理(Strategic Human Resources Management)产生于 20 世纪 80 年代中后期，近年来这个领域的发展令人瞩目，对这一思想的研究与讨论日趋深入，并被欧、美、日企业的管理实践证明是获得长期可持续竞争优势的战略途径。战略人力资源管理理念的出现很大程度上归功于战略管理领域以资源为基础的观点被采纳和引入到人力资源管理领域。蒂奇(Tichy)、弗布鲁姆(Fombrum)和德瓦纳(Devanna)等人所写的《人力资源管理：一个战略观》是战略人力资源管理产生的标志性文章，文章深刻分析了企业战略与人力资源的关系。其后，许多学者都对战略性人力资源管理的研究做出了重要的贡献。战略性人力资源管理定位于支持企业的战略中人力资源的作用和角色，它和人事管理、人力资源管理的根本区别在于人力资源管理活动计划的制定必须和组织的总体战略计划相联系。战略性人力资源管理的提出，为组织中关于"人"的管理提供了一种新视野。

这三个阶段是既有联系又有区别的。表 6-1 概括了三者之间的一些不同，从中我们可以看出人力资源管理经历了一个不断发展和完善的过程。

表 6-1　人事管理、人力资源管理、战略性人力资源管理间的区别

关于“人”的管理维度	人事管理	人力资源管理	战略性人力资源管理
理念	“人”是一种工具性资源，服务于其他资源	人力资源是组织的一种重要资源	人力资源是组织中最重要的资源，是一种战略资产
与战略的关系	很少涉及组织战略决策，与战略规划的联系是一种行政联系或单向执行联系，即扮演执行者单一角色	是组织战略决策的重要辅助者、信息提供者，与战略规划的联系是一种双向联系，即扮演辅助者和战略执行者双重角色	是组织战略决策的关键参与者、制定者，与战略规划的联系是一体化的，即扮演决策制定者、变革推动者和战略执行者多重角色
职能	参谋职能，行政事务性工作，被动的工作模式	直线职能、辅助决策、战略执行、行政事务性工作，灵活的工作方式	直线职能、决策制定、战略规划，几乎没有行政事务性工作，主动式的工作方式
绩效	· 部门绩效导向 · 短期绩效导向	· 部门绩效与组织绩效兼顾导向 · 较长期绩效导向	· 部门绩效与组织绩效一体化导向 · 长期绩效导向 · 竞争优势导向

2.人力资源管理者的角色

(1)直线经理和人力资源管理人员的分工合作

企业所有的管理者都是人力资源管理者。人力资源管理者一般分为一般人力资源管理者与专业人力资源管理者。两者在人力资源管理活动上的职责分工存在差异。一般人力资源管理者指直线管理人员(直线经理)，他们是人力资源管理实践活动的主要承担者。而专业人力资源管理者往往指人力资源部管理人员(人力资源经理)，他们是人力资源管理程序、方法、政策的制定者。在人力资源管理活动中，直线经理与人力资源经理相互作用，一方面人力资源经理要求直线经理提供信息，给予更多支持；另一方面直线经理则要求人力资源经理在人力资源管理实务上，不仅扮演监控和评价的角色，更能起到服务与咨询的作用。人力资源经理应是懂得沟通，具有亲和力，善于处理投诉，帮助解决问题的形象。

(2)人力资源管理者的角色

在企业中，常听到有的经理说，我们企业小，不需要人力资源部与人力资源管理专业人员。但是人力资源管理的职能万万不能没有。一般来说，企业中，人力资源管理职能常常由其他职能部门来兼任，高层管理者本身就是人事工作具体实践者与指导者。在中型企业中，人力资源管理职能被独立出来了，但仍未达到专业的分工，人力资源管理者实际上就是整个部门。而在较大型企业中，便需要设置专门人力资源管理职能部门了。这些部门将完成涉及人力资源开发、薪酬和福利、安全与健康、劳资关系等任务。

所有人力资源管理者角色的集合就形成了人力资源管理部门的角色。密歇根大学的戴维·尤里奇(David Ulrich)将人力资源管理者和人力资源管理部门应扮演的角色分为四种，分别为战略伙伴、管理专家、员工激励者和变革推动者。这一观点得到较为广泛的认可。作为战略伙伴，人力资源管理完全参与到战略制定和战略执行当中。人力资源管理人员必须首先作为公司整体战略的制定者而存在，其次作为人力资源管理战略的专家为战略制定和执行中的所有有关人力资本的问题提供解决方案。人力资源管理通过经营人才，来提高企业的利润。作为管理专家，人力资源管理部门不断设计开发高效率的人力资源操作系统，优化人力资源服务过程。比如提供更加有效的招聘选拔工具，配合企业战略设计培训和发展系统，建立新的绩效考核评价体系。作为员工激励者，人力资源管理人员要充分地了解员工的各种需求，提高员工对企业的忠诚度，并不断激发员工的潜能。在战略实践的过程中将员工的个人职业成长和企业成长结合起来。作为变革推动者，人力资源管理者能够在不断变化的企业经营的内外部环境中预测问题、诊断问题、分析问题并解决问题。组织发展战略的变化必然会对人力资源要求带来变化，人力资源管理者不仅需要对新问题提出新的解决办法，同时还要最大限度确保员工在变革过程中对企业战略变化的认同和对企业的忠诚，提高员工满意度。

6.2 人力资源规划

6.2.1 关注人力资源规划

正如我们从案例中看到的，当一个企业或组织的经营目标、经营战略或经营活动发生变化时，可能会使它的人力资源管理面临一系列的问题：企业的组织结构和人员结构是否会发生变化？企业需要多少员工？这些员工应该具备哪些知识和能力？企业现有人员能否满足这种需要？是否需要对现有人员进行进一步培训？是否需要从企业外部招募人员？能否招募到企业需要的人员？何时招募？企业应该制定怎样的薪酬政策以吸引外部人员和稳定内部员工？当企业人力资源过剩时，有什么好的解决办法？等等。

当今任何一个企业或组织都处在一个迅速变化的环境中，全球经济一体化进程正在加快，科学技术日新月异，竞争日益激烈。企业要想在竞争中取得优势，就必须不断地调整其经营目标和经营战略。企业的人力资源管理如何应对这种变化？如何做到未雨绸缪？人力资源规划提供了一个有效的工具。

人力资源规划(human resource planning)是根据组织的战略目标，科学地预测组织在未来某个时期内人力资源的供给与需求状况，制定必要的人力资源获取、利用、保持和开发策略，使得组织用人达到平衡，满足组织用人需求的活动，其最终目标是帮助企业达成战略目标和长期利益。

企业要想利用劳动力市场来获取竞争优势，应对三个方面的因素给予关注：

(1)企业必须对自己现有的人力资源状况有一个清楚的认识，尤其是应当清楚自己目前已有雇员的优势和劣势分别是什么；

(2)公司必须制定一个关于自己未来发展方向的规划，并且认识到自己目前的人力资源状况与未来所要求达到的人力资源状况之间是一种怎样的关系；

(3)如有人力资源差距，制定规划满足需求。

6.2.2 人力资源规划的内容与作用

1.人力资源规划的内容

人力资源规划主要可分为总体规划和业务规划两大类。人力资源总体规划是指在某一计划期内人力资源管理的总目标、总政策、实施步骤和总预算的安排。人力资源业务规划则包括人员补充规划、培训开发规划、分配规划、晋升规划、工资奖励规划、劳动关系规划、退休解聘规划等。人力资源规划内容如表6-2所示。

表6-2　人力资源规划内容

规划项目	具体内容
总体规划	依据企业发展战略目标，通过建立人力资源信息系统，预测人力资源需求和供给状况，采取措施平衡人力资源的需求和供给
人员补充规划	制定需补充人员的数量、类型、层次，拟定人员任职资格，拟定招募地区、形式以及甄选方法
培训开发规划	拟定重点培训项目，有关培训时间、培训对象、培训教师、培训方式、培训效果保证以及与工资、奖励、晋升制度的联系
人员分配规划	规划部门编制，拟定各职位人员任职资格，做到人适其位，并规定工作轮换的时间、范围及人选等
人员晋升规划	建立后备人员管理梯队，规划员工职业发展方向，确定晋升比例和标准，以及未提升人员的安置
工资奖励规划	进行薪资调查和内部工作评价，拟定工资制度、奖励政策以及绩效考核标准
劳动关系规划	为了提高员工满意度，增进沟通，实行全员参与管理，建立合理化建议制度等
退休解聘规划	退休政策及解聘程序，制定退休解聘规定，拟定退休解聘人选

2.人力资源规划的作用

企业竞争战略的成功与否在很大程度上取决于人力资源的参与程度。制定科学的人力资源规划，可以合理利用人力资源，提高企业劳动效率，降低人工成本，增加企业经济效益，其重要意义体现在以下四个方面。

(1)人力资源规划是企业发展战略总计划的核心要件

人力资源规划是一种战略计划，主要着眼于为企业未来的生产经营活动预先准备人力资源，持续和系统地分析企业在不断变化的条件下对人力资源的需求，并开发制定出与企业组织长期效益相适应的人事政策。因此，人力资源规划是企业整体计划和财政预算的有机组成部分，是企业发展战略总计划的核心内容。

(2)人力资源规划是组织管理的重要依据

随着组织规模的扩大和结构的复杂化，管理的工作量和难度均迅速提高，无论是确定人员的需求量、供给量还是职务、人数及任务的调整，不通过一定的周密计划显然是难以实现的。例如，何时需要补充人员，补充哪些层次人员，如何补充，如何组织多种需求的培训，对不同层次和部门的人员如何考评和激励等。这些管理工作在没有人力资源规划的情况下，必然会陷入相互割裂和混乱的状况。因此，人力资源规划是组织管理的重要依据，它可为组织的录用、晋升、培训、考评、激励、人员调整以及人工成本的控制等活动提供准确的信息和依据。

(3)能够提高企业劳动效率,降低人工成本,增加企业经济效益

人工成本中最大的支出是工资,而工资总额在很大程度上取决于组织中的人员分布情况。当一个企业规模小的时候,问题不大;而随着时间推移,人员数量增加和职务等级水平上升后,人工成本可能就会超过企业所能承受的能力。人力资源规划可以调整人力配置不平衡状况,进而谋求人力资源的合理化使用,使人工成本控制在合理的支付范围内,从而提高企业的劳动效率。人力资源规划还可通过对现有的人力资源结构分析检查找出影响人力资源有效运用的主要矛盾,充分发挥人力效能,降低人工成本在总成本中的比重,提高企业的经济效益。

(4)有助于发挥员工能力,满足员工发展需要,调动员工积极性

人力资源规划不仅是面向企业的计划,也是面向员工的计划。一个企业在人事政策上如果出现了较严重的问题,往往是因为没有制定一个科学合理的人力资源规划。许多企业面临着源源不断的员工跳槽,表面上看来是因为企业无法给员工提供优厚的待遇或者晋升渠道,其实是企业人力资源规划的空白或不足。这是因为,并不是每个企业都能提供有诱惑力的薪金和福利来吸引人才,许多缺乏资金、处于发展初期的中小企业照样可以吸引优秀人才并迅速成长。他们的成功之处不外乎立足企业自身情况,营造企业与员工共同成长的组织氛围,充分发挥团队精神,规划企业的宏伟前景,使员工对未来充满信心和希望,同企业共同发展,为有远大志向的优秀人才提供其施展才华、实现自我超越的广阔空间。因此,人力资源规划应着力考虑员工的发展。在人力资源规划的基础上,引导员工进行职业生涯设计和发展,使员工清晰了解未来的职位空缺,看到自己的发展前景,从而积极地努力争取,这对于调动员工积极性和保持忠诚度是非常有益的。

6.2.3 人力资源规划的程序

企业人力资源规划工作不可能一蹴而就,它是一个从收集信息到分析问题,再到找出问题并着手解决问题的过程。这一过程大致包括如下环节,如图 6-3 所示。

1.企业外部环境和企业内部环境分析

制定人力资源规划必须以企业的内外部环境为依据,不同的企业环境有不同的人力资源管理策略。大体说来,外部环境主要指企业所处的外部大环境,如工资水平、竞争对手状况、国家法律政策等;内部环境主要指企业内部一些状况,如企业现有的人力资源状况、企业的战略目标等。企业内外部环境是企业制定规划的硬约束,任何企业的人力资源规划都必须予以考虑。

2.人力资源需求预测

在考虑内外部环境和企业的战略目标的基础上,根据企业的优势和劣势、机会和威胁,制定人力资源战略,确定企业的组织结构和工作设计。在此基础上,运用科学的预测方法,对企业发展中所需要的人力资源数量、质量和结构进行预测,这包括对各类专业人才数量、技术级别以及各种不同人才的搭配比例进行预测。这些工作可以结合人力资源供给预测同时进行。人力资源需求预测受多种因素影响,包括市场需求、技术与组织结构、预期活动的变化、工作时间、教育和培训以及劳动力的稳定性等。这些复杂的内外环境的影响,使人力

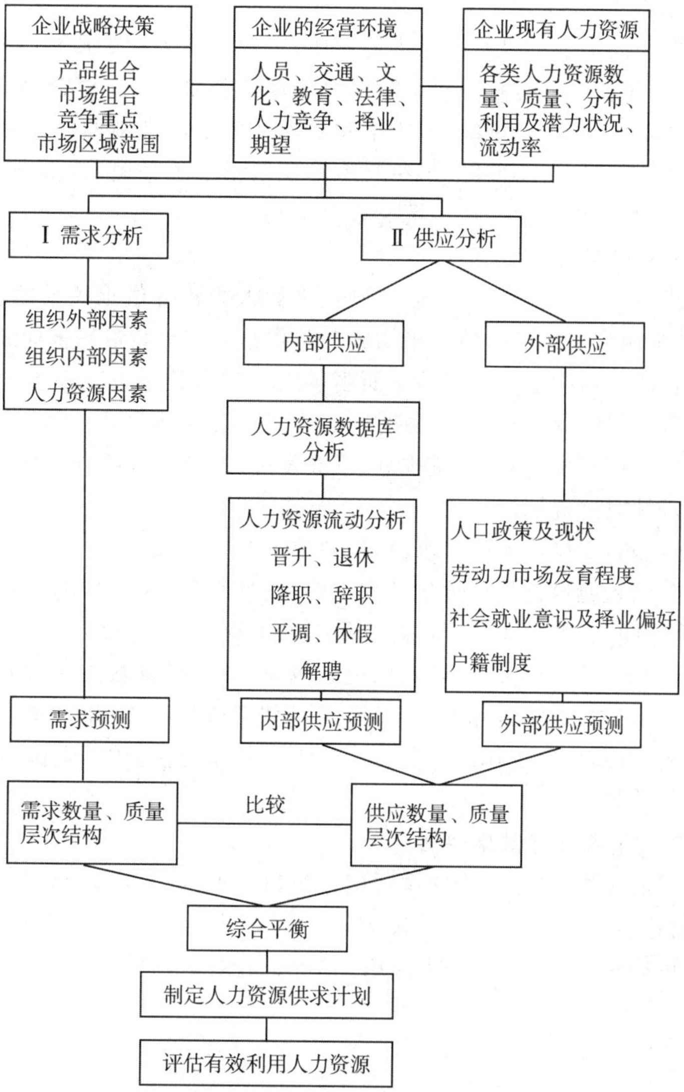

图 6-3　人力资源规划程序

资源需求预测变得十分复杂和困难，因此在进行需求分析时必须结合定性和定量方法。常用的人力资源需求预测方法有主观判断法、德尔菲法、趋势预测法、回归预测法、比率预测法等。

3.人力资源供给预测

人力资源供给预测是企业在现有的人员供给基础上，根据企业经营环境、生产技术、市场规模等因素的变化，确定出各时间点上企业的职工人数以及各时间点上各类人员的可供给量。供给预测主要研究组织内部和组织外部供给两个方面，内部供给预测要考虑组织内部的有关条件，包括企业现有人力资源、人员流动等，而外部供给预测要考虑的是劳动力市场状况、劳动者的就业意识以及企业的吸引力等。常用的人力资源供给预测方法有技能清单法、人员替换图、马尔科夫模型等。

4.人力资源需求与供给比较

通过对人力资源的需求和供给情况进行对比，可以确定人员的质量、数量、结构和分布均衡情况，从而得出企业发展过程中每个阶段每个职位类别的人员净需求量。人力资源的供给和需求预测比较，可能有几种结果：供给和需求在数量以及结构等方面都平衡；供给与需求在数量上平衡，但结构上不匹配；供给与需求在数量上不平衡，包括供大于求和供小于求两种情况。现实中，供求完全平衡的情况很少出现。

5.人力资源规划的制定

在人力资源供给与需求比较的基础上，制定平衡人力资源供求关系的总计划和各项业务计划，并提出调整供求关系的具体政策措施。当供给与需求数量平衡而结构不匹配时，需要对现有的人力资源在结构上进行调整。而当供给和需求数量上存在差异时，则需要制定出相应的规划政策，以确保组织发展的各时间点上供给和需求平衡。规划政策主要包括晋升规划、补充规划、培训开发规划、配置规划、职业发展规划等。两种典型的平衡规划是劳动力过剩和劳动力短缺时的规划。

(1)当劳动力过剩，即供给大于需求时，规划政策主要有：裁减或辞退员工；鼓励员工提前退休；冻结外部招聘，通过自然减员来减少供给；重新培训，调往新的岗位，或适当储备一些人员；减少工作时间，实行工作分享或降低员工的工资。

(2)当劳动力短缺，即需求大于供给时，规划政策主要有：延长工作时间，让员工加班加点；从外部雇用人员，包括返聘退休人员，雇用正式员工或临时工；培训本企业员工，提高现有员工的工作效率；重新设计工作以提高员工的工作效率；进行内部调配，以增加内部的流动来提高某些职位的供给。

6.人力资源规划的实施与效果评估

制定了人力资源规划以后，人力资源部门就可以按照人力资源规划的具体要求展开工作。但是，由于信息、技术和环境变化等原因，人力资源预测通常无法做到完全准确，因此人力资源规划也不可能一成不变，需要根据实际情况进行调整，而调整的关键就是对其进行反馈与评估。

6.3 招募与甄选

6.3.1 吸引有效的劳动力

1.招募与甄选的概念

现代人力资源管理中的招募与甄选是指组织为了实现目标和完成任务，由人力资源管理部门及有关部门运用科学的方法和手段，选拔岗位所需要的人力资源的过程。整个招募与甄选的任务就是依据科学的方法，按照一定的程序，根据企业组织当前和未来的需要进行选拔人才和调整人才。招募(recruitment)是企业及时吸引足够数量的具备资格的人员并鼓励他们申请加入本组织工作的过程。招募是组织与潜在从业人员接触的第一步，而人们也是通过招募环节了解组织，并最终决定是否愿意为它服务。从组织角度看，只有对招募环节进行有效的计划和良好的管理，才有可能招到优秀合适的员工。有效人员招募的目标是使个人的特点能力、经验等与工作要求相匹配。如果人员选择不当,员工的工作绩效和满意度都会受到不利影响。甄选(selection)是指从某一职位的所有候选人中挑选出最合适人选的活动。这项活动涉及组织具体如何选择其组成人员,从而影响到组织的生存能力、适应能力和发展能力。任何组织都应对员工的甄选工作予以高度重视。

2.原则

人员招聘是确保组织生存与发展的一项重要的人力资源管理活动。在招聘过程中,应遵循以下原则:

(1)公开原则

指把招考单位、种类、数量,报考的资格、条件,考试的方法、科目和时间,均面向社会公告周知,公开进行。一方面给予社会上的人才以公平竞争的机会,达到广招人才的目的;另一方面使招聘工作置于社会的公开监督之下,防止不正之风。

(2)竞争原则

指通过考试竞争和考核鉴别确定人员的优劣和人选的取舍。为了达到竞争的目的,一要动员、吸引较多的人报考;二要严格考核程序和手段,科学地录取人选,防止拉关系、走后门、裙带风、贪污受贿和徇私舞弊等现象的发生,通过激烈而公平的竞争,选择优秀人才。

(3)平等原则

指对所有报考者一视同仁,不得人为地制造各种不平等的限制或条件(如性别歧视)和各种不平等的优先优惠政策,努力为社会上的有志之士提供平等竞争的机会,不拘一格地选拔、录用各方面的优秀人才。

(4)能级原则

人的能量有大小,本领有高低,工作有难易,要求有区别。招聘工作,不一定要最优秀的,而应量才录用,做到人尽其才、用其所长、职得其人,这样才能持久、高效地发挥人力资源的作用。

(5)全面原则

指对报考人员从品德、知识、能力、智力、心理、过去工作的经验和业绩进行全面考试、考核和考察。因为一个人能否胜任某项工作或者发展前途如何,是由其多方面因素决定的,特别是非智力因素起着决定性作用。

(6)择优原则

择优是招聘的根本目的和要求。只有坚持这个原则,才能广揽人才,选贤任能,为单位引进或为各个岗位选择最合适的人员。为此,应采取科学的考试考核方法,精心比较,谨慎筛选。特别是要依法办事,杜绝不正之风。

(7)效率原则

效率原则指根据不同的招聘要求,灵活选用适当的招聘形式,用尽可能低的招聘成本录用高质量的员工。

(8)守法原则

人员招募与选拔必须遵守国家法令、法规、政策。在聘用过程中不能有歧视行为。

6.3.2 招募与甄选流程

人员招聘大致可以分为招募、甄选、录用和评估四个阶段,如图6-4。

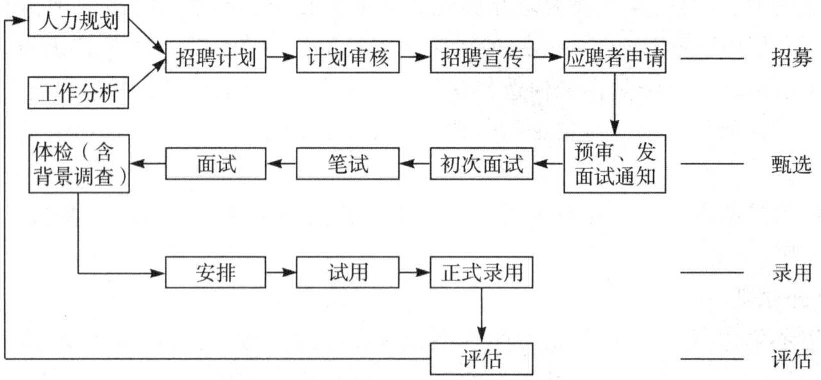

图 6-4　人力资源招募与甄选的流程

1.招募

(1)制定招募、甄选及录用计划

主要任务是进行人员需求与供给预测。员工招募与甄选工作开始于组织中各工作岗位的职位空缺,由此而提出人员增补需求。也就是说,在工作分析的基础上,预测本组织不同岗位的员工需求与合格员工获得的可能性。通常,人员的增补需求与组织的人力资源规划是直接相关的。通过对组织的人力资源规划,能够准确地把握有关组织对各类人员的需求信息,确定招募人员类型、数量及时间。主要包括四方面内容:组织现有员工情况,组织目标和发展规划,劳动力市场状况及职位空缺情况。

(2)招募前的准备

首先,要确定招募、甄选与录用的负责部门和招聘的工作人员,由人力资源部门具体安排并进行统一规划、组织、招募、甄选和录用。同时,对于业务性特别强的招聘,业务部门也需配合,甚至具体负责某些专业人员的招募、甄选与录用。

其次,加强宣传,完善报名管理。一方面,可以通过各种媒介(如报纸和计算机网络)提供招聘信息来扩大招聘范围和知晓度;另一方面,制定并完善报名管理制度,当应聘者前来申请时,能迅速认定是否合格,以便甄选与录用工作尽快地展开。

最后,人力资源部还要注意对整个招募、甄选和录用的参与人员进行培训,明确招募、甄选和录用中的技术责任及决策责任,充分贯彻其中的原则、宗旨,掌握政策及必要的技巧。

(3)招募的实施

根据招募计划确定的策略,开始正式的招募工作。这一工作又分为以下几个步骤:

①确定招募对象.

②选定招募渠道;

③准备企业的介绍材料及招募要求;

④与求职者直接或间接联系,分发企业介绍材料及求职申请表,并告之进一步联系方式;

⑤回收求职申请表。

2.甄选

这一阶段由人力资源部门和用人部门共同完成。依据具体职位的工作规范对应聘人员进行各种形式的知识、技能和能力考试以及心理测验，从应聘者的基础素质、心理特征、能力特长上进行甄选，合格者才能参加面试，面试是最直观、真实、准确反映应试者信息的最重要的甄选环节。面试通过后，对入围的应聘者进行进一步的考核，具体方法就是同应聘者的推荐人、原学校或工作单位的同学或领导、同事进行座谈，通过访谈作为面试环节的有力补充。

3.录用

(1)试用前的任职培训

经过考试、测验、面试和考核合格者，在试用前还应该进行任职培训。内容包括让试用者充分了解组织和工作职位的状况，进行必要的心理调适并进一步了解在该职位上所需要具备的特定的知识与能力。同时，进行有关知识、技能的传授与训练。

(2)上岗试用

试用的目的是通过工作实践进一步考察试用人员的工作适应能力，以便决定是否接纳试用者为正式员工。同时，也是为了给试用人员一个更深入了解组织及职位的机会，以便决定去留。因为在试用期间，组织与试用者仍可以双向选择，双方不受劳动契约的影响。

(3)录用决策

试用期满后，组织要及时对试用者的工作绩效和适应性进行考核与评价。内容主要有业务能力水平、品质修养和沟通协调能力。若考核合格就可以正式签订任用合同或其他契约；若不然，就应该立即解除现有的试用关系，以免发生劳动纠纷。

4.对招募、甄选与录用工作的评估

在完成整个招募、甄选和录用过程后，要对本次招聘录用活动进行审核与评价，以便为下次招聘提供完备的参考资料。具体内容包括评估计算招聘的成本，录用人员的统计与评估，撰写招聘小结等。到此，整个招聘与过程才算完成。

6.3.3 招募的方法

1.企业内部招募的方法

企业内部招募是指企业的岗位空缺由企业内那些已经被确认为接近提升线的人员或平级调动的人员来补充，用于吸引和确定将担任更高职务或有更高技能水平的现有人员的方法。主要有主管推荐法、工作公告法、档案记录法的信息等。

(1)主管推荐法

主管推荐是由本组织主管根据组织的需要推荐其熟悉的、可以胜任某项工作的员工供人力资源管理部门考核。这种方法的有效性在于推荐者本人对组织比较熟悉，对空缺职位的要求比较了解，对申请者的能力也有相当的考虑，因此成功的可能性较大。

(2)工作公告法

工作公告法需要将岗位空缺信息张贴在公司的公告牌上、公司时事通讯上或张贴在公司的互联网上等，以此在公司内部招聘到合适的人选。工作公告应包括空缺职位的各种信息，如工作内容、资格要求、上级职位、工作时间以及薪资等级等。

(3)档案记录法

企业的人力资源部门一般都有员工的个人档案资料，从中可以了解到员工在教育、培训、经验、技能以及绩效等方面的信息，通过这些信息企业的高层和人力资源部门就可以确定符合空缺职位要求的人员。使用这种方法进行内部招聘，要注意两个问题：一是档案资料的信息必须真实可靠，全面详细，此外还要及时更新，这样才能保证挑选人员的质量；二是确定出人选后，应当征求本人的意见，看其是否愿意调整。

2.企业外部招募的方法

(1)员工推荐

员工推荐是指员工从他们的朋友或相关的人中引荐求职者。这种方法在缺乏技术人员的企业中特别有效。这种方法建立在组织员工对空缺职位说明以及对被推荐人均有深入了解的基础之上。由于员工对本组织的情况较为熟悉，因而他就会了解组织需要什么样的人才，什么样的人才更适合在组织担任该职位，同时，员工对被推荐人情况掌握得也比较全面，在推荐时就比较有把握。这种做法有利于节约人才招聘成本，有利于保证举荐人才质量。

(2)广告招聘

广告招聘是指通过广播、报纸、杂志、电视等新闻媒体面向社会大众传播招聘信息，通过详细的工作介绍和任职资格要求吸引潜在的应聘者。广告招聘对任何职务都适用，它是现代社会非常普遍的一种招聘方式。一般情况下，招聘广告应包括组织的基本情况、政府与劳动部门的审批情况、招聘的职位与基本条件、薪资待遇、报名的时间及地点及其他有关事项等内容。

管理工具 6-1

“AIDA”原则

美国学者 E. S. Lewis(路易斯)对广告设计提出了“AIDA”原则，此原则同样适用招聘广告：(1)引起注意(attention)；(2)发生兴趣(interest)；(3)产生欲望(desire)；(4)付诸行动(action)。这个原则描述的就是一个广告受众接触广告后的大致心理过程，这也是衡量一则广告成功与否的标准。

(3)校园招聘

对于现代企业来说，面向校园招聘正式或临时人员是非常普遍的一种方式。现代企业在校园进行招聘的方式越来越多，每年我国都有大量的应届毕业生通过校园招聘的方式走向工作岗位。企业为了能吸引到更多的优秀毕业生，往往会在第一时间到学校进行宣传、举办招聘会。有些企业为了扩大企业影响，常常会通过赞助学校文艺、学术等活动的方式来扩大知名度；有些企业还通过设立奖学金的办法与学校建立长期的稳定关系，使学校成为组织中新员工的主要来源。

(4)中介机构

人才中介机构是指那些为用人单位寻找合适的职业候选人，也为求职者寻找工作机会的服务性机构。人才中介机构的常见形式有两种：其一，各级劳务市场。职业介绍所这些机构提供的一般是非技术性或技术性不强的劳动力服务，所涉及的职业如保姆、钟点工、营业员和服务员等，还可以为企业提供临时雇用的员工。其二，各级各类人才市场。随着现代人才需求量的增加，各种人才市场越来越成为供职者和求职者满足各自需要不可缺少的中间环节。就我国目前情况来看，人才和劳动力市场一般是由政府人事、劳动部门主办的事业性服务机构；人才市场还定期或不定期地举办招聘会，或举办专门人才专场。其中，人才招聘会是一种比较传统的招聘方式，也是目前企业采用比较多的一种方式。

猎头公司(head hunter)是一种特殊的中介机构，是适应组织对高层次人才的需求和高级人才对满意职位的渴望而发展起来的。在猎头公司工作的人被称为"猎头"。通过猎头公司的服务为公司选拔高层次人才已经非常普遍，也有越来越多的组织接受了这种方式来为自己选择急需的高级人才。

(5)网络招聘

这是近年来随着计算机通信技术的发展和劳动力市场发展的需要而产生的通过信息网络进行招聘、求职的方法。它是通过在互联网上发布招聘信息，征集应聘者，在网上对应聘者进行筛选、评估、测试等，并经过必要的面试，最终确定组织的招聘对象。由于这种方法信息传播范围广、速度快、成本低，供需双方选择余地大，且不受时间、地域限制，因而被广泛采用。招聘单位、求职者都可以通过信息网络来达成目的。

3.内外部招募比较

企业在考虑为空缺职位填补人员时通常首先考虑内部人员的提升或调动，但有时也会直接到企业外部寻找合格的候选人。总的来说，内部招聘有利于提高员工的士气，令员工感到有一定的发展前途，同时企业也因此省去外部寻找人选的麻烦和产生的相关费用。但是，不断提升和任用企业现有人员的做法给企业带来的弊端也显而易见，习惯于组织各种做法的员工很难在进一步的工作中有所突破，尤其是企业旧有的一些不良做法将会被视而不见，使企业的未来发展受到阻碍。而由外部聘任来的人员，尤其是竞争者原来的员工，能为企业带来很多新思维、新的做法，不断为企业输入新鲜的血液。所以，企业在权衡两种招聘途径时，往往必须在吸引外部优秀人才和为此付出的招聘费用及新员工适应组织所需代价间取得平衡，并力求保持内部人员的士气不致受到损伤。关于两种招聘途径的利弊分析如表6-3所示。

表 6-3　两种招聘途径的利弊分析

内部招聘	
利	弊
提高士气	内部繁殖，不利于创新
更准确地进行能力评估	未被提升人员的士气可能受损
节约时间与费用	可能因提升过度竞争而产生内部不和
对组织比较熟悉，能迅速开展工作	需要较强的管理制度约束
外部招聘	
利	弊
新知识、新观念的补充，给企业带来活力	对外部人员不是很了解，存在风险
避免内部竞争所造成的紧张气氛	可能使企业内部人员士气受损
选择的范围较广，可以招聘到优秀的人才	需要较长的适应过程
给企业内部人员以压力，激发他们的工作动力	外部人员会给企业的稳定造成影响 成本高

西方有些著名企业很早就形成了内部选拔、培养与任用的用人策略与机制。例如，通用电气、摩托罗拉、宝洁公司、福特汽车公司、波音公司、3M公司等著名公司，在它们合计高达1 700年的岁月中，只有4个CEO是外聘的，而且只在两家公司中出现过。美国通用电气公司的领导人选拔过程于19世纪早期形成，选拔继任者成为通用领导者的一种习惯与责任。杰克·韦尔奇提前9年开始选择接班人，他的前任琼斯提前7年开始选拔候选人。琼斯和他的高层人力资源小组密切配合，花了两年时间把96个可能人选减少到6人，其中包括韦尔奇。为了测验这6个人的能力，琼斯任命他们担任“部门经理”，使之直接接受CEO办公室的领导。随后的三年里让每个候选人都经历各种严格的挑战，韦尔奇最终赢得了这场严酷的耐力竞赛。这种严格的、马拉松式的领导人选拔制度是保证通用电气长盛不衰的法宝，也是任何外部选拔机制不可比拟的。与通用电气等公司的用人模式不同的是，IBM、HP等公司的CEO更多的是来自外部。

那么在企业招聘中如何选择合适的招聘渠道呢？由于内外部招聘各有优缺点，所以大多数企业都实行内外部招聘并举的方针。具体是偏向于内部还是外部，取决于组织战略、职位类别和组织在劳动力市场上的相对地位、招聘目的、成本等因素的影响。这在实践过程中并不存在标准答案。如果组织想维持现有的强势组织文化，不妨从内部选拔；如果想改善或重塑现有的组织文化，可以尝试从外部招募。

6.3.4 甄选的过程与方法

在确定了甄选方法之后，招聘人员或招聘小组要根据甄选计划中所确定的甄选标准一步一步地进行筛选，对应聘者的素质与职务的要求加以认真比较，不合格的应聘者被淘汰，合格的将被录用。关于甄选过程和步骤问题，其顺序安排可视具体情况而定，也要参照所设立的甄选标准和选聘方法。一般来说，甄选的步骤是按初次面试—审查申请表—录用面试—各种测验—身体检查这一程序来进行的。对于不同的招聘目的和情况，其过程也有所不同，如对身体状况有特殊要求的职务来说，身体检查应放在前面；如应聘者人员太多，可采用笔试的方法进行初选，再通过面试来进行选拔。

1.初次面试

初次面试多半是根据招募的一些标准与条件来进行筛选，决定对哪些人进行进一步考核，淘汰掉明显不符合职务要求的应聘者。在这一阶段，招聘者所提的问题大多直截了当。比如，受过什么教育，接受过哪些培训等。初次面试可大大减少进一步选拔的工作量和费用，使选聘工作得以顺利进行。

2.审查申请表

申请表是企业普遍使用的选拔手段，目的是帮助招聘人员对应聘者有具体了解，并根据其条件，决定是否有必要对其进行进一步考核。申请表的内容依不同企业、不同招聘职务而定。一般来说，申请表的内容包括姓名、年龄、性别、家庭情况、受教育情况、特长、简历等。在申请表的具体编排上，应依据企业及职务的要求而定，尽量做到与职务密切相关。同时，在用词上也要做到清晰明了，使招聘者通过申请人所填的具体内容做出有效的初步判断。

3.录用面试

录用面试是最常用的一个选拔步骤，有些企业可能不对应聘者进行选择测验，但几乎任何一个企业在录用某人之前，都要经过面试。面试的目的是进一步获取应聘者的情况，在初次面试和审查申请表的基础上，加深对应聘者的认识，有助于对应聘者合格与否做出判断。同时，计划得当的面试还可以达到使应聘者了解企业和宣传企业形象的目的。

4.测验

测验是运用系统的同一标准及科学的规范化的工具，对不同人员的各种素质加以公正而客观的评价。它是选聘过程重要的辅助手段，特别是对于那些其他手段无法确定的个人品质，如能力、个性特征、实际技能等，测验法是不可或缺的补充手段，因而逐渐被企业关注和应用。最常用的测验可分为以下几类：

智力测验。一般包括分析问题、解决问题的能力；掌握某种技能的潜力，如智商、知觉准确性、敏感性、空间感、动作感等。据此，可以了解应聘者在经过相应的训练后，能否胜任某项工作。

知识测验。其目的是了解应聘者是否已掌握了顺利完成某项任务所必备的基础及专业知识。

个性测验。了解应聘者各方面的个性特征，例如，是否善于与他人合作；是否善于组织、协调；有无应变能力；在解决问题时果断性如何等。

兴趣测验。了解应聘者喜欢做什么，不喜欢做什么，以判断其是否适合某项工作。

6.4　员工培训

6.4.1 注重员工培训

在不断变化发展和竞争激烈的市场环境中，企业要谋求生存和发展，需要有计划地对员工进行培训，提高他们的工作能力，以增强企业的竞争力。

培训与开发是指企业通过各种方式使员工具备完成现在或将来工作所需要的知识、技能并改变他们的工作态度，以改善员工现在或将来职位上的工作业绩，并最终实现企业整体绩效提升的一种计划性或连续性的活动。

企业员工培训与开发是企业人力资源管理的重要内容。对员工个人来讲，培训和开发可以帮助员工充分发挥和利用其人力资源潜能，更大程度地实现员工个人的自身价值和提高工作满意度，增强员工对企业的组织归属感和责任感；从企业来看，培训与开发的目的有：培育良好的职业道德，树立与组织相一致的价值观，减少事故发生率，降低成本，提高工作效率，提高经济效益。

6.4.2 培训工作流程

目前在管理实践中，能够强化企业竞争力的培训系统能否成功运作的关键在于组织是否拥有一个以组织战略目标为导向的、完善的培训工作系统及工作流程(图 6-5)。培训工作流程包括组织战略、培训需求分析、培训目标确定、培训计划、培训实施、培训评估和培训结果运用。

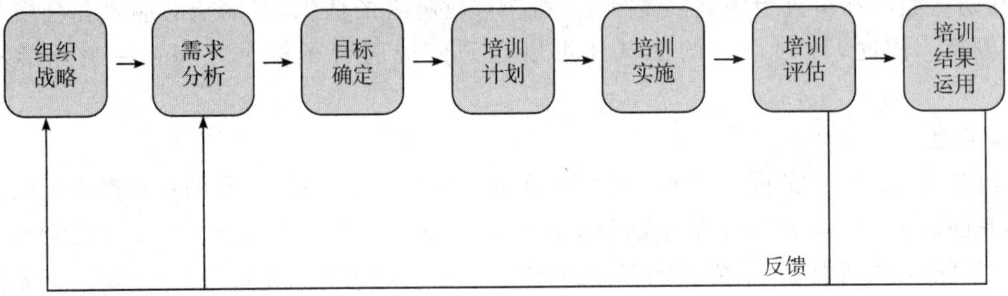

图 6-5 培训工作流程

1.制定组织战略

培训的主要目的是使员工的知识、素质和技能与组织战略目标相适应，为组织战略目标的实现提供有效的支持。因此，在组织开展培训之初，应当首先明确组织战略发展目标。

2.培训需求分析

由于培训活动将耗费一定的费用、时间与精力，所以必须认真分析其必要性。培训需求分析的目的就是为了解决是否需要培训以及进行何种内容培训的问题。培训需求通常产生于组织、工作和个人三个层面行为主体的需求，所以培训需求分析通常包括组织分析、工作分析和个人分析。

3.目标确定

设置培训目标将为培训计划提供明确的方向和可依循的框架。培训目标主要分为三大类：一是技能培养目标，二是知识更新培训目标，三是价值观塑造培训目标。技能培训能够帮助员工个人和组织迅速提高解决问题的能力；知识更新培训能够帮助员工和组织挖掘潜在能力，增强支持组织未来发展的可持续竞争力；价值观塑造培训为提高组织凝聚力、员工忠诚度提供了保证。

4.培训计划

培训计划必须从企业战略出发，满足组织及员工两方面的要求，考虑企业资源条件与员工素质基础，考虑人才培养的超前性及培训效果的不确定性，确定职工培训的负责人、培训时间、地点、费用预算、人员、内容、培训方法、培训师和培训应达到的目标。

(1)落实负责人或负责单位。培训计划的制定和实施关键是落实负责人或负责单位。要建立责任制，明确分工。培训工作的负责人要有一定工作经验和工作热情，要善于协调与生产部门和其他职能部门的关系，以确保培训计划的实施。

(2)确定培训的目标和内容。根据培训需求分析的结果，确定处于不同管理层级员工的培训目的、培训内容和培训应达到的目标。

(3)培训预算。根据费用支出项目，测算培训费用，按照年初培训费用目标，严格控制费用总额。

(4)选择适当的培训方法。必须根据培训目的、培训对象、培训内容的不同进行选择。方法的选择除了要考虑人员特点外，还要考虑企业客观条件的可能性。

(5)选择学员和教师。除普遍轮训之外，参加培训的学员必须经过适当的挑选。培训需要成本，且每个部门、每个员工的培训需求各不相同。选择教员对于培训的顺利进行也非常重要。国外一些企业的经验表明，聘请各级管理人员当培训教师是一种有效办法。因为管理人员掌握了培训方法，就会更加关心职工，与他们共同工作，帮助他们进步，从而获得他们的信任和拥护。当然也可以聘请专职教员。

(6)制定培训计划表。制表的目的是明确培训的内容、时间、地点、方式、要求等，使人一目了然，同时也便于安排企业其他工作。

5.培训实施

培训实施是培训目标和计划达成以及根据目标和计划对培训过程中出现的问题及时做出调整、控制的关键阶段。培训实施阶段两个重要工作内容是教学工作和教务工作。如何开展教学和教务工作，按既定的培训目标与计划展开培训，是培训成败的关键。

6.培训评估

所谓人员培训结果，是指培训过程中受训者所获得的知识、技能及其他特性应用于工作的程度。培训评估时必须追踪调查的问题包括职工的行为有没有发生变化，这些变化是不是培训引起的，这些变化是否有助于组织目标的实现以及下一批受训者完成了同样的培训之后，是否还能发生类似的变化等。培训评估要基于培训计划和实施阶段所建立的培训目标。

管理工具 6-2

柯氏四级培训评估模式

柯氏模式(Kirkpatrick Model)，又叫柯氏四级培训评估模式，由国际著名学者威斯康星大学(Wisconsin University)教授唐纳德 · L.柯克帕特里克(Donald L. Kirkpatrick)于 1959 年提出，因此这种评估模式就被称为"柯氏模式"。是世界上应用最广泛的培训评估工具，在培训评估领域具有难以撼动的地位。他认为，评估培训效果有四种方式，包括受训者的反应、学习、行为和结果。

第一级反应评估，即在课程刚结束的时候，了解学员对培训项目的主观感觉和满意程度。

第二级学习评估，主要是评价参加者通过培训对所学知识深度与广度的掌握程度，方式有书面测评、口头测试及实际操作测试等。

第三级行为评估，是评估学员在工作中的行为方式有多大程度的改变。有观察、主管的评价、客户的评价、同事的评价等方式。

第四级结果评估，其目标着眼于由培训项目引起的业务结果的变化情况。最为重要的评估内容是对投资净收益的确定。

7.结果运用

培训结果对于组织在工作设计、工作改进、流程改造、技术革新、企业文化塑造和强化、学习能力提高以及员工晋升等方面提供了强有力的支持。组织应充分利用培训带来的效益，将培训结果与提高员工满意度、员工职业发展、员工激励等目标紧密联系在一起。此外，负责培训的工作人员还应当及时将培训结果与组织战略目标要求进行比较，一方面确认、评估培训工作的效果，另一方面能够根据组织战略的变动对培训工作的相关内容进行及时修正，使组织培训与组织战略保持一致。

管理故事 6-3

小和尚撞钟

某天，寺院来了一位新和尚，寺院住持安排其担任撞钟之职。按照寺院的规定，他的职责是每天必须在早上和黄昏各撞钟一次。数月，小和尚觉得撞钟的工作极其简单，渐感无聊。不久，干脆"做一天和尚撞一天钟"了。

一日，寺院住持忽然宣布要将他调到后院劈柴挑水，原因是他不能胜任撞钟之职。

小和尚觉得奇怪，就问住持："难道我撞的钟不准时、不响亮？"

住持告诉他："你的钟撞得很响，但钟声空泛、疲软，因为你心中没有理解撞钟的意义。钟声不仅仅是寺里作息的准绳，更为重要的是唤醒沉迷众生。因此，钟声不仅要洪亮，还要圆润、浑厚、深沉、悠远。一个人心中无钟，即是无佛；如果不虔诚，怎能担当撞钟之职？"

6.4.3 培训的分类与方法

1.培训的分类

在实践中，员工培训具有各种不同的形式。依据不同的标准，员工培训有以下几种常用分类。

(1)按培训形式不同可将员工培训划分为在职培训和脱产培训两大类。

在职培训，是指员工不离开工作岗位，在实际工作过程中接受培训。脱产培训，则是指员工离开工作岗位专门接受培训。

(2)按培训内容不同可把员工培训划分为知识性培训、技能性培训和态度性培训三大类。

知识性培训，是指以学习业务知识为主要内容的培训。技能性培训，是指以培养工作技术和工作能力为主要内容的培训。态度性培训，则是指以端正工作态度为主要内容的培训。

(3)按培训对象不同可把员工培训划分为新员工培训和在职员工培训两大类。

新员工培训，是指对新进入企业的员工进行的培训。在职员工培训，是指对已经在企业工作的员工所进行的培训。按员工所处层次不同，在职员工培训又可划分为基层员工培训、中层员工培训和高层员工培训三类。

(4)按培训性质不同可把员工培训划分为传授性培训和改变性培训。

传授性培训，是指使员工掌握自己本来所不具备技能的培训，如员工本来不知道如何操作复印机，通过培训使他能够操作复印机。改变性培训，则是指改变员工本来已具备技能的培训，例如员工可能知道如何操作复印机，但操作的方法有误，通过改变性培训可使其掌握正确的操作方法。

2.培训的方法

在这里我们主要是根据是否离开工作岗位对培训分类，主要介绍在职培训和脱产培训的具体方法。

(1)在职培训

在职培训是指员工不离开工作岗位,在实际工作过程中接受培训。在职培训的方法主要有以下几种。

①工作轮换

工作轮换就是让受训者在多个部门之间轮流工作,使他们有机会接触和了解到组织其他部门或岗位工作的情况。工作轮换主要用于对管理人员的培训,让其在晋升到更高职位前了解各个部门的运作情况;同时,也有组织将其用于培训新员工,让其在培训的过程中找到适合自己能力和兴趣的岗位。对于管理人员而言,工作轮换是一次可贵的全面了解组织的机会,通过在各个部门的工作,熟悉各部门的情况,一旦上任,能很快地上手。同时,各个部门一般都是相对独立的,工作轮换有利于今后各部门能更好地协调,促进部门间的合作。工作轮换也是对受训者的考验,各部门的主管从不同角度来观察受训者,从而综合评价候选人各方面的能力,为晋升决策做出重要参考。工作轮换对于管理人员和新员工还有一个重要作用,就是让受训人员找到最适合自己的岗位和发展方向。

虽然工作轮换有诸多优点,但也容易走入培养"通才"的误区。员工被鼓励到各个岗位工作,他们将花费不少时间熟悉和学习新的技能。过度轮换,虽让员工掌握更多的技能,却不能专于某一方面。

②学徒培训

学徒培训在国内外都已有很长的历史,是一种传统的培训方法,主要用于个人技巧的传授,如木匠、泥水匠、电工、机械维修工和裁缝。学徒的培训时间一般是2～5年。在这段时间里,被培训者跟随师傅学习特定的技能。在现代社会,这种培训方法已日渐减少,但是某些专业技术领域这种方式仍然有效。

③辅导培训

辅导培训是受训者以一对一的方式向经验丰富的组织成员进行学习的培训方法,辅导者通常是年长或有经验的员工,可以是企业中任何职位的人。这种方法有些类似学徒培训,但辅导者的身份不一定是师傅,可以是朋友或者同事等。为了保证辅导的效果,辅导者与受训者的兴趣必须一致,必须相互了解。比如大学毕业生的在职业务培训就是一种辅导培训。

(2)脱产培训

脱产培训是指员工离开自己的工作岗位专门参加培训,这种培训方法主要有以下几种。

①讲授法

讲授法是人们最熟悉、最传统的培训方法,是通过培训者讲授或演讲的方式来对受训者传递知识。讲授法最大的优点是只要教材选用恰当,讲授主次分明,就可以清晰、系统地将大量的知识在短时间内传授给受训者,培训成本比较低,同时培训者能够对培训过程进行有效的控制。但它的缺点也是很明显的,由于讲课的内容比较笼统,针对性不强,因此需要受训者同质程度比较高。另外这种方法较多使用单向沟通的方式,对话、提问、讨论等互动的机会较少,缺乏反馈、练习,受训者比较被动。这种方法多用于一般性的知识培训。

②讨论法

讨论法按照费用与操作的复杂程度又可分成研讨会与一般小组讨论两种方式。研讨会多以专题演讲为主，中途或会后允许受训者与演讲者进行交流沟通。优点是信息可以多向传递，与讲授法相比反馈效果较好，但费用较高。而小组讨论法的特点是信息交流的方式是多向传递，受训者的参与性高，费用较低。多用于巩固知识，训练受训者分析、解决问题的能力与人际交往的能力，但运用时对培训教师的要求较高。

③案例分析法

案例分析法是国内外管理学院十分盛行的学习方式，最先是由哈佛大学提倡的。在案例方法中，培训者向受训者提供关于某个问题的书面描述，这个问题可以是现实的，也可以是虚拟的，受训者根据资料，分析问题，并且提出解决方案。受训者可以通过讨论得出方案，也可以自己独立思考。案例方法并不是要教给受训者一个"正确"的解决方法，而是培养受训者分析问题、解决问题的能力，并且提供一些有益的思路。

事实上，案例终究比管理人员面临的实际情况简单。案例讨论中缺乏实际经营管理中客观存在的情感因素，因而对于改变受训者的态度、行为等较难奏效。此外，案例讨论是否成功很大程度上取决于授课者的能力和水平。

④角色扮演法

角色扮演法是在设计的一个接近真实情况的场景中，指定受训者扮演特定的角色，借助角色的演练来体验该角色，并完成相应的任务，从而提高解决该类问题的能力。通常这种培训的主要目的是提高受训者处理日常管理事务的能力。例如，接听一个重要顾客的投诉电话，给一个要求捐赠的俱乐部回函等。角色扮演法能否成功取决于受训者对角色真实性的感受能力。这种方法不仅可用于管理人员的发展，而且也可以用于管理人员的聘用过程，以检验其管理能力。

在角色扮演中，最突出的特点就是人与人的直接交流，这非常有利于培养人际关系方面的技能，因此在培训公关人员、销售人员时常常采用这种方法。采用这种方法，培训者的指导非常重要，如果没有事先准备好关于学习者可学到什么内容，及概括性说明，参与者在完成表演后很难有进一步提高。另外，角色扮演需要的时间较长，每轮表演只能让较少的人参与。

⑤工作模拟法

工作模拟法就是利用受训者在工作过程中实际使用的设备或者模拟设备以及实际面临的场景来对他们进行培训的一种方法。这种方式的主要优点是指导人员能深入地讲解工作的基本原理和技巧，而不强调实际的产出，受训者同样能够学到实际工作中所需要的技能，培训效果比较好。缺点是这种培训方法成本较高，不可能做到和实际工作完全一样，也存在培训的转化问题。这种培训特别适合风险比较高和责任重大的工作，比如飞行员的培训、决策人员的培训。

⑥网络培训法

网络培训法是一种新型的计算机网络信息培训方式，该方法使用灵活，符合分散式学习的新趋势，节省学员集中培训的时间与费用。这种方式信息量大，传递新知识、新观念优势明显，更适合成人学习。

6.5　绩效管理

6.5.1 正确认识绩效管理

1.绩效

绩效有两个层面的含义，一是组织绩效，二是个人绩效，本节绩效指的主要是个人绩效。所谓绩效，就是指员工在工作过程中所表现出来的与组织目标相关的并且能够被评价的工作结果和行为。

理解绩效的含义，应当把握以下几点：

(1)绩效是基于工作而产生的，与员工的工作过程直接联系在一起，工作之外的行为和结果不属于绩效的范围。

(2)绩效要与组织的目标有关，对组织的目标应当有直接的影响作用。

(3)绩效应当是能够被评价的，那些不能被评价的工作结果和行为不属于绩效的范畴。

(4)绩效还应当是表现出来的，没有表现出来的工作结果和行为就不是绩效。

一般来说，绩效具有以下三个主要的特点。

(1)多因性

多因性就是指员工的绩效是受多种因素共同影响而产生的。

管理工具 6-3

绩效影响因素

绩效和影响绩效的因素之间的关系可以用一个公式加以表示：$P=f(K,A,M,E)$。在这个关系式中，f 表示一种函数关系：

- P (performance)，就是绩效；
- K (knowledge)，就是知识，指与工作相关的知识；
- A(ability)，就是能力，指员工自身所具备的能力；
- M (motivation)，就是激励，指员工在工作过程中所受的激励；
- E (environment)，就是环境，指工作的设备、工作的场所等。

(2)多维性

多维性就是指员工的绩效往往体现在多个方面，我们一般从工作业绩、工作能力和工作态度三个维度来评价员工的绩效。

(3)动态性

动态性就是指员工的绩效会随着时间的推移而变化，并不是固定不变的。这也就说明了为什么绩效考评存在一个周期性的问题。

2.绩效管理

绩效管理(performance management)是指制定员工绩效目标并收集与绩效有关的信息,定期对员工的绩效目标完成情况做出评价与反馈,以确保员工的工作活动和工作产出与组织一致,进而保证组织目标完成的管理手段与过程。

绩效管理的具体目的有三个:第一是战略目的。绩效管理系统将员工的工作活动与组织的战略目标联系在一起。第二是管理目的。组织在多项管理决策中都要使用绩效管理信息,尤其是绩效评价的信息。第三是开发目的。绩效管理的过程能够让组织发现员工存在的不足之处,以便对他们进行针对性培训,从而使他们能够更加有效地完成工作。总的来讲,通过有效的绩效管理,既可以实现员工个人价值,又可以提升管理的水平,体现组织的价值,还可以促进企业的效益。

3.绩效管理与绩效考核的区别

对于绩效管理,人们往往把它视同绩效考核,认为两者并没有什么区别。其实,绩效考核只是绩效管理的一个组成部分,最多只是一个核心的组成部分而已,代表不了绩效管理的全部内容。完整意义上的绩效管理一般是由绩效计划、绩效辅导、绩效考核和绩效反馈这四个部分组成的一个系统,如图 6-6 所示。

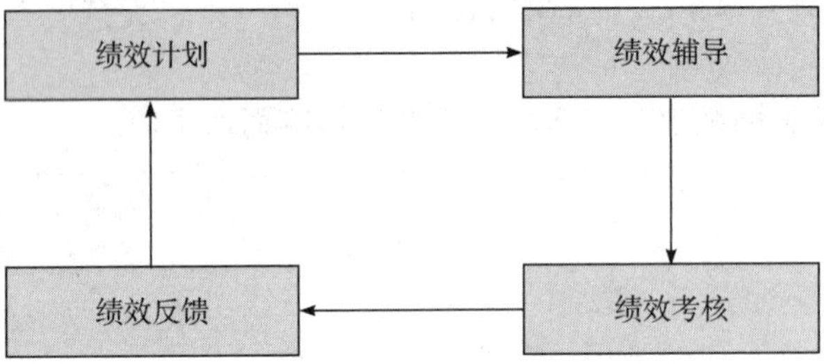

图 6-6　绩效管理系统

(1)绩效计划

绩效计划是整个绩效管理系统的起点,它是指在绩效周期开始时,由上级和员工进行讨论并达成一致。

(2)绩效辅导

绩效辅导是指在整个绩效期间通过上级和员工之间持续的沟通辅导来预防或解决员工实现绩效时可能发生的各种问题的过程。

(3)绩效考核

绩效考核是指确定考核主体,借助一定的考核方法,对员工的工作绩效做出评价。

(4)绩效反馈

绩效反馈指绩效周期结束时上级对员工进行绩效考核,由上级将考核结果告诉员工,说明员工在工作中存在的优点和不足,并和员工一起制定绩效改进的计划。

传统的绩效考核与现代的人力资源绩效管理二者的区别见表 6-4。

表 6-4　传统的绩效考核与现代的人力资源绩效管理的特点比较

项目	传统的绩效考核	现代的人力资源绩效管理
参与人员	上级主管控制考评过程 员工处于被动状态	员工和上级主管共同进行考评过程 员工与主管互相交流、沟通
目的	总结工作经验教训，但并不着重未来的改进 更多流于形式 仅为完成过程	在总结经验教训的基础上更着重于改进未来的工作方法和效果 更注重实质 在完成考评的基础上，达到更多有管理意义的目标
方法	主观概括 单头考评 孤立考评	按一定的客观标准进行全方位考评，周期性、连续地实施考评
结果应用	不与员工一起讨论考评结果 直接下达工作任务 不了解员工的想法 无助于员工的进一步发展和改进	与员工一起讨论考评结果 共同制定下一步的工作目标 了解员工的想法，注重他们的建议 帮助员工改进不足，促进其发展 实现组织整体效率的提高

6.5.2 绩效管理体系的构建

绩效管理是一个包括绩效计划、绩效辅导、绩效考核和绩效反馈等环节的闭环系统，绩效管理系统模型见图 6-7。一个完善的绩效管理体系必须以这四个环节为基础，结合企业的组织架构和业务流程，建立企业的绩效管理体系。因此，绩效管理是将绩效考核作为一个系统来认识的。在这个系统中，绩效考核不仅包含应用某种方法考核员工工作绩效这一核心过程，而且将企业文化、企业战略以及人力资源政策对绩效考核的影响作用纳入其中，同时把考核结果反馈这一较孤立的环节与员工培训甚至人力资源开发紧密地联系起来。

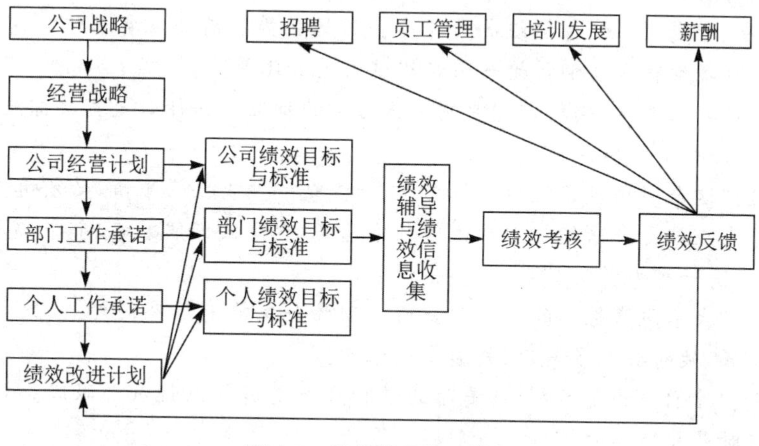

图 6-7　绩效管理体系模型

1.绩效计划

(1)绩效管理中的战略

企业为了实现远景目标制定了一系列的战略和规划,这些战略和规划的实现必须依赖于特定的过程和活动,组织对这些过程和活动的测量和评价就是绩效管理系统的重要内容。因此,一个有效的绩效管理系统首先要根据公司的目标制定各部门和员工的目标,促使每位员工都为企业战略目标的实现承担责任。然而,现实中不少企业的问题是每年年底各部门的绩效目标都完成得非常好,而公司整体的绩效却不是很好。究其原因,最主要的还是绩效目标的分解存在问题,即各部门的绩效目标不是从企业的战略目标逐层分解得到的,而是根据各自的工作内容提出的,即是自下而上的申报,而不是自上而下的分解。这样,绩效管理与战略实施发生了脱节现象,就难以引导所有员工趋向组织的目标。绩效管理作为企业战略实施的有效工具,能否将战略目标层层分解落实到每位员工身上,促使每位员工都为企业战略目标的实现承担责任是关键。

另外,企业文化和企业的人力资源政策也影响定义绩效。比如当一个企业有从内部提升的惯例或政策时,对于各层次管理者而言,工作绩效的考评中必然有一项重要的内容是培养开发下属的能力。

(2)绩效计划

绩效管理体系的实施通常会对整个企业产生影响,因此必须有一个健全合理的绩效计划并按计划实施绩效考核。绩效计划主要包括考核的内容、考核的方法、考核程序、考核的组织者、考核人与被考核人以及考核结果的统计处理等。其中,选择合适的考核方法、设计出可行的考核指标是最关键也是最困难的。员工绩效计划阶段,管理者和员工应该经过充分沟通,明确为了实现组织的经营计划与管理目标,员工在考核期内应该做什么事情以及应该将事情做到什么程度。制定绩效计划可以从设定绩效目标以及确定评价绩效目标达成的标准两个方面进行。

管理故事 6-4

动物界的考核标准

森林里的动物们准备进行选美大赛,很多动物都报名参赛,吵吵嚷嚷好不热闹。由猫头鹰、麻雀、老鹰、蚂蚁、棕熊组成的评委会开始安排赛前的准备工作。这时,森林之王——狮子召集动物评委们讨论如何组织这次选美比赛。

狮子说:"要选美了,咱们首先要制定出选美的标准——什么是美。棕熊,先谈谈你的看法。"

棕熊说:"这个问题我已经想了很久了,选美是一件重要的事情,必须慎重。我们评选的标准首先应该是身体健壮。身体健壮才是美,就像我们熊家族,个个都是动物界的大力士,我们有一种力量美。"

麻雀说:"我不同意棕熊的看法。美丽的动物一定要有漂亮的外表,比如我们鸟类家族中的孔雀,她的羽毛多美丽,气质多优雅呀!"

老鹰说:"你们说的都不对,最美丽的动物应该是有一双锐利的眼睛,那才叫迷人。我们鹰的眼睛是最锐利的。"

蚂蚁说："我不同意你们的看法，内在的美，才是最美。我们昆虫世界里的蜜蜂，天天不辞辛劳地工作，那才叫美丽呢。"

猫头鹰说："你们的理解都有偏差，最美丽的动物应该是对森林最有贡献的动物。比如说啄木鸟，天天忙着捉虫子，没有它们的努力，森林里就会到处是虫子，我们生活的环境就会很糟糕。"

评委们你一言我一语，各执己见，争论不休。

狮子看大家争了半天也没有个统一的意见，就说道："我看大家对美的认识各有看法。咱们能不能综合一下，把选美的标准定为：要有熊一样的力量、孔雀般漂亮的外表、鹰一样锐利的眼睛、像蜜蜂那样勤勤恳恳，还要有啄木鸟的奉献精神。按照这样的标准来评选，一定能选出最美的动物。"

狮子说完后，动物们面面相觑，不知道说什么好。

2.绩效辅导

绩效计划一旦形成，下级人员的任务就是努力达到绩效要求，而上级人员的任务则是跟进业务，进行监控，并对员工的工作状况进行激励、辅导和反馈。它贯穿于整个的管理过程，不是仅仅在开始，也不是仅仅在结束，而是贯穿于绩效管理的始终。绩效辅导在绩效管理系统中的作用在于能够前瞻性地发现问题并在问题出现之前解决，还在于能把管理者与员工紧密联系在一起，管理者与员工经常就存在和可能存在的问题进行讨论，共同解决问题，排除障碍，达到共同进步和共同提高，实现高绩效的目的。绩效辅导还有利于建立管理者与员工良好的工作关系。通常来说，绩效辅导的作用如下：

(1)了解员工工作的进展情况，以便于及时进行协调调整。

(2)了解员工工作时碰到的障碍，以便发挥自己的作用，帮助员工解决困难，提高绩效。

(3)可以通过沟通避免一些考核时意外的发生。

(4)掌握一些考核时必须用到的信息，使考核有目的性和说服力。

(5)帮助员工协调工作，使之更加有信心地做好本职工作。

(6)提供员工需要的信息，让员工及时了解自己的想法和工作以外的改变，以便管理者和员工步调一致。

绩效辅导的根本目的就在于对员工实施绩效计划的过程进行有效的管理，因为只要过程都是在可控范围之内的话，结果就不会出太大的意外。

3.绩效考核

绩效考核是绩效管理的关键环节，绩效考核的成功与否直接影响到整个绩效管理过程的有效性。绩效考核是指考评主体对照工作目标或绩效标准，采用科学的方法，评定员工的工作任务完成情况、员工的工作职责履行程度和员工的发展情况的过程。

不准确或不符合实际的绩效考核不会起到积极的激励效果，反而会给组织人力资源管理带来重重障碍，使员工关系紧张、团队精神遭到损害。因此，不论是管理者还是员工，都应看到绩效考核的意义所在。在绩效考察周期内依据预先制定好的计划，管理者对下属的绩效目标完成情况进行考核。绩效考核的依据就是在绩效考察期开始时，双方达成一致意见的关键绩效指标。同时，在绩效实施与管理过程中，所收集到的能够说明被考评者绩效的数据和事实，可以作为判断被考评者是否达到关键绩效指标要求的依据。

绩效考核的类型可分为以下三种：

(1)特征导向型。考核的重点是员工的个人特质，如诚实度、合作性、沟通能力等，即考量员工是一个怎样的人。

(2)行为导向型。考核的重点是员工的工作方式和工作行为，如服务员的微笑和态度，待人接物的方法等，即对工作过程的考量。

(3)结果导向型。考核的重点是工作内容和工作质量，如产品的产量和质量、劳动效率等，侧重点是员工完成的工作任务和生产的产品。

4.绩效反馈

(1)绩效反馈

向员工本人反馈对其工作绩效的考评结果，是为了让员工了解自己的工作情况。但在绩效管理系统中，反馈的意义并不仅限于此。客观、合理的考评结果可以真实地说明员工达到组织所期望的标准的程度，而不足之处经过分析，即可成为有针对性的培训需求。同样，员工绩效的考评结果可以使上级了解该员工的优缺点和个人特点等，管理者根据考评中获得的信息与员工进行面谈，并对员工进行适当、明确的指导，可以使员工的个人发展与实现组织目标结合起来，从而达到提高绩效的目的。另外，一个企业的企业文化对反馈绩效的方式、重视程度都有很大影响。

(2)绩效结果的应用

绩效结果的应用可大概划分为以下三个方面：

①将考核结果与加薪、晋升结合在一起；

②发现下一阶段的改进点并制定改进计划，纳入下一期绩效计划；

③制定个人发展计划并与培训计划结合起来。

管理故事 6-5

该考评谁呢？

在一次企业的季度会议上，营销部门的经理A说："最近销售不好，我们有一定责任，但是最主要的责任不在我们，竞争对手纷纷推出新产品，比我们的产品好，所以我们很不好做，研发部门要认真总结。"

研发部门经理B说。"我们最近推出的新产品是少，但是我们也有困难呀，我们的预算很少，就是这少得可怜的预算，还被财务削减了！"

财务经理C说："是，我是削减了你的预算，但是你要知道，公司的成本在上升，我们当然没有多少钱。"

这时，采购经理D跳起来："我们的采购成本是上升了10%。为什么，你们知道吗？俄罗斯的一个生产铬的矿山爆炸了，导致不锈钢价格上升。"

A、B、C："哦，原来如此呀，这样说，我们大家都没有多少责任了，哈哈哈哈！"

人力资源经理F说："这样说来，我只好去考评俄罗斯的矿山了！"

管理工具 6-4

绩效考核的方法

1.对比法

对比法，就是由评估者就某一评估因素把某一位被评估者与其他被评估者做一一对比，“好于”记为“＋”，“不如”记为“－”，最后比较出每个被评估者的优劣，如表 1。对比法由于需将每一位被评估者与其他人相比较，评估的误差较小，但工作量较大，所以对比法亦适合于少量人员的考核。

表 1　对比法示例

员工姓名	A	B	C	D	E
A		＋	＋	－	－
B	－		－	－	－
C	－	＋		＋	＋
D	＋	＋	－		＋
E	＋	＋	－	－	
评估结果	中	优秀	差	差	中

2.强制分类法

强制分类法是为减少评价者的主观偏见而设计的一种绩效评估方法。强制分类法一般是把员工绩效分成若干个等级，每一个等级强制规定一个百分比，根据员工的总体工作绩效将他们分别分类。强制分类法可用于评估对象较多的评估工作。

3.量表评估法

量表评估法是根据设计的等级评估量表对被评估者进行评估的方法。无论被评估者的人数是多还是少，这种方法都适用。而且这种方法评估的定性定量考核较全面，故多为各类企事业单位选用。其具体方法是，先设计等级评估量表，列出有关绩效因素，再把每一绩效因素分为若干等级并给出分数，说明每一级分数的具体含义。评估者对被评估者进行打分或评级，最后加总得出总的评估结果。

4.关键事件法

将良好行为或不良行为记录下来，然后每半年或一年主管和下属根据所记录的特殊事件共同讨论下属的工作绩效，举例如表 2 所示。

表 2　关键事件法示例

好的关键事件	某年某月某日，小李主动加班到晚上 12 点，协助同事完成一份计划书，使公司第二天能顺利与客户签订合同
坏的关键事件	某年某月某日，小李在休息时间过后迟到半小时回到车间生产线，造成流水线上其他工人工作中断，影响整个车间的生产进度

关键事件法建立在实际、真实的关键事件上，与员工进行对话的基础是保存最有利和最不利的工作行为的书面记录，因此是一种比较客观、公正的方法。当某种行为对部门的效益产生积极或是消极的重大影响时，管理者都应把它记录下来并把这些资料提供给评价者，用于评价员工的工作绩效。虽然它在认定员工良好表现和不良表现方面是十分有效的，而且对于制定改善不良绩效的规划也是十分方便的，但其缺点在于若考察期较长则基层主管的工作量比较大。此外，由于每一关键事件可能都会对绩效评估结果产生重大影响，因而要求管理者在记录过程中不能带有主观色彩，必须始终如一地坚持客观、全面、精确的原则。这在实际操作过程中往往很难做到。

5.目标管理法

目标管理法即MBO，是美国管理学者彼得·德鲁克于20世纪50年代提出的，因其在组织绩效管理工作上的有效性，因而在全世界企业中得到迅速推广。这一理念特别重视利用员工对组织的贡献，因此它也是一种潜在有效的评价员工绩效的方法。在目标管理法中，员工同部门经理共同参与目标建立，在如何实现目标方面经理给予员工一定的自由度。参与目标建立，使得员工成为该过程的一部分。作为一种有效的反馈工具，目标管理是通过员工知道期望的是什么，从而把时间和精力投入到最大限度地实现组织目标的行动中去。从公平角度来看，目标管理较为公平，因为绩效标准是按相对客观的条件设定的，因而评分相对没有偏见。但目标管理也有缺点并存在若干潜在问题。尽管目标管理使员工的注意力集中在目标上，但它并没有具体指出达到目标所要求的行为；绩效标准因员工不同而不同，因此MBO没有为相互比较提供共同基础，而这些目标又会给员工带来绩效压力和紧张感。

6.关键绩效指标

关键绩效指标（key performance index，KPI），是指用于沟通和评估被评价者主要绩效的定量化或行为化的标准体系。通俗地说，是指对组织的生存与发展起关键作用的一些员工行为和表现进行考核。它体现了对组织目标有增值作用的绩效评估标准。基于对关键绩效进行评估，就可以保证对组织有贡献的行为受到鼓励，使绩效评估公平、公正，有据可依，真正实现组织业绩的提高。组织中的关键绩效指标主要由以下三个层次构成：组织关键绩效指标、部门关键绩效指标、岗位关键绩效指标。

KPI是一种目标式量化管理指标，是把组织的战略目标分解为可操作的工作目标的工具，是组织绩效管理的基础。KPI可以使部门主管明确本部门的主要责任，并以此为基础，明确本部门人员的业绩衡量指标。建立明确的切实可行的KPI体系，是做好绩效管理的关键。善用KPI考评组织，将有助于组织结构的集成化，提高组织的效率，精简不必要的机构、不必要的流程和不必要的系统。但组织绩效评估经常遇到一个很实际的问题，就是很难确定客观、量化的绩效指标。其实，对所有的绩效指标进行量化并不现实，也没有必要这么做。通过行为性的指标体系，也同样可以衡量组织绩效。

关键绩效指标考评法的优点是考核重点突出，将注意力集中于与组织目标的实现密切关联的关键指标，有助于保证战略的实施和目标的实现；强调抓住组织运营中能够有效量化的指标进行考核，提高了绩效考核的可操作性与客观性。缺点是关键指标的选取和定量受到组织原有管理基础的很大制约，若组织的管理基础薄弱，就很难量化关键指标，从而影响关键绩效指标考核的运用。

7. 360度考核法

360度考核法又称为全方位考核法，它是一种从不同角度获取组织成员工作行为表现的观察资料，然后对获得的资料进行分析评估的方法。它包括来自被考核者本身的自评，以及上级、同事、下属、客户和供应商的评价。将所有考核意见综合起来再反馈给考核对象，可以使其从不同方面了解自己的工作及他人对自己的评价，以促使其改进工作。

360度考核的优点是评价者来自不同层面的群体，他们可以从多角度给予被考核者全方位的信息反馈，可以减少由于个人偏见所带来的评分误差，易于做出比较公正的评价。同时，此方法可以增进组织中上下级之间以及平级之间的信息沟通，有利于建立和谐的团队协作关系。360度考核法的最大缺点是信息的收集成本较高，组织需要耗费大量的时间、人力和财力去收集、汇总和处理信息。此外，360度考核法对参与考核的评价者的素质要求较高，这是因为考核的公正性主要取决于评价者所提供信息的真实性和客观性，如上下级之间或同事之间由于利益关系冲突而借考核之名进行报复，则此法将难以进行。因此，使用360度考核法的关键在于建立评价者和被考核者相互之间的信任。

8.平衡计分卡

平衡计分卡(the balanced score card，BSC)是由哈佛大学的罗伯特·卡普兰(Robert Kaplan)教授和来自波士顿的顾问大卫·诺顿(David Norton)在1990年共同开发的一种新的绩效评价方法。曾被《哈佛商业评论》列为20世纪最有影响力的75个理念之一。平衡计分卡将企业绩效评价有序地分为财务、顾客、企业内部流程和企业学习成长四个方面，使之成为一种超越财务或会计的财务指标与非财务指标相融合的战略绩效评价方法。平衡计分卡以信息为基础，通过分析哪些是完成企业使命和目标的关键成功因素和评价这些关键成功因素的项目，并不断检查审核这一过程，以把握绩效评价，促使目标实现。其优点是建立了一个系统的过程来实施战略和获得相关反馈，从企业战略出发，不仅考核现在，还考核未来；不仅考核结果，还考核过程，适应了企业战略与长远发展的要求，便于阐明企业战略和传播企业战略，同时将个人、部门间和组织的计划加以衔接以实现共同目标。其缺点是事先必须具有明确的发展战略，并需要花费较多的精力于指标选择和层层分解上。这对于那些战略不明、管理基础薄弱、成本承受能力较弱的组织和初创公司而言，往往是可望而不可即的。

6.6 薪酬管理

6.6.1 准确理解薪酬

1.薪酬的含义

薪酬是指组织为认可员工的工作与服务而支付给员工的各种直接和间接的经济收入。

2.薪酬的构成

一般来说,薪酬包括基本薪酬、激励薪酬和福利三大部分,如表 6-5。

表 6-5 薪酬的构成、功能及特征

薪酬构成	功能	决定因素	变动性	特点
基本薪酬	·保障 ·体现职位的相对价值	职位价值、资历、能力	较小	·稳定性 ·保障性
激励薪酬	·对员工良好绩效回报	个人、团队和组织的绩效	较大	·激励性 ·持续性
福利	·保障 ·提高员工满意度	组织成员身份、法律因素、组织地位	较小	·强制性 ·保障性

(1)基本薪酬

基本薪酬是指一个组织根据员工所承担或完成的工作本身或者是员工所具备的完成工作的技能或能力而向员工支付的相对稳定的经济收入。

①职位薪酬。即员工的薪酬或工资,是按照员工在组织中的特定职位来发放的。员工薪酬的高低取决于职位的价值。职位薪酬的确定是在工作分析和工作评价的基础上,根据外部市场同质劳动力的薪酬水平来决定的。

②能力薪酬。是以个人为基础的薪酬支付方案。它大体包括三种类型:

第一,技能薪酬,即以员工所拥有的专业技能作为组织支付薪酬依据的薪酬方案。技能薪酬主要针对蓝领技术工人及专业技术人员,用以鼓励他们在技能的专业化上不断深化,并在技能的广泛性上不断拓展,以具备更多的技能。技能薪酬是通过对技能模块的界定和定价来确定的。

第二,知识薪酬,即以员工个人所拥有的专业知识作为组织支付薪酬依据的薪酬方案。知识薪酬用于各种专业性的管理、服务和研究人员,鼓励他们提高和拓展知识水平。它通过课程模块方法来确定薪酬。

第三,胜任力薪酬,是随着知识的更新和技术的进步新涌现的一种薪酬支付形式,即以员工所具备的基本素质作为组织支付薪酬依据的薪酬方案。它往往被应用于企业中的中高级管理者、技术专家等层次相对高端的各种知识性、专业性人才,以关注对他们深层素质、内在特质与动机的开发与引导。20 世纪七八十年代以来逐步得到运用的素质模型技术为这种能力工资计划提供了方法基础，但在管理实务中这种能力工资的开发方法尚未形成相对稳定的主流方法体系。

(2)激励薪酬

激励薪酬指组织根据员工、部门或团队、组织自身的绩效而支付给他们的具有变动性质的经济收入。激励薪酬通常被用来激发、引导或控制员工的工作行为，使员工增加个人努力，并做出有利于企业长短期经营绩效的工作行为。以员工的劳动产出和劳动成果为对象的激励工资多种多样，如个人奖金、销售提成、利润分享、绩效工资等，都是能将员工的劳动成果与收入相联系的形式。

(3)福利

福利是员工总薪酬的重要组成部分，被用于给员工提供长期保障津贴。福利通常具有以下特点：

①福利是一种普惠制的员工报酬形式，福利数额与工作时间、工作绩效关联度较小，个体差异不大。

②福利通常采用非货币性支付方式(如服务或实物)，也可能采用延期支付形式。福利对于多项人力资源目标的实现存在正面影响：协助吸引员工；协助保持员工；提高企业在员工心目中及劳动力市场中的形象；提高员工对工作的满意度。由于福利一般不需要纳税，相对于等量的现金支付，它对员工具有更大的价值。从这个意义上说，合理的福利设计有助于企业节约劳动力成本，吸引和留住高素质人才。

6.6.2 薪酬设计的原则

1.合法性原则

无论是对一个国家、一个地区、一个行业还是对一个企业组织，制定薪酬政策的基本依据就是国家及各级政府的有关政策和法律规定。为了协调企业在薪酬与福利运作中的劳动关系，保护劳动者的合法权益，各国政府都制定了诸如最低工资标准、工作小时数等一系列的法律、法规，企业的薪酬方案都应服从法律的约束和规定。在我国改革开放以后，劳动法律制度已逐步建立、健全起来。1994 年 7 月 5 日《中华人民共和国劳动法》正式通过实施，之后，有关部门制定了《工资支付暂行规定》《关于实施最低工资保障制度的通知》《国有企业工资收入监督检查实施办法》《企业职工患病或因工负伤医疗期规定》《企业职工生育保险试行办法》等一系列与《劳动法》配套的规定。

2.公平性原则

公平性原则是薪酬分配的首要原则，也是设计薪酬方案以及实施薪酬管理的首要原则。薪酬的公平性就是指薪酬政策付诸实践后，所体现出来的薪酬水平能与工作性质、工作数量与质量以及人们的主观判断标准等因素结合起来，既反映了客观公正性，又体现了主观公平感。按照公平性原则，在薪酬分配过程中员工薪酬决定的过程和程序的公平性必须受到普遍的认同，基本薪酬、工资增长以及工作表现衡量标准的确定过程，都应使人们感到合情合理，薪酬分配的结果要使大多数员工有公平合理的感觉。

3.有效性原则

古典管理理论的奠基人之一、法国的法约尔曾说过，薪酬应能激起工人的热情，但不能超过合理的限度。薪酬是企业在人力资源上的花费，鉴于企业所面对的各种竞争压力，企业必须使薪酬成为有效的并且是企业有能力承担的花费。所谓有效是指薪酬的投入可以为企业带来预期的大于薪酬的收益。在大多数情况下，提供过高薪酬的企业将难以与付酬相对比较低但却更有效的企业进行竞争。

4.激励性原则

激励性是制定薪酬政策的一个重要目的，即通过公正合理的薪酬政策，来激励员工的工作行为，取得最佳的工作绩效。人力资源管理部门要在坚持“按劳分配”原则和公平性原则的基础上，使薪酬分配能根据员工的工作表现和工作贡献来适当拉开差距，起到奖勤罚懒、激励士气的作用，把工作做得更好。在新的历史条件下，缺乏挑战性、激励性的工作性质和管理行为，是难以满足员工的进取心理需要的，最终也必然会影响到对人力资源的有效配置。

6.6.3 薪酬管理流程

所谓薪酬管理(salary management)是指根据组织战略目标和发展规划，综合考虑内外各种因素的影响，确定薪酬体系、薪酬水平、薪酬结构和薪酬形式，并进行薪酬调整和薪酬控制的过程。所以，薪酬管理必须以实现组织战略和长期发展为指导思想，不仅使薪酬成为员工生存的保障，更重要的是使薪酬成为员工的工作行为引导，使工作热情激发，工作效率提高。

在薪酬管理过程中，组织必须就薪酬水平、薪酬体系、薪酬结构、薪酬形式以及特殊群体薪酬做出决策。薪酬水平指组织中各岗位、各部门以及整个企业的平均薪酬水平，薪酬水平决定了企业薪酬的外部竞争性；薪酬体系指企业的基本薪酬依据，如职位薪酬体系、技能薪酬体系等；薪酬结构指同一组织内部的不同岗位所得到的薪酬之间的相互关系；薪酬形式指员工得到的总薪酬的组成成分，薪酬形式一般分为基本薪酬、可变薪酬和间接薪酬；特殊群体薪酬指针对不同部门、不同类型的员工加以薪酬方面的适当区别，以实现不同群体的薪酬激励，这是提高薪酬激励有效性的重要途径。

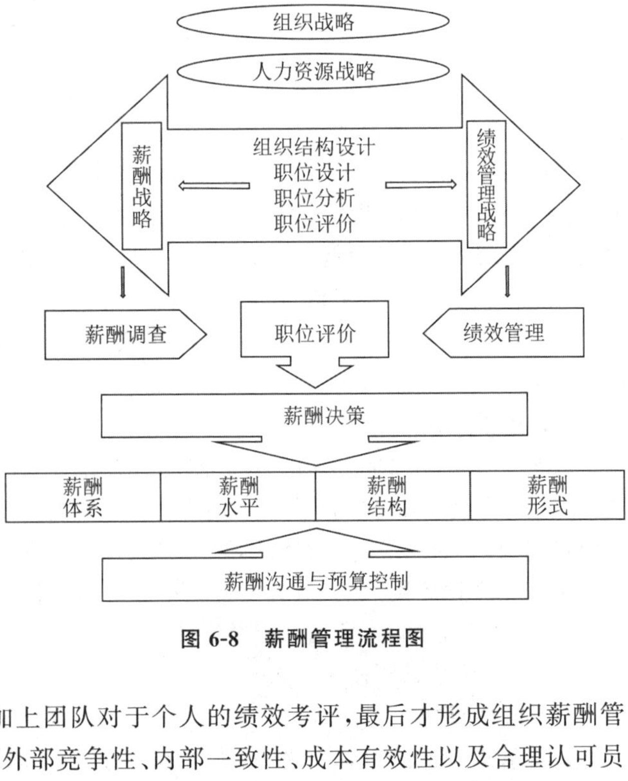

图 6-8　薪酬管理流程图

管理实践中，许多组织采取岗位薪酬制的薪酬管理体系，即基本薪酬由岗位在组织中的价值而确定。由图 6-8 不难看出，组织的薪酬管理立足于组织的战略和人力资源战略，以外部人力资源为依据，在考虑员工所从事的工作本身的价值及其所要求的资格条件的基础上，再加上团队对于个人的绩效考评，最后才形成组织薪酬管理系统。这种薪酬管理系统必须达到外部竞争性、内部一致性、成本有效性以及合理认可员工的贡献、遵守相关法律规定等有效性标准。

6.7　员工关系管理

6.7.1 重视改善员工关系

1.员工关系的概念

员工关系管理(employee relations management)最初源自西方的劳资关系(劳工关系)管理。第二次世界大战以后,工人阶级为了提高工资和改善各项福利待遇,掀起了一次又一次的罢工运动,劳资矛盾不断激化,为企业的稳定带来了不良影响。后来,在劳资双方力量的博弈中,资方认识到缓和矛盾、改善与员工关系的重要性,逐渐开始关注劳资关系的管理,并建立专门的劳资关系管理职能来营造与维护和谐的劳资关系。演变到后来,便形成了现代人力资源管理体系中的一个重要模块——员工关系管理。

员工关系具有如下特点:(1)员工关系是在雇佣过程中产生的,是劳动力买卖关系衍生出来的关系;(2)员工关系的主体有两个:企业管理方与员工或员工代言人;(3)员工关系的本质是利益体之间利益和力量的博弈;(4)员工关系的表现形式多种多样,可以是合作、协调,也可以是对抗与冲突,是各种形式的总和;(5)员工关系不仅受到双方利益关系的影响,还受到社会中经济、技术、政策、法律制度和社会文化等因素的影响。

综合学者们的观点,我们认为可以将员工关系定义为企业中各主体,包括企业所有者、企业管理者、员工和员工代言人等之间围绕雇佣和利益关系而形成的权利和义务关系。

2.员工关系的内容

员工关系的内容是指员工关系的双方依法享受的权利和应承担的义务,一般包括劳动者与用人单位之间在劳动合同、劳动纪律与奖惩、工作时间、休息时间、劳动安全卫生、劳动环境等方面形成的关系。这些方面与企业密切相关,直接关系到企业的投入与收益;也与劳动者密切相关,直接影响劳动者的工作质量与身心健康等。建立与维持和谐的劳动关系,是人力资源管理必不可少的内容之一。

其一,劳动者的权利。我国《宪法》规定,中华人民共和国公民有劳动的权利和义务。一个公民既有劳动的权利,同时又有劳动的义务。《劳动法》第三条进一步明确规定:“劳动者享有平等就业和选择职业的权利、取得劳动报酬的权利、休息休假的权利、获得劳动安全卫生保护的权利、接受职业技能培训的权利、享受社会保险和福利的权利、提请劳动争议处理的权利以及法律规定的其他劳动权利。”

其二,劳动者的义务。劳动者的义务是指《劳动法》规定的对劳动者必须做出一定行为或不得做出一定行为的约束。权利和义务是密切联系的,任何权利的实现总是以义务的履行为条件,没有权利就无所谓义务,没有义务就没有权利。《劳动法》规定,劳动者应当完成劳动任务,提高职业技能,执行劳动安全卫生规程,遵守劳动纪律和职业道德。

其三,用人单位的权利与义务。用人单位的主要权利有:(1)依法录用、调动和辞退职工;(2)决定企业的机构设置;(3)任免企业的行政干部;(4)制定薪酬与激励方案;(5)依法奖惩职工。用人单位的主要义务有:(1)依法录用、分配、安排职工工作;(2)保障工会和职代会行使其职权;(3)按照职工的劳动数量、质量支付劳动报酬;(4)加强对职工思想、文化和业务的教育、培训;(5)改善劳动条件,搞好劳动关系和环境保护。

3.改善员工关系的意义

员工关系是最重要的社会关系之一,员工关系的好坏与社会稳定、经济发展、人民群众生活质量的改善都有密切的联系。员工关系的改善对于企业的经营与管理成效的意义更是不言而喻的。

(1)员工关系的改善对企业盈利和长久发展具有重要意义

我们知道,企业的利润来自成本和销售额的差值,来自产品和服务获得消费者的青睐,而所有这些都要靠员工的努力才能实现。需要员工在工作中忠于职守,保证产品的质量,降低不必要的成本开支;在对客户的服务中,时刻保持良好的精神风貌和服务意识,赢得客户的忠诚。如果员工对工作环境不满意,工作安全得不到保障,员工与企业的关系处于紧张、敌对的状态,不能舒心地投入正常的工作状态,就无法保证做到以上两点,甚至故意损害企业利益。所以,企业一定要重视内部员工关系的改善,营造良好的工作环境、为员工提供充足的辅导和员工援助计划、保障员工的工作安全等,通过这些措施优化员工关系,为企业的长久发展打下基础。

(2)员工关系的改善有利于促进员工身心健康发展

员工工作状态会对其生理和心理都产生极大的影响。有些工作本身对从业者存在一定危害性,例如教师常年过度用嗓和吸入粉笔灰,会对声带和呼吸道系统产生不良影响;建筑工人在工地上作业,安全性受到威胁;工作压力过大、同事关系不和谐、上级的不支持等,也有可能对员工的心理健康产生不良影响。诸如此类的问题在很多企业中都存在,而员工则是首当其冲的受害者。所以,改善员工关系,为员工营造安全、健康、舒心的工作环境,对其身心的健康发展有帮助,同时也有助于提高员工的幸福感和对企业的归属感。

(3)员工关系的改善有助于增进员工对企业的理解与信任

信任是有效管理的基石,组织的所有管理措施与政策的执行与落实都有赖于员工与企业之间、员工与管理者之间的相互理解与信任。这种信任和理解更多来自企业与员工之间的心理契约。员工关系管理是构建良性心理契约的重要手段和过程。良好的员工关系管理体系既可以促进员工与企业之间增进互信,又可以带来良好的组织氛围,这种氛围能有效地增进组织成员之间的互信与合作。

6.7.2 员工关系管理的内容构成

1.员工关系管理的定义

随着知识经济时代的到来,人对于企业发展的作用愈发凸显,企业也逐渐由以前的粗放的管理风格和管理方式转变为开始注重建立、维持和改善与员工之间的关系。特别是在现代人力资源管理出现以后,员工关系管理便作为人力资源管理系统的一个子系统而存在。对于员工关系管理的内涵,学者们还没有统一的界定,特别是中西文化和历史传统的差异,更是让国内外对于员工关系内容的理解存在较大的区别。我们认为员工关系管理,就是企业采用各种管理手段和管理行为,来调节企业与员工、员工与员工之间的相互联系,使之良性循环和发展,以实现组织目标的过程。

2.员工关系管理的内容

员工关系管理贯穿人力资源管理的方方面面,从企业进行员工招聘时起,员工关系管理的工作就开始了。所有可能影响到员工与企业间关系的领域都存在员工关系管理。员工关系管理的目标就是通过营造良好的员工关系，让员工集中精力工作，实现组织的发展规划。在这一目标的指引下，员工关系管理有很多具体工作可以展开，涉及员工的衣、食、住、行等方方面面。按照程延园的看法，员工关系管理工作的重点是人际关系管理、劳动关系管理、沟通与交流管理、民主参与、企业文化和企业精神管理等几个方面。从人力资源管理职能的角度看，员工关系管理主要包括劳动关系管理以及劳动保护等内容。其中，劳动关系管理包括劳动合同管理、劳动争议处理、员工离职管理、劳动纪律及奖惩等几个方面的内容。劳动保护主要涉及工作时间、压力管理、员工援助计划、职业安全与健康等方面内容。以下对相关内容简要阐述。

(1)劳动合同管理

劳动合同是劳动者与用人单位确定劳动关系，明确双方权利、义务的协议。劳动合同依法订立，即具有法律约束力，当事人必须履行劳动合同规定的义务。

劳动合同的原则：平等自愿、协商一致、合法。

劳动合同的内容包括法定条款(必备条款)与约定条款(协商条款)。

《中华人民共和国劳动法》(2018 年修正)第 19 条规定，劳动合同应当以书面形式订立，并包括必备条款和协商条款。必备条款也称为法定条款，包括：①劳动合同期限；②工作内容；③劳动保护和劳动条件；④劳动报酬；⑤劳动纪律；⑥劳动合同终止的条件；⑦违反劳动合同的责任。不具备上述条款，合同即不成立。

劳动合同管理就是对以上各项内容的管理。

(2)劳动争议处理

劳动争议指用人单位和劳动者之间因劳动权利和劳动义务所发生的纠纷。

劳动争议的范围包括：①终止劳动关系的劳动争议，是指因企业开除、除名、辞退职工或职工辞职、离职而发生的专动争议；②执行劳动法规的劳动争议，是指企业和职工之间因执行国家有关工资、保险、福利、培训、劳动保护规定而发生的争议；③履行劳动合同的劳动争议，是指企业和职工之间因执行、变更、解除劳动合同而发生的争议；④其他依法应当处理的劳动争议。

劳动争议的处理程序为协商—调节—仲裁—诉讼。

①劳动争议协商

劳动争议协商，是指双方当事人在发生劳动纠纷以后，自行协商解决，澄清误解，分清责任，相互取得谅解，最终达成和解协议。《劳动法》提倡和鼓励当事人双方通过协商解决争议，但协商应以自愿为前提，双方不愿协商或经过协商无法达成一致意见的，可以选择调解或仲裁。

②劳动争议调解

这里的劳动争议调解是企业内部的劳动调解，是借由企业内部第三方的帮助来达成一致协议的争议处理办法。在企业内部，第三方一般是调解委员会或其他保持相对中立的人。企业内部调解可以将争议消除在尚未激化的阶段。

③劳动争议仲裁

劳动争议仲裁是指由企业之外的第三方居中调解，并做出裁断的行为。仲裁与调解不同，仲裁由固定的第三方担任仲裁委员会；调解达成的协议没有强制力，仲裁做出的裁决具有法律约束效力。仲裁既具有调解的灵活、快捷，又具有法律强制执行的特色。劳动争议仲裁采取一次裁决制度，当事人对裁决不服的，自收到裁决书之日起15天内，向人民法院起诉，逾期不诉的，裁决书即发生法律效力。

④劳动争议诉讼

劳动争议诉讼是当事人不满意仲裁委员会的仲裁处理结果，依法向人民法院起诉，由法院依法审理并判决的手段。诉讼处理是劳动争议处理的最后一道程序。最终生效的判决标志着这一劳动争议案件的诉讼程序的终结，即劳动争议的最终解决。

(3)员工离职

员工离职是与用人单位解除劳动关系的标志。员工离职可以分为自愿离职、非自愿离职与自然离职。自愿离职是由于员工个人意愿而离开企业的人员流出；非自愿离职是指由于企业的原因或其他客观原因而非出于员工意愿所产生的企业的人员流出；自然离职是指由于一些不可避免的人力资源损耗而导致的企业的人员流出。员工离职涉及违约责任、经济补偿金和赔偿损失等问题。

对自愿离职员工的管理分为四个步骤：分析员工自愿离职的原因并进行归类提炼；查找导致员工离职的组织制度因素；进行旨在减少自愿离职员工数量的政策改进；评估变革实施的结果并加以修正。

裁员是非自愿离职的典型形态，在企业经营出现困难或遭遇经济危机时期，裁员是企业降低人工成本、提高劳动生产率和竞争力的应对策略。裁员是员工的非自愿离职，可能会引起一部分员工的不满和怨言，如果处理不好企业与被裁员工的关系，极有可能损害企业的形象，甚至会为企业带来不小的麻烦。此外，裁员除了降低企业的人力成本，同时在某种程度上也会增加企业的管理成本，如招聘成本、培训成本、对员工的补偿成本等。如果裁员不当，在经济好转时，还必须付出更大的成本重新招聘、培训等。所以，裁员一定要有规划，不能盲目裁员。在面临裁员时，可以对替代方案进行比较，如冻结招聘、停发奖金、限制加班、工作分享、弹性工作日等，选择对公司长远发展最为有利的方式。

(4)商业秘密

《中华人民共和国反不正当竞争法》(2019年修正)第9条规定，商业秘密是指不为公众所知悉、具有商业价值并经权利人采取相应保密措施的技术信息、经营信息等商业信息。

商业秘密的特征是：经济实用性和价值性、无形财产权、相对排他性、秘密性。

有关商业秘密的管理主要涉及侵权行为、侵犯商业秘密的法律责任、员工的忠诚义务、商业秘密保护的约定等。

(5)劳动保护

劳动保护是根据国家法律规定，通过对工作时间和劳动强度的限制、工作环境治理、职业安全卫生以及对女工、未成年工的特殊劳动保护等，保障劳动者身心健康、维护劳动能力、延长职业寿命的制度和措施。

劳动保护主要涉及：①工作时间及其类型；②劳动强度的含义和分级；③劳动安全卫生的隐患；④劳动安全管理方法；⑤职业疾病防治方法；⑥劳动安全和劳动卫生制度；⑦女工劳动保护；⑧社会保险。

6.8　本章新时代管理学的探索

6.8.1 思政融入映射内涵

1.人力资源管理者应具备的素质

为了更好地扮演好人力资源管理者四大角色，使自己职责履行比较充分，人力资源管理者必须要具备一定的素质，管理者应具备的各种技能对人力资源管理者同样适用，但是人力资源管理者的工作具有一定的特殊性，他们还要具备一些特殊的知识和能力。

中国人民大学人力资源开发与管理研究中心董克用对人力资源管理人员的素质要求的概括较具有代表性，将其划分为四大类：专业知识、业务知识、实施能力和思想素质。

专业知识指人力资源管理人员要掌握与人力资源管理所承担的各类职能活动有关的知识，具备设计和制定各种人力资源制度、方案及政策的能力，就如同财务人员要具备财务知识、技术人员要具备技术知识一样，专业知识是人力资源管理人员工作的基础，也是他们区别于其他管理人员的重要标志。

业务知识指人力资源管理人员要了解本企业所从事的行业，熟悉本企业所开展的业务，这一点在过去往往得不到重视，有时甚至被忽视。从表面来看，人力资源管理工作与公司的业务并没有直接的联系，但是我们不能忘记，人力资源管理的各种制度、政策和活动是要涉及公司所有部门和员工的，如果对公司的业务一无所知，那么人力资源管理人员在开展工作时就缺少针对性，出台的各种制度也会脱离公司的实际。可以试想，如果不了解公司的整个业务运作状况和各岗位的工作内容，如何进行职位分析和招聘录用？如果不了解公司的业务特点，如何设计业务人员的薪酬体系和培训体系？如果不了解公司的业务内容，如何进行绩效管理？如果不了解行业状况，如何参与公司人力资源战略的制定？应当说，人力资源管理各项职能的开展都与对公司业务的了解紧密结合在一起，如果说专业知识是人力资源管理人员工作的骨骼，那么业务知识就是血肉，虽然所有人的骨骼大致都是一样的，但世界上还是存在形态各异的人。

实施能力主要指人力资源管理人员要具备推行和实施各种人力资源制度及方案的能力，对于成功的人力资源管理来说，制度和方案的制定只是一部分工作，更重要的是实施，离开了实施，再好的制度也不过是空谈，因此具备较强的实施能力是人力资源管理人员所必需的。需要强调的是，这种实施往往不是直接的，而是要推动直线部门来实施。实施能力包括很多具体的项目，如沟通协调能力、分析判断能力、组织能力、计划能力、应变能力等。

思想素质指人力资源管理人员要具备一定的思想道德品质。人力资源管理不同于其他管理，在组织中的性质比较特殊，它所做的决策大多涉及员工的切身利益，掌握的信息也关系到企业和员工的秘密，因此人力资源管理人员必须具有良好的道德品质，要以公正的态度进行工作，不能将个人因素牵扯进工作，工作中要遵守职业道德，不能违背职业操守。

2.企业社会责任对人力资源管理产生的深刻影响

实施企业社会责任的理论动因是利益相关者理论。企业的行为、运营的动力和目标从单一的股东利益转向利益相关者，这无疑会对人力资源管理从理念到操作产生全方位的影响。研究发现,重视和推行企业社会责任的公司在人力资源管理方面有以下四个特征:①奖励体系会遵照公平、公正、自治、尊重原则;②重视工作环境的安全,重视员工身心健康的保护,特别重视对意外事故发生的防止;③对待员工遵循尊重、透明、诚实和审时度势的原则;④尊重和保护员工的隐私。

企业实施社会责任可以营造良好的工作氛围,形成雇主品牌效应,塑造良好的企业社会形象,增强组织吸引力,从而形成经济绩效的良好循环。通过对中国企业的实证研究发现:企业社会责任可以提升员工的组织支持感和外部荣誉感,进而显著正向影响员工的角色内行为和组织公民行为。员工角色内行为的改善最直接的表现是提高企业的绩效;组织公民行为包括利他、文明礼貌、任劳任怨、责任心和公民道德等行为。组织公民行为是组织赖以健康发展和保持高绩效的重要基础,因为企业社会责任能够提升员工组织公民行为,它当然会从诸多方面正向影响员工行为绩效和组织绩效。通过我们的实证研究还发现,企业社会责任能够降低员工离职倾向,员工会更愿意留在拥有良好声誉和企业社会责任的企业中,企业由此可降低因人才流失而造成的损失。

SA8000 即“社会责任标准”,是 Social Accountability 8000 的英文简称,是全球首个道德规范国际标准。其宗旨是确保供应商所供应的产品皆符合社会责任标准的要求。SA8000 标准适用于世界各地任何行业、不同规模的公司,它主要关注的是人。随着 SA8000 在中国企业的普遍推广,这种对企业有一定强制性的定期社会责任报告披露制度,会倒逼企业调整经营理念,从过度专注企业利润目标转向关注企业员工、供应商、消费者和社会环境等诸多方面的利益,有利于企业树立良好的品牌形象,赢得顾客和社会各利益相关者的满意,从而提升企业竞争力。当然,企业社会责任的实施和认证过程,也推动着企业内部管理系统发生深刻变革,推动着企业人力资源管理在战略规划、工作分析、考核、薪酬福利、培训和激励各个方面产生相应的变革。

6.8.2 大数据、AI 等商务智能融入映射内涵

1.大数据成为“强国密码”

大数据是新一代科技浪潮中的核心科学技术。2015 年国务院印发《促进大数据发展行动纲要》,高屋建瓴地为大数据在各个领域的应用和发展提供了指导。

2016 年 8 月,中国女排在里约奥运会上再次夺得奥运冠军,举国欢庆。中国女排能够在极其艰难的情况下再次书写世界传奇,除了勇于拼搏的女排精神之外,科学的“数据分析”绝不可轻视。

人们注意到,这次女排征战团队中,有一位身穿白色运动服,坐在球场一侧操作计算机的陪打教练——袁灵犀。此人不仅精通排球,而且懂得计算机与大数据技术。女排重金购买了专业的排球大数据分析软件,里面保存有世界排球强队每个队员在不同战术中扣球与吊球的习惯路线等资料。赛前,袁灵犀一直利用数据分析指导女排队员训练。比赛过程中,每个回合他都利用代码将有价值的细节录入系统,时时向教练提供本队与对手的技术分析数据。有了袁灵犀及其数据分析,总教练郎平才能真正做到知己知彼,正确决策,调整队员布局。大数据分析助力女排胜利夺冠,这正是大数据在中国如火如荼发展的一个缩影。

2.人力资源大数据

大数据近几年发展很快,图 6-9 展示了每分钟互联网能产生哪些数据,这些数据近几年

上升速度越发加快。数据的大小通常按照 KB→MB→GB→TB→PB→EB→ZB→YB→NB→DB 进阶，后者是前者的 1024 倍。

根据业界的共识，达到 PB 这个级别基本上是大数据的临界点，也就是说数据量积累到 PB 水平以后，才能开始去谈大数据。那么人力资源的数据是否属于大数据？对于人力资源来讲，大部分企业人力资源领域产生的数据基本上还是在 GB 这个级别，可能有几十个到几百 GB，“BAT”等一些大企业平时也比较重视数据，也有技术手段收集与积累数据，存量相对高一些，可能达到几十到几百个 TB。所以仅仅从数据量上还远远没达到大数据的量级。那是不是说我们人力资源就不能谈大数据了？我们可以利用大数据的思维方法以及技术，去研究与探索人力资源管理，在人员规划、人才画像、离职预测、高潜识别、组织效能、文化活力、舆情分析等方面进行深度洞察，从而为企业人才方面的决策提供高含金量的辅助依据与建议。

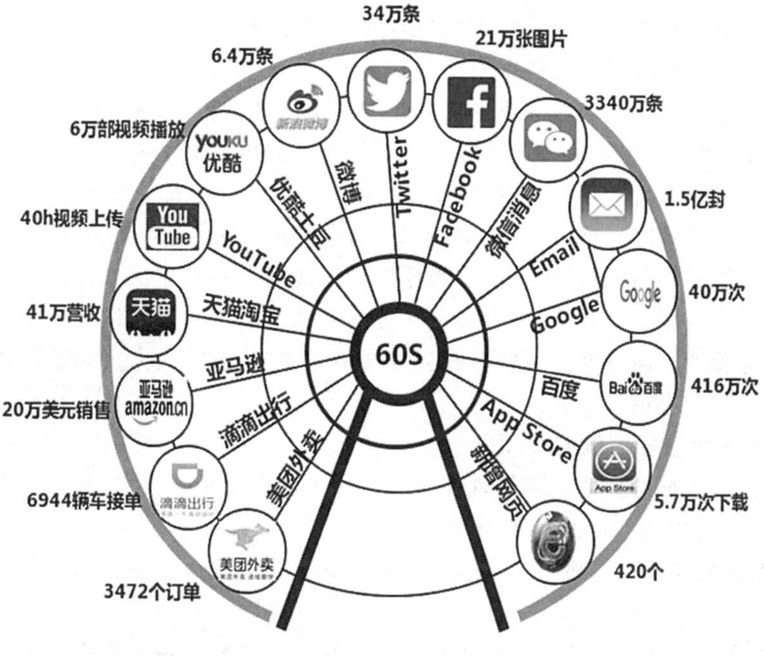

图 6-9　2016 年底互联网一分钟产生的数据量

人力资源大数据具有以下特点：

(1)相关性

人力资源大数据特点之一是相关性，其主要体现在三个层面：

①人力资源内部业务数据：基于员工在工作、生活、学习、发展四个圈产生的各种各样的信息(包括结构化数据、非结构化数据)，彼此关联又互相影响。

②人力资源外部数据：一是基准数据，比如各地五险一金政府规定，这些基数的调整，就会影响到公司的人工成本；不同城市对社保缴纳年限对于买车买房的限制，以及积分落户、租房补贴，可能影响人才的流动等。二是行业对标数据，比如薪酬调研报告、劳动力市场趋势报告等。三是竞品公司各方面的对标数据。

③企业经营数据也会影响到人力资源的数据分析，当公司效益好时，人力资源方向的投

入也会增加，比如增加人才招聘力度与培训费用，提高员工薪酬福利待遇等。当效益不好时，可能采取关停并转、减员增效等措施。

(2)流转性

大部分人力数据贯穿在“入离升降调、选用育留管”的各个流程中，前后端到端流通并交互，确保业务正常运转。流转确保了数据的连续性与一致性，并且流程中产生的数据都有记录，累积下来可用于未来的进一步大数据分析。

人力资源数据提供接口到下游系统，以便支撑其他业务系统需要；同时其他业务系统的一些数据可与人力资源数据交互。

(3)分散性

①人力资源本身的数据分散在不同系统里，这可能是由于系统规划建设的局限性，有些系统不是互联互通的，比如招聘数据、培训数据、测评数据、评估数据等。

②人力资源之外的数据，比如经营数据，涉及财务、销售、业务等部门，掌握在各个部门自己手里，由于利益交错盘结，数据尚未共享。

③外部行业对标数据。这些数据大多分散在不同的地方，需要花费不少人力物力去收集、整理、汇总；即使收集齐了，由于维度的不同，综合分析也不容易。

从实践角度来说，目前人力资源数据存在一定问题，一是数据量不够多，目前很多企业信息化系统建设也不够完善，数据收集与积累有限，绝大多数企业还处于传统意义的分析。即使信息化比较完善的企业，由于缺少数据挖掘方面的专业人才，数据的积累仍停留在起始阶段。二是技术限制不易分析，绝大多数人力资源从业者不懂大数据技术，而大数据专家也不懂人力资源管理。新时期需要培养跨界复合型人才，才能将人力资源管理推到新高度，助力业务发展与管理决策。

3.人力资源大数据的价值

人力资源大数据的价值主要体现在有效运用大数据思维与技术，可以在人力资源规划、招聘、员工学习与发展、绩效管理、薪酬与激励体系、员工福利与服务等方面展开探索与实践，通过数据挖掘与建模分析，预测未来趋势，为人力资源决策提供辅助支持，从而体现大数据的价值。

首先，大数据时代思维方式发生了根本性变化。过去我们做数据都是采样，而大数据实际上不是采样，而是选用全量数据。另外，我们过去采样的时候要求个体数据要很精确，但是大数据可以允许不精确，它可以接受混杂性，要求的是有效性。还有一个特点，过去做数据分析是事先提出一个因果假设，然后收集数据，通过分析来验证假设，这是因果关系；但大数据讲究的是从大量数据中找出相关关系。

其次，大数据时代思维模式的转变。大数据的处理和技术发展到今天，仍处于“盲人摸象”的阶段。你可能摸到的是“腿”，他可能描述的是“鼻子”，虽然正确但都只是局部，不是全貌。随着大数据技术的不断进步和越来越多的活而全的数据源，探索到的东西也将无限逼近事实与真相，也越能获得更深邃的智慧与洞察，也就体现了大数据真正的价值。

4.人力资源大数据典型应用

任何一个组织，要抓住大数据的机遇，就必须做好几方面的工作。从技术角度看，首先，要收集并且开发特定的工具，来管理大规模并行服务器产生的结构化和非结构化数据。这些数据，可能是自己专有的，也可能来源于“云”。其次，每一个组织都需要选定分析软件，用它来挖掘数据的意义。但可能最重要的是，任何组织都需要人才来管理和分析大数据。这些人被称为“数据科学家”，他们集黑客和定量分析员的优势和特长于一身，非常短缺。聪明的领导人将想方设法留下这类人才。

不少的公司都意识到这难得的机遇，而且已经采取了行动。以下分享人力资源大数据的代表性应用案例。

(1)百度人力资源大数据共享信息平台

百度的人力资源大数据共享平台已经迭代到 3.0 版本，从人才管理、运营管理、组织效能、文化活力、舆情分析等，做了相应的指标体系建设和相应的建模，在这之上完成了很多应用，比如 BIEE、个人全景、用户画像等，为管理层的人才决策提供参考与建议。

(2)人才雷达把数据挖掘用到招聘服务

《大数据时代》译者、电子科技大学互联网科学中心主任周涛创立了成都数之联科技有限公司，并把数据挖掘用到了招聘服务领域。

人才雷达系统的成功关键就在于，受邀用户可以选择绑定自己的微博等社交网络账号，让人才雷达搜索引擎自动匹配和推荐用户社交网络中更加匹配所招岗位技能要求的人才，并依照契合度来进行推荐排序，每一位被系统列出的推荐者头像旁都会展现一个 9 维的人才雷达图，以方便招聘官挑选，这正是“人才雷达”名称的由来。

其核心技术是人才搜寻模型和匹配算法，通过对被推荐者邮箱、网络 ID、Cookie 地址等多维度身份标识的匹配，从 9 个维度来判别被推荐人的适合程度：职业背景、专业影响力、好友匹配、性格匹配、职业倾向、工作地点、求职意愿、信任关系、行为模式。

(3)上海联通推出人力资源“管理仪表盘”

上海联通面向公司管理层推出人力资源“管理仪表盘”，采用定量分析、定期推送、用数字说话的方式，建立可视化报告中心，提高数据的直观性及易读性。管理仪表盘现有 10 个维度、30 多个专题，以“图形-数据-解读”的形式，为管理层直观呈现人力资源管理分析报告。

以效率改善为前提、以质量管控为目标、以流程重构为核心、以信息系统为载体，面向员工入职、调动、换岗、退出等基础业务探索人力资源数字化运营管理转型(表 6-6)。

表 6-6　人力资源基础业务流程数字化运营功能

	信息管理	申请/审批	手续办理	通知/待办	查询/报表	年业务量
入职管理	应聘者填报入职时直接导入	测评报告学历验证背景调查	多业务并行跨部门流转	自动触发入职通知	自动生成报表	××人
调动管理	—	编制岗位审核调出调入审批	触发移交流程	自动触发调动通知	自动生成报表	××人次
换岗管理	—	自动校验编制 自动校验岗位	在线签署岗位聘用协议	自动计算汇报变化关系	自动生成报表	××人次
退出管理	HR 数据中心补充信息填报	离职问卷访谈固定资产盘点	自动清算年休假多部门并发流转自动生成退工单	自动触发离职通知	自动生成报表	××人

(4)京东的离职预测模型

①离职预测——业务建模。通过前一年研发员工在离职数据,预测当年在职员工的离职倾向;根据业务场景,选择三个机器学习模型。为规避过度拟合的问题,基于业务、模型提炼出适合京东的离职预测模型(图 6-10)。

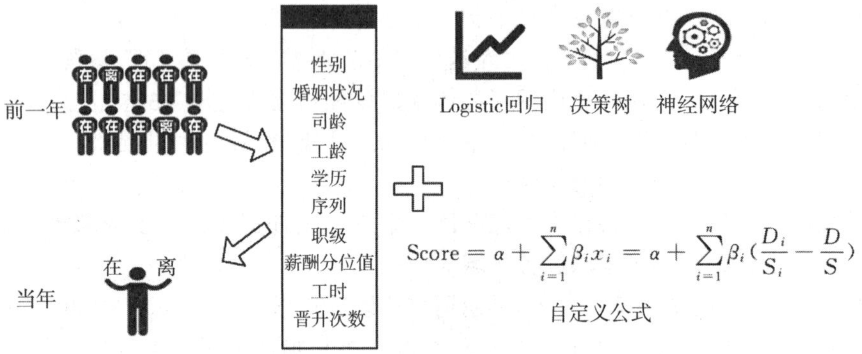

图 6-10　京东员工离职预测模型

②离职预测——落地实践。数据结论与实践业务结合,持续优化 JD(图 6-11)。

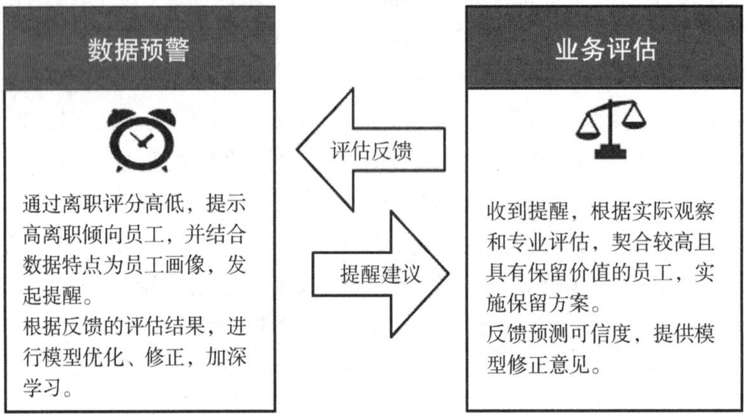

图 6-11　数据预警指导实践

6.8.3 中国新时代管理的淬炼与反思

我们将从我国古代人事管理的思想、近代人事管理的概况以及新中国成立以来人力资源管理的发展来了解人力资源管理在我国的产生与发展。

1.古代人事管理的思想

中国有五千年文明史,在古代文化典籍中蕴藏着丰富的人事管理思想,对有关人才的重要性、如何选拔人才、如何用好人才等方面都有精辟的论述。例如:(1)有关人才的重要性方面,唐太宗的名言“为政之要,惟在得人”就把“得人”看作“为政”的关键。康熙更是将人才提到治国的首要位置,认为“政治之道,首重人才”。(2)有关如何选拔人才方面,汉朝的王符指出:“德不称其任,其祸必酷,能不称其位,其殃必大”,强调人员的品行和能力必须与其职位相符，否则会带来严重的后果。(3)有关如何用好人才方面，诸葛亮曾说："古之善将者，养人如养己子，有难，则以身先之；有功，则以身后之；伤者，泣而抚之；死者，哀而丧之；饥者，舍食而食之；寒者，解衣而衣之；智者，礼而录之；勇者，赏而劝之。将能如此，所向必捷矣。"这段话说明作为将军，如果能爱兵如子，以心换心，以情感人，满足每个士兵不同的需要，就能调动士兵的积极性，军队必将战无不胜。宋代政治家王安石指出："一人之身，才有长短，取其长则不问其短"，强调应用人之长。这些思想对于今天企业的人力资源管理者来说都具有借鉴之处。

2.我国近代人事管理的概况

鸦片战争之后，中国演变为半封建半殖民地社会，这时的人事管理具有两个基本特点：一是带有浓厚的封建色彩，企业大多是家族性质的小型私人企业。许多企业实行包工制度，将工作包给包工头，然后由包工头招收工人，组织生产，进行监督，发放工资。二是学习引进西方资本主义国家的科学管理方法。一些规模较大的企业引进了泰勒的科学管理方法，开始对人员进行比较规范的管理，如天津东亚毛纺公司开始按照"雇用工人程序图"进行招工，同时取消学徒制，举办培训班，培训熟练技术工人。该公司还引进时间动作研究，确定劳动定额，实行差别计件工资制。公司还制定了一套厂训、口号等，以提高企业的凝聚力。

3.新中国成立以来人力资源管理的发展

新中国成立以来，我国人力资源管理的发展可分为两大阶段：改革开放前和改革开放后。

随着社会主义改造的完成，我国建立起了社会主义制度，同时也确定了计划经济的经济体制，企业是国家所有，企业员工是企业的主人。与经济体制相适应，我国实行了"统包统配"的就业制度，企业没有用人的自主权，不能自行招聘所需的人员；人员只进不出，没有形成正常的退出机制；同时在企业内部，对于工人的工作没有考核，大家干好干坏一个样，干多干少一个样；工资分配中存在严重的平均主义，与工作业绩和工作岗位没有任何关系，人事管理还停留在简单的档案管理和资料统计阶段，与现代的人力资源管理相去甚远；同时人们对"人力资源"也普遍没什么概念，可以说这个时期我国没有真正意义上的"人力资源管理"。

党的十一届三中全会以来，特别是改革开放以后，随着我国经济体制改革的不断深入，国有企业的劳动人事工作也在不断进步。1979 年，国务院颁发了《关于扩大国营工业企业经营自主权的若干规定》(以下简称《规定》)，重新规定了企业人事管理的职责权限范围。《规定》指出：允许企业根据生产需要和精简、效能的原则决定自己的机构设置和人员配备；有权根据国家下达的劳动指标进行招工，进行岗前培训；有权对成绩优异、贡献突出的职工给予奖励；有权对严重违反劳动纪律的职工给予处分，直至辞退。随着这些规定的落实，企业在用人方面有了更大的空间，正常的进出渠道逐步形成；劳动人事管理制度逐渐完善，劳动定额管理、定员定编管理、技术职称评聘、岗位责任制等在企业中广泛推广；工资管理规范化，打破了分配的平均主义，增强了工资的激励作用；推行对工人的工作业绩考核。所有这些都表明，我国企业的人事管理工作发生了巨大的变化，已经初步具备了人力资源管理的某些功能和作用。可以说，国有企业人事管理的改革，为人力资源管理在我国的发展奠定了实践基础。

1988 年 9 月，"国际劳工组织亚洲人力资源开发网、中国人力资源开发研究中心成立暨首届学术研究会"在贵阳召开，这标志着我国人力资源管理理论研究的开始。此后，人力资源开发丛书编委会、光明日报社等单位又举行了人力资源开发理论研讨会，对人力资源管理的基本概念、基本思想进行了探讨，人力资源管理理念在我国开始传播。1992年，中国人民大学劳动人事学院将下属的人事管理教研室改名为人力资源管理教研室，将人事管理专业调整为人力资源管理专业，并且在1993年招收了首届人力资源管理的本科生，这在我国人力资源管理发展过程中具有里程碑的意义，标志着我国人力资源管理的发展进入了专业化的阶段。1995年以后，随着MBA教育的推广，人力资源管理在社会上逐渐得到了普及。目前，全国已有300多所高校设置了人力资源管理专业，人力资源管理的培养也从本科扩大到硕士研究生与博士研究生。所有这些，都为人力资源管理在我国的发展进行了理论和人才准备。

从我国改革开放40多年的历程中可以清楚地看到，人力资源的确是推动中国经济发展的最重要资源，堪称“第一资源”。更为重要的是，如今我国自然资源的人均占有量与世界相比并不占优势，国民财富生产中自然资源消耗水平已经很高，可以毫不夸张地说，我国经济与社会实现可持续发展的唯一出路在于进一步发挥人力资源的优势。需要指出的是，发挥人力资源优势并不像有些人所想象的，只是靠廉价的人工成本去竞争。世界各国发展的经验已经证明，人工成本必然会随着经济发展水平而不断提高。一个国家的人力资源优势主要体现在两个方面：一是人力资源的教育素质，它体现为潜在的生产力；二是对已经实现就业的人力资源的管理水平，它体现为对人力资源的开发利用程度。我国的教育，特别是基础教育，在世界上是有竞争力的，培养了一支高素质的劳动力队伍。

现在，人力资源管理在我国得到了蓬勃的发展，人力资源管理的概念深入人心，企业对人力资源管理的重视达到了前所未有的程度。但是，我们也应清醒地认识到，我国人力资源管理的发展和发达国家相比还有差距，很多的理论、技术和方法还只是借鉴，没有形成自己的体系；从业人员的专业化程度不高，没有接受过系统的教育和培训，影响了人力资源管理作用的发挥；仍有企业人力资源管理水平不高，人力资源管理的战略作用没有得到体现等。因此，提高我国企事业单位以及政府机构的人力资源管理水平是发挥我国人力资源优势的当务之急。

近几十年来，我国几代领导人都强调人才对于国家发展的重要作用，人才是第一资源日益得到广泛的认同，国家领导人一再强调的人才强国战略更是将人力资源和人才问题提到整个国家战略的高度。

目前，人力资源管理在我国的发展可以说是机遇与挑战并存，这就需要人力资源管理的理论工作者和实际工作者共同努力，积极探讨，不断提高我国人力资源管理的理论和实践水平。

本章提要

1.人力资源管理是指组织通过各种政策、制度和管理实践，以吸收、保留、激励和开发员工，调动员工积极性，充分发挥员潜能，进而促进组织目标实现的管理活动的总和。人力资源管理的任务要考虑两个方面：首先是使组织能创造卓越的成绩，其次是要实现人的发展。人力资源管理具体包括人力资源规划、招募与甄选、培训、绩效管理、薪酬管理及员工关系管理等职能。

2.人力资源管理理念经历了三个不同阶段：人事管理阶段、人力资源管理阶段以及战略人力资源管理阶段。企业所有的管理者都是人力资源管理者，包括直线经理和人力资源管理人员。人力资源管理者承载着战略伙伴、管理专家、员工激励者以及变革推动者四种角色。

3.人力资源规划是根据组织的战略目标，科学地预测组织在未来某个时期内人力资源的供给与需求状况，制定必要的人力资源获取、利用、保持和开发策略，使得组织用人达到平衡，满足组织用人需求的活动，其最终目标是帮助企业达成战略目标和长期利益。

4.人员招聘大致可以分为招募、甄选、录用和评估四个阶段。招募是企业及时吸引足够数量的具备资格的人员并鼓励他们申请加入本组织工作的过程。招募有内外部招募两种途径，均有其各自的优缺点。甄选是指从某一职位的所有候选人中挑选出最合适人选的活动。

5.培训与开发是指企业通过各种方式使员工具备完成现在或将来工作所需要的知识、技能并改变他们的工作态度，以改善员工现在或将来职位上的工作业绩，并最终实现企业整体绩效提升的一种计划性或连续性的活动。培训工作流程包括组织战略、培训需求分析、培训目标确定、培训计划、培训实施、培训评估和培训结果运用。培训的常用方法有工作轮换、学徒培训、辅导培训、讲授法、讨论法、案例分析法、角色扮演法、工作模拟法和网络培训法。

6.绩效管理指制定员工绩效目标并收集与绩效有关的信息，定期对员工的绩效目标完成情况做出评价与反馈，以确保员工的工作活动和工作产出与组织一致，进而保证组织目标完成的管理手段与过程。绩效管理是一个包括绩效计划、绩效沟通、绩效考核和绩效反馈等环节的闭环系统。绩效考核的类型可分为特征导向型、行为导向型和结果导向型，常用的绩效考核的方法有对比法、强制分类法、量表评估法、关键事件法、目标管理法、关键绩效指标、360度、平衡计分卡等。

7.薪酬是指公司对员工给公司所做的贡献，包括他们实现的绩效，付出的努力、时间、学识、技能、经验与创造所付给的回报或答谢。薪酬包括基本薪酬、激励薪酬和福利三大部分。薪酬设计应符合合法性原则、公平性原则、有效性原则、激励性原则。薪酬管理是指根据组织战略目标和发展规划，综合考虑内外部各种因素的影响，确定薪酬体系、薪酬水平、薪酬结构和薪酬形式，并进行薪酬调整和薪酬控制的过程。

8.员工关系管理，就是企业采用各种管理手段和管理行为，来调节企业与员工、员工与员工之间的相互联系，使之良性循环和发展，以实现组织目标的过程。员工关系管理主要包括劳动关系管理以及劳动保护等内容。

9.人力资源管理者必须要具备一定的素质，包括专业知识、业务知识、实施能力和思想素质四个方面。

10.企业社会责任对人力资源管理产生的深刻影响，表现在以下四个方面：①奖励体系会遵照公平、公正、自治、尊重原则；②重视工作环境的安全，重视员工身心健康的保护，特别重视对意外事故发生的防止；③对待员工遵循尊重、透明、诚实和审时度势的原则；④尊重和保护员工的隐私。

11.人力资源大数据具有相关性、流转性、分散性等特点。人力资源大数据的价值主要体现在有效运用大数据思维与技术，可以在人力资源规划、招聘、员工学习与发展、绩效管理、薪酬与激励体系、员工福利与服务等方面展开探索与实践，通过数据挖掘与建模分析，预测未来趋势，为人力资源决策提供辅助支持，从而体现大数据的价值。

12.人力资源管理在我国的产生与发展可以划分为我国古代人事管理、近代人事管理及新中国成立以来人力资源管理三个阶段。

思考案例

腾讯对人的理解

腾讯高级副总裁、人力资源负责人奚丹说:"人不是雇员,也不是生产力,而是腾讯最有价值的资源,是腾讯的第一财富。"

一、腾讯对"人"的理解

任何组织变革的基础都在于"人"。腾讯在业务上的彪悍发力,背后是大量高素质员工和强大人力资源培育体系的支撑。

奚丹是2005年架构调整的主要策划者之一。他加入腾讯时,公司处于上市前期,两件事让他颇感"惊讶":一是腾讯全体员工都配有期权,这在那个年代很罕见,"这是在制度上捆住员工一起做事的心态";二是腾讯早期用户迅速增加却没有盈利模式时,管理层愿意为了员工得到生活上的保障,自己"节衣缩食",甚至做帮别人建网站之类的零活。

事实上,腾讯的架构调整,正是一次人与业务并行的资源调配。腾讯不仅在产业层面考虑如何在专业分工的基础上,在每个领域扎得更深;同时它直接将优秀人才的发展空间设计在调整框架内。结果如你所知,这样的架构成就了腾讯此后六七年在各领域的高速发展。

"人"一直是腾讯的重要命题。它不仅在产品方面有"一切以用户价值为依归"理念,在用人方面也体现出人本的价值观。

中国大互联网公司中,腾讯是校园招聘比例较多的一家。这其中肯定有创业时期难以找到足够专业人才的历史原因;但上市至今,腾讯依然刻意保持50%的校招比例。它愿意为那些有想法的年轻人提供机会,只要行政资源允许,会尽可能让每一位应聘者都得到笔试机会,并在招入后尽可能地培养他们。当然,在选人上,它会刻意去寻找那些认同腾讯价值观,并热爱互联网的年轻人。

"腾讯不会为短期目的而招聘,一旦招聘对象进入公司,就希望他能和大家一直共事。"奚丹说。这些要求同样适用于那些高层次的稀缺人才,腾讯不欢迎短期"逐利者",无论他的专业水平多高。一个人要进入腾讯,往往要经历几轮面试,不仅有分管领导,还要和团队内的成员交流业务——他们要考察新人能是否和团队和谐相处。

2011年之前,腾讯的管理理念有四条:关心员工成长、强化执行能力、追求高效和谐、平衡激励约束。现在的腾讯更是把管理聚焦于人,新的管理理念只有一条——关心员工成长。

二、无所不至的"关怀"

"如果你不热爱互联网,没有理想,真的别来腾讯,在这里工作挺艰苦的。"一位人力资源负责人常这样对求职者说。

腾讯具有一种自发的行进动力,几乎所有人都沉浸于狂热却辛苦的产品氛围中。让员工心无旁骛的前提是,腾讯帮他们解决了大部分"世俗"问题。

生存是人最基本的需求。在业界,腾讯一直以高薪著称。奚丹说:"腾讯员工的收入应该和腾讯在业界的地位相匹配。"每年,人力资源都会对各岗位的薪酬水平做调研,并做出相应调薪方案,让腾讯始终保持具有竞争力的薪酬。对员工来说,他们只需工作努力,自然会获得满意的收入,无须为此患得患失。

生存之上是安全的需求。这主要靠福利体系解决。腾讯的福利可谓“无所不至”。到去年,福利体系已经蔓延至“腾讯家庭”。奚丹等人通过调研发现刚毕业3～5年员工离职率较高,主要原因就是买房压力。“我们相信员工未来一定有能力安居乐业,只是在刚毕业的3～5年,特别是高房价的大环境下会有压力,很多人觉得现在不买,以后更没机会买了。如果我们能提供一些资助,让员工提前买房,他就会安心工作。”这正是腾讯“安居计划”出台的背景。

“福利”还体现在公司对员工生活细节的照顾:每晚保安会推着餐车将加餐送至员工办公桌前;北京办公室地处市中心繁华地段,依旧有通往各大住宅区的班车,每当下班发车时,浩浩荡荡;还有,腾讯提供各类免费运动场所,甚至将班车开到运动场门口。

满足了生存和安全需求,员工们开始寻找爱与归属的社交需求。从加入腾讯开始,一系列相关计划就开始运行。腾讯的入职培训不仅是“教化”,还包括很多社交内容,新员工会被分组完成各类任务,既促进团队合作,又培养主动工作意识。此外,新员工还会被指定一位老员工“导师”,导师负责解答在腾讯的任何问题,甚至包括“我想去哪里吃饭”等生活问题。

腾讯还推出了“健康加油站”项目,在公司内设有问诊室,返聘了很多退休医生。他们还开通了一条7×24小时专业医生值守的400热线电话,员工和员工家属都可以拨打。工作压力大了,和上级发生矛盾了,郁闷了可以求助;太太怀孕了,不知道如何照顾,也可以求助。

对于最高层次的“自我实现需求”,在腾讯,是通过TTCP(技术职业发展通道管理委员会)完成的,它就像腾讯的“黄埔军校”。在TTCP那里,技术人才被分为六个级别,从T1(工程师)到T6(首席科学家),每个级别的职员都会得到详细有效的提升培训计划。当然,做技术不是唯一出路,除了TTCP外,腾讯还提供各类职业通道体系,在腾讯学院设有学分制培训计划——就像大学中的选修课,员工凭特长和兴趣自由选择,既包括管理,也有技术、设计、产品、市场等内容。

三、HR:从管理到服务

HR能像做互联网产品经理那样工作吗?奚丹的回答是:“能!”在他看来,人力资源不是管理,而是服务。人力资源部门和腾讯业务部门一样,理念是“一切以用户价值为依归”。

腾讯要求人力资源部门把“用户”识别到“人”。比如在招聘环节,用户就是具体业务部门的负责人;制定薪酬福利时,用户就是腾讯员工。

腾讯的业务体系内流传着一句话,“真正的用户需求是说不出来的”,产品经理要有将需求具体化的能力,人力资源部门亦然。

HR用做互联网产品的方式为来自业务部门的面试官提供招聘工具。当业务部门提出用人需求,人力资源部门首先会在公司内选择三个以上优质员工样本;然后再建模、扫描,分析导致这些员工背后的成功因素,比如逻辑思维很好、对数字敏感、善于学习等。然后对这些成功因素倒推并具体到行为,再根据行为制定出面试问题,最后在问题后附上可能的答案并给出分值。

而当遇到和员工相关的事项,人力资源部门都会进行调研,甚至新建办公楼女卫生间要坐式还是蹲式马桶都要广泛征询员工意见。每有新项目开始,员工的RTX系统内就会出现问卷,能随时看到结果。“只要意见得以快速落实,员工主动性就高;此外员工有自主选择权,没兴趣的问卷可以不回答。”上述HR负责人说。

他们还会把握尺度，避免员工因问卷太多陷入新的麻烦。此时，腾讯的产品把握能力再度派上用场，问卷只会定向发给相关员工。

四、"瑞雪"计划

深圳腾讯总部，窗外就是马化腾的母校深圳大学。有员工说，腾讯氛围像一所大学，纯美。很多人愿意一直工作在腾讯，因为这里很"有爱"，相对纷繁困扰的社会，这里更像个世外桃源。

对于社会上一些不良现象，腾讯无能为力，但在公司内部，腾讯希望能将这些逐渐净化。

在腾讯，时而，你会听到他们表扬他人"你真瑞雪"，或是批评"这不瑞雪"。"瑞雪"，是腾讯倡导的一种生活方式，于2006年推出。因为瑞雪一方面代表着"兆丰年"的美好前景；另一方面，瑞雪能冻死细菌和害虫，象征弃恶扬善。

当年的"瑞雪"项目是杜绝"逆乘电梯"。为此，他们召集了很多热心员工，作为"瑞雪使者"，戴着一个小值班袖标站在电梯口请大家排队。现在腾讯各处，员工都会自觉排队。腾讯HR负责人说："'瑞雪'关注的是小行为。但腾讯希望用好的氛围同化大家，至少在公司的环境里相互信任，相互尊重，不把那些对社会的焦虑和抱怨带到工作中来。"

"瑞雪计划"也在不断升级。从最初的文明乘梯、文明排队等社会内容，已经逐渐演变到职场内容。比如，某年"瑞雪"的主题是针对组织效率提升，号召"瑞雪会议"，减少那些无聊而冗长的会议。

资料来源：袁茵.腾讯HRVP奚丹：腾讯对"人"的理解.(2018-09-17).https://www.sohu.com/a/254315325_99909499.

阅读后请思考：

1.案例中提到了哪几项人力资源管理职能？请结合案例具体说明。

2.腾讯公司的员工管理对你有什么启示？

思考习题

1.什么是人力资源？说明人力资源的特点。

2.什么是人力资源管理？

3.阐述人力资源管理的任务及功能。

4.人力资源管理的职能包括哪些？

5.人力资源规划在组织中有何作用？

6.说明人力资源规划的程序。

7.说明招募与甄选的原则。

8.说明招募与甄选的程序。

9.内外部招募的优缺点是什么？

10.培训应该由哪些步骤构成？

11.说明绩效和绩效管理的概念。

12.阐述绩效管理系统构成。

13.薪酬包括哪些形式？

14.什么是薪酬管理？

15.改善员工关系有何意义？

16.什么是员工关系管理？主要包括哪些内容？

17.人力资源管理者必须要具备哪些素质？

18.人力资源大数据有哪些特点？

技能实训

1.选择校内某一学生组织的 1 个岗位，为其设计一则招聘广告，并组织一场面试。

2.选择一家你感兴趣的公司，上网查找该公司的人力资源管理相关信息，并简要谈谈你的评价。

参考文献

[1]颜明健.管理学原理[M].3 版.厦门：厦门大学出版社，2019.

[2]董克用，李超平.人力资源管理概论[M].北京：人民大学出版社，2019.

[3]杨善林.企业管理学[M].4 版.北京：高等教育出版社，2020.

[4]王爱敏，王崇良，黄秋钧.人力资源大数据应用实践：模型、技术、应用场景[M].北京：清华大学出版社，2017.

[5]颜爱民，人力资源管理前沿与热点问题：基于中国本土的案例解析[M].北京：北京大学出版社，2019.

[6]徐光华，暴丽艳.管理学：原理与应用[M].北京：清华大学出版社、北京交通大学出版社，2004.

[7]郑晓明.人力资源管理导论[M].3 版.北京：机械工业出版社，2012.

[8]杨文健.人力资源管理[M].北京：科学出版社，2007.

[9]刘亚臣.管理学[M].哈尔滨：哈尔滨工业大学出版社，2012.

[10]娄成武，魏淑艳.现代管理学原理[M].3 版.北京：中国人民大学出版社，2012.

[11]汪洁.管理学基础[M].北京：清华大学出版社，2009.

[12]赵涛，齐二石.管理学[M].北京：清华大学出版社，2013.

[13]单宝玲，辛枫冬.管理学原理[M].3 版.天津：天津大学出版社，2016.

[14]方振邦.管理学基础[M].3 版.北京：中国人民大学出版社，2015.

[15]刘汴生.管理学：理论与实务[M].北京：北京大学出版社，2012.

[16]刘友金，张卫东.管理学[M].3 版.徐州：中国矿业大学出版社，2018.

[17]谢赤，袁凌.管理学概论[M].长沙：湖南大学出版社，2007.

[18]宋晶，郭凤侠.管理学原理[M].4 版.大连：东北财经大学出版社，2014.

[19]汪克夷，易学东，刘荣.管理学[M].5 版.大连：大连理工大学出版社，2011.

[20]汤石章.管理学原理[M].上海：上海交通大学出版社，2012.

[21]吴照云.管理学[M].6 版.北京：中国社会科学出版社，2011.

[22]韩瑞.管理学原理[M].2 版.北京：中国市场出版社，2019.

[23]邢以群.管理学[M].5 版.杭州：浙江大学出版社，2019.

[24]朱雪芹.管理学原理[M].北京：清华大学出版社，2011.

[25]曾坤生.管理学[M].2 版.北京：清华大学出版社，2012.

[26]卢西尔,高俊山.管理学基础:概念、应用与技能提高[M].4 版.戴淑芬,译.北京:北京大学出版社,2011.

可扫码获取本章课件资源:

第7章 领 导

本章学习重点：

理解领导是一种追随关系的特点；能够解释领导与管理的差异和联系；掌握领导者如何运用五种权力类型；能对领导特质理论做出正确评价；理解和评价不同的领导行为理论；能分析情境因素与领导行为的匹配性；理解新环境下的一些新的领导概念；理解领导者的政治行为；探索与研究大数据领导和中国情境下的特殊领导力。

核心知识点：

1.领导(leadership)
2.领导权力(leadership power)
3.领导特质(leadership trait)
4.领导行为(leadership behavior)
5.管理方格(managerial grid)
6.领导替代(substitutes for leadership)
7.魅力型领导(charismatic leadership)
8.变革型领导(transformational leadership)
9.政治行为(political behavior)

开篇案例

飞利浦大中华区总裁何国伟:观念转变撬动变革

我加盟飞利浦时,这家企业正在经历百年历史上的又一次重要战略转型。飞利浦公司于1891年在荷兰的埃因霍温成立,在这里世界上第一只碳丝灯泡面世,让低价耐用的灯泡得以进入百姓家。100多年后,以照明业务起家的飞利浦成为布局节能照明、医疗保健、消费产品等领域的跨国企业。

大约在10年前,飞利浦全球CEO万豪敦观察到,产品竞争已是激烈的红海,若希望持续获得增长,飞利浦必须转型,向高价值领域进军。而在全球范围,随着人类寿命的增加,慢性疾病呈增长趋势,基于"改善人类健康福祉"的使命,飞利浦决定聚焦健康科技领域。

在这一背景下,我于2015年进入飞利浦。在此之前,我任职于IBM,拥有中国、美国和加拿大等地的工作、生活经历,具备销售、技术、管理等工作经验。飞利浦的工作机会来得很偶然。2014年,当时飞利浦正处于转型初期,我了解到飞利浦的总体战略,认为很有吸引力。一个打动我的地方是,做转型的企业非常多,飞利浦特别之处是用非常开放的心态和灵活的方式做新的事情。同时,他们希望找到来自其他行业,在数字化转型特别是解决方案转型方面拥有丰富经验的人,来领导大中华区的转型。经过后续一年的沟通,我决定加入飞利浦。

2015年8月我加入飞利浦,11月接任飞利浦大中华区总裁,带领公司转型。我始终相信,当转型本身具有意义和使命感,领导团队坚定执行战略,公司上下一心,以及组织架构与资源上的充分配合,转型才有可能顺利推进。总的来说,过去6年的转型可以划分为两大阶段。第一阶段是转变观念,达成共识,确保整个公司向同一个目标前进。从销售一台设备转为销售一套复杂的整体解决方案,要引领这种变革,我个人非常兴奋,但在实施过程中,如何令每一位员工能够拥抱变革,跟我拥有同样的热情,并且知道如何去做,充满巨大的挑战。第二阶段是建立兑现客户承诺的能力。具体分为两步,第一步是搭建团队,梳理方案。第二步是提升能力,改变心态。我记得转型刚开始时,公司的团队各自为政,员工会认为自己是硬件产品的销售,另一位同事是软件的销售,旁边的是解决方案的销售,结果是我们无法将集飞利浦整体智慧与能力的解决方案交付给用户,最后减弱了公司的总体实力。我希望未来每一位员工都能利用整个团队的力量,实现共同的目标。

自2016年转型实施以来,我们实现了业绩和利润的持续增长,大中华区有25%的销售额来自解决方案,我相信在未来这个比例会越来越高。飞利浦中国成为飞利浦全球第二大市场和重要的增长引擎之一。2018年,因为我为上海科创中心建设和实现"健康中国2030"愿景所做的工作,我被上海市政府授予"白玉兰纪念奖"。

资料来源:何国伟口述、廖琦菁整理发表于《哈佛商业评论》(2021年12月)的文章《飞利浦大中华区总裁何国伟:观念转变撬动变革》。

飞利浦的转型为什么需要一位新的领导？何国伟领导飞利浦中国转型的6年时间内做了什么？他的领导工作是否带领飞利浦成功转型？有哪些原因促使了他领导成功，而在领导员工的过程中，他可能碰到过哪些困难？在本章中，我们将彻底思考什么是领导、什么是有效的领导行为、如何成为一名卓越的领导者以及领导与企业变革和绩效的关系、领导与员工绩效和满意度的关系等。

领导是管理职能中最具艺术性的一个。有效领导不但能使组织产生不同的结果，而且能给位于组织中不同层次的员工带来不同于以往的满意度。本章首先介绍领导的含义，并解释了领导与管理、领导与权力的关系。接着介绍三类领导理论，即领导特质理论、领导行为理论和领导情境理论。最后，探讨了其他一些不同的或更新的领导理论。

7.1 领导的含义

7.1.1 领导

领导既是过程又是特性，也就是说领导一词作为动词，指的是领导行为及过程；领导也可作为名词，指的是领导者及其特质。

作为过程（领导行为），领导是运用非强迫性影响力塑造群体或组织目标，激励导向目标实现，并且协助群体和组织文化的形成的行为。作为特性（领导者），领导是一组被感知为领导的个人特征。领导者是不依赖强制力影响他人行为的人，或者是被接受为领导者的人。

管理故事 7-1

老板与领袖的区别

李嘉诚说，我常常问自己，你是想当一个团队的老板还是领袖？做老板简单得多，你的权力主要来自你的地位；做领袖就比较复杂，你的力量源自人性的魅力和号召力。做一个领袖，态度与能力一样重要。领袖领导众人，促动别人自觉甘心卖力；老板只懂得支配众人，让别人感到渺小。

7.1.2 领导与管理

管理和领导是互相关联的，但二者之间并不是等同的关系。管理与领导，从行为方式来看，两者都是组织内部影响他人的协调活动，都是实现组织目标的过程；从权力构成来看，两者都是组织层级岗位设置的结果。但管理工作较为广泛，领导仅是管理者的一项基本职能；管理者是上级任命的，而领导者可以是上级任命的，也可以是群体中自发产生的。有时候，我们会形象地说，管理者是“低头拉车”的人，他强调控制和理性，确保组织平稳、有序发展；领导者是“抬头望路”的人，他强调激情与鼓舞、创新与变革。两者的区别详见表7-1。

表 7-1　管理与领导的区别

活　动	管　理	领　导
制定计划	管理和预算。制定实现目标的详细步骤和时间表，分配必要的资源	建立方向。建立一种对未来（通常是较远的未来）的愿景以及为实现这种愿景而引领变革
建立人力网络或实现计划	组织和人员配置。建立完成计划所需要的结构，根据结构配置人员，分配责任和权力，制定政策和程序，拟定监督的方法和系统	步调一致。为了培养理解上述愿景和战略并接受其有效性的团队，通过言语和行为，向任何有帮助的人传达方向
执行计划	控制和问题解决。将结果同计划进行细节上的比较，发现偏离计划的情况，然后计划和组织解决问题	激励和鼓舞。通过满足人们基本的但往往未得到满足的需要来鼓励人们克服重大的政治、官僚和资源障碍
成果	建立某种程度上的可预见性和秩序，并且有可能为不同的利益相关者创造一致的和重大的成果（例如，对于顾客可能是准时，而对于股东是完成预算）	往往带来戏剧性的变革，有能力制造极端有用的变革（例如顾客需要的新产品，令企业更有竞争力的新方法）

一个人可以既是管理者也是领导者，也可能只是管理者或领导者。所有的管理者都应该是领导者，因为有效地进行领导的本领是作为一名有效的管理者的必要条件之一。但未必所有的领导者都是管理者，因为一个人能影响他人这一事实，并不表明他具有组织运行及管理岗位所要求的技能。组织既需要管理，也需要领导。领导可以创造变革，而实现有秩序的结果则需要管理。结合领导的管理将可以创造出有秩序的变革，而结合管理的领导则可以令组织同环境协调一致。

管理故事 7-2

领导者的长子性格

蒂森克虏伯集团为德国工业巨头，曾为欧洲钢铁工业和机器制造业做出杰出的贡献，是德国重工业的缩影。该公司董事长蒂森克虏伯说："我是长子，有六个兄弟姐妹。如有事，父亲总安排我带领他们。"这是蒂森克虏伯领导力经验的起源，影响着他的职业生涯："必须知道自我的重要性，保持方向感"，而且"要勤于思考"。否则，不可能成为领导者，最多只是管理者。

7.1.3 领导与权力

1.五种权力类型

为了充分理解领导，首先要理解影响力。权力是影响他人行为的能力。一个人可以拥有权力但不使用它。例如，球队的教练有权力决定让谁坐冷板凳，但是他很少用到这项权力。因为队员都知道他拥有这一权力，因此会努力表现争取首发。相反地，一旦他主动地使用了这一权力，往往反映了教练与球员关系的恶化，反而达不到预期的效果，特别是对一些明星球员而言。在组织内部存在着5种类型的权力：合法权力、奖励权力、强制权力、参考权力、专家权力。

(1)合法权力

合法权力(legitimate power)是来自组织层级的权力，由组织根据具体的职位定义。管理者有权向下属安排工作，拒绝安排的下属可能受到惩罚，甚至被解雇。这样的后果就是源于组织向管理者授予的合法权力。合法的权力就是权威，所有的管理者对自己的下属都拥有合法权力。不过，仅仅拥有合法权力并不意味着就是领导者。有的下属只遵从严格符合组织规定和政策字面的命令。如果要求他们做工作描述以外的事情，他们会拒绝或不好好做。这类员工的管理者就是在运用权威而不是领导。

(2)奖励权力

奖励权力(reward power)是给予和撤销奖励的权力。管理者控制的奖励包括加薪、推荐升职、表扬、认可和灵活的工作安排。一般来说，管理者控制的奖励数额越大、越重要，其奖励权力就越大。如果下属认为只有正式的组织奖励才有价值，则这名管理者就不算是领导者；如果下属还希望得到并且重视管理者的非正式奖励，如表扬、赞赏和认可，则这名管理者才是在运用领导的艺术。

(3)强制权力

强制权力(coercive power)是通过心理、情绪或身体威胁来要求服从的权力。过去，组织曾用过身体强制的方法，例如棍棒式管理。今天，组织通常用口头申斥、书面申斥、纪律性停职、罚款、降级和停止合同的方式进行强制。有些管理者甚至会使用谩骂、侮辱和心理强制的方法来操纵下属，但大多数人认为这种操纵行为是不恰当的。一方面，管理者所拥有的惩罚性权力越大、越重要，其强制权力就越大。另一方面，越倚重强制权力的管理者，就越容易引起不满和敌意，越不太可能被视为领导。

(4)参考权力

参考权力(referent power)又称为感召权力，源于管理者的性格、品行或个人魅力等。合法权力、奖励权力和强制权力都是相对具体的，并且同组织生活中的客观方面相结合，而参考权力则是抽象的。它是以身份、模仿、忠诚或魅力为基础的，追随者可能做出友好的反应，因为他们在某种程度上认同领导者，也许是因为个性、背景或态度相仿。有时，追随者会模仿拥有参考权力的领导，例如着装、工作时间或支持同样的管理哲学。参考权力还可能是呈现领导魅力的形式，这是一种能够激发忠诚和热情的无形的领导特性。拥有参考权力的人通常被视为领导者。

(5)专家权力

专家权力(expert power)是以信息与专长为基础的权力。知道如何同一位偏执而重要的顾客打交道的经理，能够做出别的公司想象不到的重大突破的科学家，知道如何绕过官僚主义程序的秘书，这些都是拥有专家权力的例子。信息越重要，掌握的人越少，专家权力越大。一般来说，身兼管理者和领导者的人通常拥有大量的专家权力。

2.权力的运用

管理者和领导者如何运用上述5种权力？第一是合法要求，这是以合法权力为基础的。管理者要求下属服从，因为下属认识到组织授予管理者提出要求的权力。管理者和下属间绝大多数日常接触属于这一类型。

第二是工具性服从（功利性服从），它是以激励的强化理论为基础的。下属服从是为了换取管理者所控制的奖励。假设管理者要求下属做本职以外的工作，例如在周末加班、停止同一个有长期合作关系的供应商业务或发布坏消息，如果下属服从，则管理者以表扬或奖金作为交换。下一次下属被要求做此类事情时，他就会知道服从可以换取更多的奖金。因此，工具性服从的基础是明确重要的绩效奖励机制。

第三是强制，当管理者说明或暗示拒绝接受指令的下属将会受到惩罚、解雇或申斥时，他运用权力的方式就是强制。

第四是理性说服，即管理者向下属证明服从是符合下属最佳利益的一种方式。例如，经理可能会告诉下属工作变动对其职业发展有利。在某种程度上，理性说服类似于奖励权力，只不过经理实际并不控制这样的权力。

第五是个人认同和鼓舞性要求。管理者可能认识到他对某一个下属拥有参考权力，他通过自己的示范来影响下属，也就是说，管理者有意识地成为下属的模范，这是在利用个人认同的力量进行领导。鼓舞性要求则是管理者要求员工实现一组更高的目标或价值。例如，对忠诚的要求就是一种鼓舞性要求。参考权力在很大程度上决定了鼓舞性要求能否成功，因为它的效果至少部分地取决于领导的说服能力。

第六是信息扭曲。这是一种有争议的运用权力的方法，即管理者通过隐瞒或干扰信息影响下属的行为。例如，如果经理同意根据大家的意见挑选团队成员，但他在心中已经偏向某一候选人，于是他有意隐瞒其他候选人的某些优点以促成他所中意的候选人入选。这种做法是危险的，是不合乎伦理的。一旦下属发现这种行为，管理者将失去下属的信任。

管理故事 7-3

愿景是最好的动力

美国心理学家曾试验：将某公司营业部分成两组，完成同样的半年目标。A组被下了“必须完成”的死命令，而B组被告知“如果完成，可以去佛罗里达的海滩度假”。结果，A组只完成60%，而B组却达成了100%。因为A组人的心灵，只被辛苦的工作支配着。而B组人则心想“佛罗里达正在等着自己”。因为对未来抱着期待，所以能够跨越艰辛。著名作家埃克苏佩里说：“如果你想建一艘船，不要告诉手下人如何锯木头，如何缝船帆，如何准备工具……而是让他们渴盼远方，迫不及待地要扬帆出发。”

7.2 领导理论的演进

7.2.1 领导特质理论

1.关于领导特质的研究

20世纪二三十年代至40年代末，关于领导的研究大都集中于对领导者所应具备的特质的讨论。古埃及和古罗马时代的“伟人”论（领导者是天生的而非后天造就的）开辟了这方面研究的先河，自此以后学者们开始尝试从身体、精神及个性特质方面分析不同的领导者。

领导特质理论假定某些基本的人格特质令领导者与非领导者区别开来，只要能够定义出这些特质，我们就可以挑出潜在的领导者。不少学者已经做过很多这类研究，旨在分离出一种或几种领导者具备而非领导者不具备的特质。拉尔夫·斯托格迪尔发现，不同学派的学者已经总结出了领导者所应具备的特质：5种生理（physical）特质（如精力、外表、身高等）、4种智能（intelligence and ability）特质、16种个性（personality）特质（如适应能力、进取心、热忱、自信等）、6种与工作内容相关（task-related）的特质（如对成就的渴望程度、毅力、创新精神等）、9种社交（social）能力（合作精神、人际交往能力、管理能力）。

2.对领导特质理论的批评

尽管研究者付出了相当大的努力，但研究结果表明不可能有这样一套特质总能把领导者与非领导区分开来。研究得出的领导特质越来越多，缺乏一致性，甚至有些是相反的。并非所有的领导者都拥有这些特质，而很多非领导者却拥有部分或全部这些特质。具备了这些特质，也并不一定就能保证有效的领导；不具备这些特质，也不一定就会导致领导失败。因此，在绝大多数情况下，研究结果是令人失望的，因为总是可以举出一长串的例外情况。有些领导特质对领导成效的影响仍不是很清晰，而且这种方法也没有说明个人应该具备的某些特质应达到何种程度。即使一些一开始看上去有效的领导特质也存在着多种不同的解释。例如，许多领导者都表现出良好的沟通技能和自持力。但是，这些特质与其说是原因，不如说是他们在获得领导地位之后的表现。

3.对领导特质理论的肯定

而后的研究者纷纷认为，仅仅依靠特质并不能充分解释有效的领导。不过，也有一些研究试图找出与领导力高度相关的特质，这些研究是较为成功的。研究者发现六项特质与有效的领导有关，它们是：内在驱动力、领导愿望、正直与诚实、自信、智慧、工作相关知识。表7-2列出了这些特质并进行了简要描述。

表 7-2　与领导力有关的六项特质

领导特质	简要描述
内在驱动力	领导者非常努力，有着较高的成就愿望。他们进取心强，精力充沛，对自己所从事的活动坚持不懈，永不放弃，并有高度的主动性
领导愿望	领导者有强烈的愿望去影响和统帅别人，他们乐于承担责任
正直与诚实	领导者通过真诚无欺和言行一致在他们与下属之间建立相互信赖的关系
自信	下属觉得领导者从没有怀疑过自己。为了让下属相信自己的目标和决策的正确性，管理者必须表现出高度的自信
智慧	领导者需要具备足够的智慧来收集、整理和解释大量信息，并能够确立目标、解决问题和做出正确决策
工作相关知识	有效的领导者对有关企业、行业和技术的知识十分熟悉，广博的知识能够使他们做出睿智的决策，并能认识到这些决策的意义

另一方面，尽管绝大多数研究者已经放弃了将特质作为领导能力指标的做法，但许多人仍然认同具备恰当的特质的确能使个体更有可能成为有效的领导者，他们会公开或不公开地应用特质作为标准。例如，在选择政治家时往往注重个人外表、演说能力或是否自信。像诚实和正直之类的特质很可能是基本的领导特质，值得重视。也有学者认为，智力水平也在领导能力中扮演着一个有意义的角色。

7.2.2 领导行为理论

1.领导者是天生的还是可以后天培养

究竟有没有所谓的“理想经理人”，他能够有效地处理任何企业的任何问题？是否存在类型化的经理人，即身上具备某些典型的领导特质？领导能力是与生俱来的，还是可以后天培养的？现实中，有许多企业强烈地执着于寻找类型化的经理人，他们认为领导是天生的，以至于他们只盯住某些特定的性格特质或素质，致力于选择“正确”的人来担任领导。

实际上，我们在寻找有用的领导特质方面并不大成功。我们忽视了真正应当关心的问题——一个人究竟能做成什么事情，是要根据他天生的性格特征来判断，还是根据他的行为结果来判断？根据行为结果来评判一个管理者，比根据他表面上的性格加以评判更加有效。因为技能和行为比性格特质更容易辨认：技能和行为是展现在外部的，可以观察和评估；而内在的性格特质则不易辨识，且常常被曲解。因此研究者很快转而调查其他变量，特别是领导的行为或者风格。领导行为理论发生于 20 世纪 40 年代末到 60 年代中叶，认为有效的领导表现出不同的行为特点，我们可以把人们培养成领导者。

2.密执安大学的研究

密执安大学的研究者在利克特的领导下于 20 世纪 40 年代末开始研究领导行为。根据对大量领导(经理)与追随者(下属)的研究，这项研究发现了两种基本的领导行为：以工作为中心和以员工为中心。以工作为中心的领导行为(job-centered leader behavior)注意下属的工作，解释工作程序，对结果表现出极大的兴趣。以员工为中心的领导行为(employee-centered leader behavior)关注建立和谐的工作群体，保持员工对工作的满意，他们的首要关注点是员工的福利。

这两种领导行为的风格被认为是处于一个连续统的两端。利克特只研究了两端的情况，他认为以员工为中心的领导行为更加有效。我们应当注意利克特的领导研究和组织设计之间的关系。以工作为中心的领导行为同“僵化和官僚”的组织设计一致，而以员工为中心的领导与“有机的和灵活的”组织设计一致。

3.俄亥俄州大学的研究

大约在利克特研究的同时，美国俄亥俄州大学的一群研究者也开始了对领导的研究。俄亥俄州大学采用密集问卷的方法同时得到两种基本的领导行为或风格：创建结构行为和关怀行为。创建结构行为(initiating-structure behavior)是领导清楚地规定领导-下属关系，人人都知道自己应当做什么，建立正式的沟通机制，并且决定如何完成任务。关怀行为(consideration behavior)是领导表现出对下属的关心，试图建立温暖、友好和支持的气氛。

俄亥俄州大学的研究结果同密执安大学类似，但两者存在着一个重要的区别。俄亥俄州大学的研究者并不将行为解释为单一向度，这两种行为是相互独立的。也就是说，领导者可以同时表现出不同的创建结构行为和关怀行为。具体而言，密执安大学的研究识别了两种领导行为：以工作为中心的领导者和以员工为中心的领导者，而俄亥俄州大学的研究识别了四种领导行为：高定规(创建结构行为)、高关怀型领导者；高定规、低关怀型领导者；低定规、高关怀型领导者；低定规、低关怀型领导者。

起初，俄亥俄州大学的研究者认为在这两种行为方面均表现出高水平的领导是更有效的领导。但实证研究并不支持这一结论。研究者发明，创建结构水平较高的主管所领导的下属绩效高但满意度低，缺勤率高。相反，关怀水平较高的主管所领导的下属绩效不高但满意度高，缺勤率低。

4.管理方格理论

由罗伯特·布莱克(Robert Blake)和简·默顿(Jane Mouton)创立的管理方格图(managerial grid)受到了人们的普遍关注。管理方格提供了评估领导风格以及培训领导者转向理想行为风格的方法，目前已被众多公司和培训机构用来进行管理人员培训和对不同领导风格进行识别。

图 7-1 描述了管理方格。水平轴代表“关心生产”(类似于以工作为中心和创建结构的行为)，是指管理人员对各类事情所抱有的态度，例如决策的质量、程序与进程，研发人员创造力，员工服务的质量，工作效率以及产出的数量等。纵轴代表关心人(类似于以员工为中心和关怀行为)，其所包含的范围则更加广泛，例如个人对实现目标的承诺程度、员工对自尊的维护、将责任建于信任而非服从的基础上、提供良好的工作条件和保持令人满意的人际关系等。

管理方格图识别了 4 种极端的管理行为：“1，1”型管理者(贫乏型管理)，对工作和人都缺乏关心；“9，1”型管理者(权威-顺从型)，高度关心工作但很少关心人；“1，9”型管理者(乡村俱乐部管理)，同“9，1”型刚好相反；“9，9”型管理者(团队管理)，对人的关心和对工作的关心最大化。以这 4 种管理风格为基准，每个管理者都可以在图中找到适合自己的位置。显而易见，“5，5”型管理者(中庸管理)，平衡关心人和关心工作，他们追求适当的而不是卓越的士气和产量，他们不会设定过高的目标，对人则采取相当开明的态度。

根据这一理论，理想的管理行为类型是“9，9”型，可以对管理者进行培训使其达到这

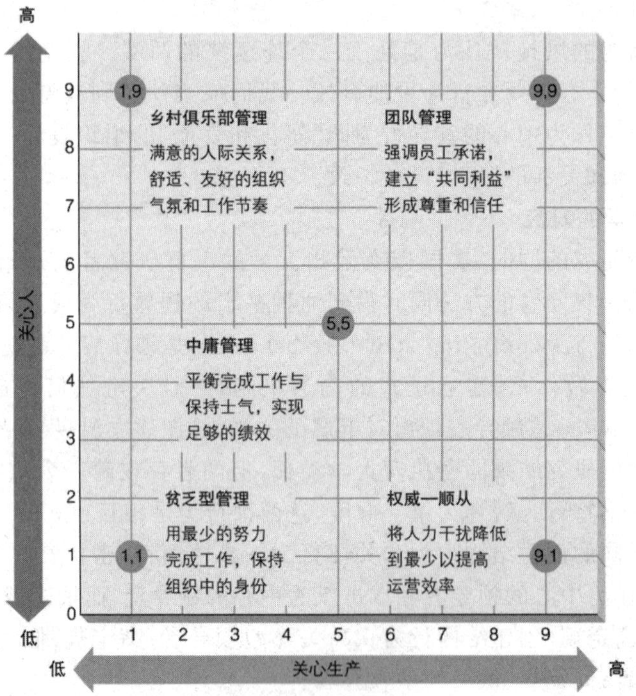

图 7-1　管理方格图

一行为风格。许多企业运用管理方格获得了适度的成功，但是，它的真正效力缺乏科学证据的支持。遗憾的是，管理方格只是对领导风格这一概念提供了框架，并未回答如何使管理者成为有效的领导者这一问题，并且也没有充足的证据支持“9，9”型在所有情境下都是最有效的。

❋ 管理故事 7-4

西南航空公司的领导

让我们来看看西南航空公司主席哈尔伯特·凯莱赫的领导风格。他尝试以记住每个员工的名字并以个人名义寄送生日卡片的方式，在公司里营造一种家庭的氛围。为了设法保持公司在非常规航运业务中的竞争力，他对于公司及工会的要求做出了很大的让步，并最终得到了支持。亲力亲为的领导风格为他赢得了员工们的尊敬和追随。在公司里，他要求自己做到对管理层和员工的要求一视同仁。而他也将自己的办公室设在一座军营式的大楼内。他以身作则，对工作和员工给予同样的关注。这种领导风格也正是西南航空公司提供优质服务和低廉价格的公司策略的体现。

7.2.3 领导情境理论

1.领导情境理论的提出

领导理论研究领导的有效性以及领导者与非领导者区别是什么。领导特质理论认为领导的有效性取决于个人特质，领导行为理论认为领导的有效性取决于领导行为和风格，领导情境理论认为领导的有效性取决于领导者、被领导者和领导情境。领导行为理论告诉我们不要对领导是什么有先入之见（领导特质），而是应该关注领导做什么（行为）。但是，这些理论同时对有效领导的构成做出了普遍的规定，即存在着在任何情境下都是最有效的领导行为。

然而，在对复杂的社会系统进行分析时，几乎没有哪种关系是持续有效的，因此不可能出现公式化的结论。行为理论家试图发现在领导行为和员工之间存在一致性的关系，但他们总是失败。很多时候，我们真的很难判断哪种领导行为或风格更为有效，或者说在很多实证研究中，有效的领导行为或风格难有统一的定论。现实当中的领导者也常常陷入了一个两难的困境：测量“有效”的指标是工作业绩还是员工的满意度？他们是应该关注于取得更高的工作业绩呢，还是应该关心员工更高的满意度？

尽管人际维度和任务导向维度有助于描述领导的行为，但是却无法用于预测或者指导领导行为。由于领导特质理论和领导行为理论的研究缺乏一致性的结果，因此，人们开始关注情境因素的影响。领导的情境方法假定适当的领导行为随情境不同而改变，该方法通过考察领导方式与环境要素之间的关系，试图回答什么样的环境应该采用什么样的领导方式或应对领导方式做出什么样的调整。人们围绕这一假设做了大量的研究，实践证明这些研究是具有说服力的。这一研究方法认为在领导和其所领导的团队之间存在着互动关系，而这也证明了追随者理论，即人们会趋向于追随那些他们认为能帮助他们达到自身目的的人。而领导者是能够发现这些需求、能够满足这些需求，或者创造条件和办法满足这些需求的人。

领导风格与领导的有效性之间的关系表明，X 风格在 a 条件下恰当可行，Y 风格则更适合于条件 b，Z 风格适合于条件 c。但是，这些情境到底是什么呢？知道领导的有效性取决于情境因素只是问题的一个方面，问题的另一方面是，我们还要分离出这些情境条件或权变变量。

2.代表性的领导情境理论

在下面的内容中，我们介绍了两种有代表性的领导情境理论：LPC 理论和路径-目标理论。

管理故事 7-5

两个风格迥异 CEO 的不同结局

有两家公司的 CEO 性格迥异（用 A 和 B 代替他们的姓名）。A 有着近乎完美的资深职业经理人形象，他热忱外向，和蔼可亲，从没见过他和任何人发生争执，认识他的人都喜欢他。每次董事会之前，他都会请董事们吃一顿可口的晚餐；他访问我上海的办公室时会给我的助理小姐带旧金山特产巧克力。

B 则恰恰相反，他穿着随意，初次和他接触的人往往会觉得他内向而冷淡，说话极少寒暄，总是直入主题，有些人很不喜欢 B。和 B 聊天是很累的，因为常找不到共同的话题，间或被难堪的沉默所打断。B 有时显得固执，常和董事会发生争论。在 B 的公司开董事会总是吃盒饭工作餐，他也从不送任何人小礼物。

A和B的业绩也是天壤之别的。在A领导公司的三年时间里，该公司总计亏损一亿多美元，市值跌掉约96%，A最终被董事会炒鱿鱼。而B则在四年时间里将其公司扭亏为盈，创造了1亿多美元的价值，最终成功卖掉。怎么会出现这种奇怪的现象？难道不是大家都更喜欢A？难道A的缺点错误不是比B更少？难道A不是个比B更接近完美的职业经理人？

(1)费德勒的LPC理论

LPC理论由费德勒(Fred Fiedler)提出，是第一个真正的领导情境理论。LPC理论认为领导风格随情境有利性而变化，其基本假设前提是：在不同类型的情境中，总有某种领导风格是最为有效的。因此，首先需要界定领导风格以及不同的情境类型，然后建立领导风格与情境的恰当组合。

①领导风格

为了理解费德勒的LPC理论，我们先来看看第一个变量——领导风格。费德勒认为，影响领导成功与否的关键因素之一是个体的领导风格。费德勒的方法是特质和行为理论的结合，他发现了两种领导风格：任务导向(类似以工作为中心和创建结构行为)和关系导向(类似以员工为中心和关怀行为)。他对早期行为理论的超越在于他主张行为风格是领导人格的反映，而绝大多数人格属于他所说的两个类别——任务导向或关系导向。

费德勒用一种有争议的量表——LPC量表测量领导风格。LPC代表最不情愿共事者(least-preferred coworker)。LPC问卷包括16组对照形容词，例如快乐—不快乐、冷漠—热心、枯燥—有趣、友爱—不友爱。这一方法要求经理或者领导根据16项指标(两端分别为一对积极的和消极的形容词)描述他最不情愿与之共事的人(LPC)。下面列出了其中的三项：

有帮助的	8	7	6	5	4	3	2	1	添乱的
紧张的	1	2	3	4	5	6	7	8	放松的
厌烦的	1	2	3	4	5	6	7	8	有趣的

费德勒让作答者回想一下自己共事过的所有同事，并找出一个最难共事者，在16组形容词中按1～8级(8代表积极一端，1指向消极一端)对其进行评估。费德勒相信如果领导者能以相对积极的词语来描述最难共事者(LPC得分高)，说明回答者乐于与同事形成友好的人际关系。也就是说，如果你对最难共事的同事用一些较为接纳和喜欢的词来描述，那么你属于关系导向型领导风格。相反，如果你对最难共事者都用贬义词描述(LPC得分低)，你的领导风格可能就是任务导向型。费德勒承认有一小部分介于两者之间，因而很难勾勒出这些人的人格特点。

②情境的有利性

领导的情境模型的基本假定是不同的情境需要不同的领导行为。用LPC问卷评估了个体的领导风格后，接下来需要评估情境，并将领导风格与情境进行匹配。根据费德勒的观点，关键的情境因素是情境对领导者的有利性。这一因素取决于领导-成员关系、任务结构和职权。领导-成员关系是领导和工作小组间关系的性质。如果领导和小组互相信任、尊重，自信心高，并且互相喜爱，这代表好的关系。反之，则代表差的关系。当然，好的关系是有利的情境。

任务结构是任务清楚定义的程度。如果任务是例行的、容易理解的和不存在模糊之处的，并且可以依照标准程序或步骤来进行，则称之为结构化任务。非结构化的任务是缺乏先例、不够明确的和复杂的，没有标准化的程序和步骤。显然，高结构化的任务是对领导者有利的情境，而低结构化的任务则不利。例如，如果任务是非结构化的，群体不知道如何完成，则领导必须起到引导和指导的作用。如果任务是结构化的，则领导不必过多介入，而可以将时间用于非监管性的活动上。

职权是领导地位所掌握的权力。如果领导有权分配工作、实施奖励和惩罚员工，则职权较强。反之，如果工作分配的权力属于他人，并且领导没有奖励和处罚的权力，则职权较弱，难以完成任务。从领导的角度看，职权强是有利的情境。不过，职权的作用不像任务结构和领导-成员关系那样重要。

费德勒根据这三项权变变量对每一种领导情境进行评估，汇总这三项变量得到八种可能的情境类型，每一个领导者都可以从中找到自己所在情境，如图 7-2 所示。首先看图上部的情境因素，好或差的领导-成员关系、高或低的任务结构、强或弱的职权结合起来形成 8 种独特的情境。其中，好的领导-成员关系、高任务结构和强职权（最左端）是最有利的情境，而最右端是最不利的情境。最左端三类属于最有利的情境，最右端两类属于最不利的情境，中间三类属于中等有利的情境。

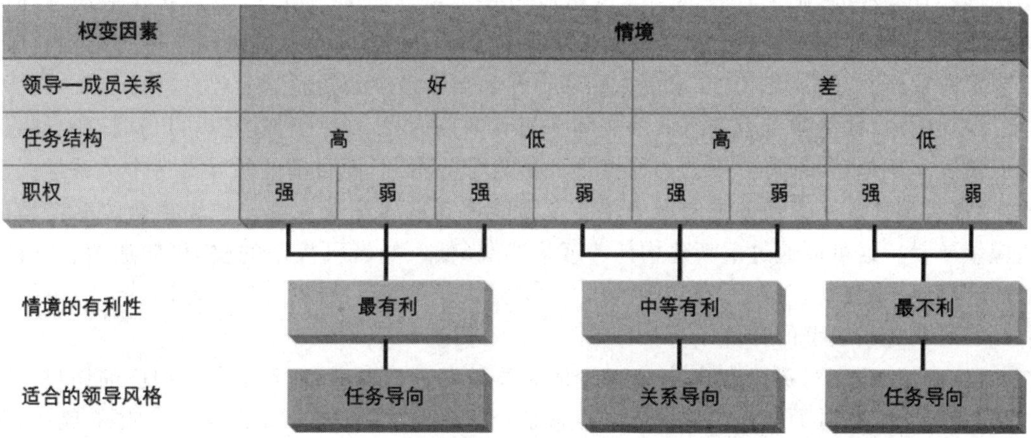

图 7-2　LPC 理论

③领导风格与情境有利性

费德勒与他的同事进行了大量的研究，将各种情境有利性同领导风格和群体的效能建立起联系。图 7-2 是费德勒研究成果的高度概括。如图 7-2 所示，在情境描述下方的则是有利性程度以及与最有效的领导风格的匹配。费德勒发现，当情境最有利和最不利时，任务导向的领导是最有效的。而当情境有利性中等时，则关系领导是最有效的。

从图 7-2 中我们可以看出，无论在有利或不利的环境下，任务导向型领导都是最有效率的。换句话说，当领导者的职位权力较弱，任务结构不清晰，而且领导与成员关系相对较差的情况下，这样的环境对领导者来说是不利的，而这样的环境下最有效的领导者也必定是任务导向型领导者。与上述情况相反，当职位权力相对较强，任务结构明晰，领导与成员关系融洽，这就形成了一个对领导者较为有利的环境。费德勒发现在这种环境下，任务导向型的领导者同样有很高的效率。但是，如果情况介于有利与不利条件的中间位置，这时以关系为导向的管理者则表现出较高的效率。

在某种结构高度明确的组织中(例如战争时期的军队中)，领导者拥有强有力的职位权力，任务结构明晰，与下属关系紧密，在这种有利情况下强调以任务为导向最为恰当。而在与上述情况相反的不利情况下，费德勒仍主张以任务为导向，这样可以有助于减少由于环境松散所带来的焦虑不安和疑惑。而在这两种极端情况之间，则建议采取以关系为导向的领导风格，保持良好的团队内人际关系。

另外，从费德勒模型我们也可以得出一个有趣的结论。领导的绩效取决于组织，而且也同等程度地受到领导者个人特质的影响。除了一些特殊情况，仅仅简单地评价一个领导者效率高或低，是完全没有意义的。我们只能说作为领导者，在某种情况下他是高效的，而在其他情况下，则完全相反。因此，如果我们希望提高组织效率，不但要学习如何培养领导者们使其更为有效，同时也要为他们建立能充分发挥其潜能的工作环境。

④领导风格的灵活性

费德勒认为，个体的领导风格基本上是定型的和无法改变的，他们不可能改变行为以适应特定情境的要求，因为领导风格是同特定的人格特质联系在一起的。因此，如果领导风格与情境不能匹配，费德勒的建议是改变情境来适应领导风格。如果领导-成员关系好、任务结构低并且职权弱，则最有效的领导风格应当是关系导向的。但是，如果领导是任务导向的，则会出现不匹配的情形。按照费德勒的观点，此时领导可以通过对任务进行结构化(制定规定和程序)或增加职权(要求更大的职权)，将要素改变以更适合自己。

换句话说，提高领导者的有效性实际上只有两条途径。第一种途径，可以选择领导者以适应情境。例如，如果群体所处的情境被评估为十分不利，而目前的领导是一个关系导向型的人，那么替换成一个任务导向型的领导者则能提高群体绩效。第二种途径是改变情境以适应领导者。这可以通过重新建构任务或提高/降低领导者可控制的权力(如加薪、晋升和处分)等方法来实现。

⑤对费德勒模型的评价

已有大量研究对费德勒的 LPC 理论的总体效度进行考察，得到了十分积极的结果。不过该理论同样受到了批评，因为它并不总是受到研究的支持。LPC 方法是有争议的，用 LPC 问卷识别领导风格缺乏有效性，很多研究者们不承认它的有效性。另外，关于领导风格没有灵活性的假设也是不真实的。不管如何，费德勒的理论是第一个领导的情境理论，它帮助许多经理认识到自己必须面对的重要情境因素。它还推动了关于领导的情境本质的大量思考。

(2)路径-目标理论

路径-目标理论(path-goal theory)主要来自马丁·埃文斯(Martin Evans)和罗伯特·豪斯(Robert House)的贡献，它是对前面介绍过的激励的期望理论的直接扩展。我们回忆一下，期望理论的主要构成包括成果的可得性和成果的价值。领导的路径-目标理论认为，领导的主要职能就是在工作场所中报告有价值的和符合期望的奖励，向员工表明哪些行为可以导向目标实现和奖励，也就是说，明确通向实现目标的路径。

①领导行为

路径-目标理论将领导行为分为4种：指导型、支持型、参与型和成就导向型。指导型领导告诉下属对他们的期望，提供规定和指导，具体安排工作。支持型领导表现出友好和亲和，关心下属的福利，平等对待成员。参与型领导行为包括咨询下属的意见，征求建议和让下属参与决策。成就导向型领导设定有挑战性的目标，期待下属表现出高绩效，鼓励下属，对下属的能力表现出信心。

同费德勒的理论相反，路径-目标理论认为领导可以改变自己的风格和行为以适应特定的情境需要，即同一领导者可以根据不同的情境表现出任何一种领导风格。例如，在接受新项目和新下属时，领导可能会采用指导型行为，建立工作程序和规定工作事项。然后，领导会开始采用支持型行为促进成员间的协调，创造积极的气氛。随着群体对任务的熟悉和新问题的出现，领导会表现出参与型行为以增强群体成员的激励。最后，成就导向的行为可以用来鼓励持续的高绩效。

②情境因素

路径-目标理论专注于下属个人特征和工作环境特征的情境因素。重要的个人特征包括下属对自身能力的看法和控制点。如果人们认为自己缺乏能力，他们可能需要指导型领导帮助他们更好地理解路径-目标关系。如果他们认为自己能力很强，则会讨厌指导型领导。控制点是一种人格特质，是个体对环境影响自身行为的认识程度。根据程度大小，可分为内部控制点和外部控制点。拥有内部控制点的人相信结果是本身努力和行为所产生的，而拥有外部控制点的人则将结果归于命运、运气或“系统”因素；拥有内部控制点的人可能偏好参与型领导，而拥有外部控制点的人则偏好指导型领导。管理者不可能影响下属的个人特征，但可以通过改造环境（提供奖励、任务结构化）利用这些个人特征。

环境特征包括下属控制不了的外部因素。任务结构就是一种这样的因素。当任务结构高时，指导型领导效能低。下属不需要领导告诉他们如何完成例行工作。正式的权威系统是另一种重要的环境特征。正式化程度越高，指导型领导的效能越低。工作群体的性质也是影响因素之一。如果工作群体向成员提供社会支持和满意，则支持型领导的行为就不那么重要了。如果从群体那里无法获得社会支持和满意，则员工需要领导的支持。

③领导行为与情境因素的互补性

图7-3总结了基本的路径-目标理论，表明不同领导行为如何影响员工受激励的程度。个人特征和环境特征则决定了什么行为导致什么结果。这一理论指出，当环境因素与领导者行为彼此重复时，领导效果不佳。当领导方式可以弥补员工或环境的不足时，会对员工的工作绩效和满意度产生积极影响。

混乱而不确定的环境会使员工感到慌乱与迷茫，任务导向型的领导风格能够帮助员工消除这种挫折感。换句话说，当下属们产生迷惑时，领导者就需要告诉他们该做些什么，并为他们清楚地指出达到目标的路径。但是，如果任务本身已经十分明确或员工已经具备能力和经验处理它们时，若领导者还要花时间进行解释和说明，下属则会把这种指示性行为视为累赘多余甚至是侵犯。

在路经-目标理论基础上，可以引申出以下一些假设：

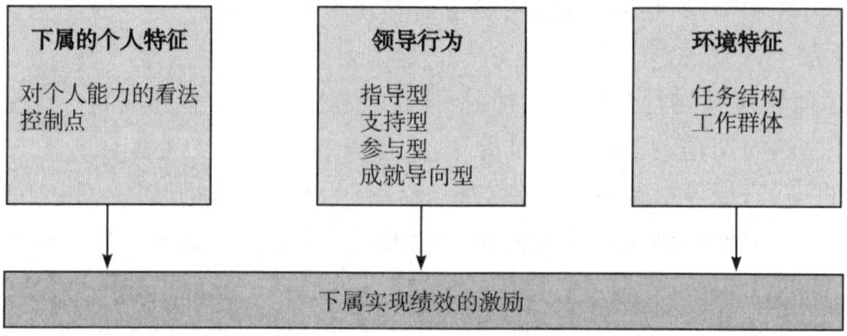

图 7-3　路径-目标理论

• 与高结构化和设计规范的任务相比，当任务不明或压力过大时，指导型领导会带来更高的满意度。

• 当下属从事结构化任务时，支持型领导会导致高工作绩效和满意度。

• 对高智力或经验丰富的下属来说，指导型领导可能被视为累赘多余。

• 组织中的正式职权关系越明确、越官僚化，领导者越应展现支持型行为，降低指导型行为。

• 当工作群体内部存在着实质的冲突时，指导型领导会带来更高的员工满意度。

• 内控型下属对参与型风格更为满意。

• 外控型下属对指导型风格更为满意。

• 当任务结构不明时，成就导向型领导风格将会提高下属的预期水平，使他们相信通过努力可以提高绩效水平。

④对路径-目标理论的评价

对路径-目标理论的检验研究总体来说得到了令人振奋的结果，尽管不是每一项研究均得到支持性结果，但大多数研究证据支持该理论背后的逻辑基础。也就是说，当领导者可以弥补员工或工作环境方面的不足时，会对员工的工作绩效和满意度产生积极的影响。该理论并非意在找到一条最好的领导之路，而是告诉我们要根据不同的情境选择最为恰当的领导风格。它对管理者的工作实践具有重大的指导意义。另外，路径-目标理论是一个动态的和未完成的模型。最初的意图是用一般述评描述理论来帮助未来的研究者探索各种关系并修正理论。研究表明，路径-目标理论是对领导过程合理的、良好的描述，继续下去的研究将帮助我们更好地理解领导与激励的关系。

7.3　领导理论的发展

7.3.1 领导研究的新发展

自 20 世纪初美国学术界开始对领导进行研究至今，关于领导的学术见解层出不穷。之所以如此，一方面是因为领导作为一种复杂现象给研究者提供了从不同角度进行探讨的空间；另一方面，对领导的认识随着历史的发展而发展，社会环境的变迁推动领导研究持续深化。

领导研究的传统时期与工业社会的组织情境相匹配，是指从20世纪初到70年代末的这段时期。这个时期，研究者把焦点会聚在领导者对组织运作效率的影响上，先后形成了特质、行为和情境三大传统理论流派，每一种理论流派又依次在不同阶段成为主流。

领导研究的新发展与工业社会向后工业社会转型的组织情境相匹配，是指20世纪80年代以来，科学技术迅猛发展迫使组织必须及时回应变动的外部环境挑战，迫使领导者有效激发组织成员的动机与热情，引导组织变革与创新，进而提升组织绩效。80年代以来关于领导的新思想、理论和方法不断被提出来，有学者以追随者为中心进行领导研究，也有学者侧重研究领导中的权力、影响力及影响策略，到世纪之交时多样化领导和跨文化领导成为新的关注焦点。

7.3.2 领导特质理论的复苏

领导特质理论是领导研究的起源，至今经历了兴起(19世纪末到20世纪40年代)、衰落(20世纪50年代到70年代)和复苏(20世纪80年代至今)。以下仅举三个代表性研究例子。Zaccaro等(2004)对以往研究所提出的特质进行了梳理，整理出了18种领导特质，并对这18种特质进行了整合归纳，归纳为5种特质，即认知能力、个性及动机、社交能力、问题解决能力及潜藏知识，基于对领导有效性的影响又把5种特质归纳为两类特质，即远离事务行为的远端特质和接近事务行为的近端特质，认为认知能力、个性及动机是远端特质，社交能力、问题解决能力及潜藏知识是近端特质。Tett等(2000)所提出的特质激活理论(trait activation theory)强调个人和情境的互动，特质基于情境而选择性呈现，以实现领导的有效性。徐立国等(2016)研究了领导特质的社会化过程，认为领导特质的形成主要取决于其社会化过程中关键事件的冲击、文化的影响、基于当时身份的感悟及其与领导特质之间的互相作用。

魅力型领导也是这阶段提出的重要领导理论。魅力型领导概念类似于领导特质理论，它假定魅力是领导的个体特征。魅力(charisma)是能够激发支持和接受的一种人际吸引力。在其他条件相同的情况下，拥有魅力的人更有影响力。1977年，Robert Hous基于各种社会科学的发现首次提出了魅力型领导的理论。他认为，魅力型领导拥有自信，对自己的信仰和理想坚信不疑，对影响他人有强烈的愿望。他们还倾向于向追随者提出高的预期并表现出对他们的信心。

今天，绝大多数专家承认组织中的魅力型领导有三种要素。首先，领导要能够制定愿景，设立高的预期，其行为同这些预期保持一致。其次，魅力型领导必须能够用个人的兴奋、个人的信心和成功的模式激发他人。最后，魅力型领导通过支持、同情和表达信心来帮助他人实现目标。特别需要指出的是，具有领袖魅力的领导者都有一个愿景目标。他们能够清晰生动地描述这个目标，他们愿意为实现这个目标而勇于前进不惧失败，他们对环境限制及下属需要十分敏感，他们的行为表现常常超乎常规。这些特点把有领袖魅力的领导者和无领袖气质的领导者区别开来。越来越多的研究证据表明，有领袖气质的领导与下属的高绩效和高满意度之间有着十分显著的关系。

还有一点需要说明：对于员工的高绩效水平来说，领袖魅力的领导方式并不总是必需的。当下属的工作任务中包含意识形态方面的转化时，或当下属处于高压与不确定环境中时，这种领导方式最有效。这一点可以解释为什么具有领袖魅力的领导者更多在以下环境中存在：政治、宗教活动中，战争时期，在企业处于创业阶段或生死存亡之时。富兰克林·罗斯福运用他的领袖魅力在经济大萧条时期为这个国家指出了光明的前景；马丁·路德金有着不屈不挠的愿望，那就是通过和平手段建立社会平等；斯蒂夫·乔布斯在20世纪70年代末提出了个人电脑必将极大改变人们日常生活的宏伟蓝图，从而赢得了苹果公司技术人员坚定的忠诚和承诺。

7.3.3 交易型与变革型领导

通过对政治史的分析，伯恩斯(James Burns)在其名著《领袖》中把政治领导分为交易型领导和变革型领导两种类型。他认为交易型领导以满足追随者较低层次需求为基础，建立并执行基于个人利益的交易契约；与之截然不同，变革型领导“寻找追随者的潜在动机，使其追求更高层次的需求，把追随者看作完整的人”。

传统领导被人称为交易型领导。他们以资源奖励换取下属的服从，其追随者内心并未产生热情，下属工作的内在动力是有限的。而变革型领导是一种引领变革的领导者，由于环境的快速变化，变革型领导越来越成为组织成功的关键。Bass(1999)将变革型领导结构分为4个维度：理想化影响、鼓舞性激励、智力激发以及个性化关怀。理想化影响能让人产生信任、崇拜与追随；鼓舞性激励对下属表现出高期望，强调团队精神和情感诉求；智力激发鼓舞下属创新和迎接挑战；个性化关怀重视员工个人需要、能力和愿望，像教练和顾问，帮助下属成长。因此，变革型领导能够激发下属工作的热情。大量的研究指出变革型领导对员工的满意度、组织承诺、建言行为、创造力、协同创新等有直接的正向影响，但新近的研究也发现变革型领导者存在阴暗面，其行为模式包含权威主义倾向，其构成维度“理想化影响(个人魅力)”作为变革型领导的核心有可能演变为自负、自我中心和权力与优越感的增加，也可能导致追随者的过度依赖。

7.3.4 其他领导理论

1.团队领导

存在于工作团队情境中的领导活动越来越多了。由于更多的组织使用工作团队，因此带领团队工作的领导者其作用也显得越来越重要了。布拉恩特是德州仪器公司的一名主管，他发现，团队领导角色与传统的领导者角色十分不同。他前一天还在做对15名操作工进行监督的工作，第二天就被告知公司要采取工作团队方式，他则成为起助推作用的“后盾”。他说：“我觉得就是让我教给团队我所知道的一切，然后让他们自己拿主意。”不过，他坦言对这个新角色还不太明白：“对于我该做什么缺乏清晰的计划。”那么，作为一名团队领导者应该做些什么呢？

很多领导者并没接受过培训来应对员工团队的变化。正如一名咨询顾问指出的：“即使对于最有能力的管理者也会在变迁过程中遇到一些麻烦。因为他们过去受到鼓励去做的有关命令与控制的工作，如今都不再适用了。拥有这些技能或知识都变得陈旧过时而且没有意义了。”这位顾问估计：“大约15%的管理者天生就是团队管理者；另外15%永远也不可能领导团队，因为这与他们的人格特点相悖(也就是说，他们无法为了团队的利益而调整自己的主导领导风格)；相当多的一部分处于中间地带，对他们来说，团队领导力不是与生俱来的，但他们可以学会。”

大多数管理者面对的挑战是学会如何成为有效的团队领导者。他们不得不学习一些技能，如耐心地分享信息，信任他人并放弃自己的职权，明白在什么时候对员工进行干预。有效的团队领导者需要精通艰难的平衡之道：他们要了解什么时候让团队自己做事，什么时候参与进来和团队一起干。一名领导团队的新手，可能会在团队需要更多自主权时，却试图维持过度的控制。

一项研究考察了那些实施结构调整、重组为员工团队模式的组织，发现所有团队领导者都需要承担一些共同的责任，包括辅导、推动、处理处分问题、评估团队和个体绩效、培训、沟通。其实，这些责任中的大部分适用于任何管理者，我们用一种更有意义的方式来描述团队领导者的工作，它重点关注两个方面：(1)对团队外部事物的管理；(2)对团队进程的推动。这两个方面可以进一步分解为四种具体的领导角色，如图7-4。

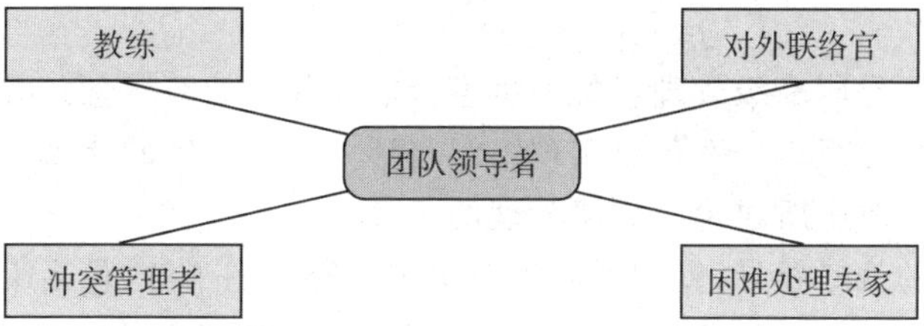

图7-4　团队领导者的具体角色

第一，团队领导者是对外联络官。对外联络的对象包括上级管理层、组织中的其他工作团队、客户、供应商。领导者对外代表着工作团队，他们保护必要的资源，澄清其他人对团队的期望，对外界搜集信息，并与团队成员分享这些信息。

第二，团队领导者是困难处理专家。当团队遇到困难并寻求帮助时，领导者会帮助他们解决问题。团队领导者处理的难题很少针对技术或操作层面，因为团队成员一般都比领导者更了解如何完成具体任务。问题越尖锐领导者的作用可能越大，他们帮助员工针对困难进行交流，并获得解决困难所必需的资源。

第三，团队领导者是冲突管理者。当出现不一致意见时，他们帮助解决冲突。他们帮助人们明确问题所在，例如：冲突的来源是什么？谁卷入了冲突？冲突问题的本质是什么？可能的解决方案有哪些？每种方案的优势和劣势是什么？通过这些方式使团队成员针对问题本身进行处理，从而把团队内部冲突的破坏性降到最低程度。

第四，团队领导者是教练。他们明确期望和角色，提供教育与支持，为团队成员的成功喝彩。他们尽一切努力帮助团队成员保持高水平的工作业绩。

管理工具7-1

教练式领导

教练式领导最初出现在体育界，与企业联系在一起是20世纪90年代的事。教练式领导的方法为领导的概念赋予了新的内涵：发展员工能力。教练式领导是一种用于人员开发和帮助员工自主实现工作目标的模式和方法，使员工在组织中能以最大的热情和创造性来工作，并把个人目标和组织目标结合在一起的策略。很多经理发现自己要成为下属的教练相当困难。导致这种困境的原因之一，就是他们常常觉得自己应该懂得所管理的任何事情，能够解决下属的全部问题，并且他们已经习惯于这样做。他们发现授权常常出现问题，因为那样做会使得他们失去对事情的直接控制。他们相信，应该按同样的方式管理每一名员工，但事实上却不能如此，因为每个员工都是不一样的，而且他们在成长过程中所面临的挑战也不一样。教练式领导需要管理者改变自己关于控制和命令的常规管理方式，将成长的空间让给员工。这时，管理者需要做的是帮助下属进一步洞察自我，发挥个人的潜能，从而有效地激发团队并发挥整体的力量，促进团队建设，增加企业的凝聚力，达到快速提升企业效益的目的。

2.战略领导

战略领导是将领导同高级管理者的角色直接联系起来的新概念。战略领导是理解组织与环境复杂性以及领导组织中变革以实现组织与环境同步发展的能力。这一定义反映了本章的领导概念和第 4 章中所讨论的战略管理的整合。

为了发挥有效的战略领导，管理者必须对组织有充分的了解，包括组织的历史、文化、优势和劣势。领导还要对组织的环境有高度的把握。这一理解必须包含当前的情况与环境，还有即将出现的重大趋势。战略领导还必须理解组织目前如何适应环境——不论是有效的还是低效的。关注环境趋势与问题的战略领导者致力于提高组织与环境当前的和未来的适应性。

通用电气公司的杰夫·伊梅尔特、AMD 芯片公司的鲁毅智（Hector Ruiz）、施乐公司的安妮·穆卡伊（Anne Mulcahy）、戴尔公司的 CEO 迈克尔·戴尔和宝洁公司的雷富礼（A.G. Lafley）都被认为是优秀的战略领导者。雷富礼在回忆他对宝洁公司的改造时说："我进行了许多符号化、可见的变革，人们由此认识到我们在领导变革。"另一方面，默克制药公司的吉尔马丁（Raymond Gilmartin）、凯龙制药公司的霍华德·佩恩（Howard Pien）和脆奶油多纳圈公司（Krispy Kreme）的斯各特·利文古德（Scott Livengood）则是不那么有效的战略领导者。在利文古德上任后脆奶油多纳圈公司的股价下跌了 80%，公司正接受美国证券交易委员会的调查。此外，大多数批评人士认为这家连锁店扩张速度太快。

3.跨文化领导

跨文化问题是另一个重要的领导理论的基础。在这里，文化具有广泛的含义，包括国际差异和同一个文化的内部差异。例如，日本企业派员到设在美国的企业中任负责人，他必须适应两国间的文化差异，适时地改变自己的领导风格。日本的一般特征是集体主义，而美国则更多表现出个人主义。被派驻到美国的日本经理必须理解个人贡献和奖励的重要性，以及两国之间个人和群体角色的区别。

与此相似，跨文化因素在组织中扮演着越来越重要的角色，这是因为组织成员变得越来越多元化。例如，大多数研究都是基于白人男性领导者的案例进行的。但是，随着女性和其他族裔的领导者担负起领导职位，可能有必要重新评估如何将当前的理论和模型应用于多元化的领导者。

4.伦理领导

绝大多数人理所当然地相信高层经理的行为是合乎伦理的。但是，近来的公司丑闻却破坏了人们的信任。也许今天比以往任何时候都需要强调高标准的伦理行为是有效领导的前提。高层经理有义务保持自己高水平的伦理行为，要一贯表现出伦理行为，还要约束下属达到同样的标准。

高层领导者的行为受到比以往更仔细的检查。要求加强公司治理的压力可能进一步提高了对领导者伦理水平的要求，并且要求他们比以往更多地为他们的行为和行为后果负责。

7.4 组织中的政治行为

7.4.1 什么是政治行为

另一种常见的影响行为的力量是政治和政治行为。政治行为是获得、发展、使用权力和其他资源以取得自己所偏好的结果的活动，政治行为可以在管理者和下属之间发生，也可以在下属和管理者之间以及管理者、下属和同级同事之间发生。换句话说，政治行为的指向可以是向上的、向下的或水平的。从制造工厂的选址到将咖啡机放在哪里，各种决策都会受到政治行为的影响。在任何情况下，个体都可能会为了扩大自己的利益、保护自己、实现他们认为最符合组织利益的目标或仅仅为了获得和操纵权力而卷入政治行为。追求权力的行为可以是个人的、群体的或更大的集团性的。

由于政治行为的敏感性，研究政治行为比较困难。早期的调查发现，许多经理认为政治影响着自己所在企业的工资和聘用决策。许多人认为上层更容易出现政治行为。超过一半的受访者认为组织政治是不好、不公正、不健康和不理性的，但是绝大多数人认为成功的高层经理必须是优秀的政治家，并且在工作中需要运用政治技巧。

7.4.2 常见的政治行为

研究指出，组织中常见的政治行为有四种基本形式。第一种是引诱。一位管理者许诺给予他人某物以换取此人的支持。例如，产品经理向另一位产品经理建议如果对方支持他的新营销方案，则他可以在对方的老板面前替对方说好话。世通公司的前CEO埃伯斯(Bernard Ebbers)就经常用这一手段以保持他在公司的领导地位。例如，他经常让其他董事使用公司的专机，并且对他们看好的项目不惜投入巨资。

第二种是说服。这要靠运用逻辑和情感。一位运营经理想要再某地建一个新厂，他可以站在客观和逻辑的立场上说服他人(成本低、税负低)，也可以诉诸主观和个人的情感。埃伯斯同样利用这一方法。每当一位董事打算撤换他时，他就在幕后鼓动其他董事挽留自己。

第三种是创造一种义务。例如，某位经理可能支持另一位经理的广告方案，尽管他实际上对广告方案没有意见。但他认为自己这样做是在向其他经理提出一种义务，在他需要支持的时候可以“提取”这种义务。埃伯斯向董事们提供贷款，然后豁免贷款以换取他们的支持。

第四种是强制。强制是用强迫的方式实现自己的目的。例如，经理可能威胁撤回支持、奖励或其他资源来影响他人。这也是埃伯斯的手段之一。他对敢于提出疑问的董事表现出藐视的态度。一位董事说:“他待你就像王子,但你可别忘了谁是国王。”

管理工具 7-2

如何利用办公室政治

办公室政治,又名职场政治,指的是出现于办公室及职场内的人事及利益的争夺战。资源有限,文化差异,组织内部之间的利益不平衡、利益冲突等是办公室政治形成原因。小圈子扎堆、魔鬼化对手、排除异己及内奸、权力架空等,都是办公室政治的现象。办公室政治是无法避免的,负面的会内耗生产力,积极的可以刺激组织成员,展开正能量竞争力。如何利用办公室政治,管理学者 Ron Ashkenas 提出了三个建议:(1)绘制“政治”地图:充分考虑不同利益相关人士,分析他们带来的影响;(2)将“政治”引到明处:展开对话是个好办法,不仅要和他们对话,也要让他们互相对话;(3)妥协:掌握平衡的艺术,就能成为连接各方利益的“关键先生”。

7.4.3 形象管理

形象管理是一种微妙的政治行为,应当给予特别的重视。形象管理(impression management)是有意识地和直接地强化自己在他人眼中的形象。人们出于许多理由进行形象管理。例如,他们可能为了自己未来的职业前途而这样做。通过改善自己的形象,他们认为更有可能获得奖励、更好的工作安排和提升。人们也可能是为了自尊而进行形象管理。如果在组织内拥有巩固的形象,其他人会通过顺从、尊敬等形式来表达他们对这种形象的意识。形象管理的另一种原因是获得更多的权力和控制能力。

人们试图通过各种方式管理他人对自己的看法。外表是人们想到的第一件事。因此,受到形象管理激励的人可能会花很多时间选择服装、语言、礼仪和身体姿态。对形象管理感兴趣的人会倾向于只同成功的项目建立联系。因为加入由高度成功的经理所领导的高级别的项目可以在他人心目中将个人同项目联系在一起。

过度由形象管理所激励可能会导致不诚实与不伦理的行为。例如,有些人将他人的工作据为己有以使自己面子上好看。他们有时会夸大或误导他们的个人成就以加强自己的形象。

7.4.4 政治行为的管理

从本质上说,政治行为很难从理性和系统的角度进行分析,但是管理者可以对政治行为进行管理,限制其危害。第一,管理者应当认识到,即使他们的行为不受政治激励,其他人仍然会这样认为。第二,通过向下属授予自主权、责任、挑战和反馈,管理者可以减少下属的政治行为。第三,如果不想被别人说成是政治激励的,管理者应当避免使用权力。第四,管理者应当公开分歧,从而避免下属为了自己的目的而利用冲突的政治行为。第五,经理应当避免背后的动作。幕后活动总是给人政治性的感觉,即使本来并非如此。其他的原则还包括清楚地说明绩效评估的基础和过程,将奖励与绩效直接挂钩以及减少经理们对资源的竞争。

当然,这些原则知易行难。有见识的管理者不应当假定政治行为是不存在的,或者更糟糕,试图用命令取消它。相反,管理者必须认识到,政治行为在任何组织内都存在,不能假装视而不见或企图取消它。但是,可以通过管理令其不致对组织造成严重的损害。在某些情况下,政治甚至是有用的。例如,经理可能会利用其政治影响力唤起人们对社会责任的意识或提高对决策伦理性的意识。

7.5 本章新时代管理学的探索

7.5.1 思政融入映射内涵

领导是组织内部最具影响力的社会因素,对员工满意度和组织绩效具有直接的影响。领导是一门艺术,也是一门科学,领导更是涉及伦理问题。成为一名被人追随、受人爱戴的领导是摆在当代大学生面前的重要功课。应该结合中国特殊的情境,激发大学生对这个时代的领导责任和为人民服务的伟大抱负。

以下是本章主要思政参考点,师生在教与学的过程中可基于此展开讨论。思政元素参考点:(1)通过对领导概念的学习,结合近现代中国伟大领袖,理解党的群众路线和坚持以人民为中心的思想。(2)通过对领导概念和权力的学习,结合中国古代管理思想,理解领导者的德行、诚信、大局意识、高尚精神与风格,反对极端个人主义。(3)通过对变革型领导的学习,传承以伟大创造精神、伟大奋斗精神、伟大团结精神、伟大梦想精神等为主要内容的中华民族精神,弘扬以改革创新为核心的时代精神,献身"两个一百年"的奋斗目标。(4)通过对领导的情境理论的学习,掌握具体问题具体分析的辩证唯物主义分析方法,理解中国历史、文化、国情等对领导者的影响。(5)通过对伦理领导的学习,理解领导的阴暗面、责任感与伦理行为。

例如,中国本土伦理领导。学者原理(2015)认为,通过诉诸中国传统的和本土的智慧在中国建立一种伦理领导力是当务之急。他指出,20世纪以来的领导学理论的主流,包括特质理论、行为理论、情境理论等,都未能足够重视伦理道德方面领导力的研究。在某种程度上可以说,中国原有的传统价值观、道德观和行为规范日渐被"利益趋向"的观念所侵蚀,以致出现了诸多不道德的商业行为,如食品安全丑闻、环境污染问题以及劳工权利问题等。由于这些商业恶性事件频发,越来越多的研究者发现,仅仅依靠现有的法律法规或规章制度是不够的,商业伦理和道德问题开始受到关注。因此,他提出基于儒家传统德性观来构建中国本土伦理领导力。

"内圣外王"是儒家统治思想的基本命题,"内圣"是"外王"的前提和基础,而"外王"是"内圣"自然延伸的结果,经由"内圣"才能达到"外王",因此,儒家的"内圣外王"思想道出了修养德性与领导的内在关系。在中国语境下的伦理领导应不断提高自身内在的道德修养,修己以安人,以其所树立的伦理榜样影响下属,从而建立起一种长期信赖、互惠的关系来维护组织发展的可持续性。尽管有些具体的和领导伦理相联系的儒家德性观与西方领导伦理有着非常相似的部分,如西方领导伦理强调的正直、关爱、诚信、公正等,但是传统儒家的一些德性，如“仁、礼、中庸、忠恕”等，则是儒家领导力所特有的。儒家德性领导者首先要是一个“仁”者，因为“仁”是其一切道德行为和社会伦理责任所以可能的内在依据。这种内在的德性需要在道德实践中不断完善。如果领导者能够具备“仁”所表达的美好德性，实践“仁”所界定的伦理规范，就能达到其自身的崇高的心灵境界。也只有当其发掘内心，反身向内求“仁”的时候，才能向外“爱人”，实践“德治”，达到“居其所而众星共之”，实现组织强大的凝聚力和向心力。一个修身以成“仁”的领导，不会把日常管理的重点仅仅放在管理对象上，费尽心思地使用各种标准、制度、程序去激励人、控制人、改造人和监督人，而是把领导的关键点落于自身，通过对“仁”的领悟，“修己以安人”(《论语·宪问》)，从而使组织成员受到感染，也自觉自愿地修己，进行更加积极有效的自我管理，在领导者和组织成员之间形成一个良性的德性循环，以达到人心安定、组织安宁的效果。所谓“以力服人者，非心服也，力不赡也。以德服人者，中心悦而诚服也。”(《孟子·滕文公上》)对儒家德性领导来说，“安人”并非直接目的，而是随“修己”而来的自然而然的结果。

7.5.2 大数据、AI等商务智能融入映射内涵

如今，大多数企业都在实施数字化战略。领导是企业数字化战略能够成功的关键因素。以下专题谈到企业做好业务和组织的数字化，但谁该是这两个产品的产品经理呢？作为企业的领导者，你责无旁贷。如此说来，领导者们需要扪心自问：到底有没有数字化的理念和能力，究竟能不能担起数字化转型的重任？领导者们可能是企业数字化的发动机，也可能是绊脚石。作为领导者，我们要敢于对自己“灵魂三问”：我的业务，数字化了吗？我的组织，数字化了吗？我自己，数字化了吗？这样的灵魂拷问，才能让领导者看到，在对数字化正确认知方面，自己还存在哪些盲点。

AI与大数据专题阅读：

数字化停滞不前，该如何破局

当今时代，数字化是毋庸置疑的大势所趋。过去还有人犹豫观望，还在讨论“要不要做”；现在大家都已下定决心，“必须做”，且无一例外、或多或少都在做。但真的动手去做，却发现难点非常多，往往是启动得轰轰烈烈，过一阵子就陷入了停滞不前。领导者在其中起非常关键的作用。

飞利浦大中华区总裁何国伟还是推动公司及健康科技行业数字化转型的先驱。凭借在IT行业(IBM)积累的丰富经验和深刻洞察，他积极推动信息技术、大数据和人工智能技术与本地化真实临床和健康管理情境的紧密结合，助力中国健康医疗系统向“价值型模式”转型。为了加快本土化创新的步伐，在他的推动下，“数字创新中心”和“AI大数据实验室”在中国成立。

最初企业领导者认为，有了ERP(企业资源计划)、有了财务系统，能够看到经营数据，就是数字化。然而，这些数据的局限性很快显现出来，尤其是滞后性和真实性。这些数据都是结果，等看到的时候，已经晚了；其中有些数据还得靠人工填报，往往“水分”很大，等发现猫腻的时候，又已经晚了。而有的公司在数字化道路上，已经甩了别人几条街。他们把业务进行了数字化改造，并正在努力给所有业务操作都实现标准化、线上化和智能化。不仅过程

直接留痕,杜绝了人为猫腻的可能性,而且还能交叉验证,快速发现业务问题,进行潜在风险预警。

字节跳动创始人张一鸣发的微博 develop a company as a product(像打造产品一样打造公司)。原来一家公司同时在做两个产品,一个产品服务客户,这个产品叫作业务;另一个产品服务员工,这个产品叫组织。所谓数字化,本来就不仅仅是业务的数字化,更是组织的数字化。业务和组织是不可分割的。数字时代给了让我们认知世界、改造世界的新工具新手段,新的工具手段必然导致工作方式的改变,技能要求的改变,业务流程的改变。如果管理方式不变,人员能力不变,组织结构不变,必将限制数字化转型的效果。

资料来源:杨懿梅发表于《哈佛管理评论》(2021 年 11 月)的文章《数字化停滞不前,该如何破局》。

7.5.3 中国新时代管理的淬炼与反思

领导的说法具有很强的"情境依赖",也就是说领导及其有效性在很大程度上依赖于情境。各国各地、各行各业的领导力的本质是相同的,但文化不同、行业不同导致领导情境不同,其领导力的养成和实践方式就必然存在差异。本章所阐述的关于领导的概念、领导的特质和行为,在中国文化背景下是否有不同的表现?请结合以下专题阅读,说说你的看法。

本土化管理探索专题:

中国式领导力是什么

领导力究竟是什么?领导力有文化差异吗?存在所谓中国式领导力吗?如何在中国文化背景下发展领导力?带着对这些问题的好奇与追寻,2018 年 9 月 1 日,20 多位中国最顶尖的企业大学校长与专家从全国各地汇聚北京蟒山,参加中国企业大学百人会共创沙龙活动。

如果中国式领导力不是权谋之术,什么是真正的中国式领导力?中外领导力的本质是相同的,但是由于所处文化历史环境不同,领导力的养成与实践方式就必然有显著差异。这正是所谓中国式领导力的产生原因。大部分与会专家认为,中国式领导力是在中国文化土壤里生长出来的,能够引领中国人的,适应中国组织发展的领导力。高强提到领导力的精髓是让领导和追随者之间达成共识,达成共同目标。在中国,一定是中国式的语境、文化,才能更好地沟通,形成中国领导力的特点。

在中国文化背景下运用中国式领导力,是否与西方管理体系与制度相互矛盾呢?梁冰认为:"观察中国成功的企业,不管是阿里也好,腾讯也好,华为也好,都是软的一套,硬的一套,阴的一套,阳的一套。它的文化基本上是本土的,但是管理系统绝对西化的。"一阴一阳之谓道。一阳是管理制度流程体系,是组织的硬件;一阴是文化价值观,是组织的软件。任何企业都有这个阴阳。管理制度流程体系可以向西方学习,采用拿来主义。文化价值观的东西却很难,这涉及人们内心的信念与信仰。曹阳提到两个引入中国传统文化的企业,一个是方太,另一个是固锝电子。这两家企业在西方管理系统方面都做得非常好。但是他们的企业文化价值观却来自本土,方太是儒道治企,固锝电子是儒道加佛系。这两家的企业经营都非常成功。阿里巴巴非常强调企业文化价值观的建设，许多做法都是非常本土化的，比如管理三板斧“揪头发，照镜子，闻味道”，“花名文化”“倒立文化”等。

在中国文化背景下如何发展领导力？大部分与会专家认为，传统领导力课程已经难以奏效。在如何发展领导力方面东西方存在一定差异，修心还是修行？西方领导力发展重在修行。将领导力模型化标准化，只要改变行为就能够获得领导力的提升。王威提道：“领导力发展是要改变人，最重要的改变是什么？是行为，只有行为才是可控制可改变的。所以西方的模型很多情况下是直接告诉你这个行为是什么。”东方领导力发展重在修心。中国式领导力发展的本质是修心，有效发展领导力需要创造一个修炼的历程，强调过程中的悟性。宋清君强调了领导者的心力：“领导者其实是需要心力的。走戈壁也好，其他活动也好。我们做领导力项目设计的时候就是围绕三点：第一是行为的情景，第二是眼界开阔，第三是心性的建立。”曹阳认为：“管理者的信念，他的追求，他的勇气，他的人生的态度，甚至是灵感、运气，很多看似偶然的际遇，甚至是奇迹。是这些真正让一个企业、让一个人变得成功。而这些东西恰恰是在过去的管理教育里面没有涉及的。但是这些东西靠的是什么东西来养护？什么东西来培育？是传统文化的经典，中国传统文化都融入在这些经典中，都是奔着这个方向来的。”

本章提要

1.作为过程，领导是运用非强迫性影响力塑造群体或组织目标，激励导向目标实现，并且协助群体和组织文化的形成的行为。作为特性，领导是一组被感知为领导的个人特征。领导和管理经常联系在一起，但两者是有区别的。管理者和领导者使用合法权力、奖励权力、强制权力、参考权力和专家权力。

2.领导的特质理论假定某些基本的人格特质令领导与非领导区分开来。尽管研究者付出了相当大的努力，但研究结果表明不可能有这样一套特质总能把领导者与非领导区分开来。但许多人仍然认同具备恰当的特质的确能使个体更有可能成为有效的领导者，他们会公开或不公开地应用特质作为标准。

3.领导的行为理论假定有效的领导的行为表现出不同的行为特点。密执安大学的研究和俄亥俄州立大学的研究发现了两种基本的领导行为——一种专注于工作或绩效，另一种专注于员工福利和员工支持，管理方格试图培训管理者同时在上述两方面表现出高水平。

4.领导的情境理论认为不存在普适的领导行为，试图区分适用于不同领导行为的情境。LPC 理论认为领导的行为要么是任务导向的，要么是关系导向，具体取决于情境的有利性。路径-目标理论认为指导型、支持型、参与型或成就导向型领导行为都可能是适合的，具体则取决于下属的人格特征和环境。弗鲁姆的决策树理论认为，领导允许下属在决策中的参与程度是问题特征的函数，而领导的行为应当根据参与程度而改变。领导-成员交换模型专注于领导者与追随者之间的个人关系，以及圈内和圈外的区别。

5.其他新的领导理论包括领导替代、魅力型领导、变革型领导、团队领导、战略领导、跨文化领导和伦理领导。

6.政治行为是组织中经常使用的一种影响过程。形象管理是政治行为的一种特别重要的形式，它是指有意识地和直接地强化自己在他人眼中的形象。管理者可以采取一系列的步骤限制政治行为的影响。

7.领导的说法具有很强的"情境依赖",也就是说领导及其有效性在很大程度上依赖于情境。各国各地、各行各业的领导力的本质是相同的,但文化不同、行业不同、企业不同导致领导情境不同,其领导力的养成和实践方式就必然存在差异。学习和运用领导理论,必须注意情境要素。

思考案例

成功CEO们的领导秘诀

今天,领导者的任务比以往任何时候都更加艰巨。精简高效(lean and mean)的结果是越来越少的员工和越来越多的工作。全球化意味着管理者必须理解文化差异。知识产业对领导提出了独特的挑战,要求更好的沟通技巧和灵活性。技术的创新带来了信息的洪流,让人很难做出有效的反应。当今美国商业领袖们对那些希望成为后继者的人有什么建议呢?

在许多产业中,员工的工作负担过重——时限、压力和超时工作。例如,美国航空公司的旅客数量比4年前增加了100万,而员工人数却减少了7000。一位领导人说:"以前我做时间管理,现在则是精力管理。"管理者依靠发挥个人精力完成工作,没有精力就什么也干不成,绝大多数公司高层每周工作80～100小时,但他们也需要恢复和振作。

日产公司的CEO戈恩认为定期休息很重要。戈恩说:"我从来不把工作带回家。周末的时候我会待在家里陪4个孩子一起玩。休息过后,精力更加充沛,我会有更好的点子。"谷歌公司副总裁麦尔说:"我每天睡4～6个钟头就够了。"但他也会每年安排三次为期一周的休假。许多领导者参加高度竞争性的运动,如马拉松或定期锻炼来缓解工作的疲劳。

有效的领导能够控制信息流。麦尔通过多种途径采集信息,"我总是随身携带笔记本电脑","我离不开手机"。星巴克的CEO舒尔茨每天早上通过声讯留言了解前一天的销售数据。掌握新闻也是非常重要的:舒尔茨每天要看3份报纸,麦尔每天都会看新闻。一家证券组合的管理人格罗斯要同时监看摆在面前的6台监视仪。

格罗斯需要有时间思考。他说:"摆脱噪声是非常重要……我一天只接三到四个电话……我不愿意被别人接通,我要的是接不通。"为了应付每周一次的跨州旅行,戈恩使用双语秘书来翻译和处理信息——一位负责欧洲,一位负责日本,另一位负责美国。时装设计师王薇薇(Veera Wang)聘用一名助理帮助自己筛选信息:"电话太多,如果光接的话那就不要做别的事情了……电子邮件更是多得不可胜数。"

知识工作者的领导人需要激励和保留那些很容易在其他企业找到工作的员工。比尔·盖茨曾经说,如果公司里最聪明的20个人离开了,微软将变成一家毫不起眼的公司。领导人承担着很大的压力,必须让这些人感到满意并保持生产力。麦尔设置了办公室谈话时间,每天都会在固定的时间了解员工所关心的问题。舒尔茨每周视察至少25家店。哈伯·科林斯CEO弗里德曼(Jane Friedman)则不断地出席各种聚会,她说:"作者是我们公司里最重要的人,他们喜欢CEO出现在聚会中。"

高盛公司的CEO保尔森(后任美国财政部长)高度重视员工招聘,他亲自到商学院里进行访问。他给公司前60名客户的CEO打电话致以新年的问候,由此获得新的信息和更密切的关系。他说:"我给亚洲、欧洲和美国的1200名经理进行过25次以上的培训,这就是企业文化的建设。"王薇薇也非常重视加强与客户的关系,"所有的业务从根本上讲都是人的业务”。

领导者必须做到所有这一切。在时间安排上要能够保持精力,应付较长时间工作,不需要很长的睡眠时间和经常锻炼也是有益的,像海绵一样吸收信息,保持多个信息来源,在沟通时使用技术,但不要忽视面对面的交流。挤出时间进行安静和集中精力的思考,关注你的组织最重要的利益相关者,让他们感到满意。

资料来源:格里芬.管理学[M].9版.北京:中国市场出版社,2008:424-425.

阅读后请思考:

1.这篇文章中的领导者运用了哪些权力基础?

2.本文中哪些领导者的行为最符合以工作为中心的领导?哪些符合以员工位中心的领导?

3.本文中的领导是否表现魅力型领导的因素?请解释。

思考习题

1.如何理解领导是一种非强迫性的影响力以及领导的实质是一种追随关系?

2.解释什么样的人可能是管理者而不是领导者?什么样的人是领导者而不是管理者?什么样的人既是管理者又是领导者?

3.影视明星、老师、辅导员,这些人对你而言各自拥有什么权力?

4.领导者的工作中心是去支配员工还是去激励员工,为什么?

5.你的父母更关注你的成绩好坏还是你学得是否开心,试用利克特的领导行为理论对你父母的领导行为进行分析。

6.根据费德勒的模型:(1)什么时候任务取向的领导者更有效?(2)什么时候关系取向的领导者更有效?

7.如何运用路径-目标理论解释领导?

8.用你自己的话给政治行为下一个定义,并举例说明政治行为的四种形式。

技能实训

1.你认为以下哪个团队会胜出,为什么?

A.一只狼领着一群羊

B.一只羊领着一群狼

2.老板对你的一名同事完成项目的方式不满意,因此他把这个项目重新分给你来做。他让你和这位同事共同工作以了解他已经做了哪些工作,掌握了哪些必要的信息。同时,他希望你在本月末写出项目报告。这位同事显然对于项目的重新安排十分沮丧和愤怒。由于他不会给你所需要的信息,使你很难开展工作,更不用说完成项目了。如果你得不到这些信息,则你很难在规定期限里完成它。你的同事使用了哪些类型的权力?你可以使用哪些影响力以赢得他的合作?如果你处在这个情境中,你怎么做可以既成功又符合道义地解决这个问题?

参考文献

[1]里奇·格里芬.管理学[M].9版.刘伟,译.北京:中国市场出版社,2008.

[2]斯蒂芬·P.罗宾斯，玛丽·库尔特.管理学[M].13版.孙健敏，等译.北京：中国人民大学出版社，2017.

[3]海因茨·韦里克，马克·坎尼斯，哈罗德·孔茨.管理学：全球化、创新与创业视角[M].14版.马春光，译.北京：经济科学出版社，2015.

[4]哈罗德·孔茨，海因茨·韦里克.管理学精要[M].6版.韦福祥，等译.北京：机械工业出版社，2005.

[5]詹姆斯·库泽斯，巴里·波斯纳.领导力[M].3版.李丽林，等译.北京：电子工业出版社，2008.

[6]林志扬.管理学原理[M].4版.厦门：厦门大学出版社，2011.

[7]周三多，陈传明，刘子馨，等.管理学：原理与方法[M].7版.上海：复旦大学出版社，2018.

[8]原理.基于儒家传统德性观的中国本土伦理领导力研究[J].管理学报，2015，12(1)：38-43.

[9]彭剑锋，孙利虎.从不同维度透析近代西方领导理论[J].中国人力资源开发，2012(12)：96-98.

[10]文茂伟.国外学术界领导研究的百年发展与范式转型[J].探索，2017(6)：40-47.

[11]徐立国，席酉民，郭菊娥，等.社会化过程中领导特质的类型及其形成与关系研究[J].南开管理评论，2016，19(3)：51-63.

可扫码获取本章课件资源：

第8章　激励与沟通

本章学习重点：

掌握内容型激励理论的研究重点以及它们对管理的意义；掌握过程型激励理论及其优缺点；理解并能应用行为矫正型理论来管理绩效；学会应对当前组织激励面临的新形势；掌握正式沟通与非正式沟通的区别；掌握语言沟通与非语言沟通的优缺点；熟悉当代组织沟通中大数据的运用。

核心知识点：

1.激励(motivate)
2.需要(need)
3.马斯洛需要层次理论(Maslow's hierarchy of needs)
4.双因素理论(two factor theory)
5.期望理论(expectancy theory)
6.公平理论(equity theory)
7.强化理论(reinforcement theory)
8.沟通(communication)
9.非语言沟通(non-verbal communication)
10.非正式沟通(informal communication)
11.跨文化沟通(intercultural communication)

开篇案例

华为的股权激励

华为是一家100%由员工持股的民营企业。公司拥有19.4万名员工，其中有10.4万人是持股员工。华为股东分为华为投资控股有限公司工会委员会和任正非两名股东。截至2020年12月9日，华为注册资本已增加至340.5亿元，其中华为工会委员会持股99.19%，任正非持股0.81%。华为公司内部股权计划始于1990年即华为成立3年之时，至今已实施了4次大型的股权激励计划。

一、创业期股票激励

创业期的华为一方面由于市场拓展和规模扩大需要大量资金，另一方面为了打压竞争者需要大量科研投入，加上当时民营企业的性质，出现了融资困难。因此，华为优先选择内部融资。内部融资不需要支付利息，存在较低的财务困境风险，不需要向外部股东支付较高的回报率，同时可以激发员工努力工作。

1990年，华为第一次提出内部融资、员工持股的概念。当时参股的价格为每股10元，以税后利润的15%作为股权分红。那时，华为员工的薪酬由工资、奖金和股票分红组成，这三部分数量几乎相当。其中股票是在员工进入公司一年以后，依据员工的职位、季度绩效、任职资格状况等因素进行派发，一般用员工的年度奖金购买。如果新员工的年度奖金不够派发的股票额，公司就帮助员工获得银行贷款以购买股权。

华为采取这种方式融资，一方面减少了公司现金流风险，另一方面增强了员工的归属感，稳住了创业团队。也就是在这个阶段，华为完成了“农村包围城市”的战略任务，1995年销售收益达到15亿人民币，1998年将市场拓展到中国主要城市，2000年在瑞典首都斯德哥尔摩设立研发中心，海外市场销售额达到1亿美元。

二、网络经济泡沫时期的股权激励

2000年网络经济泡沫时期，IT业受到毁灭性影响，融资出现空前困难。2001年底，由于受到网络经济泡沫的影响，华为迎来发展历史上的第一个“冬天”，此时华为开始实行名为“虚拟受限股”的期权改革。

虚拟股票是指公司授予激励对象一种虚拟的股票，激励对象可以据此享受一定数量的分红权和股价升值权，但是没有所有权，没有表决权，不能转让和出售，在离开企业时自动失效。虚拟股票的发行维护了华为公司管理层对企业的控制能力，不至于导致一系列的管理问题。

华为公司还实施了一系列新的股权激励政策：

1.新员工不再派发长期不变一元一股的股票；

2.老员工的股票也逐渐转化为期股；

3.以后员工从期权中获得收益的大头不再是固定的分红，而是期股所对应的公司净资产的增值部分。

从固定股票分红向“虚拟受限股”的改革是华为激励机制从“普惠”原则向“重点激励”的转变。下调应届毕业生底薪，拉开员工之间的收入差距即是此种转变的反映。

三、新一轮经济危机时期的激励措施

2008年,由于美国次贷危机引发的全球经济危机给世界经济发展造成重大损失。面对本次经济危机的冲击和经济形势的恶化,华为又推出新一轮的股权激励措施。2008年12月,华为推出"配股"公告,此次配股的股票价格为每股4.04元,年利率逾6%,涉及范围几乎包括了所有在华为工作时间一年以上的员工。

由于这次配股属于"饱和配股",即不同工作级别匹配不同的持股量,比如级别为13级的员工,持股上限为2万股,14级为5万股。大部分在华为总部的老员工,由于持股已达到其级别持股量的上限,并没有参与这次配股。之前有业内人士估计,华为的内部股在2006年时约有20亿股。

按照上述规模预计,此次的配股规模在16亿~17亿股,因此是对华为内部员工持股结构的一次大规模改造。这次的配股方式与以往类似,如果员工没有足够的资金实力直接用现金向公司购买股票,华为则以公司名义向银行提供担保,帮助员工购买公司股份。

四、TUP的推出

随着公司的发展,华为的外籍员工越来越多,而外籍员工无法参与虚拟受限股。另一方面,由于股票价格逐步升高,而银行不能贷款,入职2~3年有战斗力的员工没钱配股,无法捆绑利益。而这个时间段内优秀员工的离职给企业造成重大损失,因为员工入职2年内属于投入期,之后才是投资回报期。从2013年起华为为外籍员工推出时间单位计划(time unit plan,TUP),使外籍员工也可以分享利润;2014年起对国内员工推出。和股票相比,TUP不用员工花钱买,但是不像股票可以一直享受分红,TUP只能拿5年收益,不干活就没了,激励性更强。

资料来源:https://www.sohu.com/a/315373672_120098318.

华为公司的股权激励历程说明,股权激励可以将员工的人力资本与企业的未来发展紧密联系起来,形成一个良性的循环体系。在全员持股的说法之下,任正非微不足道的个人持股不但没有影响他的权威性和控制力,相反,员工的积极性和公司的凝聚力更强了,正是这些奋斗者们努力拼搏才换来华为现在的成就。从早期的员工持股,再到后来的虚拟股、TUP,华为针对不同的发展时期和企业战略规划积极调整股权激励政策也值得我们借鉴。人力资源是企业最宝贵的资源之一,由于员工总是不断流动、更新,而个人的观念差异很大,聪明的管理者会根据不同员工的职位、能力与性格特征等采取动态的激励措施来满足员工的需要和期望。因此,研究和掌握激励理论的核心内容,对于提高管理者的方法与艺术水平具有重要的意义。

8.1 激励原理和行为理论

激励对于管理的重要性在于,它可以解释人们在组织中的行为和绩效。为什么有些员工做得比其他人更出色?为什么有些员工消极怠工?我们能够采取哪些措施来促使每一位员工都能取得优秀的工作绩效?

8.1.1 激励的本质

梅霞作为地产公司的策划助理，她的工作主要是辅助策划师撰写软文和组织营销活动，在工作中她不仅承担了分内的事情，还主动承担与开发商的沟通任务，在她的上司为其他项目忙碌的时候，她还成功地担当项目负责人的工作。是什么促使她如此乐于承担额外的任务呢？是被金钱所吸引，还是喜爱与人打交道？是因为特别崇拜她所服务的策划师，还是该地产公司为她提供了良好的职业前景？这是管理者每天都在思考的问题。有效的管理者既要了解员工的才干，又要认识到他们的需求特点。针对员工的需求设立相应的激励制度，才可能使企业取得良好的绩效。那么什么是激励？

1.激励的内涵

激励(motivation)就其词义来看，是指激发鼓励的意思。激发是对人的动机而言，使其产生一种内在的动力，朝着所期望的目标不断努力的过程。鼓励是指对人的行为趋势加以控制。通过激励，在某种内部或外部的刺激下，给人以行为的动力。因此，激励对不同的人具有不同的含义。激励可以是一种动力，也可以是一种心理上的支持，或者是为自己树立一个榜样。

管理学把激励看作是满足人的某种需要和实现组织目标的过程，即组织通过设计适当的外部奖惩形式和工作环境，激发、引导、保持和强化组织成员的行为，以有效地实现组织及其成员个人目标的系统活动。

这个定义具有三个关键因素：激发、导向和坚持。激励是一种过程，通过这种过程激发人的活力，导致一定努力的某种行为出现，但是这种努力并不一定会产生令人满意的工作绩效，除非这种努力指向有利于组织的方向，指向组织目标并与其保持一致的努力才是管理者所追求的。同时，激励也包括一个持续的维度。管理者希望激发出的行为得到保持与强化，直到组织目标实现。

2.激励的类型

从来源上看，激励可以分为内在激励和外在激励。内在激励源于员工完成工作任务本身所带来的满足感。完成一个复杂的任务可以使人体验到一种愉悦的成就感，解决某个有益于他人的问题也会使人有一种完成个人使命之感。例如梅霞选择从事地产策划工作，是因为她觉得工作内容有趣，策划的过程和结果富有挑战性，那么她的行为就是内在激励行为，这种激励将促使她愿意积极主动地承担更多的工作任务。外在激励来自与工作绩效相联系的物质或社会奖励。对于这类行为，激励来自行为的结果，而不是行为本身。如果梅霞对自己的工作并不感兴趣，仅仅是因为收入高来从事地产策划这一行业，那么她的行为就是外在激励行为。有资料显示，仅仅通过金钱和福利待遇，甚至包括表扬和荣誉这些手段，很难激励那些最有才干的创新型员工。因此，优秀的管理者应该努力帮助员工实现内在激励。

从作用上看，激励可以分为正向激励和负向激励。正向激励是一种通过强化积极意义的动机而进行的激励，负向激励是通过采取措施抑制或改变某种动机。正向激励通常是加薪、晋升、荣誉、肯定等，促使员工保持组织希望的行为；负向激励也是一种激励，通过各种形式的惩罚、批评，使人们从想做某种事转变为不想做某种事。以和尚喝水为例，正常的情况下“三个和尚没水喝”，但是通过正向激励和负向激励我们可以来改变这一现状。正向激励：三个和尚开会讨论决定给挑水的和尚以报酬，或选举他当寺院的住持，或派他出席全国和尚代表大会。这时，为了取得这些报酬或者荣誉，就会有人愿意担当积极分子。负向激励：其中一人主动给大家安排任务，并对不愿挑水的和尚进行禁水惩罚或赶出寺庙，为了免受处罚，和尚们就会轮流挑水，这就是负向激励。

3.激励的功能

激励的根本目的是实现组织的目标。通过设定有效的激励措施，引导员工的行为朝向组织期望的方向发展，通过达成组织期望的目标从而获得组织的奖励来达成个人的目标，实现个人目标与组织目标的统一。

(1)激发人的潜能

美国哈佛大学的威廉·詹姆斯(W. James)教授在对员工激励的研究中发现，按时计酬的分配制度仅能让员工发挥20%～30%的能力，如果受到充分激励的话，员工的能力可以发挥出80%～90%，两种情况之间60%的差距就是有效激励的结果。可见，人的潜能是一个储量巨大的资源库，通过激励，可以激发员工的创造性和主观能动性，释放出巨大的能量。

(2)提高工作绩效

组织行为学研究结果表明，员工的工作绩效是员工能力、受激励程度和工作环境的函数，即绩效$=F$(能力×激励×环境)。组织成员要有效地工作，首先是要明确自己如何去做，能否胜任；其次，要有做好这项工作的动力；最后，要有从事这项工作所需要的资源。上式表明，在一个人能力不变的情况下，工作绩效的大小，取决于特定环境下被激励的程度。如果管理者不对员工进行有效的激励，即使拥有工作能力强的员工，并为他们提供最好的工具和设备，也无法取得好的工作绩效。

(3)提升人力资源的质量

提高人力资源质量的途径主要是教育和培训，其方式多种多样，激励是效果最佳的备选方案之一。激励能起到一种示范作用，组织可以采取措施，对才能优异、坚持学习的人才给予大张旗鼓的表扬，对不思进取、安于现状的员工给予适当的批评，并在物质待遇上加以区别，在福利、晋升方面分别考虑。这些措施将有助于形成良好的学习风气，促使员工提高自身的知识素养，从而提升人力资源的质量。

(4)增强组织成员的凝聚力

行为学家通过调查和研究发现，对一种个体行为的激励，会导致或消除某种群体行为的产生。也就是说，激励不仅仅直接作用于个人，而且还间接影响其周围的人。在管理实践中，对组织成员的有效激励，会使组织成员的行为方向一致，从而形成一种合力，对整个组织协同发展产生至关重要的影响。有效的激励机制在其他管理机制的配合下，将有助于组织成员形成强大的凝聚力，驱动组织整体朝着实现组织目标的轨道运行。

虽然激励是管理者们必用的管理手段，但真正做好激励工作却是不容易的，主要有三个方面的因素会起到阻碍作用：

第一，员工工作动机的多样性。成功的管理者知道对自己具有激励作用的东西对于他人可能收效甚微甚至毫无作用。就像开篇提到的谷歌公司，员工能够得到免费的食物、免费的按摩和免费的洗衣，但并不意味着这些额外的福利足以使他们不去其他地方寻找工作机会。

第二，员工文化背景的差异性。不同文化背景可能导致人们对于相同的激励手段有不同的反应。例如，美国经理可能公开表扬一位日本员工的出色工作，这一行为在美国主导的文化信仰中被认为是重要的激励，但是，由于日本文化更强调群体忠诚和群体认同而不是个人成就，该员工可能会因此而十分尴尬。

第三，员工行为原因的不确定性。组织中每个人的行为可能与某种激励有关也可能无关，即人们在不同时间、不同阶段做出同种行为的原因不尽相同。

因此，对于人们行为的认识是管理者为什么要对员工进行激励和怎样进行激励的前提。

8.1.2 行为理论及激励过程

对人们行为的研究可以帮助管理者们理解，是什么因素促使员工主动采取行动，影响行动选择的因素有哪些，以及员工为什么会坚持采取某种行动。

1.行为理论

行为是人类有意识的活动，既是人对外界刺激做出的反应，又是人通过一连串动作实现其预定目标的过程。根据心理学所揭示的规律，人的一切行为都是由某种动机引起的，它对人的行为起激发、推动和加强的作用。而动机源自未被满足的需要，需要是人对某种目标的渴求和欲望，是产生行为的原动力。当人们有了某种需要而又未能满足时，心理上会产生一种紧张和不安，这种紧张和不安就会演变成为一种内在的驱动力即动机，有了动机就会促使个体去寻求、选择目标，进而采取某种行为来实现目标、满足需要。行为结束时，需要得到满足，人的紧张心理得以消除，动机在需要不断得到满足的过程中逐渐削弱了。随后，由于人的欲望所起的作用，又会产生新的需要，再引起新的动机与行为。这样周而复始，循环往复，使人不断向新的目标前进。这就是人的动机与行为的一般客观规律。需要、动机、行为和目标的关系可以由图表示(图 8-1)。

图 8-1　动机激发的心理过程

(1)需要

需要是指客观刺激作用于人的大脑所引起的个体缺乏某种东西的状态。这里所说的客观刺激既包括身体内部的刺激如饥饿，也包括身体外部的刺激，如食物香味、餐饮广告等；从内容上来讲，可能是物质因素，也可能是心理因素。例如，饥饿会使人去寻找食物，孤独会使人去寻找关心。未满足的需要是形成行为动机的根本原因，但并不是所有需要都会如此。需要转化成动机必须满足两个条件：第一，需要必须有一定的强度。就是说，某种需要必须成为个体的强烈愿望，迫切要求得到满足。如果需要不迫切，则不足以促使人去行动以满足这个需要。第二，需要转化为动机还要有适当的客观条件，即诱因的刺激，它既包括物质的刺激也包括社会性的刺激。有了客观的诱因才能促使人去追求它、得到它，以满足某种需要；相反，就无法转化为动机。例如，人处荒岛，很想与人交往，但荒岛缺乏交往的对象(诱因)，这种需要就无法转化为动机。

(2)动机

动机是个体和环境相互作用的结果，是人们产生行为的直接原因，它引起、维持个人行为并促使该行为朝向某一目标进行。一个人往往同时存在着各种各样的动机，这些动机之间不仅有强弱之分，而且会有矛盾和斗争，在多种动机下，只有优势动机才会引发行为。例如，人们感到饥饿时并不一定马上去吃饭，往往在忙于工作等其他事务的情况下，会出现忍饥挨饿的情况。因为此时完成工作任务相比填饱肚子来说是优势动机。同时，动机与行为之间的关系也很复杂。同一动机会引发几种行为表现,如在成就动机驱使下,个体可能表现出一系列的行为,如刻苦学习、锻炼身体、参与竞赛活动等。同一行为受多种动机的驱使,如努力学习可能受取得成就,得到奖赏、赞扬,以及增长知识等多种动机的驱使。

(3)行为

人的一切行为都是由当时的优势动机引发,朝着满足这种优势动机的目标努力。这种努力的结果又作为新的刺激反馈回来调整人的需要结构,指导下一个新的行为,这就是所谓的激励过程。管理者实施激励,即是想方设法做好需要引导和目标引导,强化员工动机,刺激员工的行为,从而实现组织目标。

2.激励过程

如图 8-2 所示,激励的过程主要有四个部分,即需要、动机、行为、绩效。首先是需要的产生,需要是激励的起点和基础,要使激励更有针对性,一定要了解人们的心理活动规律和过程。例如,对重视物质方面需求的员工,可以在物质上给予更多的奖励;对物质条件充裕的员工,可以在精神上给予奖励。其次,需要在个人内心引起不平衡的状态,产生行为动机。员工在组织中所采取的各种行为都是由动机驱使的,有什么样的动机,就会产生什么样的行为。行为是在激励状态下,员工为动机驱使所采取的实现目标的一系列动作。例如,当一个员工有升职的动机,他就会提前完成工作,主动加班,利用业余时间进修等。

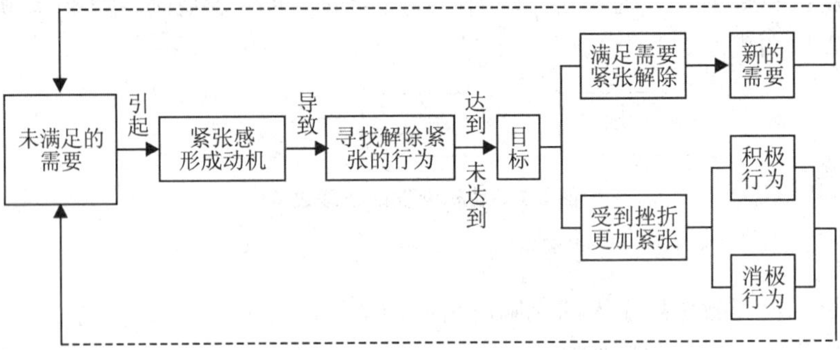

图 8-2　激励的过程模型

当员工在采取某种行为来实现目标、满足需要时,可能发生两种情况:(1)行为产生的绩效实现了组织目标,进而满足了个人需要,这会产生一个反馈,告诉员工原有的需要已得到满足,于是在新的刺激下,又会产生新的需要;(2)行为产生的绩效没有实现目标,此时员工就会受到挫折。挫折是指人们在通向目标的道路上遇到障碍。对待挫折的反应也因人而异。员工可能采取积极行为,以继续实现目标;也可能采取消极行为,放弃原有目标,以此来缓解或减轻这种紧张状态。显然,管理者要不断采取有效的激励措施,一方面,持续稳定地调动员工的积极性,通过行为实现目标;另一方面,激励可以培养员工受挫后的容忍力,化消极行为为积极行为。

针对需要、动机、行为之间的关系,管理者在对员工进行激励时,首先要通过提供诱因或刺激,在一定程度上影响个人的需要和动机,从而使其产生所期望的行为。为了确保所提供的诱因对员工有真正的吸引力,管理者就必须对员工的各种需要和性质进行研究;同时,管理者要切实有效地激励员工,还必须了解员工在组织工作的动机是如何形成和得到激发的,更需要了解其动机向特定的行为转化过程中,各方面心理因素及相应的激励措施和对策。

对于这些问题的研究，形成了激励理论。

自20世纪二三十年代以来，国外许多管理学家、心理学家和社会学家从不同的角度对激励问题进行了大量的研究，并提出了许多激励理论。根据激励理论研究的侧重点不同，可将激励理论分为三类：内容型激励理论、过程型激励理论和行为矫正型激励理论。

8.2　内容型激励理论

内容型激励理论着重研究激发动机的诱因，由于该理论的内容都围绕着如何满足需要进行研究，故又称为需要理论。主要包括马斯洛的需要层次论、赫茨伯格的双因素理论、阿尔德弗的ERG理论以及麦克利兰的成就需要激励理论等。

8.2.1 需要层次理论

美国心理学家亚伯拉罕·马斯洛于1943年在《人类激励理论》一文中提出了著名的"需要层次理论"(Maslow's hierarchy of needs)，他提出每个人都有五个层次的需要：生理、安全、社交、尊重和自我实现(图8-3)。这五类需要依照重要性和产生的先后顺序呈现由下至上的金字塔排列形式。

图8-3　马斯洛需要层次理论

(1)生理需要(physiological needs)：指食物、水、住所、性以及其他生理方面的需要。这些需要居于最底层，当它们受到威胁时，人类的生存就成为问题，其他层次的需要也就无从谈起。例如，长期处于极端饥饿状态的人，他的追求目标首先是食物，为此，生活的目标被看成是为了填饱肚子。对于生理需要占主导地位的员工，管理者需要明确人的经济本性，明确人对于行为的经济回报、身体机能舒适性的关注。

(2)安全需要(safety needs)：指保护自己免受身体和情感伤害方面的需要，既包括经济和环境的安全，如工作持续性(不会下岗)、保险和退休福利(保障疾病和晚年生活来源)、不遭受天灾人祸的影响等，也包括心理的安全，如希望胜任工作，免除严酷的监督和威胁等。安全需要直接影响员工工作时的态度和情绪。即使在社会保险相对完备的今天，产业变迁和经济衰退仍然可能导致人们失业，从而使得安全需要成为优先的需要。

(3)社交需要(social needs)：当生理需要和安全需要得到相当的满足后，爱和归属的社交需要就占据了主导地位。马斯洛认为，组织成员的生活和工作都不是孤立的，而是在一定的社会环境中进行的。因此，组织成员希望在被他人接纳的情况下工作和生活，如友谊、爱情、归属、信任等。这种社会交往的需要程度也因每个组织成员的性格、经历、受教育程度不同而异。

(4)尊重需要(esteem needs)：尊重包括自尊和受他人尊重。自尊是指组织成员取得成功时产生自豪感、成就感；受他人尊重是指当组织成员做出贡献时，能得到组织荣誉、认可、地位、表扬等。尊重的需要更多的是一种心理状态，也就是说一个人的尊重感主要取决于他自己的认识。如果一位领导赞扬下属工作出色，这个赞扬能否起到激励作用，取决于下属是否接受这种赞扬。也许他认为领导只是讲一些客套话，并不是真正赏识自己，那么这种赞扬就起不了激励作用。

(5)自我实现需要(self-actualization needs)：包括成长与发展、发挥自身潜能、实现理想的需要。即人希望能够充分发挥自己的潜能，做他最适宜的工作，这是人类最高一级的需要。马斯洛写道："除非一个人已经找到他最适合做的事，否则他会产生新的不满足。假如要得到内心的平静，音乐家一定要作曲，画家一定要画画，诗人一定要写诗。每个人都必须充分发挥潜能，我们可以称这种需求为自我实现。"自我实现需要是管理者最难满足的需要。事实上，也可以说这种满足只能通过个体的内在体验来获得。但是管理者可以通过促进一种自我实现的文化来帮助员工。例如，给予员工参与工作决策和学习新知识的机会。

表 8-1　马斯洛需要层次理论在企业中的运用

需要层次	激励因素	管理措施
生理需要	工资、福利待遇、工作环境	工资、基本福利待遇保证和落实，住房设施等
安全需要	职位保障、劳动保护、社会保障、保险	雇佣保证、退休养老制度、意外保险制度、健康保险
社交需要	友谊、舒心的人际关系、组织关怀	宽松的沟通氛围、工会文体活动
尊重需要	地位、名利、权利、责任、荣誉	考核、晋升、表彰、尊重员工
自我实现需要	挑战性工作、个人发展目标	决策参与、授权、工作事业机会

需要层次理论问世以来，一直有很大的争议，如人的需要层次并不是一个绝对的从低到高的满足过程，受到客观条件的限制，人的需要层次满足有很大的差异性。中国古代流传至今的名句，如"贫贱不能移，富贵不能淫，威武不能屈"，"不为五斗米折腰"等，都是递进规律所无法解释的；再如，有的人生理需要和社会需要都得到满足，也没有出现自我实现的需要，而其经济需要可能仍很强烈。尽管存在不足，马斯洛的需要层次论仍然得到了管理学界和心理学家的普遍认可，它使人们看到了人类需要的多样性和层次性，并因其易于被人理解而得到了广泛的传播。

8.2.2 双因素理论

双因素理论(two factor theory)又叫激励保健理论(Motivator-hygiene theory)，是美国的行为科学家弗雷德里克·赫茨伯格(Fredrick Herzberg)提出来的。20 世纪 50 年代末期，赫茨伯格和他的助手们在美国匹兹堡地区对二百多名工程师、会计师进行了调查访问。当问到什么使他们“积极”时，人们趋向于将其归结为工作自身的性质；当问到什么使他们“消极”时，人们趋向于将其归结为工作环境。这项研究使赫茨伯格获得了双因素理论的基本思想。

(1)修正了传统的“满意-不满意”的观点

传统的“满意-不满意”观点认为，“满意”的对立面是“不满意”，即人们得到满意的因素增加了，不满意自然就减少了；而使人们不满的因素减少了，满意自然就增加了。赫茨伯格在调查过程中发现，某人可能将“低收入”作为不满意的原因，但不一定将“高收入”作为满意的理由。基于此，赫茨伯格认为传统的观念是不确切的，认为“满意”的对立面应该是“没有满意”，“不满意”的对立面应该是“没有不满意”，如图 8-4。这两种因素的差别，就好像视觉和听觉的差别，降低光线强度不会影响听觉，增大声音也不会改善视觉。

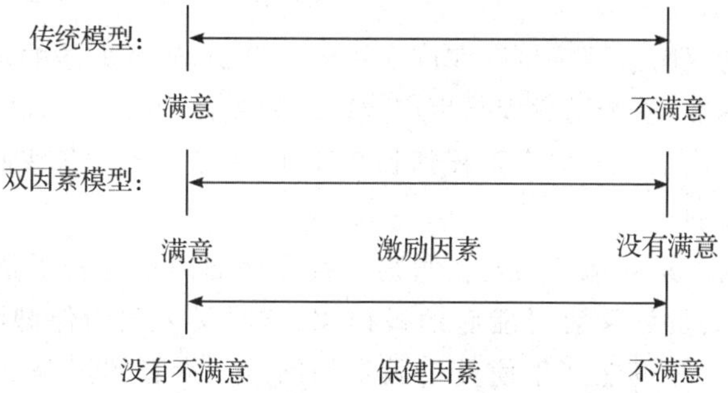

图 8-4　传统模型与双因素模型的区别

(2)双因素的划分

根据赫茨伯格的观点，带来工作满意的因素和导致工作不满意的因素是不相关的，认为有两种完全不同的因素影响着人们的工作行为。如图 8-5。

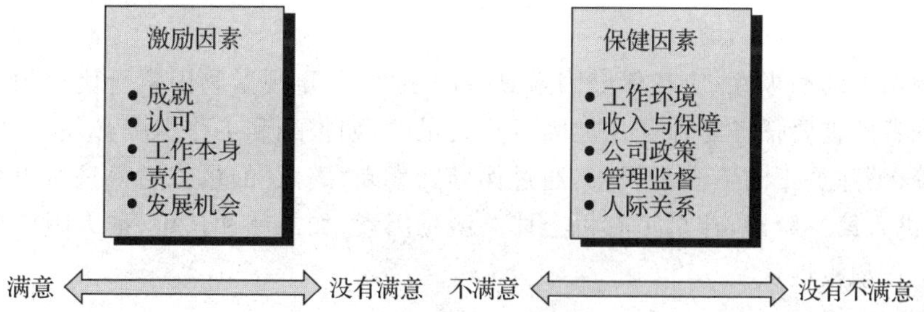

图 8-5　赫茨伯格双因素理论

第一类是保健因素(hygiene factor)，这些因素与工作环境或工作条件有关，它没有激励人的作用，却带有预防的作用，包括工作环境、收入与保障、公司政策、管理监督、人际关系等。当保健因素不健全时，人们就会产生不满意感，甚至严重挫伤员工的积极性。但当保健因素得到满足时，也只是消除了不满，却不会调动人们的工作积极性。

第二类是激励因素(motivator factor)，这些因素与工作本身或工作内容有关，能促使员工产生满意感，激发员工的积极性和热情，包括成就、认可、工作本身、责任、发展机会等。当激励因素得到满足时，往往能激发员工的责任感、荣誉感和自信心，有助于充分、有效、持久地调动他们的积极性,提高工作效率。当激励因素缺乏时,人们就会缺乏进取心,对工作无所谓,但不会导致较大的不满情绪。

例如,一个工资虽然很低、对上司也极为不满、人际关系紧张、工作条件很差的员工,很有可能在工作中抱怨连连,怨气冲天,但是,如果他所从事的工作具有极大的创造性,他就有可能沉湎在工作中废寝忘食,感受到工作本身给自己带来的乐趣,并且做出卓越的绩效。相反,一个工资很高、上司又特别和蔼、人际关系十分融洽、工作条件也相当优越的员工,他可能会对自己的处境很满意,但也可能安于现状,不思进取,没有挑战性的工作如鸡肋一般,他可能根本没有多少兴趣,也就不会有超常的绩效水平。

赫茨伯格的双因素理论与马斯洛的需要层次论有相似之处。他提出的保健因素相当于马斯洛提出的生理需要、安全需要、社交需要等较低层次的需要;激励因素则相当于尊重需要、自我实现需要等较高层次的需要。

(3)对管理的启示

虽然赫茨伯格的双因素理论也存在许多缺陷。例如,研究方法的可靠性问题;缺乏普遍使用的满意度评价标准;缺少满意度与生产效率之间关系的研究等,特别是他的研究样本只是美国20世纪50年代末200多个工程师和会计师,这显然不具备普遍性。但是,其对管理者的启示是非常重要的:

①正确区分激励因素和保健因素。激励因素和保健因素有若干重叠现象,如赏识属于激励因素,但没有受到赏识又有可能起消极作用,这时又表现为保健因素。工资是保健因素,但在发展中国家有时也能产生使员工满意的结果。二者的区分要结合社会制度、国情等,因时因地进行考虑。

②要善于把保健因素转化为激励因素。保健因素与激励因素是可以转化的,不是一成不变的。例如员工的工资、奖金同个人的工作绩效挂钩,就会产生一定程度的激励作用。如果二者没有联系,奖金发得再多,也构不成激励,一旦减少或停发,还会造成员工的不满。因此,有效的管理者,善于把保健因素转化为激励因素,同时要防止激励因素向保健因素转化。

③要调动人的积极性,应在保健因素具备的条件下,重视激励因素所代表的内在激励的力量。管理者的首要任务是保证保健因素是充足的,如报酬和工作保障必须适当,工作条件应该安全等,消除员工的不满意因素,通过保健因素来"满意"的员工通常只付出最低限度的努力;然后进入第二阶段,让员工有机会体验激励因素,如成就和认可,最大限度地调动和保持员工的工作积极性。

8.2.3 ERG理论

美国耶鲁大学的克雷顿·阿尔德弗(Clayton. Alderfer)在马斯洛提出的需要层次理论的基础上,进行了更接近实际经验的研究,提出了一种新的人本主义需要理论。阿尔德弗认为,人们共存在3种核心的需要,即生存(existence)需要、关系(relatedness)需要和成长(growth)需要,因而这一理论被称为ERG理论。

(1)生存需要:全部的生理和物质上的欲望,如吃、住、睡等。组织中的报酬、对工作环境和条件的基本要求等也可包括在生存需要中。它和马斯洛需要层次论中的生理及安全需要相对应。

(2)关系需要:强调人们对于保持重要的人际关系的要求,与马斯洛的社交需要和尊重需要分类中受他人尊重的外在部分是相对应的。

(3)成长需要:要求得到提高和发展的内在欲望,如充分发挥个人潜能、有所作为和取得成就。这与马斯洛理论中尊重需要分类中的自尊及自我实现需要相对应。

ERG 理论除了用三种需要替代了五种需要外,与马斯洛需要层次理论的关键区别在于:

第一,需要并存原则。与马斯洛刚性阶梯式上升结构不同,ERG 理论并不强调需要层次的顺序,认为某种需要在一定时间内对行为起作用,而当这种需要得到满足后,可能去追求更高层次的需要,也可能没有这种上升趋势。比如说,即使一个人的生存和关系需要尚未得到完全满足,他仍然可以为成长发展的需要工作,而且这三种需要可以同时起作用。

第二,需要降级原则。需要层次论是基于"满足—上升"的逻辑,即个体较低层次的需要相对满足后,会向更高层次需要前进。而 ERG 理论认为不仅有"满足—上升"的逻辑,还包括"挫折—后退"的逻辑。"挫折—后退"表示在高层次需要没有得到相应满足或受到挫折时,需要的重点可能会转向较低层次。例如,以前由金钱(生存需要)激励的员工可能获得了一次加薪,从而满足了这方面的需要。假设他接下来试图建立友情来满足关系需要,但出于某些原因他发现自己不可能和其他同事成为好朋友,他可能受到挫折并且退缩,只得继续争取更多的金钱来实现激励。

表 8-2　需要层次理论与 ERG 理论的区别

需要层次理论	ERG 理论
需要分五个层次	需要分三个层次
需要层次刚性的阶梯式上升结构 建立在"满足—上升"的基础上	需要层次不是刚性结构 建立在"满足—上升"和"挫折—倒退"两方面
每个阶段只有一个主导需要	可能有几个主导需要

ERG 理论缺乏充分的研究予以验证。近年来,也有一些研究对 ERG 理论的适用范围提出疑义,认为在有些组织中它的作用明显,但在另外一些组织中则没什么效果。造成这种结果的原因,可能是与所研究的组织对象的基本工作性质有关。但跨文化的研究证实,阿尔德弗这种更为灵活的需要理论比马斯洛的观点更为实际。例如,西班牙和日本的员工可能会把社会需要摆在生理需要之前。

8.2.4 成就需要理论

成就需要理论是哈佛大学的心理学家麦克利兰教授于 20 世纪 50 年代所提出的。麦克利兰认为,人的生存需要基本得到满足后,还会产生三种需要,即成就需要、亲和需要和权力需要,它们反映了人的不同偏好。

(1)成就需要(need for achievement):争取成功希望做得最好的需要。麦克利兰认为,具有强烈成就需要的人渴望将事情做得更为完美,提高工作效率,获得更大的成功。他们追求的是在争取成功的过程中克服困难的乐趣,以及成功后的个人成就感,而不是物质奖励。成就动机高的管理者独立性很强,愿意承担个人责任,倾向设立较难的目标,要求得到具体的、快速的反馈并且急于完成任务,非常关心工作环境的改善,力求做得最好。

(2)亲和需要(need for affiliation):建立友好亲密的人际关系的需要。高亲和需要的人更倾向于与他人进行交往,至少是为他人着想,这种交往会给他带来愉悦之感。他们喜欢合作而不是竞争的工作环境,希望彼此之间的沟通与理解,对环境中的人际关系更为敏感。亲和需要强的管理者,非常关心团体的接纳和认可,并担心被团体所疏远,只要有被团体疏远的可能性,其决策就会变得消极而犹豫不决。

(3)权力需要(need for power):影响或控制他人且不受他人控制的需要。权力需要较高的人注重争取地位和影响力,喜欢对别人"发号施令",更善于行使制度所赋予的权力,因此更可能创造卓越的绩效。他们也会追求出色的成绩,但他们这样做并不像高成就需要的人那样是为了个人的成就感,而是为了获得地位和权力或与自己已具有的权力和地位相称。

麦克利兰的动机理论在企业管理中很有应用价值:

首先,高成就需要者并不一定就是一名优秀的管理者,尤其在规模较大的组织中。例如,海尔公司的一名高成就需要的销售员,并不一定就会成为优秀的销售部经理,原因在于高成就需要者往往只对自己的工作绩效感兴趣,并不关心如何影响他人去做好工作。

其次,对权力强烈需要总是与在组织中获得较高地位联系在一起的。麦克利兰对AT&T的经理们进行了长达16年的持续研究,发现他们对权力强烈需要随时间的推移不断提升,一半以上的高级职员有着强烈的权力需要。最优秀的管理者往往伴随较高的权力需要和较低的亲和需要。

最后,麦克利兰认为动机是可以训练和激发的,因此可以训练和提高员工的成就动机,以提高生产率。

总的来说,麦克利兰的需要理论对各种需要的相互关系并不关心,注重的是各种需要同组织行为的联系,关心的是何种需要能促成事业的成功,因而具有浓厚的实用主义色彩。管理者可通过区分不同员工的主导需要采取不同的措施,来达到有效激励的目的。例如,有高亲和需要的人,适合与别人合作;有高成就需要的人,则应给予其极大的自由发挥空间和提供获取成就的机会;有高权力需要的人,则可以培养其成为管理者。

8.2.5 内容型激励理论的评价

总的来说,需要层次论、双因素理论、ERG理论和成就需要理论都在研究人们根本上的心理需要,帮助管理者理解是什么在激励员工,其相同点是认为更高层次的需要对激励更为重要。但仅仅用需要的满足并不能解释人类的全部行为。比如,有些人可以受到某一因素的激励而其他人不行。因此,管理者还必须了解员工在实际工作中是如何基于他们的个人偏好,选择不同的行为满足需要,以及如何评估通过这些行为获得奖励的公平性等,这些是激励的过程理论需要研究的内容。

图8-6是内容型激励理论的关注重点。

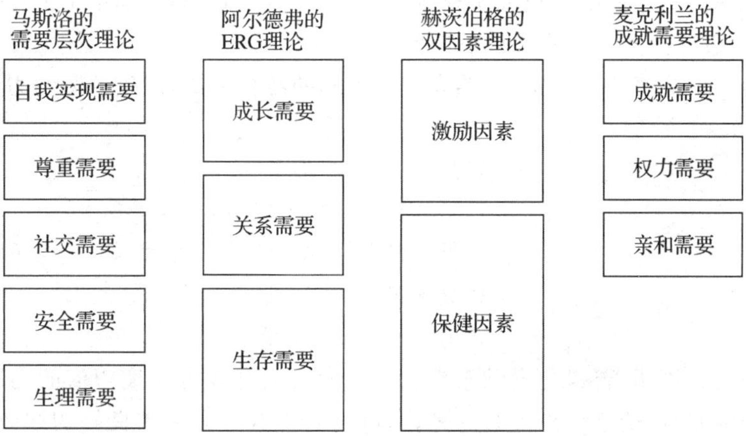

图 8-6　内容型激励理论的关注重点

8.3　过程型激励理论

与内容型激励理论不同的是，过程型激励理论主要研究激励是如何发生的，即人们为什么会选择特定的行为方式来满足需要，以及在实现目标之后如何评估自己的需要，代表理论有期望理论、公平理论和目标设定理论。

8.3.1 期望理论

1.弗鲁姆的期望公式和期望模式

到目前为止有许多学者都对期望理论的发展做出了贡献，其中最具代表的是著名的心理学家和行为科学家维克托・弗鲁姆(Victor H. Vroom)1964 年在其著作《工作与激励》中首先提出期望理论(expectancy theory)。期望理论关注的不是人们需要的类型，而是人们用来获取报酬的思维方式。弗鲁姆认为，人之所以能够从事某项工作并达成组织目标，是因为这些工作和组织目标会帮助他们达成自己的目标，满足自己某方面的需要。这个目标在尚未实现时产生激发个人动机的力量，而这个激发力量的大小，取决于其对行动结果的价值评价(效价)和预期达成该结果可能性的估计(期望值)。用公式表示就是：

$$激励力量(M)=效价(V)\times 期望值(E)$$

M 表示激励力量，指个人所受激励的程度。激励力量越大则努力程度越高。

V 表示效价(目标价值)，指达到目标对于满足个人需要的价值。同一目标，由于各人所处的环境不同，需求不同，效价也就不同，可以分为正、零、负三种效价。如果个人喜欢其可得的结果，则为正效价；如果个人漠视其结果，则为零值；如果不喜欢其可得的结果，则为负效价。一个希望通过努力工作得到升迁机会的人，在他心中，“升迁”的效价就很高；如果他对升迁漠不关心，毫无要求，那么升迁对他来说效价就等于零；如果这个人对升迁不仅毫无要求，而且害怕升迁，此时，升迁对他来说就是负效价。效价越高，激励力量就越大。

E 表示期望值，是人们根据过去经验判断自己达到某种目标的可能性大小，即能够达到目标的主观概率。期望概率反映人实现需要和动机的信心强弱。如果个体相信通过努力肯定会取得优秀成绩，期望值就高，反之则低。

根据效价和期望值的大小不一，共有五种不同的结合方式，产生的激励力量大小也是不同的。

$$V\text{高}\times E\text{高}=M\text{高}$$
$$V\text{中}\times E\text{中}=M\text{中}$$
$$V\text{低}\times E\text{低}=M\text{低}$$
$$V\text{高}\times E\text{低}=M\text{低}$$
$$V\text{低}\times E\text{高}=M\text{低}$$

上述排列组合说明，要提高激励效果就必须同时提高效价和期望值的强度。将上述公式结合企业实际来看，期望理论反映的是，当员工认为努力会带来良好的绩效评价，且良好的绩效评价会带来组织奖励（如奖金、加薪和晋升），而这些组织奖励会满足员工的个人目标时，员工就会受到激励进而付出更大的努力。那么怎样使激励力量达到最大值？弗鲁姆辩证地提出了在进行激励时要处理好三方面的关系，也就是调动员工工作积极性的三个条件。

第一，努力和绩效的关系。如果我付出了最大努力，能否达到组织要求的工作绩效水平，该绩效水平是否会在绩效评估中体现出来？答案是不确定的。首先，工作绩效主要取决于个人的努力程度，但同时还受到工作技能及对该工作了解程度的影响。其次，组织的绩效评估体系的设计可能是为了评估一些非绩效因素，如忠诚度、创造性等，这就意味着，更多的努力并不一定带来更高的绩效评估结果。还有一种简单的可能就是员工认为他的上司不喜欢他，那么无论他多努力都无法获得应有的绩效评估水平。

第二，绩效与奖励关系。如果我获得了好的绩效评估，是否会得到组织奖励？人们总是期望在达到预期绩效后，能够得到合理的奖励，如奖金、晋升、表扬等。许多员工认为在他们的工作中"绩效-奖励"的关系并不明确。原因在于，员工工资的分配有可能是基于资历、巴结上司等因素，因而会降低激励水平。时间一长，工作积极性就会消失。

第三，奖励和个人需要关系。如果我得到奖励，这些奖励是否对我具有吸引力？员工努力工作，以期获得晋升，但得到的却是加薪。或者员工希望得到一份具有挑战性的工作，但得到的仅仅是几句口头表扬。或者员工投入额外的努力以期望能够留在总部，然而因绩效突出却被外派……这些例子表明，根据每个员工的个人需要来设置奖励是十分重要的。遗憾的是，一些管理者错误地认为，所有员工都想得到同样的奖励。而且在实际工作中，许多管理者受到奖励分配的限制，使得奖励个人化操作起来困难重重。如图 8-7。

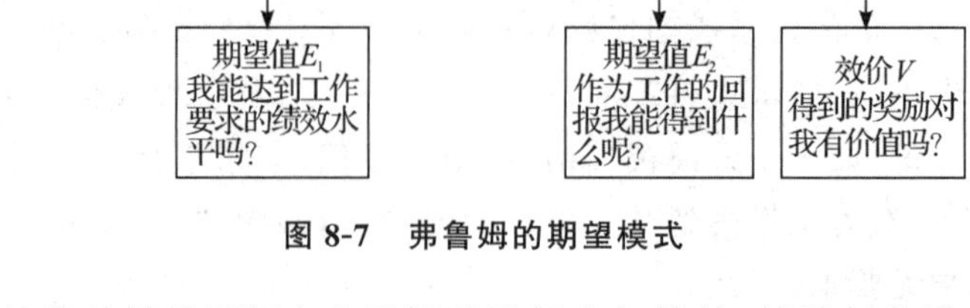

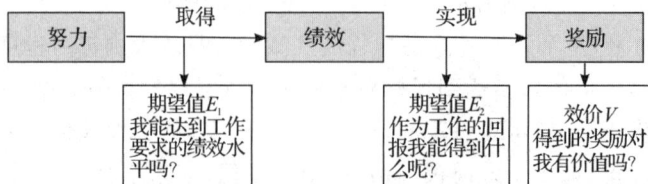

图 8-7　弗鲁姆的期望模式

综上，期望理论的关键是了解个人目标以及努力与绩效、绩效与奖励、奖励与个人目标满足之间的关系。作为一个权变模型，期望理论认识到，不存在一种普遍的原则能够解释所有人的激励机制。根据该理论，林肯公司决定吸引和雇用那些看重公司所提供的报酬如工作稳定性、工作灵活性和丰厚福利的人。

总的来看，期望理论较前述理论都有所发展。它提出的效价、期望值等概念有助于分析员工个人的激励过程，通过这样的分析可以帮助管理者有针对性地采取措施，根据员工的不同需要和实现目标的不同能力设立不同的激励诱因，使之对员工的激励更有效。

管理故事 8-1

柳传志谈员工激励

我们面临的难题是如何调动三个截然不同的群体的积极性：经理班子成员、中层管理人员以及流水线上的雇员。我们对每个群体有不同的期望，他们也各自需要不同的激励方式。

我们的经理班子需要有一种主人翁意识。中国的许多国有企业面临一个特殊的难题：它们无法给高级管理人员分配股份。我们采取了一种不同寻常的方式：我们改革了所有权结构，使联想成为一家合资企业，这样就可以给所有的经理班子成员分配股份。另外，高级经理需要得到承认，所以我们为他们提供对媒体讲话的机会。一直到今天，我们没有一位高级经理跳槽到别的公司。

中层管理人员希望升职，成为高级经理，所以他们往往会最积极地应对挑战，抓住机会展示和磨炼自己的才能。我们给中层管理人员确立了很高的标准，允许他们自己做出决策并予以执行。如果他们工作出色，就会得到非常好的回报。

流水线上的工人需要稳定感。如果他们工作认真勤勉，就可以得到提前制定的奖金。我们还把小组的工作成绩与公司或部门挂钩，把个人的工作成绩与小组挂钩。例如，我们有时会让小组来决定如何分配全组得到的奖金，公司只提供总的指导方针。

资料来源：https://wenku.baidu.com/view/2818b40fb868a98271fe910ef12d2af90242a8bb.html.

2.波特和劳勒模型

在期望理论的基础上，波特和劳勒于 1968 年在《管理态度与工作绩效》一书中提出了著名的波特-劳勒激励模式（图 8-8），对期望理论进行了扩展。

该模式的前半部分逻辑与弗鲁姆的研究结论相同，区别在于获得奖励之后，个体对于奖励的评价方式。奖励或报酬是由绩效得来的，包括内在奖励和外在奖励。前者指工作本身产生的报酬，即尊重、自我实现等需要的满足，后者指工作之外的如工资、职业保障等方面需要的满足。个体通过将所得奖励和付出的努力进行比较，获得个人对于公平性的认识，这种认识决定了最终的满意程度，进而影响到下一轮工作中对效价的认识。满意则会导致进一步的努力，而不满意则会导致努力程度的降低甚至离开工作岗位。

波特和劳勒的激励模型较之先前的激励理论更为全面、合理，管理者在应用该模型时，应该注意到激励并不仅仅是简单的因果关系，而是多种因素综合作用的结果。因此，管理者在实施激励时必须考虑奖励内容、组织制度、组织分工、目标设置、公平考核和公平奖励等一系列因素，并注意个人满意程度在激励过程中的反馈，将整个管理系统与努力-绩效、绩效-

满意系统进行协调与整合。

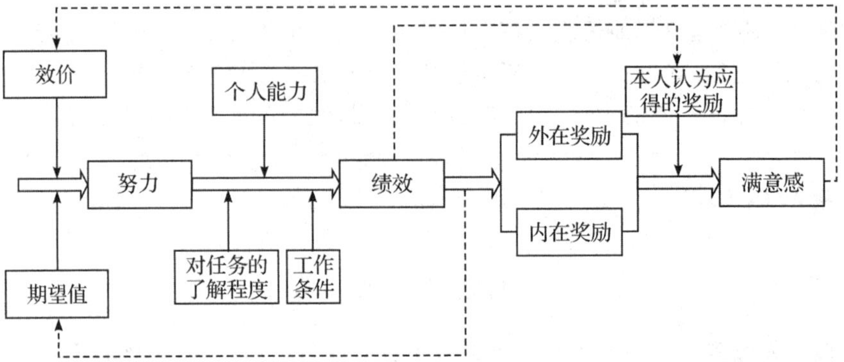

图 8-8　波特-劳勒的激励模式

8.3.2 公平理论

公平理论(equity theory)又称社会比较理论,它是美国行为科学家斯塔西·亚当斯在《社会交换中的不公平》(1965)等著作中提出来的一种激励理论。亚当斯认为,人们用投入产出比衡量是否公平。工作投入包括教育、经验、努力以及能力。工作产出包括工资、赏识、福利和晋升。一般人们会通过横向比较和纵向比较来判断其所获报酬的公平性。

1. 横向比较

所谓横向比较,就是将自己与他人进行比较,来判断自己所获报酬的公平,从而据此做出相应的反应。我们以图 8-9 来说明。

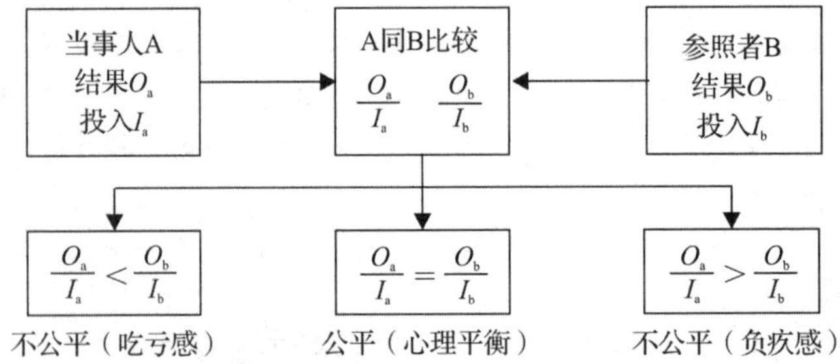

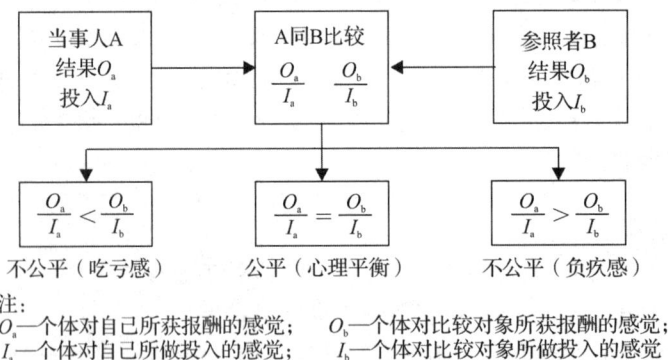

注:
O_a—个体对自己所获报酬的感觉;　O_b—个体对比较对象所获报酬的感觉;
I_a—个体对自己所做投入的感觉;　I_b—个体对比较对象所做投入的感觉

图 8-9　公平理论

如果$\frac{O_a}{I_a}=\frac{O_b}{I_b}$,员工感觉是公平的,即感觉自己获得的报酬与他人的类似努力所获取的报酬是相等的,那么他就会认为自己受到了公平的对待,可能会因此而保持工作的积极性和努力程度。

如果$\frac{O_a}{I_a}<\frac{O_b}{I_b}$,员工感觉吃亏了,对组织的激励措施感到不公平,那么他将会采取一系列措施来减轻不公平感:可能要求加薪来增加报酬,也可能通过减少努力来降低投入,如出废

品、怠工、缺勤、浪费原材料或降低设备保养质量等；也可能要求组织减少比较对象的收入或者促使其今后加大努力程度；还可能从心理上改变对这些变量的认识，如设想自己获得某种较虚的额外奖励（如领导的看重），或贬低对方所获价值；最后还可以改变参照对象，以“比上不足，比下有余”来安慰自己，或者退出比较，辞职另谋高就。

如果$\frac{O_a}{I_a}>\frac{O_b}{I_b}$，员工感到自己所得远远超过其付出，他可能要求减少自己的报酬或在开始时主动多做些工作，但久而久之，员工会重新估计自己的技术水平和工作状况，直到他觉得确实理所应当得到那么高的待遇，于是产出便又回到过去的水平了。

2. 纵向比较

除了横向比较外，人们也经常做纵向比较，即把自己目前投入的努力与目前所获得报酬的比值，同自己过去投入的努力与过去所获报酬的比值进行比较。比较的结果也有三种：

若二者等值，人们认为激励措施基本公平，积极性和努力程度可能保持不变。

若目前的比值较高，一般情况下，人们不会觉得所获报酬过高，因为他可能会认为自己的经验和能力有了提高，其工作积极性不会提高多少。

若过去的比值较高，则此人会觉得很不公平，工作积极性会大幅下降，除非管理者增加报酬。

管理故事 8-2

百度的公平观念

在百度成立初期，李彦宏心里就有一个非常坚定的信念，那就是要为员工建立一个国际水平的平等期权机制，保证每一个员工都能在公司的发展过程当中，持续地与百度分享成功、分享财富。每一位员工要获得期权，都必须通过非常严格的指标审核，并且每年都会为员工追加一点份额以作为激励。他说：“一个机制，必然对所有的人都是平等的。这个机制应该是，当时告诉你什么，3 年以后不变，5 年以后不变，10 年 20 年之后还是不变，这样你才能获得信誉。这样当我在跟员工承诺的时候，即使有更加优秀的人加入公司，这个承诺也还是有信誉的。”

资料来源：https://www.docin.com/p-796653633.html.

应当指出，公平比例的计算和对比过程都是非常主观的和基于个人知觉的。投入中人们往往会着眼于少数认为超过对方的项目，回报中只找自以为吃了亏的那部分；感到公平时，多归为内因，其中归于具体的个人因素（如勤奋、能力等）多于抽象的个人因素（如运气好）；感到不公平时，则多归于外因，其中归于具体因素（如领导品德、能力等）多于抽象因素（如机遇差）。员工感到不公平时，哪怕是升职或加薪也不会产生任何激励作用。因此，管理者首先要力图为员工创造一种公平感，使等式在客观上成立，如奖酬制度要有民主性与透明性，以使其下属持续受到激励。其次，为员工创造机会均等、公平竞争的条件，并引导员工把注意力从结果均等转移到机会均等上来。最后，加强教育培训，让员工正确客观地评价自己与他人的“投入”与“报酬”的比例。

8.3.3 目标设定理论

美国学者洛克(Edwin Locke)于 1967 年提出了目标设定理论(goal setting theory)。目标设定理论认为目标本身就具有激励作用,困难的目标比相对容易的目标更可能带来好的工作绩效。一旦员工接受了一个具有挑战性的目标,他就会向着目标努力,获得工作绩效;组织根据绩效给员工相应的内在和外在奖励,从而最终决定了员工的满意度,满意度作为一种结果反过来影响员工新的目标设置。如图 8-10。

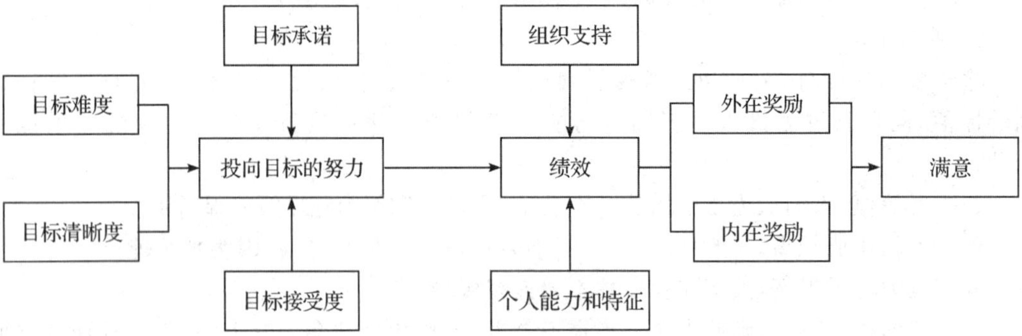

图 8-10　目标设定理论

在这个模型中,有以下几点需要注意。

(1)目标难度。目标应当是既具有挑战性又能达到的。研究表明,有一定难度的目标比唾手可得的目标更能激发人的工作行为,达到更好的工作绩效。但目标的难度必须适中,过于困难,无法达到的目标会使人受到挫折,丧失信心。在这种情况下,工作绩效甚至会低于容易目标下的工作绩效。苏宁集团宣布 2012 年其旗下电子商务部门苏宁易购的销售目标是 300 亿元,而 2011 年的基数还只有 80 亿元,公司内外对这一销售目标的可行性都不免有所怀疑。

(2)目标清晰度。明确清晰度是工作目标的另一个重要属性,体现在工作任务的内容和方向、最后完成期限和应达到的绩效标准等方面。目标内容可以是模糊的,如“获得很高的利润”;目标也可以是明确的,如“实现 15%的利润”。明确而具有挑战性的目标比模糊的目标能导致更高的绩效水平。

(3)目标承诺。个体本身对目标的兴趣程度。发誓采取一切必要措施将成本削减 10%的经理对实现目标做出了承诺。当个体具有较高的目标承诺时,设置了较高目标的个体,其绩效也会达到较高水平。有助于提高目标承诺的因素包括个人参与目标的设定过程,设定有挑战性的目标等。

(4)目标接受度。个体接受目标的程度。个人必须接受目标,目标才会对个人行为起到激励作用。影响个人接受目标的因素是多方面的,例如,提出目标的管理者的威信,员工是否参与目标设置,奖励制度是否具有吸引力以及个人达到目标的信心等。

(5)绩效与奖励。投向目标的努力、组织支持、个人能力和特征之间的相互作用决定了实际的绩效水平。而绩效取得后,个体可以获得内在或外在的奖励,这些奖励反过来又会影响满意程度,进而引起反馈。由于反馈的作用,个体就能够把实际得到的奖赏与期望得到的奖赏联系起来。这种对比会影响到目标承诺水平的变化。个体的满意感和对目标的承诺使他们愿意接受新的挑战，这样就能导致新一轮高绩效的产生。反过来，如果没有满足这个高绩效循环的要求，如低挑战性，缺少回报，就会导致低绩效循环。

管理故事 8-3

中国梦

中国梦，是中国共产党召开第十八次全国代表大会以来，习近平总书记提出的重要指导思想和重要执政理念，正式提出于 2012 年 11 月 29 日。习总书记把“中国梦”定义为“实现中华民族伟大复兴，就是中华民族近代以来最伟大梦想”。“中国梦”的核心目标也可以概括为“两个一百年”的目标，也就是：到 2021 年中国共产党成立 100 周年和 2049 年中华人民共和国成立 100 周年时，逐步并最终顺利实现中华民族的伟大复兴，具体表现是国家富强、民族振兴、人民幸福，实现途径是走中国特色社会主义道路、坚持中国特色社会主义理论体系、弘扬民族精神、凝聚中国力量，实施手段是政治、经济、文化、社会、生态文明五位一体建设。

2017 年 10 月 18 日，习近平总书记在中共十九大报告中指出，实现中华民族伟大复兴是近代以来中华民族最伟大的梦想。中国共产党一经成立，就把实现共产主义作为党的最高理想和最终目标，义无反顾肩负起实现中华民族伟大复兴的历史使命。习近平同志指出，实现伟大梦想，必须进行伟大斗争，必须建设伟大工程，必须推进伟大事业。

梦想是激励人们发奋前行的精神动力。当一种梦想能够将整个民族的期盼与追求都凝聚起来的时候，这种梦想就有了共同愿景的深刻内涵，就有了动员全民族为之坚毅持守、慷慨趋赴的强大感召力。实现中华民族伟大复兴，是全体中华儿女的伟大梦想和共同愿望，也是中国近现代史的主题。

资料来源：http://cpc.people.com.cn/xuexi/n/2014/1115/c385474-26027827.html.

管理工具 8-1

制定目标的 SMART 原则

制定目标看似一件简单的事情，每个人都有过制定目标的经历，但是如果上升到技术的层面，经理必须学习并掌握 SMART 原则。

S＝specific（明确性），绩效目标必须是具体的，不能笼统；

M＝measurable（可衡量性），绩效目标是数量化或者行为化的；

A＝attainable（可达成性），付出努力的情况下可以实现，避免设立过高或过低的目标；

R＝relevant（相关性），与本职工作相关联的；

T＝time-bound（时限性），注重完成绩效目标的特定期限。

无论是制定团队的工作目标还是员工的绩效目标都必须符合上述原则，五个原则缺一不可。制定的过程也是自身能力不断增长的过程，经理必须和员工一起在不断制定高绩效目标的过程中共同提高绩效能力。

8.3.4 过程型激励理论的评价

过程型激励理论侧重于从行为科学的角度研究人的行为受到哪些因素的影响，如何引导与改变人的行为方向等问题，注重动机与行为之间的心理过程。这类理论表明，要使员工出现企业期望的行为，必须在员工的行为与员工需要的满足之间建立起必要的联系。

8.4 行为矫正型激励理论

行为矫正型激励理论研究的是行为与其结果之间的关系，为什么某些行为可以长期保持，而另一些行为却发生了改变。该理论强调通过适当运用及时奖励和惩罚来改变或修正人们的行为方式和状态，使其朝向组织所希望的方向发展，故又称为结果反馈型激励理论，主要包括强化理论、归因理论、挫折理论等。

8.4.1 强化理论

强化理论(reinforcement theory)是由美国哈佛大学的心理学家斯金纳(B. F. Skinner)等人提出的。斯金纳在巴甫洛夫经典条件反射基础上提出了操作性条件反射，他自制了一个“斯金纳箱”，在箱内装一特殊装置，压一次杠杆就会出现食物。他将一只饿鼠放入箱内，它会在里面乱跑乱碰，自由探索，偶然一次压杠杆就得到食物，此后老鼠压杠杆的频率越来越多，即学会了通过压杠杆来得到食物的方法。斯金纳将其命名为操作性条件反射或工具性条件作用，食物即是强化物，运用强化物来增加某种反应(即行为)频率的过程叫作强化。斯金纳认为强化训练是解释机体学习过程的主要机制。例如，当小鼠按压杠杆后伴随电刺激，使小鼠感到疼痛，几次后小鼠就习得了不去按压杠杆的条件反射。积极强化是获得强化物以加强某个反应。消极强化是去掉可厌的刺激物，是由于刺激的退出而加强了那个行为。故此，该理论认为人的行为是对其所获刺激的函数。如果这种刺激对他有利，则这种行为就会重复出现；若对他不利，这种行为就会减弱直至消失。因此管理者要采取各种强化方式，以使员工的行为符合组织的目标。

1. 强化的方式(图 8-11)

(1)正强化

正强化就是奖励那些符合组织目标或为达到组织目标做出贡献的行为，以使这些行为得到进一步的加强。例如，企业用某种具有吸引力的奖励(如奖金、休假、晋级、认可、表扬等)以表示对员工努力进行安全生产行为的肯定，从而增强员工进一步遵守安全规范进行安全生产的行为。

(2)负强化

负强化也称规避性学习，是通过避免令人不快的结果来增加符合组织目标的行为，从而保证组织目标的实现不受干扰。例如员工平时总是因为迟到而受到批评，一旦某天准时上班，管理者就应停止对他的批评。

(3)忽略

忽略是指对某种行为取消正强化，以表示对该种行为的某种程度的否定。一种行为如果长期得不到正强化，就会逐渐自然消退。例如，上述总是迟到的员工，在年终的时候，既没有得到表扬也没有获得加薪，那么他就会开始认为该行为并不能为自己带来合意的结果。需要注意的是，忽略虽然可以有效减少不合乎需要的员工行为，但却不能鼓励合乎需要行为的发生。

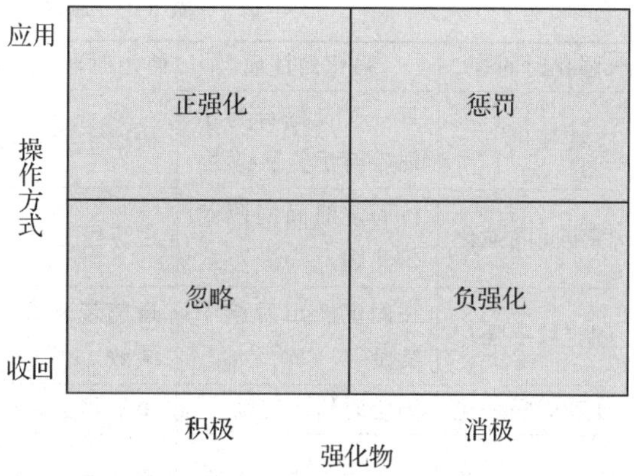

图 8-11　四种强化方式

(4)惩罚

惩罚是指以某种强制性和威胁性的后果来表示对某种行为的否定，借此减少不合意行为的发生频率。惩罚的方式也是多种多样的，如批评、降职、减薪、解雇等。例如，经理对难以容忍的员工行为，提出口头批评，或做出非语言表情，如皱眉、进攻性身体语言等，从而告诫员工这种行为是不良的，应该予以避免。实施惩罚的方式应以连续惩罚为主，即对每一次不符合组织的行为都应及时予以惩罚，消除人们的侥幸心理，减少这种行为重复出现的可能性。

对于所有的管理者来说在运用强化理论时都应该注意以下四方面的问题：

第一，必须针对行为的结果给予及时强化，不管是表扬、奖励，还是批评、惩罚，都不能时隔太久进行。

第二，必须针对行为给予明确的强化信息。对事不对人，不管谁这样做都会得到奖励或惩罚。

第三，强化的频率不能太高，经常表扬和总是批评都会降低强化的力度和效果，简短强化会更加有效。

第四，要尽量运用正强化，而尽量避免惩罚。过多运用惩罚，往往会造成员工心理上的创伤，容易引起对抗情绪，甚至采取欺骗、隐瞒等手段来逃避惩罚，管理者在运用惩罚时要特别注意技巧。

2. 强化的时机

强化的内容很重要，同样重要的还有强化的频率和时间间隔。因此，管理者应该选择那些能对员工工作行为产生最大影响的强化时间表。

(1)连续强化。某一行为一经出现就会得到强化。这种方法在学习某些新行为的初始阶段很有效，因为每一次努力都能得到相应的回报，但行为很容易消失，且采用这种强化方式的成本也很高。

表 8-3　强化的时间表及其影响

强化时间表	强化的性质	使用时对行为的影响	取消时对行为的影响	应用范例
连续强化	每一次良好行为出现后给予奖励	快速学会新行为	迅速消失	表演
固定间隔强化	按固定时间间隔给予奖励	中等程度不稳定绩效	迅速消失	月工资
固定频率强化	在固定产出后给予奖励	迅速带来高且稳定绩效	迅速消失	计件工资制
变动间隔强化	不定时给予奖励	中等程度稳定绩效	缓慢消失	随机绩效考评
变动频率强化	不定产出给予奖励	高绩效	缓慢消失	奖励与销售额挂钩，不定期检查

(2)间隔强化。某一行为出现多次后才会得到强化。间隔强化的时间表有四种：固定间隔强化、固定频率强化、变动间隔强化和变动频率强化。

固定间隔强化是指按照某一特定的时间间隔对员工进行奖励，如每月支付工资。但这种激励的力度不强，因为不论员工表现如何，他总是能领到工资。

固定频率强化是指在特定的良好行为出现一定的次数后进行奖励，如银行业务员办理信用卡时，完成一定的指标就可以获得相应额度的奖励。

变动间隔强化指在员工无法预测的任意时间对员工的行为进行强化，如星级酒店内部的不定期抽查，此举能让酒店的服务质量长期保持在一个较高的水平。

变动频率强化是指强化建立在任意次数的良好行为而不是变化的时间段的基础上，该方法最为有效。例如，一位主管在员工获得第 2 次订单的时候给予表扬，此后分别在第 5 次、第 8 次、第 9 次获得订单时进行表扬。在这种情况下，员工的良好行为会持续出现，因为每次行为都能提高获得奖励的机会。

管理工具 8-2

行为矫正技术

行为矫正技术(behavior modification)，也称 OB Mod。组织行为矫正具体分为五个步骤：

1.识别与绩效有关的行为事件。行为矫正法首先要确认哪些行为对工作绩效有显著影响。往往出现的情况是，关键行为虽然只占所有行为的 5%～10%，但对绩效的贡献可能高达 70%～80%。

2.测量有关行为。管理者要确定绩效的基线水平。

3.识别行为的绩效结果。采用功能分析法鉴别工作行为的各种情境因素，以便管理者了解出现各种行为的原因。

4.拟定并执行干预措施。为了强化必要的绩效和削弱不必要的行为，适当改变某些绩效-报酬的关联因素，使得绩效与奖励高度正相关。

5.评估绩效的情况。

8.4.2 归因理论

归因理论(attribution theory)最早是美国心理学家海德(F. Heider)发展起来的。归因就是对某种行为的结果找出原因。海德认为事件的原因无外乎有两种：一是内因，比如情绪、态度、人格、能力等；二是外因，比如外界压力、天气、情境等。一般人在解释别人的行为时，倾向于内因归因；在解释自己的行为时，倾向于外因归因。在管理过程中，管理者可以利用归因理论来改变人的认识，达到改变人的行为的激励效果。

美国心理学家伯纳德·韦纳(B. Weiner, 1974)继承并发展了海德的观点，认为人们的行为获得成功或遭到失败，主要归因于四个方面的因素：努力、能力、任务难度和机遇。这四个因素可以按内外原因、稳定性和可控性三个维度来划分。从内外原因看，努力和能力属于内部因素，而任务难度和机遇属于外部因素；从稳定性来看，能力和任务难度属于稳定因素，努力和机遇属于不稳定因素；从可控制性来看，努力是可控制的因素，能力在一定条件下是不可控因素，但人们可以提高自己的能力，这种意义上的能力是可控的，任务难度和机遇则不以人的意志为转移。

韦纳的归因理论认为，人对前次成就的归因将会影响到他对下一次成就行为的期望、情绪和努力程度等。也就是说，人们把成功和失败归因于何种因素，对以后工作的积极性有很大影响。如果把失败的原因归结为相对稳定的、可控的或者内部的因素，就会容易使人动摇信心，而不再保持努力行为；相反，如果把失败的原因归结为相对不稳定的、不可控的或者外部因素，则人们比较容易继续保持努力行为。因此，归因理论可以给管理者很好的启示：当员工在工作中遭到失败时，如何帮助他寻找正确的原因，引导他保持信心继续努力，以争取下一次行动的成功。

8.4.3 挫折理论

深圳富士康集团 2010 年 5 月 25 日发生该集团 2010 年以来第 11 宗员工跳楼事件，共造成 9 死 2 重伤。富士康的等级制度森严，员工特别是一线技工长期处于一种高度紧张的高强度工作状态，还要忍受管理人员的辱骂甚至体罚。人几乎已经变成机器，自尊心几乎完全被忽视，富士康也被境内外媒体称作"精神血汗工厂"。可见，当员工的动机行为受阻而未能满足需要时，由此而导致的行为表现将极大影响工作效率，甚至是更为严重的后果。如何将消极性行为转化为积极性、建设性行为，这些都是挫折理论的研究范畴。

挫折理论(frustration theory)是由美国的亚当斯提出的。挫折是指人类个体在从事有目的的活动过程中，指向目标的行为受到阻碍或干扰，致使其动机不能实现，需要无法满足时所产生的情绪状态。从积极的角度看，挫折可以帮助人们总结经验教训，增强人们解决问题的能力，引导人们用更好的方法去满足需要；从消极的角度看，挫折过大将会引起心理痛苦、情绪波动、行为偏差，甚至会引起种种疾病，这无疑将大大挫伤员工的积极性，影响工作效率。如图 8-12。

1. 产生挫折的原因

挫折是人的一种主观心理感受，一个人是否体验到挫折，与他自己的抱负水平密切相关。同样两个销售员，甲的指标是销售额 100 万元，乙的指标是销售额 60 万元，结果两人都完成 80 万元的销售额，这对乙来说会感到成功和满足，而对甲来说则会感到是一种挫折。

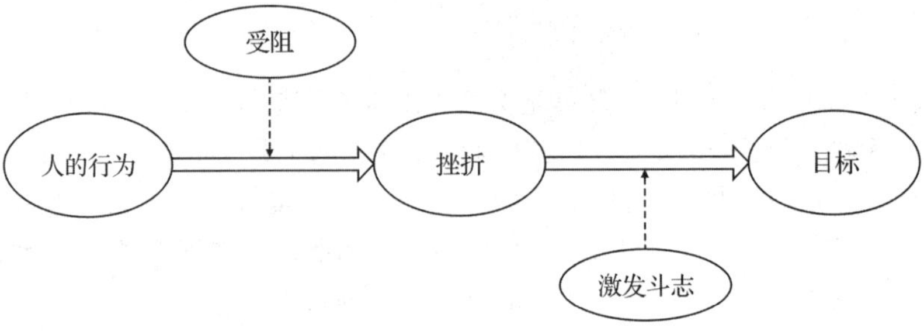

图 8-12 挫折理论

引起挫折的原因既有主观的，也有客观的。主观原因主要是个人因素，如身体素质不佳，个人能力有限，认识事物有偏差，性格缺陷，个人动机冲突等；客观原因主要是社会因素，如企业组织管理方式引起的冲突，人际关系不协调，工作条件不良，工作安排不当等。

2. 受挫后的行为表现

相同的情境，由于人们的心理状态、需要动机以及思想认识的不同，在遇到挫折时的表现也会不大一样，大致可分为三种行为。

(1)坚持行为：遭受挫折后其行为并不改变。这种反应常出现于自信心或个性较强的人身上，所谓的屡败屡战就是这种状态。

(2)放弃行为：因遭受挫折而丧失了实现目标的信心并停止了原来的行为。例如，某些工作热情高但性格较弱的员工，在他们提出合理化建议被管理层否定或遭到讽刺挖苦时，便产生多一事不如少一事的消极放弃行为。

(3)对抗行为：遭到挫折后的强烈反抗行为。对抗行为按其表现方式可分为直接对抗和转向对抗两种。直接对抗是指一个人遭到挫折后，产生强烈的愤怒情绪，对构成挫折的人或物进行面对面的直接攻击。这种对抗多以动作、表情、语言、文字等方式表现出来，如一个人无端受到侮辱，他可能会怒目而视、以牙还牙来给以反击。通常对自己的能力和其他方面有较大自信的人容易产生对抗行为。当个人察觉到阻碍自己达到目标的对象因某种原因(如对象为自己的顶头上司或重要任务)而不敢直接对抗时就出现了转向对抗，结果是把愤怒的情绪发泄到毫不相干的人或物上。

3. 对受挫员工的管理措施

员工受挫后产生的不良情绪及其伴随的消极性行为，不仅对其自身的身心健康不利，同时还会影响组织气氛和绩效，甚至导致事故的发生。因此，管理者应该重视员工的挫折问题，采取措施防止挫折心理给员工本人和组织带来的不利影响。首先，管理者要及时了解、分析、预防和排除产生挫折的根源，帮助员工用积极的行为适应挫折，如合理调整无法实现的目标；其次，通过培训提高员工工作能力和技术水平，增加个人目标实现的可能性，减少挫折的主观因素；再次，改变或消除容易引起员工挫折的工作环境，如改进工作中的人际关系，实行民主管理，合理安排工作岗位，改善劳动条件等，以减少挫折的客观因素；最后，与下属保持积极沟通，消除或减弱员工受挫的心理压力等。

8.4.4 行为矫正型激励理论的评价

行为矫正型激励理论强调行为是其结果的函数，管理者通过适当运用奖惩手段，集中改变或修正员工的工作行为。为了真正实现它的作用，这种矫正必须是及时的，并且要注意保持一致性。不足之处在于该理论忽视了诸如目标、期望、需要等个体要素，而仅仅注重当人们采取某种行动时会带来什么样的后果。

8.5　沟通的含义与过程

管理中有两个 70%之说：第一个 70%，是指组织中 70%的问题是由于沟通障碍引起的；第二个 70%，是指组织的管理者 70%的时间用在沟通和协调上。

沟通是现代企业管理的命脉。对企业内部而言，良好的沟通是组织成员有效工作的基础与信息桥梁，可以使管理者的决策更加有效，引导员工更好地理解、执行管理者的意图和决策，提高工作效率。沟通还是人际关系情感的基石，良好的沟通成就健康的人际关系，培养精诚合作的氛围，有利于激发员工的积极性。对企业外部而言，企业与竞争对手之间、企业与政府、公众、媒体之间等各方面的关系，也离不开熟练掌握和应用管理沟通的原理和技巧。所以，无论是管理者还是普通员工，学习沟通与协调的知识和技巧都是十分必要的。

8.5.1 沟通的含义

沟通（communication）一般指人与人之间的信息交流过程，是人们相互之间发生联系的最主要的形式。人醒着时大约有 70%的时间花在各种形式的沟通过程中，包括与人交谈、读书、看报、上课、听广播、看电视等，都是在进行沟通。在现代企业经营管理过程中，沟通是指为达到一定的目的，将信息、意义和情感在个人或群体间进行传递、理解与交流的过程。这其中包括信息在企业内部各层次、各部门的流动，以及在企业与客户、供应商、监管者等外部环境之间的流动。

首先，沟通包含着信息的传递。如果信息或想法没有被传递到，则意味着沟通没有发生。当领导对秘书下达某一指令时，秘书根本不在岗位上，并没有听到指令，这就不能构成沟通。其次，在沟通过程中，信息不仅需要被传递，还需要被理解。秘书回来后听取了领导的指令，虽然他很认真地在听，但他并不明白领导的意思，此时，沟通也没有成功。最后，秘书就自己疑惑的部分提出问题，领导做出了解答，双方通过交流充分理解了对方的观点和见解，此时，沟通成功。

8.5.2 沟通的功能

著名管理学家巴纳德说过："高层管理人员的首要作用，就是发展并维持意见沟通系统。"很多学者都认同，比较完美的企业领导者用约 30%的工作时间进行战略和策略思考以及处理相关事务，剩下的约 70%的时间则用于与他人沟通。实际上，即使是进行战略和策略思考时也必须以沟通作为基础，因为管理者没有信息就不可能做出决策，而信息只能通过沟通得到。对管理者来说，有效沟通不容忽视。管理者不仅要充分地表达他们的观点，影响他人行为，调动员工的工作积极性，还要善于应付各种冲突，营造良好的人际关系环境，实现组织目标。具体来说，沟通的功能主要有四种：信息传递、情感交流、控制功能和激励功能。

1.信息传递

信息的采集、传送、整理、交换，无一不是沟通的过程。沟通为个体和群体提供了决策所需的信息，使决策者能够确定并评估各种备选方案，权衡利益，从而做出正确的选择。事实证明，许多决策的失误都是由于信息不完备、沟通不顺畅造成的。掌握沟通技巧，了解如何有效地传递信息是正确决策的前提和基础。

2.情感交流

从管理角度讲，管理者应该为员工创造一个宽松的环境，包括物质环境和心理环境两部分。心理环境的建设是管理者往往容易忽视的部分，而这部分内容对员工能否出色地完成任务，能否从工作中得到满足感起着关键的作用。员工可以通过群体间的沟通来表达自己的满足感和挫折感，因此沟通提供了一种宣泄情感的情绪表达机制，满足了员工的社交需要，有助于构建和谐的人际关系，而和谐的人际关系又使沟通更加顺畅。

3.控制功能

沟通可以通过不同的方式来控制员工的行为，员工们必须遵守企业中的权力等级和正式的指导方针。例如，通过正式沟通，管理者能准确、及时地把握员工的工作进展、工作瓶颈，并为其提供支持和帮助，进而保证个人、部门，乃至整个企业的工作协调进行。另外，非正式沟通也控制着员工的行为。当工作群体中某个人十分勤奋，使他人相形见绌时，其他人会通过非正式沟通的方式控制这种行为，比如孤立对方、冷嘲热讽甚至拳打脚踢等。

4.激励功能

沟通是激发员工工作热情和积极性的一个重要方式。通过上情下达和下情上传，帮助员工进行目标设置，实现目标过程中的持续反馈，适当授权和参与等，满足员工的尊重和自我实现需要，他们的工作热情和积极性就会自然而然地得到提升，而这些过程都离不开有效的沟通。为了保障公司管理层能听到员工的真实反馈，小米为员工提供了一系列的沟通渠道，包括内部的OA办公系统、热线电话、官方邮箱和微信账号。同时，小米公司定期对沟通平台进行员工满意度调查，以保障平台及时、准确反馈员工的真实意见。正是这些良好的沟通机制和管理层积极主动与员工沟通的意愿，大大激发了员工的工作激情，从而推动小米迅速成长。

需要指明的是，这四种功能无轻重之分。就任何一个企业而言，它是由若干个子系统组成的复杂系统，就其所处的环境而言，需要与外部环境的各个要素发生千丝万缕的联系，沟通的意义就在于使企业形成一个整体，这需要在一定程度上控制员工、激励员工、提供情感表达的手段，同时通过内外部环境的信息交换做出正确的决策，维持企业在市场上的生存与发展。

8.5.3 沟通的过程

美国管理畅销书作者玛丽·布恩说："我们的管理者每天都在考虑沟通什么，却没有考虑怎么去沟通。"沟通是一个过程，而不仅仅是沟通信息内容本身。因此，了解沟通发生的过程，尤其是沟通发生的各个环节，才有助于管理者真正改善和提升沟通的效果。

完整的沟通过程包括七个要素：发送者、接收者、信息、渠道、噪声、反馈和环境。沟通过程是信息的发送者将信息按照一定的程序进行编码后，通过信息沟通的渠道传递给信息接收者,信息的接收者将收到的信息进行解码处理,再反馈给发送者。这样信息的意义就从一个人那里传递给了另一个人。此外,信息的传递过程还会受环境和一些噪声的影响。沟通的具体过程如图 8-13 所示。

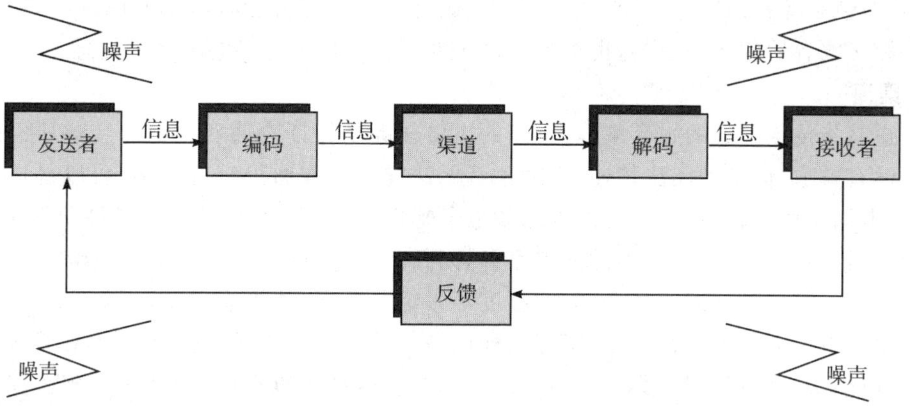

图 8-13　沟通的过程

1.发送者

发送者是信息的来源,是希望将信息传递给另一方的组织或个人。发送者必须充分了解接收者的情况,选择合适的沟通渠道以利于接收者理解。要顺利完成信息的输出,发送者要将头脑中的想法和主张按照接收者能够理解的方式进行编码而生成信息,如将中文翻译成英文,将设计思路转化为图表,将想法撰写为邮件等都是信息编码的过程。

信息的编码受到四个条件的影响:技能、态度、知识和社会文化。首先是技能,比如教师授课时必须掌握牢固的专业知识,否则很难把知识有效地传递给学生。有效的沟通应包括听说读写以及逻辑推理等基本技能。其次,先入为主的态度会影响有效沟通。例如员工听说新来的主管非常严苛,那么无论主管摆出的姿态多么亲和,在一段时间内,双方之间的沟通也不会顺畅。再次,沟通还受到人们在某一具体问题上所掌握的知识范围的限制。我们无法传递自己不知道的东西。最后,不同的社会文化系统也影响着人们的认知和态度,从而影响沟通。比如,中国人将“肥肉”引申为“美差”“好东西”,到嘴的肥肉要是吃不上就很遗憾;当通过编码将这一想法转化为信息时,“肥肉”直译为“fat meat”,在美国人看来那是“毫无价值,该扔掉的东西”。在国际商务沟通过程中,需要特别注意跨文化带来的影响。

2.接收者

接收者是发送者的信息传递对象,是接受信息、解释信息并给出反馈的组织或个人。接收者必须从事信息解码的工作,即将信息转化为他所能理解的想法和感受。与发送者相似,这一过程要受到接收者的经验、知识、才能、个人素质以及对信息输出者的期望等因素的影响。总的来说,发送者应该擅长写作或说话,接收者应该擅长阅读或倾听,而且二者均应具备一定的逻辑推理能力。

3.信息

信息就是发送者所要传递的内容,由发送者要与接收者分享的思想和情感组成。当我们说话的时候,语言是信息;当我们写作的时候,文字是信息;当我们绘画的时候,图画是信息。但是,一些手势和表情等隐藏的信息往往容易被忽视,在很多情况下,这些也许是更为重要的信息。比如在面试和商务谈判过程中，语言传递的信息未必作准，而一个简单的眼神接触和头部动作，常常就能了解对方的真实态度和情绪，找到对方观点的蛛丝马迹。同时，许多非语言信息在不同的文化中会有差异，如在西方文化中，黑色是葬礼的颜色，而在东方文化中，白色是葬礼的颜色。同样的信息，发送者和接收者可能有着不同的理解，这可能是发送者和接收者的差异造成的，也可能是由于发送者传送了过多的不必要信息。

4.渠道

渠道是指传输信息的媒介载体，渠道的主要任务是保证沟通双方信息传递所经的通路顺畅。没有渠道，信息则无法传递，沟通也就无法完成。沟通渠道有很多，可以是口头沟通如面谈、电话交谈等，也可以是书面沟通如电子邮件、公文告示等，还可以是借助不同媒介的如电视、广播、报纸、网络等。不同的渠道各有利弊，选取何种沟通渠道应根据沟通双方的个性、时间限制、设备条件以及场合、方便程度等来综合考虑，比如企业活动邀请重要客户，正式的请柬比电子邮件要合适得多。但是，即使是在通信技术高度发达的今天，在各种沟通渠道中，影响力最大的仍然是面对面的传统沟通方式，这就不难理解，为什么一到美国总统大选的时候，候选人总是要周游全国，亲自在公众面前演讲拉票。

5.反馈

反馈是信息接收者对信息发送者的信息做出的反应，如甲给乙说了一个笑话，乙听了付诸一笑，这个笑就是乙的反馈，表示他接收并理解了对方的意思。反馈使得沟通成为一个双向交互的过程，可以检验信息沟通的效果。通过反馈可以判断信息接收者是否正确理解了信息的内容，从而及时调整发送者的信息发送，以便达到更好的沟通效果。

值得注意的是，反馈并非总是自觉发生的，也并非总是一次就能完成的。如果发送者没有要求反馈，或者接收者认为没有必要进行反馈，又或者接收者想当然认为对方已经得到反馈，这时反馈往往就不会发生。因此，为了确保沟通的成功，发送者应该要求接收者及时进行反馈。如果信息没有一次性传达成功，双方就要进行第二次甚至更多次的信息传递和反馈过程，直到达成共识。

6.噪声

噪声是沟通过程中的干扰因素，妨碍人们进行有效的沟通。噪声发生于信息发送者和接收者之间，存在于发送者、接收者、渠道等其他各个环节，主要分成三种形式：外部噪声、内部噪声和语义噪声。外部噪声来源于环境，它阻碍对信息的发送、收听和理解，例如嘈杂的环境和场所；内部噪声来源于发送者和接收者本身，例如注意力不集中、信念、偏见等都会导致内部噪声；语义噪声主要是指发送者的信息不充分，信息没有按照接收者易于理解的方式进行有效编码，接收者对某些词语情感上存在抵触等。

总之，噪声作为一种干扰源，无论产生于沟通过程中的哪一个环节，都会增加信息编码和解码中的不确定性，使得信息模糊、失真，导致沟通的失败。一般可以借助重复传递信息、增加信息的强度、改变编码方式等途径来克服。

7.背景

沟通过程的最后一个要素是背景。背景是指沟通发生的情境。它影响沟通的每一个要素，同时也是影响整个沟通过程的关键因素。在沟通过程中，许多意义是由背景提供的，甚至词语的意义也会随背景而改变。同样一句："你真够坏的！"如果是亲密的同事在谈成一个大订单时亲切交谈的背景，那么这句话并不是谴责的意思，而意味着欣赏、赞美。可以设想，如果将这句话用于其他情境，其意义会是什么，其所指的对象会做出怎样的反应。

需要注意的是，信息发送者与接收者的角色是不断转换的，前一个时间的信息接收者，则成了下一个时间的信息发送者。在企业经营管理中，每一个人都必须很好地了解如何有效地理解别人和被别人理解，了解沟通过程中信息的编码、解码和传递机制，只有这样，才能提高沟通的有效性和准确性。

8.6　沟通类型

沟通发展到今天，已被看作是组织协调及行为的一项重要功能，是组织实现目标的重要工具。然而在沟通的类型划分上，可谓仁者见仁，智者见智。依照不同的划分标准，可以把沟通分为不同的类型。

8.6.1 正式沟通与非正式沟通

按照沟通的渠道进行划分，可以将沟通分为正式沟通和非正式沟通。

1.正式沟通

正式沟通（formal communication），一般指在组织系统内，依据组织明文规定的原则进行的信息传递与交流。例如，组织与组织之间的公函来往、组织内部的文件传达、召开会议、上下级之间的定期信息交换等。正式沟通的优点是：沟通效果好，比较严肃，约束力强，易于保密，可以使信息沟通保持权威性。重要的信息和文件的传达、组织的决策等，一般都采取这种方式。其缺点在于，因为依靠组织系统层层传递，所以很刻板，沟通速度较慢，此外也存在着信息失真或扭曲的可能。

（1）正式沟通的流向

正式沟通按照信息的流向可以分为下行沟通、上行沟通和平行沟通（图 8-14）。

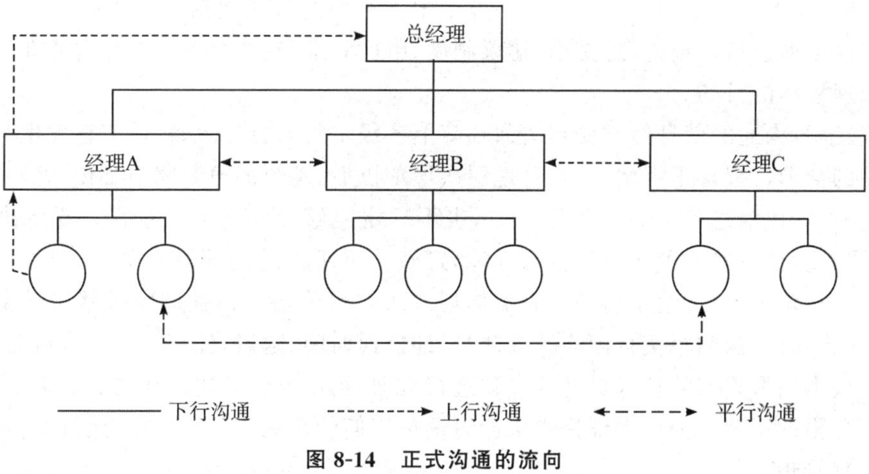

图 8-14　正式沟通的流向

①下行沟通

这是在传统组织内最主要的沟通流向。通常下行沟通的目的是控制、指示、激励和评估，其形式包括任务指派、下达指示、管理政策宣示等。一般以命令方式传达上级所决定的政策、计划、指令之类的信息，有时颁发某些资料供下级使用等。

缺陷：如果组织的结构包含多个层次，通过层层转达，其结果往往使信息发生歪曲，甚至遗失。尼柯斯曾经调查过100家工业企业的沟通效率，发生在逐级传递中的信息漏损如图8-15所示。同时这种沟通过程缓慢，耗费较多时间。如果组织内部缺乏民主管理的文化传统，这种沟通容易导致权力至上的氛围，影响士气，挫伤员工的积极性。为了使下行沟通可以有效地进行，必须要有一个完善的信息反馈系统，同时不拘泥于形式，将信息直接传递给急需的人员和部门。

图 8-15 组织的信息漏损

②上行沟通

主要是下级的意见向上级反映，目的是要有一条让管理者听取员工意见、想法和建议的通路，通常存在于参与式和民主的组织环境之中。典型的形式包括下属依照规定向上级所提出的正式书面或口头报告、意见箱、建议制度、申诉制度、座谈会等。上行沟通在一定程度上达到管理控制的目的。

缺陷：上行沟通的信息经常受到沟通环节上各级主管人员的阻碍，使信息发生与事实不符或压缩的情形，“报喜不报忧”。当管理层次增加以后，基层的声音就很难传达到高层领导那里。此外，即使信息到了高层领导那里，也不一定能够受到充分的重视。要解决这些问题，管理层有责任营造一种畅所欲言的环境，打破上下级之间的等级壁垒，实现尽可能的平等交流。在沃尔玛，这一信条得到了完美体现。沃尔玛公司一再强调倾听基层员工意见的重要性，在公司内，沃尔玛实行门户开放政策，即任何时间、地点，任何员工都有机会发言，都可以口头或书面形式与管理人员乃至总裁进行沟通，提出自己的建议和关心的事情，包括投诉受到不公平的待遇。公司保证提供机会讨论员工们的意见，对于可行的建议，公司会积极采纳并用来管理公司。

③横向沟通

主要是同层次、不同业务部门之间的沟通，企业运用横向沟通来弥补信息纵向流动的不足。美国加利福尼亚州立大学对企业内部沟通进行研究后得出“沟通的位差效应”。他们发现，来自领导层的信息只有 20%～25%被下级知道并正确理解，而从下到上反馈的信息则不超过 10%，横向交流的效率则可达到 90%以上。进一步的研究发现，横向交流的效率之所以如此之高，是因为横向交流是一种以平等为基础的交流。横向沟通可以使办事程序简化，节省时间，提高工作效率；可以使组织各部门间相互了解，有助于培养合作精神，克服本位主义倾向；还可以培养员工之间的友谊，满足员工的社会需要，改善工作态度。

缺陷：在正式沟通系统内，横向沟通的机会并不多，如委员会和举行会议等方式，往往所费时间人力甚多，而实际沟通效果却不大。因此，组织为顺利进行沟通，必须依赖非正式沟通以弥补正式沟通的不足。

(2)正式沟通的网络

不同的组织结构形成了多种多样的沟通网络模式，组织内正式沟通常见的网络类型主要有以下五种：链式(chain)、环式(circle)、Y 式(Y)、轮式(wheel)、全通道式(all channel)。如图 8-16。

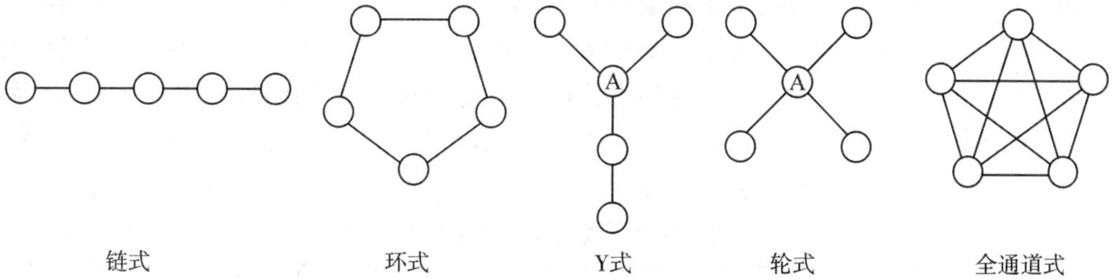

图 8-16　正式沟通的网络

①链式

这是一个平行网络，其中居于两端的人只能与内侧的一个成员联系，居中的人则可分别与两人沟通信息。在组织系统中，它相当于一个纵向沟通网络，代表信息逐级自上而下或自下而上进行传递。在这个网络中，信息经过层层传递、筛选，容易失真，各个信息传递者所接收的信息差异很大，平均满意程度有较大差别。在管理中，如果某一组织系统过于庞大，需要实行分权授权管理，那么链式沟通网络是一种行之有效的方法。

②环式

此形态可以看成是链式形态的一个封闭式控制结构，表示 5 个人之间依次联络和沟通。其中，每个人都可同时与两侧的人沟通信息，但不允许其他交流，信息传递速度慢而且单调。在这个网络中，组织的集中化程度和管理者的预测程度都较低；畅通渠道不多、不分主次是这一模式的重要特征，因而组织成员具有比较一致的满意度，组织士气高昂。如果组织中需要创造出一种高昂的士气来实现组织目标，环式沟通是一种有效的措施。

③Y 式

这是一个纵向沟通网络，可以看作是链式沟通的拓展，其中只有一个成员 A 位于沟通的中心，成为沟通的中介。如果上下级关系为正 Y 形，下级就要听从多头指挥，信息内容容易发生冲突，导致下级无所适从，进而影响组织效率。如果上下级关系是倒 Y 形，大体相当于组织领导、秘书班子再到下级主管人员或一般成员之间的纵向关系，越到下级信息传播面越大，是常见的沟通渠道模式。这种网络集中化程度高，解决问题速度快，组织中管理人员预测程度较高，但是该网络易导致信息曲解或失真，除中心人员 A 外，组织成员的平均满意程度较低。适用于主管人员的工作任务十分繁重,需要有人进行信息的筛选以节省时间,同时又要对组织实行有效控制的情况。

④轮式

这是一个控制型网络,其中只有一个成员A是各种信息的汇集点与传递中心。在组织中,相当于一个主管领导直接管理几个部门的权威控制系统。这种模式传递信息的速度快,信息不易被过滤,但A要接收和处理大量的信息。此模式集中化程度高,解决问题的速度快。主管A的预测程度很高,但是组织沟通的渠道很少,组织成员的满意度普遍偏低,士气低落。轮式网络是加强组织控制、争时间、抢速度的一个有效方法。如果组织接受紧急攻关任务,要求进行严密控制,则可采取这种网络。

⑤全通道式

这是一个开放式的网络系统,其中每个成员之间都有一定的联系,彼此了解。沟通主体地位平等,无明显的中心人物,信息传递速度快而且丰富,同时多向高频次的沟通能够激发创新思维。此网络中组织的集中化程度及管理者的预测程度均很低。由于沟通渠道很多,组织成员的平均满意程度高且差异小,所以士气高昂,合作气氛浓厚。这对于解决复杂问题,增强组织合作精神,提高士气均有很大作用。但是,由于这种网络沟通渠道太多,容易造成混乱、耗时,影响工作效率。在实际组织中,这种模式适用于群体决策、集思广益解决困难问题,加强协调合作,激发创造力的情况。

表8-4　五种正式沟通网络优缺点比较

标准	沟通网络				
	链式	环式	Y式	轮式	全通道式
速度	慢	慢	中	快	快
准确性	低	低	中	高	中
领导者的体现	中	无	中	高	无
成员士气	中	高	中	低	高

上述只是几种典型的沟通形式,实际上现实组织中的沟通模式要复杂得多,一般不会以某种模式单独存在,常常表现为一种模式为主、多种模式结合。各种沟通模式均有其优缺点,如果注重沟通速度的话,轮式和全通道式是最佳选择。如果对沟通的准确性要求高,则链式、Y式和轮式比较适合。轮式结构容易产生集权,而环式和全通道式可以提高员工的满意度。可见,对于不同的任务、不同的要求,管理者应使用不同的沟通渠道网络,进行有效的人际沟通,逐步提高组织的管理工作水平。

2.非正式沟通

美国通用(GE)公司执行总裁杰克·韦尔奇(Jack Welch)被誉为“20世纪最伟大的经理人”之一。在他上任之初GE公司内部等级制度森严,结构臃肿,韦尔奇通过大刀阔斧的改革,在公司内部引入“非正式沟通”的管理理念。韦尔奇经常给员工留便条,亲自打电话通知员工有关事宜,在他看来沟通是随心所欲的。他努力使公司的所有员工都保持着一种近乎家庭式的亲友关系,使每个员工都有参与和发展的机会,从而增强管理者和员工之间的理解、尊重和感情交流。

非正式沟通是指以社会关系为基础，通过正式组织途径以外的信息交流和传达方式。非正式沟通不是以组织系统，而是以私人接触来进行沟通。这种沟通代表个人，途径非常多且无定式。最常见的非正式沟通渠道是传闻或小道消息。实际上，任何组织都存在着这种非正式沟通途径，它与正式沟通并存于组织中，却可以跨越层级，员工可以通过这种方法跟组织中的任何一个人进行沟通。如图 8-17。

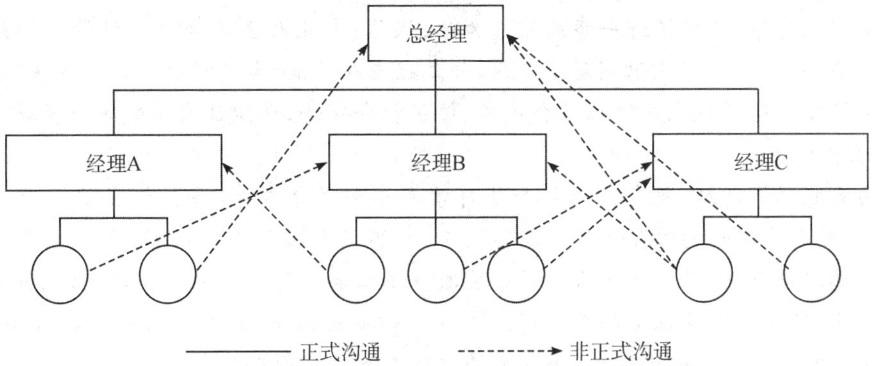

图 8-17　正式沟通与非正式沟通的关系

非正式沟通是非正式组织的副产品，它一方面满足了员工的需求，另一方面也弥补了正式沟通系统的不足。当正式沟通途径闭塞时，非正式沟通为组织决策提供了支持，是正式沟通的有机补充。在许多情况下，来自非正式沟通的信息反而获得接收者的重视。由于传递这种信息一般以口头方式，不留证据，不负责任，许多不愿通过正式沟通传递的信息，却可能在非正式沟通中迅速传播。

但是，过分依赖这种非正式沟通途径，也有很大危险，因为这种信息遭受歪曲或发生错误的可能性相当大，而且无从查证。尤其与员工个人关系较密切的问题，例如晋升、待遇、改组之类，常常发生所谓“谣言”。这种不实消息的散布，往往造成组织的困扰。对于这种沟通方式，管理者既不能完全依赖用以获得必需的信息，也不能完全加以忽视，而是应当密切注意错误或不实信息发生的原因，设法提供组织人员正确而清晰的事实，加以防止。

同正式沟通相比，非正式沟通的优点是：沟通形式灵活，直接明了，速度快，容易及时了解到正式沟通难以提供的信息，真实地反映员工的思想、态度和动机。非正式沟通能够发挥作用的基础是组织中良好的人际关系。其缺点在于：非正式沟通难以控制，传递的信息不确切，容易失真，并且可能导致小集团、小圈子的建立，影响员工关系的稳定和组织的凝聚力。

管理故事 8-4

克服恐慌情绪，不要让“小道消息”扰乱疫情真相（节选）

真相是谣言的天敌。确保公众及时通过权威渠道获取最新、最准确的信息，是对抗谣言的第一要务。在权威信息与“小道消息”之间，权威信息越是精准、及时，就能获取越多人的信赖，进而压缩“小道消息”的生存空间。反之，如果权威信息处于缺位状态，人们自然会去寻找各种“小道消息”，以满足其对信息的需求。

不是真相的“东风”压倒谣言的“西风”，就是谣言的“西风”压倒真相的“东风”。对此，有关部门还须以公开透明的原则为指导，做好信息发布工作，以真相对抗谣言。

面对疫情，恐慌是一种难以避免的情绪，但越是如此，我们便越是要努力克服这种情绪造成的负面影响。过度的恐慌不仅是谣言的温床，也可能促使人们做出一些不理性的举动，譬如盲目就医、抢购物资等。这些举动不仅会影响医疗秩序，冲击物价，还可能造成交叉感染，使疫情进一步恶化。为此，媒体、专业人士应努力将科学的防疫方法告知更多的人，让人们认识到恐慌无用，并掌握自我鉴别、自我隔离的基本方法，从而平抑恐慌情绪。这不仅能够降低社会风险、维护社会秩序，也能让有限的防疫资源用到最需要的地方。

为克服恐慌情绪，所有人都要加强科学素养和媒介素养，遵循权威信源的专业建议，践行最合乎理性的防疫方法。具体而言，应当认真做好个人防护，已经生病的人要听从医嘱对症下药，而不是盲目就医。要减少不必要的外出与聚会，不轻信来历不明的防疫方法，不传播无法证实的虚假消息。不论是抵抗病毒、抵抗谣言还是抵抗恐慌，每个人都要把自己当成一道防线，由此成为防疫工作的正面助力。

面对那些蓄意编造、影响恶劣的谣言，有关部门也要践行正本清源的职责，该打击时严厉予以打击。那些心存恶意，恶意编造虚假消息或明知消息不实还蓄意传播的人，必须付出相应的代价。如此，真实、有用的信息才能更好地流动，而不至于被谣言和恐慌的恶性循环“污染”。

资料来源：中国青年报。

(1)非正式沟通的网络

非正式沟通形式不拘，比较灵活随便，因而在美国这种途径被称为“葡萄藤”(grapevine)，用以形容非正式沟通枝繁叶茂，随处延伸。这种藤式网络把整个组织串联起来，超越了部门、单位以及层级，从最高层管理者到最基层员工无所不包。非正式沟通网络依照最常见至最少见的顺序分为以下四种，如图 8-18。

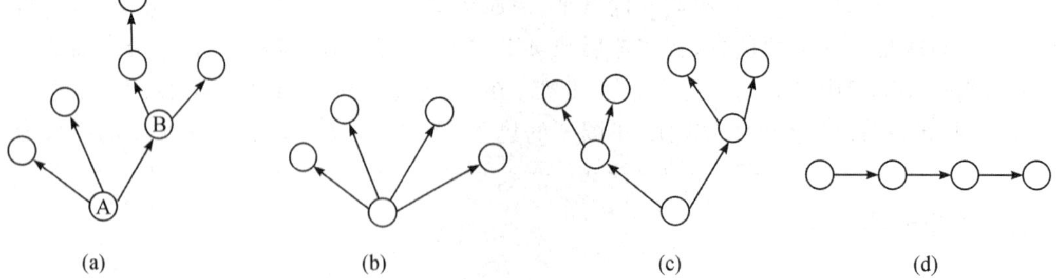

图 8-18　非正式沟通网络

①集群连锁

在沟通过程中，可能有几个中心人物，由他们转告若干人，而且有某种程度的弹性。如图 (a)中的 A 和 B 两人就是中心人物，代表两个集群的“转播站”。这种网络形式具有较高的传播效率，如小道消息的传播就是采用这种形式。

②密语连锁

由一人告知所有其他人,犹如其独家新闻。这种形式中所有的消息都是由一个人发送的,这个人不一定是该非正式沟通网络的领导,可能只是率先获得信息或喜欢传递各种消息,如在私人宴会的闲谈中透露消息的人。

③随机连锁

碰到什么人就转告什么人,并无一定中心人物或选择性,完全是随机的。

④单线连锁

在个人之间相互转告,由一人转告另一人,他也只继续转告一个人,这种情况最为少见,也最容易失真,但在传递不宜公开的信息和机密时最为适合,如传递商业机密时常采取这种形式。

(2)非正式沟通在管理上的意义和对策

在传统的管理及组织理论中,并不承认这种非正式沟通的存在;即使发现有这种现象,也认为要将其消除或减少到最低程度。但是,当代的管理学者知道,非正式沟通的存在是根深蒂固、无法消除的,且有着正式沟通难以达到的效果。如果能够对企业内部非正式的沟通渠道加以合理利用和引导,就可以帮助企业管理者获得许多无法从正式渠道取得的信息,在达成理解的同时解决潜在的问题,从而最大限度提升企业内部的凝聚力,发挥整体效应。对于非正式沟通管理者可以采取如下对策:

①保持正式沟通渠道的畅通。非正式沟通的产生和蔓延,主要是由于员工得不到他们所关心的消息。因此,管理者越是故作神秘,封锁消息,则背后流传的谣言越猖獗。正本清源,管理者应尽可能保证组织正式沟通系统的公开通畅,种种不实的谣言自然就会消失。

②了解组织非正式沟通网络的情况。管理者可以设法去发现在非正式沟通的网状模式中,谁与谁相关联,谁是信息传播的关键人物,有必要时可以利用这些关键人物来传递和澄清某些事实。曾经美国西南部的一家公司在调查谁是公司最有影响力的人物时获得了一份耐人寻味的名单,名单包括一些工程师、中层管理者,还包括收银员、司机、秘书,甚至包括一名清洁工。

③及时正确地处理非正式沟通中的信息。要想予以阻止已经产生的谣言,与其采取防卫性的驳斥,或说明其不可能的道理,不如正面提出相反的事实更为有效。针对携程旅行网将在百度运作下与去哪儿网合并的业界传闻,董事局主席及首席执行官梁建章正面回应公司被洽购传闻称:"携程一定会长期地独立地经营。"此外,对传播面广、传播速度快的小道消息,不能放任自流、不管不问,而应该调查其产生的原因,从而发现管理中存在的问题。

④提前对小道消息进行预防。当企业制定重大决策之前,应该预见到这一决策有可能会产生的小道消息,并及时采取防范措施。

⑤不能滥用非正式沟通渠道。过分利用非正式沟通的结果,会冷落或破坏正式沟通系统,甚至组织结构。而管理者设法自非正式沟通渠道中探听消息,也可能会造成组织背后的一套"谍报网"和众多"打小报告者",从而带来管理上的问题。

管理工具 8-3

走动管理

走动管理(management by wandering around,简称 MBWA)的概念起源于美国管理学者彼得思(T. J. Peters)与瓦特门(R. H. Jr. Waterman)在 1982 年出版的名著《追求卓越》(*in Search of Excellence*)一书,是指高阶主管利用时间经常抽空前往各个办公室走动,以获得更丰富、更直接的员工工作问题,并及时了解所属员工工作困境的一种策略。

走动管理不是到各个部门走走而已,而是要收集最直接的信息,以弥补正式沟通渠道的不足。正式的沟通渠道通过行政体系逐级上传或下达,容易产生信息过滤以及缺乏完整信息,不论是由上而下或由下而上的信息传达,在经过层层转达之后,不是原意尽失就是上情没有下达或下情没有上达。另外,通过正式沟通渠道搜集到的信息,缺乏实际情境的辅助,管理者很难做出正确的判断,往往会失去解决问题的先机。

美国麦当劳快餐店创始人雷·克罗克是美国有影响的大企业家之一,他不喜欢整天坐在办公室里,大部分时间都用在"走动式"管理上,即到所属各公司、各部门走走、看看、听听、问问。公司曾有一段时间面临严重亏损的危机,克罗克发现其中一个重要原因是公司各职能部门的经理官僚主义突出,习惯躺在舒适的椅背上指手画脚,把许多宝贵的时间耗费在抽烟和闲聊上。于是克罗克想出一个"奇招",要求将所有经理的椅子靠背都锯掉,经理们只得照办。开始很多人骂克罗克是个疯子,不久大家悟出了他的苦心,纷纷走出办公室,开展"走动式"管理,及时了解情况,现场解决问题,终于使公司扭亏转盈,有力地促进了公司的发展。

走动管理强调高级主管应及时搜集第一手的信息,了解员工的实际工作状况,并给予加油打气,以弥补正式沟通渠道的不足。

8.6.2 语言沟通与非语言沟通

在沟通过程中,根据沟通符号的种类分别有语言沟通和非语言沟通,语言沟通又包括口头语言沟通、书面语言沟通和电子媒介沟通。

1.口头语言沟通

口头语言沟通是指借助于口头表达的方式进行的信息传递和交流,如会议、面谈、讨论、电话、演讲等。口头语言沟通的优点在于快速传递和快速反馈。在这种方式下,信息可以在最短时间内进行传递,并在最短时间内得到对方的答复。口头语言沟通是一种双向沟通,具有亲切感。但是,当信息经过多人传递时,口头语言沟通的主要缺点就会暴露出来。信息传递的人数越多,信息失真的可能性就越大。同时口头语言沟通不如书面语言沟通准备得充分,缺乏信息交流的记录,复核起来有一定困难。

2.书面语言沟通

书面语言沟通是以文字为媒介的信息传递,主要包括文件、报告、信件、备忘录、布告栏等任何传递书面文字或符号的手段。

书面语言沟通具有全面直观、更具逻辑性、更清晰的优点，而且信息可以长期保存，随时核实，不容易出现信息失真的情况。一位法国管理者曾经说过，除非被写下来，否则一切都是不真实的。同时，书面沟通的内容易于复制、传播，这对于大规模沟通来说，是一个十分重要的条件。当然，书面语言沟通也有缺陷，它耗费时间。同样是1小时的测验，通过口试传递的信息远比笔试多得多。事实上，花费1个小时写出来的东西只需10～15分钟就能说完。其次，书面语言沟通缺乏及时的反馈。口头语言沟通能使接收者对于自己听到的信息迅速做出回应，而书面语言沟通则不具备这种内在的反馈机制，其结果是无法保证发出的信息是否到达以及是否被正确地理解。

3.电子媒介沟通

信息技术已经彻底改变了组织成员的沟通方式。例如，技术明显改进了管理者监控个人和团队绩效的能力，为员工提供了更多信息共享的机会，使得组织中的成员无论身处何地都能一天24小时充分沟通。今天，最常用的电子媒介沟通方式包括电子邮件、即时信息(IM)、传真机、内联网和外联网等。网络计算机系统对当前的管理沟通有着重大的影响。许多企业现在都通过开通官方网站、微博、微信等方式与内外部环境保持积极的沟通。另外，诸如智能手机、笔记本电脑以及其他袖珍移动沟通设备为组织保持联络提供了一套全新的方法。利用无线通信技术，员工不必坐在电脑前就可以实现与组织其他成员的沟通。因此，电子媒介沟通的引进也同时改变了员工的工作形式和组织的结构，出现了SOHO一族和各类虚拟组织，使组织架构及工作形式更为灵活。

电子媒介沟通的优点在于传递速度快，信息容量大，实现了远程的即时沟通，方便跨国公司、集团公司的沟通运作，并大大降低了成本。但也正由于电子媒介沟通的方便快捷，很容易造成信息过量，处理电子邮件、传真、视频会议的需要形成了数据的高峰，可能会导致信息流失和沟通效率的降低。另外，心理学家研究表明，平时很少出现在办公室的经理可能在晋升上吃亏，沦为办公室政治的牺牲品，因为他们接触不到办公室里的小道消息而错过许多非正式的沟通机会。同时，使用电子媒介存在着很大的安全隐患。德国《明镜》周刊于2014年3月22日最先曝出美国国安局监视华为公司总部网络的消息。美国《纽约时报》随后跟进做出类似报道。两家媒体均称消息基于美国国安局承包商前雇员爱德华·斯诺登。报道说，美国国安局侵入华为深圳总部的电子邮件档案，获取公司高层之间的内部沟通信息，甚至窃取了华为各产品的保密源代码。华为副总裁及国际媒体事务负责人斯科特·赛克斯23日在一份分发给媒体的声明中说："如果报道中的(监听)活动属实，华为谴责此类入侵和渗透公司内部网络及监听通信的行为。"赛克斯说，在数字时代，公司网络时常遭到不同来源的攻击和调查。"华为不认可这种威胁网络安全的行为。华为愿意与各方政府、行业股东和用户一道，以开放和透明的方式，共同面对有关网络安全的全球挑战。"

4.非语言沟通

非语言沟通是指通过人的动作和行为等非语言符号系统来传递信息的沟通方式，包括身体动作、体态、表情、语气语调、空间距离等。美国传播学家艾伯特·梅瑞宾的研究表明，人与人之间的沟通高达93%是通过非语言沟通进行的，只有7%是通过语言沟通的。而在非语言沟通中，有55%是通过面部表情、形体姿态和手势等肢体语言进行的，只有38%是通过音调的高低进行的。因此，艾伯特·梅瑞宾提出了一个著名沟通公式：沟通的总效果＝7%的语言＋38%的音调＋55%的肢体语言。可见，语言并非人际沟通的唯一方式，非语言信号同样能够透露沟通者的思想和感受，非语言沟通提供的信息量往往超过语言沟通，是不容忽视的沟通方式。它不但可以加强、扩大语言手段的效果，如赞许、点头、微笑，还可以弱化、抵消语言手段的效果，如眼神闪烁、言不由衷，所以“察言观色”是管理者一项重要的沟通技能。

表 8-5　各种沟通方式优缺点比较

沟通方式	举例	优点	缺点
口头	面谈、讲座、会议、电话	快速传递、快速反馈，信息容量大	容易失真，核实困难
书面	报告、备忘录、信件、内部期刊等	持久、有形，可以核实	效率低，缺乏反馈
电子媒介	传真、网络、电子邮件、微信、微博	快速传递，信息容量大，远程沟通，成本低	信息过量，安全隐患
非语言	动作、体态、表情、语气语调、空间距离	信息意义十分明确，内涵丰富，灵活	传递距离有限，界限模糊，只可意会不可言传

管理故事 8-5

身体语言的秘密

身体语言(body language)包括眼神、走路姿势、站立的姿势以及手势等。身体语言十分丰富，可以表达各种思想感情，并且不同的文化代表不同的意思。下面是一些常见的手势语在不同文化中的含义：

1.翘大拇指(thumb)。在中国，翘大拇指表示“好”，用来称赞对方干得不错、了不起、高明，这个意思在世界上许多国家都是一样的。英美人伸大拇指，向上翘，意为“It's good.”或“It's OK.”。伸大拇指，向下翘，意为“It's bad.”或“I don't agree it.”。但是在一些国家还有另外的意思。比如，在日本，它还表示“男人”、“你的父亲”和“最高”；在韩国，还表示“首领”、“自己的父亲”、“部长”和“队长”；在澳大利亚、美国、墨西哥、荷兰等国，则表示“祈祷命运”；到了法国、印度，在拦路搭车时可以使用这一手势；在尼日利亚，它又表示对远方亲人的问候。此外，一些国家还用这一手势指责对方“胡扯”。

2.将拇指和食指(forefinger)弯曲合成圆圈，手心向前。这个手势在美国表示“OK”，在日本表示钱，在拉丁美洲则表示下流低级的动作。

3.用食指点别人。这在欧美国家是很不礼貌的责骂人的动作。英美人把大拇指和食指组成圆，其余三指伸直，意为“Excellent”。

4.伸出食指。在美国表示让对方稍等；在法国表示请求对方回答问题；在缅甸表示请求、拜托；在新加坡表示最重要的；在澳大利亚则表示“请再来一杯啤酒”。

5.伸出食指和中指(middle finger)做V字状。“V”是英文victory和法文victory(胜利)的第一个字母，故在英国、法国、捷克等国此手势含有“胜利”之意。但在塞尔维亚语中这一手势代表“英雄气概”，在荷兰语中则代表“自由”。

6.将手掌(palm)向上伸开,不停地伸出手指(finger)。这个动作在英美国家是用来招呼人的,意即“Come here”。

7.伸出中指:这个手势在法国、新加坡表示“被激怒”和“极度不愉快”;在墨西哥表示“不满”;在澳大利亚、突尼斯表示“侮辱”;在法国还表示“下流行为”。

8.伸出小指(little finger)。在日本表示女人、女孩子、恋人;在韩国表示妻子、妾、女朋友;在菲律宾表示小个子、年轻或表示对方是小人物;在泰国、沙特阿拉伯表示朋友;在缅甸、印度表示要去厕所;在英国表示懦弱的男人;在美国、韩国、尼日利亚还可以表示打赌。

非语言沟通的优点:适当的非语言沟通能够强化语言沟通的效果,并且更加生动和直接,如一个眼神、一个简单的身体姿势、一个特别的站位等,都代表了沟通的含义。看到学生们无精打采或低头看手机时,无须言语,教师就知道学生们已经厌倦了;同样,当书本开始合上,教室里嗡嗡作响时,学生们传达的信息已经十分明确——该下课了。

非语言沟通的缺点:单独使用非语言沟通形式容易导致错误或模糊的信息传递,比如上班时遇到一言不发、一脸不快的老板,员工可能会以为自己哪里做错了而惴惴不安,实际上这位老板有可能只是牙疼病又犯了。不恰当的非语言沟通形式还可能起到削弱沟通效果的作用,比如老板一边声称很认真地在听取员工的汇报,一边却无意识地打了个呵欠,并看了下手表,员工可以得出的结论是老板对他的报告并不感兴趣。最后,非语言沟通的应用范围比较窄,往往只是在面对面的沟通中使用。

8.6.3 单向沟通与双向沟通

按照沟通的互动性划分,可分为单向沟通和双向沟通。

1.单向沟通

单向沟通是指在沟通过程中,发送者和接收者这两者之间的地位不变,一方只发送信息,另一方只接收信息,如演讲、报告、下指令等,信息呈单向流动,双方无论语言或情感上都没有反馈。单向沟通的速度快,信息发送者的压力小,能够保持发出信息的权威性,适用于任务急、工作简单、无须反馈的情形。但是接收者没有参与感,容易产生挫折、埋怨和抗拒,不利于双方的情感交流。且由于缺乏反馈,信息接受率较低,难以把握沟通的实际效果。

2.双向沟通

双向沟通是指在沟通过程中,发送者和接收者两者之间的位置不断交换,且发送者是以协商和讨论的态度面对接收者,信息发出以后还需及时听取反馈意见,必要时双方可进行多次重复商谈,直到双方共同明确和满意为止,如交谈、协商、谈判等。双向沟通的特点是气氛活跃,有反馈,准确性高,接收者有参与感,人际关系较好。但是发送者随时可能受到接收者的反驳与挑剔,因此发送者的心理压力较大,同时信息传递速度相对较慢,易受干扰且缺乏条理。

表 8-6　单向沟通与双向沟通的比较

项目	比较
时间	双向沟通比单向沟通需要更多的时间
信息和理解的准确程度	双向沟通比单向沟通更准确
接受者和发送者置信程度	在双向沟通中，接收者和发送者都比较相信自己对信息的理解
噪声	由于与问题无关的信息较易进入沟通过程，双向沟通的噪声比单向沟通要大得多

严格意义上来说，单向沟通并不是真正的沟通，仅仅是一方把信息传递给另一方，至于对方是否收到、是否理解完全不予理会；双向沟通才是真正的沟通，双方通过一系列反馈达成共识。但也不能因此否定单向沟通，一般来说，例行公事、有章可循、无可争论的情况下可以采用单向沟通；处理新问题、上层组织的决策会议等，双向沟通的效果比较好。组织如果只重视工作的快速与成员的秩序，宜采用单向沟通；如果要求工作的正确性高，重视成员的人际关系，则宜用双向沟通。从管理者个人来讲，如果经验不足，无法当机立断，或者不愿下属指责自己无能，想要树立权威，那么单向沟通比较有利。

8.7　沟通管理

沟通是一项表面简单而实际非常困难和复杂的活动，之所以如此，主要源于沟通的实质内涵——沟通的有效性。现代企业管理者都把有效沟通看作是事业成功的关键，这一方面说明了在管理中有效沟通至关重要，另一方面更说明了有效沟通并非易事，需要沟通各方付出许多心血和努力。

8.7.1 有效沟通的障碍

沟通是一个双向互动的过程，存在着各种各样的障碍，无论是信息发送者和接收者的主观原因，还是外部环境的客观因素，都可能造成信息的丢失或曲解，影响沟通效能的发挥。

1.技术性沟通障碍

技术性沟通障碍指的是信息编码、沟通环境中存在的障碍，主要包括语义分歧、媒介障碍和信息过载。

(1)语义分歧

语义分歧指的是因对语义的不同理解引起的障碍。它是由我们沟通所使用的符号自身的局限性而产生的。信息沟通的符号多种多样，如语言、文字(包括图像)、肢体语言等，这些符号通常有多种含义。出于年龄、教育和文化背景差异等因素的影响，同样的符号对于不同的人来说含义是不一样的。比如，一个拥有博士文凭的工程师和一个初中毕业的操作工人之间，后者将很难理解前者的一些用语。再如，管理层对“利润”“投资回报率”等词语的意义是非常清楚的，但对于一线员工来说却并不见得。此外，信息中的词语有时会无意中激发各种各样的感情，这些感情可能又会更进一步歪曲信息的含义。有一个笑话：主人请客吃饭，眼看约定的时间已过，只来了几个人，不禁焦急地说："该来的还不来。"已到的几位客人听后扭头走了两位。主人意识到他们误解了自己的话，难过地说："不该走的又走了。"结果，剩下的客人都离他而去。

(2)媒介障碍

媒介障碍指的是由沟通渠道的效率引起的障碍。首先，种种干扰常使沟通过程的信息传递渠道受阻或不通畅，从而影响沟通的效果。比如会议过程中的电话铃声、不速之客、环境噪声等，都会影响双方的信息传递。其次，选择的沟通渠道所能容纳的信息太少，接收者得不到解码所需要的丰富信息，无法达成沟通的效果，例如电子邮件不足以说明企业的整个员工福利体系。最后，管理者与员工之间、员工与员工之间，客观上均存在着空间距离。正是由于空间距离的阻隔，双方无法进行面对面的交流和沟通，从而使得人们在选用沟通媒介时受到限制。比如，电话沟通虽然便捷，但无法看到双方的面部表情、手势动作和体态姿势，难以达到使对方心领神会之效。

(3)信息过载

信息过载指的是信息量超过了个人或系统所能接受、处理或有效利用的范围，从而产生的沟通障碍。信息过载是信息时代信息过于丰富的负面影响之一。有关报道称，到2016年互联网上每年所传的视频，一个人需要600万年才能看完。同样，在企业中，员工每天都必须收发大量的邮件，对信息反应的速度远远低于信息传播的速度；管理者面临的信息量更为巨大，邮件、电话、传真、会议等形成了数据的高峰，要全部处理和消化几乎不可能，只能挑选、忽略、延迟或遗忘某些信息，这将严重干扰决策的有效性，导致信息流失和沟通效率的降低。

2.心理性沟通障碍

心理性沟通障碍是指由于人的情感、价值观或者习惯而产生的沟通障碍，主要包括选择性感知、情绪影响、过去经验和地位差异。

(1)选择性感知

人们对于信息的理解接收和发送都是知觉的一种形式，由于种种原因，人们总是习惯接收部分信息，而摒弃另一部分信息，即选择性感知。影响选择性感知的客观因素如组成信息的各个部分的强度不同，对接收人的价值大小不同等，都会致使一部分信息容易引人注意而为人接受，另一部分则被忽视。如很多员工只关心与他们的物质利益有关的信息，而不关心组织目标、管理决策等方面的信息。影响选择性感知的主观因素与个人心理品质有关，在接受或转述一个信息时，符合自己需要的与自己有切身利益关系的，很容易听进去，而对自己不利的，有可能损害自身利益的，则不容易听进去，凡此种种，都会造成信息扭曲，影响沟通。

(2)情绪影响

由于身体状况、家庭问题、人际关系等因素，信息发送者或接收者的情绪波动很可能会阻碍有效沟通。比如，同样是和员工沟通绩效问题，一种情景是该员工刚与妻子吵完架，另一种情景是该员工刚刚获得公司的嘉奖，哪种情况下沟通效果会比较好呢？自然是第二种。情绪的体验对沟通内容的理解、表达、详细程度存在很大的影响。当员工心情烦躁、不平静时，往往简单回答敷衍了事，甚至不能理解他人的表达内容。情绪的体验还会影响沟通方式，当情绪体验为低落、抑郁时人们多选择动作与表情来代替语言沟通。情绪体验对沟通对象的选择也存在影响，当情绪体验为愉快、喜悦时，沟通对象选择性广，平时不喜欢接触的人都可以成为沟通对象。

(3)过去经验

沟通过程中,人们会根据自己过去正面或负面的经验对事物做出不正确的假设,或是将自己的个人信念、价值观等作为判断的标准,这种经验和判断标准产生于过去的特定情境中,当情境改变后,如果仍然按照过去的办法去处理事情,往往就会导致偏差。例如,以前曾对女性员工有过负面评价的管理者会把这种经验扩大到其他女性员工身上,这名管理者在日后聘用过程中也许会降低女性员工的比例。

(4)地位差异

有效沟通取决于上级与下级、管理者与员工之间的全面有效的合作。但在很多情况下,这些合作往往会因下属的恐惧心理以及沟通双方的地位差异而形成障碍。一方面,如果管理者过分威严,给人造成难以接近的印象,或者管理人员缺乏必要的同情心,不愿体恤下情,都容易造成下级人员的恐惧心理,影响信息沟通的正常进行。另一方面,不良的心理素质也是造成沟通障碍的因素。比如员工在电梯口遇见领导,打完招呼后想说些什么却又不知从何说起,这时往往就会出现一段尴尬的沉默。研究表明,地位的高低对沟通的方向和频率有很大的影响。地位悬殊越大,信息越倾向于从地位高的流向地位低的。

3.管理性沟通障碍

管理性沟通障碍是指组织的内部结构以及组织长期形成的传统及气氛,对内部的沟通效果产生的不良影响,主要包括来源信度、组织氛围和信息过滤。

(1)来源信度

信息来源的可信度不同会造成沟通的障碍,不同的信息发送者可能会有不同的效果。一项研究表明,日本的总经理要比美国同行们多享受75分钟的睡眠。专家指出,这一差别主要归功于日本人在经商、解决问题时所衍生出的一种强烈的互信感。如果上级朝令夕改、言行不一,缺乏公信力,那么下属会对其发布的信息持怀疑态度,并且在情感上加以拒绝,双方无法互相信任,不仅浪费时间,还会影响沟通的效果。“狼来了”的故事,就是个典型代表。

(2)组织氛围

组织氛围体现了一个企业的沟通观念、领导方式、沟通体制等,影响着沟通的效果。造成组织沟通障碍的氛围主要表现在:①不同意见就是负面的,对下属提出的不同意见,上级总是抱着负面的看法,所以下属不敢提负面的意见,因为组织的氛围不允许,认为负面就是不好;②害怕冲突,员工在沟通过程中时常担心,要说的话会不会与所提到的部门产生冲突,以后在与这些部门的工作配合上是否会有困难等。如果答案是肯定的,那么员工就会将沟通内容进行必要处理。可见,一个良好的组织氛围营造开诚布公的沟通环境,激发员工畅所欲言;相反,沉闷的组织氛围不仅会让员工觉得非常压抑,而且不利于员工能动性的发挥。

(3)信息过滤

信息过滤是指有意操纵信息以利于自己的利益或无意中对信息的加工和改编。过滤可能存在组织的各个层次和各种沟通过程中,如下级会因为担心受到批评而只告诉上级想听到的信息,上级会因为担心造成恐慌而不愿向下级发布不利好的消息等。过滤的程度主要取决于组织架构的层次和组织文化两个因素。组织纵向层次越多,沟通的等级链条越长,则信息过滤的机会就越多,信息从最高决策层传递到下属单位不仅容易产生信息的失真,而且还会浪费大量时间,影响信息的及时性。有时,横向部门间的竞争也会导致信息过滤从而出现信息不对称。组织文化则通过奖励系统鼓励或抑制此类过滤行为。

8. 7. 2 沟通障碍的克服

对有效沟通障碍因素进行分析，目的就在于可以采取适当的沟通技巧解决这些障碍，从而提高沟通的效率。

1.运用反馈

有效沟通是一种动态的双向行为，而双向的沟通应得到充分的反馈，只有沟通的主客体双方都充分表达了对某一问题的看法，才具备有效沟通的意义。

反馈可以是语言的，也可以是非语言的。管理者为了核实信息是否得到接收和理解，可以询问一系列有关该信息的问题，或是让接收者复述该信息，如果复述的信息正如他的本意，则理解与准确性就有了保证。当然，反馈并不一定都是以语言的方式来表达，有时行动比语言更为明确。比如销售总监要求销售经理每周一上交销售周报，当有人未能按时提交时，销售总监自然得到了反馈。

此外，反馈还可以分为正面的反馈和建设性的反馈。正面的反馈就是对对方做得好的事情予以表扬，希望好的行为再次出现。建设性的反馈就是针对对方做得不足的地方提出改进的意见。需要引起注意的是，指出对方做得正确或者错误的地方仅仅是一种主观认识，反馈是管理者为了使员工做得更好而提出的表扬或者建议。因此，建设性反馈是一种建议，而不是批评。

2.简化语言

由于语义分歧和信息过载等沟通障碍的存在，人们在沟通过程中应该根据接收者的具体情况选择措辞，并注意表达的逻辑顺序，使发送的信息清楚明确，更易于接收者理解。例如，证券公司管理者在对内沟通时可以多使用简洁的金融术语，“最近这个股票正好除权，可以购买”，所有人都理解其含义，沟通十分便利；对外沟通时所用的语言又要有所不同，“最近这个股票的股息刚刚分配过，这时股票通常比较便宜，逢低买进将来涨价空间比较大。”在本群体外使用术语会带来诸多问题，因此在沟通时要尽量通过比喻、联想等方式将专有名词直白化，采用让对方听得懂的方式进行信息编码，以使信息清楚明确。

管理工具 8-4

FAB 原则

在表达观点的时候，有一个非常重要的原则，就是 FAB 原则。F 就是 feature，即属性；A 就是 advantage，即优势；B 就是 benefit，即利益。

在阐述观点的时候，按照这样的顺序来说，对方更容易懂，容易接受。

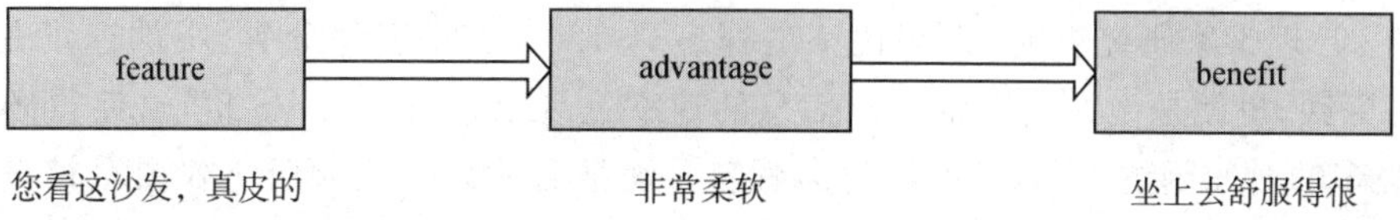
feature
advantage
benefit
您看这沙发，真皮的
非常柔软
坐上去舒服得很

资料来源：http://baike.baidu.com/view/1791788.htm?fr=aladdin.

3.积极倾听

信息经常会被错误地解码，而沟通双方却都对错误一无所知，这就是为什么倾听如此重要。按照影响倾听效率的行为特征，倾听可以分为五种层次(图 8-19)，从层次一到层次五代表着沟通能力、沟通效率不断提高的过程。

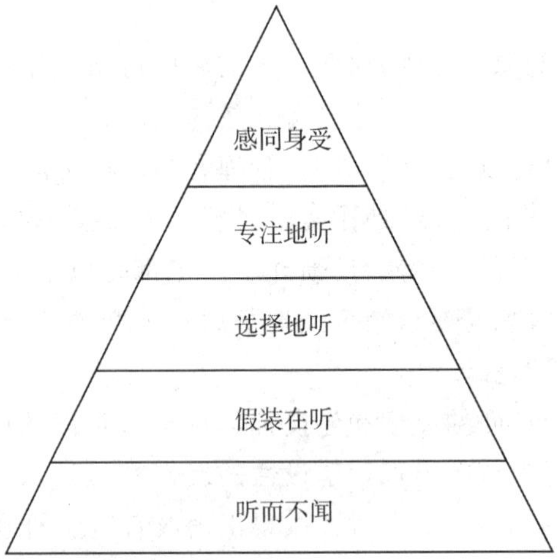

图 8-19　倾听的五种层次

听而不闻：对对方表达的信息置之不理，心里想着无关紧要的事情或者一味地想要辩驳，这种层次上的倾听往往导致人际关系的破裂。

假装在听：倾听者假装对别人的话题感兴趣，常通过点头或者微笑让发言者误以为所说的话被完全听懂了，但真正的注意力并没有放在发言者身上，常常错过重要的语句和表情，导致错误的理解。

选择地听：只听符合自己期望或想听到的内容，与自己意思相左的一概自动消音过滤掉，这种倾听的效果也不好。

专注地听：倾听者积极主动地听对方所说的话，对发言者所传递的信息内容进行准确解码和客观评价，并做出积极反应，如点头、微笑、身体前倾等，这种倾听能够激发对方的注意，但是很难引起对方的共鸣。

感同身受：这种倾听要求人们站在对方的立场上去思考问题并解决问题，也就是我们说的“换位思考”。它需要听者付出努力，全神贯注于对方的陈述并做出恰当的回应。

事实上，大概 60%的人只能做到第一种层次的倾听，30%的人能够做到第二层次，15%的人能够做到第三层次，而达到第四种层次水平以上的倾听者大概只剩下 5%。每个人都应该重视倾听，学习倾听技巧，提高积极倾听的效果。作为优秀的倾听者要注意四项基本要求：专注，移情，接受，对完整性负责的意愿。

专注：心理学家研究表明，人们说话的速度是 120～180 字每分钟，听的速度是 600～800 字每分钟，也就是说人们思维处理信息的速度是说话速度的 4～5 倍，这使得倾听时大脑有相当多的时间闲置未用，这时注意力就容易涣散。所以积极倾听不仅要全神贯注于信息发送者正在讲述的内容，而且要排除各种分散注意力的念头，了解每一条信息的来龙去脉，融入对方刚刚讲述的内容中去。

移情:鉴于不同的发送者在态度、兴趣、需求和期望方面各有不同,移情要求将自己置身于发送者的位置,站在对方的角度来看问题,努力去理解发送者所要表达的含义而不是自己想理解的意思,因此移情能使接收者更易于准确理解某一信息的真正内涵。

接受:积极倾听表现为接受,即并不急于对信息做出自己的判断,而是先认真聆听他人所说的话。这样接收者不至于过早判断或解释,而使听到的信息失真,从而提高了自己获得所沟通信息完整意义的能力。

对完整性负责:听者要千方百计地从沟通中获得说话者所要表达的信息。为了达成这一目标,人们可以在倾听内容的同时倾听情感以及善于提问来确保理解的准确性。

4.控制情绪

人是情感的动物,天生受情绪的支配,很多时候都难免会有不理智的时候。带着不良情绪进行沟通时,很可能会对接收的信息产生错误的理解,或是发布不够清晰准确的信息。此时,最简单的办法是暂停进一步的沟通直至恢复平静。

5.管理信息流

管理信息流是指沟通双方采取措施尽可能避免信息过载的现象。对于发送者而言,不要一次性发送过多的信息。对于接收者而言,必须将收到过量信息的情况及时予以反馈。事实上,管理者每天接触的信息量太大了,不得不靠助手来为其进行信息过滤。李嘉诚先生始终保持着阅读报纸的习惯,助理们会准备当天全球媒体的标题摘要,李嘉诚先生从中选出感兴趣的,再由人立即翻译成中文进行后续阅读。

6.合理运用沟通渠道

自由开放的多种沟通渠道是使有效沟通得以顺利进行的一大保证。信息除了通过面对面的方式进行直接传递外,还可以借助各种媒介进行传递,如书面、电话、电视、网络等。不同的渠道各有利弊,管理者需要根据沟通的情境选择合适的沟通渠道,保证信息的畅通无阻和完整性。如图 8-20。

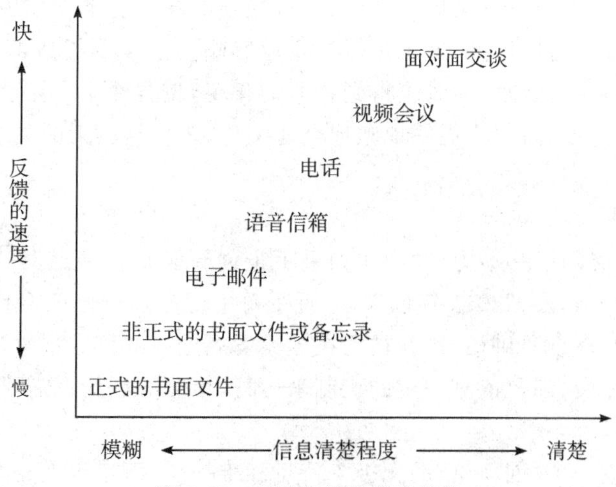

图 8-20　几种沟通渠道的比较

7.创建良好的沟通环境

从管理的角度考虑,沟通是一个长期积累和长期不懈努力的过程,因此,沟通不仅仅是管理中的技巧和方法,更是一种组织制度。纵观国内外管理成功的企业,无不通过制度性措施营造坦诚沟通的组织氛围。如经常性的员工会议，与会者可以不拘形式自由提问，而管理者则积极倾听并迅速予以反馈。此外，国内外众多高层管理者都养成了与员工一起就餐的习惯，以非正式的聊天方式无拘无束谈天说地，目的在于营造一种坦率、自由的沟通氛围，缩小管理者和被管理者之间的距离。

8.8 本章新时代管理学的探索

8.8.1 思政融入映射内涵

1.鼓励道德行为

随着经济水平和维权意识的变化，人们对企业的要求不仅仅满足于企业提供优良的产品和服务，而且希望企业能承担一定的社会责任，如对自然环境的保护、利益相关者的尊重、慈善责任等，这些都要求企业要加强道德建设，制定具体简明的道德守则，提高自身层次，这样才能适应环境变化，提高市场竞争力。

管理者对道德守则的态度，以及相应的激励措施对道德守则的运行效果有重大影响。因此，在设计激励制度时，要综合考虑该制度是否可能会导致一些不道德或不合理的行为；对于践行高标准道德准则的员工，应该予以奖励；对于违背道德准则的人应该予以惩罚；一个精心培育、严谨设计的制度可以照亮、激励高标准的道德和价值观。2020 年四川省富顺县富世镇某小区内，正在服务途中的海尔服务工程师胡云川从 5 楼住户家的阳台徒手攀爬至 6 楼，解救一名不慎翻到窗外的 5 岁女童，为弘扬其见义勇为精神、传递正能量，海尔对胡云川做出嘉奖，决定授予胡云川“人单合一见义勇为奖”，奖励胡云川 100 平方米住房一套。全国人大代表、海尔集团公司总裁周云杰回应称：“我们都认为他体现了这种见义勇为的精神，应该给一个大奖。”胡云川见义勇为的行为，有很强的职业色彩，他的徒手爬楼救人可以提升用户对于企业服务的信任感，这也是提升企业影响力的重要组成部分。此次奖励一方面让员工的善行善举得到激励，同时也得到企业的肯定，增强企业向心力；另一方面让企业通过弘扬正能量、呵护道德正义，更好地塑造企业文化，改善与员工的关系，为企业品牌建设锦上添花。

2.鼓励创新精神

“创新是引领发展的第一动力。”“中国如果不走创新驱动发展道路，新旧动能不能顺利转换，就不能真正强大起来。”2013 年以来，习近平总书记参加全国两会代表团审议时，多次围绕创新创业创造发表重要讲话，创新被摆在国家发展全局的核心位置，引领中国经济不断向前。任何企业的发展，都要依靠一定的机制来运行，企业的创新也需要一定的动力机制的支撑，谋得长久的发展。

海尔的张瑞敏是一个“创新论”的积极支持者和维护者，海尔也是一个培养创新人才、鼓励员工创新的企业。为了鼓励创新，海尔开创了全员创客机制，全称为“创客合伙人激励与约束机制”，它不同于上市公司的股权激励，也不同于委托代理的激励机制，而是通过高分享高增值，让每个员工通过创造用户价值来实现自己价值的最大化。这也意味着员工不仅能够实现劳动所得，还能分享资本利得。通过全员创客机制，海尔全体小微员工“千条江河归大海”，围绕着用户美好生活的体验，形成了创新创业不断涌现的壮丽景象。数据显示，至今海尔旗下已经有 4 家上市企业、2 家独角兽企业、12 家瞪羚企业，A 轮以上创业公司 66 家，天使轮、种子轮创业公司 200 多家，孵化加速的创业项目 300 多个，孵化小微企业 4000 多个。通过行之有效的激励保障，海尔充分发挥人的价值，将创新的理念深耕到每一个海尔人的头脑中，铸就了海尔今日的辉煌。

3.提倡诚信沟通

诚信是现代企业在市场经济条件下良性发展的基础，它直接关系到企业的运作成本。而沟通则是建立相互信任的重要手段。两者之间是辩证统一的关系，诚信是有效沟通的基础，有效沟通则是相互信任的一种手段，两者不可分割。

对外，企业通过诚信沟通树立品牌良好形象，实现可持续健康发展。从 2006 年开始，华为每年会发布年报，向其投资者(持股员工)、合作伙伴、社会各界关注华为的人公布其财报、市场战略、人力资源的情况。这可以说是能够深入了解这家未上市公司最直观、最有效的方式。2020 年华为全球销售收入 8914 亿元，同比增长 3.8%；净利润 646 亿元，同比增长 3.2%；经营活动现金流 352 亿元。华为公司轮值董事长胡厚崑表示：“不论经营情况怎么样，我们都会把真实数据呈现给大家。”企业数据的诚信与透明，不仅消除各方疑虑，增强了解，也在无形之中降低了交易成本，促成交往或交易的顺利进行。反之，在沟通过程中，数据造假、隐瞒事实，不仅破坏市场秩序，企业也会丧失竞争力，由盛转衰。

对内，企业通过诚信沟通增强凝聚力，降低管理成本。诚信乃沟通之本，只有坦诚相待、开诚布公，才能使企业内部关系融洽，员工团结协作，减少不必要的内耗。特别是企业管理层和基层之间，因为两者是处于不同的角度考虑问题的，这就更需要双方能相互信任，加强沟通。纵观国内外管理成功的企业，无不通过制度性措施营造坦诚沟通的组织氛围。如经常性的员工会议，与会者可以不拘形式自由提问，而管理者则积极倾听并迅速予以反馈。此外，国内外众多高层管理者都养成了与员工一起就餐的习惯，以非正式的聊天方式无拘无束谈天说地，目的在于营造一种坦率、自由的沟通氛围，缩小管理者和被管理者之间的距离。

4.跨文化沟通中保持民族个性

跨文化沟通是指跨文化组织中拥有不同文化背景的人们之间的信息、知识和情感的互相传递、交流和理解过程。随着经济全球化的脚步加快，跨国贸易活动越来越频繁，由于地域差异和文化冲突，沟通不畅与误解的可能性大大提高了。组织成员需要接受有效的跨文化培训，学习如何沟通交流以及顺利地合作。

首先，认识文化差异，合理预期。这就要求跨国管理者首先要熟悉异域文化规范，包括法律观念、商业伦理、宗教信仰、地方习俗、思维方式等因素，详加考虑，充分准备。对异域文化有一个准确的认知，然后针对不同的文化因素，采取适应或变革的应对策略，加强不同文化之间的理解和融合。

其次，尊重多方文化，发展共感。尊重是跨文化沟通行之有效的基础。相异文化背景的人有着各自不同的风俗习惯、礼仪系统，若想与之进行有效的跨文化交际活动，首先应该尊重对方的文化。比如时间观念上的差别，东方人信奉环形时间观念，因此中国人使用时间比较随意，灵活性较强，可以随意支配时间，一定程度上可以说，中国人不太重视预约，有时即使预约，也不能严格遵守约定的时间。而西方人信奉线性时间观念，使用时间非常精确，做任何事都严格按照日程安排。最注重的就是准时，他们一般不会随便迟到，只有在确定自己有时间的情况下才会应允对方约会的时间，而且他们比较重视预约，通常与欧美的谈判活动应该至少要提前两个星期预约。如果已经定下来谈判的具体时间，没有特殊情况欧美人是不会变卦的。西方人比较喜欢在一段时间只做一件事，比如他们在谈判过程中会全神贯注，开门见山，且不喜欢别人打扰，他们力求在有限的时间内达到自己想要的目标，惜时如金。中国人则更注重感情投资，喜欢通过多次非正式的会晤，对对方进行逐步深刻的了解，从而建立更好的合作关系。我们需要在了解的基础上，尊重不同文化下的习惯，彼此包容。

最后，树立文化自信，保持个性。在跨文化沟通过程中，还要保持自己的个性。这里所说的个性，主要指自己的个人形象、道德品质、身体素质、文化知识等。在中华五千年的历史长河中，无数中华儿女努力劳作，奋进拼搏，创造了源远流长、博大精深的中华优秀传统文化，为中华民族的生生不息、发展壮大提供了强大的精神支撑。中华优秀传统文化中的思想观念、人文精神、道德规范、意志品质等不仅承载着先辈们的智慧精髓，更是滋养当代中国人精神世界、提振当代中国人精神力量的源头活水和不竭动力。所以，在跨文化沟通过程中，不能单纯地信奉“外国的月亮更圆”，彼此尊重包容的前提是保持自己的个性，继承和弘扬中华优秀传统文化。

8.8.2 大数据、AI 等商务智能融入映射内涵

“十二五”期间中国的信息化发展迅速，为数字化时代奠定了基础，积累了丰富的数字资源。在党的十八届五中全会提出“实施国家大数据战略”以及“十三五”规划的指引下，中国大数据产业更是迎来了重大的发展机遇。人工智能、大数据这些新兴技术都已经渗透在企业经营管理的各个环节中，也为企业沟通变革带来新的挑战与机遇。

1.大数据改变组织沟通模式

大数据时代的到来，组织沟通模式从以“人”为核心的沟通演变为以“连接”为核心的沟通，使得人与人、人与机器、机器与机器间可以实现全方位的实时沟通，降低了沟通成本，提升了效率，沟通的模式也呈现多样化。即时通信（IM）、E-mail、视频通话、视频会议、短消息、云信息存储与分享等方式打破了传统办公通信模式，彻底颠覆了低效、重复的会议和电话沟通，不仅适应了快节奏的商业运作，还能帮助员工掌握更完整的信息从而制定有效决策，实现企业资源的高效配置。

2.大数据减少沟通障碍

以互联网、物联网、大数据、云计算等信息技术为支撑的现代沟通方式拓宽了信息的渠道，如微信、腾讯会议等，为组织提供了更加便捷、多样、经济的互动沟通体验，且在沟通的各个环节降低了噪声的影响，提高了沟通的有效性。例如，在编码阶段，发送者通过大数据采集了更为全面的信息，并通过各种可视化数据操作，简洁明了；再比如整个沟通过程基本不受时间、空间、自然环境等因素的影响，沟通受到噪声影响的概率明显降低。

3. AI 提升组织沟通力

从组织的惯常做法及沟通位差效应等理论研究中，我们可以看到组织沟通的自然状态通常是自上而下的低频过程，员工在沟通中处于被动地位，能够发声并表达自己看法、情绪的机会并不多。人工智能技术的引入及其不断成熟，如实时沟通工具“机器人/BOT”，可使一场说开始就开始的沟通成为可能。一方面，AI 能为员工提供查询海量信息的便利，还能为他们提供建言献策的敏捷渠道；另一方面，管理层借助 AI 技术对员工的情绪和组织氛围

有了综合判断和把握，若能同样及时地予以汇总、分析、理解并采取改善行动，员工将感受到莫大的尊重与激励。

4.警惕技术带来的沟通陷阱

随着互联网、人工智能技术的迅猛发展，大数据技术为企业优化和管理沟通模式提供新的解决方案，同时也带来新的问题和挑战。首先，组织在沟通中产生的数据除了量大，呈现出的数据形式也不同，结构化数据、文本数据、多媒体数据等，数据的多样性要求组织必须具备海量复杂数据的分析能力。其次，信息的过度使用问题，可能会涉及商业伦理乃至法律问题。例如，管理者有责任保护员工的个人隐私，员工也有义务保护公司的机密信息。最后，无论虚拟环境的沟通带来多少的便捷，面对面沟通的重要性始终不可忽略。面对面沟通可以拉近人与人的距离，可以促进人与人之间感情，再发达的技术也无法让人通过网络聊天就对人建立起深刻的信任。管理者应鼓励员工更多地在现实世界中开展协作。

8.8.3 中国新时代管理的淬炼与反思

不同的文化背景中，人们处理人际关系的方式和基本原则存在很大差异。西方的海洋文化催生的社会结构中，个人本位取向成为时尚；以契约关系为基础的社会取代了以血缘为纽带的宗法家庭社会，构成了相对平等的社会关系。而在中国，传统哲学中占统治地位的是儒家的伦理哲学，儒家相信人与人之间的关系就是千丝万缕的“情分”，认为伦理关系是一种特殊的情谊关系，各种情谊关系叠加连接起来，便构成中国人特有的人际关系网络。日本学者原口俊道指出，人际关系在西方是保健因素，而在东亚却是激励因素。因此，在中国本土化的激励与沟通中，要充分注意并发挥人际关系的作用，做好以下四点。

1.绘制共同愿景

中国人的人际关系是高度相互依存的，儒家所强调的“和为贵”集中体现了人际和谐的思想，正所谓“道不同，不相与谋”，“天人合一”，和谐是中国人际关系模式中非常重要的一个方面，人与人之间的和谐甚至到了不需要理由的地步。又如孙武在《孙子兵法·谋攻篇》中讲到：“上下同欲者胜。”又在《孙子兵法·计篇》中说：“道者，令民与上同意也，故可以与之死，可以与之生，而不畏危。”这两句话告诉我们，要实现上下同欲，同心同德，就必须首先确立共同的目标，有了目标，大家同心协力，通力合作，以达成目标。因此，管理者要激发员工个体的愿景并将之汇集，为共同愿景奠定基础，只有理念相同，方能够激发员工的成就动机，让员工自发地朝向组织目标实现的方向去努力。与此同时，以和为贵，员工之间能够相互理解，同心协力，尽可能避免冲突。

2.提升团队亲密度

在儒家文化影响下，中国员工对组织存在更强的依赖性。中国文化中，人们主张个人要以大局和集体的利益为重，要有集体荣誉感，当个人利益和集体利益发生冲突时，个人利益要屈从于集体利益。在此基础上，管理者可以通过开展导师项目、社交活动、技能研讨、社区志愿活动等项目，让员工建立起工作和生活上的关系，从而发展职业和社交关系，增进团队成员间的亲密度，增强团队归属感，形成良好的人际关系和相互信任的氛围，从而长久地提升团队凝聚力。

3.提倡诚信为本，以情动人

首先，诚信是良好沟通的基础。诚，指真心、不虚伪；信，在《说文解字》中被解释为“诚也”。在古代,诚与信经常是连在一起用的。《淮南子·缪称训》有云:“同言而民信,信在言前也;同令而民化,诚在令外也。圣人在上,民迁而化,情以先之也。动于上,不应于下者,情与令殊也。”在这里,肯定了诚信待人是沟通的基础和前提。关于诚信,孔子也多有阐述,比如《论语·学而》篇就有:“吾日三省吾身,为人谋而不忠乎?与朋友交而不信乎?传不习乎?”又如《论语·述而》有:“予以四教:文、行、忠、信。”等等。诚信在沟通中具有非常重要的作用,是沟通的前提和基础。古代优秀的管理者在管理国家、率军打仗时就非常注重信守承诺,以树立管理者的权威,取得良好的管理效果。

其次,中国人民重视情,讲情、理、法,讲究“晓之以理,动之以情”。孔子主张“仁者爱人”,孟子将其解释为人人都具备的恻隐之心,他说:“以不忍人之心行不忍人之政,治天下可运于掌上。”(《孟子·公孙丑上》)墨子将儒家的“爱有差等”思想发展成为“兼爱”学说,主张无差别的关爱天下所有人。《淮南子》主张将心比心,以情动人。君主在治理国家的过程中,虽然要依靠法令行事,但要结合情,法和情结合,以情动人。古代军事家也强调“以情带兵”,孙子主张“视卒如爱子”。战国时期将领吴起爱兵如子,士兵在战场上无不拼命。作为本土化的管理者,沟通时应放低自己的姿态,把自己的言行举止融于常人当中,并始终把自己看作是团队中普通一员,与组织成员保持良好的沟通互动。在组织的规章制度下不妨适度增加一些弹性,体现出人情味。同时,中国人还讲究“行胜于言”,重视“言行一致”,真诚的行为比说更能打动他人。

4. 掌握圆融而通的沟通技巧

圆融而通的沟通技巧包括以下几个方面:

第一,察言观色的变通方式。中国人喜欢说“六合”,即上下、左右、前后的意思。要取得良好的沟通效果,上下、左右、前后方方面面都要顾及,要善于观察对方,运用灵活的沟通语言,针对不同的沟通对象、沟通事件使用不同的表达方式,做到通上下之情、达六合之意,真正做到沟而能通。我国战国时期的张仪、苏秦就是我国历史上将察言观色运用到出神入化境地的典型代表,他们通过语言,结纵连横,将战国七雄结成不同的利益群体,取得了百万大军所不能取得的成绩。

第二,可与不可的沟通尺度。《论语·卫灵公》有云:“可与言而不与之言,失人。不可与言而与之言,失言。知者不失人,亦不失言。”这里提到的可与不可,就是在沟通中需要掌握的尺度。在可与不可之间,中国人形成了一种“不明言”的沟通方式。所谓“不明言”就是在沟通中不把自己的意图明确说出来,但又能实现自己的愿望。不明言可以有回旋余地,还可以引出对方的意图。

第三,三思而行的圆通境界。中国人在与他人沟通的过程中,讲究“三思而后行”。即做一件事前将所有的后果全都考虑到,并为自己留下退路。《六韬·六韬·大礼》:“勿妄而许,勿逆而拒。许之则失守,拒之则闭塞。高山仰止,不可及也;深渊度之,不可测也。神明之德,正静其极。”讲究的就是“事急从缓,事缓则圆”的圆通之法。

本章提要

1.激励就是组织通过设计适当的外部奖惩形式和工作环境,激发、引导、保持和强化组织成员的行为,以有效地实现组织及其成员个人目标的系统活动。激励过程的基本组成因素是需要、动机、行为、绩效。需要是激励的起点和基础,未满足的需要在个人内心引起不平衡的状态，产生了动机。有什么样的动机，就会产生什么样的行为。行为是在激励状态下，人们为动机驱使所采取的实现目标的一系列动作。如果行为产生的绩效实现了组织目标，满足了个人需要，该动机会减弱，于是在新的刺激下，又会产生新的需要；如果行为产生的绩效没有实现目标，此时员工就会受到挫折，可能采取积极行为实现目标，也可能采取消极行为，放弃原有目标。

2.内容型激励理论主要强调被激励对象的需要，包括马斯洛的需要层次理论、赫茨伯格的双因素理论、阿尔德弗的ERG理论和麦克利兰的成就需要理论。

3.过程型激励理论关注从组织目标与个人目标一致性的角度，来研究激励实现的过程和机制，主要包括期望理论、公平理论和目标设定理论。期望理论认为激励力量的大小，取决于员工对行动结果的价值评价（效价）和预期达成该结果可能性的估计（期望值）。公平理论认为奖励员工，必须是公平和平等的。目标设定理论认为目标本身就具有激励作用，通过为员工设置合理的目标，可以激发期望的行为。

4.行为矫正型激励理论研究的是如何保持激励，代表理论有强化理论、归因理论和挫折理论。强化的类型分为正强化、负强化、忽略和惩罚。强化的时机可以分为连续强化、固定间隔、固定频率、变动间隔和变动频率。

5.沟通是指为达到一定的目的，将信息、意义和情感在个人或群体间进行传递、理解与交流的过程。沟通具有信息传递、情感交流、控制和激励四项功能。

6.完整的沟通过程包括七个要素：发送者、接收者、信息、渠道、噪声、反馈和环境。简单来说，就是信息的发送者将信息进行编码后，通过沟通渠道传递给接收者，接收者将收到的信息进行解码，然后再反馈给发送者，在此过程中还受到环境和噪声的影响。

7.按照沟通的渠道进行划分，可以将沟通分为正式沟通和非正式沟通。正式沟通按照信息的流向又可以分为下行沟通、上行沟通和平行沟通。不同的组织结构形成了多种多样的正式沟通网络模式，在实际企业中常常表现为一种模式为主、多种模式结合。组织中还存在着大量的非正式沟通。非正式沟通形式不拘，比较灵活随便，且有着正式沟通难以达到的效果，管理者可以加以合理利用和引导。

8.根据沟通符号的种类，可以将沟通划分为口头语言沟通、书面语言沟通、电子媒介沟通和非语言沟通。这四种方式各有利弊，管理者可以根据特定情境灵活选用。

9.管理沟通过程首先要认识影响有效沟通的障碍，主要包括技术性、心理性、管理性三大类。然后采取适当的沟通技巧去除这些障碍，从而提高沟通的效率。

10.管理者在设计激励制度时，要综合考虑该制度是否有可能会导致一些不道德或不合理的行为，特别注重鼓励道德行为、鼓励创新行为，引导组织良性发展。

11.随着经济全球化的脚步加快，跨国贸易活动越来越频繁，组织成员需要接受有效的跨文化培训，认识文化差异，尊重多方文化，树立文化自信，保持民族个性。

12.人工智能、大数据为企业沟通变革带来新的挑战与机遇。组织沟通模式从以“人”为核心的沟通演变为以“连接”为核心的沟通，使得人与人、人与机器、机器与机器间可以实现全方位的实时沟通，减少沟通障碍，适应快节奏的商业运作。与此同时，需警惕信息过载、信息安全、信息过度依赖等问题。

13.在中国本土化的激励与沟通中，要充分注意并发挥人际关系的作用，做好以下四点：绘制共同愿景；提升团队亲密度；提倡诚信为本，以情动人；掌握圆融而通的沟通技巧。

思考案例

海底捞员工管理的秘密

海底捞的商业模式并不独特，就是一锅一锅卖，一店一店开。但是，就是这样一家企业，先后在四川、陕西、河南等省荣获“先进企业”“消费者满意单位”“名优火锅”等十几项称号和荣誉，创新的特色服务赢得了“五星级”火锅店的美名，并连续多次被评为“最受欢迎10佳火锅店”“最受欢迎20佳餐馆”，获得“中国餐饮百强企业”荣誉称号。如今，海底捞更是成为高校商学院，以及不同行业纷纷研究的典范企业。

一、善待员工

海底捞董事长张勇说：“人心都是肉长的，你对人家好，人家也就对你好；只要想办法让员工把公司当成家，员工就会把心放在顾客上。”张勇道出了海底捞的秘诀：善待员工，把员工当成家里人。海底捞也正是这样做的。

善待员工首先要信任员工，而信任的标志就是授权。张勇在公司的签字权是100万元以上；100万元以下是由副总、财务总监和大区经理负责；大宗采购部长、工程部长和小区经理有30万元签字权；店长有3万元签字权。这种放心大胆的授权在民营企业实属少见。张勇对一线员工的信任更让同行匪夷所思。一线普通员工有给客人先斩后奏的打折和免单权。不论什么原因，只要员工认为有必要，就可以给客人免一个菜或加一个菜，甚至免一餐。这等于海底捞的服务员都是经理——这种权利在其他所有餐馆都是经理才有的。

在大多数餐饮业的打工者居住在简陋的地下室时，海底捞不仅为员工提供公寓，还配套24小时热水与空调。公寓内电话、电视和网络一应俱全，有专人打扫卫生，换洗床单。员工生病了，公司会送上药品和病号饭，下夜班的员工还能享受到夜宵服务。对那些夫妻员工，公司还考虑给单独房间。除了关怀员工外，海底捞还会给每个店长的父母发工资，他们的子女在海底捞做得越好，他们父母拿的工资就会越多。海底捞在简阳建了一所私立寄宿制学校，海底捞员工的孩子可以免费在那里上学，只需交书本费。也许海底捞的员工并不比其他餐厅的服务员赚得多，但是他们所得到的关怀和享受到的福利超过了一个打工者的待遇。这大大提高了他们的工作积极性。

二、海底捞的平等主义

作为北方区的总负责人，袁华强每个月都有一项特殊的任务：去员工的宿舍生活3天。目的在于体验员工的衣、食、住、行是否舒适，以便及时地改善。员工对待他，从来不叫“袁总”，而是亲切地唤他“袁哥”。在海底捞分店，他与来自家乡的小服务生随意地开着玩笑，互相拍着肩膀。“在海底捞，店长也可以跟普通员工一起，去给客人端锅打扫。”

在袁华强看来，很大程度上，这得益于张勇充满理想主义的“人生而平等”的价值观念。现在海底捞的核心高管，除了财务和工程师是外聘外，其他都是在海底捞从基层开始，一步步走到现在的普通人。袁华强说，“太多人往高处走的时候，都忘记自己原本的样子了，其实尊重员工不过是人本能”。

三、鼓励创新，给员工成长的平台

关于海底捞被人广为称道的细节服务——提供发圈、眼镜布等，最初只是一个自发的想法。袁华强说：“员工提出新建议，大家讨论后觉得可行就会去实施。”包舟袋就是这个想法的代表，这是一个防止顾客手机被溅湿的塑封袋子。由于是一名叫包舟的员工提出这个创意的，即用该员工的名字命名。“这种命名的方式既能实现他的价值，也是对他的尊重，很多员工有很多不错的创意，要给他们提供机会。”当包舟袋在其他店也开始使用时，这些店会给这位员工交纳一定的费用。

当然，不是每一个创意都可以得到应用和推广，但海底捞鼓励员工自由提出想法，允许员工犯错误。为了鼓励员工创新，现在海底捞已经形成了一个代表着创新意识的红黄蓝榜机制。如果一个店这个月是蓝榜，那代表无创新，黄榜则代表有本店可以应用的，红榜则代表全国可以推广。

海底捞这种开放的平台还体现在培养员工的兴趣爱好上。一名员工在和外国顾客交流时，说起了流利的英语，随后公司为此举行了一次英语竞赛，并为优胜者请来外语老师。“让员工能够发挥自己的特长，从而在工作中获得乐趣，使工作变得更有价值。”

四、良好的晋升通道

在海底捞，只有两个岗位有学历的特殊要求：技术总监与办公室主任合并由一个人担任，财务总监与物流董事长合并由一个人担任。这两个岗位从外部招聘，要求有学历和专业的管理水平。而其他所有的员工、干部，都是从最基层服务培养起来的，但是都具备同样的素质，就是勤奋、诚实和善良。

在海底捞，公司会给员工明确的晋升方向：从管理线、技术线、后勤线三个通道让不同岗位的员工都有机会晋升；所有的高管，包括店长，必须从最基层的员工开始做起，一步一步升级上来。按照张勇的说法，管理者要是没有做过服务员，再换位思考也是“近台看戏”——看戏的，哪怕是票友，也不能完全体会真正靠唱戏为生的压力与追求。

这种晋升制度，让所有的员工都感受到公平——哪怕你今天是一个切菜的厨房小工，也有机会升级——这样让有能力和追求的员工都能够在这里找到发展的方向，几乎没有晋升的天花板。即使你当了店长，还有更大的区域和连锁店给你提供施展的空间，只要你想，海底捞早就给你设计好职业生涯的舞台。

五、激发员工工作热情的考核制度

海底捞超越了一般企业最重要的一点是，它更大程度地发挥了员工的热情，并把这个热情传递下去。对于餐饮连锁企业来说，店长起着极为重要的作用。在张勇的办公室墙上，贴着对店长以上干部的考核表，目的就是检测干部和员工的热情度。考核分为多个项目，除了业务方面的内容之外，还有创新、员工激情、顾客满意度、后备干部的培养。每项内容都必须达到规定的标准，唯独缺少的就是业绩指标。“我们优秀店长的产生不跟他所管理店的命运成正比，评选优秀店长不看他赚了多少钱，看的是员工激情，看的是顾客满意度，看的是后备干部的培养。他哪怕赚很多的钱，他的利润始终是公司最高，也很可能由于在这几个问题上出了漏洞而被撤掉。”张勇解释说。

这几项不易评价的考核内容，海底捞都有自己衡量的标准。例如“员工激情”，总部不定期地会对各个分店进行检查，看员工的注意力是不是放在顾客的身上，看员工的工作热情和服务的效率。如果有员工没有达到要求，就要追究店长的责任。直到现在，海底捞单店仍然没有财务报表，“过度强调数字会伤害员工工作的积极性和顾客满意度”。换个角度来看，这笔看似糊涂实则聪明的生意账恰恰是张勇的高明之处，他并非看重财务指标，而是他把完成财务指标要具备的条件都琢磨清楚了，只要关注这几个条件是否完成，也就意味着关注了财务指标的完成。

资料来源：https://wenku.baidu.com/view/5bc838cbb34e852458fb770bf78a6529647d3568.html.

阅读后请思考：

1.结合双因素理论，谈谈海底捞是如何对员工进行激励的。

2.结合期望理论，谈谈海底捞是如何对员工进行激励的。

3.结合其他网络资料，你能否针对海底捞的激励政策提出一些改善建议？

思考习题

1.什么是激励？激励的过程是怎样的？

2.需要层次理论、双因素理论、ERG理论三者之间的联系和区别是什么？

3.根据目标设定理论，要确定合理的目标应从哪几方面考虑？这和简单地告诉员工"好好干"有什么不同？

4.公平理论给管理实践带来哪些启示？在实际工作中，如何才能做到公平？

5.简述强化理论中的主要强化方式，谈谈对实际工作的启发。

6.运用期望理论在进行激励时要处理好哪些关系？

7.联系实际谈谈管理者如何运用激励理论对员工进行激励。

8.什么是有效沟通？沟通过程中可能存在哪些障碍？

9.电子媒介如何影响沟通过程？与传统沟通媒介相比有何利弊？

10.简述正式沟通的五种网络模式。

11.组织内的小道消息传播是否应该禁止？为什么？

12.联系实际遇到的沟通问题，试运用本章的沟通技巧进行解决。

技能实训

1.在班级展开一次调查，了解激励自己努力学习的因素有哪些。首先将学生进行分组，要求学生描述出促使自己努力学习并保持良好状态的因素以及导致自己无心学习的因素，并在纸上写下答案，鼓励同学之间互相交流分享经验。最后根据赫茨伯格的双因素理论进行归纳分类，并指出这些分析的不足之处。

2.访问百度、腾讯、阿里等IT企业的网站，查看这些公司给员工提供的福利，对比并讨论IT企业常采用的激励方法有哪些，并用内容型激励理论分析这些激励方法的实践效果。

3.以你曾经参加过的一堂课为例，说明教师在课堂上是如何应用正强化、负强化、忽略和惩罚来管理学生行为的。

4.假如学院要举办一项活动，你作为负责人需要选择某个企业进行活动的赞助洽谈。拟定一个与该企业负责人洽谈的活动方案并进行场景模拟，使用该方案来进行有效沟通，促成双方合作。

5.撕纸游戏，目的在于了解沟通过程的复杂性。

第一阶段：给每位同学发一张纸，由教师发布以下指令：

(1)大家闭上眼睛，全程都不能发声；

(2)将纸对折，再对折，在右上角撕去一个角，然后转动180度，再将手中所拿纸的左上角撕去；

(3)睁开眼睛，把纸打开，进行对比。

第二阶段：再给每位同学一张纸，重复上面的动作，只不过这次可以提问。

问题讨论：

(1)第一阶段为什么会出现这么多不同的结果？

(2)第二阶段为什么还是会有误差？

参考文献

[1]孙科柳，李艳.微管理：激励的学问[M].北京：电子工业出版社，2013.

[2]杨东.员工激励[M].北京：中国轻工业出版社，2010.

[3]冯国珍.管理学[M].2 版.上海：复旦大学出版社，2011.

[4]韩瑞.管理学原理[M].北京：中国市场出版社，2013.

[5]李杰，张秋来，盛丽，等.管理学原理[M].北京：清华大学出版社，2011.

[6]孔繁玲.管理学原理与案例分析 [M].广州：华南理工大学出版社，2008.

[7]范逢春.管理学[M].北京：清华大学出版社，2013.

[8]熊勇清.管理学：原理、方法与案例[M].北京：北京交通大学出版社，2010.

[9]陈晔.管理学[M].2 版.北京：科学出版社，2012.

[10]张满林.管理学：理论与技能[M].北京：中国经济出版社，2010.

[11]孙元欣.管理学：原理・方法・案例[M].2 版.北京：科学出版社，2011.

[12]史蒂芬・P.罗宾斯.管理学原理与实践[M].8 版.北京：机械工业出版社，2013.

[13]杜慕群.管理沟通案例[M].北京：清华大学出版社，2013.

[14]程国平，罗玲. 管理学原理[M].4 版.湖北：武汉理工大学出版社，2019.

[15]理查德・达夫特. 管理学[M].11 版.王蔷译北京：中国人民大学出版社，2018.

[16]余孝炉，赵洪波.管理学新编[M].北京：机械工业出版社，2020.

[17]斯蒂芬・P.罗宾斯，玛丽.库尔特.管理学[M].13 版.刘刚，等译.北京：中国人民大学出版社，2017.

[18]闫学军.中国式沟通智慧在思想政治理论课教学中的有效运用[J].教育现代化，2019(11)：236-237.

可扫码获取本章课件资源：

第9章 控 制

本章学习重点：

理解控制的概念，控制与计划的关系，有效控制的原则；掌握控制的内容，控制的过程；理解控制的类型；掌握控制的方法和工具：财务控制、产品质量控制、生产进度控制、管理控制的信息技术；认识管理大数据的作用，了解中国式管理的“势、道、术、器、利”五个维度。

核心知识点：

1.控制(controlling)
2.前馈控制(feedforward control)
3.现场控制(concurrent control)
4.反馈控制(feedback control)
5.控制过程(control process)
6.财务控制(financial control)
7.产品质量控制(product quality control)
8.生产进度控制(production schedule control)
9.柔性作业系统(flexible manufacturing system)

开篇案例

华为的质量管理体系

2000年之前，华为处于发展初级阶段，明确提出了“以客户为中心”的唯一价值观。但质量如何帮助实现这个价值观，还没有受到公司足够的重视。

从2000年开始，华为走上了发展的快速通道，有了完整的产品体系，而且开始了全球化的历程。但是在高速增长过程中，质量问题突显，客户的抱怨声越来越大。以客户为中心的华为员工不吝惜时间与成本，一趟一趟飞到客户身边，把坏的产品换回来，通过售后服务去弥补质量带来的问题。

从客户那里换回来的坏设备的单板，以及一趟一趟来回飞的机票，被华为公司总裁任正非装裱在相框里，成为当年质量大会的“奖品”。而这个“奖品”则成为很长一段时间大家办公桌上最重要的一个摆设，时时刺激着每一位当事人。

2000年的质量大会成为华为公司将质量定为核心战略的一个起点。华为质量体系的建设，历经了一个近二十年的漫长、曲折的过程。

1.跟着客户成长起来的质量体系

2000年的华为，将目标锁定在IBM，要向IBM这家当时全球最大的IT企业学习管理。当年，引入IBM公司帮助华为构建集成产品开发IPD流程(integrated product development，即集成产品开发，是一套产品开发的模式、理念与方法)和集成供应链ISC体系(Internet service customer，即网络服务客户，是一种最新的电子商务营销方法)。

那时，印度软件开始快速崛起，任正非认为软件的质量控制必须向印度学习。所以，华为建立了印度研究所，将CMM软件能力成熟度模型引入华为。

IPD+CMM是华为质量管理体系建设的第一个阶段。IPD和CMM是全球通用的语言体系，这期间也是华为国际化业务大幅增长的时期，全球通用的语言使得客户可以理解华为的质量体系，并可以接受华为的产品与服务。

第一阶段帮助华为实现了基于流程来抓质量的过程。在生产过程中，人的不同会导致产品有很大的差异，而这套体系通过严格的业务流程来保证产品的一致性。

随着华为的业务在欧洲大面积开展，新的问题出现了：欧洲国家多，运营商多，标准也多。华为在为不同的运营商服务时，需要仔细了解每一家的标准，再将标准信息返回国内的设计、开发、生产制造环节。欧洲的客户认定供应商质量好不好，有一套详细的量化指标，比如接入的速度是多少，稳定运行时间是多少，等等。

在几年前，业界有新手机发布的时候，在不同的国家要有不同的发布时间，原因在于每个国家用户的需求不同，政府监管要求不同，行业质量标准也不同。手机厂商就必须要针对不同国家做适配后再发布。经过多年的摸索，华为现在已经可以全球统一发布新款手机，而这完全基于这些年对于标准的摸索。

这是华为质量体系建设的第二个阶段，在这个磨炼的过程中，华为渐渐意识到标准对于质量管理的作用。随着欧洲业务成长起来的，是华为自己的一套“集大成的质量标准”。在这个阶段，在流程基础上，强化了标准对于质量的要求，通过量化指标让产品得到客户的认可。

接下来，华为的开拓重点到了日本、韩国等市场，来自这些市场客户的苛刻要求让华为对质量有了更深入的理解。在拓展欧美市场时，只要产品有一定的达标率就可以满足客户要求，就被定义为好产品。但是产品达标率到了日本就行不通，在日本客户看来，无论是百分之一、千分之一的缺陷，只要有缺陷就有改进的空间。

工匠精神，零缺陷，极致，这些词时时折磨着华为的员工。在流程和标准之外，质量还有更高的要求，这需要一个大的质量体系，更需要一个企业质量文化的建设。只有将质量变成一种文化，深入公司的每一个毛细血管，所有员工对质量有共同的认识，才可能向“零缺陷”推进。

2007 年 4 月，华为公司 70 多名中高级管理者召开了质量高级研讨会，以克劳士比“质量四项基本原则”（质量的定义、质量系统、工作标准、质量衡量）为蓝本确立了华为的质量原则。会议后，克劳士比的著作《质量免费》（*Quality Is Free*）在华为大卖，主管送下属，会议当礼品，这本冷门书居然在华为公司热得不行。

这是华为质量体系的第三个阶段，从那个时候，开始引入克劳士比的零缺陷理论，做全员质量管理，构建质量文化，每一个人在工作的时候，都要做到没有瑕疵。

客户的需求在变，没有一套质量体系是可以一成不变的。完成了流程、标准、文化的纬度建设，华为又遇到了新问题：如何让客户更满意。此时，卡诺的质量观成为华为学习的新方向。

日本的卡诺博士（Noriaki Kano）定义了三个层次的用户需求：基本型需求、期望型需求和兴奋型需求，他是第一个将满意与不满意标准引入质量管理领域的质量管理大师。

基本型需求是顾客认为产品“必须有”的属性或功能，比如手机的通话功能。当其特性不充足时，顾客很不满意；当其特性充足时，客户无所谓满意不满意。期望型需求要求提供的产品或服务比较优秀，但并不是“必需”的产品属性或服务行为，有些期望型需求连顾客都不太清楚，但是他们希望得到的。兴奋型需求要求提供给顾客一些完全出乎意料的产品属性或服务行为，使顾客产生惊喜。当其特性不充足时，并且是无关紧要的特性，顾客无所谓；当产品提供了这类需求中的服务时，顾客就会对产品非常满意，从而提高顾客的忠诚度。

围绕客户满意度，华为的质量建设进入第四个阶段——以客户为中心的闭环质量管理体系。这就要求基础质量零缺陷之外，要更加重视用户的体验。也正因为这个以客户为中心的闭环质量管理体系，华为获得了“中国质量奖”。

2.零缺陷跟随客户导向不断完善

从流程管理，到标准量化，而后是质量文化和零缺陷管理，再到后来的以客户体验为导向的闭环，华为质量管理体系是跟随客户的发展而逐渐完善的，在这一过程中还特别借鉴了日本、德国的质量文化，与华为的实际相结合，建设尊重规则流程、一次把事情做对、持续改进的质量文化。

华为有着复杂的业务线条，质量体系也相当复杂，由文化与机制两部分相辅相成并且互为支撑，很难用一张完整的架构图来说明华为的质量体系。用华为消费者 BG 手机质量与运营部长Mars的话说:质量不是独立的,是一种结果。要达成产品的质量,需要每一个人的工作质量去保证。如果只是一个独立的组织作为监管方去抓质量,肯定是抓不好的。

在这样的体系内,每一个人对于最终的质量都有贡献。质量与业务不是两张皮,而是融在产品开发、生产以及销售、服务的全过程中。所以,华为的质量管理是融入各个部门的工作流程中去开展的。

在质量管理自身上,也需要创新的思想、工具、方法。华为花巨资建立了一套完整的流程管理体系,涵盖了从消费者洞察、技术洞察、技术规划、产品规划、技术与产品开发、验证测试、制造交付、上市销售、服务维护等各个领域,并且有专门的队伍在做持续优化和改进。

华为在2010年建立了一个特别的组织——客户满意与质量管理委员会(英文简称CSQC)。这个组织作为一个虚拟化的组织存在于公司的各个层级当中。在公司层面,由公司的轮值CEO亲任CSQC的主任,而下面各个层级也都有相应的责任人,从而保证每一层级的组织对质量都有深刻的理解,知道客户的诉求,把客户最关心的东西变成华为改进的动力。

这是一个按照公司管理层级而来的正向体系,在华为还有源于客户逆向管理质量的体系。比如运营商BG,每年都会召开用户大会。在这个大会上,邀请全球100多个重要客户的CXO来到华为,用三天的时间,分不同主题进行研讨,研讨的目的就是请客户提意见,给华为梳理出一个需要改进的TOP工作表单。然后华为基于这个TOP清单,每一条与一个客户结对,并在内部建立一个质量改进团队,针对性解决主要问题。第二年大会召开时,第一件事就是汇报上一年的TOP10改进情况,并让客户投票。

这个逆向管理是基于华为的"大质量观"。华为认为的质量不仅仅是大家普遍认识的耐用、不坏,而是一个大质量体系,包括基础质量和用户体验,不仅要把产品做好,还要持续不断地提升消费者的购买体验、使用体验、售后服务体验,把产品、零售、渠道、服务、端云协同等端到端每一个消费者能体验和感知的要素都做好。

一个源于管理层级的正向体系,一个源于客户的逆向体系,如何实现闭环?各层级的CSQC必须定期审视自己所管辖范围的客户满意度,当然包括产品质量本身,也包括各个环节的体验,并且找到客户最为关切的问题,来制定重点改进的项目,保证客户关切的问题能够快速得到解决。同时,还要针对客户反馈去举一反三,再不断改善质量管理体系,使得这一体系跟随客户的要求不断演进。

在全球,能以"零缺陷"为管理体系的企业并不多,而演进到以客户满意度为基础的大质量观的企业更是少见。克劳士比的"零缺陷"质量文化已经帮助华为在竞争中胜出,接下来能够让华为长远生存下去的是,如何以客户满意度为中心,持续改进的质量体系。

华为的价值观是以客户为中心,所以华为的质量观也与其他企业不同。"我们是从客户的角度看质量,所以满足客户需求的、用户期待的,都应该算作质量,都是我们要持续改进的。"Mars说。

3.零缺陷,第一次就把事情做对

零缺陷观念意味着质量是完完全全地符合要求,而不是浪费时间去算计某个瑕疵的可能危害能否容忍,其核心就是"第一次就把事情做对",并且是在所有环节上都要第一次就把事情做对。

对于公司来讲,就是每一个层级都要把事情做对。华为认为这需要分层分解,全员参与:在公司层面需要有明确的目标牵引,在管理层要有明确的责任,在员工层面要有全体参与的意愿和能力。

在公司的最高层,每年轮值CEO都会设定质量目标,实行目标牵引。轮值CEO设定目标的原则是:如果质量没有做到业界最好,那么就把目标设为业界最好,尽快改进。如果已经达到业界最好,那每年还要以不低于20%的速度去改进。华为2001年就引入盖洛普,每年对客户进行调查,并对质量打分,这个分数成为第二年设定目标的基数。

从管理层来讲,在不同的产品体系里每年都会对管理者做质量排名,排名靠后的主管要问责。这一规划每年都坚定执行,促进后进的主管,让每个主管都尽最大的力量往前跑,让管理层真正起到带头作用。

在员工层面,华为强调全员参与。全员参与有两个层面的问题要解决:一是意愿,二是能力。从意愿上,华为会设定考核目标,将质量作为员工考核的重要项目,同时也会设定很多奖项对质量方面表现突出的员工实施奖励。从能力上,公司引进很多先进的管理方式,员工都要经过必要的培训,为全体员工提供提高质量的方法和工具,以保证每一个人都有能力去参与。

做到零缺陷,除了对内部的每一个环节做到可控,还要对全价值链进行管理。一个企业不能独立地做好质量,以手机为例,有几百个器件、上千种上层物料,需要依赖整个产业链的高质量才能成就最终产品的高质量。有一次华为的手机摄像头出现问题,反复测试后发现是摄像头的胶水质量有问题。摄像头企业是华为的供应商,胶水企业是摄像头企业的供应商,上游的上游出一点点小的问题,都会造成最后产品的问题,这就要求华为要把客户要求与期望准确传递到华为整个价值链,共同构建质量。

在对供应链的管理上,华为有三点做法:第一是选择价值观一致的供应商,并用严格的管理对它们进行监控。第二是优质优价,绝不以价格为竞争唯一条件。对每一个供应商都有评价体系,而且是合作全过程的评价。这个分数将决定其在下一次招标中能否进入。这个评分体系分为A、B、C、D档,当评分在D档的时候,就直接清除出供应商资源池,不会再被采用。第三点是华为自身也要做巨大的投资,在整个产线上建立自动化的质量拦截,一共设定五层防护网,包括元器件规格认证、元器件原材料分析、元器件单件测试、模块组件测试、整机测试。华为在生产线上做了五个堤坝,一层一层进行拦截,即使某些供应商的器件出现漂移,华为也能尽早发现并拦截。

华为的质量管理,就是将"一次把事情做对"和"持续改进"有机结合起来,在"一次把事情做对"的基础上"持续改进",不断反思,不断构建质量管理体系,坚持不放过问题。

资料来源:根据 https://www.sohu.com/a/241815729_505788 等网络资料综合整理。

华为的“零缺陷”质量管理体系先后经历了“跟着客户成长起来的质量体系”“零缺陷，跟随客户导向不断完善”“零缺陷，第一次就把事情做对”的演进历程，最终成就了高质量的产品系列。

产品质量是企业的生命。企业在不断发展的过程中，需要严格开展质量控制，不断提高产品质量以满足客户的需求，这是企业能在市场生存的前提条件。因此，企业领导者需要了解控制的重要性，在企业顶层设计上加强控制，提高企业管理水平。

任何一个组织，无论计划制定得多么完善，组织机构设置得多么合理，领导方式与激励手段采取得多么有效，都不可能保证所有的活动都完全按照计划执行。在计划的实施过程中，组织内外因素的影响，使得计划的实际执行情况与计划所应达到的目标之间必然会存在一定的偏差。那么，如何保证有效地执行计划呢？这就需要控制。

9.1 控制的基础

控制是管理的重要职能之一。从广义看，管理过程也就是一个控制过程，管理的计划、组织、领导等职能都是通过控制系统向既定目标运行。从狭义上说，控制是与其他职能并列，保证系统目标实现的一种专门职能。控制的目的在于保证企业实际的生产经营活动及其成果同预期的目标相一致。因此，控制是管理过程不可分割的一部分，是各级管理人员的一项重要工作。

9.1.1 控制的概念

“控制”一词，最初来源于希腊文“操舵术”“驾船术”，意指领航者通过发号施令将偏离航线的船只拉回正常的轨道上来。后来，“控制”的内涵延伸为按照预定的目标，对某一个过程施加影响的行动。事物的发展往往会偏离预定的目标，出现一些预料之外的现象，这时决策者必须立即做出判断，采取措施使其朝着预定的目标发展。

随着管理实践活动的深入，人们对控制的认识也越来越充分，不少管理者对控制提出了自己的观点。

管理科学的先驱法约尔曾这样描述控制：“在一个企业中，控制就是核实所发生的每一件事是否符合所规定的计划、已发布的指示及所制定的原则，其目的是要指出计划实施过程中所出现的缺点和错误，以便改正和避免再犯。对一切的事、人和工作活动都要控制。”

美国管理学家孔茨在他的名著《管理学》中写道：“控制工作就意味着确定标准、执行标准、衡量执行情况，并采取措施努力纠正偏差的一系列工作。”

因此可以认为，所谓控制就是根据事先规定的标准，监督检查各项活动，并根据偏差或调整行动或调整计划，使两者相吻合的过程。简单而言，控制就是管理者确保实际活动与规划活动相一致的过程。

控制作为管理工作最重要的职能之一，是管理过程不可分割的一部分。管理的计划、组织和领导等其他职能，必须伴随有效的控制职能，才能真正发挥作用，组织的整个管理过程只有依靠控制职能才能得以有效运转，循环往复。同其他管理职能一样，控制职能是组织中各个层次的管理者必须承担的主要职责。

9.1.2 控制与计划的关系

控制与计划的关系相当密切。如果说计划工作是谋求有连续性的、一致性的以及彼此有衔接的计划方案，那么控制工作则是做到务必使一切管理活动都按照计划进行。因此，计划与控制实质上是一个问题的两个方面。

控制与计划的关系具体表现在以下几个方面：

1.计划为控制提供衡量的标准。没有计划，控制就成了无本之木；而控制是计划得以实现的必要保证，离开了适当、必要的控制，计划将流于形式。

2.计划和控制的效果分别依赖于对方。计划越明确、详细和全面，控制工作就越容易进行，效果也就越好；而控制越准确、合理和有效，就越能保证计划的实现，并能提供更多的反馈信息，从而提高计划的质量。

3.许多有效的控制方法首先就是计划方法，如预算、目标管理、网络分析技术等。

4.计划工作本身必须要有一定的控制，这样才能保证计划工作的质量；控制工作本身也需要有一定的计划，离开了计划，控制工作将寸步难行，更谈不上达到控制的真正效果。

9.1.3 控制的必要性

无论计划制定得如何周密，由于各种各样的原因，人们在执行计划的活动中总是会或多或少地出现与计划不一致的现象。管理控制的必要性主要是由下述原因决定的。

1.环境的变化

如果企业面对的是一个完全静态的环境，其中各个影响企业活动的因素永不发生变化，例如，市场供求、产业结构、技术水平等，那么企业管理人员便可以年复一年、日复一日地以相同的方式组织企业经营，工人可以以相同的技术和方法进行生产作业，因而，不仅控制工作，甚至管理的计划职能都将成为完全多余的东西。事实上，这样的静态环境是不存在的，企业外部的一切每时每刻都在发生着变化。这些变化必然要求企业对原先制定的计划进行控制，从而对企业经营的内容做相应的调整。

2.管理权力的分散

只要企业经营达到一定规模，企业主管就不可能直接地、面对面地组织和指挥全体员工的活动，时间与精力的限制要求他委托一些助手代理部分管理事务。由于同样的原因，这些助手也会再委托其他人帮助自己工作。这便是企业管理层次形成的原因。为了使助手们有效地完成托付的部分管理事务，高一级的主管必然要授予他们相应的权限。

因此，任何企业的管理权限都制度化或非制度化地分散于各个管理部门和层次。企业分权程度越高，控制就越有必要。控制系统可以反馈被授予了权力的助手的工作绩效等信息，以保证授予他们的权力得到正确的利用，促使组织的业务活动符合要求。如果没有控制，没有为此而建立的相应的控制系统，管理人员就不能检查下级的工作情况，即使出现滥用权力或活动不符合计划要求等情况，管理人员也无法发现，更无法采取及时的纠正行动。

3.工作能力的差异

即使企业制定了全面完善的计划，经营环境在一定时期内也相对稳定，对经营活动的控制也仍然是必要的。这是由不同组织成员的认识能力和工作能力的差异所造成的。完善计划的实现依赖于每个部门严格按计划要求进行工作。然而,由于组织成员在不同的时空进行工作,他们的认识能力不同,对计划要求的理解可能存在差异;即使每个员工都能完全正确地理解计划的要求,但由于工作能力的差异,他们的实际工作结果也可能在质和量上与计划要求不符。某个环节可能产生偏离计划的现象,会对整个企业活动造成冲击。因此,加强对这些成员的工作控制是非常必要的。

9.1.4 有效控制的原则

1.全局性原则

现代管理中的控制应该是系统的控制,必须具有全局性的观念。全局性是系统管理最重要的特点,先从整体出发来提出目标;在确定整体目标的前提下,再从整体出发考虑与其各下层组织的关系,最终要体现在实现整体目标上。一个组织是由许多部分组成的。组织的目标或特定功能也由许多子目标或指标综合形成,整体目标与各部门的子目标是相互联系、相互制约的,部分服从整体,要把各个局部的控制与整体的控制有机地协调控制,才能确保目标的实现。

2.经济性原则

组织的一切经济活动都应以较少的费用支出来取得较多的收益,即经济性,控制工作也不例外。一项控制活动,只有当它带来的收益超过其所需的费用时,才是值得的。控制工作的经济性,可通过费用收益分析方法来确定。要实现控制的经济性,首先应根据组织规模的大小、所要控制的问题的重要程度,以及控制费用和所能带来的收益等几方面来设计详略程度不同的控制系统。其次,所选用的控制技术和控制方法,应该是能够以最少的费用就可以检查和阐明工作偏差及其发生原因。

3.关键性原则

任何组织都不可能做到对每一个部门、每一个环节的每一个人在每一个时刻的工作情况进行全面控制。全面控制的代价极高,这是与控制的经济性要求相抵触的。有效控制要求组织在建立控制系统时,从影响组织经营成果的众多因素中选择若干关键环节作为重点控制对象,并据此在相关环节上建立预警系统或控制点。坚持控制的关键性原则,可以适当扩大管理幅度,从而达到既降低成本,又改善信息沟通的效果,使控制工作更加卓有成效。

4.客观性原则

客观性就是坚持实事求是的原则。在控制工作中,坚持一切从实际出发来认识问题,而不能只凭个人的主观经验或直觉判断来采取行动。客观的控制源于对组织的实际状况及其变化的客观了解和评价,因此,控制过程中所采用的技术方法和手段必须能正确地反映组织运行在时空上的变化程度与分布状况,准确地判断和评价组织各部门、各环节的工作与计划要求的相符或背离的程度。失去客观性,控制工作不但达不到目的,甚至会走向反面,导致不良后果。

5.及时性原则

控制过程是一个动态过程,要根据组织内部因素和外部环境的变化来进行,迅速地发现偏差和纠正偏差,以避免偏差的进一步扩大,或防止偏差对组织产生的不利影响的扩散。信息是控制的基础，要做到控制的及时性，信息的收集和传递就必须及时，如果信息处理的时间过长，那么导致时间滞后就可能使纠偏失去实际意义。要克服时滞所带来的问题，最好的办法就是采用前馈控制的方法，采取预防性的措施，以减少或杜绝偏差的发生。

6.灵活性原则

控制的灵活性是指控制系统本身能适应主客观条件的变化，持续地发挥其作用。在某种特殊情况下，一个复杂的管理计划可能失常，控制就应当报告这种失常的情况。它还应当含有足够灵活的要素，以便在出现任何失常情况下都能保证对运行过程的管理控制。可见，控制工作本身也应该是变化的，其依据的标准、衡量工作所用的方法等也要随情况的变化而变化。此外，组织的计划要根据组织内部因素和外部环境的变化来调整。如果在制定计划时就考虑到多种计划方案，给予计划一定灵活性，相应的控制系统设计也有些灵活性，当组织活动出现未曾料到的情况变化时，就更有利于灵活控制。

7.适度性原则

控制的目的是保证组织目标的顺利实现，但过度的控制会给被控制者带来某种不愉快。适度的控制应能同时体现两个方面的要求：一方面，要认识到过多的控制会对人造成伤害。对组织成员行为过多限制，会扼杀他们的积极性、主动性和创造性，从而影响他们的工作热情和个人能力的发展，最终会影响组织的效率。另一方面也要认识到，过少的控制将不能使组织活动有序地进行，不能保证组织中各部门活动进度和比例的协调，将造成资源的浪费。此外，过少的控制还可能会助长个人主义，使一些人无视组织的要求，不讲贡献，甚至利用个人的某种有利地位为自己谋求不正当利益，轻则妨碍组织的发展，重则会使组织涣散或崩溃。

控制是否适度，通常受到许多因素的影响。其判断标准要随活动的性质、管理层次以及下属的受培训程度等因素而定。一般来说，科研机构中的控制程度应少于生产企业；企业中对科室人员的控制要少于生产现场；对受过严格训练、能力较强的管理人员的控制要低于那些缺乏必要训练的新任管理者或单纯的执行者。

8.人本原则

管理人员要充分考虑到组织成员对纠偏措施的不同态度，协调好组织成员之间的关系，争取更多人的理解和支持，以保证纠偏措施能更顺利地进行。如果一项控制活动不为人们所理解，也就无法取得人们的信任，更不用说让他们不折不扣地去执行，这样控制就会归于失败。要特别注意控制系统对人的心理影响，注意人这个控制的中心因素。这包括控制者的理解和掌握，以及纠偏工作实际执行者的理解和支持。只有全体组织成员都理解了，大家才能互相配合、同心协力地去完成控制的目标和标准。特别是管理者在化解因控制工作所带来的矛盾时，时时处处都要树立服务的立场，“己所不欲，勿施于人”。如果能够在广泛吸收组织成员参与的情况下，建立一套合理、准确、高效而又灵活的控制系统，再尽可能充分地披露有关信息，让更多的人加入监督，就会有助于逐步消除甚至避免人们的反控制。当然，最好的办法还是让人们实现自我控制。

管理故事 9-1

蚂蚁的故事

英国科学家把一盘点燃的蚊香放进一个蚁巢。刚开始，巢中的蚂蚁惊恐万状，约20秒钟后，许多蚂蚁见难而上，纷纷向火冲去，并喷射出蚁酸。可一只蚂蚁喷射的蚁酸量毕竟有限。因此，一些“勇士”葬身火海。但他们前仆后继，不到一分钟，终于将火扑灭。存活者立即将“战友”的尸体移送到附近的一块“墓地”，盖上一层薄土，以示安葬。

一个月后，这位动物学家又把一支点燃的蜡烛放到原来的那个蚁巢进行观察。尽管这次“火灾”更大，但蚂蚁这次有了经验，调兵遣将迅速，协同作战有条不紊。不到一分钟，烛火即被扑灭，而蚂蚁无一遇难。科学家认为蚂蚁创造了灭火的奇迹。蚂蚁面临灭顶之灾的非凡表现，尤其令人震惊。

在野火烧起的时候，为了逃生，众多蚂蚁迅速聚拢，抱成一团，然后像滚雪球一样飞速滚动，逃离火海。那噼里啪啦的烧焦声，是最外层的蚂蚁用自己的躯体开拓求生之路时的呐喊，是奋不顾身、无怨无悔的呐喊。

在洪水暴虐的时候，聚在堤坝上的人们凝望着凶猛的波涛。突然有人惊呼：“看，那是什么？”一个好像人头的黑点顺着波浪漂过来，大家正准备再靠近些时营救。“那是蚁球。”一位老者说，“蚂蚁这东西，很有灵性。有一年发大水，我也见过一个蚁球，有篮球那么大。”洪水到来时，蚂蚁迅速抱成团，随波漂流。蚁球外层的蚂蚁，有些会被波浪打入水中。

但只要蚁球能上岸，或能碰到一个大的漂流物，它们就得救了。不长时间，蚁球靠岸了，蚁群像靠岸登陆艇上的战士，一层一层地打开，迅速而井然地一排排冲上堤岸。岸边的水中留下了一团不小的蚁球，那是蚁球里层的英勇牺牲者。它们再也爬不上岸了，但它们的尸体仍然紧紧地抱在一起，那么平静，那么悲壮。

9.2 控制的内容与控制过程

9.2.1 控制的基本内容

控制的内容也就是控制的对象，斯蒂芬·罗宾斯将控制的内容归纳力对人员、财务、作业、信息和组织的总体绩效五个方面的控制。

1.对人员的控制

组织的目标是要由人来实现的，员工应该按照管理者制定的计划去做，为了做到这一点，就必须对人员进行控制。对人员控制最常用的方法是直接巡视，发现问题马上纠正。另一种有效的方法是对员工进行系统化的评估，通过评估对绩效好的予以奖励，使其维持或加强良好表现；对绩效差的就采取相应的措施，纠正其出现的行为偏差。

2.对组织绩效的控制

组织绩效是组织上层管理者的控制对象，组织目标的达成与否都从这里反映出来。无论是组织内部的人员，还是组织外部的人员和组织（如证券分析人员、潜在的投资者、贷款银行、供应商以及政府部门）都十分关注组织的绩效。要有效实施对组织绩效的控制，关键在于科学地评价、衡量组织绩效。各个组织的绩效指标往往不同，取决于各个组织的目标取向，生产率、产量、市场占有率、员工福利、组织的成长性等都可能成为衡量指标。

3.对财务的控制

为保证企业获取利润，维持企业的正常运作，必须要进行财务控制。财务控制包括审核各期的财务报表，保证一定的现金存量，保证债务的负担不致过重，保证各项资产都得到有效的利用等。预算是最常用的财务控制衡量标准，因此也是一种有效的控制工具。

4.对作业的控制

所谓作业，就是指从劳动力、原材料等资源到最终产品和服务的转换过程。组织中的作业质量在很大程度上决定了组织提供的产品或服务的质量。作业控制就是通过对作业过程的控制，来评价并提高作业的效率和效果，从而提高组织提供的产品或服务的质量。组织中常见的作业控制有生产控制、质量控制、原材料采购控制、库存控制等。

5.对信息的控制

随着人类步入信息社会，信息在组织运行中的地位越来越高，不精确的、不完整的、不及时的信息会大大降低组织效率。因此，在现代组织中对信息的控制显得尤为重要。对信息的控制就是要建立一个管理信息系统，使它能及时地为管理者提供充分、可靠的信息。

9.2.2 控制的过程

尽管控制的对象各不相同，但控制工作的过程基本是一致的，大致可分为以下四个阶段：①确定控制标准；②衡量实际工作绩效；③将实际工作绩效与标准进行比较并分析偏差；④采取管理行动纠正偏差。控制工作的过程如图 9-1 所示。

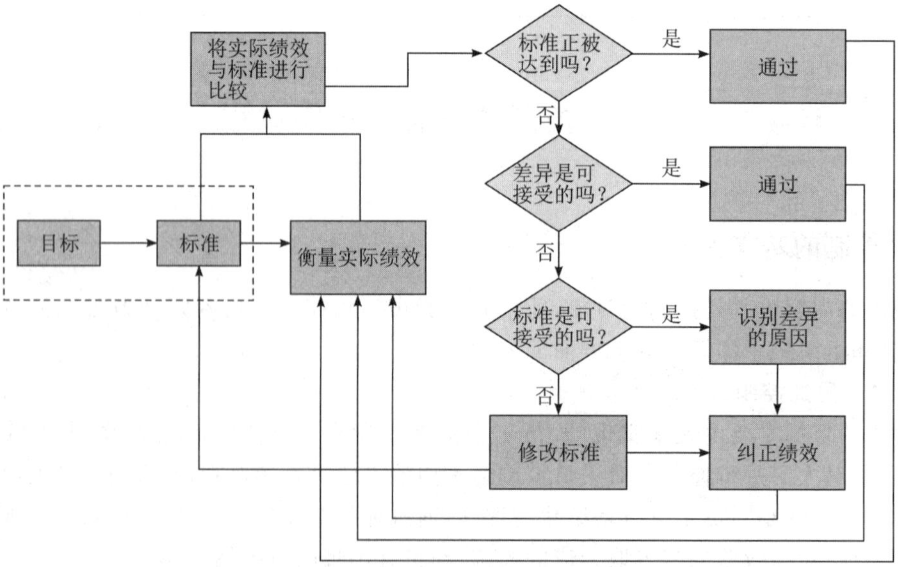

图 9-1　控制工作的过程

1.确定控制标准

(1)控制标准概述

简单地说,标准就是评定工作绩效的尺度。标准是控制的基础,离开了标准就无法对活动进行评价,控制工作也就无从谈起。因此,控制标准是控制能否有效实行的关键,没有切实可行的标准,控制就可能流于形式。

控制标准来源于计划目标,由于计划的详细程度和复杂程度不一样,计划目标不一定适合控制工作的要求,需要将其细化或具体化,并制定相应的控制标准。这是管理者实施控制的第一阶段,也是有效控制的基础。

(2)常见的控制标准与要求

控制的标准多种多样,有定量化标准和定性化标准两大类,相比较而言,定量化标准更能保证控制的准确性。因此,在实际控制工作中,应尽可能地采用定量化标准。常见的控制标准主要有以下四种:

①实物量标准。实物量标准即非货币标准,如耗用的原材料和劳动力、完成的产品产量等。

②价值标准。价值标准即货币标准,用来反映组织的经营状况,包括成本标准、收益标准、资金标准等。

③时间标准。它是指完成一定工作而需耗费的时间限度,如工时定额、交货期、工程周期等。

④质量标准。它是指工作应达到的要求,或产品与劳务所应达到的品质标准,如产品等级、合格率等。

控制标准必须满足一定的要求,才能保证控制工作的有效性。这些要求主要有以下几点:简明,即对标准的说明和表述要明确,通俗易懂,易于理解和接受;适用,即标准要以计划为基础,要有利于组织目标的实现;可行,即标准不能过高,也不能过低,应该是绝大多数员工经过努力都可以达到的;易于操作,即标准要便于比较、衡量、考核过程中的使用。

(3)制定控制标准的方法

实际工作中,常用的制定标准的方法有以下三种:

①统计方法

它是指利用历史资料,在统计分析的基础上,制定当前工作的控制标准。这些历史数据可以是本单位的,也可以是外单位的。据此建立的标准,可能是历史数据的平均数,也可能是高于或低于中位数的某个数,比如上四分位值或下四分位值。

利用本企业的历史性统计资料为某项工作确定标准,具有简便易行、成本低廉的好处。但是,据此制定的工作标准可能低于同行业的卓越水平,甚至是平均水平。这种情况下,即使企业的各项工作都达到了标准的要求,但也可能造成劳动生产率的相对低下,制造成本的相对高昂,从而造成经营成果和竞争能力劣于竞争对手。为了克服这种局限性,在根据历史性统计数据制定未来工作标准时,充分考虑到行业的平均水平,并研究竞争企业的经验是非常必要的。

②工程方法

严格地说,工程方法也是运用统计方法来制定控制标准,不过它不是对历史性统计资料的分析,而是通过对工作情况进行客观的定量分析来进行的。比如,工人操作标准是劳动研究人员在对构成作业的各项动作和要素的客观描述与分析的基础上，经过消除、改进和合并而确定的标准作业方法；劳动时间定额是受过训练的普通工人以正常速度按照标准操作方法加工某个产品或零部件所需的平均必要时间。

工程方法是通过对控制对象进行全面、科学的分析，以分析所得到的数据和参数为基础来制定控制标准。这种方法制定的控制标准准确性高，但成本高，耗时长。用工程方法制定的常见标准有劳动定额、生产线节拍、维修间隔等。

③经验估算法

它是指由经验丰富的管理者来制定标准。实际上，并不是所有工作的质量和成果都能用统计数据来表示，也不是所有的企业活动都保存着历史统计数据。对于新从事的工作，或对于统计资料缺乏的工作，可以根据管理人员的经验、判断和评估来为之建立标准。这种方法是以上两种方法的补充。其优点是运用面广，简单易行，但不足之处在于以经验为依据，科学性不强。利用这种方法来建立工作标准时，要注意利用各方面的管理人员的知识和经验，综合大家的判断，给出一个相对先进合理的标准。

2.衡量实际工作绩效

衡量实际工作绩效是控制工作的第二个阶段，也是控制过程中工作量最大的阶段。该阶段的主要内容就是通过采集实际工作的数据与信息，了解和掌握工作的实际情况。衡量实际工作绩效的两个核心问题是衡量什么和如何衡量。

事实上，“衡量什么”在衡量工作之前就已经得到了解决。在确定控制标准的过程中，依据计划目标制定出的各种控制标准就是所要衡量的内容。所以，这里主要介绍如何衡量。

(1)选择切实可行的衡量手段

在衡量实际工作绩效时，管理者通常会选择使用三种衡量手段，分别是口头汇报、书面报告和直接观察。通过这些手段获得的信息分别有其长处和短处。在实际使用的时候综合应用可以大大增加信息的来源，并提高信息的可信程度。

①口头汇报

口头汇报分为正式汇报和非正式汇报两种。正式汇报往往用于某些公众场合，如会议；非正式汇报往往是一对一的情况通报和信息沟通，如电话交谈、个别交谈等。口头汇报这种方法的优点是方便快捷，能够得到立即反馈；其缺点是不便于存档查找和重复使用，而且汇报的内容容易受到汇报人的主观影响。

②书面汇报

书面汇报往往在计划结束或告一段落后进行，是将实际工作中采集到的数据以一定的方法进行加工处理后得到的文字资料，如会计报表、经济报表等。书面汇报的优点是节省时间，效率较高，而且易于保存；其缺点是资料的应用价值受到原始数据真实性和全面性的影响。

③直接观察

直接观察就是由负责控制的人员亲临工作现场，通过观察、与工作人员现场交谈来了解工作的实际情况。这种方法给管理者提供了关于实际工作情况的第一手资料，从而避免了可能出现的遗漏、忽略和信息的失真。特别是对基层工作人员的工作情况进行控制时，直接观察是一种非常有效的方法。但这种方法也存在许多局限性，如费时费力，不能全面了解各方面的工作情况等。

衡量实际工作绩效实际上是一个信息的收集过程。任何信息收集过程都要注意所获取信息的质量问题。因此，在利用上述方法进行衡量工作时，要特别注意所获取信息的准确性、及时性、可靠性和实用性。随着信息技术的发展，越来越多的企业建立起管理信息系统(MIS)，这就使信息的获取变得非常方便、快捷，从而大大减少了衡量实际工作绩效的工作量，为有效控制的实施创造了良好的条件。

(2)确定适宜的衡量频度

有效的控制要求确定适宜的衡量频度，这就意味着，衡量频度不仅体现在控制对象的数量即控制目标的数量，而且体现在对同一标准的测量次数或频度上。对控制对象或要素的衡量频度过高的话，不仅会增加组织费用，而且还会引起有关人员的不满，影响他们的工作态度，从而对组织目标的实现产生负面影响；但若衡量和检查的次数过少，则有可能造成许多重大的偏差不能被及时发现，不能及时采取措施，从而影响组织目标和计划的完成。

适宜的衡量频度取决于被控制活动的性质、控制活动的要求。例如，对产品质量的控制常常需要以件或小时、日等较小的时间单位来进行，而对新产品开发的控制则可能需要以月为单位。

(3)选择适宜的衡量主体

对工作成效进行衡量的人是工作者本人，还是同一层级的其他人员，又或者是上级主管或职能部门的人员？衡量的主体不同，则控制的类型和效果就有差别。例如，目标管理因执行者同时又是成果的衡量者和控制者，而被归入自我控制方法。

(4)建立有效的信息反馈系统

衡量实际工作情况的目的是为管理者提供有用的信息，为后续纠正偏差提供依据。但是，并不是所有衡量绩效的工作都直接由负责纠偏的主管人员和部门进行，这就应该建立有效的信息反馈系统，使反映实际工作情况的信息既能迅速地收集上来，又能适时地传递给恰当的主管人员，并能迅速地将纠偏指令下达到有关人员，以便对问题进行处理。

信息要符合以下三点基本要求，以有效地服务于管理控制工作。

①信息的及时性

首先，信息的收集要及时。信息具有很强的时效性，对那些无法追忆和不能再现的重要信息，如果不能及时记录和收集，过后则很难再获取。而且，对于多数信息来说，如果不能及时收集，信息的利用价值会大大地降低。因此，组织内部要建立健全统计、保存原始记录的基础工作，应促使组织成员养成重视信息收集的意识，培养他们掌握信息收集的方法。

其次，信息的加工、检索和传递工作要及时。如果信息不能及时提供给各级主管人员及相关人员，信息的使用价值就会消失，而且会给组织带来有形或无形的巨大损失。

②信息的可靠性

管理人员只有依靠准确可靠的信息，才能做出正确的决策。信息的可靠性首先来源于准确，包括准确地收集信息、完整地传递信息等环节。在经济领域，完全可靠的信息是较难收集的，而高质量的决策又要求相对可靠的信息。因此，要提高信息的可靠性就需要认真分析、研究事物的本质规律，同时要尽量多地收集相关信息。在现实生活中，许多企业投入大量资金,全面而规范地开展市场调查工作,就是为了获得可靠的市场信息。在我国,仅仅看到局部的、表面的、暂时的现象就盲目投资,由此造成巨大经济损失的案例数量不少。这些案例从反面验证了可靠信息的重要性。

③信息的适用性

信息的收集是为了使用,而组织中的不同部门甚至同一部门在不同时期对信息的种类、范围、内容、详细程度、准确性、使用频率的要求等都可能是不同的。如果对这些部门不加区分地提供信息,不仅不利于做出正确的决策,反而会加重管理部门的负担。信息不足和信息过多同样有害。因此,工作人员要对衡量工作所获得的信息进行整理分析,并保证在管理者需要的时候,尽量提供精炼而又能满足控制要求的全部信息。

3.将实际工作绩效与标准进行比较并分析偏差

获得了实际工作绩效的结果后,接下来第三个阶段就是将衡量结果与标准进行比较,并对比较的结果进行分析。

比较的结果有两种可能:一种是存在偏差,另一种是不存在偏差。需要注意的是,只有实际工作与标准之间的差异超出了一定的范围,我们才认为存在偏差。偏差有两种情况:一种是正偏差,即实际工作绩效优于控制标准;另一种是负偏差,即实际工作绩效劣于控制标准。出现正偏差,表明实际工作取得了良好的绩效,应及时总结经验,肯定成绩。但正偏差如果太大也应引起注意,这可能是因为控制标准制定得太低,这时应对其进行认真分析。出现负偏差,表明实际工作的绩效不理想,应迅速准确地分析其中的原因,为纠正偏差提供依据。

偏差产生的原因是多种多样的。例如,某企业某月的实际销售额低于计划的销售额,原因可能是销售部门工作不力,可能是产品质量有所下降,也可能是竞争对手降低了产品价格,也可能是宏观经济因素引起的需求疲软,还可能是该月的销售计划制定得不切实际。因此,对于造成偏差的原因,管理者应仔细分析。一般而言,造成偏差的原因可归结为三大类:计划或标准制定得不合理、组织内部因素的变化以及组织外部环境因素的变化。

(1)计划或标准制定得不合理

计划或标准制定得过高或过低,都会造成偏差。在制定计划或标准时不切实际,盲目乐观,把目标定得过高,有时甚至根本达不到,如过高的利润目标、市场占有率等,这种情况就必然出现负偏差;相反,在制定计划或标准时过于保守,低估自己的实力,把目标定得太低,很容易达到,这种情况就容易出现正偏差。

(2)组织内部因素的变化

这是指组织中人、财、物等资源供给配置状况或人员行为的结果等与计划中的前提条件不符,具体包括生产的物质条件、资金的供给、员工的工作态度和工作能力等。如果这些组织内部因素、现实情况与计划的前提条件不符,就会导致偏差的发生。例如,质量管理部门的工作不力而造成产品质量下降,生产设备的故障会造成生产任务不能及时完成等。

(3)组织外部环境因素的变化

这是指组织外部环境因素,如经济、技术、政治、社会、供应商、顾客、竞争对手等因素与计划中的前提条件不符。这种不符就会导致偏差的发生,如利率的上升会造成财务费用的增加,竞争对手加大促销力度会造成销售额的下降等。

4.采取管理行动纠正偏差

采取管理行动纠正偏差是控制工作的最后一个阶段,可使工作的实际情况与计划相一致。由于偏差是控制标准与实际工作绩效之间的差距,因此纠正偏差的方法也不外乎以下两种:要么改进工作绩效,要么修订控制标准。

(1)改进工作绩效

如果偏差分析的结果表明计划或标准是符合实际情况的,偏差是由于实际工作绩效不理想所产生的,那么管理者就应该采取一定的纠正行动来有针对性地改善实际工作绩效。这种纠正行动可以是管理策略的调整、组织机构的变动、培训计划的改变以及人事方面的调整等。例如,发现造成销售收入下降的原因是由于产品技术陈旧,就要通过增加研发投入来改变这种状况;当发现工人完不成生产任务的原因是操作不当,就需要对其提供额外的培训,使其熟练掌握操作技术。

(2)修订控制标准

正如前文所述,产生偏差的原因可能来自不合理的标准,标准制定得过高或过低都会造成偏差的出现。如果标准脱离实际,导致多数员工、多数部门无法实现控制目标时,管理部门应适当降低标准;相反,如果实际工作绩效已远远超过了标准,则应在充分肯定工作的情况下,适当提高标准。标准的修订在管理控制中是不可避免的,这是由于在组织管理中,一些不确定因素的影响往往难以预测,同时,管理环境的变化会导致管理目标和标准的变化。从某种意义上说,管理控制就是一个不断制定标准、实施标准、修订和完善标准的过程。值得注意的是,在修订标准时,应从实际情况出发,强调标准的客观性,避免管理人员主观因素的消极影响。

管理故事 9-2

大雁的迁徙

每年的九月至十一月,加拿大境内的大雁都要成群结队地往南飞行,到美国东海岸过冬。第二年的春天再飞回原地繁殖。在长达万里的航程中,它们要遭遇猎人的枪口,历经狂风暴雨、电闪雷鸣及寒流与缺水的威胁,但每一年它们都能成功往返。雁群一字排开成“V”字形时,比孤雁单飞提升了71%的飞行能量。

当每只雁振翅高飞,也为后面的队友提供了“向上之风”,这种省力的飞行模式,让每只雁最大限度地节省能量。当某只雁偏离队伍时,它会立刻发现单独飞行的辛苦及阻力,会立即飞回团队,善用前面伙伴提供的“向上之风”。

当领头的雁疲倦时,它会退到队伍的后方,而另一只雁则飞到它的位置上来填补。其实,艰难的任务需要轮流付出,当某只雁生病或受伤时,会有其他两只雁飞出队伍跟在后面,协助并保护它,直到它康复,然后它们自己组成“V”字形,再开始飞行追赶团队。

9.3 控制的类型

按照不同的分类标准，控制有多种类型。

9.3.1 前馈控制、现场控制和反馈控制

根据控制时点的不同，即控制活动侧重于组织活动过程的不同阶段，可以将控制分为前馈控制、现场控制和反馈控制。三者之间的关系如图 9-2 所示。

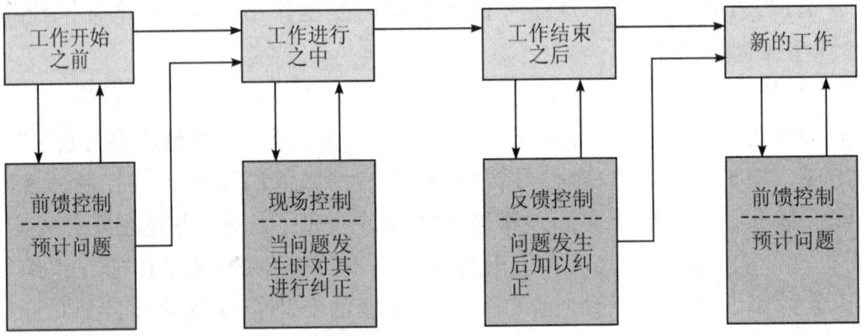

图 9-2　前馈控制、现场控制和反馈控制三者之间的关系

1.前馈控制

前馈控制也叫事前控制或预先控制。它是指在组织活动开始之前的控制。其特点是能在偏差发生之前就采取各种预防措施，防止偏差出现或尽可能地减少偏差出现，从而把偏差带来的损失降到最低程度，做到“防患于未然”。

前馈控制的内容包括依据组织的计划标准检查人、财、物、信息等资源的准备情况及预测其产生的效果两个方面。这是一种面向未来的控制。这类控制一般建立在经验预测的基础之上，尽可能降低偏差发生的概率。前馈控制的方法是：

(1)挑选和安置管理与非管理人员。这两类人员的选择目的与实质没有原则的差别，主要看候选人的技术、个人特点与职务要求是否适应。对被选中的人员必须在任务所需的方法和过程上进行训练。

(2)原材料的检查。经加工制成成品的原材料必须符合质量标准，同时必须保持充足的库存，以保证供应来满足顾客的要求。原材料的质量检查一般可通过随机抽样来进行，对达不到质量要求的予以退货。

(3)资本预算。为更新现有设备和扩大组织发展的需要，必须筹集资本，因而要清楚地算出获得未来的收益所需付出的投资额。

(4)进行财务预算。有充足的财政资源才能保证组织活动的正常运转，因此要通过预算，特别是现金和流动资金预算来控制财政资源的来源与支出，确保组织正常活动的有效进行。

总之，前馈控制的中心问题是防止组织中所使用的资源在质和量上产生偏差，其重点是预先对组织中的人、财、物、信息、时间等进行控制和检查，合理配置，使其符合预期的标准，

从而保证计划的实现。由于前馈控制可以避免预期出现的偏差,有利于提高组织活动的效率,因此是人们最渴望使用的控制类型。这种控制需要及时和准确的信息,但难以获得,因而人们不得不借用现场控制和反馈控制两种类型。

现实生活中前馈控制的实例很多,如企业的财务预算、原料检查等活动,管理部门制定规章制度及相关实施细则,在人才招聘之前拟定对应聘者的具体要求,驾车者上坡时提前加速,猎人射击正在奔跑的野兽时总要瞄准野兽的前方等,都是前馈控制的实例。

2.现场控制

现场控制也叫过程控制、同期控制。它是指计划执行过程中所实施的控制,是一种同步的、适时的控制,即管理者通过对计划执行过程中的人和事进行直接指导和监督,随时纠正偏差。这是一种为基层主管所普遍采用的控制方法,主管人员通过深入现场,亲自指导和监督员工的活动;通过现场指导,可以使员工以正确的方法工作,培养员工的能力,使员工的工作更有成效;通过监督,可以使主管人员有机会在现场解释工作的要领和技巧,提高员工的工作能力,也可以约束下属人员的活动。这样就能保证计划的执行和计划目标的实现。此外,有些技术设备也设计成具有同期控制的功能。比如,计算机系统在程序设计中就设置了同期控制系统,一旦操作失误,计算机的程序控制系统会拒绝操作。现场控制的实例很多,基层主管人员进行的现场指导就是过程控制,而驾驶员在行驶中根据路况随时调整方向和速度也是过程控制的典型。

在进行现场控制时,主管人员必须采取的行动是:

(1)向下属指示恰当的方法和过程;

(2)监督下属的工作,以保证下属很好地完成任务。

在进行现场控制时,主管人员还需要注意以下几个问题。

(1)控制应遵循按计划确定的标准,要注意避免单凭主观意志进行工作,否则,将导致标准的多元化,无法统一测量和评价。

(2)指导和控制的内容应当与被控制对象的工作特点相适应。对于从事简单重复性体力劳动的工人或许控制越严格效果越好,而对于从事创造性劳动的知识分子,控制则不宜过严,控制的重点应当转向如何创造出良好的工作环境,并激发创造力。

(3)管理人员必须亲临现场考察,而不是仅仅听取汇报,因为亲自考察是管理人员获取真实信息最可靠的途径。

(4)现场控制要求控制人员有较高的素质,特别是要有敏锐的观察力、快速的反应能力和灵活多变的控制手段

3.反馈控制

反馈控制也叫事后控制和成果控制,是在计划执行后进行的控制,也就是从组织活动进行后的信息反馈中发现偏差,分析原因,采取措施,纠正偏差,从而起到控制的作用。其目的是防止已经发生或即将发生的偏差今后再度发生或扩大。另外,能够为未来计划的制定提供借鉴。反馈控制是历史最早的控制类型,传统的控制方法几乎都属于这一类型。反馈控制的方法有:

(1)财务报告分析。管理人员可定期通过组织的财务报告来评估组织发展情况,这是企业中最常用的方法。财务报告通常包括资产负债表、收入报告、资金来源和使用报告。管理人员通过对财务报告中包含的资料进行分析,及时掌握利润率、流动性和偿付能力的指标变

化，弄清组织的发展状态。

(2)标准成本分析。企业发展事先都要有预定成本，这可作为企业的标准成本。会计制度向管理人员提供了能将实际成本与标准成本进行比较的信息，以便及时对超标准的成本分析原因，进行控制。

(3)质量控制分析。即根据有关产品的属性和特性的资料来检查产品质量，确定生产过程是否在控制之中。

(4)员工的工作绩效评估。这是反馈控制最不好把握的方法，因为任何组织中最关键也最复杂的因素是人。员工绩效评估困难的因素一是标准难以客观明确，二是多数工作必须由一个以上的评估标准或尺度来衡量，三是评估者的偏好不一，等等。这些因素使员工工作绩效评估实行起来有一定的难度，从而可能导致评估的准确性打折扣。但这又是重要且必须进行的。理想的做法是：绩效标准应来自计划职能，标准要反映每个员工为实现组织目标应做的贡献。信息由组织职能提供，按时传送到相应的管理人员手中。现场考察是对员工绩效评估的主要信息来源，因为对管理人员来说首要的管理责任就是对下属的工作绩效有客观的考察。此外，增加考核评估的次数也有益于提高评估的准确性，如此，则评估将会收到真实效果，有利于发挥控制工作的作用。

反馈控制位于活动的终点，其致命弱点在于滞后性，从衡量结果、比较分析到制定纠偏措施及实施，整个活动已经结束，活动中产生的偏差已经在组织系统内部造成了损失，只能内部消化并且无法补偿。

反馈控制虽然不尽如人意，但与前两种控制类型相比，反馈控制也有明显的优点。一是反馈控制为管理者提供了检验计划执行效果的真实信息，如果反馈信息显示标准与实际的偏差很小，则说明计划比较合理，反之，则说明计划需要调整。二是反馈控制的信息可以促进员工工作绩效的提高。反馈的信息好则表明员工的工作绩效好，可以激励员工的工作积极性，反馈信息差则可以促使员工改进工作，有益于后面的工作。总之，反馈控制有其特有的优点，在现实中应用较广。而且有些时候，反馈控制是能采取的唯一控制手段，尤其是在影响组织运行的不确定性因素较多的情况下更是如此。

以上三种控制方式各有优点和缺点，在实际应用中往往配合使用，并与管理的其他职能相互渗透，共同构成管理活动的全部过程。预先控制虽然是面向未来的控制，能预先避免出现问题，但有些突发事件是难以预测和防不胜防的，必须辅之以现场控制，否则，将前功尽弃。而且，无论前馈控制还是现场控制，都无法看清计划执行的结果，而只能在事后才能看清，所以更多的控制要通过事后控制来进行。另外，在管理活动循环发展的过程中，控制类型也具有相对性，对前一阶段是反馈控制，对后一阶段往往是前馈控制。因此，控制的类型需要配套使用。

管理故事 9-3

曲突徙薪

有位客人到某人家里做客，看见主人家的灶上烟囱是直的，旁边又有很多木材。客人告诉主人说，烟囱要改曲，木材需移去，否则将来可能会有火灾，主人听了没有作任何表示。

不久主人家里果然失火,四周的邻居赶紧跑来救火,最后火被扑灭了,于是主人烹羊宰牛,宴请四邻,以酬谢他们救火的功劳,但并没有请当初建议他将木材移走、烟囱改曲的人。

有人对主人说:"如果当初听了那位先生的话,今天也不用准备筵席,而且没有火灾的损失,现在论功行赏,原先给你建议的人没有被感恩,而救火的人却是座上客,真是很奇怪的事呢!"主人顿时省悟,赶紧去邀请当初给予建议的那个客人来吃酒。

9.3.2 间接控制和直接控制

从控制主体的角度来看,控制可以分为间接控制和直接控制。

1.间接控制

间接控制即着眼于发现工作中出现的偏差,分析偏差产生的原因,并追究责任人的责任,以改进未来工作的控制活动。间接控制的主体是直接责任者的监督人。比如,一所大学的教学质量低下,学生的学习成绩和能力差,毕业就业困难,教育行政管理机构通过教学质量评估,追查校长责任,并采取纠正措施。这类控制就属于间接控制。它是基于这样一些事实,即人们常常会犯错误或没有觉察那些将要出现的问题,因而也就不能采取适当的纠正或预防措施。在实际工作中,产生偏差的原因很多,对于由于主管人员缺乏知识、经验和判断力所造成的管理失误和工作上的偏差,可以运用间接控制帮助纠正,这对比较规范、程序化的工作尤其有效。同时,间接控制还可以帮助主管人员总结经验,提高管理水平。

间接控制最明显的缺点是滞后性,即它是在出现了偏差、造成了损失后,才采取措施,因此其控制成本较高。此外,有效的间接控制还取决于以下假设同时存在:

(1)工作绩效可以准确衡量。

(2)人们对工作绩效具有责任感。

(3)有充分的时间衡量工作绩效,发现偏差。

(4)偏差能够及时被发现。

(5)有关部门能够及时出台纠正措施。

然而,上述五项假设在实际管理活动中难以同时满足,从而使间接控制容易失效。例如,由主管人员的决策能力、预见性和领导水平等因素导致的工作绩效通常难以准确衡量;责任感的强弱难以衡量;主管人员不愿意花费时间调查产生偏差的原因,从而造成对违反标准的活动的纵容;有时虽然发现了偏差,而且能找出偏差的原因,但没有相应的纠偏措施出台,也会导致控制失效。鉴于此,人们便更多地借助直接控制方法来实现管理的有效控制。

2.直接控制

直接控制是相对于间接控制而言的。直接控制即着眼于培养更好的主管人员,使他们能熟练地应用管理的概念、技术和原理,以系统的观点来开展和改善他们的管理工作,从而防止出现因管理不善而造成不良后果的控制活动。在组织内部,相对于管理活动而言,直接控制的主体是管理者或直接责任者。可见,直接控制通过提高主管人员的素质来进行控制工作。其基本假设是:合格的主管人员产生的差错最少,他们能敏锐地发现已经出现的问题,及时觉察到即将出现的问题,并能及时地采取有效的纠正措施。合格的主管是指具有管理的技能、经验,能熟练地应用管理的概念、原理和技术,以系统的观点来进行管理工作的人员。直接控制原理认为,主管人员及其下属的素质越高,就越不需要间接控制。

有效的直接控制依赖于三个假设前提：

(1)主管人员主观上没有故意犯错误的企图和行动。

(2)客观上，合格的主管人员所犯错误最少。

(3)管理工作的绩效可以衡量，而且管理的概念、原理和方法是一些有用的判断标准。

进行直接控制有许多优点：

(1)由直接控制的假设决定，它特别重视对主管和成员的素质要求，以便向成员分派任务时具有较大的准确性。

(2)直接控制可以促使主管人员主动发现偏差，采取纠正措施，从而使控制更有效，实质是倡导自我控制的办法。

(3)直接控制有助于提高主管人员的威信，增加下属对他们的信任和支持，从而有利于整个计划目标的实现。

(4)由于管理人员的素质提高，自然减少了偏差发生的概率，有可能节约控制的成本。

直接控制在现实中的例子也很多，比如，新教师上岗前的培训、各级国家机关公务人员的廉政教育等都是直接控制的例子。

9.3.3 任务控制、管理控制和战略控制

依据控制的侧重点的不同，可以把控制分为任务控制、管理控制和战略控制。

1.任务控制

任务控制也称为运营控制、作业控制，是基层管理者对生产作业和其他具体的业务活动进行的控制活动。任务控制由基层管理人员如生产车间的主任、学校的教研室主任等来进行，其主要任务是：监督组织的生产活动以保证其按计划进行；监督组织的产品或服务质量，以保证其符合预定的标准等。任务控制以反馈控制为主，其依据的信息来自组织内部，主要有会计信息、库存信息、生产进度信息、产品质量信息等。

2.管理控制

管理控制是一种财务控制，也称为责任预算控制，即利用组织的财务数据来观测组织的活动状况，以此考核组织各部门的工作绩效，确保组织正常运行的活动。财务控制为各种类型组织管理者提供了一个比较与衡量支出的定量标准。它主要由组织的财务部门进行控制。其控制的信息来源是组织各部门的财务数据和报表。这种控制类型在组织中使用很广泛，不仅企业使用，而且在学校、政府和医院等组织中广泛使用。但是，过分依赖管理控制也会给组织的发展带来限制。在管理实践中，由于有些非预算目标对组织运行和增强活力、对组织的长远发展极为重要，过于依赖财务控制可能会失去对这样一些重要目标的把握，因此，许多管理专家越来越强调要把预算控制和战略控制结合起来，才能保证组织实现自己的长远目标和得到持续的发展。

3.战略控制

战略控制是由组织的高层管理人员进行的对组织的长远计划实现程度的控制。由于组织面临的环境的不断变化，特别是突发性的变化往往使得组织高层制定的战略不可避免地会出现过时、失效等问题，从而需要对计划和目标做出重大修改或重新厘定。而要实现战略计划的修改，对战略的实施进行系统化的检查、评价和控制就成为高层管理者的一项重要工作。一个完整的战略控制过程一般包括以下几个步骤：

(1)定期进行战略回顾。主要是提出组织的战略方向,明确战略目标。

(2)选择战略控制目标。主要包括衡量战略性活动的进展情况,制定控制行动的方案等。

(3)设立达成目标的水准。主要包括确定目标精度,选择重点目标,明确标准等。

(4)战略性活动的监督。包括定期报告活动执行情况,准确评价等。

(5)战略性干预。根据环境条件的变化,重新制定和调整组织战略。

一般情况下,战略控制是相对稳定的控制,这种控制依据的信息主要来自组织外部,如组织所处的政治、经济形势的变化情况的信息、汇率和利率的变动等信息。战略控制往往与管理控制配合使用才能更好地发挥作用。

9.3.4 集中控制、分散控制和分层控制

依控制结构的不同,控制可分为集中控制、分散控制和分层控制。

1.集中控制

集中控制即在管理系统中建立一个控制中心,由它来对所有的信息进行集中统一的加工、处理,并发出指令,以此对管理活动实行控制。集中控制比较适用于组织规模和信息量不很大,控制中心对信息的获取、存储和加工效率较高的组织。比如,有的企业设立的生产指挥部、中央调度室等采取的就是集中控制。而在管理系统庞大、组织规模和信息量极大时,就不宜采用集中控制,以免加大信息传递和反馈的时滞,使系统反应迟钝,延误决策时机。此外,一旦控制中心发生故障,会造成系统的瘫痪,风险极大。因此,采取集中控制时一定要考虑组织的实际情况。

2.分散控制

分散控制即在管理系统中设立多个控制中心,由它们对系统的信息进行分散的加工、处理、监控和发布指令,以实现对管理活动的有效控制。分散控制的优点是:

(1)在系统中分散决策、分散风险,个别控制环节的故障不会引发整个系统的瘫痪;

(2)分散控制对控制系统的信息存储和处理能力的要求相对较低,易于实现;

(3)分散控制的反馈环节少,控制系统具有反应快、时滞短、控制效率高、应变能力强等优点。

但分散控制也有明显的缺点,即难以使各分散的系统做到相互协调,与总体目标保持一致,从而危及总体的控制系统。

3.分层控制

分层控制即把集中控制与分散控制结合起来的控制方式。它有两个特点:

(1)管理系统的分系统都有自己的独立控制能力和控制条件,从而有可能实施对分系统自身的控制。

(2)整个管理系统分为若干层次,上一级层次对下一级层次的控制采取指导性、导向性的间接控制,在分层控制中,特别要注意防止缺乏间接控制,自觉不自觉地滥用直接控制,并且多层次地、向下重叠地推行直接控制的弊病。

管理故事 9-4

七个和尚分粥的故事

从前,山上的寺庙有七个和尚,他们每天分食一大桶粥,可是每天可以分食的粥都不够。为了兼顾公平,使每个和尚都基本能吃饱,和尚们想用非暴力的方式解决分粥的难题。

一开始,他们拟定由一个小和尚负责分粥事宜。但大家很快就发现,除了小和尚每天都能吃饱,其他人总是要饿肚子,因为小和尚总是自己先吃饱再给别人分剩下的粥。

于是,在大家的倡议下又换了一个小和尚,但这次却变成只有小和尚和主持人碗里的粥是最多最好的,其他五人能够分得的粥就更少了。

饿得受不了的和尚们提议大家轮流主持分粥,每天轮一个。这样,一周下来,他们只有一天是饱的,就是自己分粥的那一天,其余六天都是肚皮打鼓。

大家对这种状况不满意,于是又提议推选一个公认道德高尚的长者出来分粥。开始这位德高望重的人还能基本公平,但不久他就开始为自己和挖空心思讨好他的人多分,使整个小团体乌烟瘴气。

这种状态维持了没多长时间,和尚们就觉得不能够再持续下去了,他们决定分别组成三人的分粥委员会和四人的监督委员会,这样公平的问题基本解决了,可是由于监督委员会提出多种议案,分粥委员会又屡屡据理力争,互相攻击扯皮下来,等分粥完毕时,粥早就凉了。

最后,他们总结经验教训,想出一个办法,就是每人轮流值日分粥,但分粥的那个人要等到其他人都挑完后再拿剩下的最后一碗。令人惊奇的是,在这个制度下,七只碗的粥每次都几乎是一样多,就像用科学仪器量过一样,这是因为每个主持分粥的人都认识到,如果七只碗里的粥不一样,他确定无疑将享用分量最少的那碗。从此和尚们都能够均等地吃上热粥。

9.4 控制方法与技术

管理过程包括了计划、组织、领导与控制等基本职能,根据管理三维金字塔体系结构,每一个管理领域,例如生产管理、市场营销管理、物流管理、财务管理等,都需要进行管理控制,都需要对该领域的目标、决策方案和计划等进行控制。由于每一个管理领域还包含了许多细分的下属领域,因此管理控制的内容是十分丰富的,且不同的控制对象有着不同的控制内容和特殊性,需要分别进行研究。

9.4.1 财务控制

1.预算控制

(1)预算含义

预算是有效地组织短期计划和控制的重要工具。企业在未来的几乎所有活动都可以利用预算进行控制。所谓预算,就是用数字特别是用财务数字的形式来描述企业未来的活动计划。它预估了企业在未来时期的经营收入或现金流量,同时也为各部门或各项活动规定了在资金、劳动、材料、能源等方面的支出不能超过的额度。预算控制就是根据预算规定的收入与支出标准来检查和监督各个部门的生产经营活动,以保证各种活动或各个部门在充分达成既定目标、实现利润的过程中对经营资源的利用,从而费用支出受到严格有效的约束。

预算具有三个特点。第一,计划性。预算是一种特殊的计划,主要构成内容是数字,包括数量目标、对目标数字的说明、预算时间等。第二,预测性。预算从字面上来理解就是预先测算,因而也属于预测的内容,是关于收入与支出的预测,具有相当的特殊性和专业性。所以,预算控制要运用预测方法。第三,控制性。预算是对组织涉及收入及支出的活动拟定的数量化标准,用预算作为控制标准比其他控制标准更明确、更具体、更具可控性。

(2)预算的种类

①按预算控制的力度可分为刚性预算和弹性预算

刚性预算是指在执行进程中没有变动余地的预算,一般来说,刚性预算不利于发挥执行人的积极性,环境适应性较弱。刚性预算只能在重点项目上采用。常见的刚性预算是控制上限或控制下限的预算,如严格要求的财政支出预算和财政收入预算等。

弹性预算是指预算指标有一定的调整余地,执行人可灵活地执行的预算。这种预算的控制力稍弱,但有较强的环境适应性,能较好地满足控制的要求。在预算控制中弹性预算比较常见。

②按预算的内容可分为支出预算和收入预算

支出预算是指为完成组织活动支付货币的预算,一个组织可以没有收入预算,但不可能没有支出预算。做好支出预算是一项十分重要的工作。

收入预算是指对组织活动带来货币收入进行的预算。一般来说,只有企业性质的组织和政府才有收入预算。

收入预算与支出预算是密切相关的。一般原则是:以收定支,在收入预算的基础上确定支出预算。

③按预算的范围可分为总预算和部门预算

总预算是指以组织整体为范围,由组织的最高管理机构批准的预算。

部门预算是指各部门根据总预算和本部门的实际情况安排的预算。

总预算与部门预算不是简单的总体与部分的关系,而是相互支持、相互补充的关系。有的部门预算是全包含在总预算之中的,有的并不全包含在总预算之中。另外,不同的组织对预算的分类也不一样,如企业常常把财务预算称为总预算。

(3)预算的作用

制定预算有以下四个基本作用。

①为战略计划做进一步安排

战略计划一般在年初制定,是以当时可供使用的信息为基础并由相对较少的管理者制定的,而且范围较广。预算是在预算年度开始前一些时候制定的,使用的是最新的信息,而且以各层次管理者的判断为基础,是战略计划的具体细化。

②协调

组织中的每个责任中心的管理者都会参加预算制定。当汇总他们的意见时,可能有不一致的地方。最可能的情况是,总量上或者就某些产品系列而言产销量不吻合。在组织中,成品发运计划与生产该产品所需零部件到货计划不吻合。又如,直线式组织内需要支持性机构提供的服务水平比计划要提供的服务水平高。在预算的制定过程中,这些不一致的地方要找出来并加以解决。

③指定责任

审批后的预算应明确每个管理者的责任。预算也授权责任中心管理者可自由支配一定数量的开支。

④业绩评估的基础

预算是预算人员对上级的承诺,因此它是评价业绩的尺度。这一承诺可能因为其基础的改变而改变。但无论如何,它是业绩评估的最好的起点。

(4)预算的内容

不同企业,由于生产活动的特点不同,预算表中的项目会有不同程度的差异,但一般来说,预算内容要涉及以下几个方面:收入预算、支出预算、现金预算、资金支出预算、生产负债预算。

①收入预算

收入预算和下面要介绍的支出预算提供了关于企业未来某段时期经营状况的一般说明,即从财务角度计划和预测了未来活动的成果以及为到得这些成果所需付出的费用。

由于企业收入主要来源于产品销售,因此收入预算的主要内容是销售预算。销售预算是在销售预测的基础上编制的,即通过分析企业过去的销售情况、目前和未来的市场需求特点及其发展趋势,比较竞争对手和本企业的经营实力,确定企业在未来时期内,为了实现目标利润必须达到的销售水平。

由于企业通常不止生产一种产品,这些产品也不仅在某一个区域市场上销售,因此,为了能为控制未来的活动提供详细的依据,便于检查计划的执行情况,往往需要按产品、区域市场或消费者群(市场层次)为各经营单位编制分项销售预算。同时,由于在一年中的不同季度和月度销售量往往不稳定,所以通常还需预计不同季度和月度的销售收入。这种预计对编制现金预算是很重要的。

②支出预算

企业销售的产品是在内部生产过程中加工制造出来的,在这个过程中,企业需要借助一定的劳动力,利用和消耗一定的物质资源。因此,与销售预算相对应,企业必须编制能够保证销售过程得以进行的生产活动的预算。关于生产活动的预算,不仅要确定为取得一定销售收入所需要的产品数量,而且更重要的是要预计为得到这些产品、实现销售收入需要付出的费用。不同企业经营支出的具体项目可能不同,但一般都包括直接材料预算、直接人工预算和附加费用预算。

直接材料预算是根据实现销售收入所需的产品种类和数量,详细分析为了生产这些产品,企业必须利用的原材料的种类数量。它通常以实物单位表示,考虑到库存因素后,直接材料预算可以成为采购部门编制采购预算、组织采购活动的基础。

直接人工预算需要预计企业为了生产一定数量的产品,需要哪些种类的工人,每种类型的工人在什么时候需要多少数量,以及利用这些人员劳动的直接成本是多少。

直接材料和直接人工只是企业经营全部费用的一部分。企业的行政管理、营销宣传、人员推销、销售服务、设备维修、固定资产折旧、资金筹措以及税金等,也要耗费企业的资金。对这些费用也需要进行预算。这就是附加费用预算。

③现金预算

现金预算是对企业未来生产与销售活动中现金的流入与流出进行预测,通常由财务部门编制。现金预算只能包括那些实际包含在现金流程中的项目:赊销所得的应收款在用户实际支付以前不能列作现金收入;赊购所得的原材料在未向供应商付款以前也不能列入现金支出;而需要今后逐年分摊的投资费用却需要当年实际支出现金。因此,现金预算并不需要反映企业的资产负债情况,而是要反映企业在未来活动中的实际现金流量和流程。企业的销售收入、利润即使相当可观,但大部分尚未收回,或收回后被大量的库存材料或在制品所占用,那么它也不可能在目前给企业带来现金上的方便。通过现金预算,可以帮助企业发现资金的闲置或不足,从而指导企业及时利用暂时过剩的现金,或及早筹齐维持营运所短缺的资金。

④资金支出预算

上述各种预算通常只涉及某个经营阶段,是短期预算,而资金支出预算则可能涉及好几个阶段,是长期预算。如果企业的收支预算被很好地执行,企业有效地组织了资源的利用,那么利用这些资源得到的产品销售以后的收入就会超出资源消耗的支出,从而给企业带来盈余,企业可以利用盈利的部分来进行生产能力的恢复和扩大。这些支出,由于具有投资的性质,因此对其计划安排通常称为投资预算或资金支出预算。资金支出预算的项目包括:用于更新改造或扩充包括厂房、设备在内的生产设施的支出;用于增加品种、完善产品性能或改进工艺的研究与开发支出;用于提高职工和管理队伍素质的人事培训与发展支出;用于广告宣传、寻找顾客的市场发展支出等。

⑤资产负债预算

资产负债预算是对企业会计年度末期的财务状况进行预测。它通过将各部门和各项目的分预算汇总在一起,表明如果企业的各种业务活动达到预先规定的标准,在财务期末企业资产与负债会呈现何种状况。作为各分预算的汇总,管理人员在编制资产负债预算时虽然不需做出新的计划或决策,但通过对预算表的分析,可以发现某些分预算的问题,从而有助于采取及时的调整措施。比如,通过分析流动资产与流动债务的比率,可能发现企业未来的财务安全性不高,偿债能力不强,可能要求企业在资金的筹措方式、来源及其使用计划上做相应的调整。另外,通过将本期预算与上期实际发生的资产负债情况进行对比,还可发现企业财务状况可能会发生哪些不利变化,从而指导事前控制。

(5)预算的局限性

由于预算的实质是用统一的货币单位为企业各部门的各项活动编制计划,因此它使得企业在不同时期的活动效果和不同部门的经营绩效具有可比性,可以使管理者了解企业经营状况的变化方向和组织中的优势部门与问题部门，从而为调整企业活动指明了方向；通过为不同的职能部门和职能活动编制预算，也为协调企业活动提供了依据；更重要的是，预算的编制与执行始终是与控制过程联系在一起的，编制预算是为企业的各项活动确立财务标准，用数量形式的预算标准来对照企业活动的实际效果，大大方便了控制过程中的绩效衡量工作，也使之更加客观可靠；在此基础上，很容易测量出实际活动对预期效果的偏离程度，从而为采取纠正措施奠定了基础。

由于这些积极作用，预算手段在组织管理中得到了广泛运用。但在预算的编制和执行中，也暴露了一些局限性，主要表现在以下几点。

第一，它只能帮助企业控制那些可以计量的特别是可以用货币单位计量的业务活动，而不能促使企业对那些不能计量的企业文化、企业形象、企业活力的改善予以足够的重视。

第二，编制预算时通常参照上期的预算项目和标准，从而会忽视本期活动的实际需要，因此会导致这样的错误：上期有的而本期不需的项目仍然沿用，而本期必需上期没有的项目会因缺乏先例而不能增设。

第三，企业活动的外部环境是在不断变化的，这些变化会改变企业获取资源的支出或销售产品实现的收入，从而使预算变得不合时宜。因此，缺乏弹性、非常具体特别是涉及较长时期的预算可能会过度束缚决策者的行动，使企业经营缺乏灵活性和适应性。

第四，预算特别是项目预算或部门预算，不仅对有关负责人提出了希望他们实现的结果，而且也为他们得到这些成果而有效开支的费用规定了限度。这种规定可能使得主管们在活动中精打细算，小心翼翼地遵守不得超过支出预算的准则，而忽视了部门活动的本来目的。

只有充分认识了上述局限性，才能有效地利用预算这种控制手段，并辅之以其他工具。

2.比率分析法

(1)比率分析法含义

比率分析法通过一些比率分析企业的一些实际情况。如流动比率可以反映一家公司的偿债能力和经营的风险程度，存货周转率可反映企业存货周转速度，投资报酬率反映企业运用投资的效果等。比率可以简单明了地反映企业的各种活动，可以利用比率作为控制的一种手段。例如，企业的负债比例应尽量控制在60%以下，企业财务风险就较小。

单个地去考虑反映经营结果的某个数据，往往不能说明任何问题。企业本年度盈利100万元，某部门本期生产了5000个单位产品，或本期人工支出费用为85万元，这些数据本身没有任何意义。只有根据它们之间的内在关系，相互对照分析才能说明某个问题。比率分析就是将企业资产负债表和收益表上的相关项目进行对比，形成一个比率，从中分析和评价企业的经营成果和财务状况。

(2)比率分析法类型

利用财务报表提供的数据，可以列出许多比率，常用的有两种类型：财务比率和经营比率。

①财务比率

财务比率可以帮助了解企业的偿债能力和盈利能力等财务状况。常见的财务比率包括流动比率、负债比率和盈利比率。

流动比率是企业的流动资产与流动负债之比。它反映了企业偿还需要付现的流动债务的能力。一般来说，企业资产的流动性越大，偿债能力就越强；反之偿债能力则弱，这样会影响企业的信誉和短期偿债能力。因此,企业资产应具有足够的流动性。资产若以现金形式出现,其流动性最强。但要防止为追求过高的流动性而导致财务资源的闲置,使企业失去本应得到的收益。

负债比率是企业总负债与总资产之比。它反映了企业所有者提供的资金与外部债权人提供的资金的比率关系。只要企业全部资金的利润率高于借入资金的利息,且外部资金不在根本上威胁企业所有权的行使,企业就可以充分地向债权人借入资金以获取额外的利润。一般来说,在经济迅速发展时期,债务比率可以很高。20世纪60年代到70年代初,日本许多企业的外借资金占全部营运资金的80%左右。确定合理的债务比率是企业成功的举债经营的关键。

盈利比率是企业利润与销售额或全部资金等相关因素的比例关系,反映了企业在一定时期从事某种经营活动的盈利程度及其变化情况。常用的比率有销售利润率和资金利润率。

销售利润率是销售净利润与销售总额之间的比例关系,反映了企业一定时期的产品销售中是否获得了足够的利润。将企业不同产品、不同经营单位在不同时期的销售利润率进行比较分析,能为经营控制提供更多信息。

资金利润率是指企业在某个经营时期的净利润与该期占用的全部资金之比,它是反映企业资金利用效果的一个重要指标,反映了企业是否从全部投入资金的利用中实现了足够的净利润。

同销售利润率一样,资金利润率也要同其他经营单位和其他年度的情况进行比较。一般来说,要为企业的资金利润率规定一个最低的标准。同样一笔资金,投入到企业运营后的净利润收入,至少不应低于其他投资形式(比如购买股票或债券)的收入。

②经营比率

经营比率也称活力比率,是与资源利用有关的几种比例关系。它们反映了企业经营效率的高低和各种资源是否得到了充分利用。常用的经营比率有库存周转率、固定资产周转率、销售收入与销售费用的比率这三种。

库存周转率是销售总额与库存平均价值的比例关系,它反映了与销售收入相比库存数量是否合理,表明了投入库存的流动资金的使用情况。

固定资产周转率是销售总额与固定资产之比,它反映了单位固定资产能够提供的销售收入,表明了企业固定资产的利用程度。

销售收入与销售费用的比率表明单位销售费用能够实现的销售收入,在一定程度上反映了企业营销活动的效率。由于销售费用包括了人员推销、广告宣传、销售管理费用等组成部分,因此还可进行更加具体的分析。比如,测度单位广告费用能够实现的销售收入,或单位推销费用能增加的销售收入等。

反映经营状况的这些比率也通常需要进行横向的(不同企业之间)或纵向的(不同时期之间)比较,才更有意义。

3.审计控制

审计是对反映企业资金运动过程及其结果的会计记录财务报表进行审核、鉴定,以判断其真实性和可靠性,从而为控制和决策提供依据。根据审查主体和内容不同,可将审计划分为三种:由外部审计机构的审计人员进行的外部审计,由内部专职人员对企业财务控制系统进行全面评估的内部审计，以及由外部或内部的审计人员对管理政策及其绩效进行评估的管理审计。

(1)外部审计

外部审计是由外部机构(如会计师事务所)选派的审计人员对企业财务报表及其反映的财务状况进行独立的评估。为了检查财务报表及其反映的资产和负债的账面情况与企业真实情况是否相符，外部审计人员需要抽查企业的基本财务记录，以验证其真实性和准确性，并分析这些记录是否符合公认的会计准则和记账程序。

外部审计实际上是对企业内部虚假、欺骗行为的一个重要而系统的检查，因此起着鼓励诚实的作用。由于知道外部审计不可避免地要进行，企业就会努力避免做那些在审计时可能会被发现的不光彩的事。

外部审计的优点是审计人员与管理当局不存在行政上的依附关系，不需看企业经理的眼色行事，只需对国家、社会和法律负责，因而可以保证审计的独立性和公正性。但是，由于外来的审计人员不了解内部的组织结构、生产流程的经营特点，在对具体业务的审计过程中可能会遇到困难。此外，处于被审计地位的内部组织成员可能产生抵触情绪，不愿配合，这也可能增加审计工作的难度。

(2)内部审计

如其名称所示，内部审计是由企业内部的机构或由财务部门的专职人员来独立地进行的。内部审计兼有许多外部审计的目的。它不仅要像外部审计那样核实财务报表的真实性和准确性，还要分析企业的财务结构是否合理；不仅要评估财务资源的利用效率，而且要检查和分析企业控制系统的有效性；不仅要检查目前的经营状况，而且要提供改进这种状况的建议。

内部审计是企业经营控制的一个重要手段，其作用主要表现在三个方面。

第一，内部审计提供了检查现有控制程序和方法能否有效地保证达成既定目标和执行既定政策的手段。例如，制造质量完善、性能全面的产品是企业孜孜以求的目标，这不仅要求利用先进的生产工艺，工人高质量地工作，而且对构成产品的基础原材料有相应的质量要求。这样，内部审计人员在检查物资采购时，就不仅限于分析采购部门的账目是否齐全、准确，而且将力图测定材料质量是否达到要求。

第二，根据对现有控制系有效性的检查，内部审计人员可以提供有关改进公司政策、工作程序和方法的对策建议，以促使公司政策符合实际，工作程序更加合理，作业方法被正确掌握，从而更有效地实现组织目标。

第三，内部审计有助于推行分权化管理。从表面上来看，内部审计作为一种从财务角度评价各部门工作是否符合既定规则和程序的方法，加强了对下属的控制，似乎更倾向于集权化管理。但实际上，企业的控制系统越完善，控制手段越合理，越有利于分权化管理。因为主管们知道，许多重要的权力授予下属后，自己可以很方便地利用有效的控制系统和手段来检查下属对权力的运用状况，从而可能及时发现下属工作中的问题，并采取相应措施。内部审计不仅评估了企业财务记录是否健全、正确，而且为检查和改进现有控制系统的效能提供了一种重要的手段，因此有利于促进分权化管理的发展。

虽然内部审计为经营控制提供了大量的有用信息，但在使用中也存在不少局限性，主要表现在：内部审计可能需要很多的费用，特别是如果进行深入、详细的审计的话；内部不仅要搜集事实,而且需要解释事实,并指出事实与计划的偏差所在,要能很好地完成这些工作,而又不引起被审计部门的不满,需要对审计人员进行充分的技能训练。即使审计人员具有必要的技能,仍然会有许多员工认为审计是一种“密探”或“查整性”的工作,从而在心理上产生抵触情绪,如果审计过程中不能进行有效的信息和思想沟通,那么可能会对组织活动带来负激励效应。

(3)管理审计

外部审计主要核对企业财务记录的可靠性和真实性;内部审计在此基础上对企业政策、工作程序与计划的遵循程度进行测定,并提出必要的改进企业控制系统的对策建议;管理审计的对象和范围则更广,它是一种对企业所有管理工作及其绩效进行全面系统地了解和鉴定的方法。管理审计虽然也可以由组织内部的有关部门进行,但为了保证某些敏感领域得到客观的评价,企业通常聘请外部的专家来进行。

管理审计的方法是利用公开记录的信息,从反映企业管理绩效及其影响因素的若干方面将企业与同行业其他企业或其他行业的著名企业进行比较,以判断企业经营与管理的健康程度。

反映企业管理绩效及其影响因素主要有以下几个:

①经济功能。检查企业产品或服务对公众的价值,分析企业对社会和国民经济的贡献。

②企业组织结构。分析企业组织结构是否能有效地达成企业经营目标。

③收入合理性。根据盈利的数量和质量(指盈利在一定时期内的持续性和稳定性)来判断企业盈利状况。

④研究与开发。评价企业研究与发展部门的工作是否为企业的未来发展进行了必要的新技术和新产品的准备,管理当局对这项工作的态度如何。

⑤财务政策。评价企业的财务结构是否健全合理,企业是否有效地运用财务政策和控制来达到短期和长期目标。

⑥生产效率。保证在适当的时候提供符合质量要求的必要数量的产品,这对于维持企业的竞争能力是相当重要的。因此,要对企业生产制造系统在数量和质量的保证程度以及资源利用的有效性等方面进行评估。

⑦销售能力。销售能力影响企业产品能否在市场上顺利实现。这方面的评估包括企业商业信誉、代销网点、服务系统以及销售人员的工作技能和工作态度。

⑧对管理当局的评估。即对企业的主要管理人员的知识、能力、勤劳、正直、诚实等素质进行分析和评价。

管理审计在实践中遇到了许多批评,其中比较重要的意见认为,这种审计过多地评价组织过去的努力和结果,而不致力于预测和指导未来的工作,以至于有些企业在获得了极好评价的管理审计后不久就遇到了严重的财政困难。

尽管如此,管理审计不是在一两个容易测量的活动领域进行了比较,而是对整个组织的管理绩效进行了评价,因此可以为指导企业在未来改进管理系统的结构、工作程序和结果提供有用的参考。

管理故事 9-5

团结的力量

从前，吐谷浑国的国王阿豺有20个儿子。这20个儿子个个都很有本领，难分上下。可是他们自恃本领高强，都不把别人放在眼里，认为只有自己最有才能。平时20个儿子常常明争暗斗，见面就互相讥讽，在背后也总爱说对方的坏话。

阿豺见到儿子们这种互不相容的情况，很是担心，他明白敌人很容易利用这种不睦的局面来各个击破，那样一来国家的安危就悬于一线了。阿豺常常利用各种机会和场合来苦口婆心地教导儿子们停止互相攻击、倾轧，要相互团结友爱。可是儿子们对父亲的话都是左耳朵进、右耳朵出，表面上装作遵从教诲，实际上并没放在心上，还是依然我行我素。

阿豺的年纪一天天老了，他明白自己在位的日子不会很久了。可是自己死后，儿子们怎么办呢？再没有人能教诲他们、调解他们之间的矛盾了，那国家不是要四分五裂了吗？究竟用什么办法才能让他们懂得要团结起来呢？阿豺越来越忧心忡忡。

有一天，久病在床的阿豺预感到死神就要降临了，他终于有了主意。他把儿子们召集到病榻跟前，吩咐他们说："你们每个人都放一支箭在地上。"儿子们不知何故，但还是照办了。阿豺又叫来自己的弟弟慕利延，说："你随便拾一支箭折断它。"慕利延顺手捡起身边的一支箭，稍一用力，箭就断了。阿豺又说："现在你把剩下的19支箭全都拾起来，把它们捆在一起，再试着折断。"慕利延抓住箭捆，使出了吃奶的力气，咬牙弯腰，脖子上青筋直冒，折腾得满头大汗，始终也没能将箭捆折断。

阿豺缓缓地转向儿子们，语重心长地开口说道："你们也都看得很明白了，一支箭，轻轻一折就断了，可是合在一起的时候，就怎么也折不断。你们兄弟也是如此，如果互相斗气，单独行动，很容易遭到失败，只有20个人联合起来，齐心协力，才会产生无比巨大的力量，可以战胜一切，保障国家的安全。这就是团结的力量啊！"

儿子们终于领悟了父亲的良苦用心，想起自己以往的行为，都悔恨地流着泪说："父亲，我们明白了，您就放心吧！"阿豺见儿子们真的懂了，欣慰地点了下头，闭上眼睛安然去世了。

9.4.2 产品质量控制

1.产品质量控制的概念

产品质量是指产品适应社会生产和生活消费的需要而具备的特性，它是产品使用价值的具体体现。它包括产品内在质量和外观质量两个方面。产品内在质量包括产品的性能、寿命、可靠性、安全性、经济性、使用便利性和舒适度、易维修性和环保性等，产品外观质量包括产品的光洁度、造型、色泽和包装等。产品质量的形成主要经过产品的设计、原材料采购、制造(含加工、安装和调试等)、包装、检验、运输、售后服务和辅助生产等过程，其中任何一个环节出问题都可能影响产品质量。产品质量控制就是在产品质量形成的各个环节上，通过测定产品的实际质量特性，将其与质量标准进行比较，并对它们之间存在的差异采取改进措施的过程。

2.产品质量控制的内容

产品质量控制的内容非常丰富,从产品的设计到成品出厂,从产品运输到售后服务,都需要进行质量控制。下面只简单介绍产品质量控制的一些主要内容。

(1)产品设计质量控制

产品设计是产品质量形成的最前沿的阶段,如果产品设计出了问题,将导致产品的先天不足,后续的质量控制是无法弥补的。因此,质量控制的重点应放在设计阶段,产品质量控制应从制造阶段进一步提前到设计阶段。首先提出这一观点的是日本著名质量管理专家田口玄一博士。20世纪70年代,田口玄一提出了田口质量理论,将产品质量控制分为离线质量控制(主要指产品设计质量控制)和在线质量控制(主要指产品制造质量控制),并认为产品质量首先是设计出来的,其次才是制造出来的。产品设计质量控制的控制内容包括产品能否满足用户需求和社会发展、产品的成本和经济效益、产品使用的安全性和可靠性、产品是否易于使用、产品的外观和包装、制造工艺和技术先进性与合理性等方面的质量控制过程。

(2)原材料质量控制

原材料是指组织用于生产产品并构成产品实体的购入物品,以及购入的用于产品生产但不构成产品实体的辅助性物资等。原材料可分为原料及主要材料、辅助材料、半成品、修理用备件、包装材料、燃料等。原材料质量是决定产品质量的基础条件,采用劣质的原材料是不可能生产出高质量成品的。原材料质量控制工作包括供应商的选择、原材料采购、原材料入库检验、原材料储存、原材料(如电子元器件)的老化和筛选等方面的质量控制过程。

(3)工序质量控制

工序是指组成产品生产整个过程的各段加工环节,也指各段加工环节的先后次序。工序质量是构成产品质量的重要因素,因此在产品生产过程中必须要对工序质量进行严格的控制。工序质量是多种因素共同作用下的结果,其主要控制因素有6个(5M1E):操作者(man)的文化程度、技术水平、劳动态度、质量意识和身体状况等;机器设备及工艺装备(machine)的技术性能、加工精度、使用效率和维修状况等;原材料(material)的性能、规格、成分和形状等;工艺规程、操作规程和工作方法(method)的正确性、先进性和标准化等;测量器具和测量方法(measurement)的精确度、先进性和科学性等;工作环境(environment)的温度、湿度、照明、噪声和清洁卫生等。工序质量控制就是对以上5M1E的各种因素进行监督、检查和纠正偏差。此外,工序质量控制还需要其他质量控制过程的配合,如人力资源质量控制和原材料质量控制等。

(4)产品件质量控制

工序质量控制是对影响产品加工质量的各工序的条件和环境进行控制,以现场控制为主的产品件质量控制是对在制品、半成品和产成品的质量进行控制,以反馈控制为主。在制品是指正在加工,尚未完成的产品;半成品是指经过一定生产过程且检验合格交付半成品仓库保管,但尚未制造完工成为产成品,仍需进一步加工的中间产品;产成品是指组织已经完成全部加工过程,合乎技术标准并已验收入库,可以送交订货单位或对外销售的产品。产品件质量控制工作包括在各道工序中和加工后对在制品、半成品和产成品进行质量检验,对检验数据进行统计分析,发现并剔除不合格品,对质量问题进行处理和纠正等管理过程。

管理工具 9-1

六西格玛

六西格玛(6σ)概念于1986年由摩托罗拉公司的比尔·史密斯提出,属于品质管理范畴。西格玛(∑,σ)是希腊字母,这是统计学里的一个单位,表示与平均值的标准偏差。它旨在生产过程中降低产品及流程的缺陷次数,防止产品变异,提升品质。因此,6σ管理法是一种统计评估法,核心是追求零缺陷生产,防范产品责任风险,降低成本,提高生产率和市场占有率,提高顾客满意度和忠诚度。6σ管理既着眼于产品、服务质量,又关注过程的改进。

6σ模式是一种自上而下的革新方法,它由企业最高管理者领导并驱动,由最高管理层提出改进或革新目标(这个目标与企业发展战略和远景密切相关)、资源和时间框架。6σ有一套全面而系统地发现、分析、解决问题的方法和步骤,也就是由界定、度量、分析、改进、控制(DMAIC)构成的改进流程。

界定:确定需要改进的目标及其进度。企业高层领导确定企业的策略目标,中层营运目标可能是提高制造部门的生产量,项目层的目标可能是减少次品和提高效率。

测量:以灵活有效的衡量标准测量和权衡现存的系统,收集数据,了解现有质量水平。

分析:利用统计学工具对整个系统进行分析,找到影响质量的少数几个关键因素。

改进:运用项目管理和其他管理工具,针对关键因素确立最佳改进方案。

控制:监控新的系统流程,采取措施以维持改进的结果,以期整个流程充分发挥功效。

3.产品质量控制的常用方法

产品质量控制的方法很多,下面仅列举几个常见的质量问题分析和控制的方法,以便读者对这些方法有一个初步的了解。另外需要提示的是,产品质量控制的方法有时也可以用于其他管理控制问题。

(1)抽样检验法

抽样检验法是运用抽样检验技术,判断产品是否达到控制标准的产品质量控制方法。它是从已交检的一批产品中,随机抽取数量为 N 的样本进行测试,将测试的不合格率与质量标准进行比较,以判断整批产品是否符合质量要求。

(2)直方图法

直方图法是通过对收集到的貌似无序的数据进行图表化处理,来判断和预测产品质量及不合格率的方法。直方图又称质量分布图,是一种几何形图表。它是根据从生产过程中收集来的质量数据分布情况,画成以组距为底边、以频数为高度的一系列连接起来的直方矩形图,如图9-3所示。直方图绘制好后,将它与质量标准对比,观察直方柱是否都落在界限范围内,是否有相当的余地以及偏离程度如何,来判断项目是否能稳定地产出符合质量要求的产品。

(3)控制图法

控制图法是根据数理统计原理,为分析和判断工序或产品件质量是否处于稳定状态

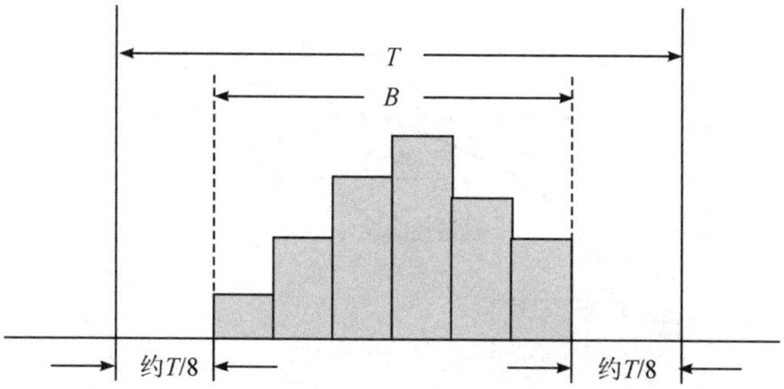

图 9-3　直方图示例

或规定范围内，采用控制界限图进行质量控制的方法。控制图的基本形式如图 9-4 所示。当质量特性值超出上或下控制线时，说明产品质量出现了非正常状态，需要采取控制措施了。

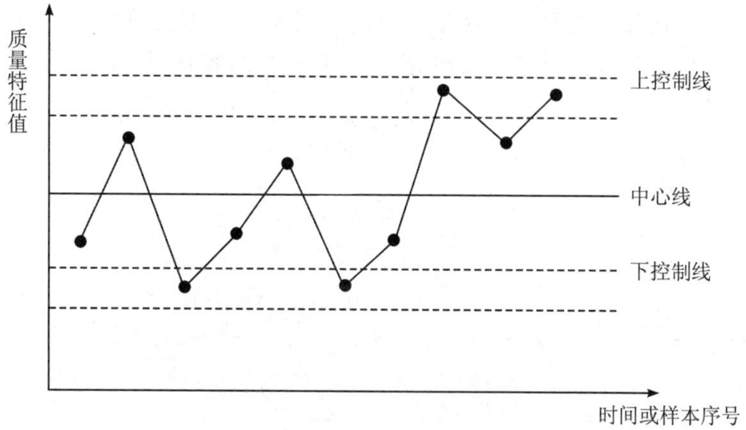

图 9-4　控制图示例

(4)排列图法

排列图法，又称主次因素分析法、帕累托(Pareto)图法，它是找出影响产品质量主要因素的一种简单而有效的图表方法。

排列图是根据“关键的少数和次要的多数”的原理而制作的。也就是将影响产品质量的众多影响因素按其对质量影响程度的大小，用直方图形顺序排列，从而找出主要因素。它由两个纵坐标、一个横坐标及若干个直方形和一条折线构成。左侧纵坐标表示不合格品出现的频数(出现次数或金额等)，右侧纵坐标表示不合格品出现的累计频率(如百分比表示)；横坐标表示影响质量的各种因素，按影响大小顺序排列；直方形高度表示相应因素的影响程度(即出现频率为多少)；折线表示累计频率(也称帕累托曲线)。如图 9-5 所示。

通常根据累计百分比将影响因素分为三类：占 0～80%为 A 类因素，也就是主要因素；80%～90%为 B 类因素，是次要因素；90%～100%为 C 类因素，即一般因素。由于 A 类因素占存在问题的 80%，此类因素解决了，质量问题大部分就得到了解决。

(5)因果分析图法

因果分析图法是用图示的方法表示产生某质量问题的若干原因，以及各原因的原因，如

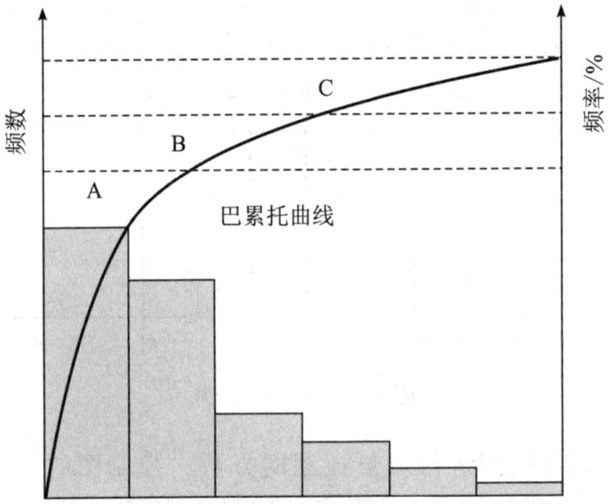

图 9-5 排列图示例

此层层分析，直至找到其根本原因。这是一种透过现象看本质的质量分析方法。因果分析图由日本质量管理学家石川馨提出，又称为鱼刺图、鱼骨图和石川图。图 9-6 给出了因果分析图法的一个示例。

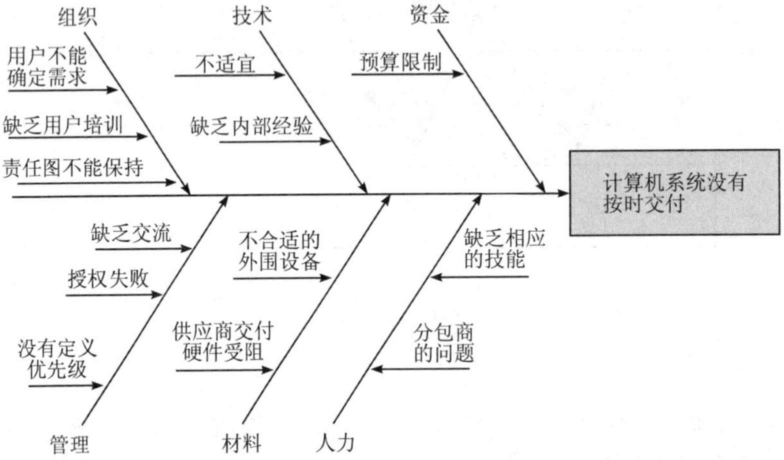

图 9-6 因果分析图示例

管理工具 9-2

全面质量管理

“全面质量管理”(total quality management，TQM)概念是美国通用电气公司的费根堡姆和质量管理专家朱兰在 20 世纪 50 年代末提出的。他们认为“全面质量管理是为了能够在最经济的水平上，并考虑到充分满足客户要求的条件下进行生产和提供服务，把企业各部门在研制质量、维持质量和提高质量的活动中构成一体的一种有效体系”。

60 年代初，美国一些企业根据行为管理科学的理论，在企业的质量管理中开展了依靠职工“自我控制”的“无缺陷运动”(zero defects)，日本在工业企业中开展质量管理小组(Q.C.circle/quality control circle)活动，使全面质量管理活动迅速发展起来。

全面质量管理的基本方法可以概况为“四句话十八字”，即“一个过程，四个阶段，八个步骤，数理统计方法”。

一个过程，即企业管理是一个过程。企业在不同时间内，应完成不同的工作任务。企业的每项生产经营活动，都有一个产生、形成、实施和验证的过程。

四个阶段，根据管理是一个过程的理论，美国的戴明博士把它运用到质量管理中来，总结出“计划(plan)—执行(do)—检查(check)—处理(act)”四阶段的循环方式，简称 PDCA 循环，又称“戴明循环”。

八个步骤，为了解决和改进质量问题，PDCA 循环中的四个阶段还可以具体划分为八个步骤。(1)计划阶段：分析现状，找出存在的质量问题；分析产生质量问题的各种原因或影响因素；找出影响质量的主要因素；针对影响质量的主要因素，提出计划，制定措施。(2)执行阶段：执行计划，落实措施。(3)检查阶段：检查计划的实施情况。(4)处理阶段：总结经验，巩固成绩，工作结果标准化；提出尚未解决的问题，转入下一个循环(见下图)。

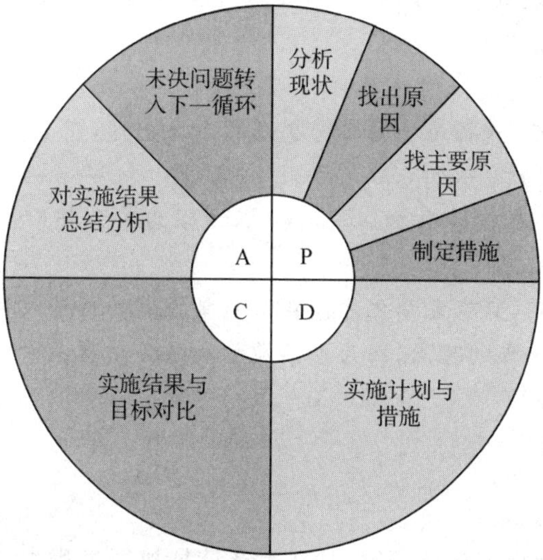

在应用 PDCA 四个循环阶段、八个步骤来解决质量问题时，需要收集和整理大量的书籍资料，并用科学的方法进行系统的分析。最常用七种统计方法：排列图、因果图、直方图、分层法、相关图、控制图及统计分析表。这套方法以数理统计为理论基础，不仅科学可靠，而且比较直观。

全面质量管理注重顾客需要，强调参与团队工作，并力争在企业内部形成一种文化，以促进所有员工设法、持续改进组织所提供产品/服务的质量、工作过程和顾客反应时间等。它由结构、技术、人员和变革推动者四个要素构成(如下图所示)，只有这四个方面全部齐备，才会有全面质量管理这场变革。

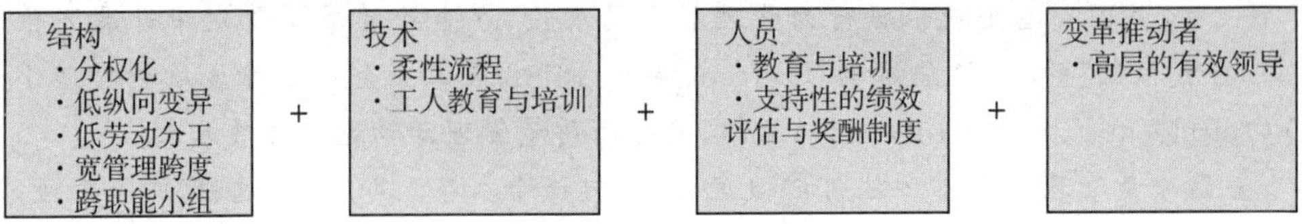

全面质量管理的组成要素

全面质量管理有三个核心的特征:全员参加的质量管理、全过程的质量管理和全面的质量管理。

全员参加的质量管理即要求全部员工,无论高层管理者还是普通办公职员或一线工人,都要参与质量改进活动。参与"改进工作质量管理的核心机制"是全面质量管理的主要原则之一。

全过程的质量管理必须在市场调研、产品的选型、研究试验、设计、原料采购、制造、检验、储运、销售、安装、使用和维修等各个环节中都把好质量关。其中,产品的设计过程是全面质量管理的起点,原料采购、生产、检验过程是实现产品质量的重要过程;而产品的质量最终在市场销售、售后服务的过程中得到评判与认可。

全面的质量管理是用全面的方法管理全面的质量。全面的方法包括科学的管理方法、数理统计的方法、现代电子技术、通信技术。全面的质量包括产品质量、工作质量、工程质量和服务质量。

另外,全面质量管理还强调以下观点:

1.用户第一的观点,并将用户的概念扩充到企业内部,即下道工序就是上道工序的用户,不将问题留给用户。

2.预防的观点,即在设计和加工过程中以预防为主为核心,变管结果为管不良因素,消除质量隐患。

3.定量分析的观点,只有定量化才能获得质量控制的最佳效果。

4.以工作质量为重点的观点,因为产品质量和服务均取决于工作质量。

9.4.3 生产进度控制

1.生产进度控制的概念

生产进度控制,又称生产作业控制,是在生产计划执行过程中,对有关产品生产的数量和期限的控制。其主要目的是保证完成生产作业计划所规定的产品产量和交货期限指标。生产进度控制是生产控制的基本方面,狭义的生产控制就是指生产进度控制。

2.生产进度控制的内容

生产进度控制的基本内容主要包括投入进度控制、工序进度控制和出产进度控制。其基本过程主要包括分配作业、测定差距、处理差距、提出报告等。

工序进度控制是指对产品(零部件)在生产过程中经过的每道加工工序的进度控制。在成批单件生产条件下,每个工作地所需加工零件种类多,工艺、工序不固定,因此,只控制投入和产出是不够的,还需控制工序进度。对于那些加工周期长、工序多的产品(零部件)更需要。一般按工票和加工路线单进行控制。在大量生产条件下,生产连续性强,每个工作地都固定加工一种或几种零件,一般通过控制制品数量来实现工序进度控制的目的。

生产进度控制贯穿整个生产过程,从生产技术准备开始到产成品入库为止的全部生产活动都与生产进度有关。习惯上人们将生产进度等同于出产进度,这是因为客户关心的是能否按时得到成品,所以企业也就把注意力放在产成品的完工进度上,即出产进度。

3.生产进度控制的常用方法

(1)甘特图

甘特图以图示的方式通过活动列表和时间刻度形象地表示出任何特定项目的活动顺序与持续时间。基本是一条线条图,横轴表示时间,纵轴表示活动(项目),线条表示在整个期间上计划和实际的活动完成情况。它直观地表明任务计划在什么时候进行,以及实际进展与计划要求的对比。下面举图书出版例子来说明甘特图,如图 9-7 所示。

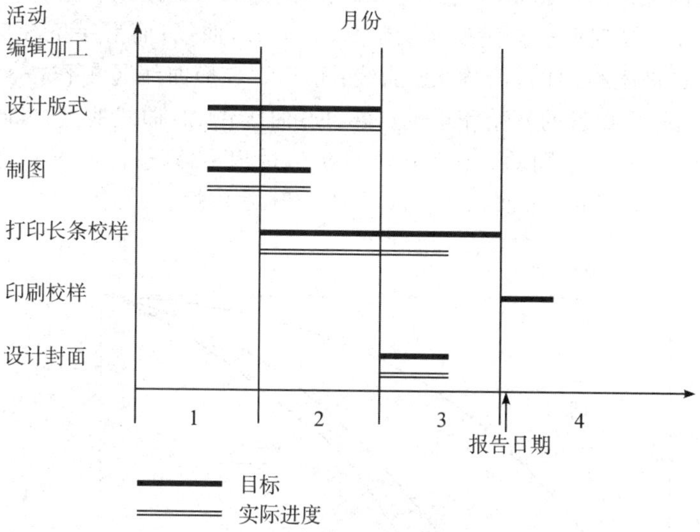

图 9-7 图书出版甘特图

资料来源:斯蒂芬·P.罗宾斯.管理学[M].7 版.北京:中国人民大学出版社,2004:239.

时间以月为单位,表示在图的下方,主要活动从上到下列在图的左侧,时间框内的实心线条表示各项活动的计划进度,空心线条表示各项活动的实际进度。在本例中,截至报告日期这一时点,除了打印长条校样外,其他活动都按计划完成。甘特图可用于检查工作完成进度。它表明哪件工作如期完成,哪件工作提前完成或延期完成。管理者由此可便利地弄清一项任务(项目)还剩下哪些工作要做,并可评估工作进度。

(2)里程碑计划

里程碑是项目中的重大事件完成时间点,通常指一个阶段性工作成果的完成时间。里程碑计划是一个目标计划,它表明达到特定的里程碑的计划时间。里程碑计划通过建立里程碑和检验各个里程碑的到达情况,来控制项目工作的进展和保证实现总目标。下面举创建一家管理咨询公司的里程碑计划为例来说明,如表 9-1 所示。第一列为创建一家管理咨询公司项目的五个阶段性工作成果,第一行显示出了各阶段性工作成果的完成时间点(即里程碑),实心三角表示计划完成时间,管理者通过查看各阶段性工作成果在相应时点是否产生,便可评估工作进度,并采取相应的控制措施。

表 9-1 创建一家管理咨询公司的里程碑计划

事件(里程碑)	1月20日	2月10日	3月15日	4月5日	5月30日
资金筹措到位	▲				
找到商业合伙人		▲			
总裁确定			▲		
办公地点确定				▲	
建立一支高素质的咨询队伍					▲

(3)香蕉曲线比较法

香蕉曲线由两条以同一开始时间、同一结束时间的S形曲线组合而成。其中,一条S形曲线是工作按最早开始时间安排进度所绘制的,简称ES曲线;而另一条S形曲线是工作按最迟开始时间安排进度绘制的,简称LS曲线;第三条S形曲线是工作按实际进度所绘制的,简称R曲线。除了项目的开始和结束点外,ES曲线在LS曲线的上方,同一时刻两条曲线所对应完成的工作量是不同的。在生产项目实施过程中,理想的状况是任一时刻的实际进度(R曲线)在ES曲线和LS曲线所包区域内,如图9-8所示。

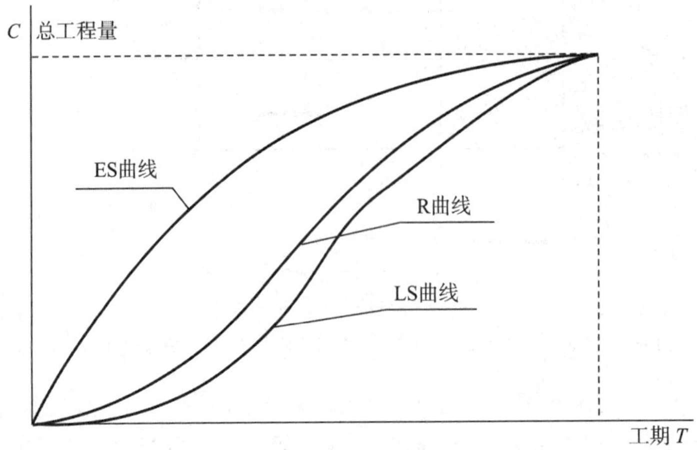

图 9-8 香蕉曲线图

9.4.4 管理控制的信息技术

信息是与劳动力、土地、资本、企业家一样重要的生产要素,信息流与商流、物流、资金流都是组织发展机制的重要组成部分。随着全球化、信息化和网络化的不断发展,个人生活和组织运营领域已经发生了翻天覆地的变化,而且正在发生更大的变化。运用信息技术进行管理控制的重要性与日俱增,可行性越来越高。

1.信息技术及其在控制中的作用

信息技术是当今世界发展最快的技术领域,信息技术的快速发展极大地推动了其他产业和领域的快速发展,信息技术在管理控制中的作用也越来越大。

(1)信息与信息技术

信息不同于数据,数据是用于记录客观事物的性质、形态和数量特征的抽象符号,如文字、数字、图形、曲线等。而信息是经过加工处理后对组织管理的决策和目标实现有参考价值的数据,如报表、账册和图纸等。信息是组织指挥和控制经营活动的依据,驾驭信息的能力在很大程度上决定着组织经营活动的效果。

信息技术(information technology)是对信息进行采集、传输、存储、加工、表达和应用的各种技术的总称,主要包括计算机技术、通信技术和传感技术,涉及不同的硬件(如计算机、打印机等)、软件(如操作系统、文字或数据处理软件等)、网络(局域网、互联网、物联网等)、通信(电信、数据库管理等)、传感(传感器、信息处理等)等诸多领域。云计算和大数据是信息技术领域新的高度和形态,能够让信息更快、更准地收集、传递、处理并执行,是科学技术的最新呈现形式。

信息技术的应用就是信息化。具体说,信息化是指企业、政府等各类组织通过广泛地应用信息技术,更有效地开发和利用信息资源,以提高管理能力、综合素质和绩效水平的过程。这个过程涉及组织结构、人员素质、管理方式、组织文化等多方面广泛而深刻的变化,因而是组织管理重要的组成部分。无论是对于企业还是对于非营利机构来说,信息化都是管理控制的重要内容和手段。

经过多年的发展,信息技术在企业价值链各个环节的管理和控制都获得了广泛的应用。主要表现在:第一,供应链管理信息化(SCM);第二,生产过程信息化,如计算机辅助设计(CAD)、计算机辅助制造(CAM)、物料需求计划(MRP)、制造资源计划(MRPI)、集散控制系统(DCS)等;第三,营销与服务信息化,如客户关系管理(CRM)等;第四,管理过程信息化,如电子数据处理系统(TPS)、管理信息系统(MIS)、企业资源计划(ERP)、办公自动化系统(OA)、决策支持系统(DSS)、经理信息系统(EIS)等。

当前,政府信息化的主要内容有:第一,政府间的电子政务(G2G),是各级各地政府、不同政府部门之间的电子政务,包括电子法规政策系统、电子公文系统、电子司法档案系统、电子财政管理系统、电子办公系统、电子培训系统、业绩评价系统。第二,政府对企业的电子政务(G2B),是指政府通过电子网络系统精简管理业务流程,提高办事效率,方便快捷地为企业提供各种信息服务,包括电子采购与招标、电子税务、电子证照办理、信息咨询服务、中小企业电子服务。第三,政府对公民的电子政务(G2C),是指政府通过电子网络系统为公民提供的各种服务,包括教育培训服务、就业服务、电子医疗服务、社会保险网络服务、公民信息服务、交通管理服务、公民电子税务等。

(2)信息技术在管理控制中的作用

随着信息技术的迅速发展和广泛应用,管理控制的内容和手段得到了极大丰富,控制效率和效果也得到极大改善,信息技术已成为现代管理控制的一个重要组成部分。

首先,信息技术提升了管理信息的处理速度与质量。近年来,计算机技术和互联网的快速发展,使得传统的信息收集和处理手段得到极大改善,尤其是远程数据的采集、瞬时传递和处理方面,已基本消除了传统的地域限制,使管理者能够实时了解全球范围内事关组织发展的各种变化,并及时采取相应的应对措施。同时,借助管理信息系统,组织可以便捷地收集、存储、处理、提取和传递各种管理信息,甚至利用专门的处理程序进行信息处理和加工,得出合乎逻辑的结论,供管理控制使用。

其次,信息技术丰富了管理控制的方法手段。信息技术的发展,各种软硬件的不断涌现,使信息技术在管理控制中的使用越来越广泛。企业的物料需求计划、生产资源计划、项目成本核算、库存控制与采购、工程设计、仿真和大数据管理处理等方面,都可以借助信息技术来更好地实现其控制目的。同时,信息技术拓宽了组织的传统控制领域,将供应商、经销商和顾客等也纳入了组织管理和控制的范围,从而更有利于为组织目标的实现而服务。

最后,信息技术改善了管理控制的效果。借助互联网、无线通信和移动商务等技术,管理者可以方便地实现对组织工作的实时和异地监控,及时发现问题、查询原因并采取矫正措施。这样既可以提高管理控制的时效性,又可以降低管理控制成本,使组织及时应对内外环境的变化,合理调整经营目标和经营计划,赢得更广阔的市场和更好的经济效益。

2.现代控制的信息技术方法

现代信息技术的飞速发展,极大地促进了组织管理的信息化和管理控制的现代化。实践中用于管理控制的信息技术方法多种多样,应用领域遍布管理控制的各个层面,此处从用于组织管理层次及其发展历程角度,简要介绍几种常见的类型。

(1)电子数据处理系统

电子数据处理系统(EDPS)亦称交易处理系统(TPS),主要用于运营层的管理控制,用来处理日常的、循环的业务事件,处理的通常是一些具体的电子数据。例如,记录收入和支出账目以及工资发放总额等。

电子数据处理系统的特点是,能迅速而有效地处理大量数据,进行严格的数据整理与编辑,保证输入、处理和输出的完整性和准确性,逻辑关系简单,并能支持多用户使用。它充分利用了计算机对数据进行快速运算和大量存储的能力,可以减少业务人员的重复性劳动。组织中各部门都可以运用该系统构建自己的独立系统或子系统,如订货系统、库存系统、销售系统、薪酬系统等。

(2)管理信息系统

管理信息系统(MIS)是一个旨在支持管理人员履行其职能,以及时、有效的方式来收集、分析和传递组织内外部信息的系统。它是由大容量数据库支持,并以数据处理为基础的计算机应用系统。管理信息系统基于系统观点,把分散的信息组成一个比较完整的信息系统,极大地提高了信息处理效率,可以为组织中各层次、各部门服务。

管理信息系统通常由四个部分组成:第一,EDPS部分,主要实现数据收集、输入,数据库的管理、运算、查询、报表输出等;第二,分析部分,主要实现数据的深加工,如运用各种管理模型和定量化分析手段对组织的经营情况进行分析;第三,决策部分,以解决结构化的管理决策问题为主,为高层管理者供一个最佳决策方案;第四,数据库部分,主要用于数据文件的存储、组织、备份等,是管理信息系统的核心部分。

管理信息系统是典型的人机结合的辅助管理系统,管理和决策的主体是人,系统是辅助性的工具。数据信息是系统运作的驱动力,只有保证完整的数据资料采集,系统才能有效地运作。

(3)决策支持系统

决策支持系统(DSS)是以管理科学(如运筹学、控制论等)和行为科学等为基础,以计算机技术、仿真技术和信息技术为手段,针对半结构化的决策问题,支持决策活动的、具有智能作用的人机系统。该系统能为决策者提供决策所需的数据、信息和背景材料,帮助明确决策目标、识别问题，建立模型，提供各种备选方案，并对各种方案进行评价，通过人机交互功能进行分析、比较和判断，为正确决策提供必要的支持。例如，决策者利用该系统可以在几天之内，而不是几个月之后，就可以了解贴现率上升是如何影响公司销售的。

从概念结构看，决策支持系统由会话系统、控制系统、运行及操作系统、数据库系统、模型库系统、规则库系统和用户组成。其运行过程为：用户通过会话系统输入要解决的决策问题，会话系统把输入的问题传递给问题处理系统；然后，问题处理系统开始收集数据信息，并根据知识库中已有的知识来判断和识别问题；识别后，会话系统会与用户进行交互对话，直到问题得到明确；之后，系统会搜寻问题解决的模型，通过计算推理得出方案可行性的分析结果，并将决策信息提供给用户。

决策支持系统的特点是：系统的用户就是决策者，可以用固定的模型和方法来解决半结构化的决策问题。该系统强调支持的概念，目的是帮助决策者做出更加科学的决策。但需要人机的交互作用，一个问题的决策需要经过反复的、大量的人机对话，因此，决策者的因素如个人偏好、经验、价值观、判断能力等，会对决策的最终结果产生重要影响。

近年来，信息控制系统又有新的发展，比如为高层管理者服务的经理信息系统（EIS）、经理支持系统（ESS）、战略信息系统（SIS），以及将组织与供应商、客户和其他合作伙伴进行关联的集成系统。这些技术在提升组织的运作效率和竞争力等方面，都发挥了很重要的作用。

3.基于信息技术的柔性作业系统

市场需求的多样性和环境变化的不确定性，对组织管理控制的柔性化提出了全新要求。而信息技术的发展，为有效连接供应商、经销商和顾客，从而实现组织运营的柔性化提供了坚实的技术支持。

(1)柔性作业系统的内涵与特点

柔性，就是可变通性和易适应性。柔性作业是指生产系统能对市场需求变化以较低的成本和较高的效率做出快速的适应。柔性作业系统（flexible manufacturing system）就是为应对市场需求的多样性和环境变化的不确定性，在信息技术发展的基础上，由若干数控设备、物料运贮装置和计算机控制系统组成的，能根据制造任务和生产品种变化而迅速进行调整的自动化制造系统。

柔性作业系统是市场竞争的产物。20世纪60年代，随着市场竞争的加剧和人民生活水平的提升，消费需求发生了很大变化，顾客追求新颖、多样且具有个性化的产品成为时尚。传统的大规模生产模式已难以适应这样的变化和要求，多品种、中小批量生产的方式成为必然的发展方向。而科学技术的发展，尤其是信息技术的发展，为这一生产方式的变革提供了可能，柔性作业系统应运而生。几十年来，先后出现了许多种柔性作业系统，主要有精益生产（LP）、制造资源计划（MRPI）、敏捷制造（AM）、供应链管理（SCM）、企业资源计划（ERP）等。尽管名称不同、功能不一，但它们都具有以下特点：

第一，以顾客需求为导向。传统的大规模生产方式是以成本降低为导向的，先生产后销售，难以满足迅速变化的市场需求和顾客的差异化要求。而柔性作业系统则以顾客的个性化需求为出发点，以低成本、高效率地满足顾客的差异化需求为目标，来实现组织生产经营模式的全新转变。

第二，以信息技术为基础。柔性作业系统要求组织能对顾客的个性化需求做出快速反应。这种情况下,组织必须能够适时获取顾客订单信息,并能将相应的个性化定制产品信息及时传递到不同的制造单元,从而高效地完成产品的制造和配送,以满足顾客的需求。一个企业要高效率地实现所有这些环节,必须以先进的信息技术为基础。

第三,以敏捷反应为标志。在传统的大规模生产方式中,组织与顾客是一对多的关系,组织以标准化的大量产品应对顾客基本一致(优质低价)的产品需求。但在柔性作业系统中,组织与顾客是一对一的关系,组织面临的是顾客千变万化的个性化需求。此时,组织必须通过柔性和快速反应能力,实现产品优质、低价和品种多样化的目标,以满足顾客的差异化需求。

(2)柔性作业系统的运作

所有柔性作业系统都包含计算机控制系统、物料运送和管理系统、加工系统三个基本组成部分。此外还会根据具体的运作要求,配置不同的辅助工作站,如清洗工作站、监控工作站等。

计算机控制系统实现对柔性作业系统的控制和监督管理工作。通常由一台中央计算机(主机)和各个设备的控制装置组成分级控制网络,并采用三级递阶控制系统来实现控制工作。第一级控制包括对各种加工作业的控制和监测,亦称设备级控制器;第二级控制包括对整个系统运转的管理以及第一级生产数据的收集,亦称工作站控制器;第三级控制称为FMS控制器,是柔性作业系统全部活动的总体控制系统,全面管理、协调和控制单元内的制造活动,并承上启下,完成与上级控制器的信息连接。

物料运送和管理系统承担传递工作,实现对原材料出入库的搬运、装卸等工作。该系统能够实现原材料在机器之间、加工单元之间、自动仓库与加工单元之间以及托板存放站与机器之间的输送和搬运。

加工系统承担产品及零部件的加工工作。一般配备数控加工中心和数控切削中心等,实现对顾客多样化需求产品的加工制造。

柔性作业系统基本的运作流程是:首先,由企业建立与顾客之间的信息交换体系。顾客的产品需求信息可以通过信息终端反映到订单登录数据库,在相应管理软件的处理下生成订单;当顾客在优化的基础上同意订单时,订单信息就会即刻通过信息系统被送到生产工厂,进入订单数据库。其次,订单数据库接收信息并将其转变为不同的数据包,传送到在线装配指令监控器或工作站;加工站自动加工相应的零部件并通过物流系统组装产品,自动检测后输送到仓库,完成产品的制造过程。最后,企业根据顾客的要求,将个性化的产品配送到顾客手中。

(3)柔性作业系统的发展趋势

柔性作业系统的概念是20世纪60年代提出并开始尝试的,80年代末进入大量应用阶段,目前已臻于成熟,并不断完善。从发展趋势看,未来的柔性作业系统将在如下几个方面有进一步的发展:

①配置小型化

随着信息技术的发展,柔性作业系统的规模将日趋缩小,朝着更易管理的单元方向发展。这将使企业的使用门槛和使用成本大幅降低,从而使更多企业具备柔性生产的能力,更好地响应和满足顾客需求。

②系统结构模块化

传统的柔性作业系统一次性投资大，很多中小企业难以承担构建成本，而系统结构的模块化可以有效应对这一难题。通过模块化设计，中小企业可以根据自身的需要和负担能力，分期投资建设，渐进式发展；既可以获取良好的收益，也可以积累使用经验，为进一步的建设奠定基础。

③管理控制软件产品化

传统的柔性作业系统大都针对用户的独特需求，进行独特的设计和开发。未来柔性作业系统的核心控制软件的开发设计将逐步实现通用化，在此基础上根据用户的不同需求进行适当的调整和优化，就可以交付应用。

④控制系统设计集成化

企业作为一个整体，需要从系统的观点来思考与运作，采用现代信息技术，加速信息的采集、传递和加工处理过程，提高运营效率和效果。基于这种需求，柔性作业系统正朝着计算机集成制造系统(computer integrated manufacturing system，CIMS)的方向发展，即通过计算机软件和硬件，综合运用现代管理技术、制造技术、信息技术、自动化技术、系统工程技术，将企业运营过程中的人、技术、管理三要素以及信息流、资金流、物流全都进行有机集成并优化运行，成为一个覆盖面更广、满足顾客能力更强的复杂系统。

管理故事 9-6

狼的团队精神

广阔无垠的旷野上，一群狼踏着积雪寻找猎物。它们最常用的一种行进方法是单列行进，一匹挨一匹。领头狼的体力消耗最大。作为开路先锋，它在松软的雪地上率先冲开一条小路，以便让后边的狼保存体力。领头狼累了时，便会让到一边，让紧跟在身后的那匹狼接替它的位置。这样它就可以跟在队尾，轻松一下，养精蓄锐，迎接新的挑战。

在一对头狼夫妇的带领下，狼群中每一匹狼要为了群体的幸福承担一分责任。比如，在母头狼产下一窝幼崽后，通常会有一位“叔叔”担当起“总保姆”的工作，这样母头狼就可以暂时摆脱责任，和公头狼去进行“蜜月狩猎”。狼群中每个成员都不希望做固定的猎手、保姆或哨兵——不过，每一匹狼都在扮演着至关重要的角色。

早在与成年狼嬉闹玩耍时，狼崽们就被耐心地训练承担领导狼群的重任。它们这样做是因为生活本该是这样。成功的团体也是如此。每位成员不仅要承担自己的义务，还要准备随时承担起更大的领导责任。一个团体的生命很可能就维系于此。

狼与狼之间的默契配合成为狼群成功的决定性因素。狼不仅与同类密切合作，还可以与其他种类的生物和睦相处，这样做的目的就是达到双方合意的目标。乌鸦就是一个例子。乌鸦富有空间观察的经验，当它发现一个受伤或死掉的猎物时，通常会像报信者一样，把狼和其他乌鸦叫到现场。狼可以撕开猎物的尸体，于是就为大家提供了足够享用几天的美食。狼有时会闹着玩地扑向狡猾的乌鸦，乌鸦则会在狼进食的时候啄它的屁股。两种动物不仅能和平相处，而且很显然它们之间存在着依据大自然的效率法则和数千年的经验逐渐形成的错综复杂的合作关系。

9.5 本章新时代管理学的探索

9.5.1 思政融入映射内涵

20 世纪 90 年代至今,中国高速动车组经历了自主探索、引进消化吸收、自主创新、全面创新四个发展阶段,成功实现了从追赶到领跑的历史性跨越。特别是 2012 年起,为贯彻落实习近平总书记的重要指示精神,中国高速动车组技术进入全面创新阶段。在中国国家铁路集团有限公司、中国中车股份有限公司等组织下,中车长春轨道客车股份有限公司联合国内外科研院所和全产业链供应商,加大自主创新力度,以中国标准为主导,按照正向设计思路,以自主化、简统化、互联互通互换、技术先进为目标,成功研制出具有完全自主知识产权的时速 160 公里、250 公里、350 公里系列化“复兴号”动车组,创造了时速 420 公里列车交会试验的世界纪录,实现了全球首个时速 350 公里商业运营。

2021 年 1 月,习近平总书记乘坐京张高铁赴张家口赛区考察北京冬奥会筹办工作时指出,我国自主创新的一个成功范例就是高铁,从无到有,从引进、消化、吸收、再创新到自主创新,现在已经领跑世界。中国高铁技术的赶超和质量控制历程分为 4 个阶段。

1.基于独立研发的试验性探索(2004 年以前)

面对日益紧张的铁路运输压力,提高运输能力是 20 世纪 90 年代铁路部门迫切需要解决的问题。2004 年之前,原国家科委和原铁道部累计列出了 250 余个高铁研究课题,投资了一批关键的科技基础设施,科研骨干参与其中,为后来的引进消化吸收再创新奠定了重要的基础。

在企业内部研发设施尚不完善的情况下,中国依托铁路行业性高校与科研院所建立了科技平台,对铁路技术能力的积累起到了重要的支撑作用。以西南交通大学为例,该校早在 1989 年便开始筹建铁路系统的首家国家重点实验室,即牵引动力国家重点实验室,其建立的大型滚动振动试验台是全国模拟和验证车辆运行动态性能和驱动工况的关键平台。该实验室承担了大量的国家科研攻关项目和企业委托的应用导向的技术研发项目,并根据铁路提速对试验能力的需求,多次增加投资,从最早的单轴试验台逐渐扩大为六轴整车参数试验台。在中国高铁整体技术水平落后于国际领先水平的情况下,中国高铁的台架试验能力率先达到了世界先进水平。

通过一系列的试验性探索,中国在高铁技术的主要领域积累了初步的技术能力。第一,通过改建、新建高速客运专线,中国具有传统优势的工程技术开始向高铁工程技术延伸,增强了后来中国高铁跨越式发展的“底气”。1999 年开工建设的秦沈客运专线,已经使用了无缝钢轨,研制了 600 吨架桥机,研发了接触网材,改进了结构设计,并建设了一段试验用无砟轨道。秦沈客运专线建设中遇到的技术问题,有助于明确相关技术的发展方向。例如,施工单位深化了对高铁路基结构的认识,为后来解决高铁路基沉降问题确定了技术突破方向;高速道岔存在的技术问题,推动了轮轨关系基础理论研究和材料技术的发展,加速了中国高速道岔技术开发和国产化。2003 年开工建设的遂渝铁路,研制了 CRTS Ⅲ型无砟轨道结构,后来也被运用至全国高铁线路中。第二,高铁装备的“大系统”和“小配件”均有一定技术进步。在牵动动力系统方面，株洲所研制的交流传动系统被用于“奥星号”“中原之星”“中华之星”等国产高速列车，积累了较为扎实的自主技术能力；国产高速列车还首次采用了车载速度控制系统，株洲所研发的 LKJ2000 型通信信号系统于 2000 年被全行业运用；戚墅堰所研制了大缸径活塞环，被应用至准高速列车。中国以科技攻关项目为载体，初步形成了高铁技术集成能力。

2.自主创新导向的技术引进(2004—2008 年)

2004 年，原铁道部提出了“直接利用世界最新科技成果，把引进、消化、吸收先进技术与自主创新结合起来，在较高起点上实现铁路技术发展的跨越”。

原铁道部规定合格的投标人需为“在中华人民共和国境内合法注册的，具备铁路动车组制造能力，并获得拥有成熟的时速 200 公里铁路动车组设计和制造技术的国外合作方技术支持的中国制造企业(含中外合资企业)”，确保了中国本土企业在技术引进和学习中的主动权。根据技术引进合同，技术转让包括技术文件(含设计、制造和质量管理等)、人员培训、外方专家来厂指导等内容，并由外方进行质量验收，在技术和工艺上确保中方企业生产的高铁动车组产品(CRH1、CRH2、CRH3 和 CRH5)“与外国产品同一档次、同一水平”。

按照原铁道部的技术招标合同，每包 20 列车包括 1 列原装进口的原型车，2 列进口散件在国内组装，最后 17 列不断提升国产化比例。由于高铁动车组近八成的质量问题都与零部件有关，这种早期大量采用进口零部件的引进方式，排除了零部件对最终产品质量的干扰，确保中方企业能够集中精力学习国外转让的制造工艺，从而快速提高工艺水平和产品质量控制能力。同时，逐步提高零部件的国产比例，倒逼全产业链的技术能力提升。更重要的是，企业的研发体系、生产制造体系和质量控制体系建设通过对标国外领先企业，在短时期内即实现了质的飞跃。

3.形成正向设计能力(2008—2012 年)

引进的技术主要是给定型号的生产制造技术，其成效主要是提高本土企业的生产制造能力，确保国产装备出厂时能够达到与国外企业产品基本相当的水平，但引进技术仍然存在较大的改进和提升的空间。

发展自主产品开发平台需要强化基础研究支撑，这就要求通过深化高铁科研体制改革，引导利益相关方共同推进高铁部门创新体系的进一步完善。2008 年 2 月 26 日，为了支持京沪高铁的建设，科技部与原铁道部共同签署了《两部联合行动计划》，科技部门从项目支撑、理论支持、成果认定等方面支持了高铁技术创新，先后调动国内 100 余家高校、科研院所、国家级实验室和工程技术研究中心开展了广泛的技术合作，整合全国的科技资源支撑本土高铁技术能力升级。

通过上述努力，中国在较短的时间内实现了从逆向工程能力向正向设计能力的跃升，标志着中国高铁集成技术已经达到世界领先水平。中国高铁装备企业针对京沪高铁对时速 350 公里动车组的需求，正向设计了“和谐号”CRH380 系列动车组。以四方为例，该企业在 CRH380A 高速动车组的设计过程中，依托自主产品开发平台，高效率地完成了 20 种车头概念设计、10 种头型三维流场数值分析、5 种头型风洞试验，共进行了 17 项 75 次仿真测试、760 个工况的气动力学试验、60 个工况的噪声风洞试验、520 个测点的 22 项线路测试。以 CRH380 系列动车组的成功研制为平台，中国系统掌握了高速动车组 9 项关键技术和 10 项主要配套技术，不仅满足了高铁运营需求，还创造了多项世界纪录。

高铁是由多个子系统构成的复杂产品系统。由于子系统之间的技术和功能互补，每个子系统的价值受到其他子系统的影响。中国以高速动车组制造技术为基础，发展了与之兼容的工程技术和网络控制技术。以不同运营环境下的高铁建设为契机，中国逐步突破了复杂地质条件下地基处理和路基填筑成套技术，系统地掌握了长大桥梁简支箱梁成套技术体系以及无砟轨道技术标准体系，有效地缩短了高铁建设工期和建设成本；研发了能够满足时速350公里高铁运营要求的CTCS-3级列控系统。最终，以高铁运营为目标，中国实现了高速铁路工务工程、动车组、牵引供电、通信信号、运营调度、客运服务等各子系统的集成和优化。

4.自主知识产权创新与标准体系建设(2012年至今)

形成正向设计能力对高铁的技术能力积累至关重要，然而，中国高铁在运营层面和技术层面出现的新问题，促使中国高铁的技术能力继续攀升。

中国铁路总公司于2013年正式启动了由铁科院牵头的中国标准动车组研发项目。一是针对部分关键设备和系统尚未完全自主化的问题，中国铁路总公司提出中国标准动车组要“软件全面自主，硬件原则自主，具有自主知识产权，满足‘走出去’”的目标，由国内企业进行自主设计和制造。在设计阶段，相关企业就对中国标准动车组的核心技术加以分解，明确了形成专利的技术点，提出专利申请方案，开展专利价值评估，提出申请国外专利的建议。这种形成自主知识产权导向的产品设计和开发方式，确保研制的中国标准动车组“走出去”不存在知识产权纠纷。二是针对车型不统一造成运营成本高的问题，中国铁路总公司要求不同厂家生产的相同速度等级的动车组可重联运营，不同速度等级的动车组可相互救援。为此，中国标准动车组细化了各车型机械接口能够互联、电气接口逻辑互通、控制指令和操作界面互操作的要求，从各承担单位提出的解决方案中选择最优的方案，在更高的水平上鼓励了企业技术竞争，在一定程度上推动了全国高铁技术、知识产权和标准的整合。截至2018年2月，中国标准动车组已经产生1000多项发明专利。中国铁路总公司还组织对高速动车组的11大系统、96项零部件开展统型研究，实现了不同供应商提供的车体设备、旅客信息及娱乐系统主要部件可以互换通用，降低了铁路运输部门的运维成本，促进了国内高铁供应链的整合与升级。

通过自主知识产权创新与标准体系建设，中国高铁形成了先进、完备的技术体系，实现了从“追赶”到“比肩”，甚至在部分领域领先国际先进技术水平的跨越。首先，中国高铁的研发效率大幅提高。以中国高铁正向设计能力和本土产业配套能力为支撑，中国标准动车组不仅技术水平更高，而且研制周期大为缩短。时速350公里级的中国标准动车组(正式运营后定名为“复兴号”，CR400)，仅用了5年时间便完成了项目立项，编制顶层技术指标和技术条件，两个型号的样车研制、运营考核试验以及规模化生产和上线运营。而德国西门子公司开发的时速280公里等级的高速动车组ICE4，仅从技术招标到批量采购就耗时近10年。在标准化和建设自主产品开发平台的基础上，中国还在加快不同速度等级的中国标准动车组的研制，以谱系化的中国标准动车组(CR300、CR200)增强对不同运营环境的适应性。

其次，部分技术突破拓展了国际技术前沿。“复兴号”的试验时速达到400公里，标志着中国高铁总体技术水平和科研试验条件处于国际先进水平，且部分技术达到了世界领先水平。中国标准动车组在智能监测、数据集成、安全策略、远程维护等方面正在引领全球高铁的发展方向。依托中国标准动车组的研制，永磁驱动系统、变轨距车、自动驾驶和无人驾驶等多项前沿性技术得到了试验，加强了下一代技术储备。“复兴号”在运行的平稳性、减振降噪、用电用网、空调系统、座位布局、车内空间、安全检测、电磁干扰等方面均进行了优化，乘客的旅行体验得到显著提升。“复兴号”动车组还采用低阻力流线型，平顺化设计车体，在车体断面增加、空间增大的情况下，列车空气阻力比 CRH380 系列还要降低 7.5%～12.3%；按 350 公里时速运行，“复兴号”比 CRH380 的人均百公里能耗下降约 17%。

中国高铁的发展完整呈现了以独立研发为主的探索性试验、技术模仿、形成正向设计能力、掌握完全自主知识产权的技术能力提升过程，为中国多数正处于形成正向设计能力和探索构建本土供应链阶段的产业和企业提供了重要的参考和借鉴。

9.5.2 大数据、AI 等商务智能融入映射内涵

随着大数据应用日益渗透到各行各业中，数据所蕴含着的巨大商业价值也越来越为人们所重视，数据日益成为重要的企业资源。管理大数据是将企业内部海量的战略、文化、运营、营销、人力资源、财务等数据以及企业外部的行业和环境数据整合起来，通过数据挖掘和解读工作打造管理大数据结构化平台，跨企业的异构数据共享将最大化变现数据的商业价值。

1.管理大数据帮助企业优化资源配置

管理大数据能实现企业各业务环节间的信息高度集成和互联，减少不必要的资源浪费，实现有效的内部控制。一个企业的运营是在人、财、物、信息等资源有效运作的基础上实现的，资源配置合理则能发挥每项资源的最大潜能，资源配置不合理则必然导致浪费。

以制造业为例，制造业的研发、采购、物流、生产、库存、销售等环节会产生大量的诸如各工序节拍信息、产品质量信息、发货和收货信息、物料流动信息、客户需求信息、人力资源需求信息等数据，管理大数据系统能够实现企业内部和外部的各项数据的高度集成和互联，消除过度生产浪费、等待时间浪费、工序浪费、库存浪费、运输浪费、产品缺陷浪费等，降低生产成本，提高生产效率和产品质量，实现资源优化配置。

管理大数据能分析企业的产品结构、订单结构、客户结构是否合理，调整资源配置方向。企业经营成果的好坏能够从其产品数据、运营数据、销售数据、财务数据等信息中分析出原因，企业能够依据大数据分析结果科学地调整产品结构、订单结构和客户结构等，实现良好的内部控制。企业的产品通常都要经历引入期、成长期、成熟期、衰退期四个阶段的生命周期过程，企业应果断放弃处于衰退期的产品，确保人力和资金等资源不再被没有经济效益的产品所吞噬，而企业对于产品是否处于衰退期的判断依据来源于对管理大数据的分析。同样，企业可以利用管理大数据分析判断哪些订单和客户对利润的贡献最大，从而调整和优化产品、订单和客户结构，实现资源优化配置和经济效益最大化。

2.管理大数据帮助企业改善内部管控

管理大数据能实现企业内部信息共享，利用数据改善企业内部管控。企业内部各业务部门之间建立信息共享机制能够提高跨部门的协作效率，而信息共享是通过文档和记录等数据来实现的，管理层通过大数据能够及时发现企业经营管理中的诸如战略失误、组织结构不合理、人员配备不当等问题。此外，企业内部利用大数据可以提升业务管理水平。例如，通过分析员工的人力资源效能数据，企业能够探寻人力效能产出的规律，优化人力资源结构，提升企业的人力资源利用效率。另外，企业还可以基于优秀员工的行为、习惯和价值观

等数据形成适合本企业的优秀人才画像，用于招聘和培养优秀人才。

行业范围内的管理大数据共享能够为企业改善内部管控提供数据支撑。每一家企业在运营过程中都会存在一些管理问题，中小企业在发展过程中会面临着战略制定、企业文化、组织结构、商业模式等方面的管理问题，有借鉴大型企业的经验或接受管理咨询服务的需求，而管理大数据能够向企业提供行业内其他企业的管理数据并降低企业接受咨询服务的成本；大型企业可能存在组织结构固化、信息上传下达不畅、集团管控不力等问题，管理大数据能够为大型企业的管理改革提供行业内相关数据支撑。

3.管理大数据帮助企业优化产品流程

科学技术的不断发展，用机器代替人工进行生产，已经逐渐成为当前企业生产的重要方式和手段，这对于提高工作生产效率具有良好的作用，实现了信息化和智能化、数据化的生产运作。尤其是网络技术不断发展，物联网和云计算这些技术的有效应用，为企业对产品的生产、制造进行全面控制和管理提供了重要的技术支持。

当前在对产品进行制造的过程中，产品的生命周期能逐渐实现数据化，这对于保证产品的质量、提高其使用性能具有良好效果。应用大数据云计算技术和大数据技术，对产品的设计研发、生产制造以及运营管理等方面的各项数据进行全面有效的智能分析，对优化产品的生产制造流程具有十分积极的促进意义。通过大数据技术，企业可以将自身的各项数据进行整合，从而形成完整的数据规模，在进行相关决策的时候，可以对这些数据进行分析和应用，从而寻找到适合决策的信息。同时企业还能够通过大数据技术，对各项数据进行深度的挖掘，针对数据所包含的高潜在价值进行充分的应用，建构起完整的数据模型，为产品流程优化提供相关支持，提高产品的生产效率和质量。

4.管理大数据帮助企业及时发现和处理危机

企业在运营过程中需要通过舆情监测及时发现并处理来自企业内外的危机，规避突发风险带来的重大损失。管理大数据能够为企业持续提供宏观环境、行业环境、竞争对手等外围舆情信息，以及企业自身的品牌形象、产品、关键人物、员工意见、重大危机事件等舆情评价，对可能发生的危机进行预警，并在危机发生时通过引导舆论导向来及时处理危机。

9.5.3 中国新时代管理的淬炼与反思

中国特色管理思想是中国传统文化背景下的现代管理思想，围绕“以人为本”的核心思想，主张经营企业就是“经营人心”，管理企业就是“管理人性”，治理企业就是“平衡人情”的经营理念和经营哲学，并通过“势、道、术、器、利”五个维度，系统地构建了企业经营活动中的“五行”，实现企业的有效经营管理与控制。

1.顺势

在经营罗盘模型“五维”中，企业最先关注的便是“势”，“势”即企业生存的外部环境。古今中外，多少企业在历史的舞台上粉墨登场，又有多少企业在市场竞争的大潮中兴衰浮沉。当人们去总结那些曾经红极一时，或是如今依然站在潮流前沿的企业时，就不难发现，所有成功的企业，无一例外地都得益于企业对外部环境的精确把握。企业的创立与成长是否顺应了“天势”“地势”“人势”，能否顺势而为、趁势而起，企业可通过“顺势”这一思维路径来进行分析，以理清企业对“势”的把握，找到薄弱之处、不足之处，加以全面思考和不断完善。同时，对于新创企业和欲开展新业务的企业来说，对“势”的分析与判断，则可以辅助回答“我要做什么”的问题。小米对智能手机之“势”的研判，成就了其手机领域的地位；传统车企在新能源汽车的大“势”来临之际，纷纷加快了转型的步伐；万达集团在对房地产之“势”和大健康之“势”的分析基础上，开始剥离房地产业务，进军大健康产业。这便是“势”对顶层架构设计的具体指导。

2.重道

在理清“势”的基础上，企业就能根据对外部环境的认识，制定出适合企业的发展之“道”。“道”的制定，一方面帮助企业找到了存在的意义，确定了长期的发展方向和秉持的经营理念；另一方面也体现了企业对外部趋势的思考与行动，包括企业的中期发展目标、发展路径、发展规划等。企业是否建立了符合自身的发展之“道”，其使命、愿景、价值观是否清晰可行，可通过“重道”路径来分析企业有否明心见性，继而修道保法，建章立制。阿里巴巴在对电子商务的“顺势”和“驭势”中，提出了“让天下没有难做的生意”这一使命，并确立了“让客户相会、工作和生活在阿里巴巴，并持续发展最少102年”的愿景，同时明确了“客户第一、团队合作、拥抱变化、诚信、激情、敬业”的核心价值观。

3.练术

“道”的确立，使得企业的经营活动能在一定规则下进行谋篇布局，即企业之“术”。要想在激烈的市场竞争中取胜，企业就需要守正出奇之“术”。守正，就是要坚守企业之“道”；出奇，就是需要随环境变化而变的战略、战术和组织。企业的战略目标能否实现、竞争策略是否有效、商业模型是否清晰、商业模式是否共赢、商务管理是否规范、营销企划是否可行等，皆可用“练术”路径来诊断，以找出企业谋篇布局之不足，以更长远的角度和全局的宽度去规划布局、组织行动。同时，企业也可根据“术”的指导，进行战略的谋划、战术的制定、组织的支持等，以帮助企业回答“该怎么做”的问题。例如腾讯之“术”，其战略总目标为“连接一切”，随着战略目标的分解和实施，腾讯通过竞争、合作、开放平台等战术，与合作伙伴共建数字生态共同体。腾讯在不同战略时期，还通过组织构架的调整与变革，以顺利实施既定战术，达成战略目标。

4.砺器

企业的“道”和“术”，最终会通过企业所提供的“器”传递给客户。企业通过技术、产品和服务的输出，一方面向客户传递出企业的价值；另一方面，也为企业带来经济效益。企业是否具有技术竞争力、开发与商用周期是否适当、能否提供差异化产品、投产与品控管理是否健全、服务是否到位等，可通过“砺器”路径来进行分析，可根据“器”的引导，对企业的技术、产品和服务进行设计与优化。例如，华为之“器”，在研发时，注重关键技术的突破；在生产过程中，注重质量的管理；在提供服务时，始终考虑到员工、客户、合作伙伴的利益与需求，并能最大限度地去满足其需求。

5.谋利

经营企业，就是经营人心，人心之诉求，皆是为“利”。因为有“利”，才有了人与人之间的连接，有了连接，才能形成团队和企业。利益的共享，产生了愈加高效的连接，也就越能发挥组织的力量。企业的利益共享机制包含企业的内利分配机制、外利共赢机制和社会责任机制。企业从员工、股东、合作伙伴、社会、产业、行业中获“利”，也应做出相应的回报。企业是否做出了回报，回报的效应如何、影响如何，有没有潜在的利益分配危机等，也可通过“谋利”路径进行诊断。同时，面对员工、股东、合作伙伴、社会等利益相关者，企业又该如何回报、何时回报、回报什么等问题，同样可在“利”中找到答案。例如沃尔玛之“利”，其在内利方面，践行着“顾客、员工和股东都是公司的上帝”这一理念；在外利方面，通过与合作伙伴的诚信沟通、密切合作、利益共享，以建立良好的合作伙伴关系；在社会方面，立志“做一个有高度企业社会责任感的零售商”，使得人们生活得更美好。

本章提要

1.控制是检查、监督组织的各种活动，以保证按计划进行，并纠正各种重要偏差的过程。

2.控制和计划作为管理的两大职能，相互之间具有不可分割的联系，计划为控制提供了标准，而控制则负责对计划的执行情况实施控制。

3.控制可以按照多种标准进行类别的划分，如前馈控制、现场控制与反馈控制，集中控制与分散控制，任务控制、管理控制与战略控制，直接控制与间接控制。控制内容主要是对人员、组织绩效、财务、作业和信息进行控制。

4.控制过程主要包括四个环节，分别是确定控制标准，衡量实际工作绩效，将实际工作绩效与标准进行比较并分析偏差，采取管理行动纠正偏差。

5.常见的控制方法有财务控制、产品质量控制、生产进度控制、管理控制的信息技术。

6.大数据所蕴含着的巨大商业价值日益成为重要的企业资源。管理大数据是将企业内部海量的战略、文化、运营、营销、人力资源、财务等数据以及企业外部的行业和环境数据整合起来，通过数据挖掘和解读，打造管理大数据结构化平台。管理大数据能够帮助企业优化资源配置、改善内部管控、优化产品流程、及时发现和处理危机。

7.中国特色管理思想是中国传统文化背景下的现代管理思想，围绕“以人为本”的核心思想，主张经营企业就是“经营人心”，管理企业就是“管理人性”，治理企业就是“平衡人情”的经营理念和经营哲学，并通过“势、道、术、器、利”五个维度，系统地构建了企业经营活动中的“五行”，实现企业的有效经营管理与控制。

思考案例

联想集团公司治理层面的内部控制机制

内部控制是企业运营的重要组成部分。1992 年 COSO 委员会发布了《内部控制——整体框架》，将内部控制定义为：“由一个企业的董事、管理层和其他人员实现的过程，旨在为下列目标提供合理保证：财务报告的可靠性、经营的效果效率、符合适用的法律法规。”内部控制经历了内部牵制时期(20 世纪 40 年代之前)、内部控制系统时期(20 世纪 40 年代到 20 世纪 70 年代)、内部控制结构时期(20 世纪 80 年代)、内部控制整体框架时期(20 世纪 90 年代)、企业风险管理整体框架时期(21 世纪初至今)。

联想集团是一家在信息产业内多元化发展和富有创新性的中国科技公司。从 1996 年开始，联想电脑销量一直位居中国国内市场首位；作为全球电脑市场的领导企业，联想从事开发、制造并销售可靠的、安全易用的技术产品及优质专业的服务，帮助全球客户和合作伙伴取得成功。联想公司主要生产台式电脑、服务器、笔记本电脑、智能电视、打印机、掌上电脑、主板、手机、一体机电脑等商品。联想集团公司治理层面的内部控制机制主要包括：

1.公司治理结构。1994 年，联想集团在香港上市。香港股市属于成熟市场，严格的监管机构、活跃的私人投资、发达的机构投资等外部力量对管理层实施控制，因此联想集团的公司治理采用英美模式，即由一个非执行董事和独立董事为主导的董事会来代表股东监督管理层。英美模式拥有清晰的责任链条、透明的信息披露，利益各方能够相容激励。

2.股权结构。截至2009年3月31日，联想集团的所有权结构中，第一大股东联想控股拥有公司45%的股权，处于绝对控股的地位。但是联想集团致力于保障全体股东的权益。公司治理章程明确规定至少提前21天发出股东大会通告以鼓励股东积极参与。年度股东大会上，董事会主席、首席执行官、首席财务官、审计委员会主席、薪酬委员会主席、独立非执行董事及外聘会计师事务所的代表均出席以解答股东的任何疑问。

股东周年大会上提交的所有决议均以投票的方式决定，并由专业机构作为监票人对投票进行监督。投票过程和结果均会上传到公司网站及联交所网站以供各方查阅。这些控制点有效地保障了中小股东权利，保证了公司决策公平公正公开，从源头上杜绝大股东一手遮天。

另外，联想集团致力于维持与投资者开放且高效的沟通。公司在向投资者介绍联想的运营和战略等最新发展时，注重保持高透明度、一致性、清晰和诚信。定期举办圆桌会议，公司高管与外界媒体、证券分析师、投资者等面对面交流，加强了外界对企业的认识。联想集团在2008年Thomson Reuters Extel Survey亚太区调研中，获得“最佳投资者关系”第三名，公司的投资者关系主管获得香港地区排名第一。

3.董事会。具体如下：

(1)独立董事。联想集团董事会中执行董事1人，非执行董事10人，后者明显多于前者；其中，独立董事4人，超过董事会人数的三分之一，董事会有较强的独立元素，有助于做出独立判断。另外，非执行董事都有足够的职业技术和经验，有助于其发表更专业的意见。

(2)双元制。联想集团的公司治理章程明确规定，董事会主席和首席执行官的职位必须由不同人士担任，这一控制点确保了治理层与管理层的职责分明，均衡了各方的权力和责任。

(3)董事会会议有关规定。联想集团的公司治理章程规定，董事会会议提前两年安排，以便董事尽可能参加会议。召开董事会定期会议需至少提前30日向全体董事发出通知，开会前7日确保董事接获会议议程及相关会议文件，开会前3日确保董事接获最新财务数字文件。这些控制点都有效地保证了董事会会议如期高效召开。董事会会议记录将供全体董事传阅评论，并可供任何董事随时查询，提高了会议的透明度，方便缺席董事了解与监督。

(4)利益回避制度。联想集团的组织章程细则明确规定，除非组织章程细则允许，董事不得就批准任何其拥有重大权益的合约或安排或任何其他建议的任何董事会决议案参与表决，亦不得计入会议的法定人数。这一控制点直接避免了利益相关董事操纵董事会决议。如2008年William J. Amelio先生和黄伟明先生因为企业治理原因，避免潜在利益冲突分别未出席战略委员会会议和薪酬委员会会议。

(5)审计委员会。2009年5月21日，公司严格遵守香港联合交易所证券上市规则，修订了审计委员会职责范围并获得了董事会批准。新责任范围明确规定审计委员会定期就内部控制系统与管理层进行讨论，以确保内部控制系统有效，会计及财务报告方面的员工有充足资源、资格及经验，以及培训计划及预算。

4.财务报表。财务诚信是联想集团的关注重点。香港证券交易所要求挂牌上市的公司每年只需公布两次业绩。但是联想集团除中期业绩及年度业绩外,在每一季度结束后45日内刊发有关季度的财务业绩及业务回顾。每季财务业绩内披露的资料,可使股东及时评估公司的表现、财务状况及前景,季度的财务业绩均以年度账目所采用的相同会计政策编制。管理层会每两个月向全体董事提供最新的财务表现。新获委任的董事都会及时收到一份综合财务资料,确保其尽快掌握公司的业务及营运情况,帮助其更好地履行董事职责。

5.内部审计。为协助审计委员会的监督活动,联想集团设立独立的全球内部审计,为审计委员会提供内部控制如期有效运行的客观保证。为帮助确保内部审计的质量及确保其符合内部审计师协会的标准,审计委员会定期委聘人员对内部审计系统进行独立外部质量确认。

公司治理章程规定,内部审计可不受任何限制地接触所有企业经营、记录、数据文件、计算机程序、物业及人事等数据。总审计师直接向审计委员会汇报审计事宜,直接向首席财务官汇报日常行政事宜。总审计师获授权直接与董事会主席及其他董事会成员沟通。这些控制点确保了内部审计较高的独立性。

公司为积极探索内部审计最佳实务,已成立多项项目团队,利用来自所有地区的注册会计师来研究内部审计过程各个步骤的最佳实务。当项目团队决定某项最佳实务后,最佳实务将被提交给审计委员会及由来自各地区的代表所组成的内部审计会议进行审阅和执行。

资料来源:邵婷.公司治理层面内部控制机制探析:以联想集团为例[J].财会通讯,2010(11):106-107.

阅读后请思考:

联想集团公司治理层面的内部控制的特点是什么?

思考习题

1.什么是控制?控制与计划之间的相互关系如何?

2.控制过程包括哪些阶段的工作?

3.控制有哪些类型?

4.如何进行有效的控制?

5.常见的控制方法有哪些?

6.预算控制包括哪些方面?

7.产品质量控制包括哪些方面?

8.试描述几种常见的信息控制技术。

技能实训

1.大学期间,你负责自己的一部分财政开支。你对个人预算的管理能力或许预示着你今后对公司预算的管理能力。回答下列问题,以评估自己的预算习惯。如果这个说法不完全适合你的情况,那么根据你在类似情况下的做法来回答问题。

(1)钱一到手,我就快速花光。

(2)每周(月)初,我都要列出我全部的固定开支。

(3)每周(月)末,我好像从来没有什么钱节余下来。

(4)我能支付所有的花销,但好像总是没钱用于娱乐。

(5)我现在还存不下钱,等大学毕业后再说吧。

(6)我入不敷出。

(7)我有一张信用卡,但每个月总把账户余额花得精光。

(8)我用信用卡透支。

(9)我知道每周外出吃饭、看电影及其他消费要花多少钱。

(10)我全部用现金支付。

(11)买东西时,我追求价廉物美。

(12)朋友需要时,我会借钱给他们,即使这样做会使我的现金告急。

(13)我从不向朋友借钱。

(14)我每个月存点钱,以备真正需要时用。

评分与说明:对(2)、(9)、(10)、(13)、(14)题回答"是",说明你有着训练有素的预算习惯;对(4)、(5)、(7)、(11)题回答"是",意味你有一定的预算习惯;对(1)、(3)、(6)、(8)、(12)题回答"是",表明你的预算习惯很差。如果你诚实地回答了问题,你会发现,在你的身上三种习惯兼而有之。看看你能够在哪些方面提高自己的预算能力。

2.采访四位其他专业的学生,确保其中两位是优等生,另外两位是普通学生。告诉他们你会对采访获得的信息保密,只会在你的调研报告中使用这些信息,且不会透露他们的姓名。你要遵守你的承诺。

(1)询问他们如何学习,平日阅读量有多少,他们如何完成一篇课程报告或如何复习参加考试。

(2)询问他们是否使用了控制机制,如本章提到过的反馈控制。

(3)他们是否为其学习设定了标准?他们将实际表现和标准进行比较吗?当学习绩效低于预期时会发生什么(例如,他们的分数比预期低)?

将优等生与普通学生进行比较,利用采访结果撰写一个报告,提交给导师。

参考文献

[1]乔忠.管理学[M].北京:机械工业出版社,2018.

[2]王心娟,庞学升,崔会保.管理学原理[M].北京:清华大学出版社,2011.

[3]吴价宝.管理学原理[M].北京:高等教育出版社,2018.

[41]娄成武,魏淑艳.现代管理学原理[M].2版.北京:中国人民大学出版社,2012.

[5]张智光,蔡志坚,谢煜,等.管理学原理:领域、层次与过程[M].3版.北京:清华大学出版社,2018.

[6]《管理学》编写组.管理学[M].北京:高等教育出版社,2019.

[7]贺俊,吕铁,黄阳华,等.技术赶超的激励结构与能力积累:中国高铁经验及其政策启示[J].管理世界,2018,34(10):191-207.

[8]王锋.组助推中国高铁事业"十四五"更大发展[J].城市轨道交通研究,2022,25(02):10,144-145.

[9]企业运用大数据管理的特点及作用.[2019-01-17].https://www.sohu.com/a/289678065_468714.

[10]沈阳阳.中国式管理的路径和特征:C管理模式兼论Z理论的缺陷[J].社会科学家,

2021(05):79-85.

[11]斯蒂芬·P.罗宾斯，玛丽.库尔特.管理学[M].13版.刘刚，等译.北京：中国人民大学出版社，2017.

可扫码获取本章课件资源：

第 10 章　创　新

本章学习重点：

认识创新精神；掌握创新的定义和内涵；理解管理创新和维持之间的关系；理解不同的管理创新类型；掌握创新的动力来源；理解创新管理决策主要涉及哪些方面；理解创新领导过程；掌握创新思维方式；认识创新对国家发展的重要性；掌握数据要素驱动企业提升创新能力的关键；学习守正创新的中华优良传统文化；认识源自中国文化的家长式领导方式对员工创新行为的影响。

核心知识点：

1.创新精神(spirit of innovation)
2.破坏式创新(disruptive innovation)
3.战略创新(strategic innovation)
4.组织创新(organizational innovation)
5.创新领导(innovation leadership)
6.创新思维(innovative thinking)

开篇案例

魔筷科技构建创新商业模式

一名退伍老兵在深圳华强北开的柳州螺蛳粉餐馆已有二十年的历史。螺蛳粉行业2014年后在线上逐步暴火，退伍老兵也开始投资建厂转投线上想扩大生意，然而由于传统渠道品牌林立、竞争激烈，难以突围。恬恬是一个全职妈妈，同时在快手上是一个零食主播，拥有1.6万粉丝。与拥有超多粉丝、强大运营团队的李佳琦等头部网红不同，恬恬作为大量长尾主播的典型代表，对如何在快手上开店、运营、选产品、购买流量、发货等甚是头疼。

成立于2015年的魔筷科技找到了双方并进行了二者的连接：首先依托于魔筷掌握的行业数据和消费者数据，与退伍老兵一起对产品配方、质量控制、品牌设计、价格体系等进行打磨，推出合味芳品牌并将其纳入魔筷星选平台，建立起面向直播电商的供应链渠道；同时，魔筷科技向恬恬这样的网红提供基础SaaS（软件即服务）工具，并进行培训赋能，基于她的粉丝特征推荐其售卖螺蛳粉等产品。这样，魔筷作为直播电商生态服务商，建立了S（供应商）2B（网红）2C（顾客）的完整通道。众多中小主播在魔筷得到这样的服务，聚沙成塔，到2020年末，该螺蛳粉月销售额过千万。

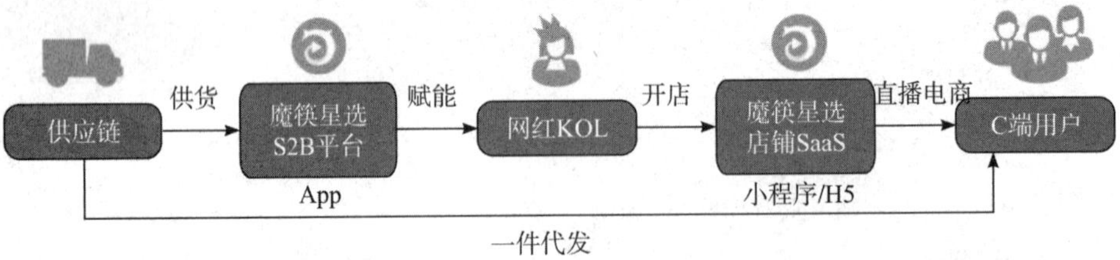

类似螺蛳粉这样的生产制造工厂，特别是白牌厂牌在中国不计其数，但在数字经济时代缺乏数字创新能力难以转换线上赛道。而2020年近万亿规模的直播电商行业格局已经基本稳定，部分平台中少数头部主播占据90%以上的流量，像恬恬这样的所谓长尾主播乃至更多粉丝的中腰部主播亦因缺乏对经营和粉丝数据的良好运用而难以脱颖而出。魔筷科技作为快手、腾讯微视、全民K歌、视频号等平台中的互补者，依托5年构建的数字创新能力，全链路赋能直播电商，成为超过100万SKU（最小存货单位，电商中可简单理解为单品）和超过100万主播之间的连接者。

资料来源：刘洋，应震洲，薛元昊，等.构建数字创新能力：每个企业的必修课[J].清华管理评论，2021(05)：80-87.

魔筷科技的案例说明，数字经济时代每个组织都或多或少涉及数字化运营活动，因此，企业都应该像魔筷科技一样，对数字化运营活动进行配置与管理以改进流程、创新产品，最终为客户创造新价值进而构筑竞争优势。数字创新能力即为组织管理数字化运营活动的能力。

随着科技加速变迁、全球资源便捷移动、社会网络与人际互动更趋复杂等，未来，组织的管理将面对前所未有的挑战,竞争更趋剧烈,环境更为动态复杂多变。5G、大数据、物联网、社交网络和云计算等信息技术的发展,将对组织的外部环境管理、内部资源与能力管理等产生颠覆性的改变。组织在此动态复杂的环境中,被动因应环境变化进行维持或调整,仍将可能面临被淘汰的命运,唯有抱持"苟日新,日日新,又日新"的基本信念,持续推展管理的创新职能,掌握管理创新的理论、方法和技术,方能帮助组织实践有效的创新行为。

本章内容,第一,探讨组织管理的创新职能,说明创新定义、内涵和创新精神,以及管理工作的维持作用与创新作用,并说明它们之间的关系。第二,从不同方式、不同职能领域、不同要素水平三方面,对管理创新进行分类,并个别分析其内容。第三,从过程管理角度,分析企业需要掌握的创新动力来源,进行科学的创新管理决策,实施能激发员工创新的领导方式,学习能消除思维定式的创新思维等。

10.1 组织管理的创新职能

10.1.1 创新精神与管理创新的内涵

创新(英语 innovation,源自拉丁语 innovare,"更新"),具体来说有三层含义:第一,更新;第二,创造新的东西;第三,改变。1912 年,熊彼特从经济学角度提出了创新的概念:所谓创新,就是建立一种全新的生产函数,也就是把一种以前从来没有过的,关于生产要素和生产条件的"新组合"引入生产体系。美国管理大师彼得·德鲁克从管理学的角度定义了创新:创新是一项赋予人力和物质资源,"以更新和更强创造财富的能力"的任务。

创新精神属于科学精神和科学思想范畴,是进行创新活动必须具备的一些心理特征,包括创新意识、创新兴趣、创新胆量、创新决心,以及相关的思维活动。创新精神是指要具有能够综合运用已有的知识、信息、技能和方法,提出新方法、新观点的思维能力及进行发明创造、改革、革新的意志、信心、勇气和智慧。创新精神以敢于摒弃旧事物旧思想、创立新事物新思想为特征,同时,以遵循客观规律为前提,只有当创新精神符合客观需要和客观规律时,才能顺利地转化为创新成果,成为促进自然和社会发展的动力。创新精神包括以下几个方面。

1.批判怀疑精神

勇于批判、大胆怀疑是创新精神的能源和动力,是进行创新活动的前提和基础。爱因斯坦因为怀疑权威,推翻了牛顿力学假说和以太论,推动了科学的突破性发展;著名杂交水稻专家袁隆平敢于怀疑书本,从观察稻株中悟出天然杂交水稻的道理,颠覆了"水稻是自花授粉作物,没有杂交优势"这一世界权威结论。没有批判和怀疑,就无从发现问题,科技进步、社会发展就会欠缺能源和动力。

2.独立思考精神

独立思考是创新精神的灵魂。创新的成果具有与众不同的新颖性、独特性和唯一性,所以,要求创新主体能用独立思考批判的眼光审视现存事物的合理性,凡事都问个为什么,敢于别出心裁,标新立异,特立独行。哈佛商学院的教授弗朗西斯卡·基诺认为,未来的公司业务必定要求具有较强的适应性和灵活性,因此,员工需要具有独立思考、快速反应的能力,而非仅仅听从命令。因此，许多知名公司如丰田汽车、爱彼迎(Airbnb)等企业管理者进行工作重设计，使员工有权力决定如何执行工作任务、获得个体身份认同、自行安排时间等，借以培养独立思考的员工。

3.勇于探索精神

勇于探索是创新精神得以贯彻实施的保障，重大的创新成果，都是以怀疑、突破前人或同时代的权威性见解为基础的，本身就是一种冒险。而冒险总是面临未定风险，其失败的概率自然就大，往往要经历许多挫折、失败和反复，然后才能一步步走向成功，这是创新活动的一般规律。对于企业家来说，无论是在企业发展战略制定与实施过程中，还是在新技术应用、新产品开发、新市场开辟中，只有保持强烈的探索精神，敢于开辟新领域、探寻新路径，才能不断达到新高度，带领企业走出一条新路。

管理故事 10-1

“无中生有”的方案：创新需要知识、胆识和信念

森诺公司致力于创新研究。可“创新”二字写一写很简单，要践行起来却困难重重。

有一次，董事长姜传胜在参加国家清洁能源研讨会时突发奇想：我们能不能响应国家能源逐步清洁化的号召，搞一个“油田井场的加热炉替代方案”？原来，传统油田加热炉采用的是油井伴生气供热。这种加热方式弊端很多，气源未净化处理，且多为湿气，燃烧不充分不说，在燃烧过程中还会产生大量挥发性有机物(volatile organic compounds，VOCs)排放，不仅“能耗高”，而且“污染大”。

开会回来后，姜传胜把自己的想法和工程设计院热工所几位专家一说，立刻遭到他们的质疑。大家一致认为，这样的创新没有先例可循，没有经验参考，简直太难了。

“清洁能源是未来发展大方向，我们紧跟国家大势搞研发肯定没错。”姜传胜说，“当然，创新都有风险，难度也很大。如果创新那么容易，还要我们干什么？”他这简短有力的几句话，顿时燃起大家的激情：既然老板这么有信心，我们还怕什么？

于是，几位专家就围绕“清洁能源替代方案”展开了头脑风暴。这些致力于热能动力行业的技术人员，平时的工作就是和热量打交道。在头脑风暴会上，他们你一言我一语，还真提出了不少激动人心的方案。而后，他们逐个计算，看看哪个方案更优。

经过一段时间的不懈努力，成功设计、研发出了耗能更少、更加环保的撬装式光热单井原油加热装置，并很快投产试用。经过一年来多个项目的应用，光热加热装置在单井、站库等场所运行稳定，不仅解决了VOCs排放问题，而且消除了因为井口天然气不稳定给原油生产带来的影响，为油田、为社会创造了经济效益和环境效益。

其实，光热装置不是森诺的第一次创新。此前从几千米下地层取热为居民冬季供暖的“地热供暖模式”，以及利用油田污水余热为原油集输加热、为房屋供暖的“采出水余热利用”，都是森诺的创新案例。森诺人一步一个脚印，硬是“无中生有”，创造了一个个“奇迹”。

资料来源：摘编自中外管理出品《森诺科技的故事与哲理》。

10.1.2 管理工作的维持与创新关系

从系统学派的观点来看，任何一个社会组织都是一个开放的社会技术系统，都是一个范围更广的系统中的分系统。任何社会组织本身是诸多分系统的整合，同时，也都是在与其所属系统环境的互动作用中，得以生存和发展。社会组织中管理系统的主要功能就是分辨环境、建立目标、确定界线、排除外来干扰，维持并创新组织内部的运行秩序，从而使组织在和环境的互动作用中能够不断地获得有效的投入，并进而实现有效的转换和产出，在良性循环中向更高层级发展。因此，管理的作用就是维持与创新社会组织的有效运行与良性发展。

管理工作的维持作用是组织的生存保障。在组织与社会环境的互动作用中，必须通过管理系统的有效运作，才能使组织调适与适应外部环境冲击，从而有助于组织确立正确的目标，为组织活动的有序运行提供保障；尤其是协调组织所面临的矛盾冲突等，都必须靠管理系统的有效维持运作来实现。

管理工作的创新作用是组织发展的动力源泉。在组织与社会环境的互动作用中，组织管理系统必须根据其所属系统的外部环境变化，适时有效地调整和变更组织目标，并相应地调整组织内部结构，调整或重建组织制度，才能为组织发展建构新的运行秩序。如果没有管理上的及时创新，组织就有可能不容于系统的运作，效率效能降低，甚至无法跟上环境变化而遭到淘汰。

综上所述，管理工作的维持与创新作用，对组织系统的生存发展都是非常重要的，两者是相互联系、不可或缺的。创新是维持基础上的发展，而维持则是创新的逻辑延续；维持是实现创新的成果，而创新则为更高层次的维持提供了依托和框架。只有创新没有维持，组织系统会呈现变动与失序的混乱状态；而只有维持没有创新，系统则缺乏活力，适应不了任何外界变化，最终会被环境淘汰。卓越的管理是实现维持与创新最优组合的管理。

管理工作过度维持会导致组织僵化和保守，抑制组织中个人及集体能力的发展；过度维持可能会忽视市场竞争和技术变化的冲击，导致组织反应能力下降；过度维持往往只看重短期利益，忽视组织的长期发展。相对地，管理工作过度创新可能会消耗大量的人力、财力、物力资源，所投入资源可能无法从创新收益中获得补偿；过度创新可能导致组织规章制度权威性被削弱，组织结构体系面临混乱，组织效能效率衰减；更严重的过度创新还可能导致组织凝聚力下降，甚至组织瓦解。

举例而言，美国强生公司于 2003 年创新推出创新血管支架 Cypher，能适用更广的患者，且提高了手术的技术性能。但由于有些医生抱怨这种支架安装困难，再加上美国食品与药品管理局推出新的要求，强生公司虽努力调整其生产运营，但结果导致交货延误增加，顾客失望而归。创新驱动了管理工作上维持的挑战，失去平衡导致竞争对手乘虚而入。波士顿科学公司利用强生公司的失误，于 2004 年初抢先推出 Taxus 药物涂层支架，并很快拥有了接近 70%的市场份额。这个案例表明，企业战略和产品的创新与管理维持工作，必须保持微妙的平衡。不注重维持的企业，可能造成企业生产运营上犯错，导致大量顾客的流失。相对地，企业若过分狭隘地专注于维持，最终可能陷入企业只是“力求事事做对”，却可能错过创新契机。

10.2 管理创新的类型与基本内容

管理创新是指组织把新的管理要素(方法、手段、管理模式等)或要素组合引入组织管理系统,以更有效地实现组织目标的创新活动。关于管理创新的理论与实践仍在不断发展当中,其中最具影响力的有以下三的方向:一是不同方式的管理创新;二是不同职能领域的管理创新;三是不同要素水平的管理创新。

10.2.1 不同方式的管理创新

管理创新是技术创新的保障,创新的管理机制也是技术创新的动力。1997 年,美国哈佛大学著名管理学者克莱顿·克里斯坦森教授将技术创新与市场创新成功地融合在一起,以环境为基础把创新分为两个明显不同的类别:破坏性创新(disruptive innovation)和维持性创新(sustaining innovation)。

维持性创新是指对现有市场上主流客户的需求不断进行产品的改进和完善,以满足客户的要求。维持性创新采取"渐进性创新"过程,注重企业(和产业)的学习能力培养,即认为学习过程就是一种渐进性创新的过程。大量的小创新不断地改善着企业的技术状态,并在达到一定程度时导致质变的大创新。渐进性创新的特征之一是在某个时点的创新成果并不明显,但它有巨大的累积性效果。目前我们看到的创新类型大多是维持性创新,例如最新版华为或苹果智能手机相对于之前版本的改进,即用新的更好的产品去替代旧产品的创新。

破坏性创新的概念是由熊彼特在 1912 年最早提出的。他把创新视为不断地从内部革新经济结构,即不断破坏旧的,不断创造新的结构。1997 年,克里斯坦森教授在其名著《创新者的两难》一书中提及:破坏性创新是指改变了原有技术发展路径的创新,它不是向主流市场上的消费者提供性能更强大的产品,而是创造出与现有产品相比尚不足够好,但又具有不为主流市场用户看重的性能的新产品。书中将破坏性创新分为新市场破坏和低端破坏两种基本模式。

低端破坏是指在现有的市场和价值网络内,以低成本的商业模式,通过吸引主流企业不看重的低端顾客的消费而发展壮大。这些低端顾客之前也购买主流产品,但是由于价格较贵,购买量较小或不买,而一旦有了价格可以接受的类似产品,购买意愿将大幅提高;这些顾客也不会为了产品性能变好再去支付多余的钱。比如,小米 1 是小米公司 2011 年推出的第一代智能手机,主打卖点是"高配低价",这也成为今后所有小米产品的主要卖点之一。当时正处在智能手机开始群雄并起的时候,利润较低的智能手机并没能引起苹果、三星、索尼等国际品牌的重视,小米公司把注意力放在了低价位的手机市场中。因此,低价位手机市场相对竞争优势和中国低价手机市场的巨大需求,为小米手机的发展提供了契机。

新市场破坏并不会正面侵犯主流市场,而是与"非消费者"竞争,这些非消费者有对某类产品的需求,但是市场上的这类产品的价格往往超出了他们的承受能力。新市场破坏产品价格更适宜,使用更简单,使得一个新群体能更方便地拥有并使用这些产品。新市场破坏面临的挑战是怎样开辟出这样的新的市场,面对的将是那些从未使用过类似产品的客户而不是目前市场的用户。以滴滴出行为代表的共享出行行业较属于新市场破坏性创新:在初始阶段,基于移动互联网平台更容易达成交易,但由于低端市场的毛利润比较低,所以主流市场中的在位企业对这类市场往往并不怎么感兴趣,这也为破坏性创新在低端市场及新市场提供了发展空间。滴滴出现之初的市场目标也不是为了抢夺出租车市场,而是另辟蹊径,将目光放在私家车市场,将出行市场做大。最终,滴滴出行利用科技的力量将私家车市场转化为共享出行,激活闲置资源使其变成实际的市场容量。

10.2.2 不同职能领域的管理创新

1.战略创新

组织战略管理关系到资源的组合,只有对组织战略进行创新,使之能适应环境变化基本框架,才能更好地促进组织达成高效运作,进而为组织战略提供坚实的基础。安索夫认为,企业遭遇内外部环境,尤其是所在行业的业态及技术基础发生较大变化时,或当企业步入新的成长阶段需要,对生产经营与管理模式进行战略调整时,企业就必须进行战略创新,选择新的生存与成长模式,推动企业发展模式的战略转型。战略创新是打破现有行业规则和竞争现状,重新定义现有商业模式并重新整合现有顾客市场,以实现顾客价值和企业利润显著增长的创新形式。以战略创新获胜的典型企业包括亚马逊、耐克、英特尔等。战略创新能够给企业带来显著竞争优势,但要培育和开展战略创新,则需要组织文化、人力和资源等方面因素的触发。

《蓝海战略:超越产业竞争,开创全新市场》的作者 W.钱 • 金强调,企业需要超越竞争,超越在过度拥挤的产业中小幅改进产品或服务的做法,去追求价值创新,开创新的市场空间,改变竞争格局。蓝海战略强调的价值创新首先是战略创新。企业需要的是价值、利润、人员三项主张相互协调的商业战略,价值创新是其核心。当企业确立了蓝海战略导向后,以买方价值为基础的技术创新则可通过对产品、生产等环节的创新,帮助企业实现价值创新。

张钊瑞等人 2020 年发表的研究中,对美国的精品健身房 Soul Cycle 进行蓝海战略价值创新案例分析。根据蓝海战略价值创新分析方法,从 4 个方面来挑战突破健身产业现有战略逻辑及商业模式;4 个核心问题是:(1)哪些行业中被认为理所当然的因素应该被剔除;(2)哪些因素的含量应该减少到行业标准以下;(3)哪些因素应该增加到行业标准以上;(4)哪些行业内从未提供过的因素应该被创造。

蓝海战略进一步采用塑造创新价值曲线的方式,进行战略创新。从图 10-1 可知,过去健身产业在精品健身房出现前,主要有 2 条价值曲线。第 1 条是家中健身,第 2 条是目前各地的综合健身俱乐部;从市场角度来看,此 2 条价值曲线中间仍存在实现差异化的可能,此时就给予塑造创新价值曲线的空间。第 3 条则是 Soul Cycle 蓝海战略价值创新布局的价值曲线,图中每个元素的差异也导致 Soul Cycle 与综合健身房及家中健身在战略上有很大的不同,产生不同的竞争优势。企业战略创新的永恒目标就是进行战略革命,打破旧的行业规则,确立新的行业规则。

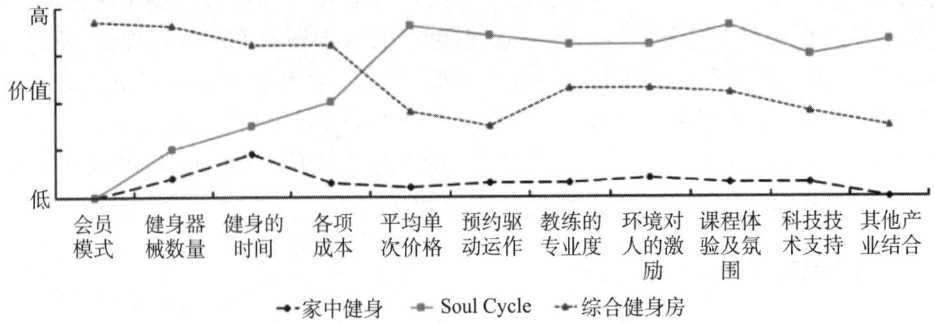

图 10-1　Soul Cycle 精品健身房的蓝海战略价值创新布局图

管理工具 10-1

蓝海战略价值曲线

蓝海战略(blue ocean strategy)是由欧洲工商管理学院的 W.钱・金(W. Chan Kim)和莫博涅(Mauborgne)提出的;两位也因提出蓝海战略,位居 2019 年"全球 50 大管理思想家"排名的榜首。

蓝海战略的理论认为,红海战略是接受了商业竞争的限制性因素,即在有限的市场中求胜,但否认了开创新市场的可能。运用蓝海战略,关注焦点从"超越竞争对手"移向"买方需求",跨越现有竞争边界,将不同市场的买方价值元素进行筛选并重新排序,从"给定结构下的定位选择"转为"改变市场结构本身"。

蓝海以战略行动(strategic move)作为分析单位,战略行动包含开辟市场的主要业务项目所涉及的一整套管理动作和决定,在研究 1880—2000 年 30 多个产业 150 次战略行动的基础上,指出价值创新(value innovation)是蓝海战略的基石。价值创新挑战了基于竞争的传统教条即价值和成本的权衡取舍关系,让企业将创新与效用、价格与成本整合一体,不是比照现有产业最佳实践去赶超对手,而是重新设定游戏规则;不是一味细分市场满足顾客偏好,而是合并细分市场整合需求。价值创新是通过提供创新产品和服务,力图使顾客和企业的价值都出现飞跃,由此开辟一个全新的、非竞争性的市场空间。

在制定蓝海战略时,战略布局图既是诊断框架也是分析框架。使用战略布局图,能捕捉住已知市场的竞争现状,能明白竞争对手正在把资金投入何处,在产品、服务、配送几方面产业竞争正集中在哪些元素上,以及顾客从市场现有的相互竞争的商品选择中得到些什么。

价值曲线是战略布局图的基本组成部分,它以图形方式描述出一家企业在产业竞争各元素上表现的相对强弱。要从根本上改变一个产业的战略布局图,就必须开始把你的战略重心从竞争对手移向他择市场上,从产业的顾客移向非顾客上。价值曲线的绘制步骤如下:

1.进行市场现况侦测与研究。

2.归纳产业关键成功因素(顾客通过购买产品和服务所期望获得的价值元素)。

3.画出产业内主要厂商的价值曲线。

4.分析4个核心问题:

(1)哪些行业中被认为理所当然的价值元素应该被剔除?

(2)哪些价值元素的含量应该减少到行业标准以下?

(3)哪些价值元素应该增加到行业标准以上?

(4)哪些行业内从未提供过的价值元素应该被创造?

5.对比产业内其他厂商,创造本公司创新价值曲线(新的价值元素、创新的曲线)。

2.组织创新

组织创新是应用行为科学的知识和方法,把人的成长和发展期望与组织目标结合起来,通过调整和变革组织结构及管理方式,使组织能够适应外部环境及内部条件的变化,从而提高组织活动效益的过程。实现组织创新,必须对旧的组织管理进行创新,形成一整套新的组织管理方式。组织创新的主要内容包括组织文化、组织结构、组织制度三个方面的变革与创新。

组织文化创新是从如何适应环境的动态变化入手,对组织文化进行变革,清除旧的习俗与理念,将组织文化与组织创新活动相匹配,以适应外部环境变化,获取竞争优势。创新型组织通常具有独特的组织文化,举例如下:(1)允许试验犯错的文化。鼓励员工大胆试验,不用担心可能失败的后果,把可能的错误当作学习的机会。比如,3M公司为了促进创新,发挥员工自主性,很重要的一点就是要赋予员工试错的空间和机会,员工在创新过程中可以不受职务上的上级的干涉。因此,3M公司员工才会在走访客户的过程中,注重观察技术应用场景,致力于找出潜在需求。(2)信任与赋能的文化。减少组织监控,组织把规章、条例、政策之类的监控减少到最低限度,给予员工较大的信任与自由度。当谈到3M公司的创新奥秘和创新活力时,人们总会提到该公司的"15%文化",即3M公司允许员工将15%的工作时间花费在自己感兴趣的创新方向、领域和产品上。"15%文化"显示出公司与员工之间的高度互信。(3)开放探索与学习文化。强调开放系统,随时监控环境的变化并做出快速适应与学习。华为从1995年开始着手讨论制定《华为基本法》,到1998年审议通过,历经九次修改。这期间借鉴美国管理大师德鲁克提出的管理思想,引进IBM、HAY、Mercer的跨国管理咨询服务等,向世界顶尖管理思想、标杆企业进行学习,展现华为开放进取探索学习的企业文化。华为作为中国最优秀的企业之一,拥有行业的核心科技无疑是关键,但更重要的是其企业文化,而《华为基本法》正是为华为的创新文化打下根基。

组织结构创新是组织横向结构与纵向结构两个层面各种创新与变革的总和,其重点在于调整组织工作分配,重新划分内部权力和责任关系以及沟通系统。举例而言:(1)组织扁平化管理就是精简纵向管理层次、拓宽管理幅度的组织结构形式。比如,小米2013年的组织结构创新乃采用扁平化组织结构的管理方式,将管理层次设计为三层次:核心创始人、部门领导、员工。除了核心创始人有具体职位,其他所有人都是工程师,没有职位。在核心创始人组成的顶层,雷军自己的第一定位是首席产品经理,他有八成时间是参加各种产品会。雷军在这些各类产品会议中和相关业务的一线产品经理、工程师共同决定了小米产品的各种细节。而由部门领导组成的这一层,每个部门领导都是项目负责人,除了带领团队,负责自身团队日常事务之外，也负责与其他团队或部门的协调沟通。这些团队的人数一般而言会控制在10人以内。(2)虚拟式组织指两个以上的独立的实体，为迅速向市场提供产品和服务在一定时间内结成的动态联盟。它没有固定的组织层次和内部命令系统，而是一种开放式的组织结构。透过精选合作伙伴，整合利用外部资源，迅速形成独特优势，实现强大的结构成本优势和机动性。举例而言，近年来，小米已进化为“平台型＋生态型组织”，类似虚拟式组织。其所形成的生态系统、生态圈是在连接客户，交互客户价值，通过连接和交互实现数倍的成长。小米的创新组织结构的核心就是以客户及技术为基础，通过产品和服务的方式构建一个全新的产业生态。除了手机、电视由小米负责，其他产品都由小米投资，提供供应链、智能互联系统和品牌，但是生产、制造、设计都交给合作方负责，这样，小米就可以以较低的成本迅速扩展它的智能生态链，让消费者能够以较低的成本享受到相对优质的智能生态的硬件产品与服务。

组织制度是组织中全体成员必须遵守的行为准则，包括企业组织机构的各种章程、条例、守则、规程、程序、办法、标准等。企业制度创新的目的是建立一种更优的制度安排，调整企业中所有者、经营者、劳动者的权力和利益关系，使企业具有更高的活动效率。比如，小米为了搭配扁平式组织结构设计，进行了薪酬激励制度创新。小米成立之初就推行全员持股、投资的制度，其薪酬的组成除了工资，还有期权，并且每年小米还有一些内部回购，此即为期权激励制度的设计。另外，小米组织扁平化压缩了垂直型薪酬结构的等级，垂直往上升不再是唯一的涨薪渠道。在同一个薪酬宽带中，薪酬能够进行横向的浮动，能力、责任和绩效等因素的增加都有机会获得更多薪酬，所以“低岗高薪”也很正常。这种薪酬结构结合期权激励的制度创新，适合组织结构的扁平化管理，可调动员工的积极性。

管理故事10-2

海尔的组织创新——“人单合一”的管理模式

海尔集团的“人单合一”模式是互联网与物联网时代下的成功探索，在企业管理模式上，中国企业已经从模仿者成为引领探索者，相信未来会得到国际学界和商界更多关注。

海尔集团经营管理的案例“海尔：一家孵化创客的中国企业巨头”成为哈佛大学商学院教材案例，这也是海尔的案例第三次进入哈佛课堂。

海尔“人单合一”模式中，“人”即具有“双创”(创业和创新)精神的员工，“单”即用户价值。“人单合一”就是每个员工都直接面对用户需求，为用户创造价值，从而实现自身价值、企业价值和股东价值。这顺应了互联网时代“零距离”和“去中心化”“去中介化”的特征。在“人单合一”模式下，海尔实现了“企业平台化、员工创客化、用户个性化”，从而激发了员工的创造力，成为物联网时代的成功探索，并引起国际著名商学院的关注。

2005年，海尔首次提出“人单合一”模式，经过长时间探索，形成了整套管理体系，取得很大成功。2017年，海尔集团实现全球营业额2419亿元，同比增长20%，海尔大型白色家电第九次蝉联全球第一，利税总额突破300亿元，经营利润同比增长41%。

张瑞敏说："海尔的管理模式根植于中国社会与海尔的企业文化，体现了系统思维理念。"他表示，"人单合一"是多方共赢的理念，体现了人的价值第一，给所有人都创造机会，最终实现整个生态系统的共赢。哈佛大学商学院教授罗莎贝斯·坎特认为，虽然"人单合一"模式仍然在探索当中，不过实践证明该模式是成功的，海尔的变革是没有先例的。

10.2.3 不同要素水平的管理创新

1.管理思维创新

管理思维创新是指在管理活动中，思维主体不受现在的、常规的思路约束，发现潜在管理问题，找出解决管理问题的全新的或独创性的有效方法的创新思维过程。管理思维创新是管理创新的核心，从实现管理思维创新入手是实现管理创新的最根本、最有效的路径。管理思维创新，是提升企业技术创新投入力度的重要视角之一。同时，强调创业式创新思维应成为考察中国本土企业管理思维创新的核心范畴。创业型创新思维是指以核心领导人的企业家精神为表现形式的、以商业模式创新为核心的思维方式，企业通过积极参与、影响外部制度环境，并实施内部制度创新，进而积累、提升技术创新能力，提升技术创新努力程度等，推进企业转型升级为创新驱动型企业。举例而言，中航工业、吉利汽车、上海振华港机等企业，既在技术研发方面进行较高水平的持续性投入，也在市场结构、产业政策等方面积极参与制度创业活动。

2.管理环境创新

管理环境创新是指组织通过积极的创新活动去改变或创造环境，影响环境朝着有利于组织发展的方向变化。例如，通过企业技术创新，影响社会技术进步的方向，改变人们生活方式，协助解决社会问题等。企业的管理环境创新主要包括市场环境创新和人才环境创新。

市场环境创新是企业在动态的市场环境中，通过不断地引入新的市场要素或改变原有的经营要素以求持续地开拓市场、占领新的市场，从而更好地满足市场需求的过程。比如，近年来，微信支付的持续市场环境创新，从"智能生活"的视角展示扫码购、社交支付、无感支付、生活缴费、自助点餐、小程序乘车码、小微收款和自助购等创新生活方式。这"八大能力"覆盖了数十个行业，涉及餐饮、零售、娱乐和旅游出行等多个领域。扫码支付已经远远不能概括微信支付的完整形态。

人才环境是组织生存的基本环境，习近平在2018年中国科学院第十九次院士大会、中国工程院第十四次院士大会上的重要讲话中指出"创新驱动实质上是人才驱动，科技创新最重要、最核心、最根本的是人才问题"。有学者提出，人力资源能力建设的一个重要途径就是人才环境的创新，营造能对世界优秀人才具有吸引力和凝聚力，能充分发挥现有各类人才的潜能，能为各类人才提供一个良好的成长和事业发展的环境。人才环境创新的建设包含三方面：(1)优化制度环境方面，健全用人竞争机制，探索多元激励机制，搞活人才流动机制。(2)营造人文环境方面，充分尊重人才价值，培育先进组织文化，营造良好社交氛围。(3)改善经济环境方面，由于经济环境与人才环境密切联系，故需为创新人才提供物质条件、奖酬福利、生活待遇和创业舞台等。人才环境的创新建设更会反馈组织，为组织提供精神动力和智力支持。

3.管理技术与方法创新

管理技术与方法是指运用管理理论，实现组织目的的方式，包括为实现目的所采取的手段、方式、途径和程序。管理技术与方法创新是指组织将新的管理方法、手段、模式等，引入组织管理系统，以更有效地实现组织目标的活动。比如，华为在讨论与制定《华为基本法》的过程中，邀请中国人民大学彭剑锋等学者参与华为公司的顶层设计；同时，借鉴西方管理技术与方法，学习美国管理大师德鲁克提出的管理思想，引进 IBM、HAY、Mercer 的跨国管理咨询服务等；通过深度学习研究管理理论，提出与实践华为公司在管理技术与方法上的创新，更为华为在技术领先创新、企业文化创新上打下坚实根基。

数字化时代，云计算、高速互联网、物联网、大数据等数字技术已成为助推企业获取全球竞争优势、驱动创新能力的关键技术。中国信息通信研究院《全球数字经济白皮书》数据显示，2020 年重点测算的 47 个国家数字经济增加值规模达到 32.6 万亿美元，占 GDP 比重的 43.7%。这说明，数据要素已成为助推企业获得全球竞争优势、驱动创新能力演化的重要资源。87%的企业认识到数字技术会颠覆原有产业。因此，企业基于对数字技术创新的强烈需求，必须提升自身的管理技术与方法，方能应对和利用数字技术带来的机会。数字化管理技术与方法的创新，是运用数据加强对用户需求的采集、分析并进行弹性定制，以实现数据在信息系统、软硬件、自动化设备与人之间实时、自由有序流动，并实现数据资源为企业的全面赋能，为企业产品研发、市场销售、经营管理等提供科学决策和精准执行。

10.3 创新过程及其管理

技术创新过程涉及创新构思产生、研究开发、技术管理与组织、工程设计与制造、用户参与及市场营销等一系列活动。在创新过程中，这些活动相互联系，有时要循环交叉或并行操作。技术创新过程不仅伴随着技术变化，而且伴随着组织与制度创新、管理创新和营销方式创新。创新过程的有效管理，企业需要掌握创新动力来源，进行科学的创新管理决策，实施能激发员工创新的领导方式，以及学习能消除思维定式的创新思维等。

10.3.1 创新动力来源

创新源于企业内部和外部的一系列不同的机会。企业实施有目的、有组织的系统化创新，关键在于“寻找变化”，并对这些变化可能提供的经济或社会创新机遇进行系统化分析。美国管理大师彼得·德鲁克总结了七大创新动力(机会)来源：

1.从意外的成功或失败中捕捉创新机会

企业经营中经常会产生一些出乎意料的结果，要认真分析意外事件背后的原因，说不定就会发现创新机会。德鲁克认为这是最容易利用、成本最低的创新机会。比如万豪酒店最早成立的时候，是做连锁餐饮。有一年他们在华盛顿州开的一家餐馆，生意意外地火爆。后来一了解，原来餐馆对面是机场，那时候飞机上不提供吃的，很多乘客就来餐馆买快餐带到飞机上。这么一来，万豪就意外地发现了新机会，开始和航空公司合作，搞航空餐厅，取得了成功。意外的成功可能为企业创新提供了大量的机会，但这些机会却可能被企业领导人视而不见；意外的失败是企业必须面对的，企业领导人则需要反思这种失败里必然隐含的某些变化，甚至从中思考企业可能存在的某种机会。

2.从实际和设想的不一致性中捕捉创新机会

当企业经营的实际状况与设想状况不一致，或当企业对外部经营环境或内部经营条件的假设与现实相冲突时，便出现了不协调的状况。企业内外不协调现象主要有宏观或行业经济景气状况与企业经营绩效的不符，它是可以经常观察到的一种现象。德鲁克书中举例说明，20世纪50年代之前，航海公司为了提升航运效率，普遍采用购买好货船、招聘好船员的战略，他们的想法是，只有船跑得更快、船员业务更熟练，效率提升，公司才能赚钱。这听起来很有道理，但结果却是成本还是居高不下，整个行业都快干不下去了。后来大家才发现，原来当时影响效率的最大因素不是船和船员，而是轮船在港口闲置，等待卸货再装货太耽误时间。所以大家想办法来提高货物装卸的速度，于是就发明出了集装箱，航运总成本下降了60%，整个航运业才起死回生。因此，企业必须仔细观察不一致的存在，分析其出现原因，并以此为契机组织技术创新。

3.从过程的需要中捕捉创新机会

过程改进的需要与企业内部的工作(内部的生产经营过程)有关。由这种需要引发的创新是对现已存在的过程(特别是工艺过程)进行改善，把原有的某个薄弱环节去掉，代之以利用新知识、新技术重新设计的新工艺、新方法，以提高效率、保证质量、降低成本。比如巴西的阿苏尔航空公司，他们的机票价格很低，但乘客却不怎么多。后来他们发现，这是因为乘客到机场很不方便，坐出租车很贵，而坐公交或者地铁又没有合适线路。也就是说，“从家到机场”是顾客出行流程的一部分，但没有得到有效的满足。于是，阿苏尔航空开通了到机场的免费大巴，生意一下就好了，成为巴西成长最快的航空公司。过程的改进既可能是科学技术发展的逻辑结果，也可能是推动和促进科技发展的原动力。

4.从行业和市场结构的变化中捕捉创新机会

处在行业之内的企业通常对行业发生的变化不甚敏感，而对同一市场和行业结构的变化，企业可能做出不同的创新和选择，而多种选择都可能有其存在的意义和价值创造空间。比如数码技术的出现，让影像行业发生了很大变化。柯达公司曾经是世界上最大的胶片供应商，生产出世界上第一部傻瓜型胶卷相机。即便早在1975年，柯达就发明了第一台数码相机，但它只想着保护自己的胶片传统优势，没有看到数码技术带来行业变化的创新机会，最后结果很惨。当创新受到思维定式的阻碍，企业将缺少通过创新行动进行的探索与试误。

5.从人口状况的变化中捕捉到创新机会

人口因素对企业经营的影响是多方位的。其中，作为企业产品的最终用户，人口的数量及构成决定了市场的结构及规模。分析人口数量对企业创新机会的影响，不仅要考察人口的总量指标，而且要分析各种人口构成的统计资料。比如，中国人口老龄化呈现逐步加深态势，而随着加速互联网化，未来5年将新增1亿中老年网民，任何一家互联网公司都不会加以忽视。许多行业的厂商都为这个群体定制产品、服务、营销。其中，更有一群追求快乐与时尚这种新文化潮流的50～70岁老年人群，主要集中在一线城市，将会逐渐蔓延至全国。互联网重塑了这群老年人的价值观，他们对化妆、美容、时尚鞋服、模特走秀、网红直播的关注和需求非常强烈。近年，出现了有“时尚阿姨”带货100多万的案例，正是网红直播的实例。因此，人口结构的改变，就会带来很多的创新机会。

6.从观念和认知的变化中捕捉创新的机会

认知的改变并不能改变现实，但是它能够改变事实的意义，而且非常迅速。创新大多时候来自对同一件事的不同角度的洞察，面对创新的机会，关键看你认知的多样性以及看待它的视角。在日本零售出版业萧条的大环境下，茑屋书店却越来越火。创始人增田宗昭先生认为，书店的问题就在于它在卖书。如果你要买书，去亚马逊买一本书就可以了。你要找信息，可以去谷歌找。而如何在书中发现自己的生活方式才是消费者真正需要的。因为日本逐渐进入老龄化社会，于是增田宗昭先生决定建立一家能吸引老年人的书店。因为希望顾客在看书选书的同时还能悠闲地喝着咖啡，他们引进了星巴克，并且自己经营管理；因为老年人最关心健康，于是他们深挖“健康”主题，打造了日本最全的烹饪（医食同源）书籍卖场；为了让老年女性活得更加美丽，他们在店内开设了美容院；老年人的孩子多已成家，为了减轻他们的孤单感，他们引入了带宠物医院的宠物店。茑屋书店就是这样一个集多种功能于一身的生活方式综合体。

7.从新知识、新技术中捕捉创新机会

在所有创新来源中，知识性创新所需花费的时间最长。从新知识的产生到应用技术的出现，最后到产品的市场化，这个过程通常需要很长的时间。5G 正是多种信息技术的集成，包括 5G、云计算、大数据、人工智能、物联网等多种能力。如何集齐这些能力，如何在这些能力的基础上进行始应用创新，是 5G 科技创新体系化发展的挑战。从 2020 年到 2025 年，也正是 5G 商业拓展的关键期，5G 所希冀的垂直行业应用，工业互联网、车联网、物联网的应用，也是规模化布局的关键重点。知识性创新是多因素共同作用的结果。因此，在所有其他必备知识尚未出现之前，创新也是不可能实现的。

管理故事 10-3

德鲁克终其一生，只为做一件事

2020 年 11 月 11 日，在由机械工业出版社华章公司、南京大学商学院、领教工坊联合主办的“2020 纪念彼得·德鲁克 111 周年诞辰管理论坛”上，北京大学新媒体研究院研究员吴伯凡，以“从 EGO（自我）到 ECO（生态）：理解德鲁克思想的一条主线”为题，解读德鲁克的思想脉络。摘录其中关于创新的论点如下：

在德鲁克的时代，有很多人关心什么是美好且可行的社会，甚至有人去尝试各种各样的路径去建立一个美好且可行的社会。然而，用什么方式才能够实现这种社会相对的平等，实现社会的繁荣？泰勒和福特已经告诉我们，用更好的管理。过去我们都知道汽车的技术，也知道怎么去做，但是企业的供应量为什么那么少呢？原因就在于他们没有一种很好的管理，没有一种造汽车的流程、机制。有了这种机制以后，汽车就像变魔法一样，从很少的汽车变成很多的汽车。这里就涉及一个问题，叫“炼金术”。

古往今来人类都在想一种东西——“炼金术”。什么叫“炼金术”？通过流程、方法、材料，把常见的、不值钱的金属变成贵金属，把很少的东西变成很多的东西，把不健康的身体变成健康的身体。而福特、泰勒所从事的科学管理在某种程度上就是一种“炼金术”，把很少的汽车变成了很多的汽车，把很贵的汽车变成了很便宜的汽车，这个“炼金术”就叫科学管理。

德鲁克发现,建立美好的社会有个很重要的、可行的路径,就是通过完善管理来达到社会繁荣、社会平等。通过什么样的方式来实现?德鲁克的答案是,通过卓有成效的管理。这个管理分成两部分:技术创新、管理创新。这两者结合起来,你就能够像"炼金术"一样让财富不断地涌现出来,除了德鲁克相信这个思想,还有一个人也相信,他叫熊彼特。

熊彼特有一本书叫《社会繁荣的基础》,在书中他提出了一个观点:社会的繁荣从本质上就是拥有越来越多的创新者。也就是说,大家都在想办法创造一种更好的福利和价值。过去我们从A到B,只能靠走或乘坐马车。但是,有人就能想办法造出一种不用马拉的车,速度比马车要快,而且它的安全性、稳定性要比马车好得多。这就是汽车的发明。

社会的繁荣,首先是技术的创新,然后还要有管理的创新,这两者加到一起,每一个人都创造了更多的财富,他创造财富就会去跟别人交换,别人的劳动力、能力也会变成财富来跟你交换。这样,所有人都在交换财富,所有人都在创造财富,那么这个社会就会繁荣。

最后,德鲁克得出了一个结论:一个美好且可行的社会,是可以通过卓有成效的管理实现的。卓有成效的管理有两点:技术创新和管理创新。

10.3.2 创新管理决策

决策是管理的核心,是在管理过程中遇到问题,通过决策找到解决问题的途径。创新管理过程需要进行一系列的创新管理决策。过去学者提出创新管理决策的三维模式,包括问题维、知识维与创新维。(1)问题维:问题是创新决策管理模式的出发点,问题的满意解是创新决策管理模式的目标。问题维反映了问题的非程序化(非结构化)程度,对于不同类型的问题有着不同的决策过程。(2)知识维:知识维主要指为社会检验的公共知识,包括经验、技术、社会知识,以及决策者的私有知识。(3)创新维:创新维也是知识发现维,不管问题属于哪一种类型,都伴随着知识发现。创新维反映在解决问题过程中所获得的新的事实知识、规律知识与价值变化等知识,并利用这些新知识参与决策过程。

陈传明等学者提出创新过程管理中,所涉及的创新管理决策包括创新基础、创新对象、创新水平、创新方式四个方面,整理说明如下。

1.创新基础的决策

创新基础的决策所要解决的问题是"在何种层次上的创新?""创新活动的主责及参与者是谁?""相应搭配的资源问题?"等。这部分决策涉及了创新在战略、技术、管理、制度、文化等多方面展开,因此需要界定是在组织总部、事业部还是运营单元等,哪个层级进行创新,同时决定创新活动主责单位和参与的组织范围,以及需要搭配投入的人力、财力、物力资源等。

2.创新对象的决策

从组织创新角度来看,创新对象选择主要包括组织文化、组织结构、组织制度三个方面。其中,组织结构创新是组织横向结构与纵向结构两个层面的创新与变革,其重点即在于调整组织工作分配,重新划分内部权力和责任关系以及沟通系统,更进而影响组织制度的建立以及组织文化的塑造。从技术创新角度来看,创新对象选择可能涉及材料、产品、工艺等方面。

产品创新是要决定部分改良还是创造全新产品，可能涉及技术的开发与突破、产品结构与性能的改进、产品质量与设计的提升、产品成本的估算与降低等，以满足顾客需求或开辟新市场。工艺创新对象主要是改善或变革产品的生产技术及流程，包括新工艺和新设备的变革。近年来，生产工艺结合 AI 智能制造技术，以及按照节能减排要求的绿色生产技术与流程改造等，都是企业工艺创新的关键决策。

3.创新水平的决策

创新水平的决策，涉及的是企业创新战略的制定及资源的布局。即采取先发优势战略，抢先于竞争对手，掌握时机领先投入资源，积极布局，或者采用后发优势战略，即主动规避技术投资的竞赛风险，选择适当时机投入创新，再逐步获取技术创新的优势。创新水平的决策，可以依据克里斯坦森对于维持性创新、破坏性创新分类观点，协助企业进行创新管理决策。维持性创新是指对现有市场上主流客户的需求不断进行产品的改进和完善；维持性创新可能沿着某一特定创新轨道发展方向进行创新活动，这种创新可能具有行为较连续、市场范围较稳定、转换成本较低等特点。破坏性创新则是指改变了原有技术发展路径的创新，是要破坏了原有的系统、原有的秩序；破坏性创新可能从已有的创新轨道转向新出现的创新轨道，这种创新可能具有破坏现有能力、创新行为较不连续、转换成本较高等风险。

4.创新方式的决策

企业在创新活动过程中，有两种不同的创新方式的选择：自主创新，还是协同创新。自主创新是相对于协同创新而言的一种创新活动，是指通过独立开发拥有自主知识产权的独特核心技术，以及在此基础上实现新产品价值的过程。企业独立自主创新，需要投入大量的人力、物力和资金。若能获得成功，企业将可获得其他企业难以模仿的竞争优势，从而获得高额的垄断性利润。相反，如果自主创新开发未能获得预期的成果，企业也将独自承担失败的苦果。协同创新是以知识增值为核心，是企业、政府、知识生产机构和中介机构等为了实现重大科技创新而开展的大跨度整合的创新模式。协同创新，企业可以与合作伙伴发挥各自的能力优势，整合互补性资源，实现优势互补，协同开展产业技术创新和科技成果产业化活动，是当今科技创新的新范式。协同创新让协同合作伙伴共同承担风险，共享技术创新成果及市场创新的利益。

管理故事 10-4

麦当劳的创新基因

大创业家麦当劳之父雷·克洛克的智慧语录提到：“你必须敢于冒险，我指的并不是疯狂的蛮干，我说的是冒险精神，某种程度上说就是要冒破产的风险。如果你看准了什么事情就要全身心投入其中，敢于合理的冒险也是我们迎接挑战的一部分。”

雷·克洛克让麦当劳从一个家族企业变成了世界知名的餐饮供货商，在短短的 20 多年时间里从一家小小的、连座位都没有的路边快餐店，发展成为在餐饮服务业乃至整个连锁经营领域称霸群雄的全球性“巨无霸”公司。1963 年，雷·克洛克 61 岁，麦当劳卖出了 1 亿个汉堡；1983 年，雷·克洛克去世，享寿 81 岁；虽然没有看到麦当劳进入中国,但他曾经耕耘过的店铺已经成为世界级的产品,成为和万宝路、可口可乐齐名的三大品牌之一。

麦当劳成功的原因之一,便是对创新的坚守。当普通快餐店在专注于牛肉汉堡时,雷·克洛克已经开始产品创新,先后推出鸡肉汉堡、鱼肉汉堡;他更大的创新还在于商业模式的创新,其真正的贡献,并不在于使美国人的口味标准化,而在于创下麦当劳连锁机制。这种商业模式的创新,其实是更大的创新,在今天网络时代依然有它的借鉴意义,也就是把握大“势”。雷·克洛克创造性地借鉴工业流水线的方法,建立了标准化、规模化的餐厅经营模式,再授权给加盟商,实现了千店一面、万店一面;也开创性地建立了“得来速汽车餐厅”,成为高速路上过客用餐首选。

实际上,始终具有创新基因的麦当劳,已经越来越了解他的受众,2017年,麦当劳中国改名金拱门中国,虽然只是证照层面,不涉及餐厅名及品牌名,但“金拱门”还是迅速上了热搜;而近年,我们去麦当劳餐厅消费,不难发现他们早已开始消费这个新品牌“金拱门桶”了!如今,中国的城市化进程伴随着移动互联和数字化时代的到来,传统的生产方式和生活方式都在发生根本性变化,利用互联网、数据技术、共享平台和移动支付,正在构建全新的管理和运营体系。

10.3.3 创新领导

创新领导具体体现在领导创新活动中,将新的思维、风格、方式等引入其中,革新原有的领导关系和情境,创造新的领导方法和途径,塑造新的领导者与被领导者,从而达到组织创新活动的绩效。

1.关于如何对组织创新工作进行有效领导

根据领导与变革大师约翰·科特在《领导变革》一书的成功变革管理理论,将创新领导视为变革管理,且必须关注八个步骤:(1)建立创新的紧迫感;(2)组建强有力的创新领导团队;(3)创建创新愿景;(4)沟通创新愿景;(5)对员工授权赋能,移除创新障碍;(6)创造短期创新成效,激励人心;(7)巩固成果并进一步推进创新;(8)将创新方法融入企业文化与制度。

2.关于培养创新领导方式

怎样的领导风格才能激发员工创新性?领导风格是指领导者在组织实践中展现出来的行为特征和内在理念。过去领导研究中,关于领导风格激发员工创新性的研究,摘要整理如下:(1)变革型领导风格是通过个人领袖魅力,提出愿景和使命;传递高期望,并产生感召影响力;鼓励智力、理性活动和周到细致的问题解决活动;他们以身作则,使员工认识自身对组织的责任;施以个别化关怀,不断引导、支持和激励员工发挥个人才能,并积极在组织中营造信任合作氛围。过去研究发现,变革型领导风格能够激发员工创新行为。(2)包容型领导风格尊重员工,善于倾听,常鼓励大家积极建言,并表现出接纳和欣赏员工意见或贡献的言语和行为,积极给予员工回应。古银华的研究发现,包容型领导不仅会认可员工的贡献和才能,也会包容其缺点和失误,这就使员工易在团队中获得心理上的安全感,从而积极实施创新。(3)授权型领导风格通常展示出更多的权力下放,鼓励员工进行自我管理、自我领导和参与目标设置等。王宏蕾和孙健敏的研究发现,授权型领导对员工的充分授权,能够促进员工对自我价值的正向评价,增强员工在组织中的自尊,使员工做出更多的创新行为。(4)谦卑型领导风格的特点是虚心向他人学习，面对成功不自满，面对失败能主动承担责任，客观看待自我，坦然接受个人局限和失误并努力修正，厌恶阿谀奉承等。过去研究发现，谦卑型领导能提高组织建言氛围、员工心理资本等，使员工形成更高的创造力。(5)真实型领导者具备清晰的自我意识，会通过不断内化的价值观培养与下属的信任关系，他们通常有很强的创造力并对组织目标有较高承诺。王苗苗和张捷的研究发现，真实型领导会透过影响新生代员工感受到对组织的归属感，进而影响其创新行为。

10.3.4 创新思维

创新思维是指以独创新颖的方法解决问题的思维过程。创新思维是个人创造新事物、新概念、新产品的能力。现代管理中的创新思维指的是管理者积极探索环境与组织自身发展中的未知领域，开拓和创建组织发展新局面的思维活动。

创新思维具有四种特质：一是流畅性，指的是思维在单位时间内产生创新性观念的速度；二是变通性，指的是思维在单位时间内产生新观念所分类型的多少，表明了思维的发散程度；三是独创性，指思维所产生的新观念稀有、新奇的程度；四是精密性，指思维严谨、系统、全面的程度。创新思维的四个特质互相联系，构成一个整体。

进行创新思维时，最主要的思维障碍就是思维定式。思维定式是一种“惯性思维”，是由先前活动造成的一种对活动的特殊的心理准备状态，或活动的倾向性。思维定式是人们在长期的思维过程中所形成的一种思维条件反射，或者说是一种固化思维方式。杨光等整理相关文献，将思维定式区分出 3 种形式：典型思维、近期经验及隐含假设。典型思维是指人们长期用同样的方式去解决某一类问题而形成的定式；当遭遇不适用相同方法的问题时，典型思维会导致解决问题的失败。近期经验是指在短期环境下，对某一类问题形成的固化解决思路；当情境突然发生变化时，人们难以摆脱这种固化思维方式。隐含假设是指人们在解决问题的过程中，自动做出的假设，而人们通常不会意识到自己已经做了这样的假设，当这种假设不正确或者毫无依据时，会阻碍人们顺利地解决问题。

要进行创新，就要摆脱思维定式的束缚。沙彦飞与张小兵整理出与创新思维有关联的思维定式，主要有书本定式、权威定式、从众定式、经验定式等，并进一步提出常用的创新思维形式及其训练方法，包含发散思维、聚合思维、联想思维、逆向思维、质疑思维等；通过改进自己的思维习惯，有意识地对自己的思维方式加以训练，跳出思维定式，拓宽思维视角，才能成为具有创新思维的人。

戴尔等与“创新大师”克里斯坦森 2013 年出版的著作《创新者的基因：掌握五种发现技能》，完成了一项历时八年的研究，采访和调查了如亚马逊 CEO 贝佐斯等研发出革命性新产品和服务的首创者，试图探究他们职业生涯中最有价值的创新性商业构想的产生过程，并在此基础上，总结出了五项关键技能：联想思维、绝佳的发问、勤奋的观察、广泛交际、不断试验等。其中，联想思维即为训练创新思维的方法，可运用美国心理学家，罗伯特·艾波尔提出的创新思维工具——奔驰法(SCAMPER)进行思维训练。SCAMPER 是七个英文单词或短句的缩写，同时也代表着七个解决问题的创新思维方向。SCAMPER 奔驰法的具体运用举例如下：

(1)替代(substitute)：思考有哪些东西可以替换，改变原有某个部分来创新。比如奈雪、一点点、喜茶等茶饮店，通过不同的配料搭配产生不同的产品，珍珠奶茶的珍珠换成红豆就成了红豆奶茶。

(2)结合(combine):将现有产品和别的产品或系统结合在一起使用。例如,在印度的农村,学生很不注意卫生,没有用肥皂洗手的习惯。为了解决这个问题,一家卫生健康公司发现学生用粉笔做练习题后会主动洗手,于是,他们便将肥皂与粉笔结合起来,制作出肥皂粉笔,改变学生的卫生习惯。

(3)改造(adapt):是指给一款产品增加某个功能或属性。例如,拟物化设计是通过模拟真实世界的某个物品和使用方式,用户可以结合现实中的经验非常顺畅地使用设计的界面。比如,阅读类App"书架"界面模拟显示用的书架元素,网易云音乐的"播放"界面模拟留声机唱片和唱针的效果。

(4)调整(modify):修改产品,通过放大、缩小等方法改变其特性,也是对产品更新升级。例如,小孩的身体发育速度很快,今年买的鞋子可能到明年就穿不下,对贫困地区家庭增添经济负担。一家公司发明了可以自主调整大小的鞋,鞋头设计了暗扣,家长可以根据需要调整鞋子大小。

(5)改变用途(put to other uses):将原事物应用于其他地方,创造出新的用法。微信支付是"改变用途/一功多用"的典型案例,从线上支付到线下支付的收付款,从转账到发红包,从AA收款到群收款,从普通的个人交易支付到集体消费和人情往来,全场景铺开,创造新的用法。

(6)删减(eliminate):强调减法设计,看看产品有哪些元素是可以被去除的。例如,现代人更注重身材保养与养生健康,无糖、减糖的产品更能满足消费者的口味;期望满足口腹之欲的同时,删减不健康成分在身体的积累。

(7)逆向(reverse):反向思维,通过反常规的方式突出产品的特点。例如,棉签棒是由脱脂棉和纸棒制成的,一般制成白色棉签,以显洁净。一家公司添加黑色活性炭成分,推出黑色棉签棒,能更有效清洁耳道,且看得更清楚,售价比同规格的白色棉签要贵5元至10元。

管理工具 10-2

奔驰法

奔驰法(SCAMPER)是一连串英文单词或短语的缩写,是一种头脑风暴(brainstorming)的方式,借由这个方式,可以训练你的创新思维能力。如果工作上缺乏创意创新的灵感,或是某些问题无法找到解答时,善用此创新思维技巧,不但可以缩短思考的时间,还可能有突破性的创新发现。

奔驰法一开始是由"奥斯本检核表"的发明者奥斯本(Alex Osborn)在1953年提出,后来由教育作家艾波尔(Eberle)根据奥斯本检核表,整理出了一套简化的创新思维方式,在其著作*Scamper: Games for Imagination Development*中也有相关的应用。

奔驰法有7个创新思维切入点,你可以运用这些切入点,进行头脑风暴,创造出各种不同的创新创意点子,帮助你开发新的产品和服务,及改善现有产品和服务流程。

奔驰法可参照以下步骤:

第一步,找出一项产品或是一种服务,而这个产品或服务可以是你所想要改进的,也有可能本身就存在着一些问题。

第二步,使用奔驰法,针对这个产品进行一连串的头脑风暴开发。奔驰法有七种不同的创新思维领域,而且在进行创意发散阶段,可以尽可能找出所有的问题点,把这些问题一一列出来,并且找出解答。(可以运用下方7个创新思维切入点)

第三步,把所有的创新构想都整理好,跟大家探讨哪个方案最适合,可以让改善后的产品或服务焕然一新。

奔驰法7个创新思维切入点以及细部问题如下:

(1)替代(substitute):有没有替代的材料或资源来改善产品?有没有替代的产品或程序?有没有替代的地方可以使用产品?用不同的心态或是感觉使用产品会发生什么事?替代的人、时间、地点、物品、方法?

(2)结合(combine):如果跟另一个产品(或功能)组合会发生什么事?把目的或目标整合起来会如何?如果要最大限度地使用产品,你会把产品跟什么组合在一起?产品组合人才或是资源可以创造什么新方法?

(3)改造(adapt):这个产品像其他东西吗?有其他的东西像你的产品吗?可以模仿谁?有哪里可以改造?有没有其他的产品可以给你灵感?

(4)调整(modify):改变形状、外观、颜色、触感、观念?可以再添加什么(声音、味道、功能)?有什么地方或元素可以加强或是显眼一点,来显现它的价值?宽一点、大一点、重一点、长一点?

(5)改变用途(put to other uses):这个产品可以在别的行业使用吗?还有谁可以使用这个产品?产品在不同设定或目的下会有什么表现?产品若是成为废品,还有什么可以再利用的?

(6)删减(eliminate):可以怎么简化产品?功能、部分、规则有哪里可以简化?可以小一点?轻一点?浓缩?如果拿走产品的一部分会如何?

(7)逆向(reverse):颠倒或不同的顺序,会发生什么事?改变上下、左右、前后、内外、布局呢?相反的操作会发生什么事?角色调换或撤销会如何?你会如何重组产品?

10.4 本章新时代管理学的探索

10.4.1 思政融入映射内涵

本节提出创新在课程思政的元素挖掘与融入内涵,包括创新是人类历史发展的原动力、创新是国家发展的战略、走自主创新道路进而取得科技创新成果、发现文化创新的典范以及创新思维在生活中的实践等。引领学生认识创新价值,学习创新思维方式,并开启学生关心及实践“应用创新思维解决问题”的意识。

1.创新是人类历史发展的原动力

究竟是什么启动了人类的原始灵性,打开了人类对客观世界进行思索之门?马克思说:“自然界没有制造出任何机器,没有制造出机车、铁路、电报、走锭精纺机等。它们是人类劳动的产物,是变成了人类意志驾驭自然的器官或人类在自然界活动的器官的自然物质。它们是人类的手创造出来的人类头脑的器官;是物化的知识力量。”广大劳动者是创新的主体,他们是生产工具、机器等劳动资料的发明、生产和实际使用者。推动人类发展的原动力,是深隐在人类大脑这块因自然因素与内在需求相结合,而导致高度复杂的自然物质之中的创新意识与创新能力。

2.创新是国家发展的战略

2018年12月18日习近平在庆祝改革开放40周年大会上的讲话指出:“我们要坚持创新是第一动力、人才是第一资源的理念,实施创新驱动发展战略,完善国家创新体系,加快关键核心技术自主创新,为经济社会发展打造新引擎。”纵观人类社会发展史,我们可以清晰地看到,创新是一个国家、一个民族发展进步的不竭动力。科技创新是提高社会生产力和综合国力的战略支撑,必须摆在国家发展全局的核心位置。2021年3月习近平来到福建考察,更明确提到“要坚持创新在现代化建设全局中的核心地位,把创新作为一项国策,积极鼓励支持创新。”

3.走自主创新道路,取得科技创新成果

2018年5月2日习近平在北京大学考察时强调“重大科技创新成果是国之重器、国之利器,必须牢牢掌握在自己手上,必须依靠自力更生、自主创新”。近年来,我国取得了丰硕的科技创新成果:“中国天眼”“悟空”“蛟龙号”“墨子号”等相继问世,“天鲲”试航、“北斗”棋布、“鲲龙”出水、“松科”钻地,“天问一号”探测器环绕火星,“嫦娥五号”采样后返回等。这些科技创新成果增强了民族自豪感,同时认识到在国际竞争中各国综合国力的竞争归根结底就是创新的竞争,创新者强,创新者胜。

4.发现文化创新的典范

2017年10月18日习近平总书记在中国共产党第十九次全国代表大会上的报告指出,“深入挖掘中华优秀传统文化蕴含的思想观念、人文精神、道德规范,结合时代要求继承创新,让中华文化展现出永久魅力和时代风采”。继承中华优秀传统文化的同时,也要注入这个时代的独特精神。在文化创新过程中,使传统文化呈现出新的生机,焕发出新的活力。故宫近年推向大众的一系列的文创产品着实让人眼界大开,既展现了完美的传统文化,又融合了当下流行的时尚元素。《我在故宫修文物》《国家宝藏》等“IP”赢得了广大民众喜爱,让大众在日常生活中就能感受原本静默的建筑以及一些古文物。故宫文化将现代的科技完美融合到传统技艺里,将博物馆真正地融入了社会。

5.创新思维在生活中的实践

学习创新思维,首先,需要多熟悉发散思维、聚合思维、联想思维、逆向思维等实际应用的案例;然后,学习如何应用创新思维去解决学习、工作和生活中的问题。关于创新思维的案例,如京沈高铁望京隧道盾构施工、故宫博物院元宵节灯会、李四光地震预报、大兴安岭林区大火后的用“风”灭火、无人超市、疫情下创新设计的“神作”等。

10.4.2 大数据、AI等商务智能融入映射内涵

数字化时代,数字技术正在改变传统企业运营活动的运作方式、驱动力和技术轨道。这种技术轨道的转换,可能带给超越追赶的后发企业提供非线性超越的“机会窗口”,也可能为领先企业构筑新的创新能力壁垒提供“机会窗口”。由数据要素驱动的企业创新能力,正在带来新一轮技术范式的变革。

数据要素驱动企业产生的颠覆性创新。数据要素的应用使传统产业具有更大的扩展性、更广泛的市场范围和更快的战略行动，甚至还增加了外延产品且提升了服务绩效。刘海兵、王莉华的研究提出，数据要素驱动企业创新能力提升的关键是驱动数字化创新战略的生成、创新生态系统的演化、创新组织体系的重构，以及创新范式的演进。

数字化创新战略意味着在市场和技术两个维度的创新战略设计中都要在已有的轨道上再次高度融合和嵌入数据要素。比如，海尔研制的固态制冷酒柜采用了不同于传统压缩机制冷技术的固态制冷技术，以实现0振动、0波动、0噪感；同时，在酒柜上增加了联网的数字模块，用户通过“酒知道”App即可实现扫描鉴酒、酒品管理等智能功能，享受智能购酒比价、社交分享平台体验。此外，固态制冷酒柜入驻了西班牙、澳大利亚的酒庄，酒的生产与酒柜之间形成了一种互补性的价值供应网络，提供给用户的是一种购酒、品酒、藏酒、学酒文化等的生态价值。

数据要素在构建创新生态系统过程中发挥了重要作用。它增加了数据接口数量，扩大了数据的共享范围，使平台足够“开放”和“独特”，吸引更多的企业向中心企业聚集，从而形成价值共创的创新生态系统。如，Airbnb依靠信任与分享机制，通过大数据整合闲置房产资源，利用社交媒体平台开展营销，通过改进营销策略重建生态系统，颠覆实体酒店行业的运作模式。

数据要素驱动创新组织体系的重构，主张采用分布式研发组织体系取代传统的集中式创新研发体系。由数据要素催生的领先用户需求洞察、用户需求拆解、技术仿真实验、内部知识共享平台、开放式创新平台等，为分布式研发体系的形成积累了必要基础。海尔的分布式创新组织体系包括面向未来技术的超前创新中心、纵横交互的产业线研发和创客小微研发体系等。HOPE平台则是海尔开放式创新的门户，目前其主要定位为全球资源网络、创新者社区、一站式服务平台，吸引了大量创新资源。

数据要素驱动创新范式的演进。在数字经济时代，要将人类存在和发展的意义纳入创新目标。这也说明数据时代的企业发展，更要以创新逻辑超越市场逻辑，促进长期主义发展，提升生态系统能力。西门子公司作为数字化工厂解决方案的创新引领者，将自身视为一个开放、动态的系统，不局限于依靠所获取的信息制定战略，而是选用对企业长远发展更有意义的方式，通过与各方合作来实现与外界的资源互换，从而扩大企业的创新生态系统，并利用数字化技术打通数据孤岛，使得相关方案的所有数据可在各个部门使用。

10.4.3 中国新时代管理的淬炼与反思

本节提出创新在中国式管理的主张与实践。中国式管理哲学是继承优秀传统文化中“守正创新”的意识和主张，并引用经典中的短句，提醒管理者在新时代推动中国式管理时，作为修身行事的示范及管理模式的实践准则。另外，介绍源于中国传统历史文化的家长式领导方式，其所表现出的“威权领导”“仁慈领导”及“德行领导”等行为，都可对于员工创新行为产生影响，值得管理者参考借鉴。

1.继承与实践“守正创新”的中华优秀传统文化

世代相承的守正创新意识和主张，推动了中华民族丰富的守正创新实践。中华民族先人在很久以前就有守正、创新的意识和主张。先秦时期已经常出现“正”和“新”字。孔子注重“正”，强调“名不正，则言不顺”，“政者，正也”，“其身正，不令而行”，治国应“行中正”。老子也主张“以正治国”。“正”即正气、正道，儒家和道家均将“正”作为修身行事准则和治国理念予以推崇，蕴含着“守正”的要求。从“新”字看，商汤《盘铭》刻自勉箴言“苟日新，日日新，又日新”，《周易》认为“日新之谓盛德”，《诗经》云“周虽旧邦，其命维新”，这里的“新”作为单字词，意即“更新”“革新”，含有“创新”意味。此外，《周易》指出“革，去故也。鼎，取新也”，《论语》认为“温故而知新”等，都包含着深厚的创新内涵。可见，儒家和道家在守正、创新的认识上是一致的，他们在这方面的名言警句常被后人引用，一些短语至今流传不衰，影响巨大而深远。

2.家长式领导方式对员工创新行为的影响

家长式领导根源于中国传统的历史与文化，被认为是华人社会组织中广泛存在的一种领导模式，通过影响下属的心理认知发挥作用，其对中国组织的效能具有独特的解释力。家长式领导是在人治的氛围下，表现出严明纪律与权威的“威权领导”、如父亲般的“仁慈领导”及注重廉洁性“德行领导”。许多领导学者的研究发现，仁慈领导与德行领导能正向带动员工创新行为，威权领导则对员工创新行为产生负向影响。因此，有学者建议领导者应思考调整领导方式，加强仁慈领导和德行领导，减少威权领导，借以促进员工创新行为。

本章提要

本章主要阐述管理创新的职能、分类及过程。

1.创新的定义、内涵及创新精神。创新有更新、创造新的东西、改变等含意。创新是一项赋予人力和物质资源，“以更新和更强创造财富的能力”的任务。创新精神属于科学精神和科学思想范畴，是进行创新活动必须具备的一些心理特征。创新精神包括批判怀疑精神、独立思考精神、勇于探索精神。

2.管理维持与创新的关系。从系统学派的观点来看，任何一个社会组织都是一个开放的社会技术系统，都是一个范围更广的系统中的分系统。一个组织系统中，管理分系统的作用就是维持与创新。管理工作的维持作用是组织的生存保障。管理工作的创新作用是组织发展的动力源泉。管理工作的维持与创新作用，对组织系统的生存发展都是非常重要的，两者是相互联系、不可或缺的。创新是维持基础上的发展，而维持则是创新的逻辑延续；维持是实现创新的成果，而创新则为更高层次的维持提供了依托和框架。

3.不同方式的管理创新分类及内容。可分为破坏性创新和维持性创新。维持性创新是指对现有市场上主流客户的需求不断进行产品的改进和完善，以满足客户的要求。维持性创新采取“渐进性创新”过程，认为学习过程就是一种渐进性创新的过程。破坏性创新不断破坏旧的，不断创造新的结构。破坏性创新是改变原有技术发展路径的创新。

4.不同职能领域的管理创新分类及内容。可分为战略创新和组织创新。战略创新是打破现有行业规则和竞争现状，重新定义现有商业模式并重新整合现有顾客市场，以实现顾客价值和企业利润显著增长的创新形式。组织创新是应用行为科学的知识和方法，把人的成长和发展期望与组织目标结合起来，通过调整和变革组织结构及管理方式，使组织能够适应外部环境及内部条件的变化，从而提高组织活动效益的过程。主要内容包括组织文化、组织结构、组织制度三个方面的变革与创新。

5.不同要素水平的管理创新分类及内容。可分为管理思维创新、管理环境创新、管理技术与方法创新。管理思维创新是指在管理活动中，思维主体不受现在的、常规的思路约束，发现潜在管理问题，找出解决管理问题的全新的或独创性的有效方法的创新思维过程。管理思维创新是管理创新的核心，从实现管理思维创新入手是实现管理创新的最根本、最有效的路径。管理环境创新是指组织通过积极的创新活动去改变或创造环境，影响环境朝着有利于组织发展的方向变化。企业的管理环境创新主要包括市场环境创新和人才环境创新。管理技术与方法创新是指组织将新的管理方法、手段、模式等，引入组织管理系统，以更有效地实现组织目标的活动。

6.创新过程管理中的七大创新动力来源。美国管理大师彼得·德鲁克总结为：从意外的成功或失败中捕捉创新机会、从实际和设想的不一致性中捕捉创新机会、从过程的需要中捕捉创新机会、从行业和市场结构的变化中捕捉创新机会、从人口状况的变化中捕捉创新机会、从观念和认知的变化中捕捉创新的机会以及从新知识、新技术中捕捉创新机会等。

7.创新过程管理中的创新管理决策。创新管理过程需要进行一系列的创新管理决策，包括创新基础、创新对象、创新水平、创新方式四个方面。创新基础的决策需要选择创新的层次、主责及参与单位、需相应搭配的资源等。创新对象要决定组织文化、组织结构、组织制度三方面。创新水平的决策，涉及的是企业创新战略的制定及资源的布局；需决定是采取先发优势战略，还是后发优势战略。创新方式的决策需要决定是采取自主创新，还是协同创新。

8.创新过程管理中的创新领导。将创新领导视为变革管理，必须关注八个步骤：(1)建立创新的紧迫感；(2)组建强有力的创新领导团队；(3)创建创新愿景；(4)沟通创新愿景；(5)对员工授权赋能，移除创新障碍；(6)创造短期创新成效，激励人心；(7)巩固成果并进一步推进创新；(8)将创新方法融入企业文化与制度。此外，过去领导相关研究发现，变革型领导、包容型领导、授权型领导、谦卑型领导、真实型领导，能通过影响员工的内在心理认知与感受，进而正向影响员工创新行为。

9.创新过程管理中的创新思维。创新思维是指以独创新颖的方法解决问题的思维过程。进行创新思维时，最主要的思维障碍就是思维定式。思维定式是一种“惯性思维”，是由先前活动造成的一种对活动的特殊的心理准备状态，或活动的倾向性。要进行创新，就要摆脱思维定式的束缚。常用的创新思维形式及其训练方法包括发散思维、聚合思维、联想思维、逆向思维、质疑思维等。举例而言，创新思维工具奔驰法(SCAMPER)，即代表着七个解决问题的创新思维方向。

10.创新对国家发展的重要性。创新是人类历史发展的原动力，而广大劳动者则是创新的主体。科技创新更是提高社会生产力和综合国力的战略支撑，必须摆在国家发展全局的核心位置。近年来，我国取得了丰硕的科技创新成果，不仅增强了民族自豪感，同时清楚地认识到综合国力的竞争就是创新的竞争，创新者强，创新者胜。科技创新与国力提升更需要文化创新的软实力，在继承中华优秀传统文化的同时，也要使传统文化呈现出新时代风采。国家下的每位人民、组织内的每位员工，都要学习创新思维的方式，需要在生活中多熟悉实际应用案例，从中学习如何应用创新思维去解决问题。

11.掌握数据要素驱动企业提升创新能力。由数据要素驱动的企业创新能力，正在带来新一轮技术范式的变革。数据要素驱动企业提升创新能力的关键在于驱动数字化创新战略的生成、创新生态系统的演化、创新组织体系的重构，以及创新范式的演进。

12.创新在中国式管理的主张与实践。中华民族先人在很久以前就有守正、创新的意识和主张;儒家和道家将“守正”作为修身行事准则和治国理念,蕴含关于成为君子和仁君的要求。中国式管理哲学是继承优秀传统文化中“守正创新”的意识和主张,中国式管理模式则是在新时代推动守正创新的具体实践。过去研究发现,家长式领导方式源于中国传统历史与文化,其表现出的“威权领导”“仁慈领导”及“德行领导”等行为,都会对于员工创新行为产生影响,值得管理者参考借鉴。

思考案例

构建数字创新能力:魔筷科技的战略与组织创新

数字经济时代每个组织都或多或少涉及数字化运营活动,都应该构建一定的组织能力来管理这些活动。本思考案例延伸讨论开篇案例。魔筷科技展示了数字化运营活动(digital operating activities)在当今时代的重要性:不论是大型企业还是小型创业团队,不论是数字原生企业还是传统企业,数字化运营活动已成为企业运营活动的重要组成部分,并正在成为竞争优势的重要来源。那么,企业应该如何管理数字化运营活动以获取竞争优势?基于魔筷科技的实践,我们把企业对数字化运营活动进行配置与管理,以改进流程、创新产品最终为客户创造新价值,进而构筑竞争优势的能力称为数字创新能力(包括数字连接能力、数据聚合能力、智能分析能力和重组创新能力等),并提出构建数字创新能力五步走战略,为赢得数字化时代的竞争提供参考。

第一步:制定数字战略(战略创新)

数字创新能力的构建一定是为组织的战略服务的。这里包含了四大问题:做什么——业务活动范围及其与环境的匹配;如何做——稀缺资源配置与持续竞争优势;有谁做——利益相关者;为什么——长期发展方向。一个组织在构建数字创新能力之前首先应该把这四个问题思考清楚,而后根据战略来评估需要哪些数字化运营活动,之间如何匹配才能形成竞争优势。在深刻理解数字创新能力重要性的情况下,魔筷科技开始在战略委员会和产品委员会层面组织了多次专题研讨,深入讨论如何通过数据来赋能整个业务链条,形成了数字战略的落地方案和关键项目,很多项目都被列为公司最高优先级(highest priority-first,HPF)工作,在CEO的关注下快速推进。

第二步:打造数字化管理团队(组织创新)

招募一个对数字技术及数字化运营活动有深刻理解的专家作为首席数字官(chief digital officer,CDO),并负责组建团队,制定和执行数字战略。首席数字官一方面需要将组织的运营活动转化为可聚合、可分析、可应用的数字资源;另一方面他需要有能力利用数字资源分析和洞察的结果来反哺运营活动的迭代。魔筷科技组建了由CDO、算法专家、大数据专家、数据分析师等在内的数十人的数据技术团队,并与各个业务部门通过虚拟小组的形式紧密合作,共同落实公司的数字战略。打造数字化管理团队在传统企业进行数字化转型时需要特别注意:在转型的过程中往往会涉及原有资源与数字资源配置相冲突的问题。单独的数字部门很难推动整个企业数字化的转型,这个过程中会产生组织内部矛盾(主要集中在权力与资源的重新配置),需要得到对数字化运营和现有业务均有深刻理解的高层管理者的支持,并且让整个组织感受到数字化为组织带来的优势。

第三步：设计资源重组逻辑（战略创新）

数字化管理团队需要基于数字战略思考设计资源重组逻辑。常见的思考逻辑有两种：资源端出发的设计思维以及需求端出发的需求思维。前者从组织现有资源和潜在可获得的资源出发，思考潜在的不同组合模式如何创造新价值；而后者从需求端出发倒推出如果要创造特定新价值应该如何组合和获取各类数字资源。魔筷科技在业务开展过程中兼容了两种资源调配逻辑，一方面会定期调研客户、业务的需求，对数据能力和产品进行优化；另一方面也会基于公司对行业趋势、用户需求的判断，预研一些产品，引领客户需求的提升和迁移。不论何种逻辑，以下四个问题均可能有助于管理者厘清思路：数字战略的实现要解决哪些新问题或创造哪些新价值？要解决这些问题需要哪些数字资源（及非数字资源）？获取这些数字资源需要建立哪些连接？保障整个流程的实现需要哪些数字基础设施？

第四步：建设数字基础设施（战略创新）

数字基础设施的建设如果全部通过自建的方式进行，需要对人才、技术和设备进行大量的投资。一条捷径是外包或者合作的形式，依托于生态系统中成熟的解决方案，从外包和合作中学习会大大节省成本，但长远来看核心能力可能会受到威胁。在数字战略指导下评估、设计和逐步建设数字基础设施将为下一步提供基础。在这个步骤，首席数字官需要有能力把握公司的战略方向和核心的运营活动，判断能够带来价值的关键环节和关键场景，由此才能够以资源价值最大化的方式完成数字基础设施的建设。魔筷一直认为数字基础设施是公司的核心能力和核心资产，它反映和沉淀的不仅是数据资产，还包含很多适配网红电商行业的流程知识、行业理解等，所以一直坚持自主研发，累计投入了上亿元的资金。虽然耗时耗力，但这些研发投入还是让魔筷成为行业里为数不多拥有系统化和可持续能力的公司。

第五步：持续迭代数字创新能力（组织创新）

通过以上四个步骤后，数字化运营活动将逐步开展，在这个过程中数字连接能力、数据聚合能力、智能分析能力和重组创新能力将逐步涌现。在这个过程中组织应该特别关注于数字创新能力的累积和持续改进。通过不断的试验和即兴学习动态提升数字创新能力。魔筷科技在战略委员会和产品委员会层面会定期复盘数字基础设施和数字能力的建设情况，结合业务进展、行业状况进行调优，总体上遵循 PDCA 的流程，并保持着较高的敏捷性；经过验证的模式会逐步放大，验证不可行的方向会及时结束并将资源释放到其他项目中。

资料来源：刘洋，应震洲，薛元昊.构建数字创新能力：每个企业的必修课[J].清华管理评论，2021(05)：80-87.

阅读后请思考：

1.魔筷科技为构建数字创新能力，实践了哪些战略创新、组织创新？

2.魔筷科技组建了由首席数字官、算法专家、大数据专家、数据分析师等在内的数十人数据技术团队，落实公司的数字战略。请依据案例中所提供数据技术团队的相关信息，探讨魔筷科技的数据技术团队在组织结构、工作分配、权责划分、沟通协调等方面，可能会遭遇哪些组织创新上的困难或挑战？

3.魔筷科技在业务开展过程中，需要根据数字战略，思考设计资源重组逻辑。试评论其资源调配逻辑的合理性，并针对有助于管理者厘清思路的四个问题，评论其重要性。

4.魔筷科技一直认为数字基础设施是公司的核心能力和核心资产。试评论其采取自主研发创新方式建设数字基础设施的优缺点。

思考习题

1.创新的定义与内涵是什么？什么是创新精神？

2.管理维持工作与创新工作间关系是什么？

3.什么是破坏性创新？什么是维持性创新？什么是战略创新？什么是组织创新？请举例说明。

4.一个企业要如何进行管理环境创新？

5.有哪些创新动力（机会）来源？请举例说明。

6.创新过程管理中，要如何做好创新管理决策？

7.怎样的领导风格才能激发员工创新行为？

8.关于跳出思维定式，拓宽思维视角，要如何对自己的思维方式加以训练，才能成为具有创新思维的人？

9.自主创新对国家发展的重要性是什么？

10.数字化时代，数据要素驱动企业提升创新能力的关键有哪些？

11.请举例说明中国传统历史文化中关于“守正创新”意识的至理名言，作为管理者修身行事准则和管理实践的依循。

技能实训

1.高德纳咨询公司（Gartner，Inc.）2021年发布了一份长达96页的“Hype Cycle for Emerging Technologies，2021”报告，提出2021年新兴技术成熟度曲线，强调将在未来2～10年内对商业和社会产生重大影响的新兴技术。报告中提出三大主题，包括建立信任、加速增长和塑造变革，总计25项新兴技术。请从网上查阅并研究“肖永威”于2021年11月21日所整理创作的文章《Gartner2021新兴技术成熟度曲线，AI与超自动化支撑数字化变革》（https://blog.csdn.net/xiaoyw71/article/details/121441050），或是其他Gartner2021新兴技术成熟度曲线的相关报告信息，从中分析一项你认为未来十年内将对商业或社会产生重大影响的新兴技术创新，并请进一步收集信息，说明该新兴技术创新会对商业或社会带来什么影响。

2.根据克里斯坦森所提出破坏式创新的定义，寻找一家有创造“破坏式创新”的公司，收集相关信息，进行该公司创新管理案例分析（可能包含技术创新、组织创新、战略创新、管理思维创新、管理方法与技术创新等方面）。

3.数字化时代，由数据要素驱动的企业创新能力正在带来新一轮技术范式的变革。请到知网下载刘海兵与王莉华2021年的期刊论文（刘海兵，王莉华.数据要素如何驱动企业创新能力提升[J].清华管理评论，2021(11)：81-85.）。请针对该论文所提出“数据要素驱动企业创新能力提升”的四大关键：(1)驱动数字化创新战略的生成、(2)创新生态系统的演化、(3)创新组织体系的重构、(4)创新范式的演进，及与各关键相关联的企业案例，仔细阅读分析后，选择其中一项关键，自行寻找一家较明确掌握该项关键的企业，进行企业驱动数字化创新的案例分析。

4.创新思维训练：请运用创新思维工具奔驰法（SCAMPER），针对疫情下或后疫情时代某产品或服务进行创新设计。

参考文献

[1]刘洋，应震洲，薛元昊，等.构建数字创新能力：每个企业的必修课[J].清华管理评论，2021(05)：80-87.

[2]赵宏强.维持与创新：社会变革中大学管理的作用[J].高等教育研究，1995(04)：42-47.

[3]陈传明、徐向艺、赵丽芬，等.管理学[M].北京：高等教育出版社，2019.

[4]周三多，陈传明，刘子馨，等.管理学：原理与方法[M].7版.上海：复旦大学出版社，2018.

[5]王文周.管理学[M].北京：北京师范大学出版社，2021.

[6]SCOTT D ANTHONY，CLAYTON M CHRISTENSEN.创新：要颠覆，也要维持[J].连青松，译.经理人，2005(6)：1.

[7]克雷顿・克里斯坦森.创新者的窘境[M].胡建桥，译.北京：中信出版社，2010.

[8]蒋玉霞.维持性创新还是破坏性创新：基于企业生命周期的研究[J].会计之友(下旬刊)，2009(08)：20-21.

[9]张贺.共享出行对出租车行业的影响：基于破坏性创新的理论视角[J].科技管理研究，2018，38(16)：10-16.

[10]H.伊戈尔・安索夫.战略管理[M].北京：机械工业出版社，2013.

[11]韩晨，高山行.战略柔性、战略创新和管理创新之间关系的研究[J].管理科学，2017，30(02)：16-26.

[12]W.钱・金，勒妮・莫博涅.蓝海战略：超越产业竞争开创全新市场[M].北京：商务印书馆，2005.

[13]张钊瑞，侯昀昀，肖淑红.健身产业价值创新战略案例分析与主要启示：以精品健身房为例[J].北京体育大学学报，2020，43(02)：96-108.

[14]白胜.论管理思维创新[J].经济师，2003(11)：21-22.

[15]杨栋，朴艺芳，赵利军.中国企业管理思维方式变革研究的突破与创新[J].商业时代，2014(31)：98-100.

[16]林玉梅，张国兴.人力资源能力建设的策略：人才环境创新[J].经济师，2002(09)：136-137.

[17]刘海兵，王莉华.数据要素如何驱动企业创新能力提升[J].清华管理评论，2021(11)：81-85.

[18]彼得・德鲁克.创新与企业家精神[M].北京：机械工业出版社，2007.

[19]张梅，李怀祖.创新管理决策三维模式[J].西安交通大学学报(社会科学版)，2003(04)：37-41.

[20]约翰 P.科特.领导变革[M].北京：机械工业出版社，2014.

[21]李昕冉.领导风格与员工创新行为研究述评[J].市场周刊，2021，34(09)：152-154.

[22]古银华.包容型领导对员工创新行为的影响：一个被调节的中介模型[J].经济管理，2016，38(04)：93-103.

[23]王宏蕾，孙健敏.授权型领导与员工创新行为：结构正式化的调节作用[J].管理科学，2018，31(03)：29-39.

[24]王苗苗，张捷.真实型领导对新生代员工创新行为的影响：内部人身份感知的中介作用[J].科学学与科学技术管理，2019，40(03)：127-141.

[25]秦虹，张武升.创新精神的本质特点与结构构成[J].教育科学，2006(02)：7-9.

[26]杨光，汪立.思维定式如何影响创意质量：基于“众包”平台的实证研究[J].管理世界，2017(12)：109-124，157，188.

[27]沙彦飞，张小兵.创新创业基础[M].上海：上海交通大学出版社，2018.

[28]杰夫・戴尔，赫尔・葛瑞格森，克莱顿・克里斯坦森.创新者的基因：掌握五种发现技能[M].北京：中信出版社，2013.

[29]马克思恩格斯文集：第8卷.北京：人民出版社，2009.

[30]孙静，曹丽婷.大学创新教育中课程思政的融入探索[J].创新教育研究，2021，9(5)：1466-1470.

[31]黄庭满.不断增强守正创新的自觉性和坚定性：深入学习领会习近平总书记关于守正创新的重要论述.宣讲家网，2021. http://www.qstheory.cn/qshyjx/2021-05/17/c_1127454743.htm.

[32]梁冠楠.家长式领导对公立医院员工创新行为影响的实证研究[J].中国卫生政策研究，2020，13(12)：41-47.

可扫码获取本章课件资源：